作者简介

涂文学 1958年生于湖北天门，现任江汉大学二级教授，城市研究中心主任，华中师范大学中国近代史研究所博士生导师；兼任国家出版基金评审专家，中国城市史研究会副会长，中华口述历史研究会副会长，武汉市社会科学联合会副主席。1993年获国务院颁发政府特殊津贴，1998年被中共武汉市委、武汉市人民政府授予“武汉市优秀专家”称号。主要研究领域为中国近代城市史、区域史、社会文化史，已在多种权威刊物发表学术论文120余篇，出版专著30余部；多篇论文被《新华文摘》《中国社会科学文摘》转载，多部论著分获中国图书奖、湖北省社会科学优秀成果二等奖、武汉市社会科学优秀成果一等奖等奖项；所主持国家社会科学基金一般项目“二十世纪前半叶中国城市化研究”（编号：13BZS075）获优秀结题。

湖北省学术著作出版专项资金
Hubei Special Funds for Academic Publications

中国专门史文库

中国赌博史

涂文学 著

武汉大学出版社
WUHAN UNIVERSITY PRESS

图书在版编目(CIP)数据

中国赌博史/涂文学著. —武汉：武汉大学出版社,2021.11
中国专门史文库
湖北省学术著作出版专项资金资助项目
ISBN 978-7-307-22114-7

Ⅰ.中…　Ⅱ.涂…　Ⅲ.赌博—历史—研究—中国　Ⅳ.D691.98

中国版本图书馆 CIP 数据核字(2021)第 013550 号

责任编辑:宋丽娜　　责任校对:汪欣怡　　版式设计:马　佳

出版发行：**武汉大学出版社**　(430072　武昌　珞珈山)
(电子邮箱：cbs22@ whu.edu.cn　网址：www.wdp.whu.edu.cn)
印刷：武汉中远印务有限公司
开本:720×1000　1/16　印张:41.25　字数:612 千字　插页:3
版次:2021 年 11 月第 1 版　2021 年 11 月第 1 次印刷
ISBN 978-7-307-22114-7　定价:128.00 元

总　　序

冯天瑜

人类历史是一个有机整体的发展历程，社会、经济、政治、文化等要素彼此交融、相互渗透在这个整体之中，起伏跌宕、波澜壮阔地向前推进。因此，历史研究不能满足于现象的“个体描述”，而应当关注“总体历史”，关注社会综合结构（社会形态）的演化，从而发现历史大势及其规律，诚如太史公所称，他治史绝非满足于枝节性的记载，其宏远目标是“究天人之际，通古今之变”。

然而，“总体”由“专门”综合而成，“一般”植根于“个别”之中，对于“总体历史”的认识、对于社会结构的真切把握，必须建立在历史现象分门别类的深入辨析的基础之上。太史公通过“本纪”探究自五帝、夏、商、周、秦，直至汉武帝的纵向专史进程；通过“世家”开辟横向的列国专史；又以八“书”，并述礼、乐、律、历、天官、封禅、河渠、平准，开文化、科技、财经等专门史之先河；“大宛列传”“货殖列传”实为民族史、中外交通史、商业史之雏形……正是有了诸多专门史具体而微的考实，太史公方能造就整体史学大业，“成一家之言”。《汉书》以下的正史又将《史记》的

“书”扩设为“志”(律历志、礼乐志、刑法志、食货志、天文志、地理志、艺文志，等等)，形成较为翔实、细密的专史篇章。

中国史学有着深厚的专门史传统，不仅表现在《史记》《汉书》等正史为其保留较充分的展开空间，而且自成格局的专志也纷至沓来，如后魏郦道元《水经注》是专论山川地理的志书发轫，两宋以下，各种专史（如金石志、画谱、学案、盐政、畴人传，等等）相继从通史中独立出来，斐然成章，构筑一个大的学术门类。中国的专史之早成、之丰硕，置之古代世界史坛，亦足称先进。

时至近现代，随着学术分科向广度与深度拓展，专门史更成为历史研究蓬勃兴盛的领域。20 世纪前半叶，商务印书馆出版王云五主编的《中国文化史丛书》，在“大文化”名目下，囊括了各类专门史论著，从《文学史》《美术史》到《财政史》《赋税史》《中外交通史》，以至《赌博史》《娼妓史》，尽纳其中，反映了古今中西文化激荡之际的民国学界专史研究的实绩。20 世纪 80 年代，上海人民出版社推出新的《中国文化史丛书》，收入“文化热”时期的数十种论著（包括《小学史》《甲骨史》《杂技史》《园林史》《染织史》等以往少见的分科史著)，是我国专门史成果的又一次结集。

近年来，专门史研究有新的发展，在高等教育的一级学科历史学之下，设置专门史二级学科，多所大学及科研院所设立经济史、文化史、社会史等专门史研究机构，探究领域有所拓展，新史料的开掘、新方法的运用皆有创获，人才成长、论著涌现，蔚然大观。武汉大学出版社推出的《中国专门史文库》便在此种新气象之下应运而生。

本文库以几种早年蜚声学坛的专史作为引领篇什，更多地选入近十年来的专史佳品，其中又分两类，一为曾经出版，现经作者认真修订补充，二为新作。本文库拟分数辑，分批推出，期以共襄专门史研习之大业。

2011 年 10 月 19 日　书于武昌珞珈山

目　　录

导 论

趋同与离异：中国赌博史的社会文化透视

一、游戏，从主流文化到亚文化

游戏与人类几乎同步诞生。喜欢游戏是儿童的天性，是那个年龄段精神生活中一项必不可少的内容。从这儿推及人类的童年，先民们不仅创造并热衷于游戏，而且在游戏中涵盖了他们物质与精神生活的全部。正如荷兰学者约翰·赫伊津哈所说："文化乃是以游戏的形式展现出来，从一开始它就处在游戏当中。甚至远古时代那些目的在于即刻解决生存需要的活动，比如狩猎，也倾向于采取游戏的形式。游戏形态赋予社会生活以超越于生物本能的形式，这一点强调出游戏的价值。正是通过游戏，人类社会表达出它对生命和世界的阐释。关于这点，我们不想说是游戏演变成了文化，莫不如说，在文化的最早阶段里蕴含有游戏的特质，文化在游戏氛围和游戏形态中推进，在游戏与文化的双生联合体中，游戏是第一位的。”①

约翰·赫伊津哈对游戏的历史地位的评价可以说已经到了无以复加的地步，他把是否游戏提升到人与动物之区别的高度来看待，这不禁使人想起席勒那句脍炙人口的名言：“只有当人在充分意义上是人的时候，他才游戏，只有当人游戏的时候，他才是完整的人。”人类从野蛮走向文明，展示人性，乃是通过游戏的形式来实现的。同样，人类文明的成果——文化，出现在地平线上的第一抹云彩，也涂上了游戏的鲜明印痕。

如果说，文化与游戏孰先孰后可能还是一个有待证实的话题，那么，说游戏在人类文明史的早期曾经是一种主流文化，并始终植根于人类文明——文化之中则是不争的事实。“当一种文化演进时，不管是在进步，还是在倒退，我们所假定的游戏与非游戏之间的初始关系并不是静止不变的。作为通例，游戏成分逐渐退至幕后，大部分被宗教范畴吸收，剩余的则结晶为知识、民间故事、诗歌、哲学或各种司法形式及社会生活。这样，原始的游戏成分就完全隐藏到文化现象的背后。但不管何时，即使在一种高度发展的文明中，游戏的天性会再次全力宣称自身的存在，使个人和群体都沉浸于一个巨大游戏的迷醉当中。”②游戏不仅使人精神愉悦，更重要的是体现了人喜竞争、不服输的本性，而且通过一定的规则把竞争纳入有序的、合理的规范。“敢于面对挑战，承担风险，承受压力，这些是游戏精神的要素。”“在游戏场地内，一种专狭的秩序当道。在此，我们接触到游戏的另一相当重要的特征：它创造秩序，它就是秩序。它把一种暂时而有限的完美带入不完善的世界和混乱的生活当中。”③“因为对于我们来说，游戏的要素就是坚守游戏规

① ［荷兰］约翰·赫伊津哈著，多人译：《游戏的人》，中国美术学院出版社1996年版，第49页。

② ［荷兰］约翰·赫伊津哈著，多人译：《游戏的人》，中国美术学院出版社1996年版，第50页。

③ ［荷兰］约翰·赫伊津哈著，多人译：《游戏的人》，中国美术学院出版社1996年版，第12页。

则——即公平竞争。”①这些都对人类从幼稚走向成熟产生潜在而深刻的影响；由游戏所体现出来的一些精神如勇于竞争、敢于冒险、直面挑战等成为人类优良品质的重要部分；而强调恪守游戏规则和公平竞争原则成为人类社会重视秩序和理性的滥觞，“如果没有游戏精神，文明的存在将是不可能的”②。这种说法虽然有些过分，但人类文明的母体里潜藏着游戏精神的基因则是不可否认的。

在人类由“童年”进入“少年”“青年”和“壮年”的过程中，游戏在人类社会生活中便逐渐退居次要位置。“随着一种文明变得更加复杂、更加斑驳多彩和负载过重，随着生产技术和社会生活本身变得更有组织，古老的文化土壤渐渐为高层次的概念、思想和知识体系、教义、规则和条例、道义和条约所覆盖，它们却同游戏失去了联系。文明，已经成长得更为严肃，它只把一个次要的位置分派给游戏。”③这就是说，游戏已由最初的主流文化蜕化成一种亚文化。成熟的人类摒弃“幼年”时以游戏为主导的生活方式，而以更严谨、更理性的态度来生活，来表达对宇宙、对生命的精神探求与阐释。那种游戏影响文化的状况已一去不复返，相反，人类倒是常常将一些文化价值观念注入游戏，赋予它某种实用功能，或者寓知于乐，或者寓教于乐……游戏，除了作为一种消遣、娱乐的工具存在外，有时还是一种文化符号、文化载体，一种附属物，依存于主流文化的母体中。

二、作为游戏但不仅仅是游戏的赌博

游戏是一个涵盖面广、几乎囊括人类生活全部的活动概念。我

---

① ［荷兰］约翰·赫伊津哈著，多人译：《游戏的人》，中国美术学院出版社1996年版，第56页。

② ［荷兰］约翰·赫伊津哈著，多人译：《游戏的人》，中国美术学院出版社1996年版，第111~112页。

③ ［荷兰］约翰·赫伊津哈著，多人译：《游戏的人》，中国美术学院出版社1996年版，第81页。

们感兴趣的当然是人类进入“成熟”期后单纯作为娱乐工具的游戏。按照约翰·赫伊津哈的定义与分类：“游戏是在某一固定的时空中进行的自愿活动或事业，依照自觉接受并完全遵从的规则，有其自身的目标，并伴以紧张、愉悦的感受和‘有别于’‘平常生活’的意识。”①这实际上包含两个方面的意思：一是，游戏是在与日常生活相隔离的特定时空状态下进行的特殊的活动，有共同约定并相互遵循的规则；二是，游戏的功能在于给人们紧张、愉悦的感受。游戏包括多种类型，“比如力量和技巧的游戏，发明、猜谜以及种种机遇展示和表演的游戏”，亦即竞技类游戏、策略类游戏和完全投机的游戏。

按照上述对游戏的定义和分类，我们切入本书的主题：作为一种游戏——至少在游戏层面上的赌博，是怎样体现游戏的一般精神：竞争、冒险和给人以或紧张或愉悦的复杂感受。

赌博起源于游戏，其初始状态就是为了满足人们娱乐的需要，中国古代称其为“博戏”，便是它重嬉戏娱乐功能的典型反映。在西方，早期赌博游乐的成分更重。在英语中，“gamble”(赌博)和“game”(游戏)不仅词根相同，而且往往互相包含，交叉使用。如game的词义既是游戏、运动、玩耍，又有“赌博”的意蕴。美国有一份专门性杂志，名称就叫《游戏与赌博》，很自然地反映出西方人将游戏与赌博视作同一的观念。

赌博既然源于游戏，归类于游戏，便必然具备游戏的一般性特征。首当其冲的当然是它的娱乐性，没有娱乐性，就不能称其为游戏。其次是它具有人们共同遵循、易于操作、熟悉的规则，在可依凭的规则下进行重复性的但却使人乐此不疲的游戏活动。赌博作为游戏可以分为两大类，即参与类游戏和观赏类游戏。参与类游戏又包括纯粹智力、体力型游戏与投机型游戏两大类。前者如围棋、象棋、桥牌等，后者如麻将、吃角子老虎机、轮盘赌等。观赏类游戏如斗鸡、跑马、跑狗、回力球等，中国古籍上称“斗鸡鸭观其力，

① [荷兰]约翰·赫伊津哈著，多人译：《游戏的人》，中国美术学院出版社1996年版，第30页。

角狗马观其驰，盖上至帝王下至闾里皆好之"①，即指此类。

赌博又是一种特殊的游戏。这种特殊性除了我们下面将要着重谈到的赌押钱物外，从游戏本身来说，它具有两个基本属性。"博"的属性使游戏因激烈的胜负之争而有强烈的刺激性，人们在好胜心的驱使下忘掉游戏本身周而复始的某种单调、沉闷，使娱乐性功能得以进一步强化。而偶然性则更使胜负之争蒙上一种先定的、神秘的色彩。在一个共同游戏规则下，参与者取得胜负的机会看似均等，但由于随机性和或然率的作用，胜负的取得不但不取决于参与者整体的体力和智力素质，甚至也不取决于当下的客观条件（以棋牌类游戏来说，某一个人牌的好坏往往与胜负没有必然联系），这在投掷类博戏中表现得尤为明显。事实上，古人对偶然性在赌博游戏中的这种作用早就有充分的认识，如东汉大文豪班固在《弈旨》中说："夫博悬于投，不专在行，优者有不遇，劣者有侥幸，踦拿相凌，气势力争，虽有雄雌，未足以为平也。"这就是说，每一局、每一次赌博胜负与赌博参与者素质的优劣之间并不存在直接关系，优者不可能稳操胜券，而劣者侥幸取胜则是常有的事，赌博毫无公平性可言。于是侥幸、投机、冒险既为赌博游戏的主要特征，也是参赌者所普遍具有的心理和性格。在英语中，"gamble"既解释为博，同时又有投机、冒险的意思。中国人在没有把握的情况下决定做某件事时，也常常爱说"博一记""博一枪"，就带有冒险、投机、侥幸取胜的意思。

从赌博的游乐层面上来看，由于其胜负的随机性和偶然性很强，使参与者往往能获得一份意外的惊喜，大大增加了游戏的娱乐性，人们愿意参与并嗜好这类游戏往往就是冲着这份"意外"而来的。另一方面，这类游戏对参与者的智力和体力不做要求，胜负全凭机遇、侥幸和投机，也使其成为人人都能参与的大众化娱乐形式。在中国，围棋只能是少数人参与的高雅运动，麻将则是大众都能参与的雅俗共处的游戏。其原因就在于前者需要高智商，毫无侥

---

① 转见瞿宣颖纂辑：《中国社会史料丛钞》（下），上海书店 1985 年影印本，第 657 页。

幸、投机可言，这就是班固所说的“高下相推，人有等级，若孔氏之门，回赐相服，循名责实，谋以计策”①；而后者虽然也有一定的智力要求，但主要凭运气，主观意志和智商因素不起决定作用。因此，只要能够认识麻将牌面的字，都可以上桌一博。麻将成为“国赌”，此为主要原因之一。

赌博当然不只是一种游戏，如果仅仅只是一种游戏，人类就不会为它如此大伤脑筋，没有必要也没有理由去禁止这种有益于身心健康的娱乐活动。但游戏只是赌博的外壳，或者说只是它的一种非本质的属性。它的实质和要害是赌取钱物，是一种不合法的金钱搬运术，亦即唐代经学家颜师古所一语道破之“博弈……皆谓戏而取人财也”。

赌博的诱人之处在于，它的金钱搬运、财富转换是在游戏过程中进行的。赌博与游戏的关系是颇为复杂的，从时序上来看，不但赌博起源于游戏，而且一般人迷恋上赌博，都是从游戏开始的，先是被其强烈的游戏趣味所吸引，其次才是被不劳而获的投机性所诱惑，由游戏的层次进入赌博的层次。赌博并不把游戏作为自己的终极目的，娱乐只是一种外在的形式和引人上钩的诱饵。对于一般人来说，小数额的押注可能是游戏、赌博兼而有之，既有娱乐休息的乐趣，又抱有一线侥幸赢钱的希望。但对于真正的赌徒来说，赌博就是追求输赢效果，不带任何娱乐游戏性质。麻将是举世公认的趣味性、娱乐性很强的游戏，但对于纯粹的赌徒来说，它只是一种赌博的工具，形式越简单越好，离开了赌押钱物，哪怕是小数额的押注，玩起来也索然无味。

正是由于赌博将游戏与投机、输赢三者做了天衣无缝的黏接和融会，能够满足人们在心理、精神、物质等不同层次的需要，因此才备受青睐，对人类具有长久不衰的诱惑力。从游戏的层面上来看，它那丰富的内容和形式以及强烈的竞争性和独特的随机性，能满足人类不同层次、不同种类的生理、心理需要。人类需要游戏，其生理、心理需求是多重的，或为强身健体、放松身心；或图一时

① （汉）班固：《弈旨》。

之快、寻求强烈的感官刺激；或为陶冶情操，娱情养性；或取其“热闹”，在激烈的竞争中获得快感，物我两忘；或追求“寂静”，在较智伐谋的过程中领略人生奥妙，求得精神慰藉。游戏既是人生乃至社会生活的一种模拟，更是人类完善自我，使天性复归的一种有效的形式和途径。西方人迷恋赛马、轮盘赌、吃角子老虎机，中国人迷恋麻将，尽管方式不同，“动”“静”各异，但在现代社会条件下，通过游戏模拟人生、愉悦身心、寻找自我的目的则是基本相似的。因此，对于人类来说，游戏绝不是可有可无的“小儿科”，它是人类多重需求之一。从这个意义上来看，以游乐为旨归的小注额赌博活动作为人类精神生活的一种补充，它受人欢迎是情理之中的事。

从物质需要层面上来看，赌博迎合了人们以较少的投入获取较多的财富甚至不劳而获的投机心理。有人说，好赌是人类的天性，这话虽不算全对，但也不能说全错。如果单从经济学的角度来论，以最小的投入获取最大的利润，不仅不错，而且是深受称道的，关键是通过什么手段去获取利润。赌博不仅手段是非正常的，而且形式与过程也完全是非理性的，即输赢全无把握，完全靠投机取胜。尽管历代禁赌言论都宣传十赌九输的道理，绝大多数赌徒也确实在赌博中输光血本，倾家荡产。但是，在输赢概率里毕竟还有赢的比率，哪怕只是极少的赢率，也给赌徒以侥幸、投机的一线希望。赌博正是靠这一极少的赢率给赌徒以刺激、做诱饵，使其拼命一搏、至死不悔的。而古今中外，也确乎不乏赌徒赌赢暴富的实例。远在汉代，《史记》上就有“博戏……桓发用之富”的故事。1981 年 9 月 9 日，当韩国一名中年流浪汉在美国沙漠赌城拉斯维加斯的赌场外徘徊时，他的手中仅仅只有 3 枚硬币。输赢 50% 的概率促使他下决心进去碰碰运气，当他将筹码塞进吃角子老虎机扣动扳机时，奇迹出现了，哗哗啦啦的硬角子倾泻而出。整整一天一夜，他连赌连赢，一位一文不名的流浪汉，一夜之间便成为拥有 25 万美元、声震赌城、名扬全球的富翁。这位流浪汉的传奇故事，对于赌博爱好者来说，简直太具有刺激性了。24 小时之内，穷人与富翁之间角色位置须臾转换，人们除了惊异赌博的奥妙，感叹命运的无常，还能再说什么呢？但是，赢的概率毕竟只有 50%，甚至更小，输是必然的，赢绝对是偶然的，赌博者在理智上也深深明白这一道理。但是，人们的投机天性却驱使其丧失理智，逾越常规去狠命“博一记”，都希望自己成为好运的宠儿，让那有限的赢率惠顾自己。于是尽管一输再输，只要手中有一个铜板，一次机会，就要去为那一线希望做永远没有完结的“一博”。俄国著名作家陀思妥耶夫斯基早年曾在德国著名赌城巴登深陷赌海，对这类心态有过逼真的描绘：“输光了，全输光了！走出赌场一看，背心口袋里还有一个古丁。我想，这么说，还有钱吃顿午饭！但走了一百步，改变了主意，又回去了，我将这个古丁押在‘空门’上。的确，这真是一种特殊的感受：孑然一身，客居异国，远离家乡和朋友，不知明天何以充饥，却把最后一个古丁押在赌台上！难道我自己不知道我已是不可救药的人么？但我为什么不能死而复生！只要沉住气，我就能在一小时之内扭转我的命运！”

现在，我们总算弄清楚了赌博的“庐山真面目”，也弄明白了人类对它迷恋至深、屡禁不止的个中奥秘。赌博，原来是一个集游戏娱乐与投机敛财于一体的多面兽似的大怪物。它基于对人性的透彻了解和潜在沟通，以不同的面孔，从不同的角度来满足人类不同层次的身心需要，成为人类精神生活的一种重要补充。它也同样基于对人性弱点的深刻把握和对人类理性的完全蔑视，以不同的面孔、不同的方式来对付人类对它的防范与围剿。以至自信无所不能的人类对它也无可奈何，最终不得不网开一面，或者如西方人干脆宣布其合法，大大方方地接纳了它。

三、中国传统文化对赌博的认同与排拒

中国传统文化对赌博的认同与排拒，往往与对赌博属性的认识、把握的层面不同有关。

如果仅仅是从游戏的层面来看赌博，博弈之道虽然属于小道末技，但与儒家文化并不呈本质冲突，“六艺”礼、乐、射、御、书、

数并未明确包括博弈，但其游乐功能却与之一致。孔子提出“饱食终日，无所用心，难矣哉。不有博弈者乎！为之犹贤乎已”①，显然是从游乐与怡情养性的角度肯定博弈的正面功能。孔子以降，中国文人与文化接纳、肯定、利用、改造赌博，大多基于赌博的这一功能层面，将其作为正统主流文化的补充——一种亚文化纳入儒学文化体系。

首先，中国传统文化有意强化博戏的游乐功能，使之迎合并适应传统中国人尤其是士大夫阶层追求怡情养性的“雅尚”趣味和物我两忘的至高境界。传统文化认为，博戏的本质是“争先”与“惟胜是图”，这与儒家的“中庸”、耻功利和道家的“无为”是根本对立的。汉代史游说：“棋局博戏相易轻”，“凡人相与为棋博之戏者，因有争心，则言辞轻侮，失于敬让，故曰相易轻也”。② 宋代著名女词人李清照也曾直陈博戏的这种“争先”本质：“夫博者，无他，争先术耳。”因此，传统文化首要的任务就是消弭博戏的这种“争先”和纯粹赌赢逐利属性，使其向平和冲淡的游戏复归。不少士大夫投入精力参与对博戏的诠释、改作，目的即在此。如李清照作《打马图经》有言：“好胜者人之常情，游艺者士之末技。说梅止渴，稍苏奔竞之心；画饼充饥，少谢腾骧之志”，使博戏既满足人们好胜心理，又仅仅停留在游戏自娱的层次，不至于越出儒家伦理规范。对于那些有古朴之风、纯粹运智斗巧的游戏，中国文化总是倍加推崇，大力提倡。如汉人评说当时流行的弹棋：“弹棋者，雅戏也，非事乎千百枭橛之数，不游乎纷竞诋欺之间，淡薄自如，故趋名近利之人，多不尚焉。盖道家所为，欲习其偃亚导引之法，击博腾掷之妙，以自畅耳。”③弹棋由于颇合儒、道规范，因此在汉魏六朝时期颇受上流社会欢迎。即使像颜之推这样一向认“圣人不以博弈为教”，对博戏颇不以为然的“醇儒”也不排斥它，赞成在闲时玩一玩，他在《颜氏家训》中便说过：“弹棋亦近世雅戏，消愁释

① 《论语·阳货》。
② （汉）史游：《急就篇》卷三。
③ （宋）李昉等：《太平御览》卷七五五《弹棋经后序》。

愦，时可为之。”①南宋洪遵在《谱双序》中说：“大抵人之从事百役，劳惫湫底，不可以久，必务游息以澄神渫气，故取诸博，博之名号不同，其志于戏一也。”②这就明确说明博戏的休闲娱乐功用。因此，当一部分士大夫不是为了“争先”“投机”，而是为了消愁释愦、怡情养性而参与博戏时，就别有一番心境与情趣。唐朝著名诗人刘禹锡的“此时一行出人意，赌取声名不要钱”，宋朝徐弦的“刻烛知无取，争先素未精，本图忘物我，何必计输赢，赌墅终规利，焚囊亦近名，不如相视笑，高咏两三声”，其目的不是为了“争先”，也不是为了博名、逐利，所求的只是“不如相视笑，高咏两三声”的畅意洒脱和“本图忘物我，何必计输赢”的脱俗境界。传统文化认为，求得身心愉快应该是博戏的唯一目的，而这种快乐只有在没有任何功利负担的轻松状态下才能获得。一旦涉及胜负，尤其是有钱物的输赢，快乐与轻松就荡然无存。葛洪认为，那种胜负“交争”的博戏，“心热于中，颜愁于外，名之为乐，而实煎悴”。清人申涵光也说：“吾见废时失事，劳精耗财，每一场毕，冒冒然目昏体惫，不知其趣安在哉。”即使有所谓“快乐”，也已不是游戏本身所具有的那种天然乐趣，而是以牺牲他人为代价的“快乐”，“胜者欢悦，负者沉醉”。这种“快乐”在讲仁义的儒者看来未免有些残忍。因此，传统文化对于博戏无论是正面阐释还是反面抨击，其目的都是为了抑制其反文化的负功能和负效应，把它向游戏一路牵引和复归。尽管这种努力收效甚微，赌博在传统社会仍然姓“赌”，不仅一般皂隶百姓、市井细民以“赌及钱物”为唯一目的，就是不少志行高远的大夫（如韩愈、杜甫之类）也是“惟胜是图”的；但它毕竟为赌博在历代的存在提供了“合法”的借口，大量博戏品种在游乐的外衣下被文人们“化俗为雅”，登上大雅之堂。赌博的“雅化”因此成为中国传统文化中一道奇特的景观。

其次，中国传统文化善于利用赌博的偶然性与投机性特征来强

---

① （北齐）颜之推撰，王利器集解：《颜氏家训集解》卷第七《杂艺》第十九，上海古籍出版社1980年版，第530页。

② （宋）洪遵：《谱双序》，见（明）陶宗仪等编：《说郛》卷一百一。

化社会成员的宿命意识，以达到抚慰情绪、稳定社会的目的。其表现首先是博戏与占卜联姻，成为卜测命运的一种补充手段。投掷类游戏与古代占卜术关系如何，尚待研究，但六博、樗蒲被古人用作占卜则是史有明证的事。有些人甚至将博具视为神物，顶礼膜拜。近人尚秉和先生在《历代社会风俗事物考》一书中曾以“古谓博有神，尝以此卜富贵”为题辑了数则相关史料，颇能说明问题。《晋书》：“慕容宝与韩黄根等樗蒲，誓曰：‘世云樗蒲有神，若富贵可期，愿得三卢。’于是三掷尽卢，袒跣大叫。”又《宋史·张昭远传》：“少喜与里中恶少游，一日众祠里神，昭远适至。有以博投授之者，谓曰：‘汝他日倘有节钺，试掷以卜之。’昭远一掷，六齿皆赤。”又李安人五掷皆卢，明帝大惊。刘毅掷得雉大叫，刘裕掷得卢，毅甚不悦。是皆以卢采王。得之，于身命有关。①

慕容宝、张昭远、刘裕、李安人等以樗蒲卜命运，皆如愿以偿，难怪要将其奉为神物。类似的还有对骰子的崇奉，如唐玄宗掷重四、赐四绯，就被传得神乎其神。而刘禹锡在《观博》中，则绘声绘色地讲述了一个不能如愿的例子：“客有以博戏自任者，速余观焉。初主人执握槊之器置于庑下，曰主进者要约之。既揖让即次，有博齿二，异乎古之齿。其制用骨，觚棱四均，镂以朱墨。耦而合数，取应期月。视其转止，依以争道。是制也通行之久矣，莫详所祖。以其用必投掷，故以博投诏之。是日客抵骨于局，且祝之曰：‘其来如趋，其去如脱，事先趑趄，命中无蹉跌，无从彼呼，无戾我恒。’分曹遒迫，自朝至于日中稷，而率与所祝异焉。客视骨如有情焉，如或冯焉。悉詈之不泄，又从而龀啮蹂躏之，莫顾其十目之哈让也。乃曰：‘非予术之不工，是朽骼者不予畀也。’”②

这位赌徒“视骨（即骰子——引者注）如有情焉，如或冯焉”，与慕容宝称“樗蒲有神”有异曲同工之妙。他赌前向骰子祈祷，乞

① 尚秉和著，萧艾、谭松林校点：《历代社会风俗事物考》，岳麓书院1991年版，第391页。

② （唐）刘禹锡：《观博》，见刘禹锡著，瞿蜕園笺证：《刘禹锡集笺证》（中），上海古籍出版社1989年版，第533页。

求其保佑自己在赌局中获胜，但结果“与所祝异焉”，即没有得到期望中的好结局，于是迁怒于骰子，以为不是他赌术不精，实在是骰子不给他机会，痛骂之余仍不解恨，又把骰子摔在地上拼命地践踏一番方才罢休。无论是乞灵也好，迁怒也罢，总之都是基于一种对赌具的迷信，视之为有情物，这与上古人对龟、策一类的卜筮崇奉很是相似。赌具的神秘化甚至神圣化对赌博的生存和发展无疑很有意义，一方面，它迎合了古人对天命、神道不可知和畏惧崇拜的普遍心理，使大众摒弃对赌博的厌恶不洁心理而接受得心悦诚服；另一方面，它因与传统卜筮文化合流，将随机性、偶然性掩藏在某种神定的超理性的模式之中，原本非理性的赌博因此而变得合理化。既然输赢自有定数，那么人们只有认命，赢不可狂喜，输不必过悲，以一种平静和平常心态介入赌博，大大冲淡了投机性所带来的负面效果，这大概正是儒家文化的所谓“乐而不淫、哀而不伤”罢。所以中国人虽嗜赌却不狂迷，非理性的赌博经过天命神道观念的缓冲与过滤，蜕衍成一种“阿 Q”式的“理性”，在跨越了多重环节之后终于与儒道正统文化取得某种联系和沟通，从而获得了赖以存在的文化支撑。

最后，传统主流文化在政治—伦理的文化层面上对赌博予以诠释与改造，使其在更深、更广的层面上与传统文化保持同一。中国赌博史表明，传统文化为了减轻博戏的负面作用，总是有意识地对其进行牵强附会的伦理注解。塞戏如此，宣和牌如此，围棋、象棋亦如此。塞戏集阴阳乾坤、仁义礼智、王道霸道于一体，有利于人伦与治术；围棋“精其理者，足以大神圣教”；象棋可以协助理学教化人们“恻隐羞恶，辞让是非”；马吊尽管讲求权谋诈术，为富不仁，舍义逐利，但仍合阴阳八卦，忠孝之道，有利于专制统治……传统文化对博戏的这种改铸与利用，典型地体现出儒家对包括博戏在内的一切游戏“寓教于乐”的实用主义态度，对此，李汝珍的《镜花缘》曾经一语道破：“古人一举一动，莫不令人归于正道，就是游戏之中，也都寓着劝世之意。”孔子有“志于道，据于德，依于仁，游于艺”的名言，道、德、仁、艺四位一体，就是儒家所重视的游于艺，并不仅仅是单纯的“游”，而最终归宿在道、德、仁上。到此，博戏作为人类精神生活的一种补充，其社会文化功能已经得到最为充分的发挥，其与主流文化的同一性也达到了至善至美的境界，即从单纯的游戏进化到伦理教化的工具。至少主观和形式上如此，客观效果如何则不去追究。因为游戏终究是游戏，人为添加上去的附加物，人们往往不予理会。还是清代作家李汝珍说得透彻："无如世人只知贪图好玩，那晓其中却有这个道理。"①

四、从亚文化到反文化，赌博与儒家文化的冲突对立

传统文化对博弈之道的认同植根于博戏的游戏层面，并努力寻找它们之间的共同点，使其成为嫁接于儒教文化之树上的常青枝叶。而许多文人对它的排拒则基于其对赌的属性的本质把握，从中看出它所具有的鲜明的反文化属性——与儒学正统文化本质冲突及深刻对立。

如果说，传统博戏最初还企图保持与传统文化的某种同一性，在其牌面形制、制作过程中反映儒学伦理精神和思维方式的话，那么，愈到后来，这种同一性就愈少，而离异性——与儒学文化的根本精神相悖离的倾向就愈明显。最典型者莫过于明末的马吊和晚清的麻将。其牌面形制便是"孔方兄"，玩马吊、麻将博戏，除了游乐外，直接主要的目的便是赌钱与逐利，"人之所重利，可以胜人惟利，慧者得利以兴，愚者因利以亡"②，这显然与儒家"重义贱利"的文化价值观完全背道而驰。当然，马吊、麻将还讲究运智，有游戏的功能，其中操作过程与传统思维方式沟通之处颇多。而近代以来出现的不少"杂赌"，如"番摊""字宝"之类，游乐功能与文化品味俱无，是纯粹的赌具与赌戏，可以说与儒学主流文化无一暗合之处。

---

① （清）李汝珍：《镜花缘》第七十四回"打双陆嘉言述前贤，下象棋谐语谈故事"。

② （清）黎遂球：《运掌经》。

正是由于赌博与儒学所具有的这种本质性冲突对立，所以历来有不少儒者对其大加排诋，孟子直指“好博”为不孝，斥责赌博违背了儒学伦常。三国时韦曜的讨檄赌博的名篇《博弈论》，全面而系统地论证博弈与儒家文化的对立，“好玩博弈……忘寝与食，穷日继明，继以脂烛……专精锐意，心劳体倦”，不合儒家“乐而不淫，哀而不伤”的中庸之道；因博弈“多不务经术……废事弃业……人事旷而不修，宾旅阙而不接”，与儒家“业精于勤”，勤谨敬业及“天行健，君子以自强不息”等锐意进取的精神志趣背道而驰；“至或赌及衣物，徒棋易行，廉耻之意驰，而忿戾之色发”，更是同儒家“重义贱利”的价值准则存在尖锐的对立；“技非六艺，用非经国……以变诈为务，则非忠信之事，以劫杀为名，则非仁者之意也”，亦与儒家倡导的温文敦厚的做人信条大相违异。在历数赌博与儒学教义的冲突之后，韦氏站在儒家伦理文化的高度对赌博及文化属性进行了总清算：从较低的技艺层次看，其不属于传统六艺范畴；从较高的伦理规范看，更不合乎忠孝仁义的君子信条。

韦曜对赌博的评论与讨伐，可以看作传统主流社会对赌博与儒学正统文化关系认识的一种代表。平心而论，他对赌博的社会危害性及其反文化本质属性的认识是相当系统而深刻的，但是，他在否定赌博文化“赌”的层次时，连“技”——游艺的层面甚至基本没有投机因素，主要依靠智力取胜的弈棋游戏也一同予以抛弃，显然矫枉过正，不仅显得偏激，而且事实上也难以做到。考查历代儒者对赌博的态度，笔者认为还是孔子较为公允，他将博弈还原为只是茶余饭后消闲的游戏，除此之外没有任何附加的功能。这当然与当时博弈之道还更多地保持着游戏的原始意义有关。此后，其“赌胜”“博彩”的一面不断得到强化，于是便有那些儒学卫道士或附会“教化”功能，或投戈讨伐，从不同侧面纠偏补弊的文化努力。

上述努力当然是有成效的，它使中国没有出现全民性的嗜赌狂迷，由于儒学伦理价值观念深厚的影响力，中国的赌博从来就未曾完全合法化过。但是，所有的努力又都是失败的，一方面，企图通过赌博进行伦理教化无疑痴人说梦，是根本行不通的；另一方面，中国赌博虽然未曾合法化，但半公开、被默认的赌博从来就没有停歇过，而且代有高峰，证明儒学禁赌努力的失败。“中国人的生意减少时，赌博却随之大增，因为，让他们不赌比让他们不吃饭还难。”①这当然不是儒学及其卫道者们的过错。古今中外，赌禁未绝，没有哪个民族能避免这一人类文明史上的重大不幸，成为人类社会一个难解的斯芬克斯之谜。要解开这个谜，还需透过赌博迁演的历史迷雾，到人的心灵与性灵深处去探寻，去求解……

① ［法］孟德斯鸠：《地理》，见许明龙译：《孟德斯鸠论中国》，商务印书馆2016年版，第23页。

第一章

“六博在一掷，枭卢比回旋”：先秦至两汉时期的赌博

一、源远流长

当人类的功利意识开始萌动的时候，赌博业就应运而生。世界上历史最悠久的文明古国往往就是赌博出现较早的国家。大约在公元前3000年，伊拉克和印度就出现了掷骰子的赌博游戏。中国古代最早的博戏——“六博”，相传出于夏朝末期乌曹之手：“簙(博，古作簙——引者)，局戏也。六箸十二棋也。从竹博声，古者乌曹作簙①。”据《世本》考证，乌曹是夏朝最后一个国王夏桀的大臣。《薛孝通谱》也说：“乌曹作博，其所由来尚矣。双箭以象日月之照临，十二棋以象十二辰之躔次。则天地之运动，法阴阳之消息，表人事之穷达，穷变化之几微。履谦谢，则知冲谢以致福；观杀罚，

① (汉)许慎：《说文解字》卷五(上)。

则知当路而速祸；行其道，则掎鹿有归；保其家，乃瞻乌爰集。隐显藏用，莫不合道；龙潜雀起，率皆趣良。足以谐畅至娱，治协妙赏者也。”①由此算来，赌博游戏在中国也有3500余年的历史了。

乌曹有无其人，是否作博，不可尽信。商代的博戏，至少在上流社会是存在的，史料记载：“帝武乙无道，为偶人，谓之天神。与之博，令人为行，天神不胜，乃僇辱之。”②西周时期，周穆王满据说也是一个六博爱好者，《穆天子传》说：“天子北入邴，与井公塞。”③春秋战国时期，随着社会经济的发展，尤其是城市商品经济的繁荣，赌博活动已在社会的各个层面和各个地区流行开来。不少诸侯国都城嗜赌若狂，赌风炽烈，“若乃州闾之会，男女杂坐，行酒稽留，六博投壶，相引为曹”④。如齐国的国都“临淄之中七万户……甚富而实，其民无不吹竽鼓瑟，击筑弹琴，斗鸡走狗，六博蹋鞠者”⑤。从先秦和两汉的许多史籍中，我们发现，几乎所有春秋战国时期的诸侯国都有赌博活动的记载。20世纪70年代以来，考古出土的文物中也发现了这一时期的六博棋局。如1978年在山东曲阜鲁国故城遗址出土的战国早期石质六博棋局、玉质和象牙质六博棋子以及六博算筹；湖北江陵雨台山楚墓、湖北荆州纪南城楚墓、湖北荆州天玺观楚墓、湖北江陵九店楚墓出土的战国中期六博棋局；河北平山县中山王墓中发现的一具用小石板拼合而成的战国晚期六博棋盘；浙江安吉王福楚墓出土的六博棋局；此外，1995年在陕西咸阳塔尔坡秦都遗址，发现了一只战国时期陶罐上镌刻的博具图案。其中，中山王墓中出土的六博棋盘是目前所见较早的石质六博棋局。这幅棋盘“长45、宽40.2厘米，由许多小石板拼连而成，四角有钉孔，边饰绹纹，内由饕餮、虎和蟠虺纹组成图案，构成一幅精美的画面”⑥。

---

① (宋)李昉等：《太平御览》卷七五四《工艺部十一》。

② (汉)司马迁：《史记·殷本纪》。

③ (宋)李昉等：《太平御览》卷七五四《工艺部十一》。

④ (汉)司马迁：《史记·滑稽列传》。

⑤ (汉)司马迁：《史记·苏秦列传》。

⑥ 河北省文物管理处：《河北省平山县战国时期中山国墓葬发掘简报》，载《文物》1979年第1期，第13页。

鲁国故城遗址中出土的六博棋子和棋筹，亦是我国目前为止发现的较早的六博棋盘以外的六博实物，为我们研究战国时期六博博戏提供了极为重要的参考资料。而塔尔坡秦都咸阳遗址出土的秦人博局图案，是我国迄今出现的时代最早的博具图画。“此博局图案的出土说明了我国博戏发展源远流长。至少可以说明在战国时民间广泛流行博戏。因此出土于平民墓中，刻画于实物陶器上，说明墓主生前应是博戏爱好者。”①

春秋战国时期，好赌之风弥漫于社会各个阶层。从国君侯王到一般豪富到普通百姓，无不嗜好博戏。宋国君王闵公(湣公)就是因与人博戏发生争执而身亡于局盘之下，《史记·宋微子世家》记载：“十一年秋，湣公与南宫万猎，因博争行，湣公怒，辱之，曰：‘始吾敬若，今若，鲁掳也!’万有力，病此言，遂以局杀湣公于蒙泽。大夫仇牧闻之，以兵造公门。万搏牧，牧齿著门阖死。因杀太宰华督，乃更立公子游为君。诸公子犇萧，公子御说犇亳。万弟南宫牛将兵围亳。冬，萧及宋之诸公子共击杀南宫牛，弑宋新君游而立湣公弟御说，是为桓公。”②湣公与大夫南宫万外出狩猎时作六博戏，赌博过程中双方发生争执，湣公情急之时，当众揭了南宫万曾经做过鲁国俘虏的短，南宫万一怒之下举起六博盘砸死湣公，酿成杀身大祸，并引发宋国王位更迭。

《史记·魏公子列传》记载，战国时期魏国“公子与魏王博，而北境传举烽，言‘赵寇至，且入界’。魏王释博，欲召大臣谋。公子曰：‘赵王田猎耳，非为寇也。’复博如故。王恐，心不在博。居顷，复从北方来传言曰：‘赵王猎耳，非为寇也。’魏王大惊，曰：‘公子何以知之?’公子曰：‘臣之客有能深得赵王阴事者，赵王所为，客辄以报臣，臣以此知之。’是后魏王畏公子之贤能，不敢任公子以国政。”③这则故事讲的是战国四公子之一的信陵君魏公子忌

① 谢高文、岳起：《塔尔坡秦人博局图》，载《文博》1997 年第 4 期，第 9 页。

② (汉)司马迁：《史记·宋微子世家第八》。

③ (汉)司马迁：《史记·魏公子列传第十七》。

与其兄魏安釐王在宫中玩六博游戏。故事重点虽在讲信陵君大养门客，刺探邻国情报，从中却透露出魏国宫廷君臣们爱好博戏的信息。

在秦国，秦昭王亦喜好六博。《韩非子·外储说左上》说他伐取华山上千年松柏，用其木心做成博，箭长八尺，棋长八寸，上勒刻“昭王尝与天神博于此矣”。《韩非子》里还讲了另外一个与赌博有关的故事：“薛公之相魏昭侯也，有杨胡蕃者，于王甚重，而不为薛公，薛公患之。于是乃与之博，予之百金，令与昆弟博戏，俄又益之二百金。”①赌注之大，令人侧目。在晋国，“晋灵公骄奢，造九层之台，谓左右曰：‘敢谏者斩!’孙息(即荀息)闻之，求见，公曰：‘子何能?’孙息曰：‘臣能累十二博棋，加九鸡子于其上。’公曰：‘吾少学，未尝见也，子为寡人为之。’孙息即正颜色，定志意，以棋子置于下，而加九鸡子于上，左右慑息。灵公俯伏，气息不续。公曰：‘危哉!’孙息曰：‘公为九层之台，三年不成，危甚于此。’”②《说苑》里这则故事从一个侧面说明当时晋国亦流行六博游戏。

战国时期，不仅各诸侯好六博，许多王公贵胄、富商巨贾亦爱之有加。荆轲，不仅是载入史册的暗杀英雄，也是一个嗜酒好博之徒。史载其“嗜酒”，在燕国“日与狗屠及高渐离饮于燕市，酒酣以往，高渐离击筑，荆轲和而歌于市中，相乐也，已而相泣，旁若无人者”，在赵国曾与鲁句践赌六博，史载：“荆轲游于邯郸，鲁句践与荆轲博，争道。鲁句践怒而叱之，荆轲嘿而逃去，遂不复会。”③大梁一姓虞的富豪不但自己嗜好博戏，而且每日在家临街的楼上开设博局招赌，四方赌徒闻风而来。如果有人击博射中，众人争相喝彩，好不热闹。④ 先秦时期，赌博不仅在上流社会盛行，一般百姓亦好此戏。《庄子》就曾经讲过臧与縠两个家奴放羊，其中

① (宋)李昉等：《太平御览》卷七五四《工艺部十一》。

② (宋)李昉等：《太平御览》卷七五四《工艺部十一》。

③ (汉)司马迁：《史记·刺客列传》第二十六。

④ 《列子·说符》。

榖因博塞以游致使羊丢失的故事。

春秋战国是中国传统赌博文化的奠基时期。首先，这一时期赌博种类呈现多样化态势，斗鸡、走犬(跑狗)、六博、弈棋、投壶……竞相出现，不一而足。也就是说，无论是观赏类的游戏(斗鸡、走犬)，还是参与类的游戏(六博、投壶)，抑或智力型的游戏(弈棋)、投机型的游戏(六博)，无不出现。斗鸡博戏早在西周末年即已出现。《列子·黄帝》："纪渻子为周宣王养斗鸡，十日而问：'鸡可斗已乎?'曰：'未也，方虚骄而恃气。'十日又问，曰：'未也，犹应影向。'十日又问，曰：'几矣，虽有鸣者，已无变矣。'望之似木鸡矣，其德全矣。异鸡无敢应者，反走耳。"斗鸡在春秋战国时期是一项颇为流行的赌博活动，如《左传·昭公二十五年》就记载了鲁国大夫季平与郈昭伯两家斗鸡的故事："季、郈之鸡斗。季氏介其鸡，郈氏为之金距。平子怒，益宫于郈氏，且让之。故郈昭伯亦怨平子。"在鸡脚上绑上铁环，两鸡搏斗时使对方斗鸡受伤而胜之。至于赛马赌博，世人皆知的田忌赛马，其实就是一场赌博，"一不胜，而再胜，卒得三千金"。不仅有金钱输赢，而且一掷千金，赌注巨大。

其次，流传于世的博戏——六博，因其投机性(先掷箸)与娱乐性(后行棋)兼而有之，尤其是有钱物之输赢，已进入博彩一路。荀子曾谈到当时以六博赌博钱财输赢很大，"先王之道，则尧舜已；六贰之博，则天府已"。《集解》："求财于六贰之博，得之不穷，故曰天府。天府，天之府藏。言六贰之博可以得货财，先王之道，可以为尧舜，故以喻焉。六贰之博即六博也。王逸注《楚辞》云：投六箸，行六棋，故曰六博。今之博局长亦二六相对也。"①因此广受社会各界青睐。从君王乃至王公贵族，富商巨贾乃至一般平民，无不趋之若骛，六博因此成为春秋战国时期博弈文化的主流。

再次，作为整个先秦两汉时期主流的博弈文化，六博无论从器物形制到游戏规则，都在这一时期大体定型。从出土的棋局来看，六博的局、棋、箸等器具无不具备，中山王墓出土的六博棋局的设

---

① (战国)荀况：《荀子·大略篇》。

计“与秦汉时期的博局相似，也有所谓‘行棋十二道’，即内方四道边的外缘，于四正各标T形符号，外方四道边的内缘，于四正各标倒置的L形符号(如曲尺形)，于四隅各标V形符号(也如曲尺形，与四隅围成小方块)”①。这就是汉代六博及其所谓TLV纹，又称“规矩纹”“博局纹”。至于棋、箸等六博器物，山东曲阜鲁国故城遗址出土的12枚六博棋子以及筷形牙筹和筷形银筹，即为明证。在先秦一些文献中，关于局、棋、箸等亦有不少载录，《楚辞·招魂》记载：“篦蔽象棋，有六博些。”朱熹集注：“六博以篦簬作箸，象牙为棋也。”箸在战国时期还有蔽、箭、博等多种名称。如“蔽”，《楚辞·招魂》记载：“篦簬象棋，有六博些。”如“箭”，《韩非子·外储说左上》记载：“秦昭王令工施钩梯而上华山，以松柏之心为博，箭长八尺，棋长八寸，而勒之曰：‘昭王尝与天神博于此矣。’”六博的戏法和游戏规则虽然颇为繁复，有所谓大博、小博之分，投箸的博与投琼的博之别，而投箸的博又有投二箸的博和投六箸的博与投八箸的博等。但究其要者，主要还是投六箸的博，亦即‘六博’。关于具体戏法和规则，本书将在下节专门介绍。需要指出的是，秦汉时期六博的两种基本戏法在战国时期已大致定型。

秦人好赌，由来已久。秦朝赌博上承春秋战国，下启两汉。秦昭王华山伐木制博，与天神相博，传为佳话。1995年在秦都咸阳遗址西侧塔尔坡发现一副刻在陶罐上的博局图，考古学界认为是我国迄今为止出土的时代最早的秦人博局图案，说明战国时期的秦国已经流行六博游戏。② 秦始皇统一中国后，博戏之风一因战国，弥浸于社会各界。《说苑·正谏》：“秦始皇帝太后不谨，幸郎嫪毐，封以为长信侯，为生两子。毐专国事，浸益骄奢，与侍中左右贵臣俱博饮。酒醉争言而斗，嗔目大叱曰：‘吾乃皇帝之假父也，窭人子何敢乃与我亢！’所与斗者走行白皇帝，皇帝大怒，毐惧诛，因

---

① 李零：《跋中山王墓出土的六博棋局——与尹湾〈博局占〉的设计比较》，载《中国历史文物》2002年第1期，第10页。

② 谢高文、岳超：《塔尔坡秦人博局图》，载《文博》1997年第4期，第8~10页。

作乱，战咸阳宫。毐败，始皇乃取毐四肢车裂之。”①考古发掘表明，无论是京畿之地咸阳，还是偏远的南方湖北、西北的甘肃，都风行六博博戏。在咸阳，“一九七六年四月，秦始皇陵区内的毛家村西南，发现一件多园面的石球。石质为细砂岩，颜色清灰。石球环周刻磨成十四个小园面，每个小园面的直径1.5厘米。其中十二个园面上分别镌刻阴文一至十二的数字。另两个上下对顶面刻‘骄’与‘䐈’二字，各面刻字的排列情况为相间交错”②。在湖北，20世纪80年代初，考古工作者分别在云梦睡虎地11号和13号秦墓出土了两具木质六博棋局。这两副博局均由木质棋盘、骨棋子、竹箸构成。11号墓出土的博局接近方型，长32厘米，宽29厘米，高2厘米，局面阴刻曲道纹、方框和4个圆点，12颗棋子，6颗棋面为长方形，长1.4厘米，宽1厘米，高2.4厘米，另外6颗棋面为方形，边长1.4厘米，高2.4厘米，均髹黑漆。博箸6根，长23.5厘米，在半边细竹管内填金属粉制成。13号墓出土的博局稍大于11号墓，长38.5厘米，宽35厘米，高3.3厘米，局面也刻有12个曲道纹和方框，朱漆绘4个圆点。在局的一侧挖一个长24厘米，宽1.8厘米，深6厘米的凹槽。槽内放竹箸6根和骨棋子6颗。棋子一大五小，大的长3厘米，宽1.4厘米，高2厘米，髹红漆；小的长2.5厘米，宽1.2厘米，高1.7厘米，髹黑漆。箸亦以半边细长竹管制成，长19.5厘米，半边竹管的两边各置铜丝一根，中间填金属粉。关于这两个箸的年代，根据同墓所出竹简《编年记》研究，11号墓主喜，生前曾任县御史、令史，时为秦始皇三十年(公元前217年)，13号墓的年代与之大致相同。③ 甘肃天水市放马滩秦墓也曾出土一具木质六博博局，局长12.7厘米，宽5.8

---

① (汉)刘向：《说苑·正谏》。

② 程学华：《秦始皇陵园发现的“明琼”》，载《文博》1986年第2期，第66页。

③ 《云梦睡虎地秦墓》编写组：《云梦睡虎地秦墓》，文物出版社1981年版，第55~56页。参见傅举有：《论秦汉时期的博具、博戏兼及博局纹镜》，载《考古学报》1986年第1期，第21~22页。

厘米，高0.3厘米，盘面上的墨线绘出L、T、V等符号，是为典型的六博博局。

分析上述考古资料，我们可以看出，秦人六博基本沿袭战国戏法。睡虎地秦墓出土的两幅博具正好证明六博的两种不同的取胜方法，即有枭棋的玩法和没有枭棋但在行棋的过程中“成枭”“呼五白”的戏法。过去有一种说法，认为“投煢(即琼)的博”，考古发现最早的是长沙马王堆3号汉墓出土的，年代为汉文帝十二年(公元前168年)。① 秦始皇陵区内毛家村发现的石球，经研究为博琼，其用途非“酒会的娱乐用品”，而是“六博之琼”。只不过与汉墓出土的十八面球形体比起来，它只有十四面，但博琼中所刻之“骄”与“媿”，与汉墓出土的一些博琼所刻的“骄”——“媿”，“骄”——“黐”等意思基本相同，“关于煢上所刻的‘嫐’‘黐’字，人多不识。李学勤先生认为，骄、嫐显然是一对反义字，(将嫐)试释之为媿，骄和媿正好是相反的意思，就如现在所说的赢和输”②。这表明，秦时投箸的博和投煢的博，亦即“大博”和“小博”，均已出现。

历史行进到两汉，中国传统社会进入第一个发展的高峰。汉初，统治阶级以黄老刑名之学为政治上的指导思想，实行与民休息的无为之治，至景、武之际，经济繁荣，社会安定，史学家曾以夸张的笔墨描写其一时之盛：“至武帝之初七十年间，国家亡事，非遇水旱，则民人给家足，都鄙廪庾尽满，而府库余财。京师之钱累百巨万，贯朽而不可校。太仓之粟陈陈相因，充溢露积于外，腐败不可食。众庶街巷有马，阡陌之间成群，乘牸牝者，摈而不得会聚。”③西汉时期，社会经济发展推动了城市的发展和繁荣，“自京师东西南北，历山川，经郡国，诸殷富大都，无非街衢五通，商贾

---

① 傅举有：《论秦汉时期的博具、博戏兼及博局纹镜》，载《考古学报》1986年第1期，第34页。

② 张文立：《秦陵博琼与秦汉博戏之风》，载《文博》1989年第5期，第60页。

③ (汉)班固：《汉书》卷二十四《食货志》。

之所臻，万物之所殖者。"①"燕之涿、蓟，赵之邯郸，魏之温轵，韩之荥阳，齐之临淄，楚之宛丘，郑之阳翟，二周之三川，富冠海内，皆为天下名都，非有助之耕其野而田其地者也，居五诸侯之衢，跨街冲之路也。故物丰者民衍，宅近市者家富。"②东汉时期，"天下百郡千县，市邑万数，类皆如此。"③经济发展，都市繁荣，助推了社会奢靡浮华之风，"于是罔疏而民富，役财骄溢，或至并兼；豪党之徒以武断于乡曲，宗室有土，公卿大夫以下争于奢侈，室庐车服僭上亡限。物盛而衰，固其变也"④。如西汉都城长安，"汉兴，立都长安……后世世徙吏二千石、高訾富人及豪桀并兼之家于诸陵……是故五方杂厝，风俗不纯，其世家则好礼文，富人则商贾为利，豪桀则游侠通奸。濒南山，近夏阳，多阻险轻薄，易为盗贼，常为天下剧。又郡国辐凑，浮食者多，民去本就末，列侯贵人车服僭上，众庶放效，羞不相及，嫁娶尤崇侈靡，送死过度"⑤。东汉"京师贵戚，衣服饮食，车舆庐第，奢过王制，固亦甚矣……富者竞欲相过，贫者耻其不逮，一飨之所费，破终身之业"。⑥ 其都城洛阳侈靡之风与当年西汉之长安有过之而无不及。"牛马车舆，填塞道路，游手为巧，充盈都邑，务本者少，浮食者众……今察洛阳，资末业者什于农夫，虚伪游手什于末业。是则一夫耕，百人食之，一妇桑，百人衣之，以一奉百，孰能供之！天下百郡千县，市邑万数，类皆如此。""今人奢衣服，侈饮食，事口舌而习调欺。或以谋奸合任为业，或以游博持掩为事。"⑦汉代都市除了官员、工商业者和乡民主流阶层外，还吸引了大批有闲阶层和大量流民聚集于斯，"南阳郡吏好因休沐，游戏市里，为百姓所患"⑧，

---

① （汉）桓宽：《盐铁论》卷一《力耕》。

② （汉）桓宽：《盐铁论》卷一《通有》。

③ （汉）王符：《潜夫论·浮侈》。

④ （汉）班固：《汉书》卷二十四《食货志》。

⑤ （汉）班固：《汉书》卷二十八《地理志下》。

⑥ （南朝宋）范晔：《后汉书》卷四十九《王符传》引《潜夫论·浮侈篇》。

⑦ （南朝宋）范晔：《后汉书》卷四十九《王符传》引《潜夫论·浮侈篇》。

⑧ （南朝宋）范晔：《后汉书》卷五十六《张王种陈列传》。

“高唐为齐名都，衣冠无不游行市里”①。从而滋生包括赌博在内的社会问题。在奢侈之风的刺激下，人们对于财富的欲望更加贪得无厌，获利逐利也不择手段。尽管司马迁说：“今治生不待危身取给，则贤人勉焉。是故本富为上，末富次之，奸富为下。无岩处奇士之行，而长贫贱，好语仁义，亦足羞也。”主张依靠正当的手段勤劳致富。但是汉代社会风气的主流却刚好相反，不但获利手段多样化，而且因为逐利是人的本性，因此，“天下熙熙，皆为利来，天下攘攘，皆为利往”，各人都绞尽脑汁，竭尽所能，赚取利益。“富者，人之情性，所不学而俱欲者也。故壮士在军，攻城先登，陷阵却敌，斩将搴旗，前蒙矢石，不避汤火之难者，为重赏使也。其在闾巷少年，攻剽椎埋，劫人作奸，掘冢铸币，任侠并兼，借交报仇，篡逐幽隐，不避法禁，走死地如骛，其实皆为财用耳。今夫赵女郑姬，设形容，揳鸣琴，揄长袂，蹑利屣，目挑心招，出不远千里，不择老少者，奔富厚也。游闲公子，饰冠剑，连车骑，亦为富贵容也。弋射渔猎，犯晨夜，冒霜雪，驰坑谷，不避猛兽之害，为得味也。博戏驰逐，斗鸡走狗，作色相矜，必争胜者，重失负也。医方诸食技术之人，焦神极能，为重糈也。吏士舞文弄法，刻章伪书，不避刀锯之诛者，没于赂遗也。农工商贾畜长，固求富益货也。此有知尽能索耳，终不余力而让财矣。”②全社会拜金主义思潮泛滥，使不劳而获的“奸富”——赌博之风如野火一般蔓延至社会的各个角落。上引太史公关于人们拜金逐利，各色人等、各行各业中都有赌徒以及“博戏驰逐，斗鸡走狗”的赌博行当。

两汉赌博之风的盛行首要表现是博戏种类更加多样化，包括六博、格五、弈棋、弹棋等棋类博戏，斗鸡、斗鸭、走马、走犬等观赏类斗戏。

六博是汉代人最为热衷的博戏，在考古发现的先秦至两汉的27件六博博局的文物中，两汉时期六博博局多达18件即可为证。

博戏画像镜目前已发现两件。一件见于梅原末始《绍兴古镜聚

① （西晋）陈寿：《三国志》卷十三《华歆传》。
② （汉）司马迁：《史记》卷一百二十九《货殖列传》。

英》的汉代六博画像镜；另一件见于《中原文物》1984 年 1 期《古镜艺术(二)》图版十“汉代宴乐六博画像镜”，又叫“TLV 镜”“规矩镜”，是汉代铜镜中较为流行的一种。它的通行纹饰是镜纽外有一个方格，方格四边中点各出一“T”形纹饰，与“T”相对的外圈有“L”形纹饰，与方格四角相对的外圈还有“V”形纹饰。傅举有把博局镜分为 7 个常见类型，即博局蟠螭纹镜、博局草叶纹镜、博局四虺纹镜、博局四神镜、博局禽兽纹镜、博局几何纹镜、变形博局纹镜。目前发现最早的博局镜出土于河北满城窦绾墓。窦绾是中山靖王刘胜的妻子，应葬于武帝太初年(公元前 104 年)前。关于新莽时期的博局镜有 3 件最为典型，一是上海博物馆收藏的博局四神镜，内圈铭文为十二地支，外圈铭文为：“始建国天凤二年作好镜，常乐富贵壮君上，长保二亲及妻子，为吏高迁位公卿，世世封传于毋穷。”“天凤”是王莽篡汉后的第二个年号，天凤二年即公元 15 年。二是简化博局禽兽镜，铭文为：“唯始建国二年新家尊，诏书天下大多恩，贾人事市惜财啬田，更作辟雍治校官，五谷成熟天下安，有知之士得蒙恩，宜官秩。葆子孙。”“始建国”是王莽篡汉后的第一个年号，始建国二年即公元 10 年。三是洛阳五女冢新莽时期墓葬中出土的博局四神镜，铭文有：“永始二年五月丙午漏上五工丰造……”“永始”是汉成帝刘骜的年号，永始二年即公元前 15 年。其时王莽 31 岁，为新都侯。此外，在西汉晚期的墓葬中也曾经发现过博局四神镜，如江苏邗江姚庄 101 号西汉墓就出土过 2 件。博局镜出现于西汉早期，流行于新莽至东汉中期。东汉前、中期，博局镜更为流行。如 1953—1960 年广州东汉前期墓共出土博局镜 17 面，洛阳烧沟东汉早期墓出土博局纹镜 3 面，湖南资兴东汉早期墓出土博局纹镜 6 面。在某一个墓葬中一下子集中出土这么多博局纹镜，足以证明其已为当时社会流行之时尚。①

① 有关汉代六博考古及文物资料，参见傅举有：《论秦汉时期的博具、博戏兼及博局纹镜》，载《考古学报》1986 年第 1 期，第 21～41 页；叶康宁：《王莽与博局》，载《古代文明》2009 年第 3 卷第 1 期，第 37～38 页；崔乐泉《中国古代六博研究》(中)》，载《体育文化导刊》2006 年第 5 期，第 89～90 页。

考查史籍，印证了考古发现中所反映汉人热衷于六博的历史事实。尽管汉代博戏品种多样，但人们平常玩得最多的是六博，对此，我们下面将要评叙。正因如此，汉代就有专门研究六博之术的人和关于六博的专著，两汉初年，许博昌著《大博经》一篇，“今世传之”①。西汉末年“平原女子迟昭平能说博经以八投”②。东汉亦有《博经》问世，许博昌还编了一套六博口诀，“其术曰：方畔揭道张，张畔揭道方；张究屈玄高、高玄屈究张’。又曰‘张道揭畔方，方畔揭道张，张究屈玄高，高玄屈究张。’三辅儿童谐诵之”③，足见六博的社会普及流行程度。除六博外，汉人喜爱的弈棋类博戏还有塞戏、弹棋及弈棋。塞，又称“格五”或“蹙戎”，起源于春秋时期，流行于秦汉时期。“塞”为何又称“格五”？据《汉书·吾丘寿王传》注引：“苏林曰：‘博之类，不用箭，但行枭散。’孟康曰：‘格言各行五相各。故言各。’刘德曰：‘格五，棋行。’《簺法》曰：‘簺白乘五，至五格不得行，故云格五。’塞与六博形制基本相同，傅举有通过对考古发现的文物研究认为：“格五的局与一般博局稍有区别，即一般博局在靠近中央方框的四角处是四个圆点或四个其他图案，而此局则是用一直线把方框的角与曲道联结，可能行棋的方法与一般的博也稍有不同。”④区别主要在于六博掷采后行棋，即“博悬于投，不专在行”，塞则不掷采，只行棋，也就是说塞是典型的智力型、技巧型弈棋游戏，不具投机性。1972 年甘肃武威县磨咀子 48 号西汉墓出土的一组“对弈彩绘木雕”，有 2 个人物和 1 件棋盘。棋盘呈长方形，表面为黑色，一端用白色的绘出“T”“L”“V”字形，其图形与常见的博局有所不同，考古学界一般认为是塞棋局。棋盘两侧各有一木雕人物，高 28.5 厘米，均用黑白色漆彩绘，着袍服，头顶梳圆髻。左侧一人，右手斜伸向棋局，用拇指和

① (唐)欧阳询：《西京杂记》卷下《陆博术》。

② (汉)班固：《汉书》卷九十九《王莽传下》。

③ (唐)欧阳询：《西京杂记》卷下《陆博术》。

④ 傅举有：《论秦汉时期的博具、博戏兼及博局纹镜》，载《考古学报》1986 年第 1 期，第 35 页。

食指捏着长方形棋子正在行棋，右侧一人，右手垂放于膝上，左手举在胸前，正在凝视对方落棋，形象生动逼真。① 由于汉代社会风行塞戏，通晓此戏的人就大行其道，有的甚至还因此封官晋爵，如西汉时吾丘寿王"以善格五召待诏"。东汉时边韶更有专文《塞赋》传世，"始作塞者，其明哲乎！故其用物也约，其为乐也大。犹土鼓块枹，空桑之瑟。质朴之化，上古所耽也。然本其规模，制作有式，四道交正，时之则也。棋有十二，律吕极也。人操厥半，六爻列也。赤白色者，分阴阳也。乍亡乍存，像日月也。行必正直，合道中也。趋隅方折，礼之容也。迭往迭来，刚柔通也。周则复始，乾行健也。局平以正，坤德顺也。然则塞之为义，盛矣大矣，广矣博矣。质象于天，阴阳在焉；取则于地，刚柔分焉。施于人，仁义载焉；考之古今，王霸备焉。览其成败，为法式焉"②。不仅介绍塞戏游戏规则，而且从阴阳乾坤及仁、义、德、礼、中庸诸方面对塞戏给予自然与文化诠释，评价甚高。

弹棋也是汉代从帝王至一般百姓老少咸宜的博戏。据《西京杂记》说，汉成帝十分喜欢玩弹棋，弹棋在汉代主要是在宫廷和上流社会中流行，西汉灭亡后才流入民间。西汉一些著名官吏和学者如梁冀、蔡邕等据说颇精此术，蔡邕曾作《弹棋赋》，介绍弹棋战法。"荣华灼烁，萼不韡韡。于是列象棋，雕华丽。丰腹敛边，中隐四企。轻利调博，易使骋驰，然后抵掣，兵棋夸惊。或风飘波动，若飞若浮；不迟不疾，如行如留。放一弊六，功无与俦，夫张局陈棋，取法武备，因嬉戏以肄业，托欢娱以讲事，设兹矢石，其夷如砥，采若锦缋，平若停水，肌理光泽，滑不可履，乘色行巧，据险用智。"弹棋棋盘，"丰腹敛边，中隐四企"，即中心高，四周低，四角稍稍隆起。一般是二人对局，有黑白棋子 6 枚，行棋时，双方按游戏规则先排好自己的棋子，然后分别进攻对方，击中者即可得分。

---

① 甘肃省博物馆：《武威磨咀子三座汉墓发掘简报》，载《文物》1972 年第 12 期，第 9~23，79~80 页。

② （唐）欧阳询等编纂：《艺文类聚》卷七十四《巧艺部》。

汉代观赏型的赌博游戏亦很盛行。如斗鸡，汉高祖刘邦的父亲“太上皇徙居长安深宫，凄惨不乐。帝窃因，左右问其故。以平生所好，皆屠贩少年，沽酒、斗鸡、蹴鞠，以此为欢。今咸无焉，以故不乐”①，刘邦投其所好，将斗鸡、蹴鞠游戏引入宫中，上之所好，下必甚焉。斗鸡在汉代十分流行。“孝宣王皇后，其先高祖时有功赐爵关内侯，自沛迁长陵，传爵至后父奉光。奉光少时好斗鸡。”②《西京杂记》说汉鲁恭王“好斗鸡、鸭及鹅、雁，养孔雀、鸠鹊，俸谷一年费二千石”。考古发现文物也形象生动地展示了这一时期的斗鸡场面。徐州市沛县栖山汉墓出土的画像石有三组画面内容，其中有一组斗鸡比武图；山东滕县山亭出土了一方长 123 厘米，宽 32 厘米的汉画像石，画面中两只公鸡怒目相向，引颈而斗，一旁三人观斗甚欢，场面紧张热烈，栩栩如生。③ 其他如斗牛、赌狗，也是汉人耽玩之戏。汉代官员袁盎“与闾里浮沉，相逐斗鸡走狗”。1975 年陕西绥德的十里铺“出土的一方斗牛画像石，二牛牛角相抵，可见到斗牛的场面。有意思的是，在两头斗牛的上面还有一对斗鸡，两鸡昂首相对，十分生动”。④

两汉赌博之风盛行，几乎到了无处不赌、无人不博的地步。就地区分布而言，从考古发现来看，仅六博文物就牵涉到西北地区的陕西、甘肃，华北及中原地区的北京、河北、河南、山东，华东地区的江苏、浙江、上海、安徽，西南地区的广西、四川，华中、中南地区的湖北、湖南、广东等。在这些省份中，发现六博博局较多的有湖南、湖北、河南等省出土的画像石，山东、河南、四川成都、陕西、江苏等省出土的画像砖，基本遍及汉代统治版图所有地区。

---

① 《西汉纪年 · 文献》。

② （汉）班固：《汉书》卷九十七《外戚传》。

③ 济南市博物馆：《试谈济南无影山出土的西汉乐舞、杂技、宴饮陶俑》，载《文物》1972 年第 5 期，第 19~24 页。

④ 参见龚阔芙：《盛行于世的汉代博戏》，载《宝鸡文理学院学报》2012 年第 4 期，第 32 页。

史籍记载表明，两汉时期从帝王到王孙贵族、官宦大臣到普通民众无不嗜赌。在西汉十一位皇帝中，有记载染上博戏的就有文帝、景帝、武帝、昭帝、宣帝、成帝等六位。《汉书·文帝纪》中颜注引如淳曰：“薄昭与文帝博不胜，当饮酒，侍郎酌，为昭少，一侍郎谴呵之。时此郎下沐，昭使人杀之，是以文帝使自杀。”汉景帝当太子时就好这一口，《史记·吴王濞传》说：“孝文时，吴太子入见，得侍皇太子饮博。”这位皇太子就是后来的汉景帝。汉武帝与其宠臣董偃过从甚密，常常在一起切磋赌技，“于是董君贵宠，天下莫不闻，郡国狗马、蹴鞠、剑客辐凑董氏。常从游戏北宫，驰逐平乐，观鸡鞠之会，角狗马之足，上大欢乐之”①。文献还有汉武帝与仙人对弈的传说。应劭《风俗通义·正失·封泰山禅梁夫》云：“又言武帝与仙人对博，棋没石中，马蹄迹处于今尚存。”史载汉武帝喜弹棋，“弹棋者，仙家之戏也。昔武帝平西域，得胡人善蹴鞠者，尽炫其便捷跳跃，帝好而为之。群臣不能谏，侍臣东方朔因以此艺进之，帝就舍蹴鞠而上弹棋焉”②。汉昭帝为太子时，常与大臣们玩博戏，“倪宽为汉司农卿，与太子博。”汉宣帝早年困于民间，“受《诗》于东海澓中翁，高才好学，然亦喜游侠，斗鸡走狗，具知闾里奸邪，吏治得失”。《汉书·游侠传》还生动地讲述了汉宣帝与赌徒陈遂的一段趣事：“宣帝微时与(陈遂)有故，相随博弈，数负进。及宣帝即位，用遂，稍迁至太原太守，乃赐遂玺书曰：‘制诏太原太守，官尊禄厚，可以偿博进矣。妻君宁时在旁，知状。’”对此，颜师古曾作进一步注解云：“进者，会礼之财也，谓博所赌也……一说进，胜也，帝博而胜，故遂有所负。”汉成帝与汉武帝一样，也好蹴鞠之戏，有好事者迎其所好，发明制作弹棋献上。据《西京杂记》载：“成帝好蹴鞠，群臣以蹴鞠为劳体，非至尊所宜。帝曰：‘朕好之，可择似而不劳者奏之。’家君作弹棋以献。帝大悦，赐青羔裘、紫丝履，服以朝觐。”这里的家君说的

---

① (汉)班固：《汉书》卷六十五《东方朔传》。

② (清)陈梦雷辑：《古今图书集成·博物汇编·艺术典(第八百一卷)·弹棋部》。

是刘歆的父亲刘向。另据晋傅玄《弹棋赋·序》记载：“汉成帝好蹴鞠，刘向以为蹴鞠劳人体验，竭人力，非至尊所宜御，乃因其体而作弹棋以解之。”是以刘向为弹棋的始作俑者。

上有所好，下必甚焉。汉代上流社会博风盛行，嗜赌为狂。据说，武帝时公主细君远嫁乌孙王，出嫁时一时疏忽，其陪嫁物品中少了一副赌具。宣帝即位后，补送一副，以投公主之好。在王公大臣中，迷恋赌博的不在少数。广川王刘去“师受《易》《论语》《孝经》皆通，好文辞、方技博弈、倡优”。六博就是他常与宠姬阳城昭信消遣的游戏：“独昭信兄子初为乘华夫人，得朝夕见。昭信与去从十余奴博饮游敖。”①两汉官员中刘勃、陈遂、梁冀、窦婴、张拾等都是名载史册的赌坛高手。陈遂与汉宣帝留恋赌场厮混而官至太原太守；梁冀“少为贵戚，逸游自懿，性嗜酒。能挽满、弹棋，格五、六搏、蹴鞠、意钱之戏”②；魏其侯窦婴“病勉家居，与间里浮湛，相随斗鸡走狗”，武安侯田蚡“田园极膏腴，而市买郡县器物相属于道。前堂罗钟鼓，立曲旃；后房妇女以百数。诸侯奉金玉狗马玩好，不可胜数”③；张拾曾为安丘侯，“又博棋，完为城旦”。以六博攫取他人钱财，最终受到制裁。

汉代民间赌风炽盛，表现在，其一，六博成为与当下国人嗜好麻将一样颇为流行的赌博样式。其二，社会各阶层无不耽玩六博，嗜赌如命。“博戏驰逐之徒，皆富人子弟，非不足也。”④说的是有钱人对赌博的痴迷；《史记·滑稽列传》记载：“若乃州闾之会，男女杂坐，行酒稽留，六博投壶”，“京师郡国民聚会里巷阡陌，设张赌具，歌舞祀西王母”⑤，记载了城乡下层民众群体六博之时尚；在先秦，“博弈，男子之事”⑥，但到了汉代，女子涉足博场则已

① （汉）班固：《汉书》卷五十三《景十三王传》。
② （南朝宋）范晔：《后汉书》卷三十四《梁统列传·梁冀传》。
③ （汉）司马迁：《史记》卷一百七《魏其武安侯列传》。
④ （汉）桓宽：《盐铁论》卷八《授时》。
⑤ （汉）班固：《汉书》卷二十七《五行志》。
⑥ （唐）欧阳询等编纂：《艺文类聚》卷七十四《巧艺部》。

蔚为风气，汉宣帝在汉江都王嫁公主时，赐以博具作为嫁妆；西汉末年女子迟延平“能说博经”，是远近闻名的女赌徒，最后还成为聚集千人起义的绿林领袖。其三，博戏品种除六博外，弹棋蹴鞠、斗鸡走狗、格五意钱，不一而足。如前述梁冀就是一个会通挽满、弹棋、格五、六博、蹴鞠、意钱的赌博全才。其中意钱就是一种十分简单、普通市井百姓都喜欢赌玩的博戏，即将几枚钱掩盖着让赌徒互相猜数以赌输赢。意钱又有掩钱、诡億、射意、射数、摊钱等别名。清仇兆鳌《杜诗详注》卷十五注杜甫“白昼摊钱高浪中”有云：“《梁冀传》能意钱之戏，注何承天《纂文》曰：诡億，一曰射意，一曰射数。黄注：即今之猜枚射覆之类。若摊钱，则以钱摊拨于地，今谓之跌博，与意钱不同。曾季貍《艇齐诗话》：摊钱，即摊赌也。”为什么意钱有掩钱、诡億之类的称呼？“这种掩钱猜数的钱戏，称掩是因游戏过程中有用物掩钱的行为；称意钱，射意、射数、诡億是因要用‘心意’去猜度、猜测被掩钱的数目，故用意、射等字名此钱戏；猜得结果对博戏双方都诡秘无常，冥冥之中似有天意，故又称诡億。至此，古人对以掩钱猜数为主的钱戏有掩、意钱、豺意、射数、诡億等多种名称都是可以理解的了。”①其四，赌博在汉代已逐渐成为一种谋利的职业。如王符在《潜夫论 · 浮侈篇》所云“或以谋奸合任为业，或以游敖博弈为事，皆不伏犁锄，而怀丸挟弹，携手上山遨游”。《后汉书 · 王冲传》也说当时风气“以游博持掩为事”，并出现了许多职业赌徒。《史记 · 游侠列传》记载：“剧孟行大类朱家，而好赌，多少年之戏。然剧孟母死，自远方与送丧盖千乘。及剧孟死，家无余十金财。”②显然是因赌博而散尽千金家产。当然也有因赌致富者：“博戏，恶业也，而桓发用之富。”③东汉有一赌徒许升，从小染上赌博恶习，“少为赌博”，及至成年后愈陷愈深。“不理操行”，最终惹怒岳父，命其女儿与

① 苗雪兰、宋群会：《扑掩和摊钱——古代用钱币作赌具的博戏研究》，载《韶关学院学报(社会科学版)》2008 年第 2 期，第 35 页。

② (汉)司马迁：《史记》卷六十九《游侠列传》。

③ (汉)司马迁：《史记》卷一百二十九《货殖列传》。

之离婚改嫁他人，落得个家破妻离的下场。两汉赌风的不断演进，使得先秦多少带有一些娱情养性成分的“六博”向纯粹赌具、赌技蜕化，延至汉末，便逐渐为“言不及义，负胜是图”的樗蒲博戏所取代，直启魏晋六朝嗜赌若狂之流风。

二、六博探秘

六博，又称“博”“簙”“六簙”“陆博”。《说文解字》记载：“簙，局戏也，六箸十二棋也。”“博，《说文》作簙；木部：‘棋，簙棋。’是棋之木义，为博之用具。”①《广雅》记载：“博以五木为簺，有枭、卢、犊、雉、塞五采。”扬雄《方言》说，六博在各地方言中别称很多：“簙谓之蔽，或谓之箘。秦晋之间谓之簙，吴楚之间或谓之蔽，或谓之箭里，或谓之簙毒，或谓之夗专，或谓之尊璇，或谓之棋，或谓之箸，所以投簙谓之枰，或谓之广平，所以行棋谓之局，或谓之曲道。”扬雄这段话说得较为含糊，有些称谓是就“六博”名称整体而言，有些称谓则是就“六博”部件而言。下面我们在介绍六博形制时将分别述介。总之，“六博”之名先秦即已存在，如屈原《楚辞·招魂》：“菎蔽象棋，有六簙些。”王逸注云：“投六箸，行六棋，故为六簙也。”前节引《史记·苏秦列传》中临淄市面游戏即有“六博”之类。

六博的形制由棋盘、棋子、掷具三类组成。棋盘在先秦和秦汉时称“局”，或称“梮”，或称“博局”“曲道”等。《广雅·释器》：“曲道，栻局也。”其曲道有12个，《古博经》：“局分十二道。”棋盘一般为木质，也有用石材和铜材制作的棋盘。六博的棋子称簙，又称“马”。一般以象牙制成，又称“象棋”，《楚辞·招魂》记载：“篦蔽象棋，有六簙些。”朱熹集注：“象牙为棋也。”也有青玉棋子和水晶棋子等。六博棋子共12枚，一般黑白各半，双方各执一色。鲍宏《博经》云：“用十二簙，六白，六黑。”然而考古发现的六博棋子并非只此一类，有六白六黑者；有均为黑色，但二组形状不同

① 杜亚泉：《博史》，上海开明书店1933年版，第4页。

者，即一为方形，一为长方形；有每组 6 颗，一大(枭棋)五小(散棋)，大红小黑者，种类较繁，不一而足。掷具即投子，相当于后来的骰子，称“箸”，用一种叫篦簬的竹子制成。《楚辞·招魂》记载：“篦簬象棋，有六簙些”。朱熹集注：“六博以篦簬作箸，象牙为棋也”。六博掷具有多种称呼，《方言》记载：“簙谓之蔽，或谓之箘。秦晋之间谓之簙，吴楚之间或谓之蔽，或谓之箭里，或谓之簙毒，或谓之夗专，或谓之尊璇，或谓之棊”。此外还有称“箭”，《博雅》记载：“博箸谓之箭。”还有称“究”，《西京杂记》记载：“法用六箸，或谓之究，以竹为之。”还有称“筭”，《说文解字·竹部》记载：“筭长六寸，所以计历数者。”六博掷具分大、小两种，《颜氏家训·杂艺》记载：“古为大博则六箸，小博则二焭，今无晓者，比世所行，一焭十二棋。”①因为大博有六箸，故称“六博”。箸长约六分，钻刻四面为眼，亦名为“齿”，齿与齿的组合有“塞”“白”“黑”“五”等名目，叫作齿采。小博的掷具因与大博用竹制作的箸不同，用骨、玉或铜制成，称为琼、焭、瓊等，琼身呈两面或四面甚至十八面，多为球形体。有的博局有投箸或投琼专用的木制的平板，称作“枰”，亦名“广平”，《方言》记载：“所以投簙谓之枰，或谓之广平。”

六博是史籍记载中出现得最早的赌博游戏，也是流行于先秦、秦汉时期的主要博戏。但魏晋以后逐渐式微，史载祖冲之“解钟律，博塞当时独绝，莫能对者”。这固然是说祖冲之六博技艺超群，无人能敌，但也透露出其时六博非博戏主流，鲜为人知的信息。及至清代，博戏失传，连学识渊博、见多识广的著名学者段玉裁为《说文解字》作注时，也说“簙，古戏，今不得其实”。民国时期，杜亚泉著《博史》，谈到六博亦说“至行棋之法，已无可考”②。自 20 世纪 70 年代始，六博器具、模型、画像石和画像砖及六博规矩镜等考古成果陆续被发现，据台湾学者黄儒宣统计，迄至 2010

① (北齐)颜之推撰，王利器集解：《颜氏家训集解》卷第七《杂艺》第十九，上海古籍出版社 1980 年版，第 527 页。

② 杜亚泉：《博史》，上海开明书店 1933 年版，第 5 页。

年，共发现战国和秦汉时期六博器具27件。战国中晚期六博器具包括雨台山楚墓314号墓、纪城楚墓1号墓、天星观楚墓2号墓、九店楚墓9号墓、中山国墓3号墓、五福楚墓1号墓等发掘出土的，共7件；秦朝六博器具包括睡虎地11号和13号秦墓发掘出土的，共2件；汉代六博器具包括金雀山汉墓群31号墓、大坟头汉墓1号墓地、高台汉墓2号墓、庙山赵庄西汉墓、普驮西汉墓、马王堆汉墓3号墓、翠屏山西汉墓1号墓、团山西汉墓1号墓、放王岗西汉墓1号墓、三角圩西汉墓群19号墓、姚庄西汉墓101号墓、山东费县、东阳汉墓7号墓、广州汉墓4013号墓，芮城汉墓等发掘出土的，近18件，以及尚未公布或图像模糊、破损无法辨认的山东莱西岱墅西汉墓、湖北江陵凤凰山西汉墓、湖南长沙西汉王室墓、山东临沂银雀山汉墓、徐州狮子山西汉楚王陵、广西贵县罗泊湾汉墓、西汉南越王墓、江苏徐州子房山西汉墓等发掘出土的，共8件。另据郑艳娥的统计，20世纪50年代至90年代末，我国各地共出土和发现六博模型器和砖石画像达39件，其中石刻画像石、六博图22件，画像砖9件，六博木、陶俑3件，石棺画4件，釉陶六博棋局1件。① 六博的神秘面纱逐渐被揭开。

首先，考古实物使我们得以一窥六博棋局真面目。1973年发掘的湖北江陵凤凰山8号西汉墓，出土了一套完整的博具。该墓有遣策云：“博、算、綦、梮、博席一具、博橐一。”②其意思是，全套博具，有箸有棋，以及附属物，博席、博橐等。但该墓所发现者仅仅计有髹漆木质方型博局1件，长21.8厘米、宽21.1厘米、高1.9厘米；箸6根，长23.7厘米、直径0.9厘米，外髹黑漆，用半边细长竹管填塞其他物质制成；棋子12颗，六白六黑，骨质，长方形体，长2.1厘米、宽1.4厘米、高1.1厘米，盛在一个圆漆奁内；而博席、博橐可能因为年代久远已经朽掉了，故没有发现这两件物品。墓葬年代为西汉文景之际。

---

① 郑艳娥：《博塞刍议》，载《南方文物》1999年第2期，第58~59页。

② 《湖北江陵凤凰山西汉墓发掘简报》，载《文物》1974年第6期，第51页。

1973年发掘的湖南长沙马王堆3号西汉墓，出土了一套完整的博具。其中有一件盛放在方形漆盒里的方形木博局，边长45厘米、厚1.2厘米，髹黑漆，上用象牙条嵌成方框，12个曲道和4个飞鸟图案；六白六黑的大象牙棋12颗，每颗长宽2.2厘米、1.7厘米，厚2.3厘米，灰色小象牙棋20颗，每颗长2.9厘米、宽1.7厘米、厚1厘米；箸42根，有长、短两种，长的12根，每根长22.7厘米、直径0.4厘米，短的30根，每根长16.4厘米，直径0.3厘米；木茕(琼)1件，为球形十八面体，直径4.5厘米，每面均有阴刻篆体文字：一面刻“骄”，相对的一面刻“躹”，其余各面分别刻数字一至十六，通体髹深褐色漆。另有象牙削一件；象牙割刀一件。该墓年代为汉文帝十二年(公元前168年)，墓主为列侯。

除上述两具完整的六博器具外，其他地方的墓葬中也出土了不少六博器具，如江苏子房山西汉墓、江都西汉墓、广州第二代南越王墓、先烈路东汉墓、山东临沂西汉墓、临淄汉初齐王墓、湖北云梦大坟头西汉墓、广西西林西汉墓、贵县罗泊湾汉墓、北京大葆台西汉墓、湖北宜昌西汉墓等，但有的只出土部分博具，有的虽然随葬全套博具，但出土时已朽坏残缺，均不完整。

黄儒宣通过深入研究出土六博器具，将其系统归纳为7种类型：

> 第一型：此型博具发现于湖北江陵雨台山楚墓(M314：6)、湖北荆州纪城楚墓(M1：02)、湖北荆州天星观楚墓(M2：49)、江陵九店楚墓(M9：3)、河北平山中山国墓M3。它们共同的特点是：
>
> ①中间为三个竖置的一字型符号，但雨台山楚墓外围尚有方框；
>
> ②外方左右为L形符号，不过九店楚墓的方向相反；
>
> ③外方上下为竖置的一字形符号，不过中山王墓则为横置；
>
> ④四隅为四个V形符号，不过雨台山楚墓右上则为L形符号，纪城楚墓地右侧残损不能确定；

⑤左右两边的L形符号与V形符号之间，有一个横置的一字形符号，不过中山王墓则为竖置，九店楚墓则无。

第二型：此型博局发现于河北平山中山国墓M3、浙江安吉五福楚墓M1。它们的特点是中间为一方框，四周并有T形符号。L形符号和V形符号之间，各有一个一字形符号，不过两者的一字形符号方向相反。另外，五福楚墓M1在内方四隅与外方四隅之间尚有四个圆圈。

第三型：此型博局发现于湖北云梦睡虎地秦墓(M13：37)、荆州高台汉墓(M2：163)、广西西林普驮西汉墓、仪征张集团山西汉墓(M1：96)、江都凤凰河西汉墓。特点在于内方四隅与外方四隅之间没有任何符号。另外，普驮西汉墓的L形符号方向相反。

第四型：此型博局发现于湖北云梦睡虎地秦墓(M11：48)、山东临沂金雀山汉墓(M31：27)、云梦大坟头汉墓(M1：头箱18)、湖南长沙马王堆汉墓(M3：北163-1)、江苏徐州翠屏山西汉墓(M1：17)、江苏盱眙东阳汉墓(M7：44)、云南个旧黑玛井、广州汉墓(M4013：乙17)。主要特点在于内方四隅与外方四隅之间有四个符号，或圆圈、或方框、或鸟形图案、或花瓣图案。

第五型：此型博局发现于安徽省巢湖放王岗西汉墓(FM1：295)、安徽天长三角圩西汉墓(M19：18)、江苏邗江姚庄西汉墓(M101：39)、山东费县。特点在于除内方四隅与外方四隅之间有图案之外，中心尚有怪兽、方框或圆圈。

第六型：此型博局发现于荆州高台汉墓(M33：11)、仪征新集庙山赵庄西汉墓。特点在于内方四隅与外方四隅之间有图案之外，并具有连接内方与外方的四隅连线。

第七型：此型号博局发现于山西芮城东汉墓。特点是中间的方框及原T形符号消失，而L形符号则变成T形符号。①

---

① 黄儒宣：《六博棋局的演变》，载《中原文物》2010年第1期，第52~54页。

从战国到秦汉，尽管六博棋局有多种类型，但基本的格局和戏法并无实质性差异。李零指出，“中山王墓的博局，它在设计上和后来的博局并没有根本区别”，“中山王墓的两种博局，其中第一种在秦汉时期非常流行；但第二种在秦汉时期好像还没有出土的实例，它是不是在汉代已经失传，这是一个有待证明的问题”。傅举有亦认为，战国时期的博具“棋子虽然红黑各九颗，白色的六颗，但正式对局时，双方可以选用不同颜色的六颗棋子行棋。如红黑各六颗，或黑、白各六颗，这与秦汉行六棋没有什么区别”①。

六博器具，尤其是六博模型器和画像石、画像砖的发现，使我们能够进一步深入堂奥，还原古人六博博戏复杂戏法和紧张精彩游戏过程。1972 年，河南灵宝张家湾东汉墓出土了一套绿釉博戏俑：在一坐榻上置一长方形平盘，盘上置六箸、博局、棋子 12 枚（双方各 6 枚）和 2 个骰（圆形），坐榻两端各坐一陶俑，正在投箸行棋。

1956 年，河南陕县刘家渠 73 号汉墓出土了一座陶楼阁，在第二层楼内有 4 个陶俑分两边对坐，每边二人，中间置博局和六箸，显然他们正在对博。

1972 年，甘肃武威磨咀子 48 号西汉墓出土了一套彩绘的博戏木俑；一件髹黑漆绘白色曲道的木博局摆在当中，两边跽坐两个正在对博的彩绘木俑。

美国纽约莉莲·斯卡露丝收藏了一套陶质六博模型器，反映的是二人正在进行对博的情景。左边一人跽坐，双手平举，眼睛直视对方；右边一人，亦跽坐，右手指向棋局，二人似在争论棋局中的有关问题。其间的棋盘呈长方形，上面置有对博用的骰子等。整个六博俑表现的是正在激烈对博的场面。

六博戏的画像石资料。山东嘉祥县的武梁祠、齐山汉画像石，滕县的大郭、后台村、黄家岭、龙阳店、前荣村、城关、马王、西户口、宏道院等地的汉画像石，微山县的沟南、两城汉画像石，安

① 李零：《跋中山王墓出土的六博棋局长——与尹湾〈博局占〉的设计比较》，载《中国历史文物》2002 年第 1 期，第 13 页。

丘县的董家村汉画像石，诸城县的前凉台汉画像石，都刻有六博图。河南省有南阳、新野、唐河汉画像石；四川有新津保子山、成都画像石、郫县石棺画像和宜宾崖墓的画像馆；江苏有徐州铜山、沛县汉画像石；陕西有绥德义镇园子沟汉画像石等。这些画像石上都刻有投箸行棋的对博图像。

六博戏的画像砖资料，如四川的新津、成都和彭州出土的汉画像砖，河南新野出土的汉画像砖，都印有六博局、博箸、二人或四人投箸行棋的对博图像。“成都市郊出土一六博画像砖，其上共有四人，前方两人跪坐于案前饮酒、行棋，后方两人正投箸，左一人刚挥臂投下博箸，博席(又称‘枰’)上隐约可见散乱的博箸。席前有一博局，其形式正与其他地区所见博局一致。类似的材料还有《巴蜀汉代画像集》中收录的一方画像砖，其画像内容与前者大体一致，只是省去了行棋二人中的案，酒杯直接放于地下。虽然此砖博局上的棋道已比较模糊，但中间的小方框和周围的‘L’‘V’型棋道还是清楚的，当与前砖一致。另外，大邑县出土的一方魏晋时期的画像砖上也有此类博局形象，其后有二人对博，二人观看，前方为乐舞杂技图像，博局旁又有投壶一个，还能见到投入其中的箭。我们注意到这些画像上对博的人物都为常人形态，穿戴常人衣冠，且分组引曹，饮酒行乐，歌舞相伴。”①

1991年，河南省偃师辛村墓葬出土的新莽时期的一幅六博宴饮图壁画，长41厘米，宽45厘米。画面上部绘有紫色卷云纹的帷幔，中部绘有四人在猜拳行令、饮酒，下部绘有两老者对博场面：右者上身前倾，右手高举，似正在落子；左者双目前视，专注地注视着博局，形象逼真地再现了汉代社会所流行的六博对博场景。

现在，我们可以大致还原上古六博的基本戏法了。

六博是一种先掷采、再行棋的角胜游戏。其博法有多种。古人有“大博”“小博”之说：“古为大博，则六箸，小博则二煢，今无晓者。”据此推测，所谓大、小博之分，主要区别于掷具种类及数量

---

① 王煜：《四川汉墓画像中“钩绳”博局与仙人六博》，载《四川文物》2011年第2期，第62页。

上。今可稽考的六博博法亦有两种，主要是“行棋”方法及过程的差异。第一种博法我们姑且称为“翻鱼”，据东晋张湛引《古博经》云：

> 博法，二人相对坐，向局。局分十二道，两头当中名为水，用十二，古法，六白六黑。又用鱼二枚，置于水中。其掷采用琼为之。琼方寸三分。长形分，锐其头。钻刻琼四面为眼，亦名为齿。二人互掷采行，若行到处即竖之，名为骁，即入水食鱼，亦面牵鱼。每牵一鱼，获两筹，翻一鱼，获三筹，若已牵两鱼而不胜者名曰被翻双鱼。彼家获六筹为大胜也。

这种“翻鱼得筹”的博法在《列子·说符篇》以及《楚辞·招魂》中均有描绘。是为投一茕或投二茕的博戏。《古博经》讲到的这种投一茕的博戏在马王堆3号汉墓的出土博具中得到了印证。“但也有不符的地方，如马王堆3号汉墓博具中没有发现鱼，但多了二十枚‘直食棋’，从‘食’字来看，是不是被‘食’的鱼？其次，马王堆3号汉墓之茕(即琼)是十八面体，而此处是‘钻刻琼四面为眼’，显然不同”。① 投二茕的博又称为“小博”，“古为大博则六箸，小博则二茕”②。这种博戏，1972年河南灵宝张家湾东汉墓中出土的一套绿釉博棋俑有生动展示：一张坐榻上对坐着二俑，中间放着长方形博棋盘，博棋旁边有6根算筹和两枚茕。二俑对博形象十分生动。

另一种博法我们不妨叫它“食枭”。六箸十二棋，与投茕的小博相对应，称为“大博”。其博法，12颗棋，每人6颗，6根箸为双方共用，以投箸出现的结果行棋，棋局上有十二曲道，棋因曲道而行，行棋过程中经常出现双方争道的情况，这时候最容易发生争

---

① 傅举有：《论秦汉时期的博具、博戏兼及博局纹镜》，载《考古学报》1986年第1期，第34页。

② （北齐）颜之推撰，王利器集解：《颜氏家训集解》卷七《杂艺》第十九，上海古籍出版社1980年版，第527页。

执甚至酿成大祸，上节讲到的荆轲及孝文帝时皇太子与吴太子等人的故事就是由六博争道引起的。以投六箸结果行棋的“大博”，最终结局以“食枭”为胜，“《战国策》‘博者之用枭，欲食则食’；《尹文子》‘博者贵枭，胜者必杀枭’，是皆言博戏之术。今象棋中，称去棋为吃，殆食棋之意；又将军被吃则负，殆即胜必杀枭之谓也”。① 但“食枭”的戏法又有两种，一种是有“枭”棋的戏法，6枚棋子一大五小，1枚大者为枭棋，其余5枚为散棋。《战国策·綦楚策》说：“夫枭之所以能为者，以散佐之也。夫一枭之不敌五散者亦明矣。”而在六枚棋子中，以枭为贵，据《韩非子·外储》云：“博者贵枭，胜者必杀枭，杀枭者是杀所贵也。”《招魂》亦有“成枭而牟，呼五白些”句。由此可见，这种戏法是在行棋过程中，以吃掉对方的棋子“枭”而取胜得筹。另一种戏法，6颗棋子不分大小贵贱，开始并没有明确谁是枭棋，但在投箸行棋过程中有一枚棋子可以变成枭棋，这就是《楚辞·招魂》中所说的“箟簬象棋，有六簙些。分曹并进，遒相迫些。成枭而牟，呼五白些”。当自己的棋子变成枭棋之际，这时枭棋按规则要竖立起来，“博之竖者为枭”。得到枭棋的博徒高兴得叫喊起来，“呼五白些”，期冀投箸能成五白，获得最后胜利。屈原以形象生动的笔触，将博戏过程及现场紧张喧闹的气氛活灵活现地展现在人们面前。

起源于夏商，流行于西周、春秋、战国和秦汉时期的六博，鲜明烙上上古时代神秘文化的印记。《薛孝通谱》谈及六博起源即表达其蕴含着的自然与人文信息：“乌曹作博，其所由来尚矣。双箭以象日月之照临，十二棋以象十二辰之躔次。则天地之运动，法阴阳之消息，表人事之穷达，穷变化之几微。”日月星辰，天地运动，阴阳交替，人事穷达，世间万物尽在小小棋局，方寸之间。

六博棋局图案由方框、四维、十二曲道组成，它反映出上古人的宇宙观念和宇宙模式。李零认为，其设计理念来源于占卜用具式盘和历术工具日晷，是先有式盘、日晷，后有六博棋局。“式盘是与天文有关的占卜工具，它和古代宇宙模式的关系更直接，而博局

① 杜亚泉：《博史》，上海开明书店1943年版，第5页。

是用于游戏，不可能是式法的来源，其图案寓含四方八位、九宫十二位和四维钩绳一类设计，也显然是模仿式图。”“日晷也是历算类的仪具，它上面的博局图跟博局本身的图案更一致。……博局的设计虽与式图有相通之处，但它更可能是一种式图与历术相结合的图式，所以才会既用于日晷，也用于博局。甚至我们可以说，六博就是一种模仿历术的游戏(所以可用于历术类的占卜，式法也是历术类的占卜)。它的棋道设计是如此，博、棋的设计师可能也是如此(六博以六为数，十二棋也是六黑六白，或与六旬记数有关)。三者同源，但用途不太一样(注意：式法亦用算，而且也属于历术类的占卜)。”①王煜以四川汉墓画像中“钩绳”博局为例，指出其“二绳、四钩、四正、四隅、四维、八纮、十二辰即构成了宇宙模式的基本框架”。“四川汉墓仙人六博画像中特有的‘钩绳’博局即是时人观念中宇宙模式及宇宙运行的基本框架的最直接表现，仙人行棋于其上便象征着在运行整个宇宙。”②

六博不仅构筑了宇宙模式，而且还被一些文人赋予伦理教化的人文意义：六博博戏不仅能演绎“宇宙运行”，还可模拟社会人生，通过投箸行棋认识自然、教化社会。对此，东汉文学家边韶的《塞赋》中有形象生动的描述：

> 始作塞者……制作有式，四道交正，时之则也，棋有十二，律吕极也。人操厥半，六爻列也，赤白色者，分阴阳也。乍亡乍存，像日月也。行必正直，合道中也。趋隅方折，礼之容也。迭往迭来，刚柔通也。周则复始，乾行健也。局平以正，坤德顺也。然则塞之为义，盛矣大矣，广矣博矣。质象于天，阴阳在焉；取则于地，刚柔分焉……考之古今，王霸备焉。览其成败，为法式焉。

① 李零：《跋中山王墓出土的六博棋局——与尹湾〈博局占〉的设计比较》，载《中国历史文物》2002年第1期，第14~15页。

② 王煜：《四川汉墓画像中“钩绳”博局与仙人六博》，载《四川文物》2011年第2期，第64页。

这里，边韶所咏之“塞”，实为六博之衍生品或附属物。“说苑曰：塞，行棋相塞，谓之塞也。管子曰：秋行五政，一曰秋禁，二曰博塞。”①“博戏于博棋以外，又有博塞为行棋之具。《庄子》‘博塞以游’；塞，《说文》作簺，‘行棋相塞谓之簺’；《广雅》‘簺箸也，今名骰子，博以五木为簺’。”②六博实际上包含了自然和人生两种模式的演绎与运作，“四道交正，时之则也，棋有十二，律吕极也。人操厥半，六爻列也，赤白色者，分阴阳也；乍亡乍存，像日月也”。讲的是通过投六箸，行十二棋的方式演绎自然界有规律的运动，“六博中正以具有正反两面的博箸代表阴阳，以六枚博箸为《周易》的阴阳六爻，十二枚棋子象征十二辰(十二时)，博局则象征宇宙的基本框架。六枚博箸的变化和组合推动十二棋子在博局上运行，正象征着阴阳六爻推动着十二辰在宇宙中运转”③。而“行必正直，合道中也。趋隅方折，礼之容也。迭往迭来，刚柔通也。周则复始，乾行健也。局平以正，坤德顺也”则包含着阴阳交错、刚柔兼济的辩证思想和“周则复始”的循环论哲理含义以及儒家讲仁义、尊德行、重礼仪、合中庸纲常伦理、“君行健，君子以自强不息”刚健有为的进取精神。六博对自然与人生的演绎与模拟，使其不仅具有博弈嬉戏的游乐功能，还承载起“质象于天”“取则于地”“施之于人”——阴阳、刚柔、仁义——从认识自然到教化人伦的多重社会文化职能。由此看来，六博不仅合乎六艺术数，而且体现出天道与人道的完满结合。这种对六博及其衍生品塞戏的文化功能附加，并非边韶个人见解，很有可能是汉代文人的普遍认识，“局必方正，象地则也；道必正直，神明德也；棋有黑白，阴阳分也；骈罗列布，效天文也”，便是早于边韶的班固在《弈旨》中所表达的类似看法。

六博演绎和模拟宇宙和人生，还曲折生动地反映出战国秦汉的

① (唐)欧阳询等编纂：《艺文类聚》卷七十四《巧艺部》。

② 杜亚泉：《博史》，上海开明书店1943年版，第5页。

③ 王煜：《四川汉墓画像中“钩绳”博局与仙人六博》，载《四川文物》2011年第2期，第66页。

社会——政治格局。六博六颗棋子一大五小或曰一枭五散，棋有大小之分，是战国秦汉等级社会在棋局设计上的反映。六博贵枭棋，贱散棋，“枭散者，贵贱也”，与尊君贱民、君王统驭群臣、君临天下的专制统治相暗合，《战国策》曾记载，唐且以六博贵枭劝进春申君：“夫枭之所以能为者，以散棋佐之也，夫一枭不能胜五散明矣。今君何不为天下枭，而令臣等为散乎？”①六博以“食枭”为胜，《史记·魏世家》记载：“王独不见夫博之所以贵枭者，便则食，不便则止矣。”《韩非子·外储说左下篇》也记载，匡倩对齐宣王说：“博者贵枭，胜者必杀枭。”贵枭—杀枭—争枭，棋局上的食枭争夺正是战国时期各国诸侯互相厮杀、胜者为王的真实缩影。

三、犹贤乎？恶业乎？上古人的博弈观

由于博戏的娱乐嬉戏功能，同时也由于历代文人对六博、塞戏等踵事增华，做出合乎天道与人道的哲理阐释，使得上古时代的人们对待博戏呈现出多样化甚至截然对立的观点和态度。

孔子似乎是一个对博弈游戏持包容、开放态度人，子曰：“饱食终日，无所用心，难矣哉。不有博弈者乎？为之犹贤乎已！”②在孔子看来，在读书、劳作之余，玩一玩博弈之类的游戏，总比饱食终日，无所事事要好得多。在孔子的教育思想和教学实际中，“艺”是重要的教育内容，子曰：“志于道，据于德，低于仁，游于艺。”③朱熹对此有进一步发挥：“志道，则心存于正而不他；据德，则道得于心而不失；依仁，则德行常用而物欲不行；游艺，则小物不遗而动息有养。”④这里，艺处于与道、德、仁同等重要的地位。孔子认为，健康、适当的游艺活动不仅可以提高学生的学习兴

---

① （汉）刘向辑录：《战国策·楚策三》。

② 《论语·阳货》。

③ 《论语·述而》。

④ （宋）朱熹著，陈戍国标点：《四书集注》，岳麓书社 2014 年版，第 107 页。

趣和学习效率，最终达到“乐学”的境界，而且也是培养学生健康生活情趣和健全人格的一个重要方面。“不兴其艺，不能乐学。故君子之于学也，藏焉，修焉，息焉，游焉。夫然，故安其学而亲其师，乐其友而信其道，是以虽离师辅而不反。”①但是，在另外的场合，孔子却对博戏猛烈抨击并坚决反对。《孔子家语》云：“哀公问于孔子曰：‘吾闻君子不博，有之乎？’孔子曰：‘有之。’公曰：‘何为？’对曰：‘为其二乘。’公曰：‘有二乘，则何为不博？’子曰：‘为其兼行恶道也。’”②一方面，说博弈者“犹贤乎矣”；另一方面，又指斥博戏为“恶道”。孔子对博戏两种截然相反的观念，弄得后人无所适从，真不知如何是好。其实，孔子赞成博弈，是从游艺的层面加以肯定的，是与其“志于道，据于德，依于仁，游于艺”的“道艺兼容”“以艺辅道”的世界观、人生观、价值观相一致的。“礼乐并重，并把乐安放在礼的上位，认定乐才是一个人格完成的境界，这是孔子立教的宗旨。所以他说出了‘兴于诗，立于礼，成于乐’(《论语·泰伯》)的话”③。孔子反对博戏，主要是针对摒除了游戏休闲功能，纯粹以钱物输赢为目的的赌博活动而言，《论语》里讲的是“博弈”，而《孔子家语》里则只讲到了“博”，一字之缺，不仅是游艺功能的缺失，也是博戏从以游乐为主，小额下注以怡情养性为主要目的原初状态蜕变成“唯胜是图”、毫无游戏乐趣的纯粹赌博活动。对于后者，重道贱利的儒者当然要反对，斥之为“恶道”当在情理之中。孔子对博弈及赌博的言论及态度，后人从不同角度予以诠释，见仁见智，莫衷一是。笔者认为，在各种阐释论述中，当以颜之推的阐释合乎孔子本意：

《家语》曰：“君子不博，为其兼行恶道故也。”《论语》云：“不有博弈者乎？为之，犹贤乎已。”然则圣人不用博弈为教；

---

① (汉)戴圣编纂：《礼记·学记》。

② (三国魏)王肃：《孔子家语》卷一。

③ 徐复观：《中国艺术精神》，华东师范大学出版社2001年版，第3页。

> 但以学者不可常精，有时疲倦，则傥为之，犹胜饱食昏睡，兀然端坐耳。至如吴太子以为无益，命韦昭论之；王肃、葛洪、陶侃之徒，不许目观手执，此并勤笃之志也。能尔为佳。古为大博则六箸，小博则二焭，今无晓者。比世所行，一焭十二棋，数术浅短，不足可玩。围棋有手谈、坐隐之目，颇为雅戏；但令人耽愦，废丧实多，不可常也。①

颜之推认为，博弈是末技小道，因此，孔夫子认为“君子不博”，“圣人不用博弈为教”。但是博弈有游艺嬉戏、怡情养性的功能，不能一概排斥，读书之余，“则傥为之”也是可以的，但不能沉迷其中，因为它“令人耽愦，废丧实多”，故“不可常也”。显然，颜之推赞同孔子“不有博弈者乎？为之，犹贤乎矣”的观点，在颜氏看来，适当的、排除了赌博功能的博弈游戏，对于子孙教育不仅无害，反而有助于子孙后代好学乐学、怡情养性、健康成长。由此可见，颜之推深得孔子道艺并用、全面发展教育思想之精髓，窥一斑可知全豹，颜之推准确地把握儒家思想内涵，并用其教育子孙，《颜氏家训》也因此而成为千古家教经典。

孔子虽然对博弈的看法自相矛盾，决然对立，但他也算是明确地表达了自己对博弈或赞成或反对的态度。相较而言，庄子的态度就不那么直白，显得有点暧昧：“臧与穀二人相与放羊而俱亡其羊。问臧奚事，则挟筴读书，问穀奚事，则博塞以游。二人者事业不同，其于亡羊均也。”这则寓言出自《庄子·骈拇》篇，庄子从道法自然、顺应人性、无为而治的政治观和社会观出发，认为违背人的天性去追求所谓仁义、礼乐会使“天下惑”，那些因此而“舍生取义”“杀身成仁”的行为，从为外物而殉身这一角度看，君子和小人是没有什么区别的：“伯夷死名于首阳下，盗跖死利于东陵之上。二人者，所死不同，其于残生伤性均也。”同理，“持筴读书”的臧和“博塞以游”的穀，也无好坏善恶之分，但都不务正业而将羊儿弄丢

① （北齐）颜之推撰，王利器集解：《颜氏家训集解》卷第七《杂艺》第十九，上海古籍出版社 1980 年版，第 527~528 页。

了。这一方面体现了庄子对事物好坏善恶的相对论认识；另一方面，也隐晦曲折地表达出庄子顺应自然、顺乎人性、率性而为，尽量做自己喜欢的事的人生态度。由此，我们甚至可以大胆猜测，庄子其实是赞成穀“博塞以游”的，因为它合乎人喜欢游戏、放逐自我的天性。

上古不少人，主要是社会精英人士认为，带有较智伐谋的博戏是为“雅戏”。一些文人雅士或耽玩其中，乐此不疲；或踵事增华，歌之咏之；或身体力行，发明博戏。如班固作《弈旨》，边韶写《塞赋》，刘向和马融都有《围棋赋》创作等。传说东方朔曾创制弹棋进献于汉武帝，“弹棋，二人对局。黑白各六枚。先列棋相当，下呼上击之”①。“昔汉武帝平西域，得胡人善蹴踘者，尽炫其便捷跳跃，帝好而为之，群臣不能谏。侍臣东方朔因以此艺进之。帝乃舍蹴鞠而就弹棋焉。”②另有一种说法，弹棋产生于汉成帝时期，出自刘向之手。据《西京杂记》记载：“成帝好蹴鞠，群臣以蹴鞠为劳体，非至尊所宜。帝曰：‘朕好之，可择似而不劳者奏之。’家君作弹棋以献。帝大悦，赐青羔裘、紫丛履，服以朝觐。”《西京杂记》为汉代刘歆著，东晋葛洪辑抄，文中“家君”即指刘歆的父亲刘向。

总体而言，先秦及秦汉时期主流社会和主流舆论对于具有投机和赌胜性质的博弈活动持批判和禁止态度。其一，博戏投机取巧，以夺取不义之财为目的，与儒家义利观相背离。“夫博悬于投，不专在行，优者有不遇，劣者有侥幸，踦拿相凌，气势力争，虽有雄雌，未足以为平也。”③荀子曾谈到当时以六博赌博钱财输赢很大，“先王之道理，六贰之博，则天府已”。《集解》记载：“求财于六贰之博，得之不穷，故曰天府。”④司马迁以为，“富者，人之惰性，所不学而俱欲者也”。但追求财富有正当的与不正当之分，博戏就

① (东晋)徐广：《弹棋经》。

② (宋)李昉等：《太平御览》卷七五五《工艺部一二 · 弹棋》引《禅棋经序》。

③ (汉)班固：《弈旨》。

④ 《荀子 · 大略篇》。

属于非正当之类。“博戏驰逐，斗鸡走狗，作色相矜，必争胜者，重失负也。”①东汉著名唯物主义思想家王充也曾对以“相夺钱财”为目的的博戏予以斥责；“巨人博戏，亦画墁之类也，博戏之人，其志复求食乎？博戏者尚有相夺钱财，钱财众多，已亦得食，或时有志”。王充不屑于孟子“何必曰利”耻言利的言行，认为“夫利有二，有人货财之利，有安吉之利……行仁义，得安吉之利”。逐利是人的本性，但要采取正当合法的方式获取钱财，“夫高贵者，人之所欲也，不以其道得之，不居也。故君子之于爵禄也，有所辞，有所不辞”②。王充要表达的意思很明白，博戏是以一种不正当的方式获取钱财，显然属于“不义之财”，理所当然地要受到摒弃和抑制。

其二，博戏有违纲常伦理。孟子将赌博列为违背纲常伦理的“不孝”恶行之一，“世俗所谓不孝者五：惰其四肢，不顾父母之养，一不孝也；博弈好饮酒，不顾父母之养，二不孝也；好货财，私妻子，不顾父母之养，三不孝也；从耳目之欲，以为父母戮，四不孝也；好勇斗狠，以危父母，五不孝也”③。西汉史游《急救篇》记载，“棋局博戏相易轻”④，指出博徒为了赌取钱物，丧失心性，彼此互不尊重，甚至尊卑失序，正所谓“赌场无父子”。故颜师古注曰：“凡人相与为棋、博之戏也，因有急心，则言辞轻侮，失于敬让，故云相易轻也。”

其三，博戏使人沉迷其中，误时废业，影响人们正常生计。大到国王大臣沉溺赌博，不理政事，小到一般百姓以赌博为业，不事稼穑。前者如管子所言：“昔者无道之君，大其宫室，高其台榭，良臣不使，谗贼是舍。有家不治，借人为图，政令不善，墨墨若夜，辟若野兽，无所朝处，不修大道，不鉴四方，有家不治，辟若生狂，众所怨诅，希不灭亡。进其谀优，繁其钟鼓，流于博塞，戏

---

① （汉）司马迁：《史记》卷一百二十九《货殖列传》。

② （汉）王充：《论衡》卷第十《刺孟篇》。

③ 《孟子·离娄章句下》。

④ （汉）史游：《急就篇》卷三。

其工瞽。诛其良臣，敖其妇女，獠猎毕弋，暴遇诸父，驰骋无度，戏乐笑语。式政既輮，刑罚则烈。内削其民，以为攻伐，辟犹漏釜，岂能无竭。此亦可谓昔者无道之君矣。”①这里，管子列举“无道之君”的种种无道之举，“流于博塞”是其重要表现之一。后来在司马迁的《史记》中就有不少事例。东汉王符也对这种不良社会风气提出过尖锐批评：“今民奢衣服，侈饮食，事口舌而习调欺，以相诈给比肩是也。或以谋奸合任为业，或以游敖博弈为事，丁夫世不传犁锄，怀丸挟弹，携手遨游，或取好土作丸卖之，夫弹外不可御寇，内不足以禁鼠。”②农夫因为耽玩博戏，成为四体不勤、犁锄不扶的游手好闲之徒，致使农田荒芜，引发严重的社会问题。

其四，六博以散击枭，杀枭为胜，鼓励人们造反，反抗攻击豪门贵族，如此将严重危及宗法专制统治，因此必须反对。如《韩非子》所云：“齐宣王问匡倩曰：‘儒者博乎？’曰：‘不也。’王曰：‘何也？’匡倩对曰：‘博者贵枭，胜者必杀枭。杀枭者，是杀所贵也。儒者以为害义，故不博也。’又问曰：‘儒者弋乎？’曰：‘不也。弋者，从下害于上者也，是从下伤君也。儒者以为害义，故不弋。’又问：‘儒者鼓瑟乎？’曰：‘不也。夫瑟以小弦为大声，以大弦为小声，是大小易序，贵贱易位。儒者以为害义，故不鼓也。’宣王曰：‘善。’”③由此可见，凡是以贱杀贵、以下伤上、以小易大者，都是“害义”之举。这里所谓“害义”之“义”，应该是儒法诸家讲等差、忠君王，维护宗法专制统治之“义”。六博“胜者必杀枭”，与儒者“贵枭”贵君、忠君之义严重背离，因此才有《韩非子》所说的“儒者不博”。

早在春秋战国时期，国家政策、法律禁赌即已初露端倪。管仲在齐国为相时，即行“禁赌”之策。据《管子·四时》载：

---

① 《管子·四称》。

② （汉）王符：《潜夫论》卷三《浮侈》。

③ 《韩非子·外储说》。

> 西方曰辰，其时曰秋，其气曰阴，阴生金与甲。其德忧哀、静正、严顺，居不敢淫佚。其事：号令毋使民淫暴，顺旅聚收，量民资以畜聚。赏彼群干，聚彼群材，百物乃收，使民毋怠。所恶其察，所欲必得，我信则克。此谓辰德。辰掌收，收为阴。秋行春政则荣，行夏政则水，行冬政则耗。是故秋三月以庚辛之日发五政：一政曰禁博塞，圉小辩，斗译跽；二政曰毋见五兵之刃；三政曰慎旅农，趣聚收；四政曰补缺塞坼；五政曰修墙垣，周门闾。五政苟时，五谷皆入。

管子秋天所行之政是“号令毋使民淫暴”，并对“所恶其察，所欲必得”，即以法令的形式制止人民的“淫暴”行为，对人民所厌恶之事进行考察，使所要求的事情必须做到。所以其秋天五政，第一政就是禁止赌博，使广大人民保持“忧哀、静正、严顺”之德性，并“顺旅聚收”，集中精力进行秋收生产，达到“量民资以畜聚。赏彼群干，聚彼群材，百物乃收，使民毋怠”的目的。

如果说管仲在齐国禁赌还只是限于政令层面，那么李悝在魏国为相时，则将禁赌写入《法经》，在法律层面厉行赌禁，开中国历代法律禁赌之先河。李悝所著《法经》共 6 篇，即《盗法》《贼法》《囚法》《捕法》《杂法》《具法》。《法经》早已散佚失传，1984 年江苏广陵古籍刻印社影印出版的《李悝法经》，早在民国时期著名法律史学家杨鸿烈即考证其“后人本《唐律》而伪作”。《晋书 · 刑法志》《唐律》及时明代董说《七国考》保存了《法经》许多内容。如《七国考》：

> 桓谭《新书》：“魏文侯师李悝著《法经》，以为王者之政，莫急于盗贼。故其律始于盗贼。盗贼须劾捕，故著《囚》《捕》二篇。其轻狡、越城、博戏、假借、不廉、淫侈、逾制为《杂律》一篇。又以具律具其加减，所著六篇而已。卫鞅受之，入相于秦。是以秦、魏二国，深文峻法相近。”《正律略》曰：“杀人者诛，籍及家，及其妻氏。杀二人及其母氏。大盗成为守卒，重则诛。窥宫者膑。拾遗者刖。曰：为盗心焉。”其《杂律

略》曰：“夫有一妻二妾其刑聝。夫有二妻则诛。妻有外夫则宫。曰：‘淫禁。’盗符者诛，籍其家。盗玺者诛。议国法令者诛(一作‘法禁’)。籍其家，及其妻氏。曰：‘狡禁。’越城一人则诛。自十人以上夷其乡及族。曰：‘城禁。’博戏罚三币。太子博戏则笞，不止则特笞，不止则更立。曰：‘嬉禁。’群相居一日以上则问。三日四日五日则诛。曰：‘徒禁。’丞相受金，左右伏诛。犀首以下受金则诛。金自镒以下罚不诛也。曰：‘金禁。’”①

由上可见，《法经》禁赌条文体现于《杂律》六禁之中：“博戏，罚金三币。太子博戏则笞。不止则特笞。不止则更立。曰嬉禁。”这里既有对普通老百姓赌博的处罚，“罚金三币”；重要是禁止太子赌博，太子如若参赌，轻则处以笞刑，重则废除太子名号，重立太子。秦汉法律条文虽然未见禁赌明文，但据《晋书·刑法志》载，“秦汉旧律，其文起何魏文侯师李悝”，《七国考》引桓谭商鞅承袭李悝法律思想，“挟法入秦”，“秦、魏二国，深文峻法相近”，其法律禁赌当为应有之义，而且以法律惩戒的事例亦不鲜见。汉武帝大臣所忠主张把那些赌博的世家子弟一律逮捕起来，集中进行劳动改造，“所忠言：世家子弟富人，或斗鸡走狗马、弋猎、博戏乱齐民。乃征诸犯，令相引数千人，名曰株，送徒”②。《汉书·功臣表》记载了几件诸侯因犯赌博罪而被削爵判刑的案例：“安丘嗣拾，坐入上林谋道鹿，又博揜，完为城旦”；“印嗣侯遂，坐掩搏夺公主马，髡为城旦”；“樊嗣侯辟方，坐搏揜，完为城旦”。这三个官员皆因赌博被处以“完为城旦”的刑罚。那么“完为城旦”是一种什么刑罚？“清末法学家沈家本来对这几个赌博案例进行了分析，他认为‘樊嗣侯之完为城旦，乃搏揜之本罪。安丘嗣侯之谋盗鹿未成，罪轻，故而从搏揜之本罪。印嗣侯另犯余公主马，视搏揜为

---

① (明)董说：《七国考》卷十二《魏刑法》，中华书局 1956 年版，第 366~367 页。

② (汉)班固：《汉书》卷二十四《食货志》。

重，故髡为城旦。”“沈氏的解释使我们明白了汉代对赌博的处罚是完为城旦。完是一种附加刑，即保留头发的完整性而仅将鬓角剃去一些毛发，故称完刑；城旦是一种徒刑，刑期为四年。这一处治显然比《法经》为重。如果沈氏所说完为城旦‘乃搏揜之本罪’的话，则说明萧何在制订《九章律》时对于《法经》的有关规定作了修改。另外《汉书·常山宪王传》：‘太子勃起私奸饮酒、博戏、击筑，天子遣大行骞(张骞)验问’。以上史料所记得被处罚者皆属王子诸侯，可以看出：汉代禁赌有借以抑制诸侯势力的目的。”①

① 郭双林、肖梅花：《中华赌博史》，中国社会科学出版社 1995 年版，第 30~31 页。

第二章

“一局闲寻五木经，撅卢枭白意冥冥”：魏晋南北朝时期的赌博

一、“言不及意，负性是图”

魏晋南北朝是中国历史上少有的动荡时期之一，朝政更迭频繁，伦理名教式微，社会控制失衡。士族追求放浪倜傥的名士风度，庶族则企盼侥幸暴富而改善自己的社会地位。动荡的社会环境以及与温柔敦厚的传统相背离的文化心态，为赌博的畸形繁荣提供了滋生的温床。

与先秦及秦汉博弈多少有些游戏娱乐、怡情养性的特点不同，魏晋南北朝时期赌博发展的一个显著特点是强化投机性，而游戏娱乐、较智伐谋弱化，“博悬于投，不专在行，优者有不遇，劣者有侥幸”(班固)，“博之流为樗蒲，为握槊，为呼博，为酒令，理数虽不全同，而行塞胜负取决于投则一理也”。① 参赌的目的是侥幸

① (宋)程大昌：《樗蒲纪略》。

取胜，以赢钱输物为依归，而且输赢颇剧，数额惊人。赌博的这种简便化和投机性，吸引了社会各阶层人员争相参与，“夫以六朝尚清谈诙谐之时代，赌博之事，几为社会上人人必须之知识技能，而犹或引为官箴之玷”①，衍成中国历史上第一次全民赌博狂潮。

首先是帝王参赌，引领社会嗜赌风尚。“但当在王侯殿上，快独樗蒲六博”②，皇帝王侯的宫殿几成赌场。魏文帝曹丕喜好弹棋博戏，“弹棋始自魏宫内，用妆奁戏。文帝于此戏特妙，用手巾角拂之，无不中。有客自云能，使帝为之。客箸葛巾角，低头拂棋，妙逾于帝”③。弹棋当然不始于曹魏，但曹丕能将其玩得得心应手、出神入化，可见他平时经常操练不辍，否则不会如此精通。流行于魏晋至明清时期千余年的双陆博戏相传即为曹魏陈思王曹植所创。“陈思王曹子建制双陆，置投子二。”④“双陆，刘存、冯鉴皆云魏曹植始制，考之《北史》，胡王之弟为握槊之戏，近入中国。又考之竺贝，双陆出天竺，名为波罗塞戏，然则外国有此戏久矣。其流入中州，则曹植始之也。”⑤这一传说尽管采信程度不高，但人们把双陆的发明之功归于曹丕名下，从一个侧面反映出其对博戏的喜好。西晋开国皇帝晋武帝司马炎宠幸胡贵妃，常与其在后宫赌樗蒲游乐，“胡贵妃名芳……然芳最蒙爱幸，殆有专房之宠焉，侍御服饰于皇后。帝尝与之樗蒲，争矢，遂伤上指。帝怒曰：‘此固将种也’！芳对曰：‘北伐公孙，西距诸葛，非将种而何？’帝甚有惭色”⑥。为了“争道”，司马炎甚至弄伤了自己的手指，可见其参赌之投入，赌戏之激烈。东晋末年，桓玄篡晋自立，史载其“性贪鄙，好奇异，尤爱宝物，珠玉不离于手。人士有法书好画及佳园宅者，悉欲归己，犹难逼夺之，皆蒱博而取。遣臣佐四出，掘果移

① 张亮采：《中国风俗史》，江西教育出版社 2012 年版。第 140 页。
② （南朝梁）沈约：《宋书》卷二十一《乐志三》。
③ （南朝宋）刘义庆：《世说新语·巧艺第二十一》。
④ （宋）高承：《事物纪原》卷九引《续事始》。
⑤ （宋）洪遵：《谱双》卷五。
⑥ （唐）房玄龄等：《晋书》卷三十一《列传第一·后妃传》。

竹，不远数千里，百姓佳果美竹无复遗余"①。《晋中兴书》亦曰：桓玄强与人博弈，"取其田宅"②。

南北朝时期，有关帝王参赌，嗜赌的记载充斥史籍，不绝如缕。其中刘宋朝尤为突出，差不多每个皇帝都有赌博记录。刘宋开国皇帝宋武帝刘裕出身寒微，"帝素贫，时人莫能知，唯琅邪王谧独深敬焉。帝尝负刁逵社钱三万，经时无以还，被逵执，谧密以己钱代偿，由是得释"③。《南史》作者李延寿为尊者讳，并未讲明刘裕为何欠刁逵3万钱。事实的真相是，刘裕早年未发迹时曾伐获薪洲，为刁逵佣耕，与刁逵赌樗蒲，欠赌债3万钱而被刁逵缚于马桩。后与刘毅等起兵灭晋，发迹后，刘裕将刁逵擒杀，解除了心头之恨。刘裕登基后，仍嗜好赌博，据史书记载：

(刘)毅刚猛沈断，而专肆很愎，与刘裕协成大业，而功居其次，深自矜伐，不相推伏。及居方岳，常怏怏不得志，裕每柔而顺之。毅骄纵滋甚，每览史籍，至蔺相如降屈于廉颇，辄绝叹以为不可能也……后于东府聚樗蒲大掷，一判应至数百万。余人并黑犊以还。唯刘裕及毅在后。毅次掷得雉，大喜，褰衣绕床，叫谓同坐曰："非不能卢，不事此耳!"裕恶之，因挼五木久之，曰："老兄试为卿答!"既而四子俱黑，其一子转跃未定。裕厉声喝之，即成卢焉。毅意殊不快，然素黑，其面如铁色焉，而乃和言曰："亦知公不能以此见借。"④

这里，赌场紧张的气氛，赌徒大喜大悲的心态与神态跃然纸上。即使是皇帝，仍然迷恋赌博，对输赢如此看重，足见赌博对人危害腐蚀之深。刘裕死后，长子义符即位，是为少帝。义符即位之初，即"日夜媟狎，群小慢戏"⑤，被刘裕第三子义隆(宋文帝)所废。宋文帝是刘宋王朝少有的有禁赌倾向的皇帝，其弟义恭出任荆

---

① (唐)房玄龄等：《晋书》卷九十九列传第六十九《桓玄传》。

② (宋)李昉等：《太平御览》卷七五四《工艺部十一》。

③ (唐)李延寿：《南史》卷一《宋本纪上》。

④ (唐)房玄龄等：《晋书》列传第五十五《刘毅传》。

⑤ (南朝梁)沈约：《宋书·帝纪第四·少帝纪》。

州刺史时，刘义隆曾以书告诫“蒱酒渔猎，一切勿为”①。宋文帝还罢免了参与赌博的官员刘康祖，刘“为员外郎十年，再坐樗蒲戏免”②。但刘义隆的另一面，却又有与羊玄保“赌郡”的记录。羊玄保“善弈棋，棋品第三，太祖与赌郡戏，胜，以补宣城太守”③。刘裕之孙宋孝武帝刘骏有乃祖之遗风，嗜赌若命，至老弥笃，史称“孝武末年贪欲，刺史二千石罢任还都，必限使献奉，又以蒱戏取之，要令罄尽乃止”④。刘骏虽贵为君王，却以赌博为手段，巧取豪夺，也算史上一绝了。有嗜赌的皇帝，便有借此逢迎拍马、投机钻营的僚属。刘骏曾与颜师伯赌樗蒲，师伯“多纳财货，家累千金。孝武尝与师伯樗蒲，帝掷得雉，大悦，谓必胜。师伯后得卢，帝失色，师伯速敛子曰：‘几作卢。’尔日，师伯一输百万。乃迁吏部尚书，右军将军”⑤。颜师伯这一马屁拍到正着，虽然赌场输了百万，却官场得意，由此受到皇上赏识而飞黄腾达。宋孝武帝刘骏之弟宋明帝刘彧也是好赌之君。其即位之初平定晋安王刘子勋叛乱后，庆功劳军的方式便是樗蒲赌博。“事平，明帝大会新亭，劳接诸军主，樗蒲官赌，安民五掷皆卢，帝大惊，谓安民曰：‘卿面方如田，封侯状也。’……”⑥

齐明帝萧鸾热衷围棋赌博，“帝好围棋，甚拙，去格七八道，物议沸腾共欺为第三品。与第一品王抗围棋，依品赌戏。抗每饶借之，曰：‘皇帝飞棋，臣抗不能断。’席终不觉，以为信然，好之愈笃”。大臣虞愿极力劝谏，认为“尧以此教丹朱，非人主所宜好也”，但萧鸾不为所动，深陷其间，“好之愈笃”。⑦ 梁武帝萧衍看中大臣到溉家中的一块奇石，乃以赌博形式“夺人所爱”，“溉素谨厚，特被高祖赏接，每与对棋，从夕达旦。溉弟山池有奇石，高祖

① (南朝梁)沈约：《宋书》卷六十一《江夏王刘义恭传》。

② (南朝梁)沈约：《宋书·刘康祖传》。

③ (南朝梁)沈约：《宋书·孔季恭羊玄保沈昙庆传》。

④ (唐)李延寿：《南史·垣护之传附闳传》。

⑤ (唐)李延寿：《南史·颜师伯传》。

⑥ (南朝梁)萧子显：《南齐书·李安民郑羲郁久闾豆仑传》。

⑦ (南朝梁)萧子显：《南齐书·虞愿传》。

戏与赌之，并《礼记》一部，溉并输焉，未进，高祖谓朱异曰：‘卿谓到溉所输可以送未？’”溉敛板对曰：‘臣既事君，安敢失礼。’高祖大笑，其见亲爱如此”①。萧衍贵为天子，以赌索物，还担心大臣赌输后不偿付赌债，其贪婪如此，世所罕见。梁元帝萧绎未即位为湘东王时即好双陆赌博，侯景之乱，萧绎率兵征讨，不战欲退，参军萧贲借与其玩双陆博戏时，一语双关劝谏，最后遭萧绎所杀。史载：

> 时荆州刺史湘东王绎师于武成，河东王誉次巴陵，前信州刺史桂阳王慥顿江津，并未之进。既而有敕班师，湘东王欲旋。中记室参军萧贲曰：“景以人臣举兵问阙，今若放兵，未及度江，童子能斩之，必不为也。大王以十万之师，未见贼而退，若何！”湘东王不悦。贲，骨鲠士也，每恨湘东不入援。尝与王双六，食子未下，贲曰：“殿下都无下意”。王深以为憾，遂因事害之。②

北朝皇帝中，亦有钟爱赌博者。据说，北魏太武帝拓跋焘北伐刘宋，兵临彭城，战争间隙不忘樗蒲博戏，遣使向刘宋武陵王刘骏（后为宋孝武帝）索要樗蒲博具。拓跋焘战争间隙仍不忘樗蒲博戏，引为史上笑谈：

> 孝武镇彭城，（张）畅为安北长史、沛郡太守。元嘉二十七年，魏主托跋焘南征，太尉江夏王刘义恭统诸军出镇彭城……魏主既至，登城南亚父冢，于戏马台立毡屋。先是，队主蒯应见执，其日晡时，遣送应至小市门，致意求甘蔗及酒。孝武遣送酒二器，甘蔗百挺。求骆驼。明日，魏主又自上戏马台，复遣使至小市门，求与孝武相见，遣送骆驼，并致杂物，使于南门受之。畅于城上与魏尚书李孝伯语，孝伯问：“君何

① （唐）姚思廉：《梁书·到溉传》。

② （唐）李延寿：《南史·侯景传》。

> 姓?”答曰:“姓张。”孝伯曰:“张长史乎?”畅曰:“君何得见识?”孝伯曰:“君名声远闻,足使我知。”城内有具思者,尝在魏,义恭使视,知是孝伯,乃开门饷物。魏主又求酒及甘橘,孝武又致螺杯杂物,南士所珍。魏主复令孝伯传语曰:“魏主有诏借博具。”畅曰:“博具当为申致,有诏之言,正可施于彼国,何得施之于此?”孝伯曰:“以邻国之巨耳。”孝伯又言:“太尉、镇军,久阙南信,殊当忧邑。若遣信,当为护送。”畅曰:“此中间道甚多,亦不须烦魏。”孝伯曰:“亦知有水路,似为白贼所断。”畅曰:“君著白衣,故号白贼也。”孝伯笑曰:“今之白贼,亦不异黄巾、赤眉,但不在江南耳。”又求博具,俄送与……①

在刘宋与北魏交战中,北魏占了上风,故拓跋焘屡屡向时为武陵王的刘骏索要财物,刘骏不敢造次,有求必应,恭送如仪。拓跋焘遣其丞相李孝伯问张畅借的樗蒲博具,就是其索要的物件之一,从上述文字看,有“魏主诏借博具”“又求博具”,可见拓跋焘索要之切。另据《宋书》列传第十九《张畅传》记载,拓跋焘遣李孝伯借樗蒲博具的理由是“今端坐无为,有博具可见借”。可见,其战争间隙以樗蒲赌博为娱乐消遣是常有的事。

北齐开国皇帝高洋“性好握槊”,庞幸善长握槊的和士开,并允许和士开到后宫与太后玩握槊,酿成宫闱之乱。对于这段秽史,《北齐书》有较详载录:“世祖性好握槊,士开善于此戏,由是遂有斯举……世祖时,恒令士开与太后握槊,又出入卧内无复期限,遂与太后为乱。及世祖崩后,弥自放恣。”②十六国后凉开国之君吕光不仅自己喜欢博戏,而且时常在皇殿上大开赌局,与文武百官聚赌。“吕光太安二年,龟兹国使至,献宝货、奇珍、汗马,光临正殿,设宴会文武博戏。”③前赵昭文帝刘曜“不抚士众,专与嬖臣饮博”④。

---

① (南朝梁)沈约:《宋书》卷四十六列传第六。
② (唐)李百药:《北齐书·和士廾传》。
③ (宋)李昉等:《太平御览》卷七五四引《凉州记》。
④ (唐)房玄龄等:《晋书》卷一百三载记第三。

后赵奴隶皇帝石勒也常与部属樗蒲博戏为乐，“勒姊夫广威张越与诸将蒱博，勒亲观之。越戏言忤勒，勒大怒，叱力士折其胫而杀之”①。无独有偶，北周奠基人宇文泰(周文帝)为西魏宰相时也常常召集部下聚赌。某次，“梁主萧詧曾献马瑙钟，周文帝执之，顾丞郎曰：‘能掷樗蒲头得卢者，便与钟。’”②另据《北史·王思政传》载：

周文帝曾在同州，与群公宴集，出锦罽及杂绫绢数千段，令诸将樗蒲取之。物尽，周文又解所服金带，令诸人遍掷，曰：“先得卢者即与之。”群公掷将遍，莫有得者。次至思政，乃敛容跪而誓曰：“王思政羁旅归朝，蒙宰相国士之遇，方愿尽心效命，上报知己。若此诚有实，令宰相赐知者，愿掷即为卢；若内怀不尽，神灵亦当明之，使不作也，便当杀身以谢所奉。”辞气慷慨，一座尽惊。即拔所佩刀，横于膝上，揽樗蒲，拊髀掷之。比周文止之，已掷为卢矣。徐乃拜而受带。

由于魏晋南北朝政局动荡，官僚选拔制度重门阀、讲等级，致使官僚不思进取、士习浮浇、骄奢淫逸之风遍及士林。对此，近人张亮采《中国风俗史》有所论述：

中正取士，权归著姓。惟梁置州重郡崇，乡豪专典授荐，颇无膏粱寒素之隔。此外若晋王戎选举，驱扇浮华，亏败风俗，虽为傅咸所奏，戎与贾郭通亲，竟得不坐。齐之乡举里选，不核才德，其所进取，以官婚胄籍为先，遂令甲族以二十登仕，后门以三十试吏，故有增年矫貌以图进者。其时士人皆厚结姻援，奔驰造请，浸以成俗焉(《通志·选举略》)。梁徐勉掌选时，奏立九品为十八班，自是贪冒者以财货取进，守道者以贫寒见没(《南史》勉传)。隋之选举冒滥，非为巨害，至

① (唐)房玄龄等：《晋书》卷一百四载记第四。

② (唐)李延寿：《北史·薛端传》。

死不黜。故里语谓人之为官若死然，未有不了而倒还者(《通志·选举略》)。加以其时专尚词赋，士习浮浇，尤不以奔竞为耻焉。颜之推《家训·涉务篇》曰：多见士大夫耻涉农桑，羞务工伎，射既不能穿札，笔记才记姓名，饱食醉酒，以此消日。又曰：梁朝全盛之时，贵游子弟多无学术，无不熏衣剃面，傅粉施朱，驾长檐车，跟高齿屐，坐棋子方褥，凭班丝隐囊，列器玩于左右，从容出入，望若神仙。及势利既失，遂为驽材。此可以知当时仕宦伎俩矣。《晋书·潘岳传》：岳与石崇谄事贾谧，每候其出，辄望尘而拜。《南史·陈卞彬传》：时有广陵高爽，博学多才。刘蒨为晋陵县，爽经途诣之，了不相接。俄而爽代蒨为县，蒨遣迎赠甚厚。此可以知当时炎凉丑态矣。①

正是由于选官制度的缺陷，致使魏晋六朝士子官员或不思进取，沉迷博戏；或以之结交权贵，相互攀缘。关于士族和文人赌博，本章将有专节论述，官僚涉足赌博，史籍记载屡见不鲜。如《魏略》载曹魏蒲贩县令、汉兴太守游楚喜好樗蒲、投壶博戏：

楚不学问，而性好游遨音乐。乃畜歌者，琵琶、筝、箫，每行来将以自随。所在樗蒲、投壶，欢欣自娱。

《三国志·吴书·诸葛瑾传》记载，诸葛瑾之子诸葛融摄兵驻守公安，与将士赌博而终日不倦：

疆外无事，秋冬则射猎讲武，春夏则延宾高会，休吏假卒，或不远千里而造焉。每会辄历问宾客，各言其能，乃合榻促席，量故选对，或有博弈，或有樗蒲，投壶弓弹，部别类分，于是甘果继进，清酒徐行，融周流观览，终日不倦。

① 张亮采：《中国风俗史》，江西教育出版社2012年版，第71~72页。

《三国志·蜀书·费祎传》讲费祎公务读书之余亦与人博弈：

> 于时军国多事，公务烦猥，祎识悟过人，每省读书记，举目暂视，已究其意旨，其速数倍于人，终亦不忘，常以朝晡听事，其间接纳宾客，饮食嬉戏，加之博弈，每尽人之欢，事亦不废。

西晋时期，文武官员嬉戏娱乐，赌博成风，王澄为荆州刺史、都督时，博弈纵酒，昼夕不辍，政务反成业余，结果闹得人心涣散，众叛亲离：

> 澄既至镇，日夜纵酒，不亲庶事，虽寇戎急务，亦不以在怀。擢顺阳人郭舒于寒悴之中，以为别驾，委以州府。时京师危逼，澄率众军，将赴国难，而飘风折其节柱。会王如寇于襄阳，澄前锋至宜城，遣使诣山简，为如党严嶷所获。嶷伪使人从襄阳来而问之曰：“襄阳拔未?”答云：“昨日破城，已获山简。”乃阴缓澄使，令得亡去。澄闻襄阳陷，以为信然，散众而还。既而耻之，托粮运不赡，委罪长史蒋俊而斩之，竟不能进。巴蜀流人散在荆、湘者，与土人忿争，遂杀县令，屯聚乐乡。澄使成都内史王机讨之。贼请降，澄伪许之，既而袭之于宠洲，以其妻子为赏，沈八千余人于江中。于是益、梁流人四五万家一时俱反，推杜弢为主，南破零桂，东掠武昌，败王机于巴陵。澄亦无忧惧之意，但与机日夜纵酒，投壶博戏，数十局俱起……于是上下离心，内外怨叛。①

在东晋，官场承接了前朝纵酒嗜赌之余风，“今并兼之士亦多不赡，非力不足以厚声，非禄不足以富家，是得之有由，而用之无节。蒱酒永日，驰骛卒年，一宴之馔，费过十金，丽服之美，不可赀算，盛狗马之饰，营郑卫之音，南亩废而不耕，讲诵阙而无闻，

① (唐)房玄龄等：《晋书》列传第十三《王澄传》。

凡庸竞驰，傲诞成俗”①。即使在如庾翼、陶侃这样吏治严苛的幕府和属下中，博彩嬉戏依然弥漫成风，“顷闻诸君有樗蒲过差者也，初为是，政事闲暇以娱以甘，故未有言也；今知大相聚集，渐以成俗，闻之能不怃然！”②政事闲暇以樗蒲赌博为乐，“渐以成俗”，足见东晋官场赌风之盛。不仅一般下层官僚爱好赌博，在东晋官僚上层，亦不乏赌博爱好者。东晋名将王敦起兵反晋时，遭到周顗的反对，王敦将其杀害。时人以樗蒲博戏予以讥刺：“周顗之死也，王敦坐其罪。有一参军，樗蒲，马于博头被杀，因谓敦曰：‘周家弈世令望，而位不至公。及伯仁将登而坠，有似下官此马。’（伯仁，顗之字也）”③

东晋名将桓温年轻时就是一个嗜赌如狂的赌徒，屡赌屡输，赌债高筑，不得不求助当时的赌博高手袁耽帮忙扳回赌债。④ 及至年长并位极人臣，桓温仍迷恋赌博，《世说新语》就有多处写到他的赌博轶事：

> 桓宣武与袁彦道樗蒲，袁彦道齿不合，遂厉声掷去五木。温太真云：“见袁生迁怒，知颜子为贵。”⑤
>
> 桓公将伐蜀，在事诸贤咸以李势在蜀既久，承藉累叶，且形据上流，三峡未易可克。唯刘尹云：“伊必能克蜀。欢其蒲博，不必得，则不为。”⑥

刘尹对桓温的评价，说明他天生就具有赌徒性格，嗜赌、敢赌、愿赌服输。这与桓玄对刘毅评价如出一辙，桓玄起兵代晋自立，遭遇刘裕、刘毅、何无忌等人的反对，“玄微闻义军起，忧

① （唐）房玄龄等：《晋书》列传第四十五《范宁传》。

② （宋）李昉等：《太平御览》卷七五四《工艺部十一》引《庾翼集》。

③ （宋）李昉等：《太平御览》卷七五四《工艺十一》引《晋书》。

④ （南朝宋）刘义庆：《世说新语·任诞》。

⑤ （南朝宋）刘义庆：《世说新语·忿狷》。

⑥ （南朝宋）刘义庆：《世说新语·识鉴》。

惧，弗能寝食。或曰：‘刘裕等狂惑，事必无成。’玄曰：‘裕为一世之雄，加以果于用兵；刘毅家无担石之储，樗蒲一掷百万；何无忌，刘牢之外甥，酷似其舅，共举大事，何为无成。’”①桓玄惧怕刘毅，是从他身无担石之储而敢于一掷百万的冒险精神、投机秉性和敢赌豪气窥探其性格特点的，最终桓玄果然败在刘裕、刘毅手中。

刘宋时期，不仅皇帝好赌，而且往往君臣同乐。“《宋书》卷21《乐志三》便载有古词曰：‘但当在王侯殿上，快独樗蒲六博。’463年，孝武帝与颜师伯、柳元景、沈庆之等樗蒲便在东宫，地方官吏‘罢任还都’，孝武帝‘以蒱戏取之‘，亦当在‘王侯殿上’。”②前述宋孝武帝刘骏曾与颜师伯赌樗蒲，“师伯一输百万。乃迁吏部尚书，右军将军”③；羊玄保与宋文帝“赌郡戏，胜，以补宣城太守”④。魏晋六朝之“赌墅”“赌郡”“赌石”所谓赌博“佳话”，其中“赌郡”都发生在刘宋朝。因为刘裕好赌，其子孙及追随其起兵的武将也大多有此嗜好，刘骏第二子重华“好与群小游戏，屡出钱帛以赐左右”⑤；其另一子庐陵王刘义真“纵博酣酒，日夜无辍，肆口纵言，多行无礼”⑥。官员如刘康祖“以浮荡蒱酒为事”⑦，臧质“善蒱博意钱之戏”⑧。“此外，又有诸官僚武将之门生掾属及僚佐等参与樗蒲……王敬则亦曾‘呼僚佐文武樗蒲赌钱’(卷26《王敬则传》)。⑨ 许多官僚整日豪赌，纵欲无度，《宋书·邓琬传》说，邓

① (宋)李昉等：《太平御览》卷七五四《工艺部十一》引《晋书》。

② 薛新刚、林飞飞：《中国古代休闲体育及社会之对待——以六朝之樗蒲为例》，载《体育科学》2012年第10期，第95页。

③ (唐)李延寿：《南史·颜师伯传》。

④ (南朝梁)沈约：《宋书·孔季恭羊玄保沈昙庆传》。

⑤ (唐)房玄龄等：《晋书》卷五十六。

⑥ (南朝梁)沈约：《宋书》列传第二十一《武三王》。

⑦ (南朝梁)沈约：《宋书·刘康祖传》。

⑧ (南朝梁)沈约：《宋书·臧质传》。

⑨ 薛新刚、林飞飞：《中国古代休闲体育及社会之对待——以六朝之樗蒲为例》，载《体育科学》2012年第10期，第94页。

琬“性鄙暗，贪吝过甚，财货酒食，皆身自量校。至是父子并卖官鬻爵，使婢仆出市道贩卖，酣歌博弈，日夜不休，大自矜遇。宾客到门者，历旬不得前”。刘宋时期有名的“范晔谋反”公案即与赌博有关，宋文帝时期，彭城王刘义康被贬为庶人，孔熙先等人意欲拥立刘义康，为了拉拢范晔参与，以樗蒲为媒介，通过赌博输给范晔大量钱物逼其就范。对此，《宋书·范晔传》有较详记载：

> 初，鲁国孔熙先博学有纵横才志，文史星算，无不兼善。为员外散骑侍郎，不为时所知，久不得调。初熙先父默之为广州刺史，以赃货得罪下廷尉，大将军彭城王义康保持之，故得免。及义康被黜，熙先密怀报效，欲要朝廷大臣，未知谁可动者，以晔意志不满，欲引之。而熙先素不为晔所重，无因进说。晔外甥谢综，雅为晔所知，熙先尝经相识，乃倾身事综，与之结厚。熙先藉岭南遗财，家甚富足，始与综诸弟共博，故为拙行，以物输之。综等诸年少，既屡得物，遂日夕往来，情意稍款。综乃引熙先与晔为数，晔又与戏，熙先故为不敌，前后输晔物甚多。晔既利其财宝，又爱其文艺。熙先素有词辩，尽心事之，晔遂相与异常，申莫逆之好。始以微言动晔，晔不回，熙先乃极辞譬说。晔素有闺庭论议，朝野所知，故门胄虽华，而国家不与姻娶。熙先因以此激之曰：“丈人若谓朝廷相待厚者，何故不与丈人婚，为是门户不得邪。人作犬豕相遇，而丈人欲为之死，不亦或乎！”晔默然不答，其意乃定。①

孔熙先为了拉范晔下水，可谓费尽心机，先是结交范晔外甥谢综，与之赌博并输给谢综大量钱物，让谢综将孔熙先引荐给范晔。认识范晔后，孔熙先又故技重施，“晔又与戏，熙先故为不敌，前后输晔物甚多”，范晔果然中了孔熙先的圈套，“默然不答，其意乃定”，参与谋反，引来杀身之祸。这件事至少说明两点：一是范

① （南朝梁）沈约：《宋书》卷六十九列传第二十九《刘湛范晔传》。

晔本是好赌之人，且贪恋钱财，“苍蝇不叮无缝的蛋”，给孔熙先以可乘之机；二是刘宋时期樗蒲不仅仅是一种单纯的博戏，而且沦为官场上的交际媒介和行贿索贿的重要手段。

南齐官员中也不乏好赌、善赌者，如明帝曾“大会新亭楼，劳接诸军主，樗蒲官赌，安民五掷皆卢。帝大惊，目安民曰：‘卿面方如田，封侯状也。’”①由此可见，南齐武卫将军李安民就是赌技高超的博徒。南朝梁邵陵王世子萧坚“性颇庸短，侯景围城，坚屯太阳门，终日蒲饮，不抚军政”，即使叛军兵临城下，仍赌博不辍，结果“士咸愤怨，太清三年三月，坚书佐董勋华、白昙朗等以绳引贼登楼，城遂陷，坚遇害”。② 因为赌博害得城破身亡，萧坚确为萧梁奇葩。时竟陵太守鱼弘，以贪残著称，“常语人曰：我为郡，所谓四尽：水中鱼鳖尽，山中獐鹿尽，田中米谷尽，村里民庶尽。丈夫生世，如轻尘栖弱草，白驹之过隙。人生欢乐富贵几何时”，有“四尽太守”之称。奉行及时行乐人生观的鱼弘纵酒博戏，“于是姿意酣赏，侍妾百余人，不胜金翠，服玩车马，皆穷一时之绝”。③ “荆州椽属双陆赌金钱，钱尽，以金钱花相足，鱼弘谓得花胜得钱。”④郢州刺史萧方诸和长史鲍泉“不恤政事，唯蒲酒自乐”⑤。同朝代之北徐州刺史昌义以二十万钱设赌局，请曹景宗与韦睿赌博，“初，邵阳之役，昌义之甚德睿，请曹景宗与睿会，因设钱二十万官赌之。景宗掷得雉，睿徐掷得卢，遽取一子反之，曰‘异事’，遂作塞。”⑥陈朝陈文帝时的司徒长史王子质聚众赌博，结果受到免职处分，《南史·王质传》载：“为司徒左长史，坐招聚博徒免官。”

在北朝，许多官员迷恋握槊、双陆赌博，如北魏将军尔朱世隆

① (南朝梁)萧子显：《南齐书》卷二十七列传第八《李安民传》。

② (唐)姚思廉：《梁书》卷二十九列传第二十三《高祖三王》。

③ (唐)姚思廉：《梁书》卷二十八列传第二十二《裴邃夏侯亶鱼弘韦放传》。

④ (唐)段成式：《酉阳杂俎·草编》。

⑤ (唐)姚思廉：《梁书》列传第二十四《裴子野顾协徐摛鲍泉》。

⑥ (唐)姚思廉：《梁书》卷十二列传第六《韦睿传》。

就喜玩握槊，《北史・尔朱世隆传》："初，尔朱世隆与吏部尚书元世摧握槊，忽闻局上欣然有声，一局之子尽皆倒立，世隆甚恶之。"北魏悍将高昂一次与北豫州刺史郑严祖赌握槊，御史中丞刘贵派人叫郑严祖，高昂赌得正在兴头上，不仅不放郑严祖走，还杀了刘贵派来的人。《北史・高昂传》："昂与北豫州刺史郑严祖握槊，贵召严祖，昂不时遣，枷其使。使者曰：'枷时易，脱时难。'昂使以刀就枷刎之，曰：'何难之有？'贵不敢较。"北齐秘书监祖珽嫖赌俱全，史载其经常到妓院与妓女樗蒲赌博取乐，"出山东大信绫并连珠孔雀罗等百余匹，令诸妪掷樗蒲赌之，以为戏乐"①。北齐韩凤(字长鸾)，善握槊，深得武成帝高湛宠幸，高湛经常召其到宫中博戏取乐。《北史・恩幸》记载："凤少聪察，有膂力，善骑射，稍迁乌贺真、大贤真正都督。后主居东宫，年尚幼，武成简都督三十人，送令侍卫，凤在其数。后主亲就众中牵凤手曰：'都督，看儿来'。因此被识，数唤共戏。"在陈朝军队兵临寿阳城下之际，韩凤仍与穆提婆等握槊赌博，"穆提婆，韩长鸾闻寿阳陷，仍'握槊'不辍，曰：本是彼物，从其取去"。②

魏晋南北朝赌风炽盛，一个重要体现是赌博的全民参与。无论贫富贵贱、男女老少，无不参赌、嗜赌。商人不仅是赌博活动的主要参与者，而且大多以赌博为媒介，接近官吏，谋取商业利益。如东晋名将温峤就常常与扬州、淮中商人一起赌博，"屡与扬州淮中估客樗蒲"。南朝陈名将周文育曾与商人赌博赢得银二千两，《陈书・周文育传》："……至大庾岭诣卜者，卜者曰：'君北下不过作令长，南入则为公侯。'文育曰：'足钱便可，谁望公侯。'卜人又曰：'君须臾当暴得银至二千两，若不见信，以此为验。'其夕，宿逆旅，有贾人求与文育博，文育胜之，得银二千两。"下层平民赌博更为普遍，"沈约在《宋书》中记载京邑二县'其间里少年，博徒酒客，或财利争斗，妄相诬引'(卷100《自序》)；张充则在与王俭之书中言其'蓬转于屠博之间'(卷21《张充传》)，此处与'酒客''屠夫'之流并称之博徒，当有不少是从事樗蒲之戏者，而其显然

① (唐)李百药：《北齐书・祖珽传》。

② (宋)司马光：《资治通鉴》卷一七一"陈宣帝太建五年十月"条。

为处于社会低层之平民”①。

即使在北方少数民族地区，赌博也十分流行，史载突厥“男子好樗蒲”②。1973年，甘肃嘉峪关市新城乡魏晋墓葬中发现一块彩绘博戏画像砖，两位身着红色长袍、头戴元宝帽的男子，跪坐在棋局两侧玩樗蒲博戏，左边的男子两手高举，正将二琼掷向棋局的上方；右侧的男子左手上举，右手前伸，双眼紧盯着对方掷出的二琼，气氛颇为紧张、激烈。2001年，甘肃高台县骆驼城魏晋墓室也发现一幅绘有博戏图的壁画砖，画面上，两个男子跪坐在博局两侧，一人身着红袍，另一人身穿白袍。棋局上方有博者掷出的五木，两人全神贯注地盯着五木，焦急地等待着掷采的结果。在高台县许三湾魏晋墓室发现的另一幅彩绘樗蒲画像砖，两人对枰跪坐，左侧一人身着红袍，左手高举，右手前伸；右侧一人身穿白袍，右手伸向棋局。枰为方形，下侧布有石子。“魏晋彩绘砖画真实地反映了当时古人进行樗蒲游戏的生动情景，说明在当时的河西地区，博戏已成为人们的一种普遍娱乐活动。”③征诸敦煌文献，我们亦可找到其时西北地区樗蒲赌博流行的载录，据研究，“敦煌遗书中保存着有关樗蒲流行的记述。如P.2418《父母恩重经讲经文》云：‘贪欢逐乐无时歇，打论樗蒲更不休。’又云：‘伴恶人，为恶迹，饮酒樗蒲难劝激。’S.525、S.6022《搜神记》云：‘卿昨日则麦地南头大(桑)树下，有二人樗蒲博戏。今[卿]将酒脯往其处酌合里置脯，往其处酌，他自取之，若借问於卿嗔怒，〔但向拜之，慎勿言，其中有一人救卿〕，吾在此专待卿消息。颜子行管辂之言，即将酒脯到大桑树下，乃见二人博戏，前后欲休，待从非常。颜子遂酌酒兴之，其人得酒即饮，贪博戏不看。饮酒欲尽，博戏欲休……’P.3266《王梵志诗残卷》载：‘饮酒妨生计，樗蒲必破家。

① 薛新刚、林飞飞：《中国古代休闲体育及社会之对待——以六朝之樗蒲为例》，载《体育科学》2012年第10期，第94页。

② (唐)李延寿：《北史》卷九十九《突厥传》。

③ 张有：《丝绸之路河西地区魏晋墓彩绘砖画——六博新考》，载《敦煌研究》2011年第2期，第76页。

但看此等色，不久作穷查'；'男年十七八，莫遣倚街，若不行奸道，相构即樗蒲。'以上写本不仅反映了樗蒲在敦煌的流行，而且还为我们提供了樗蒲与饮酒侍合，边饮边博，有时还与其'打论'(踢气球)结合等特色。同时也表现出敦煌的樗蒲已由博向赌转化，滋长了贪婪、狡诈、淫逸的罪恶风气，造成了对个人、家庭及社会的损害"①。

此外，这一时期赌博参与者低龄化特征亦十分突出。东晋济阳江蕤，"年十一，始学樗蒲"②。王献之几岁时即精通樗蒲，看门生赌樗蒲见有胜负，因曰："南风不竞。"③刘宋名臣何尚之少年时就是一个纵情博戏的纨绔子弟，"尚之少颇轻薄，好樗蒲，及长，折节蹈道，以操立见称"④。萧思话十余岁时整天游手好闲，"以博诞游遨为事，好骑房栋，打细腰鼓，侵暴邻曲，莫不患毒之"⑤，是闻名乡里的"问题少年"。司州刺史刘季之"少年时，宗悫共蒲戏，曾手侮加悫"⑥。萧梁时朱异"年十余岁，好群聚蒲博，颇为乡党所患"⑦。陈朝姚察"弱不好弄，博弈杂戏，初不经心"⑧。北齐李搔"少聪敏，有才艺，音律博弈之属，多所通解"⑨。

为了顺应全民参赌风尚，魏晋六朝时期有较之樗蒲、双陆更简便宜赌、一掷胜负的"摊戏"出现。这种民间赌博方式，一般是随意抓几枚铜钱或撒于盘中，或撒在地上，以四除之，最后以余数多少来决定输赢。摊戏又有"摊钱""扑掩""射意""诡億"等称谓。南

---

① 李金梅：《敦煌古代博弈文化考析》，载《体育科学》1999年第5期，第15页。

② (宋)李昉等：《太平御览》卷七五四《工艺十一》引《江蕤别传》。

③ (南朝宋)刘义庆：《世说新语·方正篇》。

④ (唐)李延寿：《南史》卷三十《何尚之传》。

⑤ (南朝梁)沈约：《宋书·萧思话传》。

⑥ (南朝梁)沈约：《宋书·竟陵王诞传》。

⑦ 参见罗卫忠：《六朝时期的博弈之俗》，载《南方文物》2010年第2期，第158页。

⑧ (唐)姚思廉：《陈书·姚察传》。

⑨ (唐)李百药：《北齐书》卷二十二《李元忠传》。

朝梁何承天《纂文》对此有解释，“扑掩，跳钱戏也，俗人谓之乐意，一曰射数，亦云博戏。掩取人财物也”，“诡億，一曰射意，一曰射数，即摊钱也”。这种简便易学的博戏不仅流行于大江南北，《梁书·昭明太子传》记载：“又见后阁小儿摊戏。”而且偏僻的西南一隅的人们也爱不释手，《隋书·地理志》记载：益州“其处家室，则女勤作业，而士多自闲，聚会宴饮，尤足意钱之戏”。

在魏晋南北朝全民嗜赌的赌博狂潮中，仍有一股禁赌清流逆势流淌。论及这一时期禁赌言论，针砭赌博危害之严厉、禁赌思想主张之激进，首推三国时吴国之韦曜。韦曜任吴太子中庶子时，太子侍从蔡颖嗜好博弈，引起太子孙和不满，遂命韦曜撰文宣传禁赌。《三国志·韦曜传》记载：“韦曜，字弘嗣，吴郡云阳人也。少好学，能属文，从丞相掾，除西安令，还为尚书郎，迁太子中庶子。时蔡颖亦在东宫，性好博弈，太子和以为无益，命曜论之。”韦曜遵命，写下洋洋洒洒千字文《博弈论》：

> 盖闻君子耻当年而功不立，疾没世而名不称，故曰：学如不及，犹恐失之。是以古之志士，悼年齿之流迈而惧名称之不立也，故勉精厉操，晨兴夜寐，不遑宁息，经之以岁月，累之以日力，若宁越之勤，董生之笃，渐渍德义之渊，栖迟道艺之域。且以西伯之圣，姬公之才，犹有日昃待旦之劳，故能隆兴周道，垂名亿载，况在臣庶，而可以已乎？历观古今立功名之士，皆有累积殊异之迹，劳身苦体，契阔勤思，平居不堕其业，穷困不易其素，是以卜式立志于耕牧，而黄霸受道于囹圄，终有荣显之福，以成不朽之名。故山甫勤于夙夜，而吴汉不离公门，岂有游惰哉？
>
> 今世之人多不务经术，好玩博弈，废事弃业，忘寝与食，穷日尽明，继以脂烛。当其临局交争，雌雄未决，专精锐意，心劳体倦，人事旷而不修，宾旅阙而不接，虽有太牢之馔，《韶》《夏》之乐，不暇存也。至或赌及衣物，徙棋易行，廉耻之意驰，而忿戾之色发，然其所志不出一枰之上，所务不过方罫之间，胜敌无封爵之赏，获地无兼土之实。技非六艺，用非

经国；立身者不阶其术，征选者不由其道。求之于战阵，则非孙、吴之伦也；考之于道艺，则非孔氏之门也；以变诈为务，则非忠信之事也；以劫杀为名，则非仁者之意也；而空妨日废业，终无补益。是何异设木而击之，置石而投之哉？且君子之居室也，勤身以致养，其在朝也，竭命以纳忠，临事且犹旰食，而何博弈之足耽？夫然，故孝友之行立，贞纯之名彰也。

方今大吴受命，海内未平，圣朝乾乾，务在得人，勇略之士则受熊虎之任，儒雅之徒则处龙凤之署，百行兼苞，文武并骛，博选良才，旌简髦俊，设程试之科，垂金爵之赏，诚千载之嘉会，百世之良遇也。当世之士，宜勉思至道，爱功惜力，以佐明时，使名书史籍，勋在盟府，乃君子之上务，当今之先急也。

夫一木一枰孰与方国之封？枯棋三百孰与万人之将？衮龙之眼，金石之乐，足以兼棋局而贸博弈也。假令世士移博弈之力而用之于诗书，是有颜、闵之志也；用之于智计，是有良、平之思也；用之于资货，是有猗顿之富也；用之于射御，是有将帅之备也。如此则功名立而鄙贱远矣。

韦曜认为，一个有德行操守和志向高远的人应该把时间和精力用在学业和事功上，不应该“不务经术，好玩博弈”，韦曜历数博弈的坏处，从赌博者个人来看，耽玩博弈，沉溺其中，“废事弃业”，“心劳体倦，人事旷而不修，宾旅阙而不接”；从社会层面上看，博弈活动并不产生实在的经济效益和社会效益，“然其所志不出一枰之上，所务不过方罫之间，胜敌无封爵之赏，获地无兼土之实”；从文化的层面上看，博弈不合儒家传统文化规范，“技非六艺，用非经国；立身者不阶其术，征选者不由其道。求之于战阵，则非孙、吴之伦也；考之于道艺，则非孔氏之门也；以变诈为务，则非忠信之事也；以劫杀为名，则非仁者之意也。而空妨日废业，终无补益，是何异设木而击之，置石而投之哉？且君子之居室也，勤身以致养；其在朝也，竭命以纳忠；临事且犹旰食，而何博弈之足耽！夫然，故孝友之行立，贞纯之名章也。”博弈显然与传统伦理文化完全对立，从较低技艺层次看，它不属于传统六艺范畴，从较高伦理政治规范看，它更不合乎忠孝节义的君子信条。韦氏之论，较为透彻地道出了以"赌及衣物"为旨趣的博戏所具有的反文化属性。如何戒赌？韦氏开出一剂转移注意力，将较智伐谋的智慧和穷日继明的精力投入经天纬地的军国大事，"当世之士，宜勉思至道，爱功惜力，以佐明时，使名书史籍，勋在盟府，乃君子之上务，当今之先急也。夫一木一枰孰与方国之封？枯棋三百孰与万人之将？衮龙之眼，金石之乐，足以兼棋局而贸博弈也。假令世士移博弈之力而用之于诗书，是有颜、闵之志也；用之于智计，是有良、平之思也；用之于资货，是有猗顿之富也；用之于射御，是有将帅之备也。如此则功名立而鄙贱远矣"。

韦曜的禁赌雄文是为吴太子孙和授意而作，其中不少观点还是附和孙和的禁赌言论的。在三国乃至六朝统治者中，孙和是较少具有禁赌倾向的人士之一。据《三国志·吴书·吴主五子传》：

> 常言当世士人宜讲修术学，校习射御，以周世务，而但交游博弈以妨事业，非进取之谓。后群寮侍宴，言及博弈，以为妨事费日而无益于用，劳精损思而终无所成，非所以进德修业，积累功绪者也。且志士爱日惜力，君子慕其大者，高山景行，耻非其次。夫以天地长久，而人居其间，有白驹过隙之喻，年齿一暮，荣华不再。凡所患者，在于人情所不能绝。诚能绝无益之欲以奉德义之涂，弃不急之务以修功业之基，其于名行，岂不善哉？夫人情犹不能无嬉娱，嬉娱之好，亦在于饮宴琴书射御之间，何必博弈，然后为欢！乃命侍坐者八人，各著论以矫之。于是中庶子韦曜退而论奏。和以示宾客。时蔡颖好弈，直事在署者颇敩焉，故以此讽之。

孙和以为，人生在世，草木一秋，必须把有限的时间和精力用在建功立业上，而不应该沉湎于博弈嬉娱。一个正常的人当然有嬉戏娱乐，但这种娱乐"何必博弈"，应限定在儒家倡导的"六艺"范围，即"嬉娱之好，亦在于饮宴琴书射御之间"，既娱乐休闲，又陶冶性情，何乐而不为？这种人生观和游乐观无疑合乎儒家“志于道、据于德、依于仁、游于艺”的“道艺兼容”“乐而不淫”的人生观。

孙吴还有一位有禁赌举措的官员，就是吴国著名的政治家、军事家陆逊。史载陆逊严格治军治吏，对于玩物丧志的斗鸡、斗鸭之类嬉戏严加禁止，即使公子王侯亦不准涉及，违者一样追究处罚：

> 黄龙元年，拜上大将军、右都护。是岁，权东巡建业，留太子、皇子及尚书九官，征逊辅太子，并掌荆州及豫章三郡事，董督军国。时建昌侯虑于堂前作斗鸭栏，颇施小巧。逊正色曰：“君侯宜勤览经典以自新益，用此何为？”虑即时毁彻之。射声校尉松于公子中最亲，戏兵不整，逊对之髡其职吏。①

世人沉溺于樗蒲弈棋，并以此为时尚，但在东晋道教哲学家葛洪的眼中，博弈却是一个祸国殃民的怪物，其在《抱朴子·外篇·自叙》痛陈樗蒲弈棋之害：

> 洪体钝性驽，寡所玩好，自总发髫，（有脱文）又掷瓦手搏，不及儿童之群，未曾斗鸡鹜，走狗马，见人博戏，了不目眄。或强牵引观之，殊不入神，有若昼睡。是以至今不知棋局上有几道樗蒲齿名。亦念此辈末技，乱意思而妨日月，在位有损政事，儒者则废讲诵，凡民则忘稼穑，商人则失货财。至于胜负未分，交争都市，心热于中，颜愁于外，名之为乐，而实煎悴，丧廉耻之操，兴争竞之端，相取重货，密结怨隙。昔宋闵公、吴太子致碎首之祸，生叛乱之变，覆灭七国，几倾天朝。作戒百代，其鉴明矣。每观戏者，惭恚交集，手足相交，丑詈相加，绝交坏友，往往有焉。怨不在大，亦不在小，多召悔吝，不足为也。仲尼虽有昼寝之戒，以洪较之，洪实未许其贤于昼寝，何者？昼寝但无益而未有怨恨之忧，斗讼之变，圣

① （西晋）陈寿：《三国志·吴书·陆逊传》。

者犹韦编三绝，以勤经业，凡才近人，安得兼修，惟诸戏尽不如示一尺之书，故因本不喜而不为，盖此俗人所亲焉。

葛洪以为，博弈之害，因为投机和争利，害在使士农工商不务正业，劳民伤财；害在缺德失伦，轻则“丧廉耻之操，兴争竞之端，相取重货，密结怨隙”，重则“致碎首之祸，生叛乱之变，覆灭七国，几倾天朝”。在葛洪看来，因为投机和争利，博弈毫无娱乐性无言，“至于胜负未分，交争都市，心热于中，颜愁于外，名之为乐，而实煎悴”，虽然葛洪严厉谴责樗蒲赌博，但面对如野火般蔓延的赌博风气，他也深感以一己之力挽救日益颓败的世风实难有成，唯一能做的“世人皆醉，唯我独醒，世人皆浊，唯我独清”，洁身自好，“故因本不喜而不为”。

与葛洪坐而论道不同，东晋陶侃在几乎无官不赌的六朝官场里，不仅洁身自好，而且利用手中的权力在其治辖区内厉行禁赌，给六朝污秽不堪的官场吹来一股清风：

侃性聪敏，勤于吏职，恭而近礼，爱好人伦……诸参佐或以谈戏废事者，乃命取其酒器，蒲博之具，悉投之于江。吏将则加鞭扑，曰：“樗蒲者，牧猪奴戏耳。老庄浮华，非先王之法言，不可行也。君子当正其衣冠，摄其威仪。何有乱头养望自谓宏达邪。”①

值得注意的是，葛洪和陶侃抨击博戏之害，对于时人借孔子、老庄抬高博弈地位，为耽玩博戏，废时弃业寻找借口给予有力回击。葛洪说，“仲尼虽有昼寝之戒，以洪较之，洪实未许其贤于昼寝，何者？昼寝但无益而未有怨恨之忧，斗讼之变，圣者犹韦编三绝，以勤经业，凡才近人，安得兼修，惟诸戏尽不如示一尺之书”，显然不同意孔子“博弈犹贤乎矣”的论调，认为凡夫俗子，精力有限，不可能博弈、事业两不误，还不如一心扑在读书事业上。

---

① （唐）房玄龄等：《晋书》卷六十六列传第三十六《刘弘陶侃传》。

世传樗蒲为老子所创，陶侃指斥“老庄浮华”，非先王明法正言，君子不应学老庄，当“正其衣冠，摄其威仪。何有乱头养望自谓宏达邪”，他认为，应该像圣人大禹一样珍惜光阴，不要终日纵酒嬉戏，自暴自弃，“常语人曰：大禹圣者，乃惜寸阴，至于众人，当惜分阴，岂可逸游荒醉，生无益于时，死无闻于后，是自弃也”①。

与陶侃同时期的东晋将军如庾翼也有禁赌举措，据《艺文类聚》：

> 参军于瓒，陈节戏事曰：“夫嬉戏都名动相剥，非为治之本，自今樗蒲(掷)马，诸不急戏，宜一断之。”翼答曰：“今准许其围棋，余悉断。”②

南朝宋、齐、梁、陈诸朝中，官员因参与博戏而受到处分时有记载，如刘宋刘康祖“为员外郎十年，再坐樗蒲戏免”③；太子中庶子王景文“为右卫将军，坐与奉朝请毛法因扑戏，得钱百二十万白衣领职”④；陈朝王质“为司徒左长史，坐招聚博徒免官”⑤。

总体而言，魏晋南北朝的禁赌举措大多仅限于个别官员或少数地区，以国家法律禁赌和最高统治者号令禁赌殊为鲜见，东晋安帝司马德宗曾有禁赌之举，义熙元年(公元405年)“五月癸未，禁绢扇及樗蒲”⑥；刘宋宋文帝刘义隆告诫王室成员及官员“声乐嬉游，不宜令过，蒱酒渔猎，一切勿为。供用奉身，皆有节度。奇服异器，不宜兴长”⑦，并罢免一再赌博、屡教不改的官员刘康祖的官职，以儆效尤；萧梁王朝初期，对于参与赌博的官员和百姓处罚较为严厉，《南史·昭明太子传》记载过这方面的信息，“太子性仁

① (唐)房玄龄等：《晋书》卷六十六列传第三十六《刘弘陶侃传》。
② (唐)欧阳询：《艺文类聚》卷七十四。
③ (南朝梁)沈约：《宋书·刘康祖传》。
④ (南朝梁)沈约：《宋书·王景文传》。
⑤ (唐)李延寿：《南史·王质传》。
⑥ (唐)房玄龄等：《晋书》卷十《安帝纪》。
⑦ (南朝梁)沈约：《宋书》卷六十一《江夏王刘义恭传》。

恕，……又见后阁小儿摊戏，后属于有狱牒，摊者法，士人结流徒，庶人结徒。太子曰：‘私钱自戏，不犯公物，此科太重。’令注刑止三岁，士人免官。狱牒应死者必将长徒，自此以下莫不减半”①。上述禁赌法令和禁赌举措，由于只是个别统治者的单个行为，缺乏法律的刚性约束以及制度的连续一贯性，因此，既不能有效遏止魏晋六朝统治集团的普遍嗜赌恶习，更无法挽救及时行乐、游戏人生的衰颓世风。统治集团带头示范和在禁赌上的无所作为，无疑是形成魏晋南北朝全民嗜赌风气的重要因素。

二、樗蒲与双陆

樗蒲 樗蒲是魏晋南北朝时期普遍流行、全民参与的重要博戏。樗蒲，又称“摴蒲”“樗蒱”“摴蒱”“蒲戏”“蒱博”等。樗是一种植物，称为“臭椿”，因樗蒲掷具用樗木即臭椿树制成，故名。宋人郑樵《通志·草木略》：“樗木叶似椿，北人呼小椿，江东呼为虎目，叶脱处有痕，如樗蒲子，又如眼目，故有其名。”

樗蒲产生于何时？《西京杂记》云：“京兆有古生者，学纵横、揣摩、弄矢、摇丸、樗蒲之术。为都掾史四十余年，善訑谩。二千石随以谐謔，皆握其权要，而得其欢心。赵广汉为京兆尹，下车而黜之，终于家。”②由此可知，早在西汉时期，樗蒲即已问世。关于樗蒲的发明人，东汉及魏晋人有老子创樗蒲之说，如东汉马融《樗蒲赋》曰：“昔有玄通先生，游于京都，道德既备，好此樗蒲，伯阳入戎，以斯消忧。”西晋张华《博物志》承袭了马融的说法，“樗蒲，老子入西戎所造，或云胡亦以此卜也”。樗蒲不仅是赌具，也是占卜的工具。东晋陶侃也认同老子作樗蒲，“樗蒲者，牧猪奴戏耳。老庄浮华，非先王之法言，不可行也”③。

老子作樗蒲，乃后世附会圣贤以为樗蒲踵事增华，不可征信。

① （唐）李延寿：《南史》卷五十三列传第四十三《梁武帝诸子传》。
② （唐）欧阳询：《西京杂记》卷四《古生杂术》。
③ （唐）房玄龄等：《晋书·陶侃传》。

樗蒲的来源有两种：一是从西域传入；二是由六博演进转化而来。笔者倾向后一种说法。樗蒲的棋盘布局和行棋方法与六博基本相同，所不同者，六博重“行”，樗蒲重“投”，即弱化较智伐谋和行棋的娱乐过程，强化一掷胜负赌博的投机性，正如民国学者杨荫深所说：“另有樗蒲，亦用棋，至六朝乃不用棋而只用投子……六博有大博小博之分，除棋以外，大博用箸，小博用琼，箸琼即投子，用以投掷，其后六博既废，投子也变为五木。至唐又变五木为骰子，则与今制同。”①杜亚泉认为，先秦六博在汉魏以后向两个方向分化，以行棋为主的博棋转化为宝应象戏和晚宋象棋，而以投掷为主的博塞则转化为樗蒲和骰戏，“博戏中博棋与博塞，本须相辅而行。自格五不用博塞，自行枭散，以博棋为独立的游戏，转化而为宝应象戏，为晚宋象棋，是为博史中之一支。博棋既离博塞为独立的娱乐用具，博塞乃离博棋为独立的东西娱乐用具；则樗蒲及骰子格是也。五木本为六箸之变形，用于大博。即《广雅》所谓‘博以五木为塞，有枭卢雉犊塞五采’是也。后世专以五木为博具，即称为樗蒲”②。

樗蒲形制与六博一样，也是由掷具、棋子和棋局组成。马融《樗蒲赋》云：“枰则素旃紫罽，出乎西邻，缘以缋绣，紩以绮文。杯则摇木之干，出自昆山。矢则蓝田之石，卞和所工，含精玉润，不细不洪。马则玄犀象牙，是磋是砻。杯为上将，木为君副，齿为号令，马为翼距，筹为策动，矢法卒数。”樗蒲的掷具有五个，故樗蒲有“五木”的别称。掷具为两面体，一黑一白。有的上面还绘有牛犊和野鸡(雉)的形象。“黑者刻二”为犊采，“白者刻二”为“雉采”。棋盘称作“枰”，其棋道以筹码性质的三百六十枚(或一百二十枚)“矢”排列表示。分排三节，节与节之间的空白处称为“关”，即“限以二关”，关前和关后的一矢称为“坑”和“堑”。放掷具的盆子称作“杯”，棋子则称为“马”。

---

① 杨荫深：《中国游艺研究·绪言》，上海世界书局1935年版，上海文艺出版社1990年3月影印本。

② 杜亚泉：《博史》，上海开明书店1943年版，第23页。

由于樗蒲是重掷采轻行棋的博戏，其掷具“五木”在博具中的地位凸显，唐代李翱介绍樗蒲的著作就直名《五木经》：“樗蒲五木玄白判。樗蒲，古戏。其投有五，故白呼五木。以木为之，因谓之木，今则以牙角，尚节也。判，半也。合其五投，并上玄下白，故曰玄白判。”①至于五木的具体形制及其投掷出来的不同组合，即“采名”，宋人程大昌《樗蒲经略》有较详细介绍：

> 方其用木也，五子之形两头尖锐，中间平广，状似今之杏仁。惟其尖锐，故可转跃；惟其平广，故可以镂采也。凡一子悉为两面，其一面涂黑，黑之上画牛犊以为之章，犊者牛子也；一面涂白，白之上即画雉，雉者野鸡也。
>
> 凡投子者，五皆现黑，则其名卢，卢者黑也，言五子皆黑也。五黑皆现，则五犊随现，从可知矣。此在樗蒲为最高之采。挼木而掷，往往叱喝使致其极，故亦名呼卢也。其次五子四黑而一白，则是四犊一雉，则其采名雉，用以比卢，降一等矣。自此而降，白黑相杂每每不同。故或名为枭，即邓艾言云：六博得枭者胜也；或名为犍，谓五木十掷辄犍，非其人不能是也。凡此采名，樗蒲经虽皆枚载，然反覆推较，率多驳而不通也。②

这里，程大昌只说到了两种主要的采名，卢和雉。其实，樗蒲五木投掷随机出来的采是很多的，李翱《五木经》：

> 厥二作雉。
>
> 雉，鸟也。取二投于白上，刻为鸟。
>
> 背雉作牛。

① 李翱：《五木经》，见吴龙辉主编：《中华杂经集成》(第三卷)，中国社会科学出版社1994年版，第102页。

② 程大昌：《樗蒲经略》，见吴龙辉主编：《中华杂经集成》(第三卷)，中国社会科学出版社1994年版，第116页。

其刻雉鸟二投，背上并刻牛，故曰背也。以雉、犊为彩者，谓其悍戾，逢敌必斗，以求胜也。虽矢马关，亦皆角逐，防遏之义也。

王采四：卢、白、雉、牛。

王，贵也。

[畩]采六：开、塞、塔、秃、撅、捣。

[畩]：贱也。其采义未详。

全为王，驳为〔田云〕。

全谓其不杂也。

皆玄曰卢，厥筴十六。

卢，黑白色也。《书》曰：玈弓玈矢。谓所投尽黑也。十六筴者，行马时便以此数矢而隔之。他筴仿此。

皆白曰白，厥筴八。雉二玄三曰雉，厥筴十四。牛三白三曰犊，厥筴十。雉一牛二白三曰开，厥筴十二，雉如开。

如开，各一。

厥余皆玄曰塞，厥筴十一。雉白各二、玄一曰塔，厥筴五。牛玄各二、白一曰秃，厥筴四。白三玄二曰撅，厥筴三，白二玄三日捣，厥筴二。矢百有二十，设关二，间矢四十。

间，别也。刻木为关，雕饬之，每聚四十矢。

马筴二十，厥色五。①

这里，李翱讲到五木可掷出的十种采，即贵采四种：卢、白、雉、牛，[畩]采六种：开、塞、塔、秃、撅、捣。四种贵采(又称“王采”“玉采”)，五木全黑为“卢”采，三黑二白(均有野鸡图案)为“雉”采，三白二黑(均有牛犊图案)为“犊”采，五木全白为“白”采。六种杂采(又称“贱采”“〔畩〕采”“珉采”)中，四白一黑(有牛)为“开”采，四黑一白(有野鸡)为“塞”采，四白(其中二枚有野鸡图案)一黑为“塔”采，四黑(其中二枚有牛犊图案)一白为“秃”采，

① 李翱：《五木经》，见吴龙辉主编：《中华杂经集成》(第三卷)，中国社会科学出版社1994年版，第102~103页。

三白二黑为“撅”采，二白三黑为“捣”采。对照唐人李肇的《唐国史补》和宋人程大昌的《樗蒲经略》，四种贵彩中，卢采和牛采没有歧义，五枚掷具全为黑者为卢采，三枚无图者为白色，另外两枚同时显示有牛犊即黑色一面的为牛(犊)采。现在的问题是，关于雉采，鲍宏《博经》记载：“骰五枚，上为黑，下为白；黑者刻二枚为犊，白者刻二枚为雉；二雉三黑为雉，二犊三白为犊；全白为白，全黑为黑；四者贵采也。”李翱《五木经》说“雉二玄三曰雉”，即两枚白色刻有野鸡另外三枚显示黑色为雉采，李肇《唐国史补》也说“二雉三黑为雉”。鲍宏、李翱、李肇三人观点一致，都说二白(有野鸡图案)三黑为雉。而程大昌《樗蒲经略》则说“其次五子四黑而一白，则是四犊一雉，则其采名雉，用以比卢，降一等矣”，即掷具五木四黑一白为雉采。关于白采，李翱和程大昌倒是一致的，都是“皆白曰白”，即五个掷具都是白色的一面为白采。这里就出现两个问题：一是究竟何为雉采；二是白采作为贵采(亦即李翱说的“王采”)，地位等级如何？无论是李翱、李肇还是程大昌，都把雉采与白采区别开来，认为是两个采名，且都说白采在贵采中的地位是最低的，如李肇《唐国史补》记载：“掷之全黑者为卢，其采十六；二雉三黑为雉，其采十四；二犊三白为犊，其采十；全白为白，其采八，四者贵采也。”但魏晋南北朝时期的史籍描述刘裕、刘毅樗蒲博戏时，却是将掷得全白为雉采的，“后于东府聚樗蒲大掷，一判应至数百万。余人并黑犊以还。唯刘裕及毅在后。毅次掷得雉，大喜，褰衣绕床，叫谓同座曰：‘非不能卢，不事此耳！’裕恶之，因接五木久之，曰：老兄试为卿答！即而四子俱黑，其一子转跃未定。裕厉声喝之，即成卢焉”，唐人薛恁《戏樗蒲头赋》也说“初一拟而纯卢，忽连呼而成白。相顾则笑，泯然天隙。请倾耳侧听，看后来之一掷”①，也是说的刘裕全白为雉的典故。“所谓‘雉’，指五子皆白，杜甫‘冯陵大叫呼五白，袒跣不肯成枭卢’，正以雉为五白，据俞樾《春在堂随笔》卷九考证，纯黑

① (清)董浩等编：《全唐文》卷九五九。

纯白，皆为高彩；白虽逊黑，但五子皆白，亦为得彩，与他色相较，已属难得。”①

樗蒲戏法，唐李肇《唐国史补》有所涉及：

> 洛阳令崔师本，又好为古之樗蒲。其法：三分其子三百六十，限以两关，人执六马，其骰五枚，分上为黑，下为白。黑者刻二为犊，白者刻二为雉。掷之全黑者为卢，其采十六；二雉三黑为雉，其采十四；二犊三白为犊，其采十；全白为白，其采八，四者贵采也。开为十二，塞为十一，塔为五，秃为四，撅为三，枭为二，六者杂采也。贵采得连掷，得打马，得过关，余采则否。新加进九退六两采。②

李翱《五木经》亦述之较详：

> 大率戏时不过五人。五色者，各办其所执也。
>
> 凡击马及王采，皆又投。
>
> 击马，谓打敌人子也。打子得隽，王采自专，故皆许重掷。王采累得累掷之，变则止。
>
> 马出初关，叠行。谓逢可以叠马，即许叠也。如不要叠，亦得重。马被打着尤苦。
>
> 非王采，不出关，不越坑。
>
> 马出关，亦自专之义也。名为落坑，义在难出。故用王采能出也。
>
> 入坑自谪。
>
> 其所罚，随所约，并输合坐。
>
> 行不择筴马，一矢为坑。
>
> 谓矢行致马落坑也。亦有马，皆不可均融。数奇而入坑

① 李洪岩：《樗蒲考略》，载《体育文史》1989年第4期，第20页。
② （唐）李肇：《唐国史补》卷下。

者，所赌随临时所约。刘毅家无担石储，而一掷百万也。①

樗蒲戏法，早期有木有马。即有掷具有行棋，参加樗蒲游戏者各执一色棋子“马”数枚，轮流掷采，可以分别掷出卢、雉、犊、白、开、塞、塔、秃、撅、枭等十余种采名，根据这些采名规定的筴数行马。各种采规定的数即行马的步数。诸采中，卢、雉、犊、白为贵采，余采则为杂采。如得贵采，可连掷，如卢采连掷十六次，可以打马、过关、出坑堑，先到终点者为胜，具体戏法：

樗蒲时，参加者各执一色的“马”数枚，轮流掷采，并根据这些“采”规定的筴数行马(筴数即行马的步数)，马行于由三套四十根或一百二十根矢所组成的路线上，通过关、坑，堑，相互追逐，先到终点者为胜。其中，应遵循以下几条游戏规则：

1. 击马。《五木经》元革注曰：“击马谓打敌人子也。”樗蒲时，当自己的马走到别人的马的地方时，可以把别人的马拿下。这个行为称作“击马”，亦称“打马”，是樗蒲中最精彩的场面。

2. 连掷五木。《五木经》元革注曰：“击马谓打敌人子也。打子得隽，王采自专，故皆许重掷。”此指樗蒲在两种条件下可一连掷：一为击到别人的马时，一为掷得贵采时。

3. 关于贵采。掷得贵采，不但可以连掷，还可以打马、过关、出坑堑，杂采则不能。凡越关、出坑堑都必须掷出贵采。

4. 叠马。已马相遇可以重叠而行。樗蒲者所执之马过了第一个关后，如果跟自己的其他的马凑在一起，可以叠到一块儿，然后掷一次五木能把复数的马一起移动。这个行动叫做“叠马”。

5. 关于矢。樗蒲时行“马”时数的是称为“矢”的筹码，“马”后边“矢”的数量即表示马已走过多少步，而马与马之间

① 李翱：《五木经》，见吴龙辉主编：《中华杂经集成》(第三卷)，中国社会科学出版社1994年版，第103~104页。

的矢数则表示它们的相对距离。①

以上讲的是掷十种采而行棋走马的樗蒲博戏戏法。“另外，尚有一种樗蒲为十二彩。《能改斋漫录》卷五《假藉字》：‘窃推之，五木之戏，其采有十二。其四为玉采，贵也；其八为珉采，贱也。玉采之中，有采曰白，盖五木俱白也。’王志坚《表异录》：‘五木之戏，其采十二。其四为玉采，贵也；其八为珉采，贱也。’唐李翱《五木经》：‘马筴二十，厥色五。’注：‘大率戏时不过五人。五色者，各辨其所执也。’”②

以上是较为正规的樗蒲戏，但事实上此戏法在赌博活动中很少被运用。东晋以后，樗蒲蜕变为仅以“五木作戏”，即纯粹的掷采赌戏了。这种赌戏无子无马，只以掷出的采名数来赌输赢。赌徒们在掷采时伴有吆喝声，上节所引刘裕、刘毅“樗蒲大掷”就是玩的这种赌戏。刘裕投掷时：“厉声喝立，即成卢焉。”他得到是贵采中最大的“卢”采，而刘毅前面掷出的只是仅次于卢的“雉”采，因此刘裕获全胜，留下“一掷百万”“呼卢喝雉”的成语典故。蒲戏的这一发展趋势，导致掷具脱离有木有马的博戏格局而自行发展，由博戏的辅助物一变而为独立的赌具——骰子。对于这个演变过程，宋人程大昌《樗蒲经略》述之甚详：

博之流为樗蒲，为握槊，为呼博，为酒令，体制虽不全同，而行塞胜负取决于投则一理也。蔡泽说范睢曰：博者或欲大投。班固《弈指》曰：博悬于投，不必在行。投者，掷也。桓玄曰：刘毅樗蒲，一掷百万。皆以投掷为名也。古惟斫木为子，一具凡五子，故名五木，后世转而用石、用玉、用象、用骨，故《列子》之谓投琼，律文之谓出玖。凡琼与玖，皆玉名也。盖谓蒲者借美名以命之，未必真尝用玉也。

---

① 薛新刚、林飞飞：《中国古代休闲体育及社会之对待——以六朝之樗蒲为例》，载《体育科学》2012年第10期，第93~94页。

② 李洪岩：《樗蒲考略》，载《体育文史》1989年第4期，第21页。

> 《御览》载繁钦《咸仪箴》曰：其有退食，偃息闲居，操梡弄棋，文局樗蒲，言不及义，胜负是图。注云：梡，瞿营反，博子也。梡之读与琼同，其字仍目从木。知其初制，本以木为质也。唐时则镂骨为窍，朱墨杂涂，数以为采。亦有出意为巧者，取相思红子纳置窍中，使其色明现而易见。故温飞卿艳词曰：玲珑骰子安红豆，入骨相思知也无。凡此二者，即今世通名骰子也。本书为投，后转呼为头也。《北史》：周文命丞郎掷樗蒲头。则昔云投者，遂转为头矣。头者总首之义。自镂骨为骰以后，不惟五木旧制堙没不传，而字直为骰，不复为投矣。若其体制，又全与用木时殊异矣。①

樗蒲自汉代出现后，不仅成为魏晋南北朝时期人们普遍嗜好的博戏品种，而且延至清代仍然不时有人耽玩，甚至沉迷其中。唐代，樗蒲仍然是广受欢迎的大众博戏。王侯将相、官僚贵胄有之：史载唐太宗、唐玄宗、武则天等都十分喜玩樗蒲，唐太宗“文武圣皇帝微时，与无碍蒲戏争彩”②。武则天与宠臣张昌宗、张易之兄弟常在宫中樗蒲博戏，“樗蒲笑谑，赐与无算”③。因为唐玄宗喜欢樗蒲，杨国忠投其所好，其“专主蒲簿，计算勾划，分铢不误”④，深得唐玄宗宠幸而官至宰相。文武大臣中，房州刺史崔敬嗣“好樗蒲饮酒”⑤；“监军李大宜在军中，不治事，与将士樗蒲、饮酒、弹箜篌琵琶为乐，而士米粃不餍”⑥。地方官吏姚州官属“聚会蒲博，一掷累万”⑦。前浚仪县令“罢任后，丧妻，客游于

---

① 程大昌：《樗蒲经略》，见吴龙辉主编：《中华杂经集成》(第三卷)，中国社会科学出版社1994年版，第115~116页。

② (唐)张鷟：《朝野佥载》卷六。

③ (后晋)李昫等：《旧唐书》卷七十八《张行成传附张易之张宗昌传》。

④ (宋)欧阳修等：《新唐书》卷二〇六《外戚传》。

⑤ (后晋)李昫等：《旧唐书》卷一一一《崔光远传》。

⑥ (宋)欧阳修等：《新唐书》卷一三五《哥舒翰传》。

⑦ (宋)欧阳修等：《新唐书》卷一二〇《张柬之传》。

蜀，朝夕与蜀中富人博饮”①。文人墨客嗜玩樗蒲者也不在少数，崔颢、李白、杜甫、韩愈等都有喜好樗蒲赌博的经历，如崔颢“有俊才，无士行，好蒲博饮酒”②。韩愈“为博塞之戏，与人竞财”③。在他们的诗作中还有一些关于樗蒲赌博的生动描述，如李白“君不见淮南少年游侠客，白日球猎夜拥掷，呼卢百万终不惜，报仇千里如咫尺……”，杜甫“今夕何夕岁云徂，更长烛明不可孤僻。咸阳客舍一事无，相与博塞为欢娱。冯陵大叫呼五白，袒跣不肯成枭卢。英雄有时亦如此，邂逅岂即非良图。君莫笑，刘毅从来布衣愿，家无儋石输百万”。许多文人在嗜玩樗蒲博戏的同时，还对其历史戏法及进行梳理研究，写下诸如《五木经》《樗蒲象戏格》等樗蒲研究专著。唐代底层社会对于樗蒲的痴迷程度更甚，岑参《送费子归武昌》：“知君开馆常爱客，樗蒲百金每一掷，平生有钱将与人，江上故园空四壁”，描写的正是市井小民因沉迷樗蒲赌博散尽家财，穷困潦倒的景况。薛恁有一篇《戏樗蒲头赋》更对唐代游手之徒（邯郸少年）、富豪商贾（膏粱之子）、士绅官僚（缙绅之客）等社会各个阶层人们终日沉溺樗蒲赌博的情景作了深入刻画：

> 在众艺兮所尚，伊樗蒲兮自久。招邯郸少年，命诸葛新友。分曹列席，促樽举酒。犹贤博弈，将取适于解颐；乃贵先鸣，故决争于游手。终日莫闲，连宵战酣。不拔其旗，且背战而借一；外兼是视，岂分土之惟三？瞑目贾勇，危冠竞贪。鉴座中之奔北，为席上之司南。然用之斯行，舍之斯去。老氏以训人立范，庄生以亡羊是举。佐欢有则，任物有叙。既无我以推移，每随之以处所。别有膏粱之子，缙绅之客，时为此物，以代支策。初一拟而纯卢，忽连呼而成白。相顾则笑，泯然无隙。请倾耳而侧目，看后来之一掷。④

① （唐）李隐：《潇湘录》。
② （后晋）李昫等：《旧唐书》卷一九〇《文苑传》。
③ （唐）张籍：《上韩昌黎书》，见（清）董浩等编：《全唐文》卷六八四。
④ 见（清）董浩等编：《全唐文》卷九五九。

五代和两宋时期樗蒲赌博仍然比较流行，一些官吏如梁将房知温，“时部将牛存节屯于镇，好樗蒲，每求辨采者，知温以善博见推，因得侍左右，遂熟于存节”①。前蜀官员嗜博成风，樗蒲是重要的博彩选项：“即有衣紫带金，形貌魁伟，酒食以招于交游，仆马以溢巷陌。樗蒲、击球以之为业，自六军遍于四方。”②宋代的樗蒲流行程度虽不如唐代，但社会各界仍有不少人钟爱樗蒲，沉湎其中。如李煜之子李仲禹“雅好蒲博饮宴，(张)洎因切谏之，仲寓谢过。复数月，人有言仲寓蒲博如故，洎逐于之绝”③。我们从宋人程大昌《樗蒲经略》可见，樗蒲在宋代的文人士子中还是颇有市场的，读书人愿意花时间费脑筋去研究樗蒲戏法，既反映了这一时期读书人樗蒲爱好的“雅尚”，同时也说明社会上有这方面的需求，即通过提高樗蒲赌博技艺以赢取更多钱物。到了元、明、清时期，樗蒲逐渐式微，玩的人慢慢少了，偶尔在一些史籍中能散见某人玩樗蒲博戏的载录，如元代有大臣“李袭美豪盖一世，令宛平，政暇与诸姬樗蒲游戏”④。明代《大明律》的禁赌律令中，禁止的赌博品种还有樗蒲。如《大明律集解附例》规定：“赌博谓呼卢局，如樗蒲、双陆、骰子之类，用财物赌赛以决胜负也……”晚清著名思想家龚自珍其实是一个沉溺赌海不能自拔的博徒，关于他的赌博经历，我们在后面将要着重谈及，这里要说的是龚自珍当时玩的博戏其中就有樗蒲，“时杭州盐商家，每有宴会，名士巨贾毕集，酒阑，辄于屋后花园作樗蒲戏”⑤。由此可见，樗蒲在晚清上流社会还没有被遗忘，不过已不是博戏的主流品种了。

双陆 与樗蒲纯粹的本土博戏不同，一般认为双陆是一种由域外传入，后经国人改制的中外(或曰汉胡)杂糅的博戏种类。据宋人洪遵《谱双序》云：“双陆最近古，号雅戏。以传记考之。获四

① (宋)薛居正等：《旧五代史·后晋·列传六·房知温传》。
② (清)董浩等编：《全唐文》卷八四五。
③ (元)脱脱等：《宋史》卷二六七《张洎传》。
④ (清)钱谦益：《列朝诗集》。
⑤ (清)徐珂：《清稗类钞·赌博》。

名，曰握槊，曰长行，曰婆罗塞戏，曰双陆。盖始于西竺，流于曹魏，盛于梁、陈、魏、齐、隋、唐之间。我太宗皇帝，播之声诗，纪于奎文，双有光焉。阅时益久，中州泯泯罕见，而殊方偏译，类能为之。”在同书第五卷中，洪遵进一步申说：“双陆，刘存、冯鉴皆云魏曹植始制。考之《北史》胡王之弟为握槊之戏，近入中国。又考之竺贝双陆出天竺，名为波罗塞戏，然则外国有此戏久矣。其流入中国则曹植之始也。”宋人高承也说“陈思王曹子建制双陆，置投子二”①。洪遵此言，后代研究者认为有两处讹误：一是双陆并非自西竺(今印度)传入，应该是源自阿拉伯国家；二是双陆始于元魏而非曹魏。《魏书》对此有记载：“高祖时，有范宁儿善围棋，曾与李彪使萧赜，赜令江南上品王抗与宁儿。制胜而还。又有浮阳高光宗善樗蒲。赵国李幼序、洛阳丘何奴并工握槊。此盖胡戏，近入中国，云胡王有弟一人遇罪，将杀之，弟从狱中为此戏以上之，意言孤则易死也。世宗以后，大盛于时。”②高祖即北魏孝文帝元宏，其在位时间公元467—499年，世宗即北魏宣武帝元恪，其在位时间为公元499—515年，这则史料表明，双陆(握槊)实际传入中国的时间较之曹魏(公元220始)晚了近250年。③

对于历史上双陆源于西域的说法，近世学者一般都表示认同，如杨荫深说“当时北魏有‘握槊’，系从西域传入，人名六道，故后称‘双陆’，至唐稍变其制，改称‘长行’。然至宋后，中州已泯泯无闻，只在边疆一带盛行了”④。但也有不同看法，有学者认为，握槊和双陆的来源仍然与中国博戏的老祖宗六博有关。如钱稻孙就曾从语言学角度提出了这种假设：“又双陆之义，咸以盘中彼此内外各有六梁，故名；又或以比马六梁为胜，故名。若妄为臆说：假

① (宋)高承：《事物纪原》卷九引《续事始》。

② (北齐)魏收：《魏书》卷九十一《术艺传》。

③ 参见马建春：《大食双陆棋弈的传入及其影响》，载《回族研究》2001年第4期，第59~62页。

④ 杨荫深：《中国游艺研究·绪言》，上海世界书局1935年版，第8页。

双字不必平声，则与梁簺或为一声之转？开口即槊，略舒斯簺也。果然者，双之言槊也；六，六博也；双六叠韵为名也。槊者箭，其长八寸；后杀而为簺，今所谓塞子骰子。握槊出于塞博，双六衍自握槊，亦未可知也。”①

双陆名称之由来亦有不同说法。有从棋盘形制上解释者，如《谰言长语》记载：“双陆盘中彼此内外各有陆梁，故名双陆。”②洪遵的《谱双序》也说：“双陆，博局戏名，以异木为方盘，盘中彼此内外，各有六梁，故名双陆。”是说棋盘左右各有六路(陆梁)，因此称之为“双陆”。有从行棋方式上命名者，如《资治通鉴》记载“双陆者，投琼以行十二棋，各行六棋，故谓之双陆。”③有从博戏取胜规则及结果予以诠释者，如明人谢肇淛认为，“子随骰行，若得双六，则无不胜，故名”④。

双陆与握槊、长行是什么关系？历来说法有二，一说三者为一，名异实同。洪遵在《谱双序》中说：“双陆最近古，号雅戏。以传记考之，获四名：曰握槊，曰长行，曰婆罗塞戏，曰双陆。盖始于西竺。”明代谢肇淛支持洪氏的看法，“双陆一名握槊，本胡戏也……又名长行，又名波罗塞戏”⑤。方以智说得更干脆直接：“握槊、长行局、波罗塞戏、双陆，要一类也。”⑥清人厉荃在《事物异名录》也认为，“曹植作长行局，即双陆也”。上引近人杨荫深《中国游艺研究》也持此说。一说三者大同小异，各有借鉴。或曰长行起源于握槊，为双陆之变种，如唐李肇《唐国史补》记载：“今之博戏，有长行最盛。其局有子，子有黄黑各十五，掷采之骰有二，其法生于握槊，变于双陆。”⑦明人胡应麟认为，握槊、长行、

---

① 钱稻孙：《日本双陆谈》，载《清华大学学报》，1935年第2期，第481页。

② 《古今图书集成·博物汇编艺术典》卷八〇七《博戏部》。

③ (宋)司马光：《资治通鉴》卷二八〇《唐纪二十四》。

④ (明)谢肇淛：《五杂俎》卷六。

⑤ (明)谢肇淛：《五杂俎》卷六。

⑥ (明)方以智：《通雅》卷三十五。

⑦ (唐)李肇：《唐国史补》卷下。

双陆同源同种，有一些小的异同，并无质的差异，“李肇所言，则唐之长行正与今双六合，而李以为生于握槊，变于双六，则唐之双六或反与之不同，而洪氏《谱双》合二为一，尚似未妥。总之，三者亦小在异同之间，非必相悬绝也”①。概略言之，双陆、握槊兴起于南北朝时期，在北魏、北齐和萧梁等史传中，屡有皇室成员和官僚以握槊和双陆赌博的记载。至于长行之名大约始于唐，由握槊演化而来，“握槊，今人谓之长行，斯博弈之徒与”②。三者之间区别何在？宋德金指出：“握槊，是就棋子而言，槊，据《说文解字》卷6：‘槊，矛也。’所谓握槊，犹手握槊，象形也。双陆是就棋盘或骰子而言：一说，棋盘左右有六路(称作‘梁’)，因称双陆(双六)，如《谰言长语》云：‘双陆盘中彼此内外各有陆梁，故名双陆。’一说‘子(棋子，称作“马”)随骰行，若得双六，则无不胜也’。大约到唐玄宗、唐肃宗又有所谓长行，是从握槊、双陆演变而来的，但变化不会很大，因此当时即有人谓‘握槊，今人谓之长行’。”③宋氏这段话，只讲了握槊和双陆的区别，对于长行与双陆及握槊的异同则语焉不详。其实，长行与双陆的差异之处还是较为明显的。王俊奇指出：“长行实际上是源于握槊，类似双陆，但又是不同于(变于)双陆的一种棋戏，《嘉话录》中还提到说，长行有‘围透、大点、小点、游谈、凤翼之名’，考这些名称在双陆中也是没有的。其次，长行与双陆相比较，还有两点不同。其一长行是布局走子，双陆是布局走马(马作椎行)。其二，长行的棋子颜色也不同于双陆，《国史补》说，‘今之博戏长行局，子黄黑各十五’。《嘉话录》也说‘今之博戏……子黄黑各十五’。这两则史料说得完全一样，即长行的棋子是黑黄两色。比较古人对双陆的记载，据宋人洪遵《谱双》记载：‘右前梁，左后一梁各布五马，右后六梁二马，左前二梁三马’。每人计15马，又说‘各以其采行，白马自右

① (明)胡应麟：《少室山房笔丛》卷四十。

② (唐)邢宇：《握槊赋》。

③ 宋德金：《双陆与民族文化的交流与融合》，载《历史研究》2003年第2期，第35页。

归左，黑马自左归右’。依此看，记载长行皆称‘子’，记载双陆皆称‘马’，疑长行棋子不是马形。另外双陆的子是黑白两色，而长行的子是黑黄两色，两者颜色显为不同。”①这样看来，长行与双陆只是在棋子的称呼、形状和颜色上有所区别，其行棋方法和规则并未见有质的不同。长行形制与戏法除了在骰子的采数上与双陆略有不同以外(如骰子四点为红色等)，其他方面与双陆基本上是一样的。唐人张读《宣室志》曾以说梦的形式讲述过唐代长行(即双陆)行棋戏法。

> 东都陶化里有空宅，大和中，张秀才借得肆业。常忽忽不安，自念为男子，当抱慷慨之志，不宜恇怯以自软，因移入中堂以处之。夜深欹枕，乃见道士与僧徒各十五人从堂中出，形容长短皆相似，排作六行，威仪容止，一一可敬。秀才以为灵仙所集，不敢惕息，因佯寝以窥之。良久，别有二物展转于地，每一物各有二十一眼，内四眼剡剡如火色，相驰逐，而目光眩转，剨然有声。逡巡间，僧道三十人，或驰或走，或东或西，或南或北，道士一人独立一处，则被一僧击之而去之；其二物周流于僧道之中，未尝暂息。如此争相击抟，或分或聚。一人忽叫云：“卓绝矣”。言竟，僧道皆默然而息。乃见二物相谓曰：“向者群僧与道流妙法绝高，然皆赖我二物成其教行耳，不然，安得称卓绝哉”？秀才乃知必妖怪也，因以枕而掷之。僧道三十人与二物一时惊走，曰：“不速去，吾辈且为措大所使也。”遂皆不见，明日搜寻之，于壁角中得一败囊，中有长行子三十个并骰子一双耳。②

上文所说的僧道各十五即黄、黑棋子各十五枚，“别有二物”即为骰子一对，其中“四眼剡剡如火色”讲的是其中四点饰以朱红，

① 王俊奇：《长行是双陆之异名吗》，载《体育文史》1997年第2期，第57页。

② 张读：《宣室志》，见《宣室志补遗》。

即红四。行棋规则是先掷采，后行棋，棋子或驰或走，法无常制，这里和王俊奇的说法又有一些不同。骰子的采数上与双陆略不同，为涂以红色的四点。

双陆自南北朝时期传入中土后，传播迁演为不同的流派，洪遵《谱双》对此有详细研考述介，将其分为流行于辽金的北双陆(包括平双陆、打间双陆、回回双陆、七梁双陆、三梁双陆)、广州双陆(包括啰赢双陆、下嚽双陆、不打双陆、佛双陆、三堆双陆)、南番(东夷)双陆(包括四架八双陆、南皮双陆、大食双陆、日本双陆)等。各地对于双陆棋局及双陆博戏有不同的称呼和叫法："北人打双陆曰打双，盘曰双盘，马曰双马。番禺打双陆曰打双陆，盘曰双陆板，马曰双陆子。三佛、斋阇婆、占城打双陆曰巴僧，板曰巴板，马曰姑茶，一局曰萨枚。真腊打双陆曰除地，板曰葛，马曰塞，一局曰枚。大食打双陆曰巴吔，板曰毯，马曰掫，一局曰亦。"①各地双陆形制亦有所差别："北双陆盘如棋盘之半而长，两门二十四路，皆刻出，用象牙实之。以渤海榛木为重盖，不假施漆，而尘垢不能侵；或以花石砌饰，以木承之。以白木为白马，乌木为黑马，富者以犀象为之。马底圆平而杀，其上长三寸二分，上径四分，下径寸一分，大抵如今人家所用捣衣椎状。番禺人以板为局，布黑道而漆之，或以纸或画地为之，以黄杨木为白子，桄榔木为黑子，底平柄短如截柿，如浮屠形。三佛斋阇婆占城真腊南皮以花梨木为板，刀割成路，多席地置板，其上蕃王则板下以铜为簧如响板，然拍子时锵然有声，以为乐，以象牙为白子，乌梅木为黑子，或以红牙为黑子。大食国以毯织成局，白黑子与诸国同。"②

1974 年，辽宁法库叶茂台 7 号辽墓曾经出土过一副辽代木双陆，是我国现存年代最早的一副双陆实物。这是一副漆木双陆，有棋盘、棋子、骰子。其中，棋盘为长方形，棋子 30 枚，骰子 2 枚。棋盘的两长边分别雕有一半月形窠，其左右各有 6 个圆坑，总共 12 个。棋子旋制，长身平底，上有执柄，黑、白各 15 枚。骰子为

① (宋)洪遵:《谱双》卷第五。
② (宋)洪遵:《谱双》卷第五。

方形。这一实物形制与洪遵《谱双》所说基本相符。此外，在新疆、甘肃和陕西地区，还出土过双陆器物，如1973年在新疆阿斯塔那第206唐墓中出土了一件嵌螺钿木双陆棋盘，1980年在甘肃武威地区出土了涂彩象牙双陆棋子21枚，1986年在西安东郊隋代舍利塔地宫中出土了琉璃双陆棋子。北京故宫藏有一副清代双陆棋，这副双陆棋由双陆子、骰子、叶子牌、牙牌、乌木筹棍、黄杨筹棍、细木筹棍等组成。双陆棋装在一个十分精致的红木小盒内，内分五个小格，分别装着双陆棋子(共30枚，其中碧玉、青玉各15枚)、牛角叶子牌40张、各种筹棍(其中乌木筹棍20根、方形牙等棍8根、扁圆筹棍12根、黄杨木筹棍20根、细牙筹棍20根、牙牌4根)、方青玉骰子5粒(以铜胎掐丝珐琅小碗盛之)、夔龙钮铜镇纸1个等。这副双陆棋具制作精致，筹棍分别按百、千、万等排列，遗憾的是，缺少双陆棋局最主要的物件——双陆棋盘。据说，故宫所藏双陆棋是皇帝御制，乾隆皇帝曾让造办处制造过玉双陆棋和木制双陆棋。①

各地双陆的戏法，洪遵的《谱双》都做了一一介绍，如平双陆：

> 平双陆，一名契丹双陆。凡置局，二人白黑各以十五马为数。用骰子二，据采数下马。白马自右归左，黑马自左归右。凡马尽过门后，方许对彩拈出。如白马过门掷六二，即出左后一梁，左后五梁，马遇他采亦然。拈马先尽赢一筹，或拈尽而敌马未拈赢双筹(骰子今称色数儿，掷出重色浑花，俱呼为准，谓如准么准六之类)。

如啰赢双陆：

> 用骰子二随彩下马，白马自右归左，黑马自左归右，番禺人多为之。南蕃亦能与行路出局，如北地之平双陆。

① 参见王慧：《千年古风话双陆》，载《紫禁城》2008年第6期，第183页。

如日本双陆：

日本双陆，白木为盘，阔可尺许，长尺有五，厚三寸，刻其中为路，置二骰子于竹筒中，撼而掷诸盘上，视其采以行马，马以青白二色琉璃为之，如中国棋子状。马先归一处者为胜。倭人甚好之，两人对局，自朝至暮不已，傍观者亦移日不去。①

如大食双陆：

以毯为局，织成青地白路，用三骰子，马分为七，白马居右，黑马居左，八门遇双彩方得过(八门，毯之四角有八门也)，十五马至外六门，未散赢一筹，双彩赏一掷(双幺双二之类)，浑花赢一筹，仍赏掷，又浑花亦然(浑花谓三幺三二之类)马先出赢小筹，敌马未出，己马拈尽赢大筹，如棋之筹局也。②

洪遵在介绍各地甚至国外双陆形制、戏法时，指出它们之间在大致趋同时的一些细微差别，如大食双陆掷采时用三颗骰子。洪遵认为，双陆还是有基本的形制和戏法的，他在“常局格制”一节对此作了详细介绍：

双陆率以六为限，其法左右各十二路，号曰梁，白黑各十五马，右前六梁，左后一梁，各布五马，右后六梁二马，左前二梁三马，白黑相偶，用骰子二，各以其彩行，白马自右归左，黑马自左归右，或以二骰之数，共行一马或行二马，或移或叠，凡马单立则敌马可击，两马相比为一梁，他马既不得打，亦不得同途，凡遭打必候元入局，处空位与彩相当始得下

① (宋)洪遵：《谱双》卷第四。
② (宋)洪遵：《谱双》卷第四。

(谓如第二梁空今掷得二彩则下)所打者未下，则他马不得行至后六梁，谓之叠梁。凡叠梁已满，如打得他马，即并马于近下五路，凡开后一梁为敌人地，若不获他马即尽移归头梁之内。每掷视其彩拈出二马，数有余则取，不足则否，彩小不取则并，移归下梁，常须固两马，不可移动，动则头破后六梁，谓之末梁，马先出尽为胜，胜而他马未归梁或归梁而无一马出局则胜双筹，凡赏罚之筹，唯所约无有定数。①

日本所藏《双陆锦囊钞》亦较详介绍双陆戏法：“棋盘上下各十二道棋子黑白各十五枚。黑棋自上左向右行，复由下向左行；白棋自下左向右行，复由上右向左行。入局时布子如图。二人对坐，交互掷行棋，骰子二枚，如掷得二与三，掷者任择自己之棋内，一子行二，一子行三。同色之棋，一道中可任重数子。已有同色之棋子在一道中，则敌棋不得入，已入者取除，取除之棋，于敌方下次掷骰时入局。黑棋自上左一道起，白棋自下左一道起，依点行棋。如取除之棋不得入局，则他棋皆不得行，一方不能行棋时，即由对方掷骰，至一方之棋均入最高之六道内(黑为下内六道，白为上内六道)，即为胜利。若最高六道内，每道各有二棋，则为大胜。”②概而言之，双陆形制有局、有子、有采。棋局 12 道，前后各六，棋子称马共 30 枚，黑白各半，骰子 2 枚。其博法，先用骰子在棋盘上掷采决定行棋。白马从右行到左，黑马从左行到右，以一方的马全部过门进入后六梁“入宫”为胜。双陆有“孤易则亡”的行棋规则，即双方在局道上行进时，遇到对方的孤子可以打下，若两枚以上的棋子并在一起则不能打。

双陆作为赌具，其游戏一般都有钱物甚至人(奴婢)的输赢，洪遵的《谱双》卷五专列“赌赛”单元介绍双陆赌赛钱物押注及输赢数额：

---

① (宋)洪遵：《谱双》卷第五。

② 参见王赛时：《古代的握槊和双陆》，载《体育文史》1991 年第 5 期，第 31 页。

> 北人以金银奴婢羊马为博(以所获男女或买到人谓之奴婢)，贫者以杯酒胜负，不问局数。多者以十五筹为率先满者胜，少至十筹和七八筹，皆临局计议，技高者饶一筹或三四筹，亦有明琼未投，先牵角头黑马归第三梁，谓之牵三梁仍许先掷者。番禺人以百缗至三二百缗约以三局，下至十缗，贫者三数镮至数十金，高者饶一子，先归一点(一路也)，至六点或饶先掷。三佛、斋阇婆、真腊、南皮、占城以金银或千缗，以三五局为率，大食国以其国所用金钱为博，钱面文作象形。①

双陆自南北朝出现后，到唐宋时期成为流行十分广泛的博戏品类，有关唐宋时期人们迷恋双陆赌博的故事，将在第三章详细介绍。这一时期双陆还流播到海外；在三佛齐(印度尼西亚苏门答腊)、真腊(柬埔寨)、大食(阿拉伯)、日本等地都曾流行过双陆游戏。不过，到了南宋以后，双陆普及程度大大降低，洪遵为南宋时人，他看到的情形是“阅时盖久，中州泯泯罕见，而殊方偏译类能为之”，只在北方偏远如辽、金地区流行。

元代，双陆仍是文化人的一种雅尚，在元代诗词、散曲和元杂剧中，常常可以见到双陆的影子，如揭傒斯《赋双陆》云：“三五对参差，高呼得采时。犹疑双出早，每恨独归迟。”周德清散曲《〔越调·斗鹌鹑〕双陆》云：“合琵琶歌白雪，打双陆赌流霞，嗏，醉了也不来家。”王实甫的杂剧《四丞相高会丽春堂》第一折云：“他说道明早叫俺这几个管军的元帅到香山赏玩，安排筵宴待俺。前人赐与我一领小宝珠衣，明日穿到香山去。我与四丞相不射箭，和他们打双陆，将我这八宝珠衣，赌他那锦袍玉带。他必然输与我也。我若赢了他呵，便是我平生之愿。(诗文)我一生好唱曲，弓马原熟。明日到香山，只与他赌双陆。”

明清时期，双陆并未退出历史舞台，我们在《金瓶梅》《红楼梦》《镜花缘》等明清小说中，不时可见打双陆的精彩描写。《金瓶

① (宋)洪遵：《谱双》卷第五。

梅词话》第二回“西门庆帘下遇金莲，王婆子贪贿说风情”说西门庆“从小儿也是个好浮浪子弟，使得些好拳棒，又会赌博，双陆象棋抹牌道字无不通晓”；第四十五回“桂姐央留夏花儿，月娘含怒骂玳安”有西门庆与应伯爵打双陆的情节描写，并有一幅两人“赌酒打双陆”的插图。《镜花缘》第七十四回“打双陆嘉言述前贤，下象棋谐语谈故事”描写戴琼英与孟琼芝打双陆，紫芝、玉蟾等人围观，用猜谜方式将双陆形象通俗化，并解读双陆蕴含的伦理教化寓意，颇为有趣：

> 话说紫芝惧怕玉蟾，连忙走开，来到双陆那桌。只见戴琼英同孟琼芝对局；掌红珠、邵红英、洛红蕖、尹红萸在旁观局。掌红珠道：“当日双陆不知为何要用三骰。与其掷出除去一个，何不就用两个，岂不简便？妹子屡次问人，都不知道。其中一定有个缘故。”孟琼芝一面掷骰，一面笑道：“据我看来：大约因为杜弊而设。即如两个骰子下盆，手略轻些，不过微微一滚，旋即不动；至于三个骰子一齐下盆，内中多了一个，彼此旋转乱碰，就让善能掐骰也不灵了。况双陆起手几掷虽不要大点，到了后来要紧时，全仗大点方能出得来。假如他在我盘，五梁已成，我不掷个六点，只好看他一人行了。以此看来：他除大算小，最有讲究的。”尹红萸点头道：“姐姐议论极是。古人制作，定是这个意思。我还听见人说：双陆是为手足而设。不知是何寓意?”戴琼英道：“他是劝人手足和睦之意，所以到了两个、三个连在一处，就算一梁，别人就不能动；设若放单不能成梁，别人行时，如不遇见则已，倘或遇见，就被打下。即如手足同心合意，别人焉能前来欺侮；若各存意见，不能和睦，就自己先孤了，别人安得不乘虚而入。总要几个连在一处成了梁，就不怕人打了。这个就是‘外御其侮’一个意思。”洛红蕖道：“可见古人一举一动，莫不令人归于正道，就是游戏之中，也都寓著劝世之意。无如世人只知贪图好玩，那晓其中却有这个道理。”
>
> 紫芝道：“琼英姐姐且莫掷骰，妹子说个灯谜你猜：‘三

九不是二十七，四八不是三十二，五七不是三十五，六六不是三十六：打一物。'掌红珠道："我猜著了，可是'十二'?"紫芝道："'三九''四八''五七''六六'，凑起来都是十二，姐姐猜的真好。——但妹子刚才有言在先，打的是个物件，请姐姐把'十二'取来看看，如果是个物件，就算姐姐猜著。"红珠不觉笑道："呸！我只当是个数目哩。"邵红英道："可是'双陆'?"紫芝笑道："这个猜的却好。至于是不是，且等我看看花湖再来回覆。"

双陆的这种寓教于乐的教化动机和伦理内涵，恐怕并非始作俑者的初始动机，或许它就是一个供人娱乐的单纯的游戏而已。但经过李汝珍这一番借小说人物之口煞有介事地演绎和解读，让人觉得还真是那么一回事。不过我们感兴趣的还是双陆博戏本身——形制及其戏法的产生及流变，这则故事形象地描绘了清代的人们是怎样玩双陆的，表明双陆在清代仍是人们喜爱的大众博戏。读罢小说，掩卷而思，不禁让人感叹其独特的魅力和历经千余年而不衰的旺盛生命力。

三、酒色棋局，清谈后劲：赌博与魏晋士风

魏晋士风独特而诡异，崇尚老庄、谈玄探幽的魏晋玄学，坐而论道、谈玄说理的魏晋清谈，率直任诞、清俊通脱的魏晋风度……士大夫们在社会动荡、名教式微的特殊环境下追求神清明秀、龙章凤姿的名士风范，信奉惜命重生、及时行乐的人生哲学，引领和助推了魏晋六朝黜俭崇奢、纵酒博弈、腐化堕落的社会风气。对于魏晋士人这种反常卓异的所谓"风度"，有积极肯定者，以为是"人的觉醒"，"是在怀疑论哲学思潮下对人生的执着。在表面看来似乎是如此颓废、悲观、消极的感叹中，深藏着的恰恰是它的反面，是对人生、生命、生活的强烈的欲求和留恋"，"所以，'昼短苦夜长，何不秉烛游'；'不如饮美酒，被服纨与素'；'何不策高足，先据要路津'；说得干脆、坦率、直接和不加掩饰。表面看来似乎

是无耻地在贪图享乐、腐败、堕落，其实，恰恰相反，它是当时特定历史条件下深刻地表现了对人生、生活的极力追求”。① 而传统士大夫则大多持否定乃至批判态度：“魏末阮籍，嗜酒荒放，露头散发，裸袒箕踞。其后贵游子弟阮瞻、王澄、谢鲲。胡毋辅之之徒，皆祖述于籍，谓得大道之本。故去巾帻，脱衣服，露丑恶，同禽兽。甚者名之谓‘通’，次者名之谓‘达’。”②近世学者在探讨魏晋社会风俗史时，指出其流弊有三。一为奢侈，“中国历史上奢侈风习，殆以晋初为甚，高门大族，此时既已形成，如当时为三公世胄之石、何、裴、卫、贾、荀、王诸家，盘据要津，锦衣玉食，习成风气”。“贵族争富斗豪之结果，人民竞相仿效，必至如傅咸上书所言矣。按傅咸上书谓：‘古者尧有茅茨，今之百姓竞丰其屋。古者臣无玉食，今之贾竖皆厌粱肉。古者后妃乃有殊饰，今之婢妾被服绫罗。古者大夫乃不徒行，今之贱隶乘轻驱肥。’(《晋书》四十七《傅成传》)一般人重奢侈，财不足以资生，俸不足以养廉，必相率出于牟利求财，奔竞钻营之途。……拜金主义之思想，古今如出一辙，良可叹已。”二为豪夺，“世族既重奢侈，感财用之不足，必出于掠夺一途。如以奢侈等名之石崇，在荆州劫远使商客，致富不赀是也。又其甚者，如祖逖之使人劫钞。《世说新语·任诞篇》二十三：‘祖车骑过江时，公私俭薄，无好服玩，王、庾诸公共就祖，忽见裘袍重叠，珍饰盈列，诸公怪问之，祖曰：“昨夜复南塘，一出。”祖于时恒自使健儿鼓行劫钞，在事之人亦容而不问。’至如南朝，请豪贵子弟之打稽，亦犹是也。若王恺之以杀人为豪奢，当时政府亦置而不问，法律殆无存矣”。三为赌博，“豪家贵族子弟，平居无事，出则以裘马自娱，居则以声伎为乐，弹唱围弈所谓坐隐手谈者，又极通行者也。然放佚不正，必以赌博为事，东晋诸名流犹事于此……此种豪赌之风，当甚普遍，后此之刘毅，一

---

① 李泽厚：《美的历程》，生活·读书·新知三联书店 2017 年版，第 81～82 页。

② 刘孝标注引王隐《晋书》，参见柳治徵：《中国文化史》(上册)，中国大百科全书出版社 1988 年版，第 376 页。

掷百万，固犹是也”。①

如何评价魏晋社会思潮及社会风尚是一个颇为复杂的话题，与本书有关的问题是，赌博不仅是魏晋奢靡虚浮社会风尚的重要表现，还是这种风气形成和蔓延的助推器和催化剂。近世学者张亮采在《中国风俗史》“清谈”一节中对此有精彩论述：

> 清谈起于魏。正始中何晏、王弼之祖述老庄，而阮籍复以不遵礼法而继其后。(籍尝作《大人先生传》，谓世之礼法君子，如虱之处裈)厥后王衍、乐广慕之，俱宅心事外，名重于时。天下言风流者，以王乐为称首，后进莫不竞为浮诞，遂成风俗。学者以老庄为宗而黜六经，谈者以虚荡为辨而贼名检。行身者以放浊为通而狭节信，仕进者以苟得为贵而鄙居正，当官者以望空为高而笑勤恪。间有斥其非者，(刘颂每言治道，傅咸每纠邪正)世反谓之俗吏。裴頠之著《崇有论》，江惇之著《通道崇俭论》，卞壶之斥王澄、谢鲲谓悖礼伤教，中朝倾覆，实由于此。范宁谓王弼、何晏之罪深于桀纣。熊远、陈頵各有疏论，莫不大声疾呼，欲以挽回颓俗。而习染既深，竟有江河日下之势。盖其风气所自，一由于东汉之苦节(程子云)。一由于魏文之慕通达(傅元云)。一由屡经丧乱，中原涂炭，厌世主义逐以发生，于是酒色棋局，皆为清淡之后劲。当时除陶侃之甓，温峤之裾，祖逖之楫，颜之推、王通之学问卓然流俗，陶渊明之酒、嵇康之琴、谢安之东山伎、谢灵运之登山屐独有寄托外，其余胸无挟持，徒矜尚风流，翩翩浊世，若今日士大夫沈酣于花酒鸦片麻雀中者。乃完全亡国之资料。然大势所趋，众人方以为高妙，非此则谓之不达，虽有志之士亦有因之不能自主者，亦可慨已。士人学问不出老庄，佛经专为清谈预备，而文词亦购名士之代价，而清谈者之家珍也。绮靡轻薄，风俗日漓，燕泥庭草，遂以贾祸。②

① 邓子琴：《中国风俗史》，巴蜀书社 1987 年版，第 45~48 页。
② 张亮采：《中国风俗史》，江西教育出版社 2012 年版，第 72~73 页。

张氏的意思是，以奢谈老庄佛教虚玄之学的清谈为魏晋“绮靡轻薄，风俗日漓”的世风提供了思想支撑，对于腐朽没落的魏晋风气负有不可推卸的责任；而“酒色棋局，皆为清谈之后劲”，不仅是魏晋清谈的一种重要方式，而且是推引清谈堕入歧途，衍为绮靡轻薄之士风，最终使绝大多数士子成为“若今日士大夫沈酣于花酒鸦片麻雀中者”末流无耻之徒。

弈棋博戏与魏晋清谈之间最直接的关系表现是围棋，“有关围棋的多种别称都出自魏晋之时，王坦之以围棋为‘坐隐’，支遁称围棋为‘手谈’，祖纳以围棋为‘忘忧’，这种种围棋观同时也折射了这个时代的人们的人生观和价值观。嵇康的‘非汤武而薄周孔’‘越名教而任自然’，犹如平地惊雷，震撼了整个社会。在对纲常名教的厌弃中，山水，围棋之乐，吸引了一大批文人士子。‘坐隐’‘忘忧’，在尘俗的世间，也能体味到精神归隐之趣，何乐而不为？而手谈则与玄言清谈有关。魏晋士人好清谈，老、庄、易作为‘三玄’成为他们的谈资。而围棋被称为‘手谈’，在玄清谈家手中，谈玄论道也就有了独特的功用。沈约《俗说》载东晋名士殷仲堪看棋轶事：‘殷仲堪在都，尝往看棋，诸从在瓦官寺前宅上。于时袁羌与人共在窗下围棋，仲堪在里问袁《易》义，袁应答如流，围棋不辍。袁意傲然。如有余地’。一边谈易，一边下棋，口手相应，意态傲然活生生地展现了清谈家们谈玄论道，在易与棋的玄妙之境中自由驰骋的风姿”①。在一般人眼中，围棋是文人的“雅尚”，应该与充满铜臭味和投机性的赌博活动无涉，其实不然，魏晋士人围棋“坐隐”“手谈”雅则雅矣，输赢赌取钱物则是必须的。《晋书》两则围棋棋戏就都与“赌”有关。一则是阮籍，母丧仍烹豚饮酒，留棋决赌：

籍虽不拘礼教，然发言玄远，口不臧否人物。性至孝，母终，正与人围棋，对者求止，籍留与决赌。既而饮酒二斗，举

① 何云波：《围棋与中国文化》，人民出版社 2001 年版，第 106～107 页。

声一号，呕血数升。及将葬，食一蒸豚，饮二斗酒，然后临诀，直言穷矣。举声一号，因又吐血数升，毁瘠骨立，殆至灭性。①

阮籍不顾忠孝礼节，母病亡故仍饮酒赌棋如故，后人为之开脱者有之，"'孝'是那个时代的人最为看重的，阮籍的所作所为，看起来似不合礼法，而在其中却自有一份真性情，这恰恰是某些所谓的'孝子'所不可必的"②。后人诟病者亦有之，以为阮籍"不顾名教如此"，"闻母死而留棋决赌，临葬母而饮酒烹豚，天地不容，古所未有"。③ 而以赌博史视野观之，则可看出赌博与人性关系的另一个侧面。阮籍既是一个"才藻艳逸"的清谈名士，也是一个"倜傥放荡"的酒鬼和赌徒。他的人格是分裂的，既"性至孝"，又在葬母服丧时做出蒸豚饮酒和围棋决赌的不孝之举，这种反常之举的原因可能有两种：一方面，如下面我们将要谈到的如谢安之流在"大事危疑仓率"之际，借赌博发泄丧母悲伤情绪；另一方面，阮籍本身就是一个赌徒，其嗜酒爱赌与一般赌徒并没有什么本质的不同，由于赌徒性格使然，为了一赌输赢，可将一切礼节甚至身家性命抛置脑后。从《晋书·阮籍传》中对其"嗜酒""当其得意，忽忘形骸""不拘礼教"等形象、性格的描述和评价来看，阮籍因赌性使然做出种种有悖常理、异于常人的举动，应该是合乎其自身性格逻辑的。

另一则就是东晋名士、风流宰相谢安围棋"赌墅"的故事：

时苻坚强盛，疆场多虞，诸将败退相继。安遣弟石及兄子玄等应机征讨，所在克捷。拜卫将军、开府仪同三司，封建昌

---

① （唐）房玄龄等：《晋书》列传第十九《阮籍传》。

② 何云波：《围棋与中国文化》，人民出版社 2001 年版，第 106～107 页。

③ 参见余嘉锡：《世说新语笺疏》（下），上海古籍出版社 1993 年版，第 731 页。

县公。坚后率众，号百万，次于淮、肥。京师震恐。加安征讨大都督。玄入问计，安夷然无惧色，答曰：“已别有旨。”既而寂然。玄不敢复言，乃令张玄重请。安遂命驾出山墅，亲朋毕集。方与玄围棋赌别墅。安常棋劣于玄，是日玄惧，便为敌手，而又不胜。安顾谓其甥羊昙云：“以墅乞汝。”安遂游涉，至夜乃还，指授将帅，各当其任。玄等既破坚，有驿书至，安方对客围棋。看书既竟，便摄放床上，了无喜色，棋如故。客问之，徐答云：“小儿辈已破贼。”既罢还内，过户限，心喜甚，不觉屐齿之折。其矫情镇物如此。①

谢安围棋赌墅，《世说新语》及《续晋阳秋》等都有载述，可谓千古佳话。历代文人墨客为谢安一掷百万“以墅乞汝”的豪赌气概和“谈笑折奸，从容胜敌”蕴雅沉敏的“器度”所折服，对之赞赏有加。李白有诗云“三川北虏乱如麻，四海南奔似永嘉。但用东山谢安石，为君谈笑静胡沙”。就连一代伟人毛泽东也称赞他“文韬武略，又机智又沉着，淝水之战立了大功”。但笔者这里要谈的是另外一个话题，即赌博游戏在人们遭遇紧急状态下所充当的特殊功用。对此，古今人士多有论析，如余嘉锡的《世说新语笺疏》引清代冯景的《解春集文钞》卷七《题围棋赌墅图》云：“尝观古之人，当大事危疑仓卒之时，往往托情博弈，以示镇静。魏公子无忌已开其先，不自谢安始也。费祎督师御魏，严驾将发，来敏就求围棋，祎留意对戏，色无厌倦。敏起曰：‘聊试卿耳！信自可人，必能办贼。’安之与元赌墅亦犹敏之试祎与！抑不惟是，古人当大哀大乐死生呼吸之际，亦以围棋示度量。如顾雍与僚属围棋，外启信至，而无儿书，虽神气不变，而心了其故。以爪掐掌，血流沾褥，宾客既散，方叹曰：‘已无延陵之高，岂可有丧明之责！’夫元叹逆知子死凶问而漠然终弈，与安石既得破贼捷书而漠然终弈，其矫情镇物同也。然哀之极而掌血流与乐之过而屐齿折，同一郁极而发，及其

① (唐)房玄龄等：《晋书》卷七十九列传第四十九《谢安传》。

悲喜横决，反十倍于常情，不能自主也。”①这就是说，古人“当大事危疑仓卒之时，往往托情博弈，以示镇静”，赌博游戏充当了缓冲器和镇静剂的角色，包括魏公子、费祎、谢安及上述阮籍在内的所谓古代一干名士，每临大事并非真的是处乱不惊、静若处子，只不过他们善于借助弈棋掩饰或喜或悲的情绪“矫情镇物”罢了！谢安“大事危疑仓卒”之际一如平常地围棋博戏，一方面是掩饰自身情绪，尽显名士风度，同时也是为了做出姿态，稳定军心，提振士气，近人蔡东藩对此亦有独到评述：

一生忧乐本常情，露布传来喜气生；怪底当年谢太傅，欺人只是一棋枰。

……

回评 秦苻坚大举伐晋，而谢安围棋别墅，一若行所无事，誉安者称其镇定，毁安者讥其轻弛，此皆属一偏之见，未足垂为定评。典午东迁，积弱已久，欲以八万士卒，敌秦兵百万之众，虽有孙吴，亦难为谋，安非全无心肝，宁不知军情重大，成败难料。不过因万全无策，只可委心气运，与其张皇自扰，益乱人意，不若勉示镇静，稍定众心，此乃为安之苦衷，不足与外人道也。②

如果说，谢安赌墅“矫情镇物”，多少有些“伪名士”的虚伪造作，那么袁耽（袁彦道）在赌场中的表现则直白率性，不饰虚矫。《世说新语》有二则关于袁耽赌博的故事：

桓宣武少家贫，戏大输，债主敦求甚切，思自振立方，莫知所出。陈郡袁耽，俊迈多能。(《袁氏家传》曰：“耽字彦道，

① 参见余嘉锡：《世说新语笺疏》（上），上海古籍出版社 1993 年版，第 374~375 页。

② 蔡东藩：《两晋演义》第六十七回“山墅赌弈寇来不惊　淝水交锋兵多易败”。

陈郡阳夏人，魏郎中令涣会孙也。魁梧爽朗，高风振迈，少倜傥不羁，有异才，士人多归之。仕至司马徒事中郎。）宣武欲求救于耽，耽时居艰，恐致疑，试以告焉。应声便诺，略无慊吝。遂变服怀布帽随温去，与债主戏。耽素有艺名，债主就局，曰：“汝故当不办作袁彦道邪？”遂共戏，十万一掷，直上百万数。投马绝叫，傍若无人，探布帽掷对人曰：“汝竟识袁彦道不？”（《郭子》曰：“桓公樗蒲，失数百斛米，求救于袁耽，耽在艰中，便云：‘大快。我必作采，卿但大唤。’即脱其衰，共出门去。觉头上有布帽，掷去，箸小帽。既戏，袁形势呼袒，掷必雉卢，二人齐叫，敌家顷刻失数百万也。”）①

袁耽年少时就是一个嗜赌如命而且赌技高超的“问题少年”，正如《世说新语》中所介绍的“素有艺名”，他在赌徒圈子颇有声名，不然桓温的债主在赌局开始时怎么会说“汝故当不办作袁彦道邪”？袁耽正在居丧期间，却不顾礼数，“应声便诺”，答应桓温的请求去帮他扳回赌局，赢回赌债。赌局中，“投马绝叫，傍若无人”，最后竟得意忘形地叫嚣“你现在该知道我袁彦道了吧”！一个一掷百万，嗜赌若狂的赌徒形象跃然纸上。与谢安比起来，袁耽的名士风度就显得真实、自然得多，一点也不矫揉造作，真正是率性而为，自我本真。袁的这种性格，《世说新语》另一则故事也有描绘：“桓宣武与袁彦道樗蒲，袁彦道齿不合，遂厉色掷去五木。温太真云：‘见袁生迁怒，知颜子为贵’。”②两则故事，把一个喜怒形于色的袁彦道毫无保留地展示在世人面前。历来史家对袁的这种“名士风度”十分欣赏，《晋书·袁耽传》说他“少有才气，倜傥不羁，为士类所称”，并在传文中以艳羡的笔墨绘声绘色地描绘其替桓温赌樗蒲的场景，末了还不忘发一句感叹：“其通脱如此！”

类似上述通过赌博展示魏晋士族倜傥风流、通脱不羁的故事在《晋书》《世说新语》等著述中还有不少。如王献之（字子敬）少年时

① （南朝宋）刘义庆：《世说新语·任诞第二十三》。
② （南朝宋）刘义庆：《世说新语·忿狷第三十一》。

即精通樗蒲博戏，且自以为比当时赌坛高人荀奉倩、刘真长还要技甚一筹。一次在一旁观看王家门人赌博时，就对大人们蹩脚的赌技颇为不屑：

王子敬数岁时，尝看诸门生樗蒲。见有胜负，因曰："南风不竞。"(《春秋传》曰："楚伐郑。"师旷曰："不害，吾骤歌南风。南风不竞，多死声，楚必无功。"杜预曰："歌者吹律，以泳八风，南风音微，故曰不竞也。")门生辈轻小儿，乃曰："此郎亦管中窥豹，时见一斑。"子敬曰："远惭荀奉倩，近愧刘真长！"遂拂衣而去。

西晋裴遐"善言玄理，曾与郭象谈论，满坐叹服"。《世说新语》一则故事说他在平东将军周馥家里与人围棋赌戏时，因为没有及时喝另一位已略有醉意的客人樽上的酒，结果被掀倒在地，裴遐慢慢地从地上爬起来，神情自若，回到座位上又下起棋来：

裴遐在周馥所，馥设主人。遐与人围棋，馥司马行酒，遐正戏，不时为饮。司马恚，因曳遐坠地。遐还坐，举止如常，颜色不变，复戏如故。王夷甫问遐："当时何得颜色不异?"答曰："直是暗当故耳。"①

刘义庆对裴遐这种受辱能忍，处变不惊的风度应该是颇为欣赏的，把这则故事置于"雅量第六"篇章中，就表明了他的这种倾向性态度。邓粲在《晋纪》中还有另外一种说法，说是同坐的客人为了证实裴遐是否真的大度雅量而有意试探："同类有试遐者，推堕床下，遐拂衣还坐，言无异色。"裴遐的表现果真如社会上传说的那样，并没有因此而发恼，而是轻轻地掸一下衣服上的灰尘，像没事似的继续下棋。

无独有偶，裴遐当众受辱仍能忍让，而桓玄手下的周参军被同

---

① (南朝宋)刘义庆：《世说新语·雅量第六》。

僚戏骂，脸上并无丝毫的不高兴情绪表露出来，不知道是否也是魏晋士族雅量风度的另一种表现。

桓玄出射，有一刘参军与周参军朋赌，垂成，唯少一破。刘谓周曰：卿此起不破，我当挞卿”。周曰：“何至受卿挞”？刘曰：“伯禽之贵，尚不免挞，而况于卿！”周殊无忤色。桓语庾伯鸞曰：“刘参军宜停读书，周参军且勤学问”。①

魏晋名士放纵不拘、黜俭崇奢通过赌博也得以淋漓尽致地展现出来。《世说新语·汰侈第三十》就有数则此类故事。如西晋名士王衍(王君夫)与王济(王武子)：

王君夫有牛，名“八百里驳”，常莹其蹄角。王武子语君夫：“我射不如卿，今指赌卿牛，以千万对之。”君夫现恃手快，且谓骏物无有杀理，便相然可。令武子先射。武子一起便破的，却据胡床，比左右：“速探牛心来！”须臾，炙至，一脔便去。

这则故事有两大看点，一是王君夫和王武子对赌的赌注下得很大，一方是宝牛“八百里驳”，一方是千万金钱；二是王武子赌赢后如约杀掉了价值昂贵的“八百里驳”，但只吃了一点牛心便扬长而去。故事的作者意在渲染魏晋士族名士们愿赌服输、信守承诺的“通脱”风度，但我们却从中看到了这些士族名士纵情享乐、暴殄天物的另外面目。

同样的剧情也曾在西晋彭城王司马权与王太尉之间上演：

彭城王有快牛，至爱惜之。(朱凤《晋书》曰：“彭城穆王权，字子兴，宣帝弟馗子。太始元年封。”)王太尉与射，赌得之。彭城王曰：“君欲自乘则不论；若欲啖者，当以二十肥者

① (南朝宋)刘义庆：《世说新语·排调第二十五》。

代者。既不废啖，又存所爱。”王遂杀啖。①

东晋大名士温峤年轻时也是一个豪赌之徒，屡次与商人赌博，输得一败涂地，乃至不得不将自身作抵押：

温太真位未高时，屡与扬州、淮中估客樗蒲，与辄不竞。尝一过，大输物，戏屈，无因得返。与庾亮善，于舫中大唤亮曰“卿可赎我”，庾即送直，然后得还，经此数四。②

温峤在两晋士林中是一个人品和政声都不错的人，《晋书》本传评价他“性履纯真，誉流邦族”。近人张亮采的《中国风俗史》所列为数不多的有操守、有品位魏晋士人中，温峤即位列其中：“当时除陶侃之甓，温峤之裾，祖逖之楫，颜之推、王通之学问卓然流俗，陶渊明之酒、嵇康之琴、谢安之东山妓、谢灵运之登山屐独有寄托外，其余胸无挟持，徒矜尚风流，翩翩浊世，若今日士大夫沈酣于花酒鸦片麻雀中者。”③然“性履纯真”“卓然流俗”之温峤尚且如此好赌，屡赌屡输，其他士族中人放荡纵欲，嗜赌若狂便不难想见。

魏晋六朝士族名士以谈玄论道，弃圣非儒为职志，以“擅技能、饮醇酒、无拘检、重风度”为时尚，作为引领风尚的社会精英，其思想、行动导致魏晋六朝风气腐化颓败，传统伦常“礼崩乐坏”以及社会持续动荡。

遂令仁义幽沦，儒雅蒙尘，礼坏乐崩，中原倾覆。古之所谓言伪而辩，行僻而坚者，斯人之徒欤。④

有晋始自中朝，迄于江左，莫不崇饰华竞，祖述虚玄，摈

① （南朝宋）刘义庆：《世说新语·汰侈第三十》。
② （南朝宋）刘义庆：《世说新语·任诞二十三》。
③ 张亮采：《中国风俗史》，江西教育出版社2012年版，第73页。
④ （唐）房玄龄等：《晋书》卷七十五《范宁传》。

> 阙里之经典，习正始之余论，指礼法为流俗，目纵诞以清高，遂使宪章弛废，名教颓毁，五胡乘间而竞逐，二京继踵以沦胥，运极道消，可为长叹息者矣。①

虚骄浮华的氛围消解了人们的斗志，加速了社会动荡与瓦解的进程，军阀割据，“五胡乱华”，朝政更迭，国祚短促……《晋书》作者每谈及此，只能无可奈何地发一声深长叹息！

① （唐）房玄龄等：《晋书》卷九十一《儒林传》。

第三章

“咸阳客舍一事无，相互博塞为欢娱”：隋唐宋元时期的赌博

一、赌风炽盛

唐宋是中国历史上重要的转折时期，自隋文帝实行与民休养生息，奉行发展经济、节俭建国政策，“于是躬节俭，平徭赋，仓廪实，法令行，君子咸乐其生，小人各安其业，强无凌弱，众不暴寡，人物殷阜，朝野欢娱。二十年间，天下无事，区宇之内晏如也”①。“开丰衣足食之世”，“隋代国祚虽短，但自汉代以来，论人口繁殖之众，仓廪府库之盛，常推隋代为第一”。② 唐宋时期，生产力发展，经济自由度、开放度高，尤其是中唐以后城市坊市制

① （唐）魏徵等：《隋书·帝纪二·高祖下》。

② 钱穆讲授，叶龙记录整理：《中国经济史》，北京联合出版社 2017 年版，第 178 页。

被打破，促进了唐宋城市经济的繁荣和消费观念的转变，出现了夜市和夜生活，如长安崇仁坊“一街辐辏，遂倾两市，昼夜喧呼，灯火不绝，京中诸坊，莫与比”①。扬州“每重城向夕，倡楼之上，常有绛纱万数，辉罗耀烈空中，九里三十步街中，珠翠填咽，渺若仙境”②。淮阴“夜入楚家烟，烟中人未眠。望尽淮河岸，坐在酒楼前。灯影半临水，筝声多在船”③。汉阳帆樯如林，酒肆繁盛，唐代诗人罗隐有《忆夏口》描写了这一景象：“汉阳渡口兰为舟，汉阳城下多酒楼。当年不得尽一醉，别梦有时还重游。”北宋时期的开封“大抵诸酒肆瓦市，不以风雨寒暑，白昼通夜，骈阗如此”④。“夜市直到三更尽，才五更又复开张。如要闹去处，通晓不绝。”⑤南宋时期的杭州“自大门和宁门外，新路南北，早间珠玉珍异及花果时新海鲜野味，奇器天下所无者，悉集于此；以至朝天门、中瓦前、灞头、官巷口、棚心、众安桥，食物店铺，人烟浩穰。其夜市除大内前外，诸处亦然，唯中瓦前最胜，扑卖奇巧器皿白色物件，与日间无异。其余坊巷市井，买卖关扑，酒楼歌馆，直至四鼓后方静，而五鼓朝马将动，其有趁买早市者，复起开门，无论四时皆然”⑥。“杭城大街，买卖昼夜不绝，夜交三四鼓，游人始稀；五鼓钟鸣，卖早市者又开店矣”⑦，简直就是一个不夜城，其市井繁华及夜生活丰富程度较之北宋开封更胜一筹。发达繁荣的经济和丰富多彩的城市社会生活成为包括赌博在内的娱乐休闲活动滋生繁衍的温床。

由于隋文帝奉行节俭、清欲的治国理念，有隋一代赌博风气得到有限度扼制，隋文帝对于官员采用严刑苛法，厉行惩戒。《隋书·刑法志》中就记载了一则此类禁赌案例：

---

① （宋）宋敏求：《长安志》卷八。
② （宋）李昉等：《太平广记》卷二七三“杜枚”条。
③ 《全唐诗》卷五四四《夜泊淮阴》。
④ （宋）孟元老：《东京梦华录》卷二。
⑤ （宋）孟元老：《东京梦华录》卷二。
⑥ （宋）吴自牧：《梦粱录》卷十三《夜市》。
⑦ （宋）耐得翁：《都城纪胜》。

仁寿中，刑法益峻，帝既喜怒不恒，不复依准科律。时杨素正被委任，素又禀性高下，公卿股栗，不敢措言。素于鸿胪少卿陈延不平，经蕃客馆，庭中有马屎，又庶仆毡上樗蒲。旋以白帝，帝大怒曰："主客令不洒扫庭内，掌固以私戏污败官毡，罪状何以加此!"皆于西市棒杀，而榜棰陈延，殆至于毙。①

事情的起因本是杨素要报复整治素与其不睦的陈延，但当隋文帝得报蕃客馆官吏赌玩樗蒲后，不仅将参赌诸人一律处死，且将主管官员陈延"榜棰"，"殆至于毙"。杨坚厉行禁赌，对参赌官吏惩罚力度空前严厉由此可见一斑。司马光评价他"性严重，令行禁止，勤于政事"②。当然，蕃客馆官员赌博虽然有错，但罪不至死，尤其是"榜棰"陈延，隋文帝因此受到后人责难，《隋书》评价其"素无术学，不能尽下，无宽仁之度，有刻薄之资，暨乎暮年，此风逾扇"③。当代史家吕思勉也说他"猜忌、严酷"④。但正是由于隋文帝个人"克已复礼，勤劳思政"，率先垂范，一改往朝帝王奢靡嗜赌之流风，又严格吏治，整肃士风，文帝一代，赌风收敛，世所罕见。

从某种意义上言之，唐朝是在一场赌局之中拉开帷幕的。据《旧唐书·裴寂传》记载：

裴寂，字玄真，蒲州桑泉人也……大业中，历侍御史、驾部承务郎、晋阳宫副监。高祖留守太原，与寂有旧，时加亲礼，每延之宴语，间以博奕，至于通宵连日，情忘厌倦。时太宗将举义师而不敢发言，见寂为高祖所厚，乃出私钱数百万，阴结龙山令高斌廉与寂博戏，渐以输之。寂得钱既多，大喜，

① (唐)魏徵等：《隋书》志第二十《刑法》。

② (宋)司马光：《资治通鉴》卷一八〇。

③ (宋)司马光：《隋书·帝纪二·高祖下》。

④ 吕思勉：《中国通史》，武汉出版社2011年版，第225页。

每日从太宗游。见其欢甚，遂以情告之，寂即许诺。寂又以晋阳宫人私侍高祖，高祖从寂饮，酒酣，寂白状曰：“二郎密缵兵马，欲举义旗，正为寂以宫人奉公，恐事发及诛，急为此耳。今天下大乱，城门之外，皆是盗贼。若守小节，旦夕死亡；若举义兵，必得天位。众情已协，公意如何?”高祖曰：“我儿诚有此计，既已定矣，可从之。”及义兵起，寂进宫女五百人，并上米九万斛、杂彩五万段、甲四十万领，以供军用。大将军府建，以寂为长史，赐爵闻喜县公……

唐高祖李渊和唐太宗李世民以赌博为媒介，通过精心罗织赌局，结交拉拢晋阳宫副监裴寂，里应外合，起兵反隋，终成大业，建立唐朝。唐朝既是中国少有的盛世，也是赌风炽盛的朝代。唐代皇帝凡二十代，几乎个个嗜赌。高祖李渊本喜爱赌博，其与嗜赌的裴寂可谓臭味相投，两人聚赌时常常“通宵连日，情忘厌倦”。太宗李世民年轻时就是一个好赌之徒，“王无导好博戏，善鹰鹞。文武圣皇帝微时，与无导蒲戏争彩，有李阳之宿憾焉”①。盛行于唐朝的叶子戏据说与李世民颇有关系，“唐太宗问一行世数，禅师制叶子格进之，叶子，言“二十世李”也。后适符其谶矣。唐朝叶子戏疑昉于此欤?”②武则天喜好双陆，常与大臣及宠幸在宫中耽玩取乐，以至于连做梦都梦见赌博。“天后梦双陆而不胜，召狄梁公说之。梁公对曰：‘宫中无子之象是也。’后人新意，长行出焉。”③唐玄宗前期励精图治，倡导俭约，颇有开明皇帝气象，但开元后蜕变成纵酒嗜博、颓废荒淫的昏聩君主，“上与诸王靡日不会聚，或讲经义、论道理，间以球猎蒲博、赋诗饮食，欢笑戏谑，未常惰怠。近古帝王友爱之道，无与比也”④。在宫中与嫔妃们博彩嬉戏几乎是唐玄宗每天必须的节目，而且常以赌博选择嫔妃侍寝，“开元

① （唐）张鷟：《朝野佥载》卷六。
② （明）钱希言：《戏瑕》卷二。
③ （唐）李肇：《唐国史补》卷下。
④ （唐）郑綮：《开元传信录》。

中，后宫繁众，侍寝者难于取舍，为彩局儿以定之，集宫嫔用骰子掷，最胜一人乃得专夜，宦珰私号骰子为'挫角媒人'"①。《开元天宝遗事》也记载："明皇未得妃子，宫中嫔妃辈，投金钱赌侍帝寝，以亲者为胜。召入妃子，遂罢此戏。"②唐玄宗常与杨贵妃玩投琼，即掷骰子的赌博游戏，由此还演绎出一段皇帝为骰子"赐绯"佳话：

> 今骰子于"四"上加红，亦有所本。《言鲭》：唐时投琼，惟"幺"一点加红，余五子皆黑色。明皇与杨妃彩战，将北，惟"四"可解。有一子旋转未定，连叱之，果成"四"。上悦，顾高力士赐绯，遂相沿至今云。③

史上有关唐玄宗赌博的逸闻趣事颇多，《开元天宝遗事》记述的一件事，反映了其赌品很差，近似无赖的举动：

> 一日，明后与亲王棋，令贺怀智独奏琵琶，妃子立于局前欢之。上欲输次，妃子将康国猧子放之，令于局上乱其输赢。上甚悦之。④

唐玄宗还喜爱斗鸡博戏，曾在两宫间建造鸡坊，搜罗长安雄鸡数千只，一时斗鸡风行，长安鸡贵。"玄宗好斗鸡，贵臣外戚皆尚之，贫者或弄木鸡。"⑤"因为唐玄宗生于鸡年，生肖上属鸡，而他又这么喜欢斗鸡，当时便有人认为这不是好兆头，据《新唐书·五行志》记载：'玄宗好斗鸡……识者以为，鸡酉属，帝生之岁也。斗者，兵象，近鸡，祸也。'言外之意，这意味着安史之乱的暴发。

---

① （宋）陶谷：《清异录》。
② （唐）王仁裕：《开元天宝遗事》卷三。
③ （清）赵翼：《陔余丛考》卷三十三。
④ （唐）王仁裕：《开元天宝遗事》卷四。
⑤ （宋）欧阳修等：《新唐书·五行志》。

《东城老父传》上也说：‘上（即玄宗）生于乙酉鸡晨，使人斗鸡，兆乱于太平也，上心不悟’，以致天宝十四年（755年）安禄山叛起，攻陷洛阳、潼关，长安不守。玄宗狼狈逃往成都。”①

中唐以后，尤其是晚唐，除文宗“无嗜博，无饮酒”曾厉行官员禁赌外，几乎所有皇帝，如顺宗、敬宗、武宗、宣宗、懿宗、僖宗等都钟爱赌博。唐顺宗喜爱弹棋博戏：“唐顺宗在春宫，日甚好之，时有吉达、高钦、崔同、杨愿之徒，委为名手，后有窦深、崔长孺、甄顒、独孤辽，亦为亚焉。至于长庆之末，好事之家犹见有局，尚多解者。”②唐穆宗不仅自己爱斗鸡，还奖励文臣武将斗鸡，史载：“威远军子将臧平者，好斗鸡，高于常鸡数寸，无敢敌者。威远监军与物十匹买之，因寒食乃进。十宅诸王皆好斗鸡，此鸡凡敌十数，犹擅场怙气，穆宗大悦，因赐威远监军帛匹百尺。主鸡者想其跖距，奏曰：‘此鸡实有弟，长趾善鸣，前岁卖之河北军将，获二百万。’”③唐僖宗更是对赌博酷爱有加，“上好骑射、剑槊、法算，至于音律、蒲博，无不精妙，好蹴鞠、斗鸡，与诸王赌鹅，鹅一头至五十万缗”④，可算是一个无所不精的全能赌徒。其玩掷骰博戏功夫了得，“唐僖宗皇帝播迁汉中，蜀先主建为禁军都头，与其侪于僧院掷骰子，六只次第相重，自幺至六，人兴骇之”⑤。因为僖宗喜欢斗鹅赌博，以至于一只鹅的价钱飙升至五十万缗，“僖宗喜斗鹅走马，数幸六王宅兴庆池，与诸王斗鹅，一鹅至五十万钱”⑥。唐僖宗还喜好并擅长蹴鞠，“唐僖宗好蹴鞠、斗鸡，尤善击球，常谓优人石野猪曰：‘朕若应击球进士举，须为状元。’对曰：‘若遇尧舜作礼部侍郎，恐陛下不免驳放。’上笑而已”。他效法汉魏六朝昏君，以官职位作赌注召集官员们赌蹴鞠，广明元年

① 郭双林、肖梅花：《中华赌博史》，中国社会科学出版社1995年版，第75页。

② （宋）李昉等：《太平御览》卷七五五《工艺部一二·弹棋》。

③ （唐）段成式：《酉阳杂俎》续集卷八。

④ （宋）司马光：《资治通鉴》卷二五二广明元年。

⑤ （五代）孙光宪：《北梦琐言》逸文卷三。

⑥ （宋）欧阳修等：《新唐书·田令孜传》。

(880年)，“田令孜奏以陈敬瑄、杨师立、王勖、罗元杲镇三川，上令四人击球赌之，敬瑄得第一筹，即以为西川节度使”①。

唐代皇帝嗜赌如此，五代宋辽元诸代皇帝也毫不逊色。后梁太祖朱温嗜好骰子戏赌博，史载其常在宫中与兄弟亲戚纵酒赌博。②后唐庄宗也喜欢玩掷骰博戏，“庄宗尝因博戏，睹骰子采有暗相轮者，心悦之，乃自置暗箭格，凡博戏并认采之在下者”。作为君王不理朝政，反而醉心骰子博戏，发明了所谓“暗箭格”。吴越王钱镠，少时就是与市井无赖混迹一处的“博徒”。前蜀开国皇帝王建不仅好博，而且迷信掷骰占卜，“唐僖宗皇帝播迁汉中，蜀先主王建为禁军都头，与其侪于僧院掷骰子，六只次第相重，自幺至六，人共骇之。他日霸蜀，因幸兴元，访当时僧院。其僧尚在，问以旧事，此僧具以骰子为对。先主大悦，厚赐之”③。

宋代开国皇帝赵匡胤年轻时就是汴梁城名噪一方的博徒，从清代小说《飞龙全传》对其的描叙来看，赵匡胤的赌品实在不敢令人恭维，小说中就有他在“神鬼天齐庙”与人掷骰子赌博时输钱赖账的精彩情节：

> ……只说匡胤又打上了注码，抓起骰子又掷。下边的又打上几注。匡胤掷了三个四，三个六，名为鸳鸯被，四六加开，赢了七注。又打上了这一家，共有二十一定。下家又要出注。匡胤把骰盆一推，说道：“会要不会揭，必定是死血。你们要赌，算结了再赌。”一家赢三家，共赢了五十三定。那输家有银子的归了银子，没有的把钱准抵，每锭该作钱五贯。一时间银钱堆满，匡胤见了，心中暗自欢喜，正是合着那古语二句，说道：
>
> 赢了三只眼，输去一团糟。

① (宋)司马光：《资治通鉴》卷二五二广明元年。

② 参见(宋)司马光：《资治通鉴》卷二六六后“梁太祖开平元年三月”条。

③ (五代)孙光宪：《北梦琐言》逸文卷第三。

匡胤赢得性起，那里肯住？重新又告了幺儿，又掷。那五家一齐下注，叫声：“好汉，若有造化，这一掷儿赢了我五家；若没有造化，输了，便是我们五家赢你一家。说过的，你我都不许悔赖，你可愿也不愿？”匡胤道：“你们既有此心，只管下注，我便一齐都掷。”说罢，抓起骰子，向那盆中哗啦的一声，掷将下去。只见先望了三个四，那三个却又滚了一回，滚出了一个二，两个幺，这名儿唤做呲牙红臭。匡胤掷了这一盆，心下着急，想道：“他五家一齐赢了，我那里有这许多银子开发？输去财帛，不甚打紧；只是弱了江湖走闯之名，日后有何面目再与天下人说长道短？我如今不如咬定牙，只得硬赖，胡乱儿顾了目前名目，再做道理。”想定主意，故意拍掌，呵呵大笑道：“这一盆骰子掷得爽利，真是难得，才算赢得快活。”那五家听说，都发恼起来，把骰盆搂住问道：“你掷的是龇牙臭，怎么反说是赢？方才五点儿臭，被你赖去。这四点儿臭，又称他夺子不成？”匡胤道：“你们总没经过阵场，别的名儿不识，连这踩遍夺子也不认得，还要在此要钱。”便把骰盆推开，就去抢钱。这五家儿那个肯依？哄的一声，齐齐跳起身来，撑撑擦擦，便有争嚷之意。这正是：

运蹇人逢鬼，时衰鬼弄人。

匡胤一见，双眉倒竖，二目睁圆，开口骂道：“小儿囚徒！你可去汴梁城中打听打听，我赵匡胤不是慈悲主顾，软弱娃儿。凭你甚么所在，输了不给，赢了要钱，赌场中谁敢不让我三分！勾栏院一十八口御乐，止供我剑上一时之快；销金桥私税的土棍，一家儿也在我掌上捐生。希罕你关西这一伙儿野民，值得甚事？”说罢，抡拳便打。那五家儿一齐嚷道：“我们从来在此赌钱，并不曾遇著你这等赖皮，赢了要钱，输了便赖，还要想抢我们的银钱。你这赖皮，怎肯饶你？”亦便动手乱打。①

① (唐)吴璿：《飞龙全传》第十六回“史魁送柬识真主　匡胤宿庙遇邪魑”。

赵匡胤这种无赖行为在小说下一回“褚元师求丹疗病，陈抟祖设棋输赢”中又一次暴露无遗：

……闲话休提。只说匡胤当时见了盘上之词，心下想道：“原来他们将金子儿角胜，并不空自消闲。这两定金子非同小可，因我一言指点，赢棋反作输棋，怎禁他嗔怪于我。他既怪我，不免待我再看些破绽，也指点他一着，赢了转来，便可准折了。”暗想之间，那两个老者重新又着，此盘该是黑先红后。当下两个各自布置起来，你一着我一着，下到七八着上，只见那使红棋的老者提炮要打黑卒，匡胤免不得又要多说了，道：“空打无益，且顾自家。”那红棋的老者才把自己的棋势细细一看，闪着一个双马卧槽的输局，连忙放下了炮挨那马眼。那黑棋的老者回头把匡胤瞧了一瞧，开言说道：“红面君子，你忒也不知见景了！难道没有一个耳信的？请你不要多嘴，你偏要多嘴。既是这等高棋，敢来与我下三盘，才算是个好汉子！”匡胤乃是天生的傲性，如何受得这样言语？不觉微微冷笑道：“老者，你这等高大年纪，也觉得太傲了！怎么就小视于我，我就与你下三盘，亦有何妨？”那红棋的老者说道：“二位既要下棋，先要讲定，不知是赌金子，还是赌些银子？”匡胤道：“吾乃过路之人，那有黄金？只赌银子罢。”这个老者说道：“既然只赌银子，我们可定了规，每盘必须彩银五十两，无欠无赖，方才与你对弈。”匡胤听言，只认了这老者把银两来压他，便应道：“就是五十两一盘。”说罢，那老者让匡胤是客，送过了红棋。匡胤就在那红棋的位中坐下。

二人摆好了棋，红先黑后，两下起手而行。这使红棋的老者，翻着手在旁观看……

头一盘就被老者赢了，匡胤心中不伏，说道：“这一盘我和你赌一百两。”老者道：“就是一百两，难道我怕你不成！”从新又把棋来摆好，该是赢家先走。只见这老者偏又走得变化……

匡胤一连输了两盘，心中发急，肚内寻思：“向在汴梁下棋，我为魁首，怎么到了关西，便多失势？输去财帛，不过小事，弱了名声，岂不被人谈笑！这一盘一定要与他相并，把本儿翻了才好。”想罢主意，开言说道：“老者，这一盘我便和你相赌，把这两盘的一百五十两彩银合并，你若再赢，我便照数给银。我若赢了，把先前两盘退去，你道如何？”老者笑了一笑道：“凭你什么法儿，我总不怕。依便依你，只是还有一说：此一盘你若赢了还好，若是再输，连前两盘共是三百两银子，只怕你拿不出来，那时不但费气，只恐还要讨羞。”匡胤听了这般言语，欲要发作，又是翻本的心盛，只得忍气吞声，说道：“你这老者，休得小视于我！我们既赌输赢，只管放心下去，何必多言？”那老者又道：“不然，我们空口说话，是无实据；此盘棋必须设立监局，方才各无翻悔。”就烦那使红棋的老者，在旁监局……

这一盘，匡胤满望成功，谁知又被老者赢去。只气得目定口呆，烟生火冒。思想：“今日上山，却不曾带着财帛，这三百银子将甚么给付与他？”左右寻思，并无计较，只得说道：“老者，方才这盘本是我赢，被你错走了一着，反叫屈我输了。这却空过了不算，要赌银子，我们再着。”那老者听了，变脸道：“你说甚的话儿！方才你我对下，乃是明白交关，那个错走？你却要赖，我便不肯与你赖。”匡胤道：“你委实屈我输了，却不肯再着，只得把先前两盘退去。”那老者道：“你这话一发说得荒唐，全不似那堂堂男子做事光明，直把别人认做孩童，由你哄骗。不瞒你说，我方才实防你反复，故此设立这监局的做证。你既着了要赖，这监局设他何益？”匡胤听言，正待回答，只见那监局的在旁微微冷笑，叫声：“红脸的君子，古语道得好，说是：‘好汉儿吃打不叫疼！’又道：‘愿赌愿输。’我们在此下棋，又非设局儿骗人财帛，这是君子自己心愿，说定无更。既然输了，该把彩银发付，才是正理。偏又费这许多强辩，希图一赖。我们年老的人，风中之烛，又与你殴打不过，只算把这项银子救济了穷民，布施了饿汉，做了一桩好事罢了。只是可惜了君子，现放着轩昂的身儿，光彩的貌儿，顶了这不正之名，传了那无行之讳，你自己遗羞，还被别人笑话。”这监局的把这一篇不痒不疼的说话，说得匡胤无名高放，烟雾腾空。①

最终，赵匡胤聪明反被聪明误，在几名道士的精心设局下，无奈在华山石壁上立下字据，将华山卖与陈抟。

宋太祖赵匡胤赌棋输华山虽是小说家言，不可征信。但赵匡胤嗜好博戏应该是不争的事实，史称，其即位后还常在宫中玩叶子戏："今之叶子戏消夜图，相传宋太祖命后宫习之以消夜。"②我们从上引小说的记叙描写中可窥见赵匡胤所具有的典型的赌徒性格，他在汴梁赌遍城中无敌手，可见其惯赌且赌技高超；他身无长物，却敢下五十两一局的大赌注，颇有刘毅"家无儋石输百万"的豪赌气概；掷骰赌博赢了五十多锭银子还想赢得更多，下围棋输了两局之后赌注翻番，正是一般赌徒输光本钱后，不但不及时收手，反而希冀好运眷顾，扳本发财心理作祟；输了赌局又企图赖账，反映了赵匡胤亦具一般赌徒之无赖习性。

宋太祖以降，两宋诸帝有赌博记录者不在少数，即便以禁赌严厉著称的宋太宗，也曾与大臣赌围棋，据《弈人传》：

贾元，佚其里居。欧阳修《归田录》：太宗时，有待诏贾元，以棋供奉，号为国手。王荆公诗注：太宗时，待诏贾元侍上棋，太宗饶三子，元常输一路，太宗知挟诈。乃曰：此局汝复输我，当搒汝。既而满局不生不死。太宗曰：汝亦诈也。更围一局，汝胜，赐汝绯，不胜，投汝于泥中。既而不胜不负。太宗曰：我饶汝子，今而局平，是汝不胜也。命左右抱投之水。乃呼曰：臣握中尚有一子。太宗大笑，赐以绯衣。③

---

① （唐）吴璿：《飞龙全传》第十七回"赭元师求丹疗病，陈抟祖设棋输赢"。

② （清）汪师韩：《叶戏原起》。

③ （清）黄俊：《弈人传》卷七。

宋代关扑之风盛行，据说宋仁宗也常常在宫中与人关扑，“仁宗尝与宫人博，才出钱千，既输却，即提其半走，宫人皆笑曰：‘官家太穷相，又惜不肯尽输。’仁宗曰：‘汝知此钱为谁钱也？此非我钱，乃百姓钱也。我今日已妄用百姓千钱。’”①可见仁宗赌技不佳，常常输给宫人们。宋神宗与人打球赌博，所下赌注竟然是王安石改革施行的“新法”，“熙宁间，神宗与二王禁中打球子，上问二王欲赌何物。徐王曰：‘臣不别赌物，若赢时只告罢了新法。’”②风流皇帝宋徽宗曾与京师名妓李师师赌双陆和围棋，输掉白金二千金。“（宣和）四年三月，帝始从潜道幸陇西，赐藏阄、双陆等具，又赐片玉棋盘、碧白二色玉棋子，画院宫扇、九折五花之簟，鳞文葫叶之席，湘竹绮帘，五采珊瑚钩。是日帝与师师双陆不胜，围棋又不胜，赐白金二千两。”③据说宋徽宗还是骨牌的始作俑者，“宋宣和二年，有臣上疏设牙牌三十二扇，共计二百二十七点，以按星辰布列之位……表上，贮于御库，疑繁未行。至高宗时始诏如式颁行天下”④。因为此牌创始于宣和年间，故又称“宣和牌”。南宋诸帝偏安江南，不以江山社稷为重，嗜赌好博，兴趣有增无减。宋高宗甫一即位，即下诏颁行宣和牌，足见其对博戏的爱好和重视。宋理宗常在宫中组织太监们玩关扑博戏，而且所用赌资由内库供给。“闻理宗朝春时，内苑效市井关扑之戏，皆小王当珰互为之。至御前，则与二三扑内供纯镘骰钱，以供一笑。”⑤宋孝宗在宫内开赌设局，“命小内侍宣张婉容至清心堂抚琴，并命棋童下棋，及令内侍投壶、赌赛、利物、则剧”，并在宋高宗七十五岁寿辰时设赌祝寿，“淳熙八年正月元日……太上圣寿七十有五……上侍太上于椤木堂香阁内说话，宣押棋待诏并小说人孙琦等十四人下

① （宋）施德操：《北窗炙輠录》卷下。

② （宋）吕祖谦：《紫薇杂记》。

③ 《李师师外传》。

④ （清）陈元龙：《格致镜原》卷六十《牙牌》。

⑤ （宋）周密：《癸辛杂识》续集上。

棋两局，各赐银绢，供泛索讫”。①

在北方，辽代皇帝嗜博好赌之记录亦屡屡见诸史载。辽穆宗纵酒好博，常召群臣于宫中宴饮，《辽史》本纪尽是“纵饮三日”“宴饮达旦”之记录，并与群臣以叶子戏豪赌。② 辽圣宗嗜好蹴鞠赌博，经常与王公大臣们耽玩此戏，“上与诸王分朋击鞠”。谏议大夫马得臣曾上书劝谏，历数赌球之弊：“臣伏见陛下听朝之暇，以击球为乐。臣思此事有三不宜：上下分朋，君臣争胜，君得臣夺，君输臣喜，一不宜也；往来交错，前后遮约，争心竞起，礼容全废，若贪月杖，误拂天衣，臣既失仪，君又难责，二不宜也；轻万乘之责，逐广场之娱，地虽平，至为坚确，马虽良，亦有惊蹶，或因奔击，失其控御，圣体宁无亏损？太后岂不惊惧？三不宜也。臣望陛下念继承之重，止危险之戏。”辽圣宗这才有所收敛。③ 辽兴宗喜赌双陆，常与宗亲大臣在宫中豪赌，甚至以城池作赌注，《辽史》就曾记载他与其弟赌博输掉数座城池的事：“上尝与太弟重元狎昵，宴酣，许以千秋万岁后传位。重元甚喜，骄纵不法。又因双陆，赌以居民城邑。帝屡不竞，前后已偿数城。重元既恃梁孝王之宠，又多郑叔段之过，朝臣无敢言者，道路以目。一日复博，罗衣轻指其局曰：‘双陆休痴，和你都输去也！’帝始悟，不复戏。”④辽道宗以掷骰选拔任命官员，耶律俨就因运气好掷了大彩得任知枢密院事：“帝晚年倦勤，用人不能自择，令各掷骰子，以采胜者官之。俨尝得胜采，上曰：‘上相之征也！’迁知枢密院事，赐经邦佐运功臣，封越国公。”⑤元顺帝是元代末代皇帝，其人宠幸权臣，荒淫无度，侍卫哈麻投其所好，常常陪他赌双陆，因此官至宰相，权倾朝野：“哈麻……顺帝深眷宠之，而哈麻有口才，尤为帝所亵幸，累迁官

---

① （明）四水潜夫辑：《后武林旧事》卷二。

② （元）脱脱等：《辽史》本纪《穆宗纪》。

③ （元）脱脱等：《辽史》本纪卷十《圣宗》。

④ （元）脱脱等：《辽史》列传卷三十九《罗衣轻传》。

⑤ （元）脱脱等：《辽史》列传卷二十八《耶律俨传》。

为殿中侍御史……帝每即内殿，与哈麻以双陆为戏。”①

唐宋皇帝对赌博的酷爱，影响和催生了社会赌博风气的滋生和蔓延。“长安风俗，自贞元侈于游宴，其后或侈于书法图画，或侈于博弈，或侈于卜祝，或侈于服食，各有所蔽也。”②首先是王公贵戚和各级官吏赌博成风，“王公大人或颇耽玩，至于废庆吊、忘寝休、辍饮食者”③。唐初名相房玄龄年轻时即喜好樗蒲赌博。唐太宗为调解丹阳公主与驸马薛万彻夫妻矛盾，竟招薛进宫与之玩握槊赌戏：

> 薛万彻尚丹阳公主，太宗尝谓人曰：“薛驸马村气。”主羞之，不与同席数月。帝闻而大笑，置酒召对，握槊，赌所佩刀子，佯为不胜，解刀以佩之。罢酒，主悦甚，薛未及就马，遽召同载而还，重之逾于旧。④

唐中宗时，韦后喜爱双陆，常招武三思进宫一同博戏，宫闱秽乱，中宗不仅不予制止，反而一旁观看，并为之点筹记账。“引武三思入宫中，升御床，与后双陆，帝为点筹，以为欢笑，丑声日闻于外。”⑤张说有《赠崔二安平公乐世词》诗描写宠臣崔日知、崔日用在宫中侍陪唐中宗进行握槊、藏钩博戏的情景：“十五红妆侍绮楼，朝承握槊夜藏钩。君臣一意金门宠，兄弟双飞玉殿游。”武则天时期，由于其爱打双陆，其身边的宠臣也投其所好，以双陆赌博为时尚。唐人薛用弱所著传奇小说《集异记》就曾记载狄仁杰与张昌宗以双陆赢集翠裘的故事。

> 则天时，南海郡献集翠裘，珍丽异常。张昌宗侍侧，则天

---

① （明）宋濂：《元史》列传第九十二《奸臣》。

② （唐）李肇：《唐国史补》卷下。

③ （唐）李肇：《唐国史补》卷下。

④ （唐）刘餗：《隋唐嘉话》卷中。

⑤ （后晋）刘昫等：《旧唐书·后妃传》。

因以赐之，遂命披裘，供奉双陆。宰相狄梁公仁杰时入奏事，则天令升坐，因命梁公与昌宗双陆。梁公拜恩就坐，则天曰："卿二人赌何物?"梁公对曰："争先三筹，赌昌宗所衣毛裘。"则天谓曰："卿以何物对?"梁公指所衣紫絁袍曰："臣以此敌。"则天笑曰："卿未知此裘价逾千金，卿之所指，为不等矣"。梁公起曰："臣此袍乃大臣朝见奏对之衣，昌宗所衣乃嬖幸宠遇之服，对臣之袍，臣犹怏怏。"则天业已处分，遂依其说，而昌宗心赧神沮，气势索寞，累局连北。梁公对御褫其裘，拜恩而出。及至光范门，遂付家奴衣之，乃促马而去。①

与武则天时期宠臣、皇妃嗜赌风盛类似，唐玄宗时贵妃、诸王及宠臣也常常在宫中聚赌，宫中俨然成赌场。"内庭嫔妃，每至春时，各于禁中结伴三人至五人，掷金钱为乐，盖孤闷无所遣也。"②唐明皇与杨贵妃掷骰"赐四绯"就演为赌博史上一段传奇佳话。杨贵妃之兄杨国忠曾经是市井无赖，早年曾在成都与人赌樗蒲输得精光，杨国忠后来发达官至宰相，一因杨贵妃得宠于唐玄宗，走了裙带关系，二因其樗蒲赌博长于算计而深得同样好赌的唐玄宗宠溺信任。据《新唐书》记载：

杨国忠，太真妃之从祖兄，张易之之出也。嗜饮博，数丐贷于人，无行检，不为姻族齿。年三十从蜀军，以屯优当迁，节度使张宥恶其人，笞屈之，然卒以优为新都尉。罢去，益困，蜀大豪鲜于仲通颇资给之。从父玄琰死蜀州，国忠护视其家，因与妹通，所谓虢国夫人者。哀其贫，至成都樗蒲，一日费辄尽，乃亡去。久之，调扶风尉，不得志。复入蜀，剑南节度使章仇兼琼与宰相李林甫不平，闻杨氏新有宠，思有以结纳之为奥助，使仲通之长安，仲通辞，以国忠见，干貌颀峻，口辩给，兼琼喜，表为推官，使部春贡长安。将行，告曰："郫

① （唐）薛用弱：《集异记》卷二"集翠裘"。

② （唐）王仁裕：《开元天宝遗事》卷二。

有一日粮，君至，可取之也。”国忠至，乃得蜀货百万，即大喜。至京师，见群女弟，致赠遗。于时虢国新寡，国忠多分赂，宣淫不止。诸杨日为兼琼誉，而言国忠善樗蒱，玄宗引见，擢金吾兵曹参军、闲厩判官。兼琼入为户部尚书兼御史大夫，用其力也。国忠稍入供奉，常后出，专主簿簿，计算钩画，分铢不误，帝悦曰：“度支郎才也。”累迁监察御史。①

唐懿宗时期，韦氏是一个闻名于世的好赌家族，“韦氏诸宗，好为叶子戏，夜则公主以红琉璃盛况珠，令僧祁捧之堂中，而光明如昼焉”。钟鸣鼎食之家，豪华的赌局排场令人艳羡，至于赌博输赢之一掷千金亦不难想象。著名诗僧皎然作《薛卿教长行歌》，描写长安贵公子、握槊赌博高手薛卿高超的赌技：“聊将握槊偶时人，便被人间称冠绝。”以及所用之奢华赌具：“黄杨文局龟螭蟠，琢成骰子双琅玕。”其中就有其陪侍皇帝玩握槊博戏，“名高艺绝何翩翩，几回决胜君王前”的情景。

桂阳仙柳道家说，昔传苏君今是薛。聊将握槊偶时人，便被人间称冠绝。黄杨文局龟螭蟠，琢成骰子双琅玕。初疑月破云中堕，复怪星移指下攒。谁识兵奇势可保，坐看将军上一道。有时彩王非所希，笑击单于出重围。鸟惊隼击疾若飞，左顾右眄生光辉。家本联姻汉戚里，身是长安贵公子。名高艺绝何翩翩，几回决胜君王前。扈游长乐与祈年，人望青云白日边。谪宦江南岁阴晚，还将此道聊自遣。由来君子行最长，予亦知君寄心远。②

王公贵胄、达官显要们如此嗜赌、豪赌，一般官员也上行下效，纷纷沉溺赌海，不能自拔。武则天时期，张柬之出任蜀州刺史时，上表奏陈姚州地方积弊，其中就谈到地方官吏赌博成风，“今

① （宋）欧阳修等：《新唐书·杨国忠传》。
② 《全唐诗》卷八二一。

姚府所置之官，既无安边静寇之心，又无葛亮且纵且擒之伎。唯知诡谋狡算，恣情割剥，贪叨劫掠，积以为常。扇动酋渠，遗成朋党，折支谄笑，取媚蛮夷，拜跪趋伏，无复惭耻。提挈子弟，啸引凶愚，聚会蒲博，一掷累万”①。唐玄宗时期，长安官员“每至正月十五日，造面茧，以官位帖子，卜官位高下，或赌筵宴，以为戏笑”②。“长安、万年等县尉还‘常于厅事贮钱数百绳，名倡珍馔，常有备拟’；以等候达官贵人来聚赌追欢，消遣玩乐。”③唐宣宗时，简州刺史安重霸以赌索贿，敲诈商人重金，据孙光宪的《北梦琐言》记载：

> 蜀简州刺史，安重霸黩货无厌，部民有油客子者，姓邓，能棋，其力粗赡。安辄召与对敌，只令立侍。每落一子，俾其退立于西北牖下，俟我算路，然后进之。终日不下十数子而已。邓生倦立且饥，殆不可堪。次日又召，或有讽邓生曰：“此侯好赂，本不为棋，何不献效而自求退?”邓生然之，以中金十铤获免。④

唐懿宗时，苏州刺史冯衮闲暇时招人喝酒赌博，“冯衮牧苏州日，多纵饮博，因大胜，以所得均与座客。吟云：‘八尺台盘照面新，千金一掷斗精神。合是赌时须赌物，不堪回首乞闲人。’”⑤冯衮传下来的诗作共有两首，不是咏赌就是写歌妓，上面说到的这诗咏赌诗叫《掷卢作》，另一首诗名为《戏酒妓》：“醉眼从伊百度斜，是他家属是他家。低声向道人知也，隔坐刚抛豆蔻花。”可见其生活情趣与人格品位之低下。

---

① （后晋）刘昫等：《旧唐书·张柬之传》。

② （唐）王仁裕：《开元天宝遗事》卷二。

③ 葛承雍：《论唐代社会中的赌博浊流》，载《社会科学战线》1991年第4期，第184页。

④ （五代）孙光宪：《北梦琐言》卷第一。

⑤ （宋）陈辅：《陈辅之诗话》二四《饮博》。

中唐以后，地方军阀割据势力横踞一方，欺压百姓，作威作福，聚赌成风，搞乱了地方风气。唐宪宗时期，蔡州节度使吴元济割据淮西，李师道奉命剿吴平定淮西时，发现吴元济即使大战将至仍“暴师数万而晏然与妻妾博戏”①。唐僖宗时，陇西郡王董昌以掷骰子来断案决狱和任命官吏，“凡民讼，不视狱但与掷博齿，不胜者死，用人亦取胜者”②，腐败荒诞之极，引为史上笑谈。

唐代不少地方政要政声不佳，却精通博戏，其留名后世不因政绩，而是发明了某种博戏，是典型的不务正业。李肇的《唐国史补》就有董叔儒和崔师本两人的“赌博事迹”：“贞元中，董叔儒进博一局并《经》一卷，颇有新意，不行于事。”“洛阳令崔师本，又好为古之樗蒲。”唐文宗(827—840)时，曾任贺州刺史的李郃被认为是叶子戏的创制者，“唐李郃为贺州刺史，与妓人叶梦莲江行，因撰骰子选，谓之叶子戏，咸通以来，天下尚之”③。

有感于唐朝官员赌博成风，不务恤民的颓败士风，唐末诗人赵抟专赋《废长行(辨其惑于无益之戏而不务恤民也)》长诗，痛斥官员们“不算劳神运枯木，且废为官恤茕独”的荒淫腐败行径，奉劝这些嗜赌若命的官吏改弦更张，“何当化局为明镜，挂在高堂辨邪正。何当化子作笔锋，常在手中行法令”，把痴迷赌博的劲头转换成勤政善政，以不负天下生民和天子之重托，“莫令终日迷如此，不治生民负天子”。

紫牙镂合方如斗，二十四星衔月口。贵人迷此华筵中，运木手交如阵斗。不算劳神运枯木，且废为官恤茕独。门前有吏吓孤穷，欲诉门深抱冤哭。耳厌人催坐衙早，才闻此戏身先到。理人似爱长行心，天下安平多草草。何当化局为明镜，挂在高堂辨邪正。何当化子作笔锋，常在手中行法令。莫令终日

① (宋)欧阳修等:《新唐书·李师道传》。

② (宋)欧阳修等:《新唐书·董昌传》。

③ (宋)李昉等:《太平广记》卷一三六引《感定录》。

迷如此，不治生民负天子。①

宋代官员之嗜赌，较之唐朝有过之而无不及。北宋开国将领郭进“有膂力，倜傥任气，结豪侠，嗜酒纵博”②。南唐李煜降宋后，其子李仲宇嗜赌习性不改，南唐降吏张洎屡屡劝之，李仲宇当面表示戒赌，但背着张洎依然“蒲博如故”：“煜子仲宇雅好蒲博饮宴，洎因切谏之，仲宇谢过。后数月，人有言仲宇蒲博如故，洎遂与之绝。”③郭崇是后周著名将领，归宋后获宋太祖信任，但有人在赵匡胤面前进谗言说郭有异心，于是宋太祖派人秘密监视，回来报告说，郭威整天饮酒赌博，已经没有斗志了。此事在《宋史》本传有较详记载：“宋初，加兼中书令。崇追感周室恩遇，时复泣下。监军陈思诲密奏其状，因言：‘常山近边，崇有异心，宜谨备之。’太祖曰：‘我素知崇笃于恩义，盖有所激发尔。’遣人觇之，还言崇方对宾属坐池潭小亭饮博，城中晏然。太祖笑曰：‘果如朕言。’未几来朝。”④

寇准虽为一代名相，却也颇好博弈，史称其曾在抗辽前线获胜后以赌局庆贺：“帝尽以军事委准，准承制专决，号令明肃，士卒喜悦。数敌千骑乘胜薄城下，诏士率迎击，斩获大半，乃引去。上还行宫，留准居城上，徐使人视准何为。准方与杨亿饮博，歌谑欢呼。帝喜曰：‘准如如此，吾复何忧。’”《宋史·寇准传》中还记载了数则与赌博相关的轶事，一是宋朝主和派官员、参知政事王钦若以博戏做比喻，在真宗面前参奏寇准，指责澶渊之盟为城下之盟，“孤注一掷”即由此而来：

一日会朝，准先退，帝目送之，钦若因进曰：“陛下敬寇准，为其有社稷功邪?”帝曰：“然”。钦若曰：“澶渊之役，陛

① 《全唐诗》卷七七一。

② （元）脱脱等：《宋史》卷二七三《郭进传》。

③ （元）脱脱等：《宋史》卷二六七《张洎传》。

④ （元）脱脱等：《宋史》卷二五五《郭崇传》。

> 下不以为耻，而谓准有社稷功，何也?”帝愕然曰：“何故”?钦若曰：“城下之盟，《春秋》耻之。澶渊之举，是城下之盟也。以万乘之贵而为城下之盟，其何耻如之!”帝愀然为之不悦。钦若曰：“陛下闻博乎?博者输钱欲尽，乃罄所有出之，谓之孤注。陛下，寇准之孤注也。斯亦危矣。”

二是宋朝奸相“五鬼”之一的丁谓构谄寇准，使寇准一贬相州(今河南安阳)，再贬道州(今湖南道县)，最后贬至雷州(今广东海康)司户参军，客死贬所。寇准在雷州时，丁谓路经雷州，寇准门人欲借机刺杀丁谓，为主子报仇。寇准以让门人“纵博”的方式将他们禁闭府中，待丁谓离开雷州地界方才开禁：

> 乾兴元年，再贬雷州司户参军。初，丁谓出准门至参政，事准甚谨。尝会食中书，羹污准须，谓起，徐拂之。准笑曰：“参政国之大臣，乃为官长拂须邪?”谓甚愧之，由是倾构日深。及准贬未几，谓亦南窜，道雷州，准遣人以一蒸羊逆境上。谓欲见准，准拒绝之。闻家僮谋欲报仇者，乃杜门使纵博，毋得出，伺谓行远，乃罢。①

章得象是真宗时期的同知枢密院事、户部侍郎，后又拜同中书门下平章事，虽然他政声不错，但嗜赌、豪赌也是出了名的。《宋史》本传就记载了他与杨亿赌博一晚输掉三十万的豪赌轶事：“得象尝与亿博李宗谔家，一夕负钱三十万而酣寝自如。他日博胜，得宗谔金一奁，数日博又负，即反奁与宗谔，封识未尝发也。其度量宏廓如此。”②

围棋在宋代是官员士大夫十分热衷的“雅戏”。龙图阁待制叶涛嗜好弈棋赌博，因为他是王安石之弟王安国的女婿，所以王安石曾作长诗《戏赠叶致远直讲》劝其戒赌：“叶侯越著姓，胄出实楚

---

① (元)脱脱等：《宋史》卷二百八十一《寇准传》。
② (元)脱脱等：《宋史》卷七十《章得象传》。

叶。飘飘凌云意，强御莫能慑。忘情塞上马，适志梦中蝶。经纶安所施，有寓聊自惬。棋经著在手，棋诀传满箧。坐寻棋局打，侧写棋图帖。携持山林屐，刺括沟港艓。樵父驰远担，牧奴停晏榼。旁观各技痒，切议儿女嗫。所矜在得丧，闻此更心惵。熟视笼两手，徐思撚长鬣。微吟静愔愔，坚坐高帖帖。未快岩谷叟，斧柯掌烂浥。趋边耻局缩，穿腹愁危岦。或撞关以攻，或觑眼而摩。或羸形伺击，或猛出追蹑。垂成忽破坏，中断俄连接。终朝已罢精，既夜未交睫。翻然悟且叹，此何宜劫劫。孟轲恶防行，陶侃惩废业。扬雄有前言，韦曜存往牒。捽操具投诸江，道耕而德猎。”①但叶涛屡劝不改，依然故我。“叶涛好弈棋，王介甫作诗切责之，终不肯已。弈者多废事，不以贵贱，嗜之率皆失业，故人目枰为‘木野狐’，言其媚惑人如狐也。”②

唐宋设棋待诏，专门陪侍皇帝弈棋娱乐。在宋代赌风炽盛的大氛围中，许多棋待诏艺高人胆大，与人斗比棋艺时赌注下得很大，如宋徽宗时期的棋待诏刘仲甫：

> 棋待诏刘仲甫，初自江西入都，行次钱塘，舍于逆旅。旅主人陈余庆言：“仲甫舍馆既定，即出市游，每至夜分，方扣户而归，初不知为何等人也。”一日晨起，忽于邸前悬一帜云：“江南棋客刘仲甫，奉饶天下棋先。并出银盆酒器等三百星云：以此偿博负也。”须臾，观者如堵，即传诸好事。翌日，数土豪集善棋者，会城北紫霄宫，且出银如其数，推一棋品最高者，与之对手。始下至五十余子，众视白势似北，更行百余，其对手者，亦韬手自得，责其夸言，曰：“今局势已判，黑当赢筹矣。”仲甫曰：“未也。”更行二十余子，仲甫忽尽敛局子。观者合噪曰：“是欲将抵负耶？”仲甫袖手，徐谓观者曰：“仲甫，江南人，少好此伎，忽似有解，因人推誉，致远国手，年来数为人相迫，欲荐补翰林祇应，而心念钱塘一都会，

① (清)黄俊：《弈人传》卷八。

② (元)元怀：《拊掌录》。

高人胜士，精此者众，棋人谓之一关。仲甫之艺，若幸有一着之胜，则可前进，凡驻此旬日矣，日就棋会。观诸名手对弈，尽见品次矣。故敢出此标示，非狂僭也。”如某日某人，某白本大胜，而失应棋着；某日某局，黑本有筹，而误于应劫，却致败局。凡如此复十余局，观者皆已愕然，心奇之矣。即复前局，既无差误，指谓众曰：“此局以诸人观之，黑势赢筹，固自灼然；以仲甫观之，则有一要着，白复胜，不下十数路也。然仲甫不敢遽下，在席高品，幸精思之，若见此者，即仲甫当携拏累还乡里，不敢复名棋也。”于是众皆极竭心思，务有致胜者，久之不着。已而请仲甫尽着，仲甫即于不当敌处下子，众愈不解。仲甫曰：“此着二十着后方用也。”既就边角合局，果下二十余着，正遇此子，局势大变，及敛子排局，果胜十三路。众观于是，始伏其精，至尽以所对酒器与之，延款十数日，复厚敛以赆其行。至都试补翰林祗应，擅名二十余年，无与敌者。①

南宋名将宗泽亦喜好弈棋，其临危不乱，棋戏如故，颇有谢安之遗风：“金人自郑抵白沙，去汴京密迩，都人震恐，僚属入问计。泽方对客围棋，笑曰：何事张皇？刘衍在外，必能御敌。乃选精锐数千，使绕出敌后，伏其归路。金人方与衍战，伏兵起，前后夹击之，金人果败。”②

如果说章得象、寇准、宗泽等德行与政声都不错的官僚只是将博戏作为业余闲暇的点缀，那么，南宋权相贾似道本质上就是一个好赌之徒，其人操行、官德如其赌品，一无是处。《宋史》本传中说他“少落魄，为游博，不事操行”，发迹为官后仍赌性不改，尤其喜爱斗蟋蟀。据说贾似道还携带蟋蟀上朝议政，庭上不时传出蟋蟀鸣叫声，甚至发生过蟋蟀从贾似道水袖内跳出来，竟跳黏到皇帝胡须上的闹剧。咸淳三年至九年（1267—1273），元蒙大军围攻襄

① （宋）何薳：《春渚纪闻》卷二。

② （清）黄俊：《弈人传》卷九。

阳，在前线告急、元军兵临城下的危急时刻，贾似道仍淫乐赌博不辍，“时襄阳围已急，似道日坐葛岭，起楼阁亭榭，取宫人娼尼有美色者为妾，日淫乐其中。惟故博徒日至纵博，人无敢窥其第者。其妾有兄来，立府门，若将入者，似道见之，缚投火中。尝与群妾踞地斗蟋蟀，所狎客入，戏之曰：‘此军国重事邪？’”①贾似道身为朝廷重臣，一国宰相，不勤于政务，却醉心于养蟋蟀、斗蟋蟀，并编撰有《促织经》二卷，分论赋、论形、论色、决胜、论养、论斗、论病等篇，对蟋蟀的研究可谓全面、深入。

与魏晋士人类似，唐宋文人士大夫钟情博彩游戏者不在少数。唐代士林风气，人们看重赌技甚或超过书法水平，刘禹锡《论书》云：

> 或问曰：“书足以记姓名而已，工与拙可损益于数哉？”答曰：此诚有之，盖举下之说尔，非中道之说。亦犹言居室曰避燥湿而已，言衣裳曰适寒燠而已，言饮食曰充腹而已，言车马曰代劳而已，言禄位曰代耕而已。今夫考居室必以闳门丰屋为美，笥衣裳必以文章遒泽为甲，评饮食必以精良海陆为贵，第车马必以华辀绝足为高，干禄位必以重侯累封为意。是数者皆不行举下之说，奚独于书也行之邪？《礼》曰：“士依于德，游于艺。”德者何？曰至，曰敏，曰孝之谓。艺者何？礼、乐、射、御、书、数之谓。是则艺居三德之后，而士必游之也，书居数之上，而六艺之一也。语曰：“饱食终日，无所用心，难矣哉！不有博弈者乎？为之犹贤乎已。”是则博弈不得列于艺，差愈于饱食无所用心耳。吾观今之人适有面诋之曰：“子书居下品矣。”其人必逌尔而笑，或謷然不屑。诋之曰：“子握槊弈棋居下品矣。”其人必赧然而愧，或艴然而色。是故敢以六艺斥人，不敢以六博斥人。嗟乎！众尚之移人也。②

① （元）脱脱等：《宋史》卷二百三十二《贾似道传》。

② （唐）刘禹锡：《论书》，见瞿蜕园：《刘禹锡集笺证》卷第二十《杂著》，上海古籍出版社 1989 年版，第 537~538 页。

文人雅士认为，精通博戏比书法重要，一个文化人如果书法水平差，遭人非议，此人至多一笑了之，但若被人讥笑博弈技能低，便觉得无地自容，“赧然而愧，或艴然而色”，以至唐代风气“敢以六艺斥人，不敢以六博斥人”。对此，刘禹锡只能发出“嗟呼！众尚之移人也”的喟叹。

翻检史籍，唐代著名文人几乎无人不赌，从“初唐四杰”之一的骆宾王到“才名括天地”(白居易语)的陈子昂，从“文起八代之衰”(苏轼语)唐宋八大家之首的韩愈到文章“出语多崔嵬”(欧阳修语)同样是唐宋八大家之一的柳宗元；从“诗仙”李白到“诗圣”杜甫再到白居易、刘禹锡等都有赌博的记录，乃至有咏博诗文。骆宾王“落魄无行，好与博徒游”；陈子昂“以富家子，尚气决，弋博自如”。从李白的许多诗中，我们可以窥见他对六博、骰子戏、斗鸡等都有涉猎：“六博争雄好彩来，金盘一掷万人开”；“有时六博快壮心，绕床三匝呼一掷”；“呼卢百万终不惜，报仇千里如咫尺”；“我昔斗鸡徒，连延五陵豪”。白居易亦如是：“醉翻衫袖抛小令，笑掷骰盆打少年”；“酒盏省陪波卷白，骰盘思共彩呼卢”。刘禹锡除了有《观博》趣文外，亦有“白家惟有怀觞性，欲把骰盆打少年”的咏博诗。柳宗元的《龟背戏》咏的是长安城王公贵胄们喜玩的打马博戏：“长安新技出宫掖，喧喧初遍王侯宅。玉盘滴沥黄金钱，皎若文龟丽秋天。”其他如“千场纵博家仍富，几处报仇身不死”(高适)，“环坐唯便草，投盘暂废觥”(元稹)，“喧喧斗鸡道，行乐羡朋从”(孟浩然)，“微茫金马署，狼藉斗鸡场”(李商隐)，“井底点灯深烛伊，共郎长行莫围棋。玲珑骰子安红豆，入骨相思知不知”(温庭筠)等，都是唐代诗人咏博佳句。杜甫更是羡慕刘毅“家无儋石输百万”的豪赌气概，其《今夕行》，不仅反映了诗人对赌戏的兴趣，同时有声有色地描绘出当时博戏场面及赌徒的心态：

> 今夕何夕岁云徂，更长烛明不可孤。咸阳客舍一事无，相与博塞为欢娱。冯陵大叫呼五白，袒跣不肯成枭卢。英雄有时亦如此，邂逅岂即非良图？君莫笑，刘毅从来布衣愿，家无儋石输百万。

韩愈作为“唐宋八大家”之首，以儒学正宗道统自居，矢志“传道，授业，解惑”，时人评价他“信美材也”(裴度)，“性方道直，介然有守”，“先生之武，袭蹈圣矩。基于其身，克后其所”(皇甫湜)，但在赌博面前，韩愈的道德人设瞬间崩塌，史称其“为博塞之戏，与人竞财”，而且沉溺甚深，以至韩愈的好友张籍专门写信奉劝其金盆洗手，“先王存六艺，自有常矣；有德者不为，犹以为损，况为博塞之戏，与人竞财乎？君子固不为也。今执事为之，以废弃时日，窃实不识其然。且执事言论文章，不谬于古人。今所为或有不出于世之守常者，窃未为得也。愿执事绝博塞之好，弃无实之谈，弘广以接天下事，嗣孟轲、扬雄之作，辨杨、墨、老、释之说，使圣人之道，复见于唐，岂不尚哉？”①对于张籍的规劝，韩愈表示接受，“吾子义讥吾与人人为无，实驳杂之说，此吾所以为戏耳；比之酒色，不有间乎？吾子讥之，似同浴而讥裸裎也，若商论不能下气，或似有之，当更思而悔之耳。博塞之讥，敢不承教！”②

骆宾王、陈子昂、韩愈及李白、杜甫、白居易等唐代文坛领袖尚且如此痴迷赌博，一般士子文人沉迷赌海亦不难想象。其中：

——有痴迷双陆者：

> 咸亨中，贝州潘彦好双陆，每有所诣，局不离身。曾泛海，遇风船破，彦右手挟一板，左手抱双陆局，口衔双陆骰子。二日一夜至岸，两手见骨，局终不舍，骰子亦在口。③

——有迷恋骰子选格者。唐文宗开成三年(公元 838 年)，房千里经洞庭湖时，就看到一些进士昼夜不息玩骰子选格的博戏：

> 开成三年(838 年)春，予自海上北徙，舟行次洞庭之阳，有风甚急，系船野浦下三日。遇二三子号进士者，以六骰双陆

---

① (唐)张籍：《上韩昌黎书》。
② (唐)韩愈：《答张籍书》。
③ (唐)张鷟：《朝野佥载》补辑。

为戏，更投局上，以数多少，为进身职官之差数，丰贵而约贱，卒局，座客有为尉椽而上者，有贵为相臣将臣者，有连得美名而后不振者，有始甚微而升于上位者。大凡得失，酷似前所谓不系贤不肖，但卜其偶不偶耳。达人以生死为劳息，万物为一马。果如是，吾今之贵者，安知其不果贱哉！彼真为贵者，乃数年之荣耳。吾今贵者，亦数刻之乐耳。虽久促稍异，其归于偶也同。①

由于此戏既可赌胜赢钱，又可因此而过一回官瘾，因此当时士大夫都风靡从之："咸通以来，天下尚之"②，"当时大夫久宴集皆为之"③，据欧阳修云："叶子格选者，自唐中业以后有之……唐士大夫宴聚，盛行叶子格，五代国初犹然，后渐废不传。"④

——有钟情握槊、长行、双陆者。在唐人诗歌、笔记小说中不乏大量士子文人耽玩迷恋握槊、长行、双陆的载述，如《续博物志》在描写崔书生与女鬼的爱情故事时，内中有赌长行的描写。李廓的《长安少年行》云："好胜耽长行，天明烛满楼。留人看独脚，赌马换偏头。"描写长安豪门书生通宵赌长行的情景。⑤ 刘禹锡的《观博》细致逼真地描写了唐代士大夫参赌握槊博戏戏法时的行为和心态：

客有以博戏自任者，速余观焉。初主人执握槊之器置于庑下，曰主进者要约之。既揖让即次，有博齿二，异乎古之齿。其制用骨，觚棱四均，镂以朱墨，耦而合数，取应期月。视其转止，依以争道。是制也通行之久矣，莫详所祖。以其用必投

① （唐）房千里：《骰子选格序》。

② （宋）李昉等：《太平广记》引《咸定录》。

③ （宋）李昉等：《太平广记》引《渑水燕谈录》。

④ （宋）欧阳修：《归田录》。

⑤ 参见王永平：《游戏、竞技与娱乐——中古社会生活透视》，中华书局2010年版，第252~253页。

掷，故以博投诏之。

是日客抵骨于局，且祝之曰："其来如趋，其去如脱。事先趑趄，命中无蹉跌。无从彼呼，无戾我恒！"分曹遒迫，自朝至于日中稷，而率与所祝异焉。客视骨如有情焉，如或冯焉，悉詈之不泄，又从而龇啮蹂躏之，莫顾其十目之哈讪也。乃曰："非予术之不工，是朽骼者不予畀也。"请刷耻于弈棋。主人云从命，命烛以续。骛神默计，巧竭智匮。主进者书胜负之数于牍，视其所丧，又倍前籍焉。观者曰："以夫人之褊心，亦将诟棋而抵枰矣。"既乃恬而不恤，赧然有失鹄求身之色，人咸异之。①

希冀赢钱是博徒的普遍愿望，参赌者都希望好运眷顾自己，而且为了赢得赌戏，甚至不惜对本没有生命的博具顶礼膜拜，但最终的结局往往事与愿违，赌输者不是感叹自己手气太差或技不如人，反而怪到赌具身上，"非予术之不不工，是朽骼者不予畀也"，而且并不认输，要求再赌，"命烛以续"，以图扳本，其结果当然是一输再输，输得一塌糊涂，"主进者书胜负之数于牍，视其所丧，又倍前籍焉"。

宋代重文轻武，文人士大夫地位较高，骄奢淫逸之风亦盛，有名的诗人文士无不纵酒博弈，一掷千金。前面讲到寇准、章得象等官员豪赌时，都牵扯到一个人，这就是著名诗人杨亿（字大年）。杨亿既是北宋初年著名西昆体诗人，也是官至工部侍郎的朝廷命官。杨亿好赌豪赌，在当时官场和士林中颇为有名。据说他一边写文章，一边与门人宾客喝酒赌博，可谓饮博、写作两不误。据欧阳修《归田录》记载：

杨大年每欲作文，则与门人宾客饮博、投壶、弈棋，语笑喧哗，而不妨构思。以小方纸细书，挥翰如飞，文不加点，每

① （唐）刘禹锡：《观博》，见瞿蜕园：《刘禹锡集笺证》卷二十《杂著》，上海古籍出版社 1989 年版，第 533 页。

盈一幅，则命门人传录，门人疲于应命，顷刻之际，成数千言，真一代之文豪也。①

据说杨亿与人下围棋时，赌注下得很大，最后连笔墨纸砚都输光了，“杨大年尝与西厅参事侍郎弈棋，赌输纸、笔、砚三物，以诗见征，属宣毫适尽，但送蜀笺端砚”②。其《章徵君见和所寄诗再次本韵酬赠》诗中有“博弈自堪销永日，丝桐兼得助高情”，表达了沉醉博戏、消磨时光的生活意趣。

与杨亿以钱物下注赌棋不同，一代文豪欧阳修在任扬州太守时，常常与文人墨客们进行传荷花行酒令的“雅赌”：“欧公在扬州，暑月会客，取荷花千朵插盆中，围绕而坐。又命坐客传花，人摘一叶，尽处饮以酒。故《答通判吕太博》云：‘千顷芙蕖盖水平，扬州太守旧多情。画盆围处花光合，红袖传来酒令行。’”③其晚年自号“六一居士”：“自为传云：吾家藏书万卷，集录三代以来金石遗文一千卷，有琴一张，有棋一局，而常置酒一壶。客曰：是为五一耳。居士曰：以吾一翁老于此五物之间，是岂不为六一乎？”其日记中有其与友人频频弈棋的记录：“其《于役志日记》云：壬寅出东水门，泊亭子下，损之来，弈棋饮酒，暮乃去。癸卯，君贶、公期、道滋先来，登祥源东园之亭，公期烹茶，道滋鼓琴，余与君贶弈。辛酉，安道解舟不果别，与春卿弈于仓亭，晚别春卿。”④

李清照是宋代极负盛名的女诗人，同时也是一名博弈爱好者。“予性善博。凡所谓博者，皆耽之昼夜，每忘寝食。但平生随多寡，未尝不过者何？精而已。自南渡来，流离迁从。尽散博具，故罕为之。然未尝忘于胸中也。”李清照在颠沛流离途中，为了消解旅途寂寞，慰藉孤寂心灵，遍览历代博戏，潜心钻研打马博戏，写就《打马图经》：“今年冬十月朔，闻淮上警报，江浙之人自东走

① （宋）欧阳修：《归田录》卷一。
② （清）黄俊：《弈人传》卷七。
③ （宋）葛立方：《韵语阳秋》卷十六。
④ （宋）黄俊：《弈人传》卷八。

西，自南走北，居山林者谋入城市，居城市者谋入山林，旁午络绎，莫知所之。易安居士亦临安溯流涉严滩之险，抵金华，卜居陈氏第。乍释舟楫而见轩窗，意颇适然。更长烛明，奈此良夜何？于是乎博弈之事讲矣。且长行、叶子、博塞、弹棋，近世无传者。打褐大小猪窝族鬼胡画数仓赌快之类，皆鄙俚不经见。藏酒、樗蒲、双蹙融近渐废绝，选仙加减插关火质鲁任命无所施其智巧。大小象戏弈棋，又唯可容二人。独采选打马，持为闺房杂戏……”在《打马图经》中，李清照有《打马赋》，敝帚自珍，对自己独创的打马博戏进行了一番自我表扬，同时也对世人的赌博动机（“千金一掷，百万十都”“好胜者，人之常情”）、赌博心态（“说梅止渴，稍苏奔竞之心；画饼充饥，少谢腾骧之志”）、史上豪赌佳话（“绕床大叫，五木皆庐；酾酒一呼，六子尽赤。平生不负，遂成剑阁之师；别墅未输，已破淮淝之贼。今日岂无玄子，明时不乏安石。又何必陶长沙博局之投，正当师袁宏道布帽之掷也”）做了形象描绘：

岁令云徂，庐或可呼。千金一掷，百万十都。尊俎具陈，已行揖让之礼；主宾既醉，不有博弈者乎！打马爰兴，樗蒲遂废。实小道之上流，乃深闺之雅戏。齐驱骥騄，疑穆王万里之行；间列玄黄，类杨氏五家之队。珊珊佩响，方惊玉镫之敲；落落星罗，忽见连钱之碎。若乃吴江枫冷，燕山叶飞，玉门关闭，沙苑草肥，临波不渡，似惜障泥，或出入用奇，有类昆阳之战；或优游仗义，正如涿鹿之师。或闻望久高，脱复庾郎之失；或声名素昧，便同痴叔之奇。亦有缓缓而归，昂昂而去，鸟道惊驰，蚁封安步。崎岖峻坂，未遇王良；局促盐车，难逢造父。且夫邱陵云远，白云在天，心存恋豆，志在著鞭，止蹄黄叶，何异金钱？用五十六采之间，行九十一路之内。明以赏罚，核其殿最。运指麾于方寸之中，决胜负于几微之外。且好胜者，人之常情；游艺者，士之末技。说梅止渴，稍苏奔竞之心；画饼充饥，少谢腾骧之志。将图实效，故临难而不回；欲报厚恩，故知几而先退。或衔枚缓进，已逾关塞之艰；或贾勇争先，莫悟阱堑之坠。皆由不知止足，自贻尤悔。况为之不已，事实见于正经；用之以诚，义必合于天德。故绕床大叫，五木皆庐；酾酒一呼，六子尽赤。平生不负，遂成剑阁之师；别墅未输，已破淮淝之贼。今日岂无玄子，明时不乏安石。又何必陶长沙博局之投，正当师袁宏道布帽之掷也。辞曰：佛狸之见卯年死，贵贱纷纷尚流徙。满眼骅骝兼绿耳，时危安得真致此。老矣谁能志千里，但愿相将过淮水。①

李清照钟爱打马，而更多文人则喜好“彩选”叶子戏。此叶子戏肇始于唐，宋代文人踵事增华，又多有发明创制，投入者不乏达官名流。欧阳修《归田录》云：

叶子格者，自唐中世以后有之。说者云：“因人有姓叶号叶子青者撰此格，因以为名。”此说非也。唐人藏书，皆作卷轴，其后有叶子，其制似今策子。凡文字有备检用者，卷轴难数卷舒，故以叶子写之，如吴彩鸾《唐韵》、李郃《彩选》之类是也。骰子格，本备检用，故亦以叶子写之，因以为名尔。唐世士人宴聚，盛行叶子格，五代、国初犹然，后渐废不传。今其格世或有之，而无人知者，惟杨大年好之。仲待制，大年门下客也，故亦能之。大年又取叶子彩名“红鹤”“皂鹤”者，别演为“鹤格”。郑宣征、章郇公皆大年门下客也，故皆能之。余少时亦有此二格，后失其本，今绝无知者。②

另据徐度《却扫编》介绍：“‘彩选格’起于唐李郃，本朝踵之者有赵明远、尹师鲁。元丰官制行，有宋保国皆取一时官制为之，至刘贡父独因其法，取西汉官秩升黜次第为之，又取本传所以升黜之语注其下，局终遂可类次其语为一传，博戏中最为雅驯。初贡父之为是书也，年甫十四五，方从其兄原父为学，怪自数日程课稍稽，

① （宋）李清照：《打马图经》，见《中华杂经集成》（第三卷），中国社会科学出版社1994年版，第105~107页。

② （宋）欧阳修：《归田录》卷二。

视其所为，则得是书，大喜，因为序冠之，而以为已作。贡父晚年复稍增而自题其后，今其书盛行于世。”①这就是说，唐人创制的这种“叶子戏”宋初犹存。不过不久就为宋人自己制作的新的采选叶子戏所取代。宋人制作此戏的人较多，有杨亿的《鹤格》、刘蒙叟的《采选格》、赵明远的《皇宋进士采选格》、尹洙与张访的《宋朝文武采选格》、宋保国的《元丰采选格》、王慎修的《宣和采选格》、刘邠的《汉官仪采选格》等，此外还有“选仙图”，与选官采选异曲同工的仙选格子戏。这种博戏按照骰点行棋选官选仙，角逐胜负。唐宋文人迷恋选官选仙采选博戏，一为赌钱，“尽日窗间赌选仙，小娃争觅倒盆钱。上筹须占篷莱岛，一掷乘鸾出洞天”②；一为满足及第当官心理，如孔仲平《选官图有感口号》：

> 环合官图展，观乎象子圆。飞腾随八赤，摧折在双玄。已贵翻投裔，将薨却上天。须臾文换武，俄顷后驰先。错杂贤愚品，偏颇造化权。望移睛欲脱，患失胆俱悬。愠色观三已，豪心待九迁。宁知既罢局，荣辱两茫然！

宋代一般文人雅士迷恋赌博更是大有人在。《夷坚志》曾讲过一个进京科考的举子因酷嗜赌博而耽误及第的故事：“丁晋公本吴人，其孙徙居建安，赀产豪盛。子弟中名湜者，少年俊爽，负才气，特酷嗜赌博，虽常获胜，然随手荡析于狎游。”后被其父囚缚空室，逃出家门，熙宁九年进京应试，时“相国寺一相士以技显，其肆如市，大抵多举子询扣得失。湜往访之，士曰：‘君气色极佳。吾阅人多矣，无如君相，便当巍峨擢第。’即大书纸粘于壁云‘今岁状元是丁湜’。湜益自负，而所好固如昔时。同榜有两蜀士，皆多赀，亦好博。湜宛转钩致，延之酒楼上，仍令仆携博具立于侧。蜀士见之而笑，遂戏于小阁。始约以万钱为率，戏酣志猛，各不能中止，累而上之。于此艺得奇法，是日所赢六百万，如数算取

① （宋）徐度：《却扫编》卷下。

② （宋）王珪：《华阳集》卷六《宫词》之八。

以归邸。又两日，复至相士肆。士惊曰：‘君今日气色大非前比，魁选岂复敢望？误我术矣！’湜请其说。士曰：‘相人先观天庭，须黄明泽润则黑。今枯燥且吉，得非设心不善，为牟利之举，以负神明矣？’湜竦然，具以实告，曰：‘然则悉心反之，可乎？’士曰：‘既已发心，冥冥知之矣。果能悔过，尚可占甲科，居无人之下也。’湜亟求蜀士，还其所得。迨庭策唱名，徐锋首魁，湜为第六云”①。

唐宋时期，在上流社会的推引下，赌博浊流泛滥，甚于前此诸朝。“王公大人，颇或耽玩，至有废庆吊、忘寝休、辍饮食者。及博徒是强名争胜谓之撩零，假借分画谓之囊家，囊家什一而取谓之乞头。有通宵而战者，有破产而输者……”②这里的“囊家”即是赌场老板，专业化、营业性赌博场所的出现，是唐宋时期赌博发展演进的一大特点，赌博因此而社会化和合法化，有力地助推了民间赌博活动的普遍开展，并衍生许多社会问题。关于这个问题，我们将在下面辟专节论述。

长安作为唐朝首善之区，赌风弥漫，引领全国，“长安风俗，自贞元侈于游宴，其后或侈于书法图画，或侈于博弈，或侈于卜祝，或侈于服食，各有所蔽也”③。唐天宝年间，由于玄宗及王公贵戚们喜爱斗鸡、斗蟋蟀，长安城也斗蟋成风，有人“镂象牙为笼而畜之，以万金之资付之一喙”④。斗鸡风气流行，使得长安鸡价昂贵，“贫者或弄木鸡”更有善解鸟语者贾昌因此深得玄宗宠幸，尽享富贵荣华：

老父，姓贾名昌，长安宣阳里人……昌生七岁，矫捷过人，能挎柱乘梁，善应对，解鸟语音。玄宗在藩邸时，乐民间清明节斗鸡戏。及即位，治鸡坊于两宫间。索长安雄鸡，金毫

① (宋)洪迈：《夷坚志》卷七《丁湜科名》。
② (唐)李肇：《唐国史补》卷下。
③ (唐)李肇：《唐国史补》卷下。
④ (宋)顾文荐：《负曝杂录》。

铁距高冠昂尾千数，养于鸡坊。选六军小儿五百人，使驯扰教饲。上之好之，民风尤甚。诸王之家、外戚家、贵主家、侯家，倾帑破产市鸡，以偿鸡直。都中男女，以弄鸡为事，贫者弄假鸡。帝出游，见昌弄木鸡于云龙门道旁，召入，为鸡坊小儿，衣食右龙武军。

三尺童子，入鸡群如狎群小，壮者、弱者、勇者、怯者，水谷之时，疾病之候，悉能知之。举二鸡，鸡畏而驯，使令如人。护鸡坊中谒者王承恩言于玄宗，召试殿庭，皆中玄宗意。即日为五百小儿长。加之以忠厚谨密，天子甚爱幸之。金帛之赐，日至其家。开元十三年，笼鸡三百，从封东岳。父忠死太山下，得子礼奉尸归葬雍州。县官为葬器、丧车乘传洛阳道。十四年三月，衣斗鸡服，会玄宗于温泉。当时天下号为“神鸡童”。时人为之语曰：“生儿不用识文字，斗鸡走马胜读书。贾家小儿年十三，富贵荣华代不如。能令金距期胜负，白罗绣衫随软舆。父死长安千里外，差夫持道挽丧车。”

昭成皇后之在相王府，诞圣于八月五日。中兴之后，制为千秋节。赐天下民牛酒乐三日，命之曰“酺”，以为常也。大合乐于宫中，岁或酺于洛。元会与清明节，率皆在骊山。每至是日，万乐具举，六宫毕从。昌冠雕翠金华冠，锦袖绣襦裤，执铎拂，导群鸡，叙立于广场，顾眄如神，指挥风生。树毛振翼，砺吻磨距，抑怒待胜，进退有期，随鞭指低昂，不失昌度。胜负既决，强者前，弱者后，随昌雁行，归于鸡坊。角抵万夫，跳剑寻橦，蹴球踏绳，舞于竿颠者，索气沮色，逡巡不敢入。岂教猱扰龙之徒欤？……

上生于乙酉鸡辰，使人朝服斗鸡，兆乱于太平矣。上心不悟。十四载，胡羯陷洛，潼关不守。大驾幸成都，奔卫乘舆。夜出便门，马踣道阱。伤足，不能进，杖入南山。每进鸡之日，则向西南大哭。禄山往年朝于京师，识昌于横门外。及乱二京，以千金购昌长安、洛阳市。昌变姓名，依于佛舍，除地击钟，施力于佛。洎太上皇归兴庆宫，肃宗受命于别殿，昌还

旧里。居室为兵掠，家无遗物。布衣憔悴，不复得入禁门矣……①

这篇文章在绘声绘色地描写贾昌驯鸡斗鸡情景的同时，披露出其时长安城内因为唐玄宗爱好斗鸡而上行下效，一时京城鸡贵的“盛况”：“上之好之，民风尤甚。诸王之家、外戚家、贵主家、侯家，倾帑破产市鸡，以偿鸡直。都中男女，以弄鸡为事，贫者弄假鸡。”贾昌不仅深受玄宗宠幸，而且安禄山也期望得到他，“禄山往年朝于京师，识昌于横门外。及乱二京，以千金购昌长安、洛阳市”。可见安禄山与唐玄宗一样，也嗜好斗鸡赌博。足见斗鸡赌博之风遍及长城内外，大江南北。

唐宋时期的城市生活纷纭繁华，市井民间赌风弥漫，许多城市，尤其是南方一些城市如杭州、建康等地，经济富庶，商贾云集，赌博成为大众广泛参与的娱乐休闲活动。如南宋时期的杭州：

蒋苑使有小圃，不满二亩，而花木匼匝，亭榭奇巧。春时悉以所有书画、玩器、冠花、器弄之物，罗列满前，戏效关扑。有珠翠冠，仅大如钱者；闹竿花蓝之类，悉皆镂丝金玉为之，极其精妙。且立标竿射垛，及秋千、梭门、斗鸡、蹴鞠诸戏事，以娱游客。衣冠士女，至者招邀杯酒。往往过禁烟乃已。盖效禁苑具体而微者也。②

另据《西湖老人繁胜录》记载，南宋杭州人养蟋蟀、斗蟋蟀赌博成风，近郊乡民也参与其中：

促织盛出，都民好养，或用银丝为笼，或作楼台为笼，或黑退光笼，或瓦盆竹笼，或金漆笼，板笼甚多。每日早晨，多

① （唐）陈鸿：《东城老父传》，见《古今图书集成·博物汇编·禽虫典》卷三十六《鸡部》。

② （宋）四水潜夫辑：《武林旧事》卷第三。

于官巷南北作市，常有三五十伙斗者，乡民争捉入城货卖，斗赢三两个，便望卖一两贯钱。若生得大，更会斗，便有一两银卖。每日如此。九月尽，天寒方休。①

很多人经商致富后，不是将利润用于扩大再一次生产，而是沉湎赌场，一搏输赢，因此而倾家荡产者大有人在。江陵有一位名叫郭七郎的商人，富甲楚城，长江、淮河、黄河流域的商人都与他有商业贸易往来，唐朝乾符初年与郭经常有生意往来的一位商人住在京城，郭氏前往探访，到了西安后，郭七郎花天酒地，日夜赌博，乐不思归，结果将其巨额家资输耗大半。②

在城市社会下层，赌博风气更盛，市井无赖亦混杂其间。“临安里中有大木，(钱)镠幼时，与群儿戏木下，镠坐大石，指麾群儿为队伍，号令有法，群儿皆弹之。及壮，无赖，不喜事生业，以贩盐为盗。县录事钟起，有子数人，与镠饮博。起尝禁其诸子，诸子多窃从之游。”③这些市井无赖呼朋引类，赌盗合流，严重扰乱城市治安，败坏社会风气。“世有恶少无赖之人，肆凶不逞。小则赌博，大则屠牛马销铜钱，公行无忌。其输钱无以偿，则为穿窬。若党类颇多，则为劫盗、纵火、行奸、杀人。不防其微，必为大患。”④杭州“浩穰之区，人物盛伙，游手奸黠，实繁有徒。有所谓美人局，以娼优为姬：姬妾，诱引少年为事柜坊赌局，以博戏关扑结党手法骗钱。水功德局，以求官、觅举、恩泽、迁转、讼事、交易等为名，假借声势，脱漏财物，不一而足”⑤。

宋代城市赌博有合法化趋势，其最重要的表现便是朝廷允许在重要节假日开放关扑。所谓“关扑”，就是以商品为诱饵赌掷钱物的赌博游戏，“街坊以食物、动使、冠梳、领抹、缎匹、花朵、玩

① (宋)西湖老人：《西湖老人繁胜录》。
② (宋)李昉等：《太平广记》卷四百九十九《郭使君》。
③ (明)田汝成：《西湖游览志余》卷 (帝王都会)。
④ (宋)王栐：《燕翼诒谋录》卷二。
⑤ (宋)四水潜夫辑：《武林旧事》卷第六。

具等物，沿门歌叫关扑”①。关扑时，对赌双方约定好价格，用头钱(即铜钱)在瓦罐内或地下投掷，根据头钱字幕的多少来判定输赢，赢者可取走所赌商品或折价取钱，输者则付给钱或物。两宋时期，每年春节、寒食、冬至三节开放关扑三天。如北宋时的开封：

> 正月一日年节，开封府放关扑三日。士庶自早互相庆贺，坊巷以食物、动使、果实、柴炭之类，歌叫关扑。如马行、潘楼街，州东宋门外，州西梁门外踊路，州北封丘门外，及州南一带，皆结彩棚，铺陈冠梳、珠翠、头面、衣着、花朵、领抹、靴鞋、玩好之类，间列舞场歌馆，车马交驰。向晚，贵家妇女纵赏关赌，入场观看，入市店饮宴，惯习成风，不相笑讶。至寒食、冬至三日亦如此。小民虽贫者，亦须新洁衣服，把酒相酬尔。②

南宋时的杭州一因旧习，春节、寒食、冬至三节关扑博物风气更甚：

> 正月朔日，谓之元旦，俗呼为新年。一岁节序，此为之首。官放公私僦屋钱三日，士夫皆交相贺，细民男女亦皆鲜衣，往来拜节。街坊以食物、动使、冠梳、领抹、缎匹、花朵、玩具等物沿门歌叫关扑。不论贫富，游玩琳宫梵宇，竟日不绝。家家饮宴，笑语喧哗。此杭城风俗，畴昔侈靡之习，至今不改也。③

冬至时节的开封，“官放关扑，庆贺往来，一如年节”。“御街游人嬉集，观者如织。卖扑土木粉捏小象儿，并纸画，看人携归，

① (宋)吴自牧：《梦粱录》卷一。

② (宋)孟元老：《东京梦华录》卷六。

③ (宋)吴自牧：《梦粱录》卷一。

以为献遗。"①春节时的杭州也有扑买年货者，"街市扑买锡打春幡胜、百事吉斛儿，以备元旦悬于门首，为新岁吉兆"②。

由上可知，在重要节日，市民进行关扑赌博，不仅得到政府允许，而且还提供场地，并进行规范化管理，如开封在东、西、南、北四门外开辟场所，并"皆结彩棚"。参赌者既有士庶富户，亦有贫者细民，不分男女老幼，甚或"贵家妇女纵赏关赌"。关扑赌的东西很多，赌额有的也很大，如开封"池苑内除酒家艺人占外，多以彩幕缴络，铺设珍玉、奇玩、匹帛、动使、茶酒器物关扑。有以一笏扑三十笏者。以至车马、地宅、歌姬、舞女，皆约以价而扑之"③。杭州"大街关扑，如糖蜜糕、灌藕、时新果子、象生花果、鱼鲜猪羊蹄肉，及细画绢扇、细色纸扇、漏尘扇柄、异色影花扇、销金裙、段背心、段小儿、销金帽儿、逍遥巾、四时玩具、沙戏儿。春冬扑卖玉栅小球灯、奇巧玉栅屏风、棒灯球、快行胡女儿沙戏、走马灯、闹蛾儿、玉梅花、元子槌拍、金桔数珠、糖水、鱼龙船儿、梭球、香鼓儿等物。夏秋多扑青纱、黄草帐子、挑金纱、异巧香袋儿、木犀香数珠、梧桐数珠、藏香、细扇、茉莉盛盆儿、带朵茉莉花朵、挑纱荷花、满池娇、背心儿、细巧笼仗、促织笼儿、金桃、陈公梨、炒栗子、诸般果子及四时景物，预行扑卖，以为赏心乐事之需耳"④。由于政府特许和重要节日固定进行，因此"惯习成风，不相笑讶"，关扑成为被社会广泛认可的合法的群众性赌博活动。

宋代民间赌风之盛，无论男女老幼、富贵贫贱，甚至军人都参与其间，嗜赌成性。史载，宋真宗时，"巡卒三人，因寒食假质军装赌博，既不胜，遂谋以五鼓未尽伺击陌上行人，弃尸河流，取衣物贸易，以赎所质"⑤。往昔神秘圣洁的佛寺道观，也成为赌徒聚

---

① （宋）孟元老：《东京梦华录》卷之十。
② （宋）吴自牧：《梦粱录》卷六。
③ （宋）孟元老：《东京梦华录》卷之七。
④ （宋）吴自牧：《梦粱录》卷十三。
⑤ （宋）李焘：《续资治通鉴长编》卷八十。

赌的场所。关于佛教寺庙的赌博，陆游曾在四川叙州无等佛殿西庑堂亲眼所见：“群蛮聚博其上。骰子亦以骨为之，长寸余而扁，状若牌子、折竹为筹。以记胜负。”①至于道教寺观里的赌博，清人小说《飞龙全传》就曾经描写宋太祖赵匡胤与人在“神鬼天齐庙”掷骰赌博的故事：

> 匡胤睡在供桌之上，虽然行路辛苦，身体困倦，怎奈此时正当暮秋天气，寒风栗烈，直透肌肤，睡未片时，忽然京醒。翻身定性了一回，耳边忽闻哗哗啦啦，呼幺喝六之声，恁的热闹。匡胤想道：“这冷庙之中，怎的有人赌博？听这声响，却也不远。值此天气寒冷，料也睡卧不着，何不走往前去，看玩一翻，聊为消遣？”主意定了，跳下桌子，手提行李，出了大殿，顺着响处，一路行去，望见西北角上，影影露出灯光。紧步上前一看，原来在侧首一间配殿里耍钱。匡胤一时心痒，咳嗽一声，只听得里边有人说道：“兄弟们，我们趁此把场具收拾了罢，你听外面有人来了。”一个道：“果然，我们收罢，这来的人儿有些不好。”又一个道：“不要收，不要收，我们正要等他进来，讨个着落，好待出头，怕他怎么？”匡胤不管好歹，两三步走进了殿门，只见殿上有五个人席地而坐，轮流掷骰，赌做输赢，那上面坐着一个纱帽圆领的抽头监赌。匡胤暗自诧异道：“怎么做官的也在这里设赌，滥取匪财？却不道荡废官箴，作法自弊，我如今也不要管他，且自当场随喜片时，有何妨碍？”即时说道：“列位长兄，恁般兴致，小弟也来一叙何如？”那五个答道：“使得，使得。”即便挤了一个空儿，让匡胤坐下。将包裹放在身旁，叫道：“列位，我们既做输赢，不知赌银子，还是赌钱？”那上面抽头的官儿答道：“我们银钱尽有，好汉只管放心注马便了，倘遇输赢，我自开发。”匡胤满心欢喜，告过了幺，就把骰子抓将起来要掷……②

① （宋）陆游：《老学庵笔记》卷五。

② （唐）吴璿：《飞龙全传》第十六回“史魁送柬识真主 匡胤宿庙遇邪魍”。

元代尽管禁赌较前朝严厉，但民间赌风仍较严重，这是官方也不得不承认的事实，如《元典章》卷五七《刑部十九·禁赌博·赌博钱物》中的一份中书省文件说，“诸路城邑村坊镇店，多有一等游手末食之民，不事生业，聚集人众，祈赛神社，赌博钱物”。两宋时期流行的“关扑”，到元代仍盛行不衰，一般平民深陷其中不能自拔，“人之营治生理，各有常业，能安其分，衣食自充。近年所在贫民为赀本不多，利息细微，凡交易诸物，不肯依理货卖，辄行用钱赌博，妄意一胜，以图获利之多，而买物之人，亦思侥幸共争胜负”①。元杂剧《同乐院燕青博鱼》就生动地演绎了燕青关扑博鱼、燕和以“一博六浑纯”(即清一色的头钱图案排列)赢了燕青一尾鲜鱼的扑卖细节。

唐宋时期赌风之盛，原因是多方面的，较为发达的社会经济繁华纷杂的城市生活、统治阶层带头以至上行下效都是重要因素。另外，国家法律禁赌有法不行，明禁实弛亦是重要原因。

唐初颁布的《唐律疏议》对禁赌做了明确规定，其《唐律疏议·杂律》“博戏赌财物”条：

> 诸博戏赌财物者，各杖一百(举博为例，余戏皆是)。赃重者，各依己分，准盗论(输者，亦依己分为从坐)。
>
> 《疏》议曰：共分博戏而赌财物、不满五匹以下，各杖一百。注云：“举博为例，余戏皆是。”谓举博为名，总为杂戏之例。弓射既习武艺，虽赌物，亦无罪名。余戏，计赃得罪，重于杖一百者，“各依己分，准盗论”。谓赌得五匹之物，合徒一年。注云：“输者，亦依己分为从坐。”谓输五匹之物，为徒一年从坐，合杖一百。赃多者，各准盗法加罪。若赢众人之物，亦须累而倍论。输众人物者，依己分，倍为从坐。若倍不重一人之赃，即各从一人重断。②

---

① (元)王结：《善俗要义》。

② (唐)长孙无忌等：《唐律疏议》卷二十六《杂律十四》。

这个法律条文对赌博的处罚，“不满五匹以下，各杖一百”；“赌得五匹之物，合徒一年”，而“输五匹之物，为徒一年从坐，合杖一百”，“赃多者，各准盗法加罪”，不可谓不严不重，但徒具空文，并没有很好地执行。当然，如果真要照章办事，首先要处罚的当是法律颁布者自身，从唐太宗到唐僖宗，恐怕都要“各杖一百”或“合徒一年”了。

针对唐代许多城市出现赌场，唐朝出台了专门的禁罚赌场赌博法律条文：

> 其停止主人，及出九，若和合者，各如之。赌饮食者，不坐。
>
> 《疏》议曰：“停止主人”，谓停止博戏赌物者主人，“及出九”之人，亦举九为例，不限取利多少。若和合人令戏者，不得财，杖一百。若得利入己并计赃准盗论。众人上得者，亦准上例倍论。故云“各如之”。“赌饮食者，不坐”，谓即虽赌钱，尽用为饮食者，亦不合罪。

这里，“停止主人”即赌场老板，“及出玖”即提供赌具者，唐律规定，凡开赌场和提供赌具供人赌博者，无论抽头赢利多少，都要没收所得钱物，并处杖刑一百；对将赌博所得“归己者”，比照盗窃罪重处。这项法律规定严则严矣，但唐代柜房之类的赌场不仅没少开，反而愈开愈多，成为唐代赌风炽盛的一个重要表征。

宋代法律也禁赌，北宋初年尤其严厉。《宋刑统》规定，“诸博戏财物者，各杖一百，赃重者，各依己分，准盗论。其停止主人及出九和合者，各如之”①，明显照搬唐代禁赌条文。当时的京城开封，赌场遍设，赌徒猖獗，“无赖之辈相聚蒲博，开柜房，屠牛马驴狗以食，私销铜钱为器用杂物”。有鉴于此，淳化二年（991年），宋太宗专颁禁赌诏，“淳化二年闰二月己丑，诏京城蒲博者，开封

---

① （宋）窦仪等：《宋刑统》卷二十六《杂律·博戏赌财物》。

府捕之，犯者斩”①。同时，对“隐匿而不以闻，及居人邸舍，僦与恶少为柜房者，并其同罪”②。对于犯赌博罪者处以极刑，处罚之重，前所未有。考诸史籍，宋初确乎厉行赌禁，执法严苛，“大中祥符五年(1012 年)二月丁酉，上封者言：进士肖玄之本名疏，曾因赌博抵杖刑。今易名赴举登第。诏有司召玄诘问，引伏，夺其敕，赎铜四十斤，遣之”。肖玄之因有赌博前科，后来换了名字参加科考并进士及第，被人举报，遭到革去功名并处罚物及流刑的处分，三项叠加，处罚也真够重的了。但北宋末年，皇帝官僚带头参赌，世风日下，赌禁渐弛，法律徒具空文。

相反，金、元禁赌不仅律令严苛，执法亦较到位。据《金史·刑法志》记载：“(大定)八年，制品官犯赌博法，赃不满五十贯者，其法杖，听赎。再犯者杖之。且曰：‘杖者所以罚小人也。既为职官，当先廉耻，既无廉耻，故以小人之罚罚之。’”③金朝从禁官员赌博着手算是抓住了禁赌的牛鼻子，金世宗以罚小人的办法处罚赌博的官员，意在激发官员的廉耻之心，使其从内心深处树立赌博是不耻之事和小人所为观念，从不敢赌进到不想赌，由外在的法律强制禁赌进到内在的思想上主动戒赌，实在是高明之举。元代禁赌上承唐宋，但有自身特点，许多举措主要针对汉人。元世祖曾于至元十二年亲颁禁赌诏令，“禁民间赌博，犯者流之北地”。《元史·刑法志》中禁赌条文对官员赌博或查禁不严放纵赌博、开设赌场者给予严厉惩罚：“诸赌博钱物，杖七十七，钱物没官，有官者罢见任，期年后杂职内叙。开张博房之家，罪亦如之。再犯加徒一年。应捕故纵，笞四十七，受财者同罪。有司纵令攀指平人，及在前同赌之人，罪及官吏。赌饮食者，不坐。诸赌博钱物，同赌之人自首者，勿论。诸赌博，因事发露，追到摊场，赌具赃证明白者，即以本法科论，不以展转攀指革拨。”④在元代禁赌司法实践中，不乏法律禁赌实例，

---

① (元)脱脱等：《宋史》卷五《太宗本纪》。
② (清)徐松：《宋会要辑稿》《刑法二》。
③ (元)脱脱等：《金史》卷四五《刑法志》。
④ (明)宋濂：《元史》卷一五〇《刑法四》。

如至元三十年(1293年)，雷州路都事李德贤等因聚赌被人举报，受到杖刑七十七并罢官的处罚；延祐五年(1318年)，杭州蒋文贵等“开置兑房”，即开设赌场事发被捕，受到杖刑七十七并判处徒刑。①由于元代以法律手段厉行赌禁，严惩博徒，唐宋以来蔓延的赌博之风在元代(主要是前中期)得到有效扼制。

赌博虽为小道和末技，但对于唐宋政治和社会影响却是广泛而深刻的。曾经，赌博作为一种媒介和一种润滑剂，助力李渊和李世民推倒隋朝而建立了大唐政权，赵匡胤亦因其豪赌和无赖的赌徒性格成就了一代霸业。然而，成也萧何，败也萧何，由于赌博玩物丧志、伤风败德的负面属性，帝王嗜赌往往成为帝国由盛转衰甚或走向毁灭的催化剂。安史之乱使唐朝由开元盛世转向衰弱式微，与唐玄宗嗜玩骰戏、斗鸡并宠爱赌徒杨国忠大相关涉；金人屡败宋朝，宋朝最终被迫南迁，与宋徽宗赵佶荒淫无度，好蹴鞠、弈棋博戏并与李师师豪赌不无关系。唐宋两代诸帝王几乎无人不赌，中晚唐和北宋末及南宋时尤甚。帝王嗜赌不仅毁了一家之天下，更败坏社会风气，腐蚀人民灵魂。“唐时赌博之事，上自天子，下及庶人，不以为讳。”②赌博在唐宋已成为半公开、准合法、为社会广泛认同参与的全民性活动，中国古代赌博延绵不绝，代有高峰，唐宋便是其中之一。

二、“囊家”与“柜房”：赌博的职业化

职业赌徒古已有之，但专业化、职业性赌博场所大批量出现应该是唐宋时期才有的事。唐代称赌场为“囊家”，据李肇《唐国史补》云：“及博徒是强名争胜谓之撩零，假借分画谓之囊家，囊家什一而取谓之乞头。”有研究者认为，唐代是否有职业化赌场出现，

① 参见郭双林等：《中华赌博史》，中国社会科学出版社1995年版，第125~128页。

② 张亮采：《中国风俗史》，江西教育出版社2012年版，第93页。

并无明证,① 但笔者认为，唐代出现职业性赌场是历史的真实存在，证据是唐代法律明确禁止和惩罚开赌场者，“其停止主人，及出玖，若和合者，各如之。赌饮食者，不坐”。这里的“停止主人”“出玖，若和合者”就是指赌场老板和提供赌具之人，宋代对开赌场者也有类似称呼，如《宋刑统》规定，“诸博戏财物者各杖一百，赃重者各依已分，准盗论。其停止主人及出九和合者，各如之”②。由此可见，唐代的职业性赌场已经普遍出现，其有“囊家”“乞头”“录事”“停止主人”“出九和合”等多种称呼。

职业性赌场到了宋代更加普及，以至宋太宗诏令严惩“开柜坊”聚赌赢利者。太宗淳化二年(991年)闰二月，诏曰：“京城先是无赖辈相聚蒲博，开柜房，屠牛马驴狗以食，和销铸铜钱为器用杂物。并令开封府严戒坊市捕之，犯者斩。隐匿而不以闻，及居人邸舍，僦与恶少为柜坊者，并其同罪。”③其时，赌场及开赌场者的称呼除“囊家”“公子家”“乞头”“出九和合”等外，还有“柜坊”“博易场户”“赌钱行”“赌钱社”等新名称。

宋代赌场大约有五种类型。一是专门化赌场，也就是只经营赌博业务的“柜坊”，如苏轼就曾在其奏书中说河北定州有赌场百余户：“臣伏见定州近岁军政不严，边备小弛，事不可悉数，请举一二……城中有开柜坊人百余户，明出牌榜，召军民赌博。若此之类，未易悉数。”④《水浒传》中亦曾描写孟州城外一处市镇，总共只有百十家客店，却有赌坊、兑坊二三十处：“此间东门外有一座市井，地名唤做快活林。但是山东、河北客商们都来那里做买卖，有百十处大客店，二三十处赌坊、兑坊。”⑤二是勾栏瓦舍中的专门赌局，如杭州城外勾栏瓦舍都开设赌局：“城外有二十座瓦子，钱

① 参见罗新本、许蓉生：《中国古代赌博习俗》，陕西人民出版社1994年版，第245页。

② (宋)窦仪等：《宋刑统》卷二十六《杂律·博戏赌财物》。

③ (清)徐松：《宋会要样稿·刑法志》。

④ (宋)苏轼：《苏东坡集》“奏议”十四：《乞降度牒修定州军营房状》。

⑤ (明)施耐庵：《水浒传》第二十九回“施恩重霸孟州道　武松醉打蒋门神”。

湖门里，勾栏门外瓦子、嘉会门外瓦、候潮门瓦、小堰门瓦……余外尚有独勾栏瓦肆，稍远于茶，中作夜场，街市举放风筝，亦有用小轮车者，多是药钱，前后赌赛输赢。输者顷折二三两钱，每日如此。宽阔处踢球，放胡哮，斗鹌鹑……”①三是酒馆茶肆附设赌场招人赌博，“燕京茶肆，设双陆局，或五或六，至多十，博者蹴局，如南人茶肆中置棋具也”②。四是临时开放的赌博场所，最典型者是春节、寒食节、冬至三大节日开放的关扑，如“正月一日年节，开封府放关扑三日。士庶自早互相庆贺，坊巷以食物、动使、果实、柴炭之类，歌叫关扑。如马行、潘楼街、州东宋门外、州西梁门外踊路、州北封丘门外及州南一带，皆结彩棚，铺陈冠梳、珠翠、头面、衣着、花朵、领抹、靴鞋、玩好之类，间列舞场歌馆，车马交驰”③。这里所谓“皆结彩棚”，铺设各种商品并“间列舞场歌馆”，即是进行关扑的大型临时赌场。即使皇家禁苑如林苑“金明池”，也在每年春三月向市民开放，“殿上下回廊皆关扑钱物饮食伎艺人作场，勾肆罗列左右。桥上两边用瓦盆，内掷头钱，关扑钱物、衣服、动使……街东皆酒食店舍，博易场户，艺人勾肆，质库，不以几日解下，只至闭池，便典没出卖”④。五是赌徒在街头巷尾、乡村野地摆设的赌摊，如上一节引述清人小说《飞龙全传》描写的有人在“神鬼天齐庙”摆地摊掷骰赌博便是。《水浒传》第一百零四回“段家庄重招新女婿，房山寨双并旧强人”也有地摊赌场的描写：

话说当下王庆闯到定山堡，那里有五六百人家，那戏台却在堡东麦地上。那时粉头还未上台，台下四面，有三四十只桌子，都有人围挤着在那里掷骰赌钱，那掷色的名儿，非止一端，乃是：六风儿，五幺子，火燎毛，朱窝儿。

① （宋）西湖老人：《西湖老人繁胜录》。
② （宋）洪皓：《松漠纪闻》。
③ （宋）孟元老：《东京梦华录》卷六。
④ （宋）孟元老：《东京梦华录》卷七

又有那攧钱的，蹲踞在地上，共有二十余簇人。那攧钱的名儿，也不止一端，乃是：浑纯儿，三背间，八叉儿。

那些掷色的，在哪里呼幺喝六，攧钱的在那里唤字叫背；或夹笑带骂，或认真厮打。那输了的，脱衣典裳，褫巾剥袜，也要去翻本，废事业，忘寝食，到底是个输字；那赢的，意气扬扬，东摆西摇，南闯北踅的寻酒头儿再做，身边便袋里，搭膊里，衣袖里，都是银钱，到后捉本算帐，原来赢不多，赢的都被把梢的，放囊的拈了头儿去。不说赌博光景，更有村姑农妇，丢了锄麦，撇了灌菜，也是三三两两，成群作队，仰着黑泥般脸，露着黄金般齿，呆呆地立着，等那粉头出来。看他一般爹娘养的，他便如何恁般标致，有若干人看他。当下不但邻近村坊人，城中人也赶出来睃看，把那青青的麦地，踏光了十数亩。

南宋时的杭州还出现了赌博性社团“穷富赌钱社”：“每遇神圣诞日，诸行市户，俱有社会迎献不一。如府第内官，以马为社。七宝行献七宝玩具为社。又有锦体社、台阁社、穷富赌钱社、遏云社、女童清言社、苏家巷傀儡社、青果行献时果社、东西马塍献异松怪桧奇花社……”①

职业性赌场的大批涌现，滋生了一批寄生于赌场，专以赌博谋生的社会群体。这些人中有窝藏、容留、聚赌的所谓“囊家”或“公子家”：“有赌若两人以上，须置囊合依样检文书，乃投钱入囊家，亦谓之录事”②，“世之纠帅蒲博者谓之公子家，又谓囊家”③。或专门为赌徒提供赌具者：如北宋都城开封“出九和合有名者，任大头、快活三之类”④。或被称为“游手”的赌场掮客和老千：“浩穰之区，人物盛伙，游手奸黠，实繁有徒。有所谓美人局，以娼优为

① （宋）吴自牧：《梦粱录》卷十九。

② （宋）程大昌：《樗蒲经略》。

③ （宋）王得臣：《麈史》。

④ （宋）孟元老：《东京梦华录》卷之七。

姬妾，诱引少年为事柜房赌局，以博戏关扑结党手法骗钱”①。或者专门陪官宦富贵赌博消遣的所谓“闲人”：“闲人本食客人。孟尝君门下，有三千人，皆客矣。姑以今时府第宅舍言之，食客者：有训导蒙童子弟者，谓之‘馆客’。又有讲古论今、吟诗和曲、围棋抚琴、投壶打马、撇竹写兰，名曰‘食客’，此之谓闲人也。”这些闲人专门陪富家子弟“游宴执役，甘为下流”，“又有专为棚头，斗黄头，养百虫蚁、促织儿。又谓之‘闲汉’，凡擎鹰、驾鹞、调鹁鸽、斗鹌鹑、斗鸡、赌扑落生之类”。②

赌场老板以开赌场赚钱，一靠抽头赚取“头钱”，即以向赢家抽取一定比例的金额(头钱)即“抽头”来获取经济收益，一般抽取一成或两成，也就是《唐国史补》说的“囊家什一而取谓之乞头”。赌徒在赌场赌博，赌徒输钱物是常态，只有赌场老板才是永远的赢家。对此，《东坡志林》曾讲过一个有趣的故事：

> 绍圣二年五月九日，都下有道人坐相国寺卖诸禁方，缄题其一曰：卖“赌钱不输方”。少年有博者，以千金得之。归，发视其方，曰：“但止乞头。”道人亦善鬻术矣，戏语得千金，然亦未尝欺少年也。③

赌场老板赚钱门路之二是当东家直接赢取参赌者钱物。《水浒传》中就有李逵到小张乙赌坊将宋江给他的十两银子瞬间输给赌场老板小张乙的精彩描写：

> ……且不说两个再饮酒，只说李逵得了这个银子，寻思道：“难得！宋江哥哥又不曾和我深交，便借我十两银子，果然仗义疏财，名不虚传！如今来到这里，却恨我这几日赌输了，没一文做好汉请他。如今得他这十两银子，且将去赌一

① (宋)四水潜夫辑：《武林旧事》卷第六。

② (宋)吴自牧：《梦粱录》卷十九。

③ (宋)苏轼：《东坡志林》卷二。

赌。倘或赢得几贯钱来，请他一请，也好看……”当时李逵快跑出城外小张乙赌房里来，便去场上，将这十两银子撇在地下，叫道：“把头钱过来我博！”那小张乙得知李逵从来赌直，便道：“大哥且歇。这一博下来便是你博。”李逵道：“我要先赌这一博！”小张乙道：“你便傍猜也好。”李逵道：“我不傍猜，只要博这一博！五两银子做一注！”有一般赌的却待一博，被李逵劈手夺过头钱来，便叫道：“我博兀谁？”小张乙道：“便博我五两银子。”李逵叫声“快！”骆𨈆地博一个“叉”。小张乙便拿了银子过来。李逵叫道：“我的银子是十两！”小张乙道：“你再博我五两；‘快’，便还了你这锭银子。”李逵又拿起头钱叫声“快！”骆𨈆的又博一个“叉”。小张乙笑道：“我教你休抢头钱，且歇一博。不听我口，如今一连博两个‘叉’。”李逵道：“我这银子是别人的！”小张乙道：“遮莫是谁的，也不济事了！你既输了，却说甚么？”李逵道：“没奈何，且借我一借，明日便送来还你。”小张乙道：“说甚么闲话！自古‘赌钱场上无父子！’你明明地输了，如何倒来革争？”……①

赌场老板以赌发财还有第三个来路：做局骗财。一般而言，赌场的赌局总是和骗局勾连在一起的，“柜放赌局，以游戏关扑结党手法骗钱”②。这类故事在宋代屡见不鲜，比比皆是。《名公书判清明集》就曾记载类似案例：

照得支乙之妻阿王，娼家女也。支乙于衢州南市楼上，开置柜坊，楼下开置茶肆，以妻为饵。徐庆三、何曾一、王寿、余济皆与逾滥，与以钱物，群聚赌博，实为欺骗渊薮。水寒冰生，醯酸蚋聚，至其家者前后不知其几。今年闰月十六日晚，有郑厨司诱至陆震龙，其时有留仍孙、陈暹等十一人，次第而

---

① （明）施耐庵：《水许传》第三十八回“及时雨会神行太保　黑旋风斗浪里白条”。

② （宋）四水潜夫辑：《武林旧事》卷第六。

来。支乙与郑厨司、杨排军商量，遂出赌博具下场赌，有余济、陈通者闻风而至，亦与赌博。一时余济等能将骰子两只，当留六两面大采靠掷，或下枚人喝跷，不与陆震龙理赢下枚，遂至陆震龙输过带来旧会二百五十贯，其陈暹赢过之数各有差，支乙等取过头熟亦各有数。及既二鼓，陆震龙又自家中办到旧会一百五十六贯，复与余济等赌博，支乙再出赌具在旁下枚。其余济等常留五六靠掷，共骗赢陆震龙一人钱物。陆震龙既输带来之钱，又以汗衫褐袄典当赌博，得官会三十五贯。既输之余，又多输官会二十贯，遂剥皂褙抛当于余济边，其余济等骗赢陆震龙官会亦各有差，支乙等讨取头熟各有其数。陆震龙前后共输旧会四百六十一贯，为余济骗赢者一百五十贯，为留仍孙骗赢者四十贯，杨排军骗赢者七十贯，陈暹骗赢者四十贯，章千五骗赢者九十贯，郑厨司骗赢者三十贯，支乙与郑厨司、蒋万二、徐元一讨取头熟，前后共三十一贯。陆震龙深夜欲归，无衣可着，支乙乃与招檐，就余济借皂褙与之披着以归。支乙急欲陆震龙赎当还钱，既恐以无钱还时，我定到你家取讨，又恐以若取无时，只得经官论取。取之既急，恐之又甚，宜乎陆震龙讨出无聊，在家自缢而死。其父陆庭坚所诉，谓陆震龙归家哭泣，称被支乙等骗划文钱，去住不得，此语是矣。余济身在衢州州狱，欲免拷讯，曾许郭振以官会三百千，虽未分付，然郭振求赂之心尽可知矣。夫药骰子骗人，出于一人之手，而众人为之犄角，今余济等数辈，各能留五留六靠掷，欺骗赢钱，则与用药骰子何异。陆震龙欲不输，得乎？输钱既多，无所措画，欲不死，得乎？财者民之膏血，膏血既竭，身岂能存，是支乙、余济等虽不杀之，势实致之死地。今支乙等既已招承，欲具情节申……

这是一则宋代赌场合伙骗赌赌博的经典案例。支乙经营的赌场以骗赌赢利为旨归，可以说是一般赌场的共通性特点。赌场骗赌手段多样，有在赌具上做手脚者，如上文所云之“药骰”即是；有众人联手，一人掩护，其他人博戏时弄巧骗赌，上述案例就是如此。

支乙提供赌博场所和赌博器具并典当放贷，郑厨司负责寻找赌徒并引诱其下场参赌，支乙与郑厨师等人密谋“商量，遂出赌博具下场赌”，余济、留仍孙、杨排军、陈暹、章千五、郑厨司十一人等合伙出老千骗赢陆震龙共计四百六十一贯，而支乙等则从中抽取头钱(头熟)共三十一贯。因此审理此案的官员认为，这是一起典型的骗赌致死人命案，“夫药骰子骗人，出于一人之手，而众人为之犄角，今余济等数辈，各能留五留六靠掷，欺骗赢钱，则与用药骰子何异。陆震龙欲不输，得乎？输钱既多，无所措画，欲不死，得乎？”从判决文书中，我们可以看出，余济是作恶多端，称霸一方的黑恶分子，其以赌骗钱并非偶然行为，而是一个惯骗团伙。“余济贩盐恶少，自将官会二千贯，就本州承买进纳将仕郎诰书填，恃此专一欺骗善良，为一州巨蠹。其在支乙家奸淫其妻，就为窟穴。知陆震龙有钱可骗，既合谋设计，诱之使赌，又作套坐掷，使之尽输，甚逼迫之窘，自缢而死，则是其缢即余济缢之也，其死则余济死之也。奸猾之徒，动辄十数为群，以赌为名，欺骗取财，此等风俗，安可不戢。”最终，余济、支乙等人分别受到脊杖、流放等刑事处罚。①

赌博骗局在描写宋代社会生活的笔记小说中也多有描写，据《夷坚志补》披露：宋宣和年间，“吴人沈将士调官京师。方壮年，携金千万，肆意欢适”。一次被李、郑二人诱骗至一号称为王朝议的华丽巨宅，“闻堂中欢笑掷骰子声，穴屏隙窥之明烛高张，中巨桉，美女七八人，环立聚博”。沈入局“乃共博，沈志得意逞，每采辄胜，须得千缗。诸姬钗珥首饰，为之一空，郑(同行者——引者)引其时曰‘可止矣’！沈心不在赌，索酒无算。有姬最少爱，败最多。愠而起，挟空樽至前曰：‘只作孤注一决，此主人物也，幸而胜，固善，脱有不如意，明日当遭鞭棰，势不得不然。’同席争劝止，或责之，皆不听。沈一掷，败焉。倾樽倒物，盖实以金钗珠琲，评其值三千缗。沈反其所赢，又去探腰间券尽偿之，尚有余

① 中国社会科学院历史研究所宋辽金元史研究室点校：《名公书判清明集》(下)卷之十五《惩恶门·赌博》，中华书局1987年版，第530~532页。

镪。方拟再角胜负，俄闻朝议大嗽，索唾壶急。众女推客出，奔入房。三人趋诣元饮处，翁使人追谢，约后数日复相过。沈归邸，卧不交睫。鸣鸡而起，欲寻盟。拂旦，遣召二子，云：‘已出。’候至午，杳不至。速走王氏宅审之，屋空无人。询旁侧居者，云：‘素无王朝议。晴昔之夜，但恶少年数辈，偕平康诸妓，饮博於此耳。’始悟堕奸计。是时囊装垂罄，郑、李不复再见云”①。大抵诈骗团伙都是假借人宅，以美女色相相勾引，赌博开始之际先让被骗人赢一些钱，让其尝到甜头后陷入骗局，最后的结局无一不是被骗者倾囊而出，财尽钱光。

除了上述两则故事讲的赌场老板骗取赌客巨额钱财外，赌徒们在赌博场所作弊互骗也屡见不鲜，《水浒传》就讲了赌博高手王庆作弊赢钱的故事：

> 话休絮繁，当下王庆闲看了一回，看得技痒，见那戏台里边，人丛里，有个彪形大汉两手靠着桌子，在杌子上坐地。那汉生的圆眼大脸，阔肩细腰，桌上堆着五贯钱，一个色盆，六只骰子，却无主顾与他赌。王庆思想道：“俺自从吃官司到今日，有十数个月，不曾弄这道儿了。前日范全哥哥把与我买柴薪的一锭银在此，将来做个梢儿，与那厮掷几掷，赢几贯钱回去，买果儿。”当下王庆取出银子，望桌上一丢，对那汉道：“胡乱掷一回”。那汉一眼瞅着王庆说道：“要掷便来。”说还未必，早有一个人，向那前面桌子边人丛里挨出来，貌相长大，与那坐下的大汉，仿佛相似。对王庆说道：“秃秃，他这锭银怎好出主？将银来，我有钱在此。你赢了，每贯只要加利二十文。”王庆道：“最好！”与那人打了两贯钱，那人已是每贯先除去二十文。王庆道：“也罢！”随即与那汉讲过掷朱窝儿。方掷得两三盆，随有一人挨下来，出主等掷。
>
> 那王庆是东京积赌惯家，他信得盆口真，又会躲闪打浪，又狡猾奸诈，下捵主作弊；那放囊的，乘闹里踅过那边桌上去

① 《夷坚志补》卷八《王朝议》，另见《作京异记》卷七。

> 了，那挨下来的，说王庆掷得凶，收了去，只替那汉拈头儿。
>
> 王庆一口气掷赢了两贯钱，得了采，越掷得出，三红四聚，只管撒出来。那汉性急翻本，掷下便是绝，塌脚，小四不脱手。王庆掷了九点，那汉偏调出倒八来；无一个时辰，把五贯钱输个罄尽。①

从上面的描述中可以见到，这种地摊赌场是一种由赌徒自由组合，互相对赌的开放性赌博场所，组织者囊家从中收取两成的“头钱”。参赌者大都如王庆之流的“积赌惯家”，他们赌技高超，尤其善于弄假作弊，一般都自信稳赢不输，王庆“前日范全哥哥把与我买柴薪的一锭银在此，将来做个梢儿，与那掷几掷，赢几贯钱回去，买果儿”，还没开赌就已经想到自己必然会赢的结果了。

三、彩选·叶子戏·打马·骰子戏·宣和牌

唐宋时期的赌博器具和博戏品类对于明清乃至近代产生了重要影响。自唐宋以迄明清，中国赌具骨质(木质、石质)和纸质分类演进，各领风骚：由“六博”的“琼”、“樗蒲”的“五木”再演化到“骰子”，又经骰子变种产生骨牌(宣和牌)直至麻将；由骰子格到叶子戏再到马吊。可以这样认为，近代以来，国人嗜玩的主流博戏天九骨牌和麻将(有人甚至断言叶子戏是扑克牌之滥觞)，其源头即肇基于此一时期。

采选诸戏 采选又称“骰子选格”，是一种依据投骰中彩“选官”(或“选仙”)卜命的投掷类博戏。所谓采，即骰子采名；所谓选，即量情选官的意思。采选，即事先绘好一张官职名目的方格表盘，游戏时先行掷骰，根据采名在方格上行选官，二者合起来而有斯名。

彩选博戏始于唐朝中后期，其发明者有多种说法。有人认为是

① (明)施耐庵：《水浒传》第一百零四回“段家庄重招新女婿　房山寨双并旧强人”。

唐文宗时房千里所作，唐文宗开成三年(838年)春，房千里在洞庭湖偶遇几个进士玩一种博戏，“以穴骰双双为戏，更投局上，以数多少为进身职官之差数，丰贵而约贱。卒局，座客有为尉掾而止者，有贵为相臣将臣者，有连得美名而后不振者，有始甚微而欻升于上位者。大凡得失，酷似前所谓不系贤不肖，但卜其偶不偶耳”。于是加以整理，踵事增华，“因条所置进身职官迁黜之目”，编订《骰子选格》。① 另有人以为是李郃所创制，如《咸定录》和《事物纪原》就持此说法：“唐李郃为贺州刺史，与妓人叶茂莲江行，因撰‘骰子选’，谓之叶子，咸通以来，天下尚之。”②《彩选序》曰：“唐之衰，任之失序，而廉耻路断。李贺州郃讥之，耻当时职任，用投子之数，均班爵赏，谓之彩选，言其无实，惟彩胜而已。”③清人赵翼的《陔余丛考》谈及采选博戏的主打品种升官图时，将诸家并存：“世俗局戏有‘升官图’，开列大小官位于纸上，以明琼掷之，计点数之多寡，以定升降。按房千里有《骰子选格序》云：以穴骰双双为戏，更投局上，以数多少为进身职官之差，丰贵而约贱，卒局，座客有为尉掾而止者，有贵为相臣将臣者，有连得美名而后不振者，有始甚微而倏然于上位者。大凡得失，不系贤不肖，但卜其偶不偶耳。此即‘升官图’所由本也。东坡文云：流俗经营，倘来惴惴，惟恐后于他人，何异掷骰者心动于中而色形于外也。王逢原《彩选》诗云：‘卒无及第效，徒有高人气。昏昏忘其大，扰扰争其细。’(见《黄常时诗话》)可见此戏唐以来已有之。王阮亭谓：彩选始唐李郃，宋尹师鲁踵而为之”。④

不论上述说法孰是孰非，自唐咸通年间，采选(骰子选格)盛行则是基本事实。如史称“咸通以来，天下尚之”⑤。

唐人“采选”戏的一般方法是用六枚骰子，互相投掷“以数多

① (唐)房千里：《骰子选格序》。

② (宋)李昉等：《太平广记》，引《咸定录》。

③ (宋)高承：《事物纪原》。

④ (清)赵翼：《陔余丛考》卷三十三。

⑤ (宋)李昉等：《太平广记》，引《咸定录》。

少，为进身职官之差数”。即按照骰点的大小持棋移动，或升或降，一级一级向上升，以达到最高官位者为胜。

唐人创制的这种采选博戏宋初犹存。不过不久就为宋人自己制作的新的采选叶子戏所取代。当时的采选有杨亿的《鹤格》、刘蒙叟的《采选格》、赵明远的《皇宋进士采选格》、尹洙与张访的《宋朝文武采选格》、宋保国的《元丰采选格》、王慎修的《宣和采选格》、刘邠的《汉官仪采选格》等。宋代的上述种种采选，尽管名目不同，但在两个方面与唐代没有多大差别：一是都与选官有关，实为后世“升官图”之滥觞；二是戏法基本一致，都是按照骰点行棋选官，角逐胜负。关于《汉官仪彩选格》，旧有刘敞(原父)撰著之说，如金学诗《牧猪闲话》：“宋刘敞撰《汉官仪新选》一卷，取本传所以升黜之语，注其下(见晁氏《读书志》)。赵明远景昭撰《采选》一卷(见陈氏《书录解题》)。郑氏书目载《彩选格》共数种，皆升官图之滥觞也。”①其实，真正的原创者应该是刘敞之弟刘邠(贡父)。对此，宋人徐度《却扫编》已有明白述介：“‘彩选格’起于唐李郃，本朝踵之者有赵明远、尹师鲁。元丰官制行，有宋保国皆取一时官制为之，至刘贡父独因其法，取西汉官秩升黜次第为之，又取本传所以升黜之语注其下，局终遂可类次其语为一传，博戏中最为雅驯。初贡父之为是书也，年甫十四五，方从其兄原父为学，怪自数日程课稍稽，视其所为，则得是书，大喜，因为序冠之，而以为已作。贡父晚年复稍增而自题其后，今其书盛行于世。”②

明清时期，采选名目除了选官(即升官图)外，还有“选仙图”“选佛图”“揽胜图”“水浒图”“红楼图”等多种。“唐李郃有‘骰子选格’宋刘蒙叟、杨亿等有‘彩选格，即今升官图’也。又有‘选仙图’‘选佛图’，不足观矣。”③

升官图 相传为明末倪元璐所制，原名称“采选百官铎”。“今‘升官图’一名‘百官铎’，有明一代官制略备，以明琼掷之定升擢，

① (清)金学诗：《牧猪闲话·局道》。

② (宋)徐度：《却扫编》卷下。

③ (明)谢肇淛：《五杂俎》。

有赃则降罚，相传为倪鸿宝所造。又有'忠佞升官图'，有严嵩、杨椒山诸人，则以人品优劣定胜负矣。又有判为三教者，各以彩色定进身之途，则亦选仙之流也。"①清人金学诗《牧猪闲话》亦对此有较详记述：

> 今俗所传"升官图"，以文武出身分仕途，以人品忠佞分胜负。六子以四为德，以六为才，以二三五为功，以幺为赃。遇德，则超迁；才，次之；功亦升转。遇幺则降罚。其他形制大小，例类不一。
>
> 明上虞倪文正公(元璐)造《百官铎》，凡数千字，有关官制考证、国家利弊，其曰：使儿童习之，可以嬉；君相察之，可以治。盖用意良深矣。
>
> 按房千里《骰子选格》秩例，自侍中起至县尉止，其目凡六十有八。《自序》云：以穴骰双双为戏，更投局上，以数多少为进身职官之差。数丰贵而约贱。卒局，有为尉掾而上者，有贵为相臣将臣者，有连得美名而后不振者，有始甚微而敛升于上位者。今有"小升官图"，掷骰二枚，计点若干，视所行以为升降。字数无多，而有绘画人形。儿童喜为之。是其遗意。②

升官图在清代士大夫中较为流行，据说著名学者刘继壮曾欲自制升官图③。晚近还有《民国升官图》行世。

选仙图 据《清稗类钞》介绍，"乾隆时，高宗尝于几暇，取《列仙传》人物，绘《群仙庆寿图》，用骰子掷之，以为新年玩具"。看来这位风流皇帝对此类戏法亦有兴趣，不惜纡尊降贵，亲作此戏。同样，据说慈禧太后也曾作过《八仙过海图》之类的选仙叶子格。选仙图的玩法，据金学诗《牧猪闲话》："又宋时有选仙图，亦

---

① (清)赵翼：《陔余丛考》卷三十三。

② (清)金学诗：《牧猪闲话·局道》。

③ (清)徐珂：《清稗类钞》。

用骰子比色，先为散仙，次为上洞，以渐至蓬莱、大罗，则众仙庆贺。其比色之法，亦重绯四。凡有过者，谪作采樵；思凡之人，遇胜色仍复位。王珪《宫词》云：尽日窗间赌选仙，小娃争觅到盆钱。上筹须占蓬莱岛，一掷乘鸾出洞天。亦采选之类也。所云'到盆钱'，如里俗'升官图'，卑者出钱与尊者，谓之'见面钱'(见虞兆漋《天香楼偶得》)。"①看来这种戏法与"升官图"戏法基本相同，只不过名目不同罢了。

揽胜图　由清代福建人高兆所创制，其戏法颇有创新。《牧猪闲话》载："又按升官图多用骰六枚，惟房千里局道用骰二枚。本朝闽高兆撰《揽胜图》，用骰一枚，以幺为词客，二为羽士，三为剑侠，四为美人，五为渔父、六为缁衣。分马既定，齐集'劳劳亭'，挨次递掷，照点前行，词客至'瀛洲'止，羽士至'蓬莱岛'止，剑侠至'青门'止，美人至'天台'止，渔父至'桃源'止，缁衣至'五老峰'止，其局亦从《升官图》化出。"②从这段记载中可见，这种博戏是六人入局，并依次指派为不同角色，各自有规定的终点。在行进中遇有羊肠道时，除了剑侠外，后行者不准超越前行。不同的角色都有各自的"本采"。如渔父的本采就是五点，掷得五点便可得赏并连掷。"揽胜图"尽管脱胎于"升官图"，但由于其戏法有自身独到之处，而且在输赢胜负之外，多了一点旅游娱乐的情趣，问世后便广受时人的欢迎。

叶子戏　与骰子彩选同时诞生的还有叶子戏。关于叶子戏的发明人，同样有多种说法，有认为是由双陆演变而来："《续事始》云：陈思王制双六局，置骰子二；唐末有叶子之戏，遂至六。"③有说为一行和尚所创制："唐太宗问一行世数，禅师制'叶子格'进之，叶(葉)子，言'二十世李'也，当时士大夫宴集皆为之。其后有柴氏、赵氏，其格不一。"④有贺州刺史李郃与妓女叶茂莲共同创

① (清)金学诗：《牧猪闲话·局道》。
② (清)金学诗：《牧猪闲话·局道》。
③ (宋)司马光：《资治通鉴》卷一六二梁武帝太清三年二月条。
④ (宋)王辟之：《渑水燕谈录》卷九。

制之说：“唐李郃为贺州刺史，与妓人叶茂莲江行。因撰《骰子选》，谓之‘叶子’。咸通以来，天下尚之。不知应本朝年祚，正体书‘葉(叶)’字‘廿世木子’，自武德至天祐恰二十世。”①还有一种说法，叶子戏为一位叫叶子青的人所创制，但这个说法被欧阳修否定，他认为，叶子戏伴随着骰子格所产生，应是骰子采选的衍生品：

> 叶子格者，自唐中世以后有之。说者云：“因人有姓叶号叶子青者撰此格，因以为名。”此说非也。唐人藏书，皆作卷轴，其后有叶子，其制似今策子。凡文字备检用者，卷轴难数卷舒，故以叶子写之，如吴彩鸾《唐韵》、李郃《彩选》之类是也。骰子格，本备检用，故亦以叶子写之，因以为名尔。唐世士人宴聚，盛行叶子格，五代、国初犹然，后渐废不传。今其格世或有之，而无人知者，惟杨大年好之。仲待制，大年门下客也，故亦能之。大年又取叶子彩名“红鹤”“皂鹤”者，别演为“鹤格”。郑宣征、章郇公皆大年门下客也，故皆能之。余少时亦有此二格，后失其本，今绝无知者。②

上述诸说，一行和尚为玄宗时人，太宗当为玄宗之误。一行创制叶子为预言唐朝世数，“欧阳公主亦云：唐人宴聚，盛传叶子格。袁文谓：此唐之谶也，‘叶子’二字，拆其字，上半乃‘廿’‘世’，‘木’字凑下‘子’字，作‘李’字，乃是‘廿世李’，正合有唐二十帝之数”③。传说附会之处颇多，不足征信。李郃创制过骰子彩选，叶子戏作为其附属物和衍生品同时出现，应该是可能的。因此，欧旧修从“采选”所用材料及形制上来考索其由来，所谓“叶子戏”，实则是将采选图绘写于叶子之上而得名，其关于叶子戏的产生由来，合情合理，应为可信。

---

① （宋）李昉等：《太平广记》卷一二六“李郃”条引。

② （宋）欧阳修：《归田录》卷二。

③ （清）赵翼：《陔余丛考》卷三十三。

叶子戏怎么个玩法？史籍缺乏详细记载，宋人王辟之《渑水燕谈录》有所涉猎：

> 唐太宗问一行世数，禅师制叶子格进之。叶子，言“二十世李”也，当时士大夫宴集皆为之。其后有柴氏、赵氏，其格不一。蜀人以红鹤格为贵，禁中则以花虫为宗。近世，职方员外郎曹谷损益旧本，撰《旧欢新格》尤为详密。其法：用匾骰子六只，犀牙师子十事，自盆帖而下，分十五门，门各有说。凡名彩二百二十七，逸彩二百四十七，总四百七十四彩。余家有其格，而世无能为者。①

这里的“士大夫宴集皆为之”，说的是当时人以叶子行酒令，人们在叶子上写上令辞，在饮酒行进中行令，以摸到的叶子上所表示的饮法喝酒，“以叶子行觞雅事也”。元人曹继善《安雅堂觥律》说，当时的酒令叶子有一百一十九张，分别是“觥赞一，觥例五，觥纲五，觥律百八”。② 叶子戏除为宴集酒令外，主要还是一种赌博用器，自中唐产生后至于五代，为王公贵戚及士大夫所追捧，是十分时尚的赌博游戏，“同昌公主，一日大会韦氏族于广化里，韦氏诸家，好为叶子戏。夜则公主以红琉璃盘，盛夜光珠，令僧祁捧立堂中，而光明如昼焉。其后南唐李后主妃周氏，编金叶子格，即此戏也。按叶子戏，自唐咸通以来，天下尚之”③。晚唐诗人李洞曾有《龙州韦郎中先梦六赤，后因打叶子以诗上》描写玩骰子格和叶子戏：

> 红蜡香烟扑画楹，梅花落尽庾楼清。光辉圆魄衔山冷，彩镂方牙著腕轻。宝帖牵来狮子镇，金盆引出凤凰倾。微黄喜兆

---

① （宋）王辟之：《渑水燕谈录》卷九。

② （宋）曹继善：《安雅堂觥律》，见陶宗仪等编：《说郛》卷九十四下。

③ （明）钱希言：《戏瑕》卷二《叶子戏》。

庄周梦，六赤重新掷印成。①

叶子戏作为一种新的博戏品种，直启后世纸牌博具之先河。明代出现了马吊，清代在马吊的基础上又创新出默和牌和碰和牌的玩法。明清时期，谈论博戏者一般都把叶子戏和这种纸牌游戏连在一起，如钱希言：

按叶子戏，自唐咸通以来，天下尚之，即今之扯纸牌，亦谓之斗叶子，近又有马钓之名，则以四人为之者，唐格已不可考，今自钱索两门而外，皆《水浒传》中人，故余尝呼戏者曰宋江班(或云是厌胜之术，恐梁山泊三十六人复生世间耳。然则唐宋之世，以何为厌胜耶)。凡士人宴会，闺房杂聚，与夫歌台舞榭之间，酒坛博馆之下，盛行叶子，举樗蒱象戏之乐，无以加于此矣。②

如赵翼：

唐人宴聚，盛传叶子格……马令《南唐书》：李后主妃周氏又编金叶子格。即今之纸牌也……则纸牌之戏，唐已有之。今之以水浒人分配者，盖沿其式而易其名耳。

上述说法语焉不详，其实叶子戏与明清马吊纸牌的关系应该是有其形而质不同，也就是说除了纸质的外在形式外，马吊等纸牌博戏的内容和戏法是完全不一样的。对此，清人金学诗说得明白：

纸牌，长二寸许，横广不及半。绘画雕印，凡六十页为一具，具各有耦。共三十种，分为三门。曰万贯，曰索子，曰文钱，皆自一至九，共二十七种。余三种曰么头。其一万贯，一

① 《全唐诗》卷七二三。

② (明)钱希言：《戏瑕》卷二《叶子戏》。

索子，一文钱亦曰幺头。万贯皆绘人形，索子、文钱则各绘其形制。

考唐李洞有《赠龙州李郎中，先梦六赤，后因打叶子》诗。晁氏《读书志》有《叶子戏格》一卷云：世传叶子，妇人也；撰此戏，晚唐之时也。

《郑氏书目》有南唐李后主妃周氏编《金叶子格》（见丹铅总录）。辽穆宗宝应中正月，与群臣为格叶戏（见王圻《续文献通考》），疑即叶子皆纸牌所自昉乎？

按《说郛》载潘之恒《叶子谱》，乃马吊牌也。然马吊牌署宋江诸人名，则非昔时叶子决矣。杨升庵谓叶子如当时纸牌、酒令，今所传《数钱叶谱》（天都汪道昆撰），即纸牌酒令也。所谓纸牌，亦马吊牌也。①

这里，金氏一方面承认叶子叶是明清纸牌的鼻祖，“即叶子戏皆纸牌所自昉”；另一方面，明清纸牌与唐宋叶子叶决非一致，此时的纸牌大约具有往昔叶子赌博、酒令的一般功能，但内容、形式和戏法已全盘革新，所以，“然马吊牌署宋江诸人名，则非昔时叶子决矣”。叶子是叶子，纸牌是纸牌，“所谓纸牌，亦马吊牌也”。此外，不同的地区有不同的叶子纸牌，“叶子彩选纷纷聚讼，予谓彩选即今之“百官铎”不待言矣。叶子必今之纸牌，但叶子图淮南寇不知始何时，今江右叶子有无图像者，有作美人图者；闽中叶子有作古将相图，有作甲第图者；近又有分鸟兽虫鱼为门类者。古之叶子正不知作何分，若但以图淮南寇谓叶子之兴，必在宋人后则误矣！南人至今呼为斗叶”②。汪师韩从另外的角度指出叶子与纸牌（马吊）的不同，即叶子格掷骰行棋，而马吊等纸牌则摒除骰子不用，直接抹牌后出牌：“纸牌之戏，前以为起自唐之叶子格，宋之鹤格小叶子格，然叶格戏似兼用骰子，盖与今之马吊游湖异矣。”③

① （清）金学诗：《牧猪闲话·纸牌》。

② （清）周亮工：《因树星书影》，转见汪师韩：《叶戏原起》。

③ （清）汪师韩：《谈书录·纸牌》。

打马 打马是宋代流行的一种投掷类棋戏，根据投掷骰子的结果决定棋的行动，并依照一定的游戏规则，双方用马(棋子)布阵、设局、进攻、防守、闯关、过堑，最终计算打马战绩，以定赏罚，判输赢。“打马”之名由来，与棋子、棋局多马的形象有关。首先是打，“然世间言打字尚多：行路有打伴、打包、打轿，负钱于身为打腰，饮席有打马、打令、打杂剧、打诨，僧道有打化，设斋有打供”。① 可见“打×”为其时流行词汇；打马所用的棋子或以铜铸，或以犀象角雕刻而成，上面多刻历代名马图像，故称为马，行棋称为下马、行马，行棋过程中以多击少将对手的棋子打下便是“打马”；打马的棋盘格名称多是宋代牧马机构。史载：“开宝九年正月，幸左飞龙院，观卫士射，遂幸北苑。令卫士与契丹使骑射。”②另据宋祁的《论复河北广平两监、澶州两监》记载：“此两监，合河北五监，通为十监，每监以一万匹为定额，如国家牧养得人，得五年之间，可以自养，及额余数，则可以分入河南郑、许、西京三监，及在京骐骥院、天驷、天厩诸监坊矣。同州沙苑一监，地尤宜马，令郄畜大马，不宜孳育，殊乖所宜，欲望朝廷许将孳生马五千，就沙苑分左、右两监委官，益占官地，谨加牧放。”③李心传《建炎以来系年要录》亦谓“绍兴十年五月，拘收汧阳监官马、茶兵、铺兵，并般运军前物色”。④ 上述“飞龙院”“骐骥院”“天驷监”“天厩监”“沙苑监”“汧阳监”等宋朝牧马机构便在打马棋盘格上均有显示。⑤

打马博戏早在明末即已废弃失传，好在宋代著名女诗人易安居士李清照有《打马图经》传世，下面，我们依据李清照的《打马图经序》和《打马图经》，扼要介绍打马博戏的形制和基本戏法。

---

① (宋)刘昌诗：《芦浦笔记》卷三。

② (宋)王应麟：《玉海》卷一四五《建隆便殿讲武》。

③ (宋)宋祁：《宋景文集》卷二九。

④ (宋)李心传：《建炎以来系年要录》卷一三五。

⑤ 参见林友标、王颋：《宋代打马游戏考》，载《体育文化导刊》2011 年第 2 期，第 115~118 页。

宋代流行的打马博戏，主要有依经马、关西马和宣和马三种打法。据李氏《打马图经序》云：

> 按打马世有二种：一种一将十马，谓之关西马；一种无将二十四马者，谓之依经马。流传既久，各有图经。凡例可考，行移赏罚，互有异同。又宣和间，人取二种马参杂加减，大约交加侥幸，古意尽矣，所谓宣和马者是也。

因为李清照“独爱依经马”，其《打马图经》主要讲的就是依经马的打法：“因取其赏罚互度，每事作数语，随事附见，俟儿辈图之，不独施之博徒，实足贻诸好事。使千万世后，知命辞打马，始自易安居士也。”所以，我们介绍的打马实际上只是依经马的戏法。

依经马的博具有四种：骰子、棋盘、棋子和铺盆。

骰子3颗，可以掷得“凡碧油至满盆星有五十六采”，包括赏色11种，罚色2种，杂色43种。其中赏色11种：堂印(四四四)、碧油(六六六)、桃花重五(五五五)、雁行(三三三)、拍板儿(二二二)、满盆星(幺幺幺)、黑十七(六五六)、马军(四五六)、靴楦(二三六)、目十(幺四五)、撮十(幺三六)。罚色2种：小浮图(幺二三)、小娘子(幺二幺)。杂色43种：赤牛(六四六)、黑牛(五六五)、驴角(六三六)、角后(三五六)、大门(四六四)、正台(五四五)、罩策头(六二六)、暮宿(二五六)、大抢(六幺六)、阜鹤(五三六)、野雀卷(三四六)、人五(四五四)、花羊(三四五)、丫角儿(五二五)、条中(三六三)、赤十二(二四六)、腰曲楼(幺五六)、圪垯儿(三五三)、红鹤(四三四)、九二(二四五)、小抢(五幺五)、急火(四幺六)、胡十(二三五)、蛾眉(三四三)、夹十(二六二)、平头(醉十)、撮九(幺五六)、拐九(幺二六)、妹九(二三四)、夹九(二五二)、丁九(四一四)、雁八(三二三)撮八(幺三四)、拐八(幺二五)、大肚(幺六幺)、夹八(二四二)、七白(幺五幺)、川七(三幺三)、夹山(二三二)、拐七(幺二四)、火同儿(幺四幺)、小嘴(幺二幺)、葫芦头(幺三幺)。

棋盘(棋局)一般为纸质，与中国象棋棋盘颇为类似，但又有自身特点，首先是棋局中间的分界有三道，中为“函谷关”，其次是沿着棋局的周边设置了80个圆格，每8个一组，每个圆格上都标有不同时期的名马，另有堑一，夹四，间列皇家府厩11个。“棋盘的图式，据《说郛一百二十三卷》卷一〇一《打马图经》附图：绘格联机，作凹字，惟‘陷入’部不封口。始自右方‘陷入’的末格，终于左方‘陷入’的末格，中间八十九格，共计九十一格。第一格名‘赤岸驿’，第十格名‘陇西监”，第十九格名‘玉门关’，第二十八格名‘汧阳监’，第三十七格名‘沙苑监’，第四十六格名‘函谷关’，第五十五格名‘太仆寺’，第六十四格名‘天驷监’，第七十三格名‘骐骥院’，第八十二格名‘飞龙院’，第九十一格名‘尚存局’；以上除‘赤岸驿’‘飞龙院’‘尚乘局’外，为‘窝’。第八十五至八十八格为‘夹’，第八十九格为‘堑’。”①

棋子每组20枚，参与博戏者每人持一组，据明人周履靖的《夷门广牍》卷五〇《马戏图谱》记载：“每人马二十匹，用犀、象刻成，或铸铜为之，如大钱样，刻其文为马文，各以名马别之，如骅骝之类。或只用钱，各以钱文为别，仍杂采染其文。须用当二、当三钱，以绝盗下之事。”

铺盆即装盛帖(相当于筹码)的用具，“凡置局二人至五人，均聚钱置盆中，临时商量，多寡从众，然不可过四五人之数，多则本采交错，多致喧闹矣。既先设席，岂惮攫金；便请著鞭，谨令编埒。罪而必罚，已从约法之三章；赏必有功，勿效绕床之大叫。凡不从众议喧闹者，罚十帖入盆中”②。这里的帖就是赌资，从上引李清照文看，参与打马博戏者，事先都是要约定好赌注大小的，即每帖所值钱数，游戏结束后，胜者用所赢之帖向输家兑换银钱。由此可见打马鲜明的博采游戏性质。

打马参加者一般二至五人，其戏法颇为繁复，李清照的《打马图经》中的“采色例”“铺盆例”“本采例”“下马例”“行马例”“打马

---

① 林友标、王颋：《宋代打马游戏考》，载《体育文化导刊》2011年第2期，第116页。

② (宋)李清照：《打马图经》《铺盆例》。

例”“倒行例”“入夹例”“落堑例”“倒盆例”“赏贴例”“赏掷例”等，详细介绍了从约定赌注大小、掷骰确定本采、下马、行马、打马直至最后决出胜负的打马全过程。

首先是掷骰，开局时，参与者每人轮流掷一次骰子，以确定“本采”，“凡第一掷，谓之本采。如掷赏罚色，即不得认作本采(到飞龙院，真本采方许过。如平头是真本采，十三大抢之类，皆本采)”①。即本采必须是“杂色”43 种中的一种，如果有人掷得“赏采”或“罚采”，则不能算作本采，必须重新再掷。本采又有“真本采”和“傍本采”之分：“凡第一掷，初下马之色，谓之真本采。如掷赏、罚色，即不得认作本采”；“凡点数与本采同，而色样不同，谓之傍本采”。此外，还有所谓“真撞”“傍撞”：“谓下次人随手掷同上次人采色为真撞，赏、罚色不论”；“凡点数与上次人同而色样不同谓之傍撞，赏、罚色不论”。②

掷骰过后是下马，就是将参与者每人的 20 匹马下到棋局的起点“赤岸驿”之上，下多少匹马得由掷得的采来决定，其中有赏有罚，全赖掷骰的运气，对此，《打马图经》有详尽介绍：“堂印(如浑花，下八匹，赏八帖。如十二本采，更下二匹)、碧油(六浑花，下六匹，赏六帖)、桃花重五(五浑花，下五匹，赏五帖。如十五本采，更下二匹)、雁行儿(三浑花，下四匹，赏四帖。如九本采，更下二匹)、拍板儿(二浑花，下四匹。如五本采，更下二匹)、满盆星(幺浑花，下四匹，赏四帖)、真本采(下三匹，赏三帖)、傍本采(下二匹，赏二帖)、承人真撞(谓下次道手抑，同上次赏罚色，无真撞，下三匹，赏三帖)、日掷赏色(靴信银十作撮手黑十七马军傍本采，各下二匹，赏二帖)、别掷自家傍本采傍撞(各下二匹，赏二帖)、上次掷罚采(小娘子、小浮屠，下二匹，赏二帖)、余散采(下一匹)。”③20 匹马都下完即可掷骰行棋，先下完先行，后下完者后行。

---

① (宋)李清照：《打马图经》《本采例》。

② (明)周履清：《夷门广牍》卷五〇《马戏图谱》。

③ (宋)李清照：《打马图经》《下马例》。

行马，根据掷骰点数决定行马的匹数与步数，行马的起点是“赤岸驿”，经“陇西监”“玉门关”“汧阳监”“沙苑监”“函谷关”“太仆寺”“天驷监”“骐骥院”“飞龙院”，最后到达终点“尚承局”。“大抵此局专以本采为重，以浑色为奇，以入窝为险，以函谷关为限，以飞龙院为归，以尚乘局为极，而堑则设为不测，以示盈满之戒云。”①“全部棋子行完全程。又分为四个阶段：一是‘陇西监’前，‘马二十匹，俱下完’；二是‘函谷关’前，‘凡迭成十马以上，方许过。十马先过，然后余马随多少得过’；三是‘飞龙院’前，‘凡迭足二十匹马到飞龙院，散采不得行，直待自掷真本采，堂印、碧油、桃花重五、雁行儿、拍板儿、满盆星(浑花采)诸赏采等，及别人掷自家真本采、傍本采、不论上次人掷罚采，许进院’；四是‘尚乘局’前，‘入夹’，‘散采不许行，遇诸夹采方许行’，‘落堑’，‘不行不打’，‘直待自掷诸浑花赏采、真本采、傍本采、上次掷罚采、下次掷真傍撞，方许依元初下马之数飞出’。”②全部棋子(20匹马)最先到达“尚乘局”者，可以得到两盆帖，称之为“倒盆”。每倒一次盆，所有参与者须在盆中补齐到约定的帖数。

行马过程中可以打马，所谓打马就是吃掉对方的棋子。打马规则，李清照的《打马图经》云：“凡多马遇少马，点数相及，即打去马。马数同，亦许打去，任便再下。”“凡打去人全垛马(谓二十正伴一垛者)，倒半盆，被打人出局，如愿再下者，亦许。”这里说的是可以打下对方棋子的规则。但也有不能打的规矩，“下马时遇别人真本采，不得打；遇别人多马，不许打”，“遇入窝不打，后来者即多马不许越，亦不许打”。③

行马打马的过程中还有一些规则，《打马图经》列有“倒行”“入夹”“落堑”等，所谓“倒行”，“凡遇打马过叠马，遇入窝，许倒行”；“入夹”，“凡遇飞龙院下三路，谓之夹散采，不许行；遇诸

---

①　(明)周履清：《夷门广牍》卷五〇《马戏图谱》。

②　林友标、王颋：《宋代打马游戏考》，载《体育文化导刊》2011年第2期，第117页。

③　(宋)李清照：《打马图经》《打马例》。

夹采，方许行”；“落堑”，“凡尚乘局下一路谓之堑，不行不打。虽后有马到，亦同落堑，谓之同处患难，直待自掷诸浑花、赏采、真本采、傍本采，别人掷自家真本采、傍本采、上次掷罚采、下次掷真傍撞，方许依元初下马之数飞去，飞尽为倒盆。每飞一匹，赏一帖”。①

打马作为博戏，其输赢得帖罚帖有明确的游戏规则，《打马图经》有“倒盆”“赏帖”“赏掷”等介绍：“倒盆”：“凡十马先到函谷关，倒半盆(在局人再添)。打去人全马，倒半盆。全马先到尚乘局，为细满，倒倍盆(在局再添)。遇尚乘局为粗满，倒一盆，落堑马飞尽，同粗满，倒一盆。”“赏帖”：“凡谓之赏帖者，临时商量用钱为一帖(不过五钱，则重复难供)。自掷诸浑花、赏采、真傍本采，各随下马匹数，在局皆供。别人掷人真傍本采、随手真傍撞上次罚采，各随下马匹数，犯事人供。凡打马得一马，赏一帖，被打人供；落堑飞出马一匹，赏一帖，在局人皆供。”“赏掷”：“凡自掷诸浑花、诸赏采、真傍本采，打得马、叠得马、飞得马，皆赏一掷。别人掷自家真傍本采，上次掷罚采，皆赏一掷。”②

打马在宋代颇为流行，李清照“予素喜博”，且“独爱依经马”。不独李清照如此，宋代上流社会的不少妇女多嗜此“闺房雅戏”，于深闺以打马作消遣，聊以慰藉孤寂无奈之心绪，宋代著名诗人陆游的《乌夜啼》正是描写的这类情景：

> 金鸭余香尚暖，绿窗斜日偏明。兰膏香染云鬟腻，钗坠滑无声。冷落秋千伴侣，阑珊打马心情。绣屏惊断潇湘梦，花外一声莺。

打马当然不只是宋代妇女的专利，男人们也有玩打马博戏的，据说妇女们玩依经马，男人们则钟情于关西马，宋代诗人朱翌的《观诸公打马诗》云：

---

① (宋)李清照：《打马图经》《倒行例》《入夹例》《落堑例》。
② (宋)李清照：《打马图经》《倒盆例》《赏帖例》《赏掷例》。

酒酣侑坐展博局，分曹并进角马足。过关验齿出天衢，入关未掩绕日轴。十骥并驱纵来往，一将折棰制起伏。击前叠后看腾骧，避堑守狭良局促。缓时秘若出门殿，妙处正须蚁封逐。孙膑能令田忌胜，诸人徐贺塞翁福。障泥在前解则行，杜蘅可采带宜速。莫疑檀溪坠三丈，终使青云成一蹴。吾家款段乃如狗，敢上夷涂陪骥騄。但能书与尾而五，未免以策数曰六。归欤秋满华山阳，苘麦倍收连苜蓿。

打马规则烦琐，技法精妙，较智伐谋，为一般满足于一掷见输赢的赌徒所不为。因此，即使在两宋盛行时期，也大都只是社会精英层面的小众“上流”和“雅戏”。元明时期，打马依然是士大夫优雅闲适生活的点缀，“较武之暇，净扫一室，为休息之所，揭野耕二字于其楣。嘉宾萃止，或焚香观画，雅歌投壶，弈棋打马，饮酒论诗，一日之闲，尽一日之乐”①。自明至清，打马终因曲高和寡而逐渐衰歇，终至湮灭。明代曾有《朝京打马格》行世，戏法较李清照《打马图经》简便，但因赏罚数额大，也只是少数有钱人能玩的博戏，流行并不广泛，所以一般有怀旧情结的士大夫耽玩者还是李氏打马。据谢肇淛的《五杂俎》记载：“李易安打马之戏，与握槊略为相似……此戏较诸艺为雅，有赋文亦甚佳，但聚而费钱稍多耳，江北人无知之者。余在东都，一司农，合肥人也，恳余为授之，甚喜。”②另据《打图经跋》云：“打马戏今不传，周栎园《书影》称予友虎林陆骧武近刻李易安之谱于闽，以犀象蜜蜡为马，盛行，近淮上人颇为此戏，云云。而今实未见，殆失传矣。”③周栎园即周亮工，明清之际官员及文学家。这两则材料说明，明清之际仍有打马博戏行世，但至咸丰时期，南海伍崇曜为《打马图经》作跋时，打马“今实未见，殆失传矣”。

---

① （元）舒頔：《贞素斋集》。

② （明）谢肇淛：《五杂俎》卷六：人部二。

③ （宋）李清照：《打马图经》《打马经跋》，见《中华杂经集成》（第三卷），中国社会科学出版社 1994 年版，第 113 页。

响屧戏 宋代还有一种类似打马的棋戏——“响屧戏”，今存宋人杨无咎编撰、清人方绚作注的《响屧谱》对此有详细介绍。所谓“响屧”，源于传说中的春秋时吴王宫中美女在宫殿步屧，足音响彻回廊。响屧戏以春秋吴越之争历史为背景，在博具形制及戏法上无不体现吴越文化色彩。如棋盘：“盘不言大小制度，意如今之棋盘，方广约二尺四寸。画纸为之，最简便，然不如竹木者佳。琢檀楠为质，而缕金银丝作路，则落子琤琮，与响屧并称。若楩梓借地而织罽张之，使美人容其上，尤为尽善。盖此戏本以响屧得名，不妨名实相副，正未可以灵岩响屧廊，与东楼之肉双陆同日语也。不知绮罗主人，亦以为有雅俗之别否？”①据说其时还真有人以女人作棋子即行“肉棋”的，博戏玩到如此色赌合一、俗不可耐之程度，足见宋代士人们情趣之低下，思想之颓废。

棋子也称马，其形状制作成女性穿的高底鞋式样，即响屧形。“响屧，即今之高底鞋也。按王筠演连珠云：玉指金稂，处处拂凤凰之袖。金稂之名，其式未知何似。今云作响屧形，似刻玉镂香，都无不可。然循名责实，绣舃为佳，高底其次。深闺雅集，撷之足下，可入局中。觉琢玉范金，尚其好事耳。”②

响屧戏用骰子六枚，骰子六色以吴越及其人物名之，“投子，今作骰子，又名色子。六色，幺为越，六为吴，五为施，二为嚭，四为种，三为蠡。解：一六，首末也，故为王。二为嚭者，俗云比大次也。三四周旋其间，而蠡三种四者，因种在吴，周旋多时，而蠡周旋在越也”③。

响屧戏的戏法，《响屧谱》有所谓掷法、量色、色目、分界等介绍。掷法是六枚骰子一齐掷。量色即参与者各自确定其固定的采色，“每集，三人，则吴与嚭合，施与蠡合，越与种合。四人则分蠡与施为二。五人则再分吴与嚭为二。六人各得一”④。色目即根

① (宋)杨无咎：《响屧谱 · 盘》。
② (宋)杨无咎：《响屧谱 · 马》。
③ (宋)杨无咎：《响屧谱 · 投子》。
④ (宋)杨无咎：《响屧谱 · 量色》。

据投掷骰子的采色决定赏罚进退，“凡掷空五算无五，无三不起身，罚二注。无五不起身，罚一注。有五则计色而进。色者本身所得之色也。如得一为越，二为嚭类。越如分如得五，外有一幺则进一步；二幺，则进四步。一者一其一也，四者二其二也。他仿此”。对此，方绚做了进一步解释：“不起身之罚，兼已未上盘而言。盖六人分曹，先计色上盘。如越有一五一幺，吴有一五一六，则准上盘。有二幺二六，则准退一步。若第有五，或只有幺六，皆不准行。惟施则但有一五，即准上盘。有二五即准进一步。蠡虽无五，而有两三，亦准上盘。有三三则准更进一步。他人所不能，故独罚二注。若他有五而无本色，虽不行准免罚。罚筹贮公作十五分。最初出局者，得五，次得四，又次分得三，递减至一。最后出局者不得。”①分界就是参与者在棋盘上的位置和行棋路线，“左越右吴，吴嚭、施为一曹，越种、蠡为一曹，皆自角而进。吴进向越，越进向吴，色多则递身数过及江。(中所空也，空九空一，皆作进一步)吴越相抗，(皆及江)越进三注于吴，施蠡及江相抗。众贺十注。种嚭及江相抗，种出三注送嚭，吴嚭一同过江。十越三人过江而施未及江，罚吴嚭各十注。施先过江，种贺三注。吴过江，越亦过江。适遇嚭，越进一注于嚭。施越齐及江，赏施三注。种施齐及江，种由施二注。嚭施齐过江，嚭进三注于施”。响屧戏以先走到对方之位置为胜，如果六人为戏，前三位可得贺注，即前三名为赢家：“胜负。吴入越，越入吴，胜负固相判矣。若吴及越起位而适止，再掷无本色，便罚令重起。有本色则出局。先出盘者，各贺五注，递减至末，出三注。惟施得利最多，以其有满盆掷也。”②

骰子戏 由“六博”的“琼”、“樗蒱”的“五木”再演化到“骰子”，是赌博掷具从先秦两汉到魏晋六朝再到唐朝所经历的三个发展阶段。正六面立方体骰子何时产生，较多的说法是在唐朝，但亦

① (宋)杨无咎：《响屧谱·色目》。

② (宋)杨无咎：《响屧谱·分界》。

有另外的说法。如魏曹植所造之说即是①。这一说法不能不说没有道理，一是骰子的雏形自古即有，魏时可能出现了近似唐骰的掷具。在浙江余姚出土的一座东晋墓葬中，就曾发现一枚正方体骰子实物；二是崇拜名人的心态作祟，将骰子的创制附会于某位名人以提高其身价。综其所说，骰子大约在魏晋时期已经出现，但定型和流行则是唐代的事。

定型之后的骰子形制。据宋人程大昌的《演繁露》云："骰子之制，固知祖袭五木，然而详略大率不同也。五木止有两面，骰子则有六面，故骰子齿，自一至六，为采亦益多。率其大而言之，则裁去五木两头尖锐，而蹙长为方。既有六面，又著六数，不比五木但有黑白两面矣。"程氏所言，只是道出了骰子与五木相异的一个方面。清人赵翼综考诸籍，指出了唐骰形制的诸特点："……《说郛》云：博骰本以木为质，唐世镂骨为窍，杂以朱墨。更有取相思红豆子纳置窍中。故温飞卿诗云：'玲珑骰子安红豆，入骨相思知也无？'《言鲭》：唐时投琼，惟幺一点加红，余五子皆黑色，唐明皇与杨贵妃采战，将北，惟四可解。有一子旋转未定，连叱之，果成四。上悦，顾高力士令赐绯，遂相沿至今云。"②同一时期的金学诗更对骰子的演变及骰子的形制作了详细介绍和描述：

> 骰子，以骨为之。矩方觚棱。凡六面皆镂，其中而以点识之。曰幺，曰二，曰三，曰四，曰五，曰六。惟四用朱点，余皆墨。其具以六子为限，掷之于盆，视其转止。按古人所称骰子，大抵皆指蒱博之具。斫木为子，其数五木，名五木。
>
> 《潜确类书》谓古人博骰用五子，以木为之。陈思王造双陆，用二子，以骨为之。博骰用木。其后转而用石，用玉，用象，用骨(见程大昌《樗蒲经略》)，至唐时亦用骨矣(程氏谓"投琼"见《列子》，则周末已尝用玉骨也。按鲍宏《博经》云：

---

① 最早见《七修类稿》，(清)赵翼《陔余丛考》和(清)徐珂《清稗类钞》亦本此说。

② (清)赵翼：《陔余丛考》卷三十三。

所掷骰，谓之琼，或是借琼以形木之温润。李翱《五木经》云：骰，以木为之，今则以牙角。可为唐时始用骨之证）。然其形尖椭，非四方；其制画彩，非镂点；两面，非六面。与今骰子迥异（详下所引《樗蒲经略》）。今之骰子，疑始于陈思王之两骰。

《声谱》云：陈思王制骰子二。至唐末，有叶子之戏，遂加骰子至六。此其证也。《唐书·艺文志》有李郃《骰子选格》三卷。郃，字仲元，贺州刺史。今其书不传。传者房千里。《骰子选格》未知即其制否也。

刘禹锡《观博》文云：博，齿用骨，觚棱四，均镂以朱墨，耦而合数，取应期月。其曰异乎！古之齿，明非即五木之具也。李洞诗曰：六赤重新掷印成。《南唐近事》载刘信掬六骰于手，一掷六齿皆赤。《宋史》载王昭远一掷六齿皆赤。凡此皆即今骰子之戏。与樗蒲之五骰，各不相涉。自唐世骰子盛行，五骰之制渐废。程氏云：古书古事语及樗蒲者，其名数遂不可晓。盖宋时已然。

骰，投也。取头掷之义。后转呼为“头”。周文帝命丞郎掷樗蒲头（见《北史·薛端传》），古曰投琼（见《列子》）。琼，一作榄（见繁钦《威仪箴》），又作㷯（见《颜氏家训》），古律文谓之出玖（见《樗蒲经略》），又名“博齿”（见《楚词·王逸注》），又名“穴骰”，一作“穴骼”（见房千里《骰子选格序》），又名“明琼”（见洪遵《双陆序》，晁氏《读书志》），又名“琼畟”（见李洞诗注。按以上诸目多指蒲博之骰，然今骰子亦可通用。

又博徒隐语呼为“惺惺二十一”，谓六面共二十一点也。又曰：象六，谓六只成副也（并见陶穀《清异录》）。四用朱点者，相传唐明皇与贵妃采戏将北，惟重四可转败为胜。上连叱呼之，骰子宛转而成重四。上大悦，命高力士赐四绯也（见《潘氏纪闻》）。①

---

① （清）金学诗：《牧猪闲话·骰子》。

综上所述，可知骰子源于古代六博、樗蒲掷具，六博尤其是樗蒲掷具一般以木为之，“然其形尖椭，非四方；其制画彩，非镂点”，即为有彩画齿采的两面体，一般用五个投掷，故称“五木”。唐代定型后的骰子为骨制，六面体，依次刻幺二三四五六等六种齿采，唐玄宗之前除幺点涂红色外，其余五种均饰以墨色，玄宗后四点涂红色。至此以后，幺点、四点为红，其他为黑，沿袭不改。骰子用于骰子选格或骰子戏投掷时一般用六枚，“至唐末，有叶子之戏，遂加骰子至六”。

骰子产生后不久便出现了独立的骰子博戏。较早的骰子戏据称为宋人朱红所创造，俗称“猪窝”。元人杨维桢嫌其名不雅，改称“除红”。“古之君子凡有所撰造必系以姓氏，使后世知所起也。晋阮咸氏尝作月琴，世谓之阮咸。猪窝者，朱河所撰也，后世讹其音，不务察其本始，谓之猪窝者非也。朱河字天明，宋大儒朱光庭之裔，南渡时始迁建业，遂世家焉。河少有才望，落魄不羁，仕至天官冢”。① 杨氏《除红谱》对“猪窝”—“除红”骰子戏加以归纳改造，一是将骰子戏戏法进行总结提炼，使其游戏规则更趋固化，二是对骰子掷出的齿采名称化俗为雅，重予定名。

关于“除红”戏法：用骰子 4 枚，每局限 3～5 人参加。掷出的齿采分为罚色、赛色和赏色：“凡除红用四骰子掷之，以四红为主，除一四红但以余三色计之，自八以下皆为罚色，十三以上皆为赏色，俱不必赛，九以至十二，除柳叶儿、十二时两色之外俱为赛色。”开局时，轮流掷骰以定顺序，“凡掷色之始，先以一色相赛，其得四红者先掷，余色次之，如三人掷色，一人先得四红者，其二人复赛如前，无红者独后。四五人以上仿此”。4 枚骰子，除去一红，以余下五色计点定赏罚。如有所谓“蹋脚”：“凡赛色少一者谓之蹋脚，罚二帖，如赛出各等罚色三帖以下者，依本帖罚之，复加一帖，四帖以上，但依本帖罚之，不必加罚。”有所谓“赶上”：“凡赛色点数相数同者，谓之赶上，赏一帖，如赛人九点而自掷柳叶儿者，罚四帖，敌者仍罚，赶上一帖。”有所谓“压倒”：“凡赛色多一

① (元)杨维桢：《除红谱》，见陶宗仪等编：《说郛》卷一百二。

点者，谓之压倒，赏二帖，如赛出各等赏色，三帖以下者依本帖赏之，复加一帖，四帖以上者，但依本帖赏之，不必加赏。”

《除红谱》对4只骰子掷出的62种采齿的名称重新命名，并对各种采齿的赏罚予以规定：

> 标目六十二条。
>
> 浑花计六采：浑四为满园春赏六帖，浑六为混江龙赏五帖，浑五为碧牡丹赏五帖，浑三为雁行儿赏五帖，浑二为拍枚儿赏五帖，浑么为满盆星赏五帖。
>
> 三红计五采：三红一幺为花心动赏五帖，三红一二为蝶恋花赏四帖，三红一三为红衫儿赏四帖，三红一五为锦上花赏四帖，三红一六为销金帐赏四帖。
>
> 双红计六采：双红双幺，双红双二，双红双三，双红双五，双红双六为红叶儿俱赏三帖，双红五六为节节高赏三帖。
>
> 对子计十采：双幺双二，双幺双三，双幺双五，双幺双六，双二双三，双二双五，双二双六，双三双五，双三双六，双五双六为素叶儿俱赏二帖。
>
> 十八，止一采：六六六为得胜令赏五帖。
>
> 十七，止一采：五六六为皂罗袍赏二帖。
>
> 十六，止一采：五五六为雪儿梅赏一帖。
>
> 十五，计二采：五五五为永团圆赏一帖，三六六为皂雕旗赏一帖。
>
> 十四，计二采：三五六为穿花凤赏一帖，二六六为铁道冠赏一帖。
>
> 十三，计三采：二五六为野鸡颈赏三帖，幺六六为点绛唇赏二帖，三五五为凤归云赏二帖。
>
> 十二，计三采：二五五为十二时赏四帖，三三六为鹧鸪天赛色，幺五六为巫山一段云赛色。
>
> 十一，计三采：三三五为鹊踏枝赛色，幺五五为梅梢月赛色，二三六为画眉不尽赛色。
>
> 十，计三采：二二六为夹十儿赛色，幺三六为撮十儿赛

色，二三五为落梅花赛色。

九，计四采：三三三为柳叶儿罚四帖，幺二六为女冠子赛色，幺三五为一剪梅赛色，二二五为锁南枝赛色。

八，计三采：幺二五为锁顶八罚三帖，幺幺六为睁眼八罚二帖，二三三为雁儿八罚二帖。

七，计三采：幺三三为川七儿罚一帖，幺幺五为白七儿罚一帖，二二三为夹七儿罚一帖。

六，计二采：幺二三为耍孩儿罚三帖，二二二为粉蝶儿罚一帖。

五，计二采：幺二二为五供养罚一帖，幺幺三为葫芦儿罚—帖。

四，计一采：幺幺二为咬牙四罚三帖。

三，计一采：幺幺幺为快活三罚五帖。①

此外，由于四只骰子掷出的齿采很多，故有许多相应的采名和奖罚办法。如四骰点数全同为“浑花”，两两成对为“叶儿”，掷出这两种齿采者可得三至十帖的奖赏。掷出十八点称之为“得胜令”，十七点为“皂罗袍”等。在下层市民中还有用三颗骰子博胜的“滑窖”，亦称“三子”。

元人的骰子戏法还有所谓“醉绿”，是一种用 5 颗骰子来投掷赌输赢的博戏。“至元有‘醉绿’，为张光所创制，用骰子五枚，以三同为主，除三同外，以余二色计之。凡例有‘得幺幺、二二、三三、四四、五五点为赏采；幺六、二六、三六、四六、五六、六六为罚采，’其戏法颇多与除红相同，当是祖述除红而稍变化的。”②上述宋元时期的骰子戏，毕竟是读书人的踵事增华，纸上谈兵，民间骰子戏实战戏法究竟是咋回事？上节引述的清人小说《飞龙全传》中就曾对赵匡胤与几个市井赌徒掷赌骰子戏有细致描写，使今人对这个时代的骰子博戏有了一番感性认识：

① (元)杨维桢：《除红谱》，见陶宗仪等编：《说郛》卷一百二。
② 杨荫深：《中国游艺研究》，上海世界书局 1936 年版，第 80 页。

……当场又告了幺，重新又掷。此回轮该上家先掷，匡胤却把骰子抓在手中，说道：“是我掷的下注，倒买一盆罢。”下边的即便买上两大定。当时匡胤举手掷下，指望开快满赢，不期那骰子在盆中滴溜溜的旋旋了一回，先望四个二，然后又是两个幺。那上家正要掠起骰子来掷，那匡胤输得急了，一心要赖，将手拦住。那上家说道：“你掷的是一果头儿，理该我掷，为何把我拦住？”匡胤道：“我掷了这个大块，你为甚又掷？”那人道：“五个一色，六个一色，方算得输赢。你掷的是四个二，两个幺，名为果头名色，非叉非快，为甚么不许我掷？”匡胤微微冷笑道：“你们虽会赌钱，却没经过阵场，连那名色儿都不认得，还赌甚钱？”那人道：“你又来了，这的骰子有甚名色？反说我不认得。”

匡胤道：“原来你们果不识得。我这骰子，名为果快，又是巧色，待我把这骰子的名色逐项儿说与你们，方才知道。若掷四个六，一个四，一个二，名为锦裙襕。有幺有五，名叫脱爪龙，又叫蓬头鬼。若两个三，名为双龙入海。若掷四个五，一个幺，一个四，名为合着油瓶盖。有二有三，名叫劈破莲蓬。若掷四个四，四个二，名为火烧隔子眼。有幺有三，名为雁衔火内丹。若掷四个三，一个二，一个幺，名为折足雁。若掷四个二，两个幺，名为孩儿十。这些名色，都是有赢无输的大快。我掷的便是孩儿十，已是赢了，你何为又掷？”那人听了，只是不依，彼此争嚷不休。那头家说道：“老二，你也不必争嚷，这好汉说来，句句都是有理，这一盆算你输了罢。你们打上注，重新再掷，便见高下。”匡胤听了大喜，遂又打上了十定注马，抓起骰子又掷。那下家也便买上三定。匡胤掷下看时，却是三个六，两个二，一个幺。下家说道：“如今真也输了，却没得说。”伸手过来要取注马。匡胤将手挡住，道：“今番原是我赢，你不将银子配我注马，反来强取，是何道理？”下家发急道：“你掷的四臭，怎么倒说是赢？”匡胤哈哈大笑道：“我说你们果经没经过阵场，名色不知，强来与我戏赌。我且再把这骰子明白说与你听，方才信我。凡系四点六点七点为叉，只有这个五点称为夺子。我掷的是个是个四开大快，如何不算我赢?”那头家听了，又说道：“老五，你赖他不过，也不必说了，叫他打上了银子，你便再掷。”匡胤闻言，暗暗欢喜，即便打上了十二定银子，举手又掷。

看官们明理骰子的，果不必细说，但说书的不得不历举各色，略为指陈，虽非妄凭臆见，牵扯荒唐，然从古相沿，亦非无据，不过依样葫芦，道听途说而已。相闻传流的六个骰子，辨别输赢。以五子一色，六个全色，名为大快。其余除了三同不算，那三个十点以上者名赢，十点以下者为输。还有对子幺二三，名为顺水鱼，也算为输。凡五点夺子，四果外快，古时并作输论。只因赵太祖少游关西，遇赌输急了，强争赢注，所以传到如今，那天下人都算为快。闲话表过不提。①

这里的骰子戏与《除红谱》用4颗骰子、《醉绿图》用5颗骰子不同，是6颗骰子的骰子赌戏，其输赢规则是十点以上为赏色，十点以下为罚色。若掷得5个骰子一色，6个骰子全色，是为大快，算赢。而掷得对子幺幺、二二、三三之类，就算是输了。上述描写的名色有所谓锦裙襕、脱爪龙、双龙入海、合着油瓶盖、劈破莲蓬、火烧隔子眼、雁衔火内丹、折足雁、孩儿十、顺水鱼等。

明代的骰子戏，变化多端，据杨荫深的《中国游艺研究》考索云：

至明则一枚至六枚，皆有戏法，见潘之桓《六博谱》。一枚为“投琼谱”，相传皇甫嵩作，谱云“每与客饮，辄投色令覆射，不中即浮以大白，如其色数”。二枚为“双成谱”，相传丁讽作，“每谳饮，辄令女妓博色觅对，先得对者为胜”。三枚为“斗腰谱”，称登瀛子作，“色色数起于三，以成对者，互其首尾，而所余一色，间其中为腰象焉”。大约三枚之中，两枚

① （清）吴璿：《飞龙全传》第十六回“史魁送柬识真主　匡胤宿庙遇邪魑”。

须为同点，中一枚以大小斗胜负，故云斗腰罢！四枚即“除红谱”。五枚为“合欢谱”，袁舜臣作，大抵与醉绿略同。六枚为“宣和谱”，相传为宋徽宗时宫中之戏，“其法四同之外，以二合之数，分而计之。”按此与后之掷状元者颇同。①

清代的骰子戏名目更多。金学诗的《牧猪闲话》称这一时期的戏法有“掷状元”“掷老羊”“掷窖”等：“骰子之制，不过六子，子各六面，而角胜之道，种种各异。有曰‘掷状元’者，用筹马以四绯多者为胜，另有全色，五子一色，合巧、分相、不同、马军、四序等名，次第俱得胜采。有曰掷升官图者，用局道最重，第一掷为进身之始。六子以四为德，以六谓才，以二三五为功，以幺为赃。遇德则超，迁才次之，功亦升转。遇幺则降罚。有曰‘掷老羊’者，集五六人，分朋列座，以一人输流为庄，余皆出注，视所掷之三子，同色外，计余三子之大小以为胜负。有曰‘掷老窖’者，即视同色之三子，计其大小以为胜负，如遇四子五六皆同，则更胜。如此之类，不可枚举。今俗通行之老羊尤甚。皆不知所自始。又吴俗，向亲友数人敛财为会，谓之‘首会’。所敛之人，按期均收。各视首会所得，以骰子闭盒中，两手抗之，寻开盒，视骰点多少以定得财先后，谓之‘摇会’。此通财转输之举，非赌博也。然亦有借于骰子云”。所谓“掷状元”“掷老羊”，据徐珂《清稗类钞》介绍，是将不同的点数冠之以状元、榜眼、探花、秀才诸名目，计筹角胜：“最大者曰状元，为六十四柱。次差小，曰榜眼、曰探花，各三十二柱。递至秀才，最小者仅一柱。局毕计筹，以分胜负。”“掷老羊”是骰子戏中赌注很大的一种，而且很多赌徒往往以此法行骗，徐珂对此有过记述：

掷老羊，一名“赶老羊”。法以骰六枚股盆盎，其三枚点数既相符，乃得据而分胜负。遍考《五木经》《双陆谱》，不详其例，盖于卢白雉犊枭之外，别开生面者。或曰，博徒多作伪

① 杨荫深：《中国游艺研究》，上海世界书局1936年版，第80页。

诱人，落其陷阱，则加以赶猪名号，猪与羊同类，赶老羊者，殆若辈之隐语欤？有谓羊者洋也，俗以银币为洋钱。伏腊弄獐，相沿已久，掷者其如北齐刘毅之无担石而一掷千金乎？①

宋元时人玩骰子戏，都要手持一本骰子谱，掷出的骰子齿采名称也雅，虽然最终目的是赌钱，但仍有一番对谱找乐的“雅趣”，到了明清时期，则逐渐沦落为只以骰点大小定输赢，毫无乐趣的纯粹博彩活动。《红楼梦》中描写的贾环与莺儿玩的就是这种骰子戏：

赶着这盘正该自己掷骰子，若掷个七点便赢了，若掷个六点也该赢，掷个三点就输了。因拿起骰子来狠命一掷，一个坐定了二，那一个乱转。莺儿拍着手儿叫“幺”！贾环便瞪着眼“七！八！九！”混叫。那骰子偏生转出“幺”来。贾环急了，伸手便抓起骰子来，就要拿钱，说是“四”点。莺儿便说：“明明是个幺！”②

清代末年，骰子戏更加简单化，而且赌注下得更大。在广大城乡盛行所谓“摇宝”（亦称“压宝”）的赌博游戏。这当然是后话，留待下一章详述。

骨牌（宣和牌） 骰子诞生之后，不但有了形形色色的骰子戏，而且还衍生出另一种博具——骨牌。“骨牌之戏，乃骰子之变，故《宣和谱》以三牌为率，三牌乃六面也。”③

北宋宣和二年（1120年），有人给徽宗上疏呈骨牌之制。“共三十二扇，二百二十七点，以按星辰之数。天牌二十四，象二十四气；地牌四点，象四方；人居中数，以象三才。其取名亦皆有意义。对者十二，为正牌；不对者八，为杂牌。三色成牌，两牌成而

---

① （清）徐珂：《清稗类钞·赌博类》。

② （清）曹雪芹：《红楼梦》第二十回“王凤正言弹妒意　林黛玉俏语谑娇音”。

③ （清）汪师韩：《谈书录·骨牌》。

后出色以相赛。其取名如天圆、地方、樱桃、九熟之类，后人敷演其说，易以唐诗一句，殊精且巧矣。”①徽宗嫌其过于复杂，没有批准，至南宋高宗时才奏准颁行。由于此牌质地一般为牙制和骨制，所以称为“牙牌”或“骨牌”，又因其创始于宣和年间，故有“宣和牌”之别称。

骨牌全副共有32扇，每扇牌上都镂刻有2个骰点。根据骰子的排列组合。一副牌中有11对牌为正牌(宋明称“华队”，清朝又称“文牌”)，另有10张单张的牌称杂牌(宋明称“夷队”，清朝又称“武牌”)。正牌以中、上、下各六点的“天牌”为尊：“华何所尊，尊天也。故天牌居首，执者无敌。”②杂牌包括三六、四五、二六、三五、二五、三四、幺四、二三、幺二、二四十牌，以幺二、二四成对为尊，因这两对牌的点数合起来为九，故曰尊九，“夷或所尊，尊九也，故九居夷首，执者双出，亦称无敌”。骨牌名目有天、地、人、和四类：“天牌，重六也。地牌，重幺也。人牌，重四也。和牌，幺三也。配以三、六与四、五，各九点，为‘天九’。三、五与二、六各八点，为‘地八’。三、四与二、五各七点，为‘人七’。幺、四与二、三各五点，为‘和五’。幺、二与三、四为‘至尊’。”③由于骰点的排列组合变化大，因此骨牌牌式花色很多而且十分繁复。如明人瞿佑和顾应祥都曾撰有《宣和谱》，两人皆以三扇牌结为一副，其牌式便有五十八式和六十式之多。这些牌式都各自冠有名目，如“十二巫山”“叠胜环”“八珠环”“双蝶戏梅”“天圆地方”“锦屏风”“楚汉争锋”之类。更有的人踵事增华，“敷衍其说，易以唐诗一句，殊精且巧”，如将“天牌”(六六)配“后列金钗十二行”“十二街中春雪遍”(六六合计十二)，“地牌”(幺幺)配“双悬日月照乾坤”，“金杯有喜轻轻点”(象形之意)等。

宋代，程朱理学勃兴，民族矛盾尖锐，为“宣和牌”打上鲜明的时代印记，体现出伦常教化和夏夷之辨的文化特色。“宋宣和二

---

① (明)谢肇淛：《五杂组》卷六《人部二》。
② (明)潘之恒：《续叶子谱》。
③ (清)金学诗：《牧猪闲话·骨牌》。

年，有臣上疏设牙牌三十二扇，共计二百二十七点，以按星辰布列之位，譬‘天牌’二扇二十四点，象天之二十四气；‘地牌’二扇四点，象地东南西北；‘人牌’二扇十六点，象人之仁义礼智，发而为恻隐羞恶，辞让是非；‘和’牌二扇八点，象太和元气，流行于八节之间；其他牌名，类皆合伦理庶物器用。”①每一种牌名都与伦理名数相配附，简直就是当时勃兴之理学的一种符号式图解。不仅如此，骨牌在其戏法中也体现了传统伦理文化的内容，如“天九”，就因其玩法尊天尊九而得名，而尊天尊九正是华夏民族根深蒂固的文化观念。另外，“宣和牌”由宋至明，分华队和夷队，而且在整体戏法上明显地贵华贱夷，是古代中国人“内华夏外夷狄”“用夏变夷”“夷夏大防”等传统民族思想观念的直接反映。正因如此，到了清代便改为文牌和武牌。

“骨牌”最早的戏法是“斗天九”。据说此一戏法创自江苏吴兴。因正牌(华队)尊天牌，杂牌(夷队)尊九而得名。一般以二至四人入局，戏法有多种，有各方依次摸牌两张以较量大小者，亦有各执八牌任意组成四对以互相角胜。较早的戏法，明人潘之恒的《续叶子谱》有详细叙录：

> 天九斗法，用旧牌三十二片，分为五队，而正杂之别，为华夷界焉。三六二六以点不齐，黜而夷之。凡华得二十有二，而夷得十。华对成三，而夷惟二。华何所尊，尊天也。故天牌居华首，执者无敌，双出者赏四筹，长六是已。而地人和次之，为前队。次选累色牌，首长五、次长三、长二为中队。而听制于前，单则单制，双制双制，各以序；惟单能破双，令长六不能成功者有之矣。次取对色五六、四六、幺六、幺五为后队，而听制于中，单双相制如前。而前对亦不得相越以制，不务勤远也。然自天牌以下，无殊尝，以牌计筹而已，示权无所分也。夷何所尊，尊九也，故九居夷首，执者双出，亦称无敌。赏四筹，与华同，三六、四五是已。次以点对，二六、三

① (清)陈元龙：《格致镜原》引《诸事音考》。

五称“八”，二五、三四称“七”，幺四、二三称“五”，各为偶相属，为正队。而二四、幺二独以外夷鄙之。然自二九以下，各相为制，如华例，而六与三合，亦以九称雄焉。激赏三筹，合执则虽夷莫能制也。乔孙第言其外而悔悟以九，故表出之。又有总例焉，名曰抢结，取重最后一出，胜者举全功焉，得赏五筹。故善斗者莫不思其后也。此所谓法简而意深者耶。其行陈大略如“看虎”法，三人行，各取九，余五为营，二人行，各取十三，余六为卫。营卫以伏，故莫得窥。善兵者交智，善战者伐谋，此之谓也。①

金学诗在《牧猪闲话》中介绍了“各执八牌组成四对以互相角胜”的戏法：“其法用四人，用牌一具，三十二页，每人各得八页，以大击小。特文、武二门，各不相统。故擅长者，能以小制大，文、武去留之间，贵有审断。所重最后一出，胜者举全功焉，谓之‘抢结’(见《续叶子谱》)。”②

骨牌诸戏中，最通行的是打牌九。其中有大牌九、小牌九之别。大者四张牌成一组，小者两张牌成一组。一般是二至四人入局。入局者各领六张牌，庄家七张，出牌后各家依次摸牌(或碰吃)、出牌。凡手中七张牌做成两副花色加一杂牌即算和牌，摊牌得胜。牌九是以点数多少来计筹定胜负的。胜者(即和牌者)依照花色的采数及杂牌的点数计采，旁家则以做成的花色互相计算(杂牌不计)。

“游湖”也是骨牌的一种戏法，又称“由吾”。关于这一名称来历的说法颇多歧义，一种解释是：“杭之西湖，苏之虎丘，扬之红桥。其船皆曰湖船，客皆曰游湖。马吊取乘马之意，游湖取乘舟之意。”③认为始作俑者为游湖客人，因之而得名。另一种解释是：

---

① (明)潘之恒：《续叶子谱·斗天九品》。
② (清)金学诗：《牧猪闲话·骨牌》。
③ (清)汪师韩：《谈书录》。

"游湖一曰游和，对于碰和之和而言也；亦曰由吾，谓可任己意也。"①这是从游戏方式上来定名。还有一种是从骨牌的质地来解释的，认为"由吾""恐怕应当写作'柚梧'。左思《吴都赋》云：'柚梧有篁，篻簩有丛'。是一种竹名，而骨牌的背面是竹制的"②。历史上"游湖"有两种戏法。早期是以四人入局，仅由三张牌而做成一副即胜。另一种则是清代有人将数副骨牌合成一副，玩近似后来麻将打法的游戏。时人并称之为"游湖"。

骨牌到清代，戏法更加多样化。据《牧猪闲话》介绍，有"打五关""相十副""折搭""掘藏""喜相逢""拾元宝""牵虱钻"等名目。

"通五关"：是一种一人玩的游戏。将二十五张牌分五行摊开，称为"五关"，余下七牌自下而上依次向各行添补。凡一行首尾任意三张组成花色或"老羊"（即点数在十四至十七之间者）的牌取下以供继续添补，周而复始，直至"五关"的牌全部取尽即算成功。

"折搭掘藏"：将28张牌自一至七张排成塔形的七行掩复，各行首尾的牌翻开，参以手中的牌依次取下对子，取尽后依上法凑成花色计采③。

以上所述之骨牌戏法，皆以32张牌进行牌式组合并玩出各种花样。清代乾隆年间，又有在32张骨牌的基础上增加牌数而形成的多种戏法。典型者有"混同天"：将杂牌增加一倍各自成双，又加出全白、白幺至白六（即牌面相当于单组的骰点）7对12张，共56张。"同棋"："或于三十二页之外，加倍而又半之，为八十页，则每种各五页；又以武牌三六四五等均作每种五页，与文牌同，则又加二十五页，为一百五页，亦曰'碰和'。或以天、地、人、和等牌为将，抹得者倍采。"④又有"碰花将和"："或就其中数页添绘

① （清）徐珂：《清稗类钞·赌博类》。

② 参见史良昭：《枰声局影·骨牌》，上海古籍出版社1991年版，第51页。

③ 参见史良昭：《枰声局影·骨牌），上海古籍出版社1991年版，第53页。

④ （清）金学诗：《牧猪闲话·骨牌》。

花枝，以一页当二页，谓之‘碰花将和’。或于百五页之外，另制一页，或两三页素面，而绘以杂采，可随意呼为某牌，以其未有镂点也。抹得者，辄胜，谓之‘如意君’。”①

“骨牌”的上述多种戏法，确乎有不少较智伐谋、怡情娱乐的成分，而且因其牌制“皆合日常伦理”，故在历代赌禁中未被囊括进去。据金学诗云：“凡戏具皆须纠率同志，惟骨牌可以独坐自怡，故功令不禁，以为非赌具也。或旅馆萧寥，或蓬窗寂静，未携书籍，更鲜朋欢，时一拈弄，足以消暇。”②其实，这只是骨牌的一个方面，它在本质上仍然是一种博具。以其为工具进行赌博活动仍是其主要功能。有些戏法的赌注数额大得惊人。“牌九”是其中一种。清代另有一种赌法，谓之“接龙”，时人呼为“剥皮赌”。接龙又称“顶牛”，即幺接幺、六接六，同点相接。“骨牌之牌九，如接龙，胜负顷刻，出入极巨，嗜此戏者，北人为多，尝有衣冠齐楚者，入此局中，一刹那间，赤膊而出，盖大负矣，俗呼之为剥皮赌也。”③

① (清)金学诗：《牧猪闲话·骨牌》。

② (清)金学诗：《牧猪闲话·骨牌》。

③ (清)徐珂：《清稗类钞·赌博类》。

第四章

“人事旷而不修，宾旅阙而不接”：明清时期的赌博狂潮

一、“吾闻此风，明末最盛”

明清时期，延续二千多年的传统专制社会步入暮年，显现出许多解体征兆。一方面是皇权强化，乾纲独断；另一方面却是皇帝大权旁落，太监和权臣独揽朝政，贿赂公行，吏治腐败。一方面是土地兼并严重，人口繁殖迅速，人地矛盾突出，阶级冲突激烈；另一方面是工商业发展，工商市镇大批出现，传统城市化长足发展，大批失地农民涌入城镇成为无业游民，“去农而游手趁食者，又十之二三矣”①。新经济因素和专业化工商市镇催生出新的社会群体——工商业阶层大批涌现，并由此颠覆士农工商等级体系和贱商抑商价值体系，“贾为下者，为其为利也。是故君子不言货币，不

① （明）何良俊：《四友斋丛说》。

问赢绌。不涉于此，谓之贾风，必深耻之”①的传统观念为“士君子当以务农为生，商贾虽逐末，果处之不失义理，或以姑济一时，亦无不可”②的功利主义价值观所取代。如新安“古者四民异业，至于后世，而士与农商常相混。今新安多大族，而其地在山谷之间，无平原旷野，可为耕田。虽士大夫之家，皆以畜贾游于四方”③。长洲“古者右儒而左贾，吾郡或右贾而左儒”④。与传统士农阶层相比，商人群体的价值观念体系体现出全新的异质性特点。首先，与士子“君子喻于义，小人喻于利”的耻言利不同，趋利逐利、唯利是图是商人阶层的价值追求，“财利之于人甚矣哉，人情徇其利而忘其害，而犹不忘。夫利也，故虽敝精劳形，日夜驰骛，犹自以为不足也。夫利者，人情所同欲也，同欲而共趋之如众流赴壑，来往相续，日夜不休。不至于横溢泛滥，宁有止息，故曰天下熙熙皆为利来，天下攘攘皆为利往，穷日夜之力，以逐锱铢之利，而遂忘日夜之疲瘁也”⑤。这个阶层一点也不忌讳对金钱的崇拜和渴求：“而今的世界，有甚么正经？有了钱，百事可做。”⑥与传统官僚士绅表面上讨厌“孔方兄”，“耻言利”，暗地里却以不正当手段捞金的假道学判若天壤，迥然有别。其次，与乡民们怕露富和尚节俭不同，商人们摆阔炫富，黜俭崇奢，“先富而后奢，先贫而后俭，奢俭之风，起于俗之贫富”。“然奢靡之习，莫甚于商人，内实空虚而外事奢侈。衣服屋宇，穷极华丽；饮食器皿，备求工巧；俳优伎乐，醉舞酣歌；宴会嬉游，殆无虚日。”⑦如建康(南京)“南都在嘉、隆间……衣饰、房屋、婚嫁、宴会务从俭约，恐一或暴露，必招扳累。今则服舍违式，婚宴无节，白屋之家，侈僭无忌，

---

① (清)唐甄：《潜书》上篇(下)《食难》。

② (清)黄宗羲：《宋元学案》卷九十。

③ (明)归有光：《归有光全集》卷十三，寿序，白庵程翁八十寿序。

④ (明)汪道昆：《太函集》卷五四。

⑤ (明)张瀚：《松窗梦语》卷四《商贾纪》。

⑥ (明)凌蒙初：《初刻拍案惊奇》第二十二回“钱多处白丁横带，运退时刺史当艄”。

⑦ (清)萧奭：《永宪录》卷二下。

是以用度日益华靡，物力日益耗蠹”①。如苏州“在西城者贸易多而治产少，好华美而羞俭啬，故长、元之富者多真实，吴邑之富者多浮夸”②。在商人带动下，整个社会风气趋于奢靡，“肆筵设席，吴下向来丰盛。缙绅之家，或宴官长，一席之间，水陆珍馐多至数十品。即士庶及中人之家，新亲严席，有多至二三十品者。若十余品，则是寻常之会矣”③。在长江中游的汉口，“最引人注目的第一个特征就是极度的世俗化，其最典型的表现则是穷奢极欲，相互攀比以夸豪斗富。可以想见，这通常会遭到儒家文人们的谴责，他们指出，汉口的生活方式与儒家倡导的‘俭仆’精神背道而驰”。④再次，新的社会阶层纵奢逾制，使传统的等级观念及体系受到巨大冲击。传统社会对于人们衣食住行有严格的等级规定，“令男女衣服，不得僭用金绣、绵绮、纻丝、绫罗，止许细、绢、素纱；其靴不得裁制花样、金线装饰。首饰、钗、镯不许用金玉珠翠，止用银”⑤。大抵明代中叶以前，社会生活习俗尚能受到传统礼教约束，衣食住行上尊卑贵贱等级区分尚能维系。“自职官大僚而下至于生员，俱戴四角方井，服各色花素绸纱绫缎道袍。其华而雅重者，冬用大绒茧绸，夏用细葛，庶民莫敢效也。其朴素者，冬用紫花细布或白布为袍，隶人不敢拟也。其后巾式时改，或高或低，或方或扁，或仿晋、唐，或从时制，总非士林，莫敢服矣……其市井富民亦有服纱绸缎绫罗者，然色必青黑，不敢从新艳也。”⑥然而明成化后，“士夫峨冠博带，稍知书为儒童者，亦华冠、彩履、色衣，富家子弟或僭服之，小民仆啬惟粗布”⑦。“甚至悍仆豪奴，服食起

---

① （明）顾起元：《客座赘语》卷七。

② （清）乾隆：《吴县志·风俗》。

③ （清）叶梦珠：《阅世编》卷九《宴会》。

④ ［美］罗威廉著，鲁西奇等译：《汉口：一个中国城市的冲突与社区（1796—1895）》，中国人民大学出版社2016年版，第19页。

⑤ 《明史》卷六七，《舆服三庶人官服》。

⑥ （清）叶梦珠：《阅世编》卷入《冠服》。

⑦ 《新昌县志》卷五。

居，同于仕宦，越礼犯分，罔知自检”①。

专制政治式微与新的社会阶层出现，传统道德价值体系遭遇危机与新的经济、社会、文化伦理萌生，不仅催生出启蒙思想、市场经济、新型市镇等诸多前近代文明成果，也滋生了拜金主义、游民群体、盗娼骗赌等社会病毒，明清赌博泛滥甚于前此诸代，其根本原因即在于斯。

明清两代赌博演进有一共同特点，前期统治者严厉禁赌，社会上赌博活动大有收敛，但中后期却赌博流行，愈演愈烈，可谓空前。明初朱元璋用尽办法禁赌，法律规定，凡犯赌博者，一律“解腕”，即砍手：“洪武二十二年圣旨，学唱的割了舌头，下棋打双陆的断手，蹴圆者卸脚，犯者必如法施行。今赌博者亦当加以肉刑，如太祖初制，解其腕可也。”②“洪武二十二年三月二十五日奉圣旨：‘在京但有军官人学唱的，割了舌头；下棋打双陆的，断手；蹴圆的，卸脚；作买卖的，发边远充军。’”③据说，他还专辟一室，谓之“逍遥楼”，将赌犯关押其中，不给吃喝，让其尽兴赌博，最后力衰气竭而死：“太祖造逍遥楼，见人博奕者、养禽鸟者、游手游食者，拘于楼上，使之逍遥尽，皆饿死。楼在淮清桥东北，临河对洞神宫之后。”④“俗传淮清桥北有逍遥楼，太祖所建，以处游惰子弟者。按陈太史维桢录纪，太祖恶游手博塞之民，凡有不务本，逐末、博奕、局戏者，皆捕之，禁锢于其所，名‘逍遥牢’。”⑤清代统治者有鉴于明亡教训，在诸多方面整纲肃纪，励精图治。远在入关前，皇太极就申明赌禁，“近闻游惰之民，多以赌博为事。夫赌博者，耗财之源，盗贼之薮也。嗣后凡以钱及货物赌博者，概行禁止，违者照例治罪”⑥。康熙“莅位之初，即用为大

① （清）萧奭：《永宪录》卷二下。
② （明）沈德符：《万历野获编》补遗卷三。
③ （明）顾起元：《客座赘语》卷十。
④ （明）周晖：《金陵琐事》卷三。
⑤ （明）顾起元：《客座赘语》卷十。
⑥ 《清太宗实录》卷十一，天聪六年正月己卯。

禁"①。康熙十一年规定，"凡以财物打马吊、斗混江者，照赌博例治罪"②。雍正对赌博亦一再"严申纠禁"，"日夜捕缉"，雍正七年(1729年)发布禁赌上谕，规定"嗣后拏获赌博之人，必穷究赌具之所由来，其制造赌具之家，果审明确有证据，出于某县，将该县知县照溺职例革职，知府革职留任，督抚司道等官，各降一级留任"③。明初和清代前期的厉行禁赌，对于有效扼制赌风蔓延，净化社会风气，确乎收到了良好效果。明代正德前百余年间，包括赌博在内的社会陋习有所改观，"相传正德以前，闾里间窃盗颇少，至强盗尤稀闻"④。康、雍时期，社会治安良好，赌博活动亦较少见，史称康熙时"由是斗狠酗博之莠民，屏息而不敢出，内则五城阛巷市井之贼日稀，外则商旅恬安，宵行夜宿，少逢劫盗，田畴益治，并里宴眠"⑤。雍正朝"道路少响马及老瓜贼而商旅以宁，赌博及造赌具者渐已改业而家室以安"⑥。官方史书的这种说法或多或少有溢美倾向，而明清两代前期的实际状况却并非如此和谐美妙。

较诸此前各朝代，明清两代皇帝中嗜赌者鲜见。民间曾有朱元璋与开国元勋徐达赌围棋输莫愁湖的传说，说有一天朱元璋和徐达在莫愁湖边对弈，事先约定谁赢了莫愁湖就归谁。一局方罢，徐达完胜，朱元璋觉得很没面子，面露愠色。徐达急忙跪下，连连谢罪，"为臣罪该万死，请陛下再观棋局"。朱元璋一看，立即转怒为喜，原来棋盘上呈现的是"万岁"二字。于是兑现承诺，将莫愁湖赐予徐达。朱、徐两人弈棋之处被取名"胜棋楼"，据说"烟雨河山六朝梦，英雄儿女一枰棋"的楹联也为朱元璋所赐。但这个故事也仅仅只是个故事，对此，前贤已有精辟辨析，"独胜棋楼群信为

---

① 《饮定大清会典事例》(光绪朝)卷三九九。
② 《钦定大清会典事例》(光绪朝)卷八二七。
③ 《世宗实录》卷八十二。
④ (明)顾起元：《客座赘语》。
⑤ 《饮定大清会典事例》(光绪朝)卷三九九。
⑥ 《饮定大清会典事例》(光绪朝)卷三九九。

明太祖徐中山赌棋，实有其事。及读王世贞《金陵诸园记》云，东园一曰太傅园，明太祖赐中山王者，余魏公诸园，皆徐氏子孙所创。莫愁湖园者，亦徐九别业也。乃知中山王时，并未有湖园，岂有赌棋之事？又读京山李维桢《游莫愁湖记》，前为四美堂，是徐髯仙篆，后为胜棋楼，则徐公子手笔也。谢公赌棋在东山墅，谓楼可也冒墅乎！其论如此。徐公子即徐九。是王李二记，俱不言明太祖徐中山赌棋事。小说传闻，恐不如弇山京山之足据也”①。但明清帝王中也有少数嗜赌者，明宣宗酷爱斗蟋蟀，据《万历野获编》记载：“我朝宣宗最娴此戏，曾密诏苏州知府况钟进千个。一时语云：‘促织瞿瞿叫，宣德皇帝要。’此语至今犹传。苏州卫中武弁，闻尚有以捕蟋蟀比首虏功，得世职者。今宣窑蟋蟀盆甚珍重，其价不灭宣和盆也。近日吴越浪子有酷好此戏，每赌胜负辄数百金，至有破家者，亦贾(即贾似道——引者注)之流毒也。”②上有好者，下必甚焉，“京师人至七八月家家皆养促织，余每至郊野，见健夫小儿群聚草间，侧耳往来，面貌兀兀，若有所失者，至于溷厕污垣之中，一闻其声踊身疾趋，如馋猫见鼠。瓦盆泥罐遍市井皆是，不论老幼男女，皆引斗为乐”③。宣宗还好斗鹌鹑，“现存于故宫博物院有《明宣宗斗鹌鹑图轴》，未署画者，图中宣宗皇帝端坐中间，看两个小内侍斗鹌鹑”④。明神宗和明熹宗应该都有赌博嗜好，据刘若愚《酌中志》记述，宫中双陆、棋子、骨牌一应俱全，随时供皇帝御用取乐：“御用监，掌印太监一员，里外监把总二员，犹总理也。有典簿、掌司、写字、监工。凡御前所用围屏、摆设、器具，皆取办焉。有佛作等事，凡御前安设硬木床、桌、柜及象牙、花梨、白檀、紫檀、乌木、鸂鶒木、双陆、棋子、骨牌、梳栊、擦

---

① 无闷：《莫愁湖及胜棋楼之误》，载《江苏文献》(台北)第一卷第3、4合刊。

② (明)沈德符：《万历野获编》卷二十四。

③ (明)袁宏道：《促织志》。

④ 黄健：《明清时期斗鹌鹑风俗探析》，载《史志学刊》2016年第2期，第15页。

甸、填漆、盘匣、扇柄等件，皆造办之。仁智殿有掌殿监工一员，掌管武英殿中书承旨所写书籍、画扇，奏进御前，亦犹中书之于文华殿中书也。"①史称明神宗发明过"掉城"赌戏，并在宫中组织众多太监参与，自己在一旁观看取乐，"于御前十余步外，画界一方城，于城内斜正十字，分作八城，挨写十两至三十两止。令司礼监掌印、东厂秉笔及管事牌子，递以银豆叶八宝投之，落于某城，即照数赏之。若落进城外及压线者，即收其所掷焉"②。据说明熹宗喜欢斗鹌鹑，晚明小说《梼杌闲评》就披露其与魏忠贤等太监赌斗鹌鹑的情节：

> 皇上在宫中无事，看着那些小内侍们斗鹌鹑，进忠也拿着袋子在旁插诨。连斗过几个，各有胜负，进忠才开袋取出鹌鹑在手，将指甲弹着引了一会，轻轻放在盘内，有个连胜的放下便来奔他，那鹌鹑缩着头、搧着翅膀沿盘而走，那鹌鹑连啄了几嘴，见他不动，口势便渐渐慢了，那鹌鹑窥他不防备时，猛跳起来，咬着他的项皮，两三摔咬得血流，那鹌鹑护疼飞去了，皇上见了大喜道："这是谁的？取金钱赏他。"③

清代皇帝中有博弈之好者近乎阙如。"乾隆时，高宗尝于几暇，取《列仙传》人物，绘《群仙庆寿图》，用骰子掷之，以为新年玩具"④。由此看来，乾隆也只是以传统博戏聊作消遣而已，而且也只是在过年时偶尔为之。

明朝中晚期以后的士大夫之迷于赌博，较之前此诸代尤甚。顾炎武曾将魏晋、唐宋和明代士大夫赌博情况做过一番比较，以为明代官僚士大夫沉湎赌博，"其官风之坏极矣"：

---

① （明）刘若愚：《酌中志》卷十六。

② （明）刘若愚：《酌中志》卷十六。

③ （明）李清：《梼杌闲评》第二十三回"谏移宫杨涟捧日　诛刘保魏监侵权"。

④ （清）徐珂：《清稗类钞·赌博类》。

万历之末，太平无事，士大夫无所用心，间有相从赌博者，至天启中，始行马吊之戏。而今之朝士，若江南、山东，凡于无人不为此。有如韦昭论所云：“穷日尽明，继以脂烛，人事旷而不修，宾旅阙而不接者。”吁！可异也。考之《汉书》：安丘侯张拾、邔侯黄遂、樊侯蔡辟方，并坐搏揜，免为城旦。师古曰：“搏，或作‘博’，六博也。揜，意钱之属也。”皆戏而赌取财物。《宋书·王景文传》：“为右卫将军，坐与奉朝请毛法因蒲戏，得钱百二十万，白衣领职。”《刘康祖传》：“为员外郎十年，再坐樗蒲戏免。”《南史·王质传》：“为司徒左长史，坐招聚博徒免官。”《金史·刑志》：“大定八年，制：品官犯赌博法，赃不满五十贯者，其法杖，听赎，再犯者杖之。上曰：‘杖者，所以罚小人也。既为职官，当先廉耻。既无廉耻，故以小人之罚罚之。’”今律犯赌博者，文官革职为民，武官革职舍余食粮差操，亦此意也，但百人之中未有一人坐罪者，上下相容而法不行故也。晋陶侃勤于吏职，终日敛膝危坐，阃外多事，千绪万端，罔有遗漏。诸参佐或以谈戏废事者，命取其酒器蒲博之具，悉投于江。将吏则加鞭朴，卒成中兴之业，为晋名臣。唐宋璟为殿中侍御史，同列有搏于台中者，将责名品而黜之，博者惶恐自匿。后为开元贤相。而史言文宗切于求理，每至刺史面辞，必殷勤戒敕曰：“无嗜博，无饮酒。”内外闻之，莫不悚息。然则勤吏事而纠风愆，乃救时之首务矣。《唐书》言杨国忠以善樗蒲得人供奉，常后出，专主蒲簿，计算钩画，分铢不误。帝悦曰：“度支郎才也。”卒用之而败。玄宗末年，荒佚，遂以小人乘君子之器，此亦国家之妖孽也。今之士大夫不慕姚崇、宋璟，而学杨国忠，亦终必亡而已矣。《山堂考索》：“宋大中祥符五年三月丁酉，上封者言进士萧玄之本名琉，尝因赌博抵杖刑，今易名赴举登第，诏有司召玄之诘问，引伏，夺其敕，赎铜四十斤，遣之。”宋制之严如此，今之进士有以不工赌博为耻者矣。①

① (清)顾炎武：《日知录》卷二十八。

顾炎武这段话，至少透露出以下几种信息：一是明朝赌禁渐弛，赌风始盛于万历年间；二是明朝虽然法律规定禁赌，但实际执法并不严厉，“百人之中未有一人坐罪者，上下相容而法不行故也”；三是明代士大夫不顾廉耻，以赌博为时尚，“今之士大夫不慕姚崇、宋璟，而学杨国忠，亦终必亡而已矣”，“今之进士有以不工赌博为耻者矣”，其与魏晋六朝有异曲同工之处，“夫以六朝尚清谈诙谐之时代，赌博之事，几为社会上人人必须之知识技能，而犹或引为官箴之玷。近今士大夫朝夕不离麻雀，公事废弛，不但无人议其非，而且以此为应酬官僚，交结权势，弋取虚誉，营谋差使之专门学问焉，亦可耻也”①。

万历以后，天下承平日久，士大夫开始放纵自我，“赌博本是无赖子的本色行当，然明代生员亦趋之若鹜，嗜酒总是与赌博相伴而生。明人霍韬曾指出：‘生员赌博，入市饮酒，大败行检。’譬如，在广东的兴宁，有一些纨绔士类嗜酒如命，一入其中，便浪逐萍游，妻子为之蹙额，倾赀费产，父母为之酸心，甚而荡简逾闲，不轨不法，官府为之切齿，又在浙江杭州，城中有一宦家子，因赌博而输其婢妾，诉讼按察司，宪司之批云：‘顷刻而丧千金，一掷而输少艾。’此案涉及者数十人，均为学校生员”②。即使是一些颇有操守、不乏正义感的读书人，在普遍淫靡的世风里也放浪形骸，纵酒嗜博，如《西湖游览志余》《留青日札》的作者田艺蘅，博览群书，才华横溢，磊落任侠，愤世嫉俗，其《留青日札》对江南士大夫赌博之风多有抨击，但就是这样一个正直有识之士也不能免俗，整日放浪西湖，声色犬马，斗牌掷博，不亦乐乎。

明代士大夫赌博尤爱斗马吊，其耽玩马吊简直到了痴迷地步。“赌真市井事，而士大夫往往好之，至近日马吊牌，始于南中，渐延都下，穷日累夜，纷然若狂。问之，皆云极有趣，吾第见废时失

① 张亮采：《中国风俗史》，江西教育出版社 2012 年版，第 140 页。

② 陈宝良：《明代生员层社会生活之真面相》，载《浙江学刊》2001 年第 3 期，第 164 页。

事，劳精耗财，每一场毕，冒冒然目昏体惫，不知其趣安在也。”①当时，“凡士人宴会，闺房杂聚，与夫歌台舞榭之间，酒坛博馆之下，盛行叶子，举樗蒲象戏之乐，无以加于此矣”②。传说嘉靖、万历时期官员、学者和文学家王世贞为马吊的创制者，“马吊之法，创自弇州”③。据明人潘之恒的《叶子谱》及《续叶子谱》载述，王世贞在家宴请同僚友人时，酒后余兴即为打马吊。“凡扯张、斗虎俱去十门，张用万万、空汤为双花，虎用千兵为统辖。弇州席上众客，亦存十门取九，盖其权也。”④“余戊子岁从弇州公在留都右司马邸，无日不与文酒会，酒行数巡，即令取牌扯三张。每一人为王，众环而敌之，或全胜，或全负，相参负者取大十饮之，力欠有起逃者，果醉则勿追，佯醉则止。全胜者众不服乃再主与众敌，咸大噪尽欢。公间陶然，令两竖子扶掖而入，客复与诸公子竟欢。屡会而情若新，其酒令之善毋以逾此。”⑤明末，复社一些成员意志消沉，沉湎马吊，“复社之主为张溥，佐为张采；下乱群情、上摇国是，祸变日深，愚衷哀痛。尝着其论于数年之前，而因循莫悟；今复举其十罪，开诉四方，共祈鸣鼓焉”。十罪之中，第八桩罪便是斗马吊，坏品行，败风气：“一曰污坏品行。夫士为四民之首。今社中游博马吊之戏，老传而童习；中冓贾竖之言，途诵而口占。夸豪举于一掷，锱铢动兴诟詈；买欢笑于千觞，别袂已见睚眦。其劣薄如此，罪之八也。”⑥

明代中晚期的官场亦赌场，官员聚赌成为官场公开的秘密。嘉靖万历年间，博戏已在官场盛行并成为时尚。据说，严世蕃喜欢打双陆，有的官员便投其所好，仿效宋代杨无咎响屧戏给严世藩送“肉双陆”：“尚书王天华取媚世蕃用锦□织成点位曰‘双陆图’，别

① （清）申涵光：《荆园小语》。
② （明）钱希言：《戏瑕》卷二《叶子戏》。
③ （清）张潮：《昭代丛书》。
④ （明）潘之恒：《叶子谱·刻画品》。
⑤ （明）潘之恒：《续叶子谱·扯三张》。
⑥ （清）陆世仪：《复社纪略》卷四。

饰美人三十二衣装缁素各半曰'肉双陆'以进，每对打美人闻声该在某点位则自趋之。"①严世蕃的这种变态人格还体现于弈棋娱乐中，"统治阶级沉溺于象棋者，无不带有糜乱色彩。据《天水冰山录》记载，嘉靖朝权相严嵩(1480—1569)及其子严世蕃被籍没时，除大量房地产及金银珠宝等财物外，还有玛瑙象棋子九副、玛瑙围棋子三副、玉棋子一副、水晶玛瑙棋子一副、象牙棋子八副、香棋子十一副等等。另据钱静方《小说丛考》说：'《五彩舆》一剧，事多纪实。严世蕃画地底成棋盘，令三十二美人列作象棋，与妻对着，此事见于《美新》。'此种象棋，完全可以称为'人象棋'"②。明思宗(崇祯皇帝)爱妃田贵妃的父亲，也就是那位将名妓陈圆圆带入京城献给崇祯和吴三桂而遗臭千古的左都督田弘遇，史乘记载其与唐代杨国忠一样，本来就是一个嗜赌如命、设局骗财的无赖之徒："左都督田弘遇，故博徒无赖……善诱致富人斗叶子，接坐決胜，左右阴为地，富人心慑手博，竟大负，至数千金。弘遇立置之马厩下责进，不少贷，凡倾数十家。金陵太学某，误饵其术，一日罄产五千亩。"③同一时期的大学士周延儒酷爱马吊，崇祯十六年(1643年)清兵进攻山东并危及京畿，"延儒不得已自请视师。帝大喜，降手敕，奖以召虎、裴度，赐章服、白金、文绮、上驷，给金帛赏军。延儒驻通州不敢战，惟与幕下客饮酒娱乐。而日腾章奏捷，帝辄赐玺书褒励"④。这里的"饮酒娱乐"当然包括与部属打马吊赌博，野史稗乘记载说他奉命率师出京时，忘了带马吊牌，命人百里回京取之："既出都百里，旗牌持令箭，飞马回京。大司马方退朝，遇之大骇，谓戎信孔迫也。都人惊疑相告，既而知为取纸牌诸弄具而已。"⑤明末兵部尚书、右副都御史、东阁大学士阮大铖在崇

① (清)赵吉士：《寄园寄所寄》卷六《焚麈寄》。

② 郭双林、肖梅花：《中华赌博史》，中国社会科学出版社 1995 年版，第 153 页。

③ (清)谈迁：《枣林杂俎·和集》"田弘遇"条。

④ (清)张廷玉：《明史》卷三百八列传第一百九十六《奸臣》。

⑤ (明)周同谷：《霜猿集》卷一。

祯八年(1635年)因卷入党争罢官而避居南京，呼朋引类，无恶不作，“其恶愈盛，其焰愈张，歌儿舞女充溢后庭，广厦高轩照耀街衢”。复社名士顾杲、杨廷枢、黄宗羲等作《留都防乱公揭》，对其种种恶行予以揭露讨伐：“至于挟骗居民，万金之家，不尽不止，其赃私数十万，通国共能道之，此不可以枚举也。夫陪京乃祖宗根本重地，而使枭獍之人，日聚无赖，招纳亡命，昼夜赌博，目今闯、献作乱，万一伏间于内，酿祸萧墙，天下事将未可知，此不可不急为预防也。”①除在职官员赌博游乐外，不少致仕官僚也以赌博作为打发剩余时光的无聊消遣：“余姚士夫与朋友皆言谢木斋致仕还家，每日与诸女孙斗叶子以消日，常买青州大柿饼宣州好栗。戏赌以为乐，不问外事。”②

清代统治者有鉴于明亡教训，厉行赌禁，尤其禁玩马吊。但马吊赌博至早在康熙年间即已死灰复燃，“弈棋变为马吊，风日下矣”③。“近马吊渐及北方，又加以混江、游湖诸戏”④，有不少官僚士大夫又开始嗜玩斗马吊博戏。康熙时文人王士禛的《分甘余话》说，“余常不解吴俗好尚有三：斗马吊牌，吃河豚鱼，敬畏五通邪神，虽士大夫不能免。近马吊渐及北方，又加以混江、游湖种种诸戏，吾里缙绅子弟多废学竞为之，不数年而赀产荡尽，至有父母之殡在堂而第宅已鬻他姓者，终不悔也”⑤。三种恶俗中，马吊赌博首当其冲。另据《清稗类钞》云：“康熙时，士大夫喜马吊，其牌之横纵幅，较纸牌为稍广，绘画雕印并同，凡四十页为一具”⑥。雍正皇帝虽然对赌博“严申纠禁”，但官吏们的马吊赌博依然故我。有一则材料颇能说明这种情形：

---

① 参见谢国桢：《明清之际党社运动考》，中华书局1982年版，第149~150页。

② (明)何良俊：《四友斋丛说》卷八。

③ (清)周文炜：《观宅四十吉祥相》。

④ (清)王士禛：《分甘余话》。

⑤ (清)王士禛：《分甘余话》卷一。

⑥ (清)徐珂：《清稗类钞·赌博类》。

> 雍正中，王云锦殿撰元日早朝后归邸舍，与数友作叶子戏。已数局矣，忽失一叶，局不成，遂罢而饮。偶一日入朝，上问以元日何事。具以实对。上嘉其无隐，出袖中一叶与之曰："俾尔终局。"则即前所失也，当时逻察如此。①

这则材料虽然说的是雍正实行特务政治，对官吏严加监控，但却无意中透露出当时官僚士大夫聚赌马吊情节。至清中叶，官僚士大夫马吊赌博愈演愈烈，"近日马吊盛行，士大夫俨然为之不倦。予曰宜舆俭，宜工匠，宜不识字人，宜四达衢中几桌上，即令此中有千变万化，神妙不测，然一思手持者何物，岂不愧杀！总之人不耐独坐，不肯习静，弈棋变为马吊，风日下矣。与其马吊宁弈"②。故当时官场流行"七字歪诗，八张马吊，九品头衔，十分和气"的民谣，表明清代官场斗马吊已然成风，并衍为全社会痴迷狂潮。"匝地皆由我(由我即游湖——引者)；无人不好之"③，"虽乡僻处无地不有，非甚谨愿者无人不晓，较马吊牌啻十倍!"④

清代前中叶官僚士大夫嗜赌聚赌当然不止斗马吊，举凡骰子、骨牌、升官图、压宝摇摊等，无不喜之好之。钱泳的《履园丛话》载：

> 《家语》哀公问于孔子曰："吾闻君子不博，有诸?"孔子曰："有之，为其兼行恶道也。"司马子长谓博贵枭言，便则食，不便则止，贪之至也。近时俗尚叶子戏，名曰马吊碰和，又有骰子之戏，曰赶洋跳猴，掷状元牙牌之戏，曰打天九斗狮虎，以及压宝摇摊诸名色，皆赌也。上自公卿大夫，下至编氓徒隶，以及绣房闺阁之人，莫不好赌者。按诸律例，凡赌博，不分军民，俱枷号两个月，杖一百。偶然会聚开场窝赌及存留

① (清)赵翼：《檐曝杂记》卷二。

② (清)周文炜：《观宅四十吉祥相》，转见汪师韩：《叶戏原起》。

③ (清)彭康：《戏咏马吊》。

④ (清)金学诗：《牧猪闲话》。

之人抽头无多者，各枷号三个月，杖一百。官员有犯者，革职枷责，不准收赎，若是其严也。余尝论，女子、小人未尝读书识义理，犯之有也。若公卿大夫，受国重寄，食禄千钟，不以致君泽民为心，而以草窃狗偷为事，亦终日屹屹，彼此较量，而斯民号呼门外，拘候堂皇，愁怨难伸，饥寒交迫者，不知凡几，而皆不之省斯人也，大约另具一种心肝者耶？记戊辰十月，余游济南时，菊溪相国尚为方伯，有太守监司俱为此戏，方伯闻而责之。监司曰：“此不过消遣而已。”方伯怒曰：“君等非无事者，盍即以公案簿书消遣乎？”监司莫能对也。①

钱氏还讲过苏州有二位当过县令的富绅，一好吃一好赌，最后都没有好下场，好赌者死后，其后代亦嗜赌，最后不知所终：

嫖赌吃著四字，人得其一，即可破家，有兼之者，其破更速。吴门有二绅俱官县令，一好吃，一好赌。好吃者，有一妪善烹调，一仆善买办，其蒸炙之法，肴馔之美，迥非时辈庖人所能梦见。每一日餐费至十余金，犹嫌无下箸处。其后家事日落，妪仆亦相继死，至不能食糠秕，卧死牛衣中。其赌者，家中无上无下俱好之，游手之徒亦由此入门，凡田地、产业、书籍、器用尽付樗蒲，不及十年，一家荡然。其人死后，至两女尚未适人，亦邀群儿赌博，不知其所终云。②

据说，乾隆年间编撰《四库全书》的翰林官员痴迷于“升官图”，最初是闲暇之余偶尔玩之，聊作工余消遣，后来慢慢地玩上了瘾，乃至通宵达旦，聚赌不辍，最后干脆称病在家，把赌“升官图”作为自己的主业了。③ 康熙时著名学者刘献廷(继壮)还曾自制过“升

① (清)钱泳：《履园丛话·恶俗 附·赌》。

② (清)钱泳：《履园丛话》二十四《杂记(下)》《四字》。

③ 参见郭双林等：《中华赌博史》，中国社会科学出版社 1995 年版，第176页。

官图”，“刘继庄尝客衡山县署，度岁，日闻中掷升官图声以博欢笑，因欲取两汉、魏、晋、南北朝、隋、唐、宋、元之选举职官，各为升官图一纸，升官图说一册，置斋中，谓‘节日暇时，病余课毕，以此自遣’”①。乾嘉时期，今文经学派(常州学派)的开创者庄存与，官学两栖，学问与政声俱佳，《清史稿》本传曾记载他拒贿的故事：“存与廉鲠，典浙江试，巡抚馈金不受。遗以二品冠，受之。及涂，从者以告曰：‘冠顶真珊瑚，直千金！’存与使千余里返之。”然而，就是这样一个耿介清正的硕学宏儒，年少时也有作老千哄骗亲戚朋友钱财的不光彩经历：“庄方耕侍郎存与将计偕入都，苦无资，不得已而纠一会。届期，戚友咸集，仆告主人有疾，不可以风，请诸客先掷，而主人于帐中掷之。盖方耕昉狄武襄两面钱故智，预置一骰盆同式者。布置六赤(见《李洞集》)，俟移盆帐中，故为一掷，俾众闻声，则亟易预置之盆，出以示客，弗疑也。咸称贺，遂得赀。洎客散，视顷间故掷之盆，则亦六色皆绯，殊自喜。是科以第一人及第。”②

清人姚元之《竹叶亭杂记》也讲过这样一个故事，安徽休宁人汪某在吏部候选期间因彻夜打马吊耽误了到部投供，失去了候选补缺的机会，汪某不得已只好去参加科考，不料高中进士，最终官至翰林：

> 仕宦之通塞，实有子平所不能推者。休宁汪薰亭阁学滋畹，凡日者皆言官不过同知，困顿场屋，始就盐场大使。乾隆戊申赴部候选，自分风尘梦不作大罗天上客矣。候选者例每月朔到部投供。阁学平生喜斗马吊，一日欢会，继之以夜，次日为月朔，不忍舍之散，同室人有投供者，倩之代。同室人到部忘之，是月出缺，汪以月朔未投供也，不得选。懊恨无及，不得已入闱应试，是科获售联捷，成进士，官翰林，不二十年至内阁学士。使同室者一为投供，则早已执手版听鼓辕门矣。然

① (清)徐珂：《清稗类钞·赌博类》。
② (清)徐珂：《清稗类钞·赌博类》。

平生不知几经精子平者推算，竟无一许其为木天人也，亦异矣哉。①

在清代官员中，一掷千金的豪赌大有人在，《清稗类钞》就一则“顾宾臣得博进十二万金”的故事：

嘉庆乙丑，有盛某者殇其独子。族人辄以立后嬲之，非盛所愿也，乃思倾产以绝觊觎。因与狎客纵博半年，博负七万金。同博者为之筹画，十偿以六，且准薄田折阅，计捐亩千五百余，或谓此犹不及乾隆时顾宾臣之一夕十万也。宾臣为小侍读八十外举幼子，以四库馆誊录寓京师，与辇下诸豪士习。岁首，辄从事于博，自正月至四月，百日中，得博进十二万金，贮卧室高柜，皆精镠足兑，无折色，无短平。浴佛日，博徒皆集顾斋，作长夜之戏。是夕，顾独大负，遂一败涂地矣。②

明清时期的赌博在富商巨贾、官宦世家等上流社会普遍存在，为其豪奢生活之必需。关于此，《金瓶梅》《红楼梦》等小说中可见大量生动细微的描写。《金瓶梅》中形象地摹写了明代中后期商品经济和城市社会发展背景下暴发商人们一掷千金、纸醉金迷的腐朽糜烂生活，而《红楼梦》中则深刻反映出清代中叶传统社会即将解体前夜世家大族穷极无聊、以赌博消磨时光的末世情状。

《金瓶梅》的主人公西门庆原本就是一个市井无赖，好赌之徒，“看官听说：莫不这人无有家业的？原是清河县一个破落户财主，就县门前开着个生药铺。从小儿也是个好浮浪子弟，使得些好拳棒，又会赌博，双陆、象棋、抹牌、道字无不通晓。近来发迹有钱，专在县里管些公事，与人把揽说事过钱交通官吏。因此满县人都惧怕他”③。小说通过对西门庆及其家庭罪恶生活的描写，纤毫

① （清）姚元之：《竹叶亭杂记》卷五。

② （清）徐珂：《清稗类钞·赌博类》。

③ （明）笑笑生：《金瓶梅词话》第二回“西门庆帘下遇金莲　王婆子贪贿说风情”。

毕现地展现了明代中后期城市社会民间生活场景。在西门庆及其家庭成员腐朽糜烂的生活中，赌博是其必需的重要内容。有研究者统计，“《金瓶梅》中的博戏多达七八种，累计接近 80 次，其中可确定为赌博者十余次。种类之丰富，次数之频繁，皆为中国古代文学作品中所仅见”。“笔者统计，《金瓶梅》中明确可考的赌博活动共计 13 次，具体为下棋三次，双陆两次，骨牌两次，纸牌一次，耍钱五次。其中，耍钱主要以金钱为目的，但未提及具体金额。第十二回中提到琴童‘常常和同行小厮在街吃酒耍钱’，其余三次则并未提及地点和对象。考其主体鲁华、张胜、韩二捣鬼、屈镗，皆系游手好闲的市井无赖，可以推测其是与不特定对象进行的经济性大于娱乐性的赌博活动。而其余八次中，在西门庆家庭内部进行的四次，在朋友之间进行的四次；以金钱财物为注的四次，赌酒的两次，兼而有之的两次。以金钱为注的，少的只有三钱银子，最多不过一两；以财物为注的，不过是扇子、汗巾，其价值‘当得二三钱银子起的’。”①如西门庆与潘金莲等妻妾弈棋赌戏：“(西门庆)一面脱了衣服坐下，因问：‘你两个下棋赌些什么？’金莲道：‘俺两个自恁下一盘耍子，平白赌什么？’西门庆道：‘等我和你们下一盘，那个输了，拿出一两银子做东道。’金莲道：‘俺们并没银子。’西门庆道：‘你没银子，拿簪子问我手里当，也是一般。’于是摆下棋子，三人下了一盘。潘金莲输了。”②如潘金莲、李瓶儿、孟玉楼等妻妾互赌：“话说一日腊尽阳回，新正佳节，西门庆贺节不在家，吴月娘往吴大妗子家去了。午间孟玉楼、潘金莲都在李瓶儿房里下棋。玉楼道：‘咱们今日赌甚么好？’潘金莲道：‘咱每人三盘，赌五钱银子东道，三银买金华酒儿，那二钱买个猪头来，教来旺媳妇子烧猪头咱们吃。说他会烧的好猪头，只用一根柴禾儿，烧的稀烂。’玉楼道：‘大姐姐他不在家，却怎的计较？’金莲道：‘存下一

---

① 张准：《〈金瓶梅〉之博戏考》，载《阿坝师范学院学报》2016 年第 33 卷第 1 期，第 72~73 页。

② (明)笑笑生：《金瓶梅词话》第十一回“潘金莲激打孙雪娥　西门庆梳笼李桂姐”。

份儿，送在他屋里，也是一般。’说毕，三人摆下棋子，下了三盘，李瓶儿输了五钱银子……”①如西门庆与应伯爵、谢希大等帮闲人群打双陆、掷骰子：“应伯爵道：‘这等吃的酒没趣。取个骰盆儿，俺们行个令儿吃才好。’西门庆令玳安：‘就在前边六娘屋里取个骰盆来。’不一时，玳安取了来，放在伯爵前。”②“两个正打双陆，忽见玳安儿走来说道：‘贲四拿了一座大螺钿大理石屏风、两架铜锣铜鼓连铛儿，说是向皇亲家的，要当三十两银子，爹当与他不当他？’西门庆道：‘你教贲四拿进来我瞧。’不一时贲四同两个人抬进去放在厅堂上。西门庆与伯爵丢下双陆走出来撇看。”③

《红楼梦》描写了当时流行的“叶子”牌戏及“抹骨牌”“打天九”“赶老羊”等赌博游戏，几乎涉及清代前中期社会上流行的所有赌博形式。在贾府大院，上至贾政、贾母、贾珍、凤姐，下至管家、丫环和轿夫，无不好博参赌。关于贾母，《红楼梦》在第四十七回和第一百八回有集中描写，第一百八回“强欢笑蘅芜庆生辰，死缠绵潇湘闻鬼哭”写贾母与薛姨妈等人掷骰子行酒令；第四十七回“呆霸王调情遭苦打，冷郎君惧祸走他乡”则细致描写其与王夫人、薛姨妈、王熙凤等斗纸牌赌钱的场景：

> ……贾母忙让坐，又笑道：“咱们斗牌罢。姨太太的牌也生，咱们一处坐着，别叫凤姐儿混了我们去。”薛姨妈笑道：“正是呢，老太太替我看着些儿。就是咱们娘儿四个斗呢，还是再添个呢？”王夫人笑道：“可不只四个。”凤姐儿道：“再添一个人热闹些。”贾母道：“叫鸳鸯来，叫他在这下手里坐着。姨太太眼花了，咱们两个的牌都叫他瞧着些儿。”凤姐儿叹了

---

① (明)笑笑生：《金瓶梅词话》第二十三回“玉箫观风赛月房　金莲窃听藏春坞”。

② (明)笑笑生：《金瓶梅词话》第三十五回“西门庆挟恨责平安　书童儿妆旦劝狎客”。

③ (明)笑笑生：《金瓶梅词话》第四十五回“桂姐央留夏花儿　月娘含怒骂玳安”。

一声，向探春道："你们知书识字的，倒不学算命!"探春道："这又奇了。这会子你倒不打点精神赢老太太几个钱，又想算命。"凤姐儿道："我正要算算命儿，今儿该输多少呢？我还想赢呢！你瞧瞧，场子没上，左右都埋伏下了。"说得贾母、薛姨妈都笑起来。

一时鸳鸯来了，便坐在贾母下手，鸳鸯之下便是凤姐儿。铺下红毡，洗牌告幺，五人起牌。斗了一回，鸳鸯见贾母的牌已十严，只等一张二饼，便递了暗号与凤姐儿。凤姐儿正该发牌，便故意踌躇半响，笑道："我这一张牌，定在姨妈手里扣着呢，我若不发这一张，再顶不下来的。"薛姨妈道："我手里并没有你的牌。"凤姐儿道："我回来是要查的。"薛姨妈道："你只管查。你且发下来，我瞧瞧是张什么?"凤姐儿便送在薛姨妈跟前。薛姨妈一看是个二饼，便笑道："我倒不稀罕他，只怕老太太满了。"凤姐儿听了，忙笑道："我发错了。"贾母笑的已掷下牌来，说："你敢拿回去，谁叫你错的不成?"凤姐儿道："可是我要算一算命呢？这是自已发的，也怨埋伏!"贾母笑道："可是呢，你自己该打着你那嘴，问着你自己才是。"又向薛姨妈笑道："我不是小器爱赢钱，原是个彩头儿。"薛姨妈笑道："可不是这样，那里有那样胡涂人说老太太爱钱呢?"

凤姐儿正数着钱，听了这话，忙又把钱穿上了，向众人笑道："够了我的了。竟不为赢钱，单为赢彩头儿。我到底小器，输了就数钱，快收起来罢。"贾母规矩是鸳鸯代洗牌，因和薛姨妈说笑，不见鸳鸯动手，贾母道："你怎么恼了，连牌也不替我洗?"鸳鸯拿起牌来，笑道："二奶奶不给钱。"贾母道："他不给钱，那是他交运了!"便命小丫头子："把他那一吊钱都拿过来!"小丫头子真就拿了。搁在贾母旁边。凤姐忙笑道："赏我罢！我照数儿给就是了。"薛姨妈笑道："果然是凤丫头小器，不过是顽儿罢了。"凤姐听说，便站起来，拉着薛姨妈，回头指着贾母素日放钱的一个木匣子，笑道："姨妈瞧瞧，那个里头不知顽了我多少去了！这一吊钱顽不了半个时辰，那里头的钱就招手儿叫他了。只等把这一吊也叫进去了，

> 牌也不用斗了，老祖宗的气也平了，又有正经事差我办去了。"话说未完，引的贾母众人笑个不住。偏有平儿怕钱不够，又送了一吊来。凤姐儿道："不用放在我跟前，也放在老太太那一处罢。一齐叫进去，倒省事，不用做两次，叫箱子里的钱费事。"贾母笑的手里的牌撒了一桌子，推着鸳鸯，叫："快撕他的嘴！"①

如果说，贾母等人的斗牌博戏只是小赌怡情，那么，贾珍与一般世家子弟借居丧机会射鹄子、掷骰戏、抹骨牌、打天九，则无疑是大开赌局了：

> 原来贾珍近因居丧，每不得游顽旷荡，又不得观优闻乐作遣。无聊之极，使生了个破闷之法。日间以习射为由，请了各世家弟兄及诸富贵亲友来较射。因说："白白的只管乱射，终无裨益，不但不能长进，而且坏了式样，必须立个罚约，赌个利物，大家才有勉力之心。"因此，在天香楼下箭道内立了鹄子，皆约定每日早饭后来射鹄子。贾珍不肯出名，使命贾蓉作局家。这些来的皆系世袭公子，人人家道丰富，且都在少年，正是斗鸡走狗，问柳评花的一干游荡纨裤。因此，大家议定，每日轮流作晚饭之主，每日来射，不便独扰贾蓉一人之意。于是天天宰猪割羊，屠鹅戮鸭，好似临潼斗宝一般，都要卖弄自己家的好厨役，好烹炮。
>
> 不到半月工夫，贾赦、贾政听见这般，不知就里，反说这才是正理，文既误矣，武事当亦该习，况在武荫之属。两处遂也命贾环、贾琮、宝玉、贾兰等四人于饭后过来，跟着贾珍习射一回，方许回去。贾珍之志不在此，再过一二日便渐次以歇臂养力为由，晚间或抹抹骨牌，赌个酒东而已，至后渐次至钱。如今三四月的光景，竟一日一日赌胜于射了，公然斗叶掷

---

① （清）曹雪芹：《红楼梦》第四十七回"呆霸王调情遭苦打　冷郎君惧祸走他乡"。

骰，放头开局，夜赌起来。家下人借此各有些进益，巴不得的如此，所以竟成了势了。外人皆不知一字。

近日邢夫人之胞弟邢德全也酷好如此，故也在其中。又有薛蟠，头一个惯喜送钱与人的，见此岂不快乐。这邢德全虽系邢夫人之胞弟，却居心行事，大不相同。这个邢德全只知吃酒赌钱、眠花宿柳为乐，手中滥漫使钱，待人无二心，好酒者喜之，不饮者不去亲近，无论上下主仆，皆出自一意，并无贵贱之分，因此都唤他“傻大舅”。薛蟠是早已出名的“呆大爷”。今日二人皆凑在一处，都爱“抢新快”爽利，便又会了两家，在外间炕上“抢新快”。别的又有几家，在当地下大桌上打幺番。里间又一起斯文些的，抹骨牌打天九。①

正是由于贾母等人的率先以赌取乐，以至上行下效，使得贾府赌风渐开，以至一般下人也明里暗里开局聚赌。第七十三回“痴丫头误拾绣春囊，懦小姐不问累金凤”写道：

……贾母闻知宝玉被吓，细问原由，不敢再隐，只得回明。贾母道：“我料到必有此事。如今各处上夜都不小心，还是小事，只怕他们就是贼，也未可知。”当下邢夫人并尤氏等都过来请安，凤姐、李纨及姊妹等皆陪侍，听贾母如此说，都默无所答。独探春出位笑道：“近因凤姐姐身子不好几日，园内的人比先放肆了许多。先前不过是大家偷着一时半刻，或夜里坐更时，三四个人聚在一处，或掷骰，或斗牌，小小的顽意，不过为熬困。近来渐次放诞，竟开了赌局，甚至有头家局主，或三十吊、五十吊、三百吊的大输赢。半月前，竟有争斗相打之事。”贾母听了，忙说：“你既知道，为何不早回我们来?”探春道：“我因想着太太事多，且连日不自在，所以没回。只告诉了大嫂子和管事的人们，戒饬过几次，近日好

① （清）曹雪芹：《红楼梦》第七十五回“开夜宴异兆发悲音　赏中秋新词得佳谶”。

些”。贾母忙道：“你姑娘家如何知道这里头的利害。你自为耍钱常事，不过怕起事端。殊不知夜间既耍钱，就保不住不吃酒，既吃酒，就免不得门户任意开锁。或买东西，寻张觅李，其中夜静人稀，趋便藏贼引奸引盗，何等事作不出来！况且园内的姊妹们起居所伴者，皆系丫头媳妇们，贤愚混杂，贼盗事小，再有别事，倘略沾带些，关系不小。这事岂可轻恕！”

“荣国府的抹牌、赌博经过了‘三步曲’：第一步曲：‘近因凤姐姐(财务总经理王熙凤)身子不好(小产)，几日园内的人比先放肆了许多。’由此可见，财务总经理在王熙凤工作期间，荣国府虽有抹牌掷骰之风，但只是娱乐而已，不以输钱财为目的，没有逾规。第二步曲：‘近来渐次发诞，竟开了赌局。’有的头家有三十吊，或五十吊，或三百吊的输赢。可见赌局规模在日益扩大，究其原因是王熙凤病了以后没有人去管理荣国府的腐败行为了。第三步曲：‘半月前竟有争斗相打之事。’由此可见，赌场秩序不好，环境恶劣，由玩到赌，再由赌到打，还有可能由打到恶性事件的循环升级，给荣国府造成了恶劣的社会影响，其娱乐的性质发生了‘质’的变化，已经超越了社会管理的道德底线了。”①

文学是社会生活的一面镜子。稽诸史籍，《金瓶梅》《红楼梦》之于赌博场景的频繁描写绝非小说家的虚构臆造，而是明清时期全社会嗜赌若狂病态现实的真实再现，“习尚好赌，遂至无处不赌，无人不赌，无日不赌，而各市镇尤多”②。

无人不赌——社会成员普遍参与。大众嗜赌现象远在明代中叶后已有表现，明人陆容曾经讲到昆城无人不打马吊，他因为不会这个博戏遭人讥笑：“斗叶子之戏，吾昆城上自士夫，下至僮竖皆能

① 徐汉峰：《抹牌赌博三步曲，及时惩诫追责任——《红楼梦》第七十三回蕴含的财务管理知识》，载《齐齐哈尔工程学院学报》2017年第11卷第1期，第51页。

② 《皇明常熟文献志》第六册《风俗志》(明万历三十二年传抄本)。

之。予游昆痒八年，独不解此，人以拙嗤之。”①陆容还讲过两个以骨牌和骰子等博具占卜婚姻的事，从中可以窥见赌博已深入人们生活的各个方面：“昆城夏氏与处州卫一指挥为亲旧。指挥闻夏氏有淑女，求为子妇，数年未成。后求之益力，家人皆许之，女之祖独不许。因会客，以骨牌为酒令，祖设难成之计，谓求婚者云：‘蒲牌若得天地人和四色皆全，即与成婚。’一拈而四色不爽，众惊异，遂许之。太仓曹用文、查用纯素友善，适其妾各有娠。一日会饮，戏以骰子为卜，云：‘使吾二人一掷而六子皆红，必一男一女，当为婚姻。’一掷并如其卜。既而，查生男，曹生女，查以子赘曹为婿云。此二事相类特甚，盖亦非偶然也。”②

清代康、雍后，赌风弥漫，全民参赌更甚于明代，“上至公卿大夫，至编氓徒隶，以及绣房闺阁之人，莫不好赌者”③。“赌博之风，莫甚于今日。闾巷小人无论已；衣冠之族，以之破产失业，其甚至于丧身者，指不胜屈。”④这就是说，明清时期的赌博参与者，以社会身份而言，无论富贵贫贱，概莫能外；以年龄性别来看，不管男女老少，无不与焉。明清赌风之最恶者为妇女、儿童也趋之若鹜，深陷其中。如徽州“妇女在深闺，赁‘走水’代射，或暮夜乞灵于淫昏之鬼。富者丧赀于无形，妇女迷惘矢志，憤而戕生者，比比皆是”⑤。江苏太仓的“打字宝”吸引了男女老少群起参赌，“举凡贡监、生童、红闺妇女、贩夫卖妇、总角学生，无论识字不识字，群起而打字宝……举国若狂，日盛一日，而妇女针线箧中及小儿衣裤带上之钱收拾净尽”⑥。浙江巡抚吴文熔早年在山东任知县时，就曾查禁过妇女开设的赌场，“县有大茶馆，楼上女子开设赌场，人不敢拿”⑦。道光年间，段光清任慈溪县令时，就发

---

① （明）陆容：《菽园杂记》卷十四。

② （明）陆容：《菽园杂记》卷十五。

③ （清）钱泳：《履园丛话》卷二十一《恶俗 附》。

④ （清）龚炜：《巢林笔谈·赌风》。

⑤ （清）刘体智：《异辞录》卷一。

⑥ （清）沈梓：《避寇日记》。

⑦ （清）段光清：《镜湖自撰年谱》，道光二十八年。

现该县一些富家大户的妇女参与赌博，“县之殷富家妇人赌钱，佣妇抽头，有一家妇人输钱，太多克扣佣妇头子。佣妇谋之讼师，讼师嘱其将每日几人集赌，输赢若干底账一本呈控到县，账上某家某注写明悉，共有多少妇人，前任执账传殷富妇人当堂问供，富室丑之，托人言明，县不差传，送银数万入署”①。

民人赌博司空见惯，但军人参赌在明清并不鲜见。明代不仅一般士兵赌博，将军因参赌被“革职随舍余食粮差操”者屡屡见诸记载，如正德二年(1507年)奉国将军勋淡“与恶少年赌博”被降为庶人；② 嘉靖二年(1523年)潞城王府辅国将军聪涎因赌博被“革禄米四之一”。③ 清康熙年间，许多汉军将士居丧聚赌，朝廷严厉查办，以儆效尤：“近者汉军居父母之丧，亲朋聚会，演剧饮酒，呼卢斗牌，俨如筵宴，毫无居丧之体。至孝服鞍辔等类，所用素帛，皆异常华美。丧礼止当服用粗恶，岂宜华美耶。”④雍正以降，八旗军人赌博相当普遍，雍正时期就有不少八旗兵丁迷恋斗鸡、斗鹌鹑博戏，“兵丁人内有溺于其戏者，往往规避官差，结附匪人，典衣弃产以偿负欠”⑤。乾隆八年(1743年)，天津八旗水兵聚赌受到乾隆皇帝严厉批评：“闻得天津水师营兵丁，平日并不以操练为事，自设驻防以来，迄今将届二十年，而于海面行舟之道，尚未谙悉，每逢春秋，战船停泊海岸，遇都统查阅日期，海口傍近地方，苟且塞责，略为驾驶，俟都统查回后，即在船内饮酒、赌钱，并不演习技艺，以致有名无实。”⑥嘉庆五年(1800年)，嘉庆皇帝亦对八旗官员不尽心教导属下兵丁，以致“八旗各营兵丁，并不勤习骑射，惟知饮酒赌博，并染种种恶习”进行了严厉训诫。⑦ 八旗官兵赌博，

---

① (清)段光清：《镜湖自撰年谱》，道光二十八年。

② 《明武宗实录》卷三十一。

③ 《明世宗实录》卷三十三。

④ 《清实录大清圣祖仁皇帝实录》卷之一百三十一。

⑤ 《世宗宪皇帝谕行旗务奏议》卷一。

⑥ 《清高宗实录》卷一九四。

⑦ 王丽亚：《清代旗人赌博治理述论》，载《云南社会科学》2013年第2期，第159页。

是满族入主中原后意志松懈、生活日益腐化堕落的重要表现，其嗜赌聚赌而“不勤习骑射”，战斗力日渐下降，入关之初剽悍骁勇、英勇善战之风悄然而失。

赌潮泛滥滋生出一批博徒浪子，无赖游民，他们“赌博酣醟，告讦打抢”，连赌带骗，掠人钱财：“胥魁有善博者，取人财犹探物于囊，犹不持兵而劫夺也。其徒党密相羽翼，意喻色授，机械百出，犹臂指之相使，犹呼吸之相通也。盐竖多财者，则犹鱼吞饵，犹雉遇媒耳。如是近十年，橐金巨万，俾其子贾于长芦，规什一之利，子亦狡黠，然冶荡好渔色。有堕其术而破家者，衔之次骨。乃乞与偕往，而阴导之为北里游。舞衫歌扇，耽志忘归，耗其赀十之九。胥魁微有所闻，自往检校，已不可收拾矣。论者谓是虽人谋，亦有天道：仇者之动此念，殆神启其心欤？不然，何前愚而后智也！”①一些无赖“嫖赌致钱，充花酒费”：“京师五方所聚，群饮及博徒浪子，理亦宜禁。但有可笑事，如正统间，顺天大兴知县马通所建白者，真令人绝倒。谓京城有号风流汉子者，专以嫖赌致钱，充花酒费，宜令娼妓家，不得有双陆、骨牌、纸牌、骰子……”②清人李绿园的小说《歧路灯》中出场的赌徒据统计有 43 人之多，除谭绍闻、盛希侨等世家子弟外，大多为无业游民、帮闲篾片甚至妓女和尼姑，小说第五十四回“管贻安骂人遭辱，谭绍闻买物遇赃”如是描绘一干赌徒的众生相：“且说谭绍闻在夏逢若家中混闹，又添上管贻安、鲍旭、赍浩波一班儿殷实浮华的恶少，这夏家赌娼场儿，真正就成了局阵，早轰动了城内、城外、外州、外县的一起儿游棍。这游棍有几个有名的，叫做赵大胡子，王二胖子，杨三瞎子，阎四黑子，孙五秃子，有主户门第流落成的，也有从偷摸出身得钱大赌的。每日打听谁家乡绅后裔、财主儿子下了路的，有多少家业，父兄或能管教或不能管教，专一背着竹罩，罩这一班子弟鱼；持着粘杆，粘这一班子弟鸟。又有一起嫖赌场的小帮闲，叫做细皮鲢，小貂鼠，白鸽嘴，专管着背钱褡裢，拿赌具，接娼送妓，

① （清）纪昀：《阅微草堂笔记》卷九《如是我闻四》。

② （明）沈德符：《万历野获编》卷二十。

点灯铺毡，只图个酒食改淡嘴，趁些钱钞养穷家。此时夏逢若开了赌场，竟能把一起膏粱弄在一处，声名洋溢。这两样人心里都似蛱蝶之恋花，蜣螂之集秽，不招而自来，欲麾而不去的。”①

大抵唐宋时期，赌归赌，娼是娼，赌博业与娼妓业是分开的，但明代开始出现娼赌合流、妓院与赌场合二而一的趋势。清人金学诗以为，唐宋虽然也有文人与妓女一起饮博、樗蒲的所谓“花赌”，“每籍以作狭邪之游”，“曲房棐几之间，锦茵围坐，娇声杂递，芗泽微闻，较诸歌舞筵前，另有一种风致”，但博戏只是文人们风流冶游生活的一种点缀，“亦闺房雅事”，而且只是“偶一为之，特未可常习”。但是到了金氏生活的时代，却衍为娼赌合流，“淫盗交诲”之“颓风”：“今吴下富商大贾，妇女宴会，广携白镪，招邀赴局，淫盗交诲，贻玷帷簿，所宜痛遏其流，以儆颓风。”②稽诸明清野史稗乘、笔记小说，可知当时娼赌同流合污现象确乎大量存在。上述京师“风流汉子”和《歧路灯》中的谭绍闻、夏逢若“嫖赌致钱”“赌娼场儿”便属此类。“明万历之末，上倦于勤，不不坐朝，不阅章奏，辇下诸公亦泄泄沓沓然。间有陶情花柳者，一时教坊妇女，竞尚容色，投时好以博赀财。后且联布党羽，设局诓骗。妙选姿色出众者一人为囮，名曰‘打乖儿’；其共事者，男曰‘帮闹’，女曰‘连手’。必择见影生情、撮空立办者，与之共事，事成计力分财，而为囮者独得其半。于是构成机巧，变幻百出，不可究诘。”③“国初，苏州富商大贾，妇女宴会，辄广携白镪，招邀赴会，谓之花赌。沿至于今，犹未也。”④明末小说就曾描写妓女与无良少年伙做局，骗得沈将士巨额赌资的故事。⑤ 纪晓岚的《阅微草堂笔记》也以为明代以来娼赌合流，贻害至深：“招聚博塞，古谓之囊家，见

① （清）李绿园：《歧路灯》第五十四回“管贻安骂人遭辱　谭绍闻买物遇赃”。

② （清）金学诗：《牧猪闲话·花赌》。

③ （清）严虞惇：《艳囮二则》。

④ （清）徐珂：《清稗类钞·赌博类》。

⑤ （明）凌蒙初：《二刻拍案惊奇》第八回“沈将士三千买笑钱　王朝议一夜迷魂阵”。

李肇《国史补》，是自唐已然矣。至藏蓄粉黛，以分夜合之资，则明以前无是事。家有家妓，官有官妓故也。教坊既废，此风乃炽，遂为豪猾之利源，而呆痴之陷阱。律虽明禁，终不能断其根株。然利旁倚刀，贪还自贼。余尝见操此业者，花娇柳亸，近在家庭，遂不能使其子孙皆醉眠之阮籍。两儿皆染淫毒，延及一门，痨疾缠绵，因绝嗣续。若敖氏之鬼，竟至馁而。”①

如果说，娼赌合流是明清时期出现的新鲜玩意儿，那么，盗赌同框则自古而然。“若好为赌博之人，又不止于游惰而已……斗殴由此而生，争讼由此而起，盗贼由此而多，匪类由此而聚。”②清代一些无业游民往往聚集数十人于市井街巷间压宝赌博，呼五喝六，弄得乌烟瘴气，治安堪忧：“压宝者，不限人数，可容数十人。游手之徒，啸引恶少，喧哗叫呶，驯致斗殴攘窃，悉由于此。竞财启衅，风斯下矣。近日士大夫间或有好之者，要于此道中，亦未许为人流品也。”③明清时期因赌博引发盗窃等犯罪更屡见不鲜，清人曾七如的《小豆棚》就讲了两则这类故事，其中一则《赵殿臣》讲述“海阳赵殿臣，失怙恃，未有家室。幼好樗蒲，尝一掷输一婢，千金产皆荡尽，孑然一身，遂为穿窬。夜入人家，不计物值，即鸡骛之属皆攫取之”。一次竟偷邻村赌友周家婴儿卖与钱翁，犯事后惧怕败露受刑法处罚，“赵心忡忡，遂远飏去，流入关东，二十余年不作归计”。④ 另一则《李五》，讲述小有家产的李五因嗜赌而致家徒四壁，不得已铤而走险，拦道劫财，最终落得面容尽毁，无颜见妻，流落他乡，沦为纤夫：

有牵夫而又作排夫名李五者，满面斑大于钱，一目，鼻两孔如突黔，唇齿皆随意布置，如今水墨画中写意人。余从沛水之旁，往往见之，未尝不曰：“此不全于天者也。”李曰：“人

① （清）纪昀：《阅微草堂笔记》卷十三《槐西杂志三》。

② 《清世宗实录》卷八二。

③ （清）金学诗：《牧猪闲话·压宝压摊揸摊》。

④ （清）曾七如：《小豆棚》卷十四。

为之也。”问其故，李曰：“我河内人，家有薄产，耽于赌，故种麦一年，供骰一箱，种秫一秋，打叶一周。……”

岁将暮，家家办酒果，而李冰釜冷灶，若度寒食禁烟。妻詈曰：“酒肉，朋友也；柴米，夫妻也。我自嫁汝家，终岁操作，不曾换得一餐饱。今岁将尽，尔其与之俱尽乎?”李绐之曰：“我将觅自尽。”妻指窗前一小树曰：“尽在树间。”李愤然取厨刀，断其树，睨而视之，窃有所喜，以为可使制梃而御人于国门之外矣。乃芟繁柯，伐碎叶，应手而去。妻亦不问其所之。

出官道，伏柳树下。夜北风凛凛，一人负行李踉跄来，意其为岁暮遄归者。棒喝之，其人惧，遗其所负以逸。李喜，固利在物不在人。归，启视钱物，新衣，颇足办五辛盘。夫妻皆欣欣度乐岁。第倘来物，不甚爱惜。曾几何时，瓶罍告匮。李复技痒，妇谏曰：“得意不宜再往。”不听，复要于路。月朦胧上，见驴背大囊，一老叟盹而骑。去三步，击之，不中。叟下，撇梃，前步，捉李发立起，曰：“若是谁?”李不答。复问，李亦不答。叟以足略拨，李仆地仰，叟踏李胸，曰：“汝不言，且试汝梃。”一梃而齿牙脱，再梃而鼻梁折，三梃而眉飞目去，如荠辛臼，千捶百捣，至无口无耳无鼻舌身意，更幻出一切不可思议诸般色相。叟兴尽，复胯蹇迢迢而去。

李死而复苏，血与泪迸，曰：“我复有何面目返家门对妻子耶?”遂流于今，盖二十年。余异其状，故备书之。①

因赌博除导致作奸犯科最重者是凶杀，清人姚元之就讲过一个发生于甘肃徽县的这类故事：

空青恒产于关外戈壁中(其地无水尽沙，所谓旱海也)，惟粗石有之。沈县令仁树初官甘肃徽县及两当杂职，其地为蒙古年班入京孔道。一岁蒙古包过(蒙古所携物，俱以大皮贮为

① (清)曾七如：《小豆棚》卷三。

包)，里下马家儿从(凡官差用里下之马，其家必以人从)。蒙古押包者前行，过一处下骑，见若蹲地者，见其手若释子之捻诀者，见若拾地上物涂目者。马家儿从后观之了然也，而不知所以。追及之，骑者去，视其地，无有物也。谛寻之，见沙中有小石剖为二，就审之，剖处皆有窝，有滴水贮窝中，意前骑者之涂目必是水也，亦醮而涂其目，水尽乃行。及夕问之，前下骑者莫肯告，复自言其涂目事，前骑者惊曰："尔何来得此造化耶?"明日骑者行，从马者以其马归，无他异也。久之，里中有聚赌押宝者，此子至即见其盒中物，或青龙，或白虎，若置于前无障碍者，因大笑众人之皆盲也。众随之辄中，宝主患之。异日有出宝者，此子至，无不中。宝主因相约贿之，乞勿至，至亦勿言。于是衣服、饮食不谋而裕如矣。一日众饮之，向其术，秘不言，又极饮之醉，苦询之，始具道其故。众共谋曰："此子不死，此目不得除也"。因共杀之，遂成狱。沈备得其详。余忘其为两当为徽县矣，此子亦忘其名。可知空青不徒治目疾也。①

旗人赌博曾是清代一大社会问题。早在清初，朝廷即颁令禁止旗人赌博，顺治六年："凡旗下官民人等赌博，严拿治罪"②；以后康熙、雍正、乾隆、嘉庆诸朝均严申赌禁，防范和惩戒旗人赌博，但收效甚微，旗人上至官员、宗室下至轿夫仆从甚至八旗军人几乎无人不赌，屡禁不绝。"我朝自开国以来，凡八旗满洲、蒙古、汉军人等子弟，俗尚淳良，咸臻朴茂。累世相沿，已非一日。乃近年之中，旗人风气日渐浇薄，居恒在家，率皆不务弓焉，正业从以游惰骄奢，愈趋愈下。其不肖者，动辄歌场酒肆，恣意游荡，并或设局聚赌。"③并由此而出现盗窃、抢劫、行凶等诸多犯罪现象："设局聚赌，稍有睚眦，即逞忿持刃相向，以至将国家养赡衣

① (清)姚元之：《竹叶亭杂记》卷三。

② 《大清会典事例(光绪朝)》卷八二七。

③ 《清仁宗实录》卷一九五。

食之资，尽成荡废。生计日形其艰，而轻蹈王章者愈见其众，竟有敢于在行营近切处所，持刀伤人毙命之事。”①

旗人赌博之风，以旗人集中聚居地关外与京师为最甚，“关东三省地方土厚民醇，历来称为乐土。今闻侈靡渐增……故现在关东赌博之弊滋甚，凡城市屯庄无不开场聚赌”②。如盛京“聚赌者颇多”。其下属辽阳、海城等地，花会泛滥，“局中奸侩，为妇女代写出注，输赢传信，谓之跑风，结群聚党，昼夜开场，集伙众多”③。京师，天子脚下，不少清朝宗室屡犯禁令，嗜赌若狂：“嘉庆十八年，还发生这么一件事。为解决清宗室的生计问题，当时从北京迁七十户闲散宗室至盛京(今沈阳)，在生活上已作了安置。可宗室盛云，长期耽于乐逸，懒惰好闲，借口嫁女，请假回北京，‘聚赌抽头’，官兵查巡时，又手执铁器，‘同众赌徒拒伤兵役，结果被罚宗人府圈禁三年，开印后，先行重责四十大板，期满押回盛京，交将军衙门严加管束’。当时还有一个叫英怀的，到盛京后，邀约游民陈稳、王玉寻找地方‘开设宝局’，聚赌分头抽钱，被拿获后革去四品顶戴，圈禁九月，枷责三十五板，罚去赡养银一年。当时留在北京的宗室淳济、奇英等亦很不自爱，与平民张七等合伙聚赌，被枷责五十板，文宗人府圈禁九个月，罚去赡养银一年。另一宗室常禄在北京东直门内岔子胡同，开设赌馆‘聚赌抽头’，破获后依例枷责，罚去赡养银六个月，交宗人府圈禁四个月。还有一个宗室桐寿，因在北京琉璃胡同，‘开宝聚赌’，亦被处以杖一百，徒三年的刑罚。”④不仅王公大臣们嗜赌，即使紫禁城内的太监，“竟敢乘夜赌博，无所畏忌”；不少王公大臣家人、奴仆由于其主人之失察甚至庇护纵容，胆大妄为，公然开赌设局。嘉

① 《清仁宗实录》卷二二四。

② 《云南道监察御史韩鼎晋为严禁民人旗人赌博以厚风俗事奏折(嘉庆十六年五月二十八日)》，转见中国第一历史档案馆：《嘉庆十六年京城轿夫聚赌案档案(上)》，载《历史档案》2019年第4期，第4页。

③ 《清宣宗实录》卷二四四。

④ 戈春源：《赌博史》，上海文艺出版社2010年版，第216~217页。

庆十六年六月，就曾破获内务府镶黄旗包衣金山开场聚赌案：

据步军统领衙门奏拿获金山等开场聚赌一案，本月初二日奉旨：交刑部。钦此。旋于是日戌刻据该衙门将金山等三十犯押解到部，臣等遴派司员逐犯隔别审讯，该犯等均系积惯赌匪，止供认开赌数次，狡展支吾，不肯吐实。复经严加讯究，始据金山供认，伊系内务部镶黄旗包衣闲散，素无生业，因杏花天地方剃头铺后有伊祖遗空房三间，随起意在该处开场聚赌，抽头获利。于上年十一月不论日期，伙同民人李四、程吉、隋一、雷太、胡畛、徐斌镶黄旗包衣赵九十儿、镶红旗包衣赵八等开设牌骰铜木宝盒局场，乘便诱赌。复恐地面兵役查拿，随与该处看街兵刘二、催领王二说明，除因雨雪及有事日期不能开场外，每日给予京钱两吊，嘱其照应。刘二、王二允许，即为庇护。至本月二十九日，在场聚赌之人现已全数获案。其平日赌博之人来往无定，多不认识，曾见一人面貌声音系属太监，入场同赌二三次，不能指出名姓。等语。质之李四等，所供亦大概相同。臣等查金山等开设赌局，聚集多人，断不止起自上年十一月，地面官员亦断无不知情之理，其所称仅止看街兵刘二及领催王二得钱庇护，殊不足信。即刘二等每日所得钱文，是否另有伙同分肥之人，及该犯等所供同赌太监是否止有一人，究竟是何名姓，臣等一面片传刘二、王二到案，严加审讯，一面将金山等详细熬审，务期真情毕吐，按律惩办。①

不少王公大臣轿房的轿夫，赁屋开赌，并与官兵勾结，互为照应。乾隆三十年(1765 年)，信郡王如松、尚书五吉的轿夫聚众赌博，不仅赌博的轿夫受到惩处，如松、五吉亦因失察和纵容受到乾

① 《大学士管理刑部事务董诰为审讯开场聚赌案并地面兵役得钱庇护大概情形奏折(嘉庆十六年六月初五日)》，转见中国第一历史档案馆：《嘉庆十六年京城轿夫聚赌案档案(上)》，载《历史档案》2019 年第 4 期，第 5~6 页。

隆责罚。① 嘉庆十六年(1811年)二月，兵部尚书明亮、步军统领禄康轿房轿夫开赌设局，诱人聚赌，酿成轰动一时的京城官员轿房轿夫“开场聚赌案”。事情起因缘于云南道监察御史韩鼎晋嘉庆十六年五月二十八日上给嘉庆皇帝的一份奏折：

> ……再，轿子房赌博，久经禁止。臣闻近来各直省自督抚以至州县，凡乘坐大轿者，其轿夫无不开局聚赌，本管官皆以轿夫等非此不足以羁身，故明知弗禁。岂知博局一开，每日往来如织，动至数十百人，输赢亦动以千百两计，官为之倡，民受其诱，坐此破败家产，使有业之良民忽成无赖之匪类，其机似微，其贻害甚大，更无怪民间赌博之难除也，应请严饬各督抚以及州县等官务实心严查，力除其弊。
>
> 至京师为首善之地，赌博尤所宜严，各王公大臣等皆皇上股肱心膂之寄，决不肯使轿夫蹈此陋习。臣查乾隆三十年，有信郡王如松、尚书五吉纵容轿夫聚赌，曾经严议在案。臣近闻京城轿子房赌风渐炽，在大臣等平日居心谨慎，克自约束者自无此弊。其或退食鲜暇，稽察难周，遂致轿夫等开局聚赌，在所难免。若不早为严禁，恐积久弥甚。一经发觉，转难上邀圣主保全大臣之恩。且臣闻内城旗人多受此累，皇上爱养旗人，无微不周，谆谆以崇俭黜奢为务，若似此习于赌博，相率成风，则恩赏钱粮何能供其挥霍。况当生齿日繁之时，一切调剂事宜屡蒙圣主天恩筹尽，大臣等有管旗之责者尤当随时劝导，使其事事节省，岂可复滋此弊，以耗其赀。应请密谕王公大臣等严加查察，如实有此等陋习，即不难自为革除，于旗人生计不无小补，而外省亦有所儆畏。②

---

① 《清高宗实录》卷七四九。

② 《云南道监察御史韩鼎晋为严禁民人旗人赌博以厚风俗事奏折(嘉庆十六年五月二十八日)》，转见中国第一历史档案馆：《嘉庆十六年京城轿夫聚赌案档案(上)》，载《历史档案》2019年第4期，第4~5页。

次日，韩鼎晋再次给皇帝上奏折，指出官员轿夫赌博信息来源于同朝官员闲谈，自己觉得京师为首善之地，不能放任赌博泛滥，因此有必要奏明皇上，严厉禁赌：

> 窃臣于二十八日奏请严禁赌博一折，军机大臣面传谕旨，令臣将京师轿子房赌博之处据实指陈。臣闻命之下，悚惕靡宁，断不敢稍存回护，隐默不言。且臣业将王公大臣等陈奏于前，更复何所避忌。惟是臣实因闻关东及外省赌博，欲请旨严禁，复于本月十七日丑初候呈递查米折奏时，在朝房外偶闻素不识认之旗员数人闲谈称，近来内城轿子房赌博，旗人多受其累等语，不及细询而散。臣因思京师为首善之地，尤所宜严，一时为剔弊起见，遂不揣冒昧，连牍具奏。其实并无可以确切指明之处，更不敢凭臆妄指，自增罪戾。①

韩鼎晋的举报捅了马蜂窝，揭开了一个京城官场人人皆知但都不说破的公开秘密。嘉庆皇帝大为震怒，六月初三日，嘉庆颁《着失察轿夫聚赌之明亮暂时毋庸交议事谕旨》，六月初五日，又颁《着将明亮所雇轿夫聚赌案交军机大臣会同刑部审讯事谕旨》，六月初六日，颁《着将禄康轿夫开设赌局一案交军机大臣会同刑部审讯事谕旨》，刑部得旨后不敢怠慢，迅速侦办。至此，兵部尚书、协办大学士明亮的轿头赵大和大学士兼任步军统领禄康的轿头徐四等人长期开赌设局，诱骗旗人聚赌浮出水面。明亮的轿夫头赵大等“在后鼓楼苑儿胡同找得房屋，同众轿夫搬去，逐日聚赌”。并买通明亮管家和街道巡逻官兵予以关照；② 禄康的轿夫徐四则早在嘉

---

① 《云南道监察御史韩鼎晋为遵旨复奏京城内城轿子房赌博事奏折(嘉庆十六年五月二十九日)》，转见中国第一历史档案馆：《嘉庆十六年京城轿夫聚赌案档案(上)》，载《历史档案》2019 年第 4 期，第 5 页。

② 《军机大臣为遵旨审讯聚赌人犯王福等事奏片(嘉庆十六年六月初五日)附件 王福等供词》，转见中国第一历史档案馆：《嘉庆十六年京城轿夫聚赌案档案(上)》，载《历史档案》2019 年第 4 期，第 7 页。

庆十四年(1809年)十月间即伙同胡一子等七人开设赌局，参赌者不仅有禄康家轿夫，而且对外开放，据其归案后供述：其赌场“局内掌柜的是胡一子、张三、张二寿、胡二、胡三、小刘五同我七人，抱碗子的是刘大、刘奇、刘四、张大、拦门的是王大、王三，打杂的是刘三、蒋大、梁五，写账的是刘姓、张五、洪六回子，其余姓名并人数都记不起了。我们每天出钱二十余千，是宅内张秃子取交回事的张四同内监杨二分用”①。

随着查处京城内城轿班赌博案的深入展开，更多的官员轿班开赌聚赌浮出水面，据嘉庆十六年六月十一日，《步军统领禄康等为查明城内赌局处所事奏折》披露，京城内城各处赌局共达十二处之多，其中如大学士庆桂轿房赌局、尚书恭阿拉轿房赌局、泰宁镇总兵本智轿房、贝勒丹巴多尔济轿房赌局等。② 王公大臣轿房开赌场诱人赌博长达数年之久，除了地方官兵包庇纵容，充当赌场保护伞外，与轿房主人失察亦大相关涉，即便事情败露后，徐四主人禄康仍为其遮掩，在案发六七天后才不得已将其拘押送官。对此，嘉庆皇帝十分震怒，嘉庆十六年六月初七日，颁发上谕予以严厉斥责，要求对明亮、禄康纵容、失察之过予以追究惩处：

> 嘉庆十六年六月初七日内阁奉上谕：大学士禄康兼任步军统领，专司缉捕，凡京城内有犯禁不法、为匪滋事之人皆当严拿净绝，方使奸宄敛迹，辇毂肃清，乃平日一味宽厚，不加整顿，致涉懈弛。前月御史韩鼎晋奏内城赌风甚炽，多系诸大臣之轿夫开局等语，朕密饬禄康、英和查办。旋据禄康等拿获二起具奏，一系杏花天赌棍，一系明亮轿夫，而禄康于伊家内之

① 《军机大臣等为讯问聚赌轿夫徐四等呈览供词事奏片(嘉庆十六年六月初六日)附件 徐四等供词》，转见中国第一历史档案馆：《嘉庆十六年京城轿夫聚赌案档案(上)》，载《历史档案》2019年第4期，第9页。

② 《步军统领禄康等为查明城内赌局处所事奏折(嘉庆十六年六月十一日)附件 各处赌局情况清单》，转见中国第一历史档案馆：《嘉庆十六年京城轿夫聚赌案档案(上)》，载《历史档案》2019年第4期，第14~15页。

轿夫有无开赌情事，则全不计及，并不首先查办。迨朕询及明亮，伊奏称心疑禄康轿夫亦不免此，是以效尤。朕即于初五日密谕英和、桂芳查拿，英和、桂芳随于是日晚间查明禄康轿夫头徐四开局属实，拿获案犯数人，于初六日具奏。当降旨交军机大臣会同刑部审讯。现据徐四等供认，系十四年十月起开局聚赌，随将局内伙犯多人一一供出，并据供称每日分给地面官兵京钱八千文，又禄康宅内之家人张四、内监杨二每日钱二三十千不等。等语。是禄康不但失察轿夫在外为匪，而于伊宅内家人、内监等包庇纵容联为一气，亦竟懵然不知，无能已极。然其咎总在失察，如果禄康今日自行具折请罪，不再回护，则其过究非有心，朕无不加之原谅，将来吏议上时亦不过革职留任而止。乃今日忽据奏称，伊于初六日早间，先已将轿夫头徐四看押，正在讯办，适英和、桂芳遣人将徐四拿去等语，所奏未免虚饰。伊果有心查办，则五月二十九日奉旨之后随时皆可讯问，何以候之多日，直至初六日始将徐四看押乎。况英和等于初五日晚间已将代徐四看房之王三、潘二、陈四等三犯拿获，究出徐四开赌情事，而禄康于初六日早间始将徐四讯问，其为闻风掩饰，岂非欲盖弥彰。此一节获咎较重，禄康着交都察院严加议处。其禄康本日交出各犯着与现在拿到各犯，均着军机大臣会同刑部严审定拟，究竟禄康有无知情，一并据实具奏。其步军统领番子头目王鉴等于侦缉匪徒是其专责，乃内城有此等开局赌博之事全不过问，并敢于提督屡次询问之时任意朦蔽，其为知情朋比玩法分肥已可概见，并着归案审讯，加以惩创。钦此。①

嘉庆皇帝一次又一次发指示，并亲自布置案件查办、审理及涉事官员的处理，从五月二十八日监察御史韩鼎晋上奏折举报轿班赌

① 《着将掩饰轿夫聚赌之禄康交都察院严加议处事上谕(嘉庆十六年六月初七日)》，转见中国第一历史档案馆：《嘉庆十六年京城轿夫聚赌案档案(上)》，载《历史档案》2019年第4期，第10页。

博，到六日十日和十一日嘉庆皇帝上谕决定对明亮和禄康进行革职降职处分，短短半月之内即案件办结，速度之快，效率之高，处分之严厉，实属罕见。一起民间赌博案受到国家最高统治者如此重视，乃由深刻而复杂的因素所促成。一是尽管嘉庆皇帝一再申饬赌禁，赌徒们却无视法纪，竟在京师内城，也就是在皇帝自己的眼鼻子底下半公开地开赌设局，着实让皇上颜面扫地，首善之区沦为赌风肆虐之所，嘉庆焉能不龙颜震怒。二是赌博主角虽然是平民，但又绝非一般市井小民，他们是朝廷命官身边的人，其社会负面效应异常凸显。而且其主子不仅平时疏于管教、失察，事发后又虚与掩饰，阳奉阴违，与皇上离心离德，嘉庆岂不恼怒至极，欲亲自过问，严加惩戒。三是京城赌场多为旗人所开设，如禄康查处的十二家赌局，其局头十之七八为旗人，即便不是旗人开设赌局，也多以旗人为对象，诱骗其入局参赌。大量旗人设局参赌，使旗人"俗尚淳良，咸臻朴茂"蜕变而为"风气日渐浇薄，居恒在家，率皆不务弓马正业，徒以游惰骄奢，愈趋愈下"（嘉庆语），且造成生计困难，"内城旗人多受此累"。京城赌局事关旗人社会风气养成并影响旗人生计，不能不引起嘉庆皇帝高度重视。前引韩鼎晋奏折谈及赌风危害时便深深触及嘉庆痛处："皇上爱养旗人，无微不周，谆谆以崇俭黜奢为务，若似此习于赌博，相率成风，则恩赏钱粮何能供其挥霍。况当生齿日繁之时，一切调剂事宜屡蒙圣主天恩筹尽，大臣等有管旗之责者尤当随时劝导，使其事事节省，岂可复滋此弊，以耗其赀。"严厉赌禁，目的不仅要革除陋习，使旗人回归勤谨朴实的良风美俗，并"于旗人生计不无小补，而外省亦有所儆畏"，一石二鸟，以此警示全国：今后凡赌一律严禁惩戒，决不姑息迁就。

无处不赌——举国上下赌风弥漫。明清时期赌风炽盛的一个重要特点，以地域而论，举国上下，大江南北，无处不赌；从城乡来看，不仅"各市镇尤多"①，而且"乡村旷野，无处无之"②。赌博

---

① 《太仓州志·风土》。

② （明）许敦俅：《敬所笔记》。

泛滥的地域广泛性，并非历代都有，而是明代中后期以后一种独有的末世现象，有学者以吴地为样本对此有精辟论析："赌博在吴地虽有悠久的历史，并在六朝时一度掀起高潮。但此后的日子里，吴地赌博现象甚少见诸文人笔端。这当然不是说在一个漫长的历史时期中吴地不存在赌博现象，但至少可以肯定，当时吴地赌风不盛，小赌小闹不足以影响社会的安定，故而未引起有识之士的关注。到了明末尤其是清朝，情况大为不同，从康熙以后，无论在方志还是私人笔记中，赌博都被当成一个严重的社会问题而提出、而谴责，并屡屡被地方官府严令禁止。然而赌博现象非但未曾断绝，反而形成风气，越来越盛，几乎达到无处不赌的程度。"①

京师本来是皇城脚下，首善之区，但赌博之风不仅未有收敛，甚或更胜于地方。前面谈到的嘉庆时期官员轿子房开赌聚赌即是典型案例，但这只是京城赌博的冰山一角。其实在康、雍时代京师就已有赌难禁了，康熙曾在谕旨中指责大臣阳奉阴违，并不认真贯彻执行他的禁赌指示，"仰体朕旨加意奉行者，不过十居其五，大半未惬朕怀"②。这实际上透露出当时不少王公大臣都嗜好博弈，故而对康熙禁赌指示阳奉阴违，好赌如故。雍正朝京津地区的赌博屡禁不止，雍正对此极为恼怒，雍正七年上谕："从前屡降谕旨禁止赌博，京城内外稽察甚严，闻游手不法之徒潜往通州、天津公然犯禁聚赌。其赌具之所从来有司亦不究问；又如京城禁止宰牛、斗鸡及畜养鹌鹑等事，而无赖之辈则于通州、天津地方仍敢擅宰耕牛、私开斗局，文武官吏漫无觉察；又闻京城禁赌而好赌之人随潜匿于四乡，无人禁约，似此阳奉阴违有干法纪，通州、天津二处之人，五方杂处，易于容留匪类……"③京城有赌难禁，与官员及其家属带头赌博甚至获得雍正默认不无关系，"'诸大臣之妻互相延请宴

① 王卫平：《清代吴地赌风述论》，载《苏州大学学报（哲学社会科学版）》1993年第3期，第101页。

② 《清世宗实录》卷五六。

③ 中国第一历史档案馆编：《雍正朝汉文谕旨汇编》（第7册）《上谕内阁》，广西师范大学出版社1999年版，第361页。

会，为樗蒲之戏，借此夤缘请托。’官员大臣妻子互相宴请，樗蒲之戏也成为一种社交活动，实难全禁。在社会下层及旗人，‘或于僻处同人赌博伊等从何得知’。雍正帝自己也承认：‘赌牌掷骰虽为贪钱，然始初多以消遣而渐成者，原系适趣之戏具。’”①有些附庸风雅的文人甚至赞美这种逢年过节，全民皆赌的所谓“良风美俗”。“除夕……家庭举宴，少长欢喜。儿女终夜博戏玩耍。妇女治酒食，其刀砧之声，远近相闻，门户不闭，鸡犬相安……而升平之世，于斯可见其概也”②；“京师谓除夕为三十晚上……黄昏之后，合家团坐以度岁。酒浆罗列，灯烛辉煌，妇女儿童，皆掷骰斗叶以为乐”③。“西邻乐舍任相还，为斗花牌输几钱，向晚归来重整鬓，看人门内笑扶肩。”④如果真是妇孺“小赌怡情”的岁时娱乐，实不啻为一种有趣的民间习尚。但实际情形往往是事与愿违，不少赌徒借此机会设局豪赌，一赌便绵延数月而不歇。良风美俗之下掩盖着的是伤风败俗的罪恶。

东北地区是清朝的发源地，清入关后，东北地区得到开发，经济社会发展，满汉杂居，昔日“土厚民淳”渐为浇薄侈靡之风所熏染，赌博之风也逐渐蔓延开来。嘉庆十六年(1811 年)，云南道监察御史韩鼎晋给嘉庆帝的奏书里便反映过这里“赌博之弊滋甚”情状：“窃查赌博之弊，例禁綦严，原以风俗之淳浇，民生之休戚，多系于此，不可不力绝其弊，以清其源。臣查关东三省地方土厚民醇，历来称为乐土，今闻侈靡渐增，民少盖藏，偶遇偏灾，易形歉薄。臣尝访问其故，皆由汉民出关者多游荡之徒，辗转诱赌，积成风气，故现在关东赌博之弊滋甚，凡城市屯庄无不开场聚赌。其中牛车店、囤积店纵赌更大，每日设局开赌时，先吹号筒，以集赌人，名曰吹引。地方文武衙门家人、书役等俱收受陋规，遂致长年

---

① 潘洪钢：《清代的赌博与禁赌》，载《江汉论坛》2008 年第 9 期，第 64 页。

② (清)让廉：《京都风俗志》。

③ (清)富察敦崇：《燕京岁时记·十二月 除夕》。

④ (清)王崇简：《王正谱俗竹枝词》。

如此，毫无顾忌。每年又设立会期，自四月开会，至七八月止，以演戏酬神为名，动辄一二千人，其实全以赌博为事，无人不堕其术中。此民贫之所由来也。应请敕下东三省该管文武大员严饬所属，力除积弊，庶还淳俗，比户可封。”①

江浙地区素来因经济发达，物阜民丰，尤其是明清时期商品经济发展，工商市镇崛起，滋生黜俭向奢、炫丽矜奇之民风，赌博恶习乘隙而生，泛滥成灾。“如苏州，明代已有人‘夜聚晓散，在在成伙’。太湖南端嘉湖一带，‘赌博之事，当初止(只)市中丛人之处，间有不良落此陷中。今(万历三十八年)乡村旷野，无处无之’。明人田艺蘅《留青日札》：‘杭州初时，游手光棍赌博者，小则饮食，大则钱钞，即今风俗薄恶，日甚一日，虽富贵子弟，皆习此风。’(卷三‘赌博’条)明隆庆万历年间(1567—1620)，江苏嘉定，‘城市无赖，率尚赌博，夜聚晓散，在在成伙，酿成奸盗’。常熟‘习尚好赌，遂至无处不赌，无人不赌，无日不赌，而各市镇尤多’。查阅诸志书所载，各地多有赌博之事，可见赌博之风已甚盛!”②到了清代，康熙以后，江、浙地区赌博又死灰复燃，且较之明末更盛。“江苏地方绅宦当商，倚借财势，专事开场，以抽头为不竭之生涯，以窝赌为不破之妙计，分布爪牙，深居密室。”③“吴中之俗，刻造马吊、纸牌……流传天下，坏人心术。”④前引清代文人王士禛《分甘余话》，就曾道出“吴俗有三好”，首当其冲者即是“斗马吊牌”。苏州作为三吴中心城市，赌风炽烈，领冠诸郡：“赌博之风，十室而九，白昼长夜，终无休息，处处有赌场，人人有赌具，真所谓十步一楼，五步一阁者矣。秋冬则斗蟋蟀，又斗鹌鹑、黄头，举国若狂，所费不赀。甚而闺阁之中，不娴中馈女红，惟日

---

① 《云南道监察御史韩鼎晋为严禁民人旗人赌博以厚风俗事奏折(嘉庆十六年五月二十八日)》，转见中国第一历史档案馆：《嘉庆十六年京城轿夫聚赌案档案(上)》，载《历史档案》2019年第4期，第4页。

② 陈学文：《明清以来民间禁赌的自律措施》，载《中国典籍与文化》2017年第2期，第131页。

③ (清)陈宏谋：《培远堂偶存稿》卷一一。

④ (清)汤斌：《汤子遗书》卷二《请毁淫祠书》。

慕浮荡之习，暗有尼姑、牙婆等为之通声气，今日至某处博弈饮酒，明日至某处呼卢宴会……此风俗之尤恶者也。”①江苏其他地方“从分布地域看，吴地各府、州、县可以说没有一块净土，区别只在于程度的轻重和多少。根据笔者掌握的材料，大致金坛、丹阳一线以西，赌博现象较少，而太湖地区最为炽盛，清代抚吴的陈宏谋在《风俗条约》中就提到‘三吴赌风甚盛’。具体记载如《常州府志·风俗》：‘赌博之禁，载在律例，而弁髦国法者往往而有。其舆台市侩，交臂纷呶，固无足论，乃衣冠之族、读书知礼者，亦或蹈之，斯文扫地，莫此为甚’；《常昭合志稿·风俗》：‘习尚好赌，遂至无处不赌，无日不赌，而各市镇尤多’；《太仓州志·风土》：‘赌博之害已久，旧用纸牌，有十和、花和、百劳诸名目，更易为骨牌。掷骰及压定，最后为麻雀’；《昆新两县续修合志·风俗》：‘俗之恶亦有三，一曰赌，昔年亦赌，而今更甚。他邑亦赌，而此更盛。游湖、打牌、下至蹴球、跌钱，无非赌，而掷骰压宝更甚。由是富有贫，贫者冻馁，病狂丧心，不死不休，是皆窝赌者勾引藏匿，为祸烈也’；《嘉定县志·风俗》：‘害民之事，曰花鼓戏，曰博场。博有斗牌，有摇宝，有斗蟋蟀，斗鹌鹑，千百输赢……乡镇茶坊大半赌场也’。可见赌风流行之广、之烈”②。扬州历来是烟粉之地，温柔之乡，其画舫以博为游、以弈为游，颇具“地方特色”：

> 画舫多作牙牌、叶格诸戏，以为酒食东道。牙牌以竹代之，四人合局，得四为上，谓之“四狠”，色目有“四翻身”，“自来大”诸名。以末张为上者，谓之“添九”，色目有“三长四短”“自尊大结”诸名。二人对局为“扛”，有苏、扬之分，苏扛双出，有“上扛飞钓”“四六加开”色目；扬扛单出，关门不钓。三四人合局，以点大得者为负，谓之“挤黄”。叶格以“马吊”为上，扬州多用京王合谱，谓之“无声落叶”，次之碰壶，以

① （清）袁栋：《书隐丛说》。

② 王卫平：《清代吴地赌风述论》，载《苏州大学学报（哲学社会科学版）》1993年第3期，第101页。

十壶为上。四人合局，三人轮斗，每一人歇，谓之“作梦”。马吊四十张，自空堂至于万万贯，十万贯以下，均易被攻。非谨练，鲜无误者。九文钱以上，皆以小为贵，至空堂而极，作者所以为贪者戒也。纸牌始用三十张，即马吊去十子一门，谓之“斗混江”；后倍为六十，谓之“挤矮”；又倍之为一百二十张，五人斗，人得二十张，为“成坎玉”；又有“坎□后”“六幺”“心算”诸例。近今尽斗十壶，而诸例俱废，又增以福、禄、寿、财、喜五星，计张一百二十有五。五星聚于一人，则共贺之。色目有“断幺”“飘壶”“全荤”诸名目。

画舫多以弈为游者，李啸村《贺园诗》序有云：“香生玉局，花边围国手之棋”。是语可想见湖上围棋风景矣。扬州国工只韩学元一人而已；若寓公则樊麟书、程(周?)懒予、周东侯、盛大有、汪汉年、黄龙士、范西屏、何闇公、施定庵、姜吉士诸人，后先辉映。懒予曾与客弈于画舫，一劫未定，镇淮门已扃。终局后将借宿枝上村，逡巡摸索，未得其门；比天明，乃知身卧古冢。定庵父殁，从母改适范氏，生西屏。施、范同时称国手，范著《桃花泉弈谱》，施著《弈理指归》，皆传于世。今之言棋者，动曰施、范，乃二君渡江来扬时，尝于村塾中宿，定庵戏与馆中童子弈，不能胜；西屏更之，亦不能胜。又西屏游于甓社湖，寓僧寺，有担草者。范与之弈数局，皆不能胜，问姓名，不答，曰：“今盛称施、范，然第吾儿孙辈耳。弈，小数也，何必出吾身与儿孙争虚誉耶?”荷担而去。

程兰如弈棋不及施、范，而象棋称国手。近有周皮匠者，亦精于象，未尝负。得钱沽酒，则是日不复局，亦不复攻皮矣。①

扬州画舫开设的“以博弈游”的游览项目，尤其是弈棋游绝非纯粹的智力角逐游戏，而是带彩甚至赌注很大的赌博活动。上引所谓周皮匠者，通过与人赌象棋而“得钱沽酒”，并“不复攻皮”，为

① (清)李斗:《扬州画舫录》卷十一。

此丢掉主业而专事博弈，其实已透露了这方面信息。向来“弈赌合一”，清初著名围棋国手过百龄“以弈名，每出游，得数百金，辄尽之博簺。戚党谯诃之，百龄曰：‘吾向者家徒壁立，今得此资，俱以弈耳。得之弈，失之博，庸何憾！且人生贵适意耳，孜孜逐利者何为？’”①文中提到的程(周?)懒予、范西屏、施定庵、程兰如等既是闻名于世的弈棋高手，更是声名在外的豪赌之徒。史称“懒予家故贫，视金钱不甚惜，所获百千，尝呼卢一掷尽之。徒手至他郡，累所获散尽如初”②；范西屏的父亲以好弈破其家，弈卒不工”，而西屏“年三十，即成国工，百年来称第一高手”，其“性倜傥任狭，潇洒不群……所获金无算，随手散尽，囊中不留一钱”。③

三吴如此，两浙亦然。康、雍时期的杭州赌场遍设，赌徒猖獗，湖州环渚乡“吾乡素称仁里，各安机农为业，自昔建有土谷社庙，每逢神诞演剧酬愿，以祁(祈)福庇而穰(禳)岁事也。乃有外来匪徒，乘戏聚赌，就此扰害损践桑息，引诱良民，里中子弟，每至流荡忘返，有失恒业”④。建德县某乡民嗜赌，在输光赌本后变卖家中所有什物，据曾任该县县令段光清在其日记中记述：“十月，一夕，与人同行，闻妇人哭甚哀，且曰：‘上年冬季段太爷在县，我家床有被，瓮有米。今年身上无衣，腹中又饿，何以能过残冬。’余曰：‘是何言也。’同人叹曰：‘上年父台禁赌，此妇丈夫入山采樵，日有钱进，故衣被米粮，有盈无绌。今其丈夫日逐赌场，并将家内什物窃去，以供赌博，家中安得不贫，妇人所以哭也’。”⑤次年，段光清转任慈溪县令，发现该县花会赌博泛滥，其在日记中就披露出，慈溪花会赌博一是规模大，几遍及全县，其筹码可当货币在县境内流通，“入典可以赎当，入市可以卖物，不问

---

① (清)徐珂：《清稗类钞·赌博类》。

② (清)黄俊：《弈人传》卷十四。

③ (清)黄俊：《弈人传》卷十六。

④ 《道光九年(1829年)湖州环渚乡土谷祠内《奉宪禁赌碑》，参见陈学文：《明清以来民间禁赌的自律措施》，载《中国典籍与文化》2017年第2期，第132页。

⑤ (清)段光清：《镜湖自撰年谱》，道光二十七年。

人，只问筹”，慈溪几成“赌博世界”；二是组织严密，且有武装护卫，能有效抗击官府禁赌缉拿；三是由于赌博组织者贿赂官府，官匪一家，官为奥援，致使花会赌博屡禁不绝，愈禁愈张。①

与吴越紧邻的徽州，商品经济发达，徽人外出经商者多，历来有“无徽不商”“无徽不成镇”的说法，一般富起来的徽州人恪守崇俭守正的儒家传统，在外经商致富，返梓耕读传家。但也有不少人偏离正统习尚，滋生出黜俭崇奢，沉湎赌博恶习，“间有父兄经营，居积致富，类从辛苦中得来，致遭不才子弟嫖赌，挥金如土，不知爱惜”②。明朝中后期，徽州赌风已盛，据万历《歙志》记载，当时徽州府治所歙县“赌风日炽，亡赖、恶棍串党置立骰筹、马局，诱人子弟，倾家荡产，甚有沦为奸盗，而犯者比比”③。“平昔聚饮，彼此欢然，一决六骰，顿尔改样；神头鬼脸，侩手魔身，输出赢收，毫无假借；或携娼妓于邃阁，或诱子弟于重门。放头不顾其父兄，上手罔思其身命，达旦呼卢，收场浮白，往往千金一券，终以沿凶，万贯数年以赌败。”④许多赌徒往往借民间寿庆、庙会、迎神赛会搭台演戏、乡民聚集时设局招赌，崇祯年间曾主政歙县的傅岩指出这一流弊：“迩来国蔽民贫，奢俗不改，徽俗演戏，恶少科敛聚观，茹盗赌斗，坐此日甚。近复有地方棍徒，招引流娼，假以唱戏为名，群集匪人，惑诱饮博，以至游闲征逐，驰骛若狂。大则窝引为非，小则斗争酿衅，大为地方之害，合行严禁。”⑤此种恶习歪风一直延续到清末而未变，“其逐年一行者有保安会，其间年一行者有忏会，会辄有戏，戏必有赌，贻害地方”。“其黠者借此敛财而已，聚赌抽头而已。”⑥休宁县也有许多人“沉湎陆博，以曲蘖当饔飧；掷骰为赌，愚富儿以竞胜”⑦。典型者如范氏

① （清）段光清：《镜湖自撰年谱》，道光二十八年。

② （明）古之贤：《新安蠹状》卷下。

③ （明）傅岩：《歙纪》卷五。

④ 万历《歙志》卷五。

⑤ （清）傅岩：《歙纪》卷八。

⑥ （清）刘汝骥：《陶甓公牍》卷十二。

⑦ 万历《休宁县志》卷五。

宗族“近习则有一二不然者，强暴弱，智绐愚，欧詈生户，庭追呼烦，郡邑状友抟师，鸱张蛊惑，昼酣夜赌，不务治生，嫉心胜则以直为曲，党心胜则以媸为妍，交游匪类，邪慝易兴，视尊年之训诲、乡约之叮咛如风过耳，甚且仇之罹孽、颓家声，甲颜不悔”①。商山吴氏“族中或有一等棍徒，名为轿扛，引诱各家骄纵败子，酗酒习优，宿娼赌博，不顾俯仰，必致倾家破产丧身而后已。此等恶俗犹为可恨，宗正副约引会族长，呈官惩治”②。入清尤其是康熙朝以降，徽州赌风更炽，歙县“从来好赌之人，往往费时失业，荡产倾家，为害不小。尔褒民喜天他长，惟不论男女老幼，皆好游湖，牌一到手，则食可忘寝可废，终日不倦，夜以继之。衣于何来，食于何得，仰何以事，俯何以育，皆置之九霄云外矣”③。婺源在清朝康熙后的赌风较歙县、休宁等有过之而无不及，康熙时有殷实之家江氏，因误入歧途，迷恋赌博，最后荡尽家产，沦为盗贼。④ 长溪许多宗族子弟习染赌风，不能自拔，道光年间有余氏族人上书官府，请求禁赌：“禀为物力艰难已极，乡风薄恶日滋……何期游手之徒相聚抽头之宅，摊财下注，十室九空，喝雉呼卢，千金一掷。他若慕牌斗浒，无非设屐张猩，繁矣有徒，皆然无畏。或矜门第，明开饮博之场；或厕衣冠，魋赌块苫之地；或居酤之结伙朋、谋局骗，三五成群；或子女以为囮，密室深宵，百千献媚；或借钱粮为孤注，挂拖欠于百家；或将口食抵输筹，忍饥寒于二老；设奸薮，长盗竿，破家资，坑国课，此赌博之宜禁也……恭际宪天莅政，旧染更新，请给示以通知，饬勒碑以垂久，责令沱川约甲具还甘结遵依，庶僻壤穷乡渐成乐土，而光天化日永沐仁恩矣。”⑤诗春施氏宗族子弟借演剧聚赌，族人邑庠生施学文“呈官究治，以挽

① 万历《休宁范氏族谱·谱居·林塘图说》。

② 休宁《商山吴氏宗法规条》。

③ (清)吴宏：《纸上经纶》卷五。

④ (清)詹元相：《畏斋日记》。

⑤ 道光《婺源长溪余氏正谱》卷首《沱川禁目连戏请府示公呈》。

颓风”①。由于该县赌风肆虐，伤风败俗，影响生计，祸及子孙，不少缙绅乡贤自发禁赌，或上书官府，力倡赌禁；或成立戒赌组织“立文会，禁赌博”；或“培植山林，养生禁赌，以培元气”；或勒石刻碑，“加禁赌博”。据光绪《婺源县志》所载就有22村之众，②一方面说明婺源宗族素有“以维持风化为己任”乡村自治自救的传统，同时也从一个侧面反映了该地明清时期赌博泛滥，久盛不息的历史情状。

流行于清末的闱姓赌博最早于道光初年由广东人陈辉祖发明，后来风靡两广，直至科举废止才罢歇。“粤人好赌，出于天性。始则闱姓、白鸽票，继则番摊、山票，几于终日沈酣，不知世事。而下流社会中人，嗜之尤甚。”③“粤俗好斗鹌，七、八月捕鹌鬻于市，在西城之魁巷、午市巷，满至不可过车马，可谓鹌市矣。新鹌佳者值数金，其老鹌善斗值数百金，老者谓把而熟之也。斗场分棚，集者如市，一日间胜负计数千金。”④花会也是广东一大赌种，“花会为赌博之一种，不知何自始，极其流毒，能令士失其行，农失其时，工商失其艺，广东、福建、上海俱有之，博时多在荒僻人还不到之处，而以广东的最盛。道光间，浙江之黄岩盛行花会，书三十四古人名，任取一名，纳筒中，悬之梁间。人于三十四名中，自认一名，各注钱数，投入柜中。如所认适合筒中之名，则主者如所注之钱数，加三十倍酬之，其下则以次递减，至百金，数十金不等，往往有以数十钱而得数百金者。其后流入广东，而其法异矣。”“潮州有某妪者，终年押一人名，未尝稍改，迄未得彩，已倾其家矣。一日，怒曰：‘我明日押尽三十六名，能使我不得彩否？’明日，果携银三十六封，往与馆主约，谓不得于未开之前，先启视。乃检点，忽少一封，喟曰：‘是必失矣。今押三十五名，当不

① 光绪《婺源县志》卷二六。

② 参见陈瑞：《明清时期徽州宗族对社会问题的控制》，载《中国农史》2007年第4期，第92~102页。

③ （清）徐珂：《清稗类钞·赌博类》。

④ （清）乾隆《番禺县志》卷十七《风俗》。

至适出此失去之名也。’馆主阴使人觅其所失，果得诸途，启视其名，则固平日所常投押者，大喜。是日开彩，即点此名。媪闻信奔至，启视三十五封之名，则皆此名也。馆主知为所愚，乃始以三十倍之利而罢。”①

清代福建民间赌博风行各地，如永定县“有等不务本计之徒，引诱良民局赌呼卢。愚顽被惑，违而不悟，贪婪注念，胜负横胸。迨至一败涂地，束手仰天。财产尽而邪僻生，饥寒迫而良心丧，遂窝藏附近游棍，或招集亡民流民，讨谋画计，坐地分赃。小则穿窬，大则伙劫。此诚近赌近贼必然之势也”②。漳州“漳俗好斗鹌鹑，始于游手好闲之徒，继而士大夫家子弟亦有为之者，（注云：士大夫家以此为豪举者众矣，习俗移人，贤者不免，可增一慨）”③。福建也是花会流行省份，《清稗类钞》曾述介该省花会赌博详情：

> 福建花会，其场所亦在荒僻人迹不到之处，房屋不甚大，惟必有广场，足以聚集多人。中有矮屋数椽，面场而立，厂主居其中，门不常启。屋正面有窗，厂主日缚花会竿一名于竹筒，悬之窗前，谓之挂筒。时五十里内之居民，罔不至。而广场糕饼果饵，罗列无数，则以备押花会者之午餐。厂中朝夕极静，日加午，则嚣杂无伦矣。
>
> 其资本约银一千余圆，尚有后备金数千圆。股东至多，凡十余股，股亦不限额，惟以最多者为厂主，复聘花会中之老手及经验最富者为之辅。而厂外则又有所设风桌十数张，资本多者，亦数十百金（凡花会，以银圆押者归厂中，以零星铜币押者归风桌，风桌云者，谓花会非其所司，不过闻风以为胜负也）。
>
> 花会既挂筒，则押者云涌，咸以草纸写花会名于上，谓之

① （清）徐珂：《清稗类钞·赌博类》。

② 康熙《永定县志》卷十。

③ 嘉庆《云霄厅志》卷三《风土志》。

写波。名数多少均可，惟其中有头、札之分，式如下："圆圆一圆。"圈。为花会名，横线上之数目为头，横线下之数目为札。然必写二纸，以一纸进厂中，谓之"进波"，亦曰"进风"。余一纸，则押者藏之于身，以待开筒时，为中时支钱之券，则又名曰"对波"。而厂中司事，于收波时，又必开一小条，上加图记，以付押者，为将来对波之证。进波已毕，乃命一人开筒，于是胜者欢呼声，负者嗟叹声，一时并作。俄而银声铿铿，履声橐橐，不移时而鸟兽散矣。

花会之筒既开，则负者去而胜者留，持厂中所给之小条与自有之对波，以待厂主之赔偿。顾其赔偿，亦分头、札，例如前式。

有曰啄雁法者，极灵敏，非花会中之老手不能。盖用此法者，为厂中司事，当收波时，人众纷扰，一手接波，一手付小条，而口中尚报某某及某某名头数几何，札数几何，状至宁静，一丝不遗也。

又有称雁法者，为预备拣送翌日之花会计，恒于夜中为之。①

乾隆时，闽省花会赌博风行一时，为害甚烈，惊动了乾隆皇帝，专设禁例予以禁止。"福建省花会赌博的流行，将足不出户的广大妇女吸引到赌博上来，进而将迷信与赌博结合在一起，让妇女们神魂颠倒，对花会赌博如痴如醉，其危害之惨烈，更超出其它赌博数倍。为此，乾隆四十四年(1779)对福建花会赌博专设禁例，将其比照造卖赌具例从严惩治。'闽省拿获花会案犯，讯明起意，为首者照卖赌具发边远充军，其伙同开设辗转纠人之犯，照贩卖为首例杖一百，流二千里。其在场帮收钱文等犯，均照为从例杖一百，徒三年。仍各尽赌博本法，于开设花会处先行枷号两个月，满日，定地发配。其被诱入会之人俱枷号三个月，杖一百……如匪徒另立名色，诱赌聚众三十六一人以上，与花会名异而实同者，比照

---

① (清)徐珂：《清稗类钞·赌博类》。

此例办理。’”①

发达省份的赌博与奢侈浮华之风相伴随，而在欠发达的西北、西南诸省，也不乏赌徒踪迹和赌风蔓延。龚炜的《巢林笔谈》曾讲过一个赌徒断指戒赌的故事，故事的主人公就是甘肃人：“赌博之风，莫盛于今日。闾巷小人无论矣；衣冠之族，以之破产失业，其甚至于丧身者，指不胜屈。近有诸生犯赌一案，教官坐赃落职，以下褫革拟罪者数人，似亦可以少惩矣。而沉溺游场者，率无悛心。愚谓聋虫尚可通以意气，人为物灵，冥顽一至此耶！且盗贼，饥寒迫之也，此更何所迫欤？数年前，陇西有仆马遵者，身受赌害，抽刀断一指自誓，于时观者失色，尽谓其能痛改矣；乃左创未愈，而右执叶子如初。”②纪晓岚《阅微草堂笔记》也讲过一个古浪县的赌博故事，虽然有些荒诞，但从一个侧面反映出这里赌徒猖獗，赌风很盛：“乌鲁木齐军吏茹大业言：古浪回民，有踞佛殿饮博者，寺僧孤弱，弗能拒也。一夜，饮方酣，一人舒拇指曰：‘一。’突有大拳如五斗栲栳，自门探入，五指齐张，厉声呼曰：‘六。’举掌一拍，烛灭几碎，十余人并惊仆。至晓，乃各渐苏，自此不敢复至矣。佛于众生无计较心，其护法善神之示现乎？”③

表现地方赌博的这种荒诞故事还体现在《聊斋志异》《小豆棚》等志怪笔记小说中。如《小豆棚》就讲述了两个发生在江西和湖南的赌博故事。一为《泥鬼博》讲的发生于江西豫章(今南昌)的故事，与古浪一样道观庙宇成了赌徒聚赌乐园：“豫章灵官庙，为阛阓幽静之所，庙久残蚀，其肖像皆有神色，相传非当时人工所能。乞丐无赖常聚于此。夜则樗蒲幺掷之声连宵达旦。耽于博者，往往不计美恶。”也就是说，来此聚赌者既有乞丐无赖，也有衣冠士绅，但在作者眼里“博者皆鬼也”。④ 一为《湘潭社神》讲述湖南湘潭一姓

---

① 潘荣阳：《传统家训与治理赌博：以明清福建社会为例》，载《闽台文化研究》2019年第2期，第10页。

② (清)龚炜：《巢林笔谈·赌风》。

③ (清)纪昀：《阅微草堂笔记》卷十三《槐西杂志三》。

④ (清)曾七如：《小豆棚》卷十一。

尹者，不仅生前好赌，死后还以妻子作赌注继续赌："张知尹在生时嗜赌，产荡尽，后为博徒所困，陷以滚赌，冤死狱中。今死后犹不悛改，至割床头昵爱，甘心一掷，亦可哀也。"①

山西历来民风淳厚，鲜少赌博，但乾隆以后风气大变，如泽潞地区"在乾隆以前，极少看到村落有赌博活动的记载。自乾隆后期开始，朝廷日益腐化，潜移默化地影响到了泽潞村落。很多村落'风清美俗，各安本业'，近来却'人心不正，里俗日颓'，'呵稚呼卢'的情景大量出现"②。其下辖之上党"至乾隆时，可能与经济发展有关，社会风气已经发生明显变化：'上党为唐魏遗民，俭朴最为近古，乃前史所载，递变屡迁，至流于矜夸，侈靡而无所底止，岂人心之不古若与？'这种变化的一个突出体现，就是赌风大盛，很多'素无聚赌之场'的村落，'迄今世俗浇离，人心偷薄，抛正业入邪途，不务士农工商，专以赌博为尤。诱良家之子，日夜聚赌；效匪僻之徒，朝夕玩钱'。即使'村中民贫田稀，山深水暴，粮无隔宿'也不例外。赌博的方式主要有牌九、掷骰、摸棋、跌钱、压宝等……"③高平县自乾隆以后村社赌博泛滥，"晚近之世有奸诈者出，每每设立赌局，惟计肥一己之身，不顾坏一乡之俗，引诱人子弟，被毁人家产，甚至紊乎尊卑长幼，坏乎心术性命，上干国宪，下败民风"④。于是很多村成立戒赌会并勒石刻碑，厉行禁赌，有研究者统计，高平县自乾隆十八年(1753年)至同治六年(1867年)有24个村立有禁赌碑，陵川县有26个村立有禁赌碑。⑤"高频

① (清)曾七如：《小豆棚》卷十。

② 朱文广：《清代禁赌活动中的乡村自治》，载《华南农业大学学报(社会科学版)》2014年第4期，第148页。

③ 朱文广：《禁赌碑与乡村风俗改良——以清代上党为中心的考察》，载《农业考古》2014年第3期，第67~68页。

④ 嘉庆二十四年《关帝庙西大社禁赌碑》，碑存山西高平寺庄镇西德义村。

⑤ 参见魏晓锴：《清代县域视野下的禁赌问题研究——以山西高平为例》，载《清华大学学报》2018年第2期，第143~144页。朱文广：《禁赌碑与乡村风俗改良——以清代上党为中心的考察》，载《农业考古》2014年第3期，第68页。

率的立碑行为，表明了赌博与禁赌的角逐十分激烈”①；“现在所遗存的禁赌碑铭，几乎全部是‘因为有赌博，所以才应该禁止’的情况，告示也罢，碑铭勒石也罢，其出现的前提和背后的预设基本是希望今后尽可能地少一些赌博，至于以前，则多半属于‘既往不咎’”②。

明清尤其是清代中叶以后，赌博泛滥区域当然不止上述地区，各类文献有关地方赌博风习、赌徒故事时屡有载述，俯拾即得：

如河南，开封府尉氏县在明代嘉靖时期“阛阓市井，每以赌钱为事，赛神相聚之日尤众”③。清雍正初期曾任河南巡抚田文镜在《抚豫宣化录》中说“乃访得豫省恶习，每于热闹场集置放宝案，铺设赌席，不论他乡别县，无赖恶少，群聚角逐。巡查捕役，乡约地方逐处抽取规例，规例到手，不但不查拿解究，抑且徇隐出结。地方官耳目有限，岂能周知？因而赌风日甚肆天忌惮”④。

如河北，“霍亮雅，曲周人，任侠嗜酒，一掷百万。卒后，申凫盟为之作传，邑人刘津逮挽之曰：‘门前债客雁立行，屋内酒人鱼贯眠。’”⑤“唐县张姓，家贫无行，耽于博。有妻韩氏，纺绩之资以及衣饰等物，皆供张一赌而罄之。于是家徒壁立，犹卜夜不归也。”⑥

如山东，乾嘉时期自省至县各级官员都以博弈作消遣，“百文敏(百龄)公为山东藩司时，有监司、太守均好樗蒲之戏，公闻而责之。监司曰：‘此不过消遣耳。’公正色曰：‘君等非无事者，盍即以公案簿书消遣乎？’监司语塞”⑦。道光慈溪知县段光清《镜湖

① 朱文广：《禁赌碑与乡村风俗改良——以清代上党为中心的考察》，载《农业考古》2014年第3期，第68页。

② 魏晓锴：《清代县域视野下的禁赌问题研究——以山西高平为例》，载《清华大学学报》2018年第2期，第145页。

③ 嘉靖《尉氏县志》卷一《风土类·风俗》。

④ (清)田文镜：《抚豫宣化录》。

⑤ (清)徐珂：《清稗类钞·赌类》。

⑥ (清)曾七如：《小豆棚》卷十一。

⑦ (清)陈康祺：《郎潜纪闻四笔》卷一。

自撰年谱》记载，时任浙江巡抚吴文熔曾亲口向他讲述其任职山东时，该地赌风炽盛，屡禁不止的情形："旬日后，抚台自定海回省，余仍接至西壩，亦慈溪县境也，见抚台于舟中，言及日前往拿花会与出示禁止花会事。抚台自言：吾始至山东，做知县时，县有大茶馆，楼上女子开设赌厂，人不敢拿。吾自往观，赌风甚炽，吾亲禁之，有将拒余者，女子曰：是官也。人乃敛手。吾曰：尔等所为近理耶？余遂下楼回署，会营拿之，茶馆于是不敢再事集赌。此等无业游民，如肥田恶草，无时无之，我等遇到除之而已，然而不能净也。自今观之，真阅历之言也"。①

如湖北，"明清间武汉赌博之风盛行，在民间相习相沿。武昌、汉口的里巷中，遍布赌点、赌场，在节假日，街坊四邻，或朋友间也随时开赌"②。于成龙任黄州府同知和知府时，就发现此地许多青少年游手好闲，宿娼聚赌，因此在麻城岐亭开展过专项禁赌行动："士、农、工、商各有一业，夫人必有恒业而后安分守己，不致放逸非为。乃近来民间子弟率多不工不商，非农非士，享受父兄现成衣食，每日游手好闲，往往赌窝娼家。"③《小豆棚》作者曾七如"嘉庆六年(1801)宦于楚北，为湖北江夏(今湖北武昌)令。在宦游湖北期间……于夷陵(今湖北宜昌)见官吏聚赌成风。风流倜傥，嫉恶敢言，因以获罪。所谓，'幼识之无，长贪呫哔，年逾见恶，学不知非(《小豆棚》卷十六《述意》)，是直言罹祸，横遭贬逐的事"④。

如四川，"安州陈大宗伯，宅在孙公园(其后废墟即孙退谷之别业)，后有楼贮杂物，云有狐居，然不甚露形声也。一日，闻似相诟谇；忽乱掷牙牌于楼下，柅琤琤如雹。数之，得三十一扇，惟

---

① (清)段光清：《镜湖自撰年谱》，道光二十八年。

② 李怀军主编：《武汉通史·宋元明清卷》，武汉出版社2006年版，第544页。

③ 于成龙：《保甲书》。参见任小飞：《浅析清代泰安府东阿县的一通戒赌碑》，载《文物鉴定与鉴赏》2015年第6期，第80页。

④ 《小豆棚·点校后记》，荆楚书社1989年版，第330~331页。

阙二四一扇耳。二四幺二，牌家谓之至尊(以合九数故也)，得者为大捷。疑其争此二扇，怒而抛弃欤？余儿时曾亲见之。杜工部大呼五白，韩昌黎博塞争财，李习之作《五木经》，杨大年喜叶子戏，偶然寄兴，借此消闲，名士风流，往往不免。乃至‘元邱校尉’亦复沿坡，余性迂疏，终以为非雅戏也”①。

如陕西，“1847年陕西泾阳人马书新嗜赌如命，把家产输光，妻子李氏冬天只能睡在草垫上，其兄可怜她，给了一床被子，马却要拿去做赌本，李氏不给，马竟狠心将她杀死”②。

……

粗略一看，明清两代的人们对赌博的嗜好程度与参与面似乎与前此诸代并无多少差别，然细细审察，便可发现其赌博动机和赌场情态与魏晋的“通脱”“豪气”、唐宋的“寄兴”“消闲”大相违异。明末士子的“穷日累夜，纷然若狂”，把无聊当有趣；③ 清代“若公卿大夫，受国重寄，食禄千钟，不以致君泽民为心，而以草窃狗偷为事，亦终日屹屹，彼此较量”，罔顾“斯民号呼门外，拘候堂皇，愁怨难伸，饥寒交迫者，不知凡几”的世态民情，④ 而以赌博为终日之“消遣”，无不反映的是一种得过且过、苟且偷生的厌世情结和寡廉鲜耻、委琐颓废的末世情态。士风是时代与社会迁演的晴雨表，与汉末、唐末等朝代末期所表现出来的间歇性、过渡性“世纪末情绪”不同，处于传统宗法专制社会晚期的明清两朝，衰微之象渐呈，“风俗日趋日下”⑤，末世现象如影随形，挥之不去。赌潮因此而泛滥，“习尚好赌，遂至无处不赌，无人不赌，无日不赌”⑥，持续时间之长、涉赌人员之众、波及范围之广，为两千年来中国宗法专制社会历史所仅见。

① (清)纪昀：《阅微草堂笔记》卷十五《姑妄听之二》。

② 冯尔康：《清人生活漫步》，中国社会出版社1999年版，第88~89页。

③ (清)申涵光：《荆园小语》。

④ (清)钱泳：《履园丛话·恶俗 附·赌》。

⑤ 《定大清会典事例》(光绪朝)卷399。

⑥ 《皇明常熟文献志》第六册《风俗志》(明万历三十二年传抄本)。

二、“严申纠禁”，愈禁愈弛

明清是赌禁峻酷严苛的朝代，也是赌博泛滥成灾的朝代。

明朝法律《大明律》“草创于吴元年，更定于洪武六年，整齐于二十二年，至三十年，始颁行天下”①。洪武三十年(1397年)颁行的《大明律》，专设赌博条，首次对赌博概念进行法律界定，对参加赌博者、开设赌场者以及官员参赌规定了惩戒办法：“凡赌博财物者，皆杖八十、摊场钱物入官。其开张赌坊之人，同罪。止据见发为坐。职官加一等。若饮食者，勿论。”《大明律集解附例》：“赌博谓呼卢局，如樗蒲、双陆、骰子之类，用财物赌赛以决胜负也。赌坊即摊钱物主场也。盖赌博游荡之事，而耗乱之阶，盗贼之源也。故有犯者，不分首从，皆杖八十，摊场钱物并入官。若有将自己房屋开张赌坊，容人在内赌博者，亦杖八十，其房屋亦当入官。然止据见在场发觉者坐罪，不许指扳，防滥及也。职官为之，何以正人，故加一等杖九十。若朋友相会为乐、赌饮食，非财物可比，故勿论。”②《大明律》将赌博界定为以樗蒲、双陆、骰子等赌具，以财物为输赢胜负之目的，对于参赌者，一经发现即予以杖八十、赌资没收入官的处罚；对于开赌场者，同罪且赌场房屋没收入官；如果是官员参赌聚赌，则罪加一等，给予杖九十的处罚。

朱元璋颁布《大明律》的同时下诏规定，必须严格执行《大明律》，按律断案，以后不得有一字之修改。但随着时代变迁，法律与现实脱节的情况甚多，聪明的明代立法者采取不改法律正文文本而重新厘定条例的变通办法，于弘治十三年(1500年)整理修订了279条条款，即《问刑条例》，颁行天下，“永为常法”。后又经嘉靖、万历年间增删调整，于万历年间刊行《大明律集解附例》。《问刑条例》对于赌博罪的处罚又有新的办法：“凡赌博人犯，若自来不务生理，专一沿街酗酒撒泼或曾犯诓骗、窃盗、不孝、不悌等项

---

① 《明史》卷九十三。

② 《大明律集解附例》卷之二十六。

罪名及开张赌坊者，定为第一等问罪，枷号二个月；若平昔不系前项人犯，止是赌博但有银两衣服钱物者，定为第二等问罪，枷号一个月，各发落；若年幼无知，偶被人诱引在内者，定为第三等，照常发落。其职官有犯一等、二等者，奏请问罪，文官革职为民，武官革职随舍余食粮差操。”①这个条例对犯赌博罪者进行分类细化，对于参赌者的处罚尤其是有前科的惯犯处罚更重了，即一等犯者除杖八十、没收赌资外，另枷号二个月，二等犯者加枷号一个月；而对于年幼无知及初犯、偶犯者，则仍依《大明律》规定进行处理；对于参赌官员，也依不同类别加重了处罚。

大抵而言，明代前、中叶，统治者秉承明太祖严禁赌博旨意，依照《大明律》对赌博严申纠禁。洪武二十三年设置的五城兵马指挥司，其职责之一便是缉拿赌博：“凡军民人等，在于街市斗殴及奸淫赌博、撒泼抢夺、一应不务生理之徒，俱许擒拏。”②明成祖常常告诫官员“毋习赌博”：“永乐七年，谕北京耆老曰：‘朕惟古先帝王之治天下，以安民为务，而安民之道，以教化为先，是以上下相承，风俗淳厚，天下和平。朕受天命嗣大统，即位以来，夙夜拳拳，志图治理。今建北京，思与百姓同享太平。惟能务善去恶，可以永保身家。凡一家有家长，一乡一坊有乡坊之长。为家长者教训子孙，讲读诗书，明达道理，父慈子孝，兄友弟敬，尊卑长幼，各循其序，如此，则一家和顺辑睦，有无穷之福，为乡坊之长者，教训其乡坊之人，农力于稼穑，毋后赋税，工专于技艺，毋作淫巧，商勤于生理，毋为游荡，贫富相睦，邻保相恤，毋为争竞，毋习赌博，毋奸宄窃盗，毋藏匿逋逃，如此，则乡坊之内，相安相乐，有无穷之福。夫作善降祥，作不善降殃，天道至公，不爽毫发，不可不戒。诚能遵朕斯言，身家获吉。不然，宜行妄作，身罹殃咎，害其子孙，不可不戒。或有尝为恶于前，而能改过于后，亦是善人。若不改悔，终为恶类。其省之慎之，不可怠忽。”③明成祖把赌博列

① 《大明律集解附例》卷之二十六。
② 《大明会典》卷之二百二十五。
③ （明）余继登：《典故纪闻》卷七。

为与“奸宄盗窃”“藏匿逋逃”一样的犯罪行为，并从教化安民、淳风化俗的高度提出申禁要求，希望家庭、乡坊层层设防，使“乡坊之内，相安相乐”。至于过去犯了赌博等错误和罪行的人，只要能“改过于后，亦是善人。若不改悔，终为恶类。其省之慎之，不可怠忽”。

明英宗时期，京城一段时间赌博成风，因赌博而倾家荡产者在在有之。监察御史陈鉴上奏建议严格按《大明律》申纠厉禁：“今风俗浇浮，京师为甚，寇攘窃发，畿甸为多。此愚者以为迂缓不急之务，而知者所深虑也。臣推其故有五：其一军民之家，事佛过盛，供养布施，倾赀不吝；其二营办丧事，率主破家，惟夸之美，实非送死之益；其三服食靡丽，侈用伤财；其四倡优为蠹，淫无极其；其五赌博破产八九。凡此数者，前此未尝不禁，但禁之不严，齐之无礼，日滋月炽，害治非细。请下有司申明国初条例，参以前代礼制，务使其简而易知，畏而不犯，则盗贼可以消弭，而风俗可以还淳。”但陈鉴的建议遭到一些官员的反对，终未被英宗采纳，“礼部尚书胡濙等以为所言者已尝屡有禁令，无庸别作施行，事遂止”①。陈鉴的建议被束之高阁，很大部分原因可能是太过笼统，缺乏可操作性。而顺天府大兴知县马通建议，对赌博者除按《大明律》追究外，还处以“运粮口外”的额外处罚，并严令军民家及妓院“毋得有双陆、骨牌、纸牌、骰子”：“京师五方所聚，群饮及博徒浪子，理亦宜禁。但有可笑事，顺天大兴知县马通所建白者，真令人绝倒。谓京城有号风流汉子者，专以嫖赌致钱，充花酒费，宜令娼妓家，不得有双陆、骨牌、纸牌、骰子，道上有醉卧者，令火夫举置铺内，俟其醒而枷之。章下法司议，赌博者运粮口外。”②英宗最终采纳了马通的建议，“正统间，大兴知县马通建白治赌博之法，法司覆议，已定犯者运粮口外矣”③。

明宪宗在位时曾经数次采取大规模行动清剿赌徒，如成化四年

① 《明英宗实录》卷之一百六十九。

② （明）沈德符：《万历野获编》卷二十。

③ （明）沈德符：《万历野获编》补遗卷三。

(1468 年)的禁赌行动抓捕赌徒 40 余人：“时获市井赌博者四十余人，命枷项示众仍榜禁之”，据参与案件审理的刑科左给事中毛弘奏折透露，“窃见近犯赌博枷项者几百人”，足见禁赌行动规模之大，赌徒一经抓获，即按律枷号示众，“已而犯者复三十余人，有不胜苦致死者”。① 成化十六年(1480 年)，针对京城赌博死灰复燃，赌徒“博穷为盗”的严峻形势，宪宗下令严厉查禁，并对赌博者“治以重罪”：

> 兵部尚书余子俊等言，近者京城内外强盗滋多，盖因间巷恶少与各处逋逃罪囚，结聚党类，号为刺虎，横行市肆，强取货物，莫敢谁何。往往聚徒开场赌博，博穷为盗，乃以所获衣物质于印子铺，低取钱镪，苟图自给，官捕之急则又掠取衣甲马匹，纵横近郊，白昼剽掠，禁之诚不可缓。宜敕府部共差职之有为者五十余员，会锦衣卫官并巡城监察御史查究。京城内外官民之家有舍匿游民与无籍军匠罪囚者，各听首实，送户兵工三部收役，其中有无籍贯者送五城兵马司拘候处画若赦宥，死囚遣而复来者处死，凡邻居舍匿之家蔽占不举者，亦以其罪坐之，仍令官审编大夫非例应优免之家不拘丁数，俱籍其姓名，令更番坐铺巡警以五十人为额，或盗拒捕而邻居不救者俱有罪，及盗既获，必追究舍匿之家概治之。又印子铺、赌场俱宜禁治，自今犯者其房屋没官，治以重罪。又宜敕礼部查衣服之制以防僭侈，榜谕臣民以崇俭朴，各官有弭盗方略亦听奏闻。上曰京师近地奢僭奸伪渐不可长，有此情弊，所司官校何为玩愒日久，不为缉捕，仍遣官属勘实造册，有潜住者如拟发遣隐蔽者并罪之。②

这次禁赌行动，不仅对赌徒穷加追缉，严厉惩处，而且对于赌场和印子铺一概取缔，“犯者其房屋没官，治以重罪”。对窝藏赌

① 《明宪宗实录》卷之五十一。

② 《明宪宗实录》卷之二百九。

徒者也一并治罪，“邻居舍匿之家蔽占不举者，亦以其罪坐之”。宪宗也认识到，京城之所以赌风炽烈，与官员包庇纵容、缉拿不力有关，“京师近地奢僭奸伪渐不可长，有此情弊，所司官校何为玩愒日久，不为缉捕”，因此责令相关部门官员对禁赌要抓落实，“仍遣官属勘实造册，有潜住者如拟发遣隐蔽者并罪之”。同时，宪宗深知赌风弥漫是民风浇薄的极端表现，禁赌需从淳风俗、正人心抓起，“又宜敕礼部查衣服之制以防僭侈，榜谕臣民以崇俭朴”。只有防僭侈、崇俭朴，才能从源头上扼制赌博之风的蔓延。

明孝宗是明朝诸帝中少有的温文宽厚、严于律己的皇帝，他励精图治，创造了“弘治中兴”。其禁赌举措较之前朝更加严苛。“明孝宗时，出台了一些有针对性的禁赌措施，弘治十二年，申明国子监生员‘挟妓赌博’的，一律‘问发为民’。一年以后，又奏准‘军民旗校人等与将军中尉赌博、诓哄财物’的，‘俱问发边卫充军’。”①

“清朝的法律，编纂于顺治三年，全以《明律》为蓝本，名《大清律集解附例》。康熙十八年，命刑部：‘律外条例，有应存者，详加酌定，刊刻通行。’名曰：《现行则例》。二十八年，御史盛符升奏请以《现行则例》，载入《大清律》内。诏以尚书图纳、张玉书等为总裁。至四十六年，缮写进成，‘留览’而不曾‘发布’。雍正元年，诏大学士朱轼、尚书查郎阿等续成之。至五年而全成，名曰：《大清律集解附例》。高宗即位，命律例馆总裁三泰等更加考正。五年，纂入定例一千条，公布施行。自此以后，合律和条例为一书，遂称为《大清律例》。”②清初法律“全以《明律》为蓝本”在禁赌方面的体现，即是完全照搬《大明律》，如顺治朝颁行的《大清律例·刑律杂犯·赌博》：“凡赌博财物者，皆杖八十，摊场财物入官。其开张赌坊之人，虽不与赌列亦同罪，坊亦入官。止据见发为坐。职官加一等。若赌饮食者，勿论。”③而乾隆时代完全成熟定型

① 唐景：《论明代赌博及禁赌成败》，载《社会科学家》2010年第5期，第34页。

② 吕思勉：《中国通史》，武汉出版社2011年版，第543页。

③ 《大清律例刑案汇纂集成》卷三十四。

的《大清律例》，虽然法律条文本身没有只字更改，但对于如何惩罚参赌者、开赌设局者、制贩赌具者做了详细具体的规定。

关于查处惩罚参赌者：

> 凡赌博不分兵民俱枷号两个月，杖一百；偶然会聚开场窝赌及存留之人抽头无多者，各枷号三个月，杖一百；官员有犯，革职枷责，不准折赎；奴仆犯者，家主系官交与该部，系平人责十板；该管各官不行严查缉拿别经发觉者，交部议处，总甲笞五十；若旁人出首或赌博中人出首者，自首人免罪，仍将在场财物一半给首人充赏，一半入官；凡以马吊、混江赌博财物者，俱照此例治罪。赌饮食者坐不应重律，以上俱拿获牌骰见发有据者，方坐不许妄扳拖累。①

清代法律除对一般赌徒依律处理外，特别强调对官员犯赌博者以及未能严厉查禁赌博失职者进行严肃查处。对此，《大清律例·刑律·杂犯》中《赌博·条例》(以下简称《条例》)规定："官员无论赌钱、赌饮食等物，有打马吊、混江者，俱革职满杖枷号两个月，上司与属员斗牌掷骰者，亦均革职满杖枷号三个月，俱永不叙用，如该管上司并督抚容隐属员赌博及地方官弁疏纵赌博者，俱交部严加议处，稽查兵役亦照例治罪。"奴仆犯赌博者对其主人连带处罚。为强化法律的威慑力，有效扼制赌博之风蔓延，条例规定对自首者不但不予追究，且予以奖励。此外，还有两条专门针对旗人赌博的查处条款："凡军民人等擅入宗室府内教诱为非及赌博诓哄财物者，俱问发近边充军"②；"凡旗人有邀集抓金钱会者，将起意邀约之人照违制律杖一百，随同入会者照为从律减一等杖九十，失察之该管官交部查议"③。

关于查处惩罚开赌场者，这方面的条文较多，一是对一般百姓

① 《大清律例·刑律·杂犯》《赌博·条例 378.02》。

② 《大清律例·刑律·杂犯》《赌博·条例 378.01》。

③ 《大清律例·刑律·杂犯》《赌博·条例 378.11》。

开赌场的查处；二是对旗人和与旗人相关开赌场案犯的惩处；三是对官员开赌场的重处；四是对一些专业性赌场如压宝、斗鹌鹑、花会等的治罪。

涉及一般百姓和一些无赖游民开赌有两条规定："凡民人将自己银钱开场诱引赌博，经旬累月聚集无赖、放头抽头者，初犯杖一百，徒三年，再犯杖一百，流三千里。存留赌博之人，初犯杖一百，徒二年，再犯杖一百，徒三年。输钱者据实出首，免罪仍追所输之钱给还。"①"无赖匪徒串党驾船设局，揽载客商，勾诱赌博折没货物措留行李者，初犯到案审系仅止一二次者，照开场诱赌例杖一百，徒三年，三次以上及再犯者，发云贵两广极边烟瘴充军，并将首犯先于拿获之沿河马头地方加枷号一个月，其船户知情分赃者，初犯仍照为从论，再犯亦与犯人同罪，船价入官。"②

对于旗人开赌场的查处条例最多，一是对一般旗人开赌场案犯的查处惩罚，"京城内外拿获赌博，除汛系偶然聚赌窝赌存留之人照例治罪、房屋免其入官外，如开场聚赌经旬累月，其租给房屋棚座之房主铺户，均照容留旗民开场聚赌定例分别治罪，邻佑亦按例定，拟房屋棚座概行入官，如业主所置房屋交家人经手有赁给聚赌伊主实不知情者，罪坐经手之人，倘系官房，即将知情租给经手官方之人亦照前例治罪"③。二是对京城王公大臣轿夫开赌场者的惩处："在京轿夫有借名依附潜匿别处开场诱赌经旬累月者，将为首开场及放赌抽头之犯均发边远充军，同赌之人俱枷号三个月，杖一百，递回原籍拘束。其现用轿夫之王大臣有轿夫在家赌博不加约束及任其居住遥远开场放赌，将坐轿之本主照例议处。"④三是对清朝发祥地东北及旗人聚居地京城等地开赌场案的查处："奉天吉林二省如有设局放头开场聚赌，经年累月以致奸宄托迹酿成重案，除实犯抢夺杀人及窝藏强盗，各照本例治罪外，将设局开赌之犯照棍徒

① 《大清律例·刑律·杂犯》《赌博·条例 378.14》。

② 《大清律例·刑律·杂犯》《赌博·条例 378.04》。

③ 《大清律例·刑律·杂犯》《赌博·条例 378.13》。

④ 《大清律例·刑律·杂犯》《赌博·条例 378.09》。

扰害例科断，其寻常赌博仍照旧例办理。”①

对于官员开赌场者，《条例》亦有专门查处条款：“凡现任职官有犯屡次聚赌及经旬累月开场者，发往乌鲁木齐等处效力赎罪，若偶然犯赌及聚赌一二次者仍革职，照例枷责，不准折赎。”②

对于影响广泛、危害极大的一些区域性、专业性赌场的取缔和查处，《条例》更有专门条款：

> 凡压宝诱赌以及开鹌鹑圈、斗鸡坑、蟋蟀盆赌斗者，将开场及同赌之人俱照赌博例治罪，其失察之该管官亦照赌博之该管官员例议处。③
>
> 闽省拿获花会案犯汛明起意为首者，照造卖赌具例发边远充军，其伙同开设辗转纠人之犯，照贩卖赌具为首例杖一百，流二千里，其在场帮收钱文等犯，堌照为从例杖一百，徒三年，仍各尽赌博本法，于开设花会处先行枷号两个月，满日定地发配，其被诱入会之人俱枷号三个月，杖一百，地保汛兵若有贿庇情事，即照为首本犯一体问拟，如赃重于本罪者，仍计赃从重论，其知情容隐者虽无受贿情事，亦科以为从之罪，杖一百，从三年。若甫经开设实系失于查察者，比照造卖牌骰之保甲知而不首例，杖一百，革役，失察之文武各官俱照失察赌具例交部议处，如匪徒另立名色诱赌聚众人数在三十人以上、与花会名异而实同者，堌照此例办理。④

《条例》把制贩赌具的查处摆在十分重要的位置，对于查处不力者，规定予以严厉惩罚：“八旗直省拿获赌博，务必穷究牌骰之所由来，如不能究出或被他处查出，将承审官交部议处。傥将无辜之人混行入罪，照不能查出卖牌骰例加一等治罪，其究出造卖之地

---

① 《大清律例·刑律·杂犯》《赌博·条例 378.17》。

② 《大清律例·刑律·杂犯》《赌博·条例 378.10》。

③ 《大清律例·刑律·杂犯》《赌博·条例 378.08》。

④ 《大清律例·刑律·杂犯》《赌博·条例 378.12》。

方官交部议叙，或所属地有造卖之家未经发觉能缉拿惩治亦交部议叙。”①对于制贩赌具的查处，《条例》细分为对制贩赌具、给制贩赌具者出租房屋以及对制贩赌具知情不报者等三类情形的查处。一是对制贩赌具者的查处，有两个条款：

凡民人造卖纸牌骰子为首者，发边远充军，为从及贩卖为首者，杖一百，流二千里；贩卖为从者，杖一百，徒三年；如藏匿造赌器具不行销毁者，照贩卖为从例治罪；若于未获之先本犯自首准其免罪，仍详记档案，倘免罪之后又复造卖，发边远充军；如同居之父兄伯叔等据实出首本犯，亦准免罪；地方保甲知造卖之人不首报者杖一百，受财者计赃准枉法从重论罪，止杖一百，流三千里。②

凡描画纸牌照印造卖之犯，减一等治罪，造卖牌骰未成，照造卖已成者减一等治罪。③

二是对给制贩赌具提供房屋者的处罚，《条例》规定：

凡容留制造赌具之房主，如讯不知情仍照不应重律治罪外，如审系贪得重租知情包庇但在一年以外者，将房主与造卖赌具为首之犯一例问拟发边远充军，即在一年以内亦将房主照制造为从及贩卖为首例，杖一百，流二千里；若在半年以内，将房主照贩卖为从例，杖一百，徒三年；倘地方官拿获造卖赌具之犯，不将窝留造卖月日研究明确，从重定拟者，承审之员严行参处。④

三是对制贩赌具知情不报或者收受制贩赌具者财物者，《条

---

① 《大清律例·刑律·杂犯》《赌博·条例 378.03》。

② 《大清律例·刑律·杂犯》《赌博·条例 378.15》。

③ 《大清律例·刑律·杂犯》《赌博·条例 378.07》。

④ 《大清律例·刑律·杂犯》《赌博·条例 378.05》。

例》分别规定处罚办法：

> 奸民私造赌具或经旬累月开场窝赌，其左右紧邻有能据实出首，照例给赏；如有通同徇隐不即举首者，杖一百，若得财准枉法从重论罪止杖一百，徒三年，所得之赃照追入官。①

清代法律条文对赌博查处细密严苛，禁赌执法也基本上能按律操作。“嘉庆二十五年(1820年)在直隶发生因赌博斗殴而使人致伤案，‘马得功与刘忠赌博斗殴，因被陈王氏詈骂，用刀将陈王氏扎伤’。对该案的判决，‘马得功除赌博枷杖轻罪不议外，应从重依刃伤人律拟杖八十，徒二年’。同年在山西发生一起因追索赌债逼人丧命一案，‘李怀锡因向张子桂逼讨赌欠，致张子桂被逼自缢，将李怀锡依威逼人致死律拟杖一百，仍尽赌博本法，枷号二个月，追埋葬银给领’。以上两案的处理均依二罪俱发以重者论的原则进行的。李怀锡一案的处罚，因威逼人致死处杖一百，追根溯源因赌博而起，故仍尽赌博本法，但已有杖一百，所以再枷号二个月。”②

为了保证法律禁赌有效实施，清代前中叶诸帝通过诏书和上谕强化官民禁赌意识，敦促官民依法禁赌。太宗天聪六年(1632年)正月，皇太极谕刑部：“近闻游惰之民，多以赌博为事，夫赌博者，耗财之源，盗贼之薮也。嗣后凡以钱及货物赌博者，概行禁止，违者照例治罪。其赌饮食者勿禁。”③康熙十九年(1680年)发布禁令：“官员有犯赌博者，革罪枷罪，不准折赎。”④雍正二年(1724年)，雍正帝颁行十六条、万余言的《圣谕广训》，申明“敦孝弟”“尚节俭”“明礼让”等传统纲常伦理，以为臣民日常生活之准

---

① 《大清律例·刑律·杂犯》《赌博·条例378.16》。

② 郭双林等：《中华赌博史》，中国社会科学出版社1995年版，第221～222页。

③ 《清太宗实录》卷十一。

④ 《古今图书集成·经济汇编·详刑典》卷六十一《律令部》。

则。其中《训子弟以禁为非》对包括赌博在内的种种不良习气提出禁止要求："夫士农工商，各有传业，军士之家，世习技勇，其人之淑慝邪正，必自为子弟之日始。语云：少成若天性，习惯成自然。民间非为之事渐渍成风，或游手好闲博奕饮酒，或结纳匪类放辟邪侈，往往陷溺而不悟，甚者罹法纲犯刑章。尔为父兄者，独能晏然而已乎。与其追悔于事后，孰若严训于平时。盖行莫重于孝弟力田，心必存于六礼义廉耻，可模可范以身教之，耳提面命以言教之，使子弟耳闻日熟，循规蹈矩之中，久之心地淳厚，行止端重，可以寡过保家，即可以进德而成材也……"①雍正七年(1729年)，雍正又发布禁赌上谕，申述赌博的危害："游惰之民，自昔治天下者之所深恶。若好为赌博之人，又不止于游惰而已，荒弃本业，荡废家资，品行日即于卑污，心术日趋于贪诈。父习之则无以训其子，主习之则无以制其奴，斗殴由此而生，争讼由此而起，盗贼由此而多，匪类由此而聚，其为人心风俗之害，诚不可以悉数也。"②乾隆皇帝更将赌博列为四大恶习之一："朕闻奸宄不锄不可以安善良，风俗不正不可以兴教化。闾阎之大恶有四：一曰盗贼，三代圣王所不待教而诛者也；二曰赌博，十犯功令，贻害父兄，以视周官之罢民，未丽于法而系诸嘉石收之圜土者，罪有甚矣；三曰打架，即周公所谓乱民，孟子所谓贼民也；四曰娼妓，则自周以前人类中未尝有此。此四恶者，劫人之财，戕人之命，伤人之肢体，破人之家，败人之德，为善良之害者，莫大于此。"③嘉庆皇帝颁旨要求旗人深刻认识赌博的种种危害，力戒赌博恶习："奸匪棍徒多方引诱，最可恨者，无如聚赌，盖开局之恶棍，其意总在敛钱，受其愚弄，昏迷不觉，诚可哀也。好赌之人，其弊有五，为我八旗子弟言之，食禄于朝，罔知节俭，妄希恩泽，终至困穷，其弊一也；上不能供父母之甘旨，下不能顾妻子之饥寒，其弊二也；学习文武，俱

---

① 清世宗《圣谕广训》，转见向燕南、张越编著：《劝孝·俗约》，中央民族大学出版社1996年版，第257页。

② 《清世宗实录》卷八十二。

③ 《清高宗实录》卷十四。

缺资本，终为无用之人，其弊三也；一入赌局，有败无胜，典卖之物既穷，偷窃之心顿起，其弊四也；偶为鼠窃，未犯王章，胆益放恣，卒致身名皆丧，其弊五也。贤者必不犯，不肖者必不改，特书此简语，诞告八旗，务令家喻户晓……八旗子弟观朕此旨，能翻然改悔，日引月长，皆复旧习，成佳士，诚国家之大福也。若诸臣无一人尽心尽力，八旗子弟无一人翻然改悔，是国家之大不幸……”①清代皇帝还身体力行，亲自过问赌博案件的查处，尤其是问责惩戒禁赌不力的官员，如上节谈到的嘉庆皇帝督促查处明亮、禄康轿班开赌场一案即是典型例证。

禁赌是各级官员的一项重要职责。明朝地方官员中不乏积极禁赌者，“明嘉靖年间，祁门知县钱同文在任上曾‘褒节孝，惩凶恶，禁赌博，革酒肆’，将禁止赌博作为其施政的一大重点。明万历年间，绩溪知县秦聚奎于任上曾‘折豪右，惩赌博，恤孤独，禁假命’，将禁赌作为其施政的四大重点内容之一”②。崇祯年间，徽州歙县赌风猖獗，尤其是迎神赛会期间，“会辄有戏，戏必有赌，贻害地方”，“其黠者借此敛财而已，聚赌抽头而已”。③ 对此，歙县县令傅岩“借助乡约、保甲的力量加强巡查，‘平日逐户挨查赌博非为，呈首究治。其无籍流棍、技术流娼、游食僧道，严行驱逐’。并以禁令的形式严禁夜戏和迎神赛会的举行，如‘今四月八日不许赛会扮戏，致生事端。如城乡有犯者，本县访知，定将恶棍剪除，会首究罪，坊里、保甲人等，一体连坐’。”④

清代，“在京城，禁赌主要由步军统领衙门、顺天府府尹、五城御史及其所属官兵负责，如步军统领衙门所属八旗三营，‘凡缉奸：京城内外，遇有强窃横恶，负罪潜逃，私毁私铸，赌博斗殴

① 《清仁宗实录》卷二二四。

② 陈瑞：《明清时期徽州宗族对社会问题的控制》，载《中国农史》2007年第4期，第93页。

③ (清)刘汝骥：《陶甓公牍》卷十二。

④ 王灿：《明清时期徽州社会陋俗述论》，载《佳木斯大学社会科学学报》2014年第5期，第135页。

者，均责成八旗三营专汛兼辖等官，随时缉获。按名议叙有差，逾限不获，讳匿不报，军捕受财纵放，该管官扶同徇隐者，并论如法’。都察院系统所设五城巡防御史及其属下官兵负责：‘凡缉贼捕逃，禁约赌博，驱逐匪类，稽察妄造谣言，及衙役指官吓诈，私开煤窑，纠伙烧炭，以至邪教惑人，聚众烧香，寺院庵观坊店等处，皆令该司坊等时加巡察。’在地方则按行政体系，由地方督抚大员至道府州县官员负责，封疆大吏均有宣传禁赌、监督所辖地方官员查赌的职责，必要时甚至也可以调动军队配合地方上查拿重大赌博事件”①。由于清代法律对于官员禁赌职责有硬性规定，且对禁赌不力予以严厉追究，轻者降职问责，重者革职查办，使得地方官员不敢懈怠。许多“在任地方官员时发布的禁赌告示传世。有些地方官则将国家禁赌法令抄写，广泛张贴。‘明白钞录，饬行各属，遍贴城乡村市，咸使周知，并饬严拏赌犯，根究赌具来历，按拟究处。’”②康熙时期的著名理学名臣汤斌在江苏巡抚任上积极禁赌，颇有建树。他在任期间，发布的专门禁赌告谕就有两则，一是《严禁赌博以绝盗源告谕》，这则告谕直陈赌博危害，宣示禁赌决心，呼吁“士农工商，各务本业，不得相聚赌博，陷入不义，甘蹈法网”，敦促赌徒改恶从善，晓谕查禁惩处办法：

严禁赌博以绝盗源告谕

士农工商，各有本业，赌博为非，律有明条。吴下有等无赖棍徒，开赌场引诱良家子弟群集赌博，彻夜呼卢，良贱不分，兵民混杂，一入彀中，莫能悔悟，腰缠罄尽，流入匪类，穿窬掏摸，无所不为。开赌棍徒，但知拈头取利，孰论奸良，以致赌博之场，竟成盗薮，贻祸地方，深可痛恨。至于绅衿，读书明理，尤当砥砺，广隅戒绝，怠荒名教，自有乐地，何乃

---

① 潘洪钢：《清代的赌博与禁赌》，载《江汉论坛》2008 年第 9 期，第 63~64 页。

② 潘洪钢：《清代的赌博与禁赌》，载《江汉论坛》2008 年第 9 期，第 64 页。

亦以斗马吊为事，总缘习俗已成，莫能自振，甚至与士卒细民为伍，礼让全无，惟凭机械恶习，久经严禁，印造马吊纸牌，令其改业，孰意愍不畏法之徒仍不悔悟，除现在查访拿究外，合行严禁，为此示仰诸色人等知悉。士农工商，各务本业，不得相聚赌博，陷入不义，甘蹈法网。如有不法棍徒开场纠赌以及私造纸牌，暗行发卖，地邻保甲人等协力擒拿，赴禀本县，印官转解本院，究询明白，按律从重治罪。如地邻保甲徇情容隐，事发一体究处。各宜猛省，毋自执迷。①

二是《禁印造马吊纸牌告谕》：

禁印造马吊纸牌告谕

民生于勤荒于嬉，故礼有游惰之罚，律严赌博之禁，何意乃有马吊纸牌一事。士农工商，各有本业，一执纸牌，旷时废业，无赖棍徒，引诱当家子弟，一副之内，动经数千，一夕之间，输赢盈万，夜以继日，叫呼若狂，主仆混杂，上下无分，奸淫窃盗，乘间而起，真可痛恨，合行严饬以后概不许印造纸牌，如再不遵，立拿重究。②

汤斌认为，吴地赌风炽盛，与长期养成的奢靡、刁蛮的社会风气紧密相关，不能仅仅抓禁赌，要打治奢、除奸与禁赌组合拳，从整治社会风气的源头抓起。因此，他发布《严禁刁风以安良善告谕》，内中列举吴地刁风数端，赌风即为其一。“奸暴游民结党歃血，或假称欠债，或控骗赌博，持棍操刀，行凶打降，一人有仇，则聚众同报，一人告状，则彼此扛帮，甚至窥寡妇孤儿家道殷实而柔懦愚蒙，便指奸盗诱赌诱嫖，或强使揭银，或唆调争讼……”“赌博乃败家之缘由，做贼之根本，开场者譬如窝主束手分财，赌博者譬如盗贼伙瞒痴幼。”汤斌指出，整治刁风，根治赌患首先要

① (清)汤斌：《汤子遗书》卷九。

② (清)汤斌：《汤子遗书》卷九。

从教化着手，“圣贤语治不过教以田里树畜甲申以孝弟礼让，遂至比屋可封，刑罚可措者”。吴地刁风的形成乃由“教化凌夸，奸伪滋起，稂莠不剪，而欲休息，盖亦难矣”。其次，加大集中整治打击力度，对包括赌博在内的刁风恶习，一经发现，严惩不贷。如对奸暴游民以赌骗财害人团伙“自示五日内不即解散，本院访出，尽法究处，各重性命，其毋后悔”；对赌博者“此辈若不严缉，地方安得宁谧，各州县官于城市乡村印贴告示，但有拿获真正赌博者，除照例尽法究治外，仍于本犯名下追银十两充赏”①。其时，苏州府有恶霸沈某，惯赌成性，横行乡里，被汤斌查处枪决，满城居民无不称快：

> 国初苏州大猾有施商余、袁槐客、沈继贤，吴县光福镇则有徐掌明，俱揽据要津，与巡抚两司一府二县声息相通，鱼肉乡里，人人侧目……沈继贤尝与人斗牌，被人捉一张，曰：“我之牌谁敢捉?”其人曰：“捉尔何害?”沈唤家人耳语，少顷，县差捉其人去。其人恚曰：“犯何法而捉我?”沈笑曰：“捉尔何害?”又一势家款客，沈上坐，有一少年至，向沈一拱，满堂骇然，责少年，少年曰：“我不认得沈继贤，何妨乎?”未几，少年被盗攀害，下县狱。其父兄以五百金求沈解救得脱，踵门叩谢，沈曰：“此事乃余讨情。”以五百金还之，少年恳受不从，感激无地，叩首不已。沈笑曰：“如今是认得我了!”少年始悟。吴俗语云：“得罪了你，不又是得罪沈继贤，怕什么?”亦可想见其为人矣。后被巡抚汤文正公杖毙，玄妙观三清殿下，满城人称快。②

他还效仿明太祖禁赌之法，下猛药，治沉疴：“公抵任，命有司置立枷于六门，造逍遥楼于横塘。此楼中，赌具一应俱全，犯者禁锢楼中，七日不予饮食，乃放。”汤斌软硬兼施，广泛号召与重

① (清)汤斌：《汤子遗书》卷九。
② (清)钱泳：《履园丛话》丛话十七《报应 · 孽报》。

点纠禁相结合，使吴地泛滥赌风暂得扼制，“江南故习豪侈，而吴中尤甚，服食好多不节，又喜蒲博诸戏……公悉禁止”；“马吊博具一切皆绝”。① “江苏巡抚汤公斌，睢州人，以康熙甲子莅任。未期年，苏城之业马吊纸牌者，甘心改业，曰：‘巡抚禁赌，人人革心，谁复需此乎？’”。②

李卫和田文镜作为雍正的心腹爱将，在外放担任浙江和河南巡抚时，秉承雍正旨意，厉行禁赌，颇有作为。李卫甫一就任便亲自披挂上阵，缉拿赌犯：“自到浙后，即与将军臣鄂密达，齐心协力，申禁颇严，巡拿亦紧。杭城内外，所犯旗汉影射窝赌等事，即饮食输赢，无不经臣衙门亲自批行发落。”③针对河南“赌风日盛，肆无忌惮”的社会现实，田文镜到任后，广发告示，“严禁赌博，以杜命盗”。

严禁赌博以杜命盗之源事

照得清律，首严开场诱赌，立法皇皇，又查现行条例，分别一等二等枷责有差，场屋入官，自应察遵无犯。乃访得豫省恶习，每于闹热场集，置放宝案铺设赌席，不论他乡别县，无赖恶少，群聚角逐，巡查捕役、乡约地方逐处抽取规例，规例到手，不但不查拿解究，抑且徇隐出结，地方官耳目有限，岂能周知，因而赌风日盛，肆无忌惮。独不思赌博一事，所关最大，或索取赌账，剥衣夺物、斗殴致命者有之，或无物偿还，逃往他方、短见自尽者有之，况愈贪愈赌，愈赌念贪，始则鼠窃狗盗，继则纠伙行劫，若不将此辈尽填于法，何以禁绝命盗之源。除檄饬各该地方官严行查拿外，合亟出示严禁，为此示仰抚属军民人等知悉，嗣后务宜痛改前非，各安本业，倘仍前故犯，许诸色人等当场现获赌具财物，禀报到官，即将财务赏给拿首之人，或有关碍并许审首领役飞拿，如同赌之人据实出

---

① （清）汤斌：《汤子遗书》附录。
② （清）赵吉士：《寄园寄所寄》卷二。
③ 《朱批谕旨》卷一七四之五《朱批李卫奏折》。

首，免其治罪，仍追还所输财物，赌犯按照定例枷责，放头抽头之人加倍治罪，场屋入官，仍在各犯名下量罚充实，捕官捕役乡约地方，不时严查，有犯必报，如敢抽取规例徇容不报，与赌犯同罪，宝案赌席铺放，何人门首何人地内即将地主以窝家论，邻佑照保甲法并究，地方印官视为具文不实力查拿严究，一经本署院访问或经告发，定以失于觉察，照溺职例飞参，决不宽贷。此系本署院爱恤民命、杜绝盗源一片婆心，各宜凛遵，均毋有违，慎之慎之。雍正二年九月。①

与汤斌告谕文气十足、柔中带刚不同，田文镜这篇告示可谓杀气腾腾，火药味十分浓烈。不过他并非盲目蛮干，而是按律行事，将朝廷有关禁赌法律一一列布，晓谕大众，表示出依法查赌禁赌、严厉惩戒赌徒的决心。

乾隆时任江苏巡抚陈宏谋对于禁赌更是不遗余力，吴地赌风炽盛，陈宏谋对此多有了解，首先是商绅密室豪赌，“三吴赌风甚盛，地方查拿，不过小赌。其真正大赌，皆属绅富，密室深居，吏胥保庇，役不能拿，人不敢问，输赢千万，资产荡空，富室变为贫民，良善入于无赖”②。“江苏地方绅宦富商，倚借财势，专事开场，以抽头为不竭之生涯，以窝赌为不破之妙计，分布爪牙，深居密室。”③其次是市井平民公然开赌，“每遇集会，搭棚开店，外面买卖酒食，内则斗牌掷骰，名曰赶赴会场，实则招集诱赌。并有公然置桌，或设小席布单于地，聚人押宝，肆无忌惮者”④。陈宏谋的禁赌方略，一方面是治标：广为告示，依法缉拿查赌，如《申严赌禁之禁谕》《查禁市会聚赌檄》《饬禁官员赌博檄》等，“这些告示对禁赌规定极严，如《申严赌博之禁谕》中说：‘制造赌具者有罪，贩卖赌具者有罪，窝赌有罪，抽头有罪，贿赌有罪，同赌有罪，又

① 《古代榜文告示汇存》卷六。
② （清）袁景澜：《吴郡梦华纪丽·吴俗箴言》。
③ （清）陈宏谋：《培远堂偶存稿》卷一一。
④ （清）陈宏谋：《培远堂偶存稿》卷二一。

许同赌首告免罪，追还所输之钱，朝廷之法，无外使人知其有害无益，不至于犯之至意”，“自今以后，一体禁断，若有犯者，定将从严惩处”。① 另一方面是治本：通过编纂《五种遗规》，厘定《风俗条约》等痛陈赌博之害，申明禁赌之策，旨在通过纠偏补弊，使广大百姓发自内心戒赌禁赌，从而从源头上斩除赌博病根。他编纂《五种遗规》，其中《训俗遗规》直陈赌博为“不修之过五”之一种：“酗、博、斗、讼。酗，谓纵酒喧竞；博，谓赌博财物；斗，谓斗殴骂詈；讼，谓告人罪恶……游戏，怠惰。游，谓无故出入。及谒见人，止务闲适者，戏，谓戏笑无度。及意在侵侮，或驰马击鞠，而不赌财物者。怠惰，谓不修事业，及家事不治，门庭不洁者。”②并亲自厘定《风俗条约》，意在矫正三吴侈奢淫靡之风，其中对赌博尤为厉禁：“抑知富贵遣兴，自有多端；贫贱谋生，更无暇晷；何必为此赌博之事。自此以后，各宜早绝贪念自杜祸萌，敦一生之品行，图家计于久长，为子孙垂悠远，为宗党重家风。且因赌而奸盗潜生，窝娼即以诱赌，赌场无非贼窟。凡有犯者，重治无宽。”③一方面，正心诚意，淳风化俗，以健康的休闲和治生的生活方式，远离赌博；另一方面，依法查禁，对赌博者严打重治，决不宽恕姑息。

清代府县级官员中亦不乏禁赌积极主动作为者。康熙年间，徽州骨牌游湖赌博死灰复燃，徽州府发布告示，严禁游湖赌博：

> 从来好赌之人，往往废时失业，荡产倾家，为害不小。尔褒民喜无他长，惟不论男妇老幼，皆酷好游湖，牌一到手，则食可忘寝可废，终日不倦，夜以继之。衣于何来，食于何得，仰何以事，俯何以育，皆置之九霄云外矣。安望其勤耕力作，尽人事以待天功乎？即或工作有人，无烦己力，然佣工之人，

---

① 罗新本等：《中国古代赌博习俗》，陕西人民出版社1994年版，第275页。

② （清）陈宏谋：《五种遗规·训俗遗规》。

③ （清）袁景澜：《吴郡岁华纪丽·吴俗箴言》。

> 勤怠不齐，主人不到，则勤者亦欲偷安；亲身督率，则怠者亦不敢或辍。果能禁绝游湖，不离陇畔，则雇两人之工可以做三人之活，常年栽田三十亩者，即可栽田三十亩矣。本身衣食及仰事俯育之计岂不裕如？嗣后务将湖牌割爱焚毁。如有一家藏匿湖牌，纠合赌党，仍前游湖者，责在乡地邻佑举首。倘敢徇情容隐，一经察出，定遵新例一并重处，决不姑宽。①

嘉庆年间，山西长子县大堡头镇一些村社村民聚赌成风，衍为偷窃、酗酒等次生社会灾害。长子县知县依托保甲和乡绅，从严厉禁赌入手，对包括娼妓、偷盗、酗酒等恶俗坏行一概整治，以正民气，淳乡风。并于嘉庆二十年(1815年)八月立《官府告示牌》于大堡土镇青仁村遵化堂内，使官府严禁赌博，化民成俗之意图家喻户晓并流之久永：

官府告示碑

> 特授长子县正堂加五级纪录五次□□□□户长人等□□本县
>
> 编查保甲、首禁赌场耳，所以严奸宄□□□□□□之类也。□□闻尔村中之偷窃竟较□□也。村□□由来□□□□□□□之故耳。盖匪徒既方以类聚斯土，恶亦尤而效之。始而但窃秋禾，既而□偷畜物，其势然也。今保甲通行尔村，既有遵化堂为讲约公所，则禁□戢奸之法，既在化民成俗□中。尔等宜将本县发来各告示俱□贴堂前，虽妇女孩童，亦为之明白宣扬，俾之家喻而户晓，再于朔望等日宣讲《圣谕广训六章》，如此，则良法既行，而□□□□赌风□□□□贼潜消，其他□□□奸犯科者自幡然改悔，化有为无矣。益踊跃而力□□。特谕。
>
> 一、永禁开场聚赌，窝畜流娼。犯者照章办理。
>
> 二、永禁男妇聚众焚香，左道惑人。犯者照章办理。

---

① (清)吴宏：《纸上经纶》卷五。

三、永禁土豪地棍醉酒打□。犯者照章办理。

四、严查游手好闲，改妆僧道，假冒医卜□□□□实同教匪。犯者照章办理。

五、永禁每秋找割谷草，六畜践踏，妇人□□□筐携篮，公然□□□□□穗瓜菜。犯者责罪，家长从重议罚。

六、严查成丁有室人等白书托入己地，窃取他禾，夜间成□□□背负推挑，与窃同科。违者照例治罪，家产入社管业。

七、佣工人等，每将禾穗明取无忌，暗窃无踪，彼此效尤，□成风俗，查出从重议罚。

八、禁秋□入息以放炮为度。放炮之后，勿论已未完工，概不准搬取禾穗，致涉瓜李之嫌。犯者从重议罚。

以上各款，保长、户长、总牌、乡地、社首，务宜自重，以理究办，慎勿□□□咎。

右谕前社保长准此

西□

嘉庆二十年八月　日

青仁□□社勒石①

陆陇其是康熙时期著名廉吏，“陇其洁己爱民，去官日，惟图书数卷及其妻织机一具，民爱之比于父母”②。康熙二十二年(1683年)，陆陇其被授直隶灵寿县知县，灵寿虽然地瘠民贫，但民俗轻薄，赌风炽烈。陆陇其上任后，新官上任三把火，以三板斧猛杀赌博歪风。第一板斧是查禁生员赌博：陆陇其通过明察暗访，“近访关厢内生员之家竟有公然开场赌博者，聚集无赖深藏密室之中，地方保长既不敢问，昼夜呼卢，罔无法纪，独不思既列宫墙之内，何甘为不肖至此，纵然侥幸不露，为乡党所鄙，虽忝列衣冠，

---

① 申修福编：《三晋石刻大全·长子县卷》，三晋出版社2012年版，第186页。

② 《清史稿》列传五十二。

实与盗贼无异”。陆陇其一方面对参赌生员严加追究，“如甲内有前项劣生开场赌博者，甲内人即据实呈报本县审实，立刻申宪黜革惩究”；另一方面，要求县内保甲履职尽职，积极举报查禁甲内绅商赌博活动，“如甲内人畏势隐匿不报，本县自行查出，地方甲长一并治罪，法在必行，各宜凛遵”。第二板斧是大力整治市井乡村民众赌博：陆陇其在禁赌告示中表达出对赌博这一“县内第一恶俗”坚决禁绝，誓不罢休的意志和决心：“本县下车以来，乃访问尔民有不务生理专事赌博，什伍成群，如醉如狂，岂良民善众之所为，合行严禁。为此示仰阖邑人民知悉，除已往不究外，自今日始，尔民当洗心涤虑，尽易前非。该方总甲不时稽察，如有前项赌博之人，立拿报县，以凭究治并具，方内并无赌博甘结，如容隐不报，该方总甲一体治罪。此县内第一恶俗，本县痛心疾首，执法如山，断不姑贷，各宜自爱，毋贻后悔。”第三板斧是颁布禁赌条约，通过宣传禁赌，“地方军民人等知悉，嗣后共相戒劝，各安生业”，建立不许无籍游民进入本县设局诱赌和地方保甲按月报送禁赌情况制度，以期杜绝赌博产生的思想根源和社会土壤，并在体制机制上筑起防赌禁赌的层层防线：

> 为赌风不息，民累日滋，再申严饬，以安地方事，照得赌博为盗贼之源，纵赌则纵盗，根本不清，其流无已，灵俗浇竞成风，民失恒业，因而游手荡徒以赌为事，饥寒所逼，势必为非。本县不忍，以赤子陷于迷途，将来即为祸阶，业经颁行条约，谆谆劝谕，近乃批阅词详，或因赌而雀角兆争，或因赌而殴辱毙命，构嫌结怨，事非一端，皆由尔地方人等视为具文，以致无籍棍徒，引诱良民开场囮赌，放利抽头，博陆呼卢，无分昼夜，是父兄之教不先，子弟之率不谨，保甲不稽查，邻里不举首，尔等不思此风一炽，小而穿窬，大而截劫，窘迫无聊，从此民无宁宇矣。言之发竖，除现在察访并发示严禁外，合再严行申禁，为此示仰该地方军民人等知悉，嗣后共相戒劝，各安生业，该地方不时严查，不许无籍棍徒局赌诱惑，酿成盗患，致害地方，仍月出具并无赌博甘结呈报，如颓风不

改，仍前赌博，倘经告发，或被访闻，立刻严拿究治，地邻不首，一并连坐，照律治罪，决不姑恕，凛遵毋忽。

浙江巡抚吴文熔于道光初年在山东做知县时，曾明察暗访，缉获一起女子茶馆开赌案：“抚台自言：吾始至山东做知县时，县有大茶馆，楼上女子开设赌厂，人不敢拿。吾自往观，赌风甚炽，吾亲禁之，有将拒余者，女子曰：‘是官也。’人乃敛手。吾曰：‘尔等所为近理耶？’余遂下楼回署，会营拿之，茶馆于是不敢再事集赌。”①

道光年间，浙江慈溪县令段光清上任后的第二天即亲自带兵丁前往偏僻乡野取缔花会赌场：

二月赴慈溪县任，接篆视事。前任家眷尚未出署，住考棚、理民事、写家信寄兄，即往北乡拿花会。选差役十余名，带家丁两名，家丁无许乘轿，差役只随余轿后，无许私行上前。问：花会开设何处？有人言：现设某处，每日开两次，午刻一次，酉刻一次，厂内有刀枪兵器保护，开时放爆竹三声。问：前官亦亲自往拿乎？答曰：以前多是差去或署内爷们同去，初次开花会者无不送钱，受钱之后，不可再拿。再拿如何？再拿则必拒捕。余曰：官何不带多人往拿乎？笑曰：彼皆无赖乌合之徒，愈聚愈众，官安能带许多人？官若立心要拿，先事安派，彼皆狡猾，耳目亦多，先已逃避，今日在此，明日在彼，终不可拿。余曰：花会竟不可拿，民害终不可去，想吾差役都曾收过花会钱文。答曰：今日太爷是新到任，差役即从前收过钱文，亦不相干。此辈今日决不料太爷自去，决无防备，但恐带来差役过少。余曰：我自当先，尔等随后，我呼则去，不呼勿前也。余带家丁一人先往，见一室果有兵器，门首花筒高挂，桌上筹码，锡盒盛之，铜钱盈柜。多人环集谈笑，问余到此何事？余未及语。有一人小语曰：闻段太爷到任，恐

① （清）段光清：《镜湖自撰年谱》，道光二十八年。

是他来。一人曰：前日到县，未必今日就来。余随出门，以手作指挥状，呼曰：尔等皆来！室中皆曰：是矣！遂皆免脱远逃。先收兵器，再点筹码，启柜视之，钱满矣。若辈俱逃，究不知余带多少人也。余问房主何人？已远逃不见。命地保雇人送钱至县，带来差役各给一千，其余留作下次拿花会赏赐，欢声满路，凡年长皆曰：昔日只有花会世界，今幸矣！有人歌曰：拿花会，禁赌钱，拨开云雾见青天，官清民乐太平年。余回县，夜三鼓矣。次日清晨，城中绅士俱来拜谒，余以筹码示之，答曰：不知父台拿办后，此筹尚有用否？昔日大筹一千，小筹五百，入典可以赎当，入市可以卖物，不问人，只问筹也。是何世界哉？①

这次清剿行动后，段光清乘胜追击，广发告示，敦促花会赌徒自首，对自首者既往不咎，“如不肯来，毋谓余不能拘也！”在猛烈的禁赌攻势下，花会赌徒纷纷自首“是后慈溪花会，即有做者，亦只藏诸荒村穷壤闻耳”：

三月，自余往北乡拿花会后，出示晓谕，略称：四乡以前做过花会者，其名其姓，余尽知之。着即赴县自首，日后不蹈旧辙，余亦勿追既往；如不肯来，毋谓余不能拘也！须知花会之设，良民痛恨，我欲根究，人谁不愿。一日清晨，有五品顶戴具手本求见。余是时不知有军功顶戴，见手本五品衔名，以为非官亦绅士也，请之入。其人自跪阶上，口称：曾做过花会，有父母官既如此为民，情愿痛改前非；但恐尚有惟利是图不知省悔者，仍蹈往辙，职员先自呈明，无谓日后仍有职员在内也。余始知为花会自首，请入花厅，与坐，谓曰：尔恐日后有人再做花会，牵连尔名，此诚不可不虑；但慈溪做花会之人，吾尚知之，尔岂不知？尔何不先告诸人，日后不可再做，否则连累我等，我当自首。诸人尽听尔言，善矣；如或不听，

① （清）段光清：《镜湖自撰年谱》，道光二十八年。

亦与尔无干。若先既不言，后又勿首，待余亲拿，必于尔有所未便也。其人承应而出。是后慈溪花会，即有做者，亦只藏诸荒村穷壤间耳。①

明清时期，朝廷动用国家行政资源，通过法律手段自上而下对赌博“严加纠禁”，使得两朝前期赌博之风确乎有所收敛，但总体状况已如前节所述，不仅成效甚微，而且愈禁愈弛。原因何在？这里仅从政治与法律角度略做剖析。

一为法律本身原因，明代禁赌法律，弘治之后有律有例，律例混乱，“于是‘因律起例，因例生例，例愈纷而弊愈无穷’。从明代的禁赌措施来看，几乎每朝都采取了一些临时性的措施，从刑种来看，有肉刑、流刑、杖刑，枷号等多种，轻重不一；从对象来看，有针对职官的、生员的、将校士兵的、士大夫的，当然更多是针对一般市井平民的，不一而足。这种法律条文的混乱使得实践操作带有很大的随意性，司法腐败应运而生，‘由此奸吏骩法，任意轻重’，‘问刑官每违背律例，独任意见’。无论是法制的僵化还是律例的混乱，对于打击和遏制当时的赌博之风都带来了极大的消极影响”②。清代不仅存在这种律例并用、律例混乱的现象，而且明确定制“有例不用律”，“律既多成虚文，而例遂愈滋繁碎。其间前后抵触，或一事设一例，或一省一地方专一例，甚且因此例而生彼例，不惟与他部则例参差，即一例分载名门者，亦不无歧异。辗转纠纷，易滋高下”③。清代几乎每个皇帝都有禁赌诏书、上谕、禁令，有的诏书、上谕或较律例更严，或较律例要宽，甚至随意废止法律条文，如雍正十二年(1734年)，雍正就曾下令废止地方官吏查赌升赏相关条款，“地方有赌博之事失于觉察，除照例议处外，将从前议叙之加级纪录，俱照案销去，永著为例”。于是，乾隆年

① (清)段光清：《镜湖自撰年谱》，道光二十八年。

② 唐景：《论明代赌博及禁赌成败》，载《社会科学家》2010年第5期，第35页。

③ 《清史稿·刑法志》。

间颁行的《大清律例》对于官员查禁赌博就只剩罚则，缺少激励机制，官员的查赌禁赌积极性和主动性自然少了许多，法律之禁赌效力必然要大打折扣。清代禁赌法律的另一个问题，是法律与社会生活实际严重脱节，一方面，“清代律例将人们的游乐活动与危害社会的大规模赌博不加区分，一概施予严刑峻法，导致禁赌法令难以长期坚持执行，最终成为‘具文’”①。如明代和清初法律都规定“赌饮食者勿禁”，但康熙十一年禁令对民人赌饮食行为，“照不应重罪”，“折责三十板”。乾隆年间颁布的《大清律例》亦重申“赌饮食者坐不应重律”，无疑模糊了赌博与一般娱乐的界线，增加了实际执法的难度。就连雍正也承认这种法律与实际的脱节状况以及执法与情理的两难困境：“诸大臣之妻互相延请宴会，为樗蒲之戏，借此夤缘请托”②；“赌牌掷骰虽为贪钱，然初始多以消遣而渐成者，原系适趣之戏具”③。另一方面，对于一些可能演化为赌博的活动，清代法律出于某种考虑并不禁止，最典型者是旗人的骑射博采，“赌有禁，惟以射赌者无禁。京师人家有大书于门曰‘步靶候教’者，赌箭场也”④。事实上，许多旗人以习骑射为名行豪赌之实是普遍存在的客观事实，我们在上节谈到的《红楼梦》贾珍之流骑射开赌就是这类情形的真实再现。“当然，对于这种具有满洲特色的赌博方式，乾隆初也曾制订了专门的处罚办法：‘旗人操演射鹄者不必察禁外，倘有特开赌场抽头，及容留不射箭买局卖局之人并大赌银钱者，即行缉拿交部，照开场赌博律治罪。’乾隆帝尽管看到了其中的弊端，明令禁止，但赌钱与赌箭很难区分，所以这一禁绝政策并不彻底。”⑤无论是对“小赌怡情”的严禁，还是对骑射博采的放纵，都反映出法律对赌博与游乐边界难以认定以及法律与

---

① 潘洪钢：《清代的赌博与禁赌》，载《江汉论坛》2008年第9期，第64页。

② 《钦定八旗通志》卷首之九《勅谕三》。

③ 《世宗宪皇帝上谕旗务议覆》卷二。

④ （清）徐珂：《清稗类钞·赌博类》。

⑤ 王丽亚：《清代旗人赌博治理述论》，载《云南社会科学》2013年第3期，第161页。

实际社会生活脱节，结果导致法令难以执行，这或许是明清时期禁赌失败的一个重要原因。

二是有法不依，权大于法，尤其是对权贵处罚失之于宽。明清两代的禁赌法律，都严格禁止官员赌博，违者或杖责枷号，或降职削官，甚至永不叙用，但实际执行情况正如顾炎武所言，“百人之中未有一人坐罪者，上下相容，而法不行故也”①。清朝皇帝中雍正以严苛独断著称，但他亦认为官员“赌牌掷骰虽为贪钱，然始初多以消遣而渐成者，原系适趣之戏具”②，将官员赌博降格为游戏娱乐的小赌怡情，对于官员禁赌不力须连坐治罪的律文，雍正也认为处分过重：“饮酒赌博亦易犯之事，而将专汛兼辖各官定以革职降调，其处分不亦过乎。”③雍正尚且如此，乾隆皇帝更是对赌博的王公大臣法外开恩，“乾隆十年，乾隆帝因侍卫、官员热衷赌博发布上谕：‘所有大臣中，何人赌钱，朕未尝不知。然若指出治罪，于伊等毕生名品，不无关系。伊等纵不自爱，甘为不肖之行，朕仍念已将伊等擢用大臣之任，不肯显出其名，以存颜面也’，乾隆帝明知侍卫大臣赌博，不但不加以处罚，而且为了照顾其面子和前途，居然连名字都不公布，可见纵容之深”④。嘉庆皇帝对于参赌和庇护家人及下人赌博的满族大臣更是庇护有加，嘉庆五年，大臣阿桂长孙那彦瞻“容留赌博，局骗财物”，刑部拟“以杖徒枷责”，对于这一处罚，嘉庆认为“阿桂系国家出力大臣，若将那彦瞻枷责示众，在伊固不足惜，而于伊祖颜面有关，朕心有所不忍”⑤。嘉庆十六年(1811年)，协办大学士、兵部尚书明亮和东阁大学士、步军统领禄康轿班轿夫开设赌场，诱人聚赌，明亮、禄康犯失察和纵容赌博罪，按照法律，“如该管上司并督抚容隐属员赌博及地方

① (清)顾炎武：《日知录》卷二十八。

② 《世宗宪皇帝上谕内阁》卷八十三。

③ 《世宗宪皇帝上谕内阁》卷四。

④ 王丽亚：《清代旗人赌博治理述论》，载《云南社会科学》2013年第3期，第161页。

⑤ 《清仁宗实录》卷七六。

官弁疏纵赌博者，俱交部严加议处”，但嘉庆帝“严加议处”的结果是重提轻放，只将二人降职了事。对明亮：“本应照部议褫职，姑念明亮前同阿桂平定金川，著有功绩，嗣剿办三省邪匪，于湖北孝感歼毙贼众、保护地方，亦有微劳，此次系因文职任内获咎，着将伊所有太子少保衔、内大臣、协办大学士、兵部尚书、镶黄旗满洲都统、阅兵大臣、管理稽察坛庙事务、尚书房总谙达、清字经馆总裁、紫禁城骑马、双眼花翎全行革去。至伊所得伯爵系由军功给予，着加恩仍留三等襄勇伯，降用二品顶戴，赏戴单眼花翎，并赏给副都统，署理富兰镶黄旗汉军副都统出差之缺，仍管理火器营事务，轮流值班”①；对禄康：“本应照议罢黜，姑念禄康供职有年(朱：时常患病)，着革去太子少保、内大臣、东阁大学士、管理吏部事务、步军统领、稽察钦奉上谕事件处、经筵讲官、阅兵大臣、管理户部三库事务、崇文门正监督、国史馆总裁、管理右翼宗学、管理西洋堂、紫禁城骑马，并拔去花翎，加恩降为正黄旗汉军副都统”②。对于旗人乃至宗室贵族赌博，清朝历代法律规定要“严拿治罪”，乾隆朝甚至规定对旗人开赌场者“拟绞监候”，但真正执行起来往往是高高举起，轻轻放下，“嘉庆二十三年，宗室全胜与其弟全俸等，开设花会诱赌被查后，‘俱着照原拟军流徙杖各罪名，分别圈责发落。道光五年，全胜又因开设赌局被查拿，加前罪，被降旨发配到吉林，并申令‘倘再滋事，即行奏明锁禁’。从全胜多次开局诱赌的例子可以看出，部分宗室贵族沉湎于赌博，并因其特权多次免于或减轻责罚”③。

三是吏治腐败，法律的制定者皇帝和官员带头违法赌博，使禁

---

① 《着将明亮降为副都统事上谕(嘉庆十六年六月初十日)》转见中国第一历史档案馆：《嘉庆十六年京城轿夫聚赌案档案(上)》，载《历史档案》2019年第4期，第14页。

② 《着将大学士禄康降为副都统事上谕(嘉庆十六年六月十一日)》转见中国第一历史档案馆：《嘉庆十六年京城轿夫聚赌案档案(上)》，载《历史档案》2019年第4期，第16页。

③ 王丽亚：《清代旗人赌博治理述论》，载《云南社会科学》2013年第2期，第161页。

赌法律成为“具文”；执法者知法犯法，充当开赌场和制贩赌具者保护伞，使赌博得以半公开甚至公开进行。前面我们讲到的嘉庆十六年明亮、禄康轿房开赌达两年之久才被举报查处，就是因为有管街兵丁的庇护，据管街兵丁来喜供述：“我系镶黄旗满洲玉堂佐领下步甲，年五十六岁，在后鼓楼苑儿胡同看街，去年腊月，有厅上拨什库存儿向我说，有明中堂宅内轿夫头赵大现在胡同内租房搁轿，偷设赌局赚钱，叫我不要声张，每日给我京钱二百文，我应允。”①禄福的轿夫徐四则早在嘉庆十四年(1809年)十月间即伙同胡一子等七人开设赌局，参赌者不仅有禄康家轿夫，而且对外开放，据其归案后供述：“嘉庆十四年十月间，我从家里回来，知道伙计张三商同轿子胡同的房东胡一子到彼，央汲桶兵胡老向地面上说合，每天京钱八千交胡老分给地面上众人使用，我就和他们合了局。局内掌柜的是胡一子、张三、张二寿、胡二、胡三、小刘五同我七人，抱碗子的是刘大、刘奇、刘四、张大，拦门的是王大、王三，打杂的是刘三、蒋大、梁五，写账的是刘姓、张五、洪六回子，其余姓名并人数都记不起了。我们每天出钱二十余千，是宅内张秃子取交回事的张四同内监杨二分用。至上月二十八日，地面上有人通知张二秃子叫不要赌了，各人就散了局。这两年上我曾分得过钱二百余千。至我们两班轿夫每月领工食银五十两、米两石，系宅内管事的胡四给发，开赌之后照旧支领银米。是实。”②明亮轿夫赵大开赌场案发后，因管街兵丁通风报信而逃逸，赵大直至案件审理终结也未缉拿归案。据管街兵丁镶黄旗满洲宁福佐领下步甲领催存二供述：“(嘉庆十六年)五月二十八日，明宅家人王福来局内送信说，你们不要赌了，现在有拿赌局的信。二十九日，提督衙门就

---

① 《军机大臣为遵旨审讯聚赌人犯王福等事奏片(嘉庆十六年六月初五日)附件 王福等供词》，转见中国第一历史档案馆：《嘉庆十六年京城轿夫聚赌案档案(上)》，载《历史档案》2019年第4期，第7页。

② 《军机大臣等为讯问聚赌轿夫徐四等呈览供词事奏片(嘉庆十六年六月初六日)附件 徐四等供词》，转见中国第一历史档案馆：《嘉庆十六年京城轿夫聚赌案档案(上)》，载《历史档案》2019年第4期，第9页。

将我同看街兵来喜并徐大送交刑部，至赵大、乔大们八人都是山东声音，他们现逃往何处，我不知道，所供是实。”①京城基层官兵与赌徒沆瀣一气，串通作案，明亮、禄康轿房开赌绝非个案，早在乾隆时代就相当普遍。史载，京师专门捉拿盗窃赌博的九门提督，破获赌博案后公然向赌徒索贿，得到贿金后即将赌徒释放：

> 步军统领，俗称九门提督，以缉捕盗贼、赌博为专责。然赌博遍九门，辄知之而故纵之，以岁有例规也。果侦有富室贵族在家聚赌者，则番役往矣。其往也，恒以夜半，围其前后门，获之，械系至署，闭之于班房，例以明晨候步军统领莅讯。被系者辄贿番役，书其数于手条，约期取金。番役至是飨以盛馔，既醉饱，听其归。②

这里提到的“例规”，实际上是清代久已存在、相沿成习的官场与赌场权钱交易、缉赌纵赌的潜规则。这种潜规则不独京城存在，其他地方也绝不鲜见。前述浙江慈溪知县段光清就讲道，花会赌博之所以久禁不息，便因这种“潜规则”使然：“问：前官亦亲自往拿乎？答曰：以前多是差去或署内爷们同去，初次开花会者无不送钱，受钱之后，不可再拿。再拿如何？再拿则必拒捕。余曰：官何不带多人往拿乎？笑曰：彼皆无赖乌合之徒，愈聚愈众，官安能带许多人？官若立心要拿，先事安派，彼皆狡猾，耳目亦多，先已逃避，今日在此，明日在彼，终不可拿。余曰：花会竟不可拿，民害终不可去，想吾差役都曾收过花会钱文。”③无独有偶，段光清数年后升任浙江按察，在省城杭州所见较之慈溪更有过之而无不及，官吏与差役合伙开赌，买通官员，所谓“俱有陋规”，使得“官不

---

① 《军机大臣为遵旨审讯聚赌人犯王福等事奏片(嘉庆十六年六月初五日)附件 王福等供词》，转见中国第一历史档案馆：《嘉庆十六年京城轿夫聚赌案档案(上)》，载《历史档案》2019 年第 4 期，第 7 页。

② (清)徐珂：《清稗类钞·赌博类》。

③ (清)段光清：《镜湖自撰年谱》，道光二十八年。

往拿，亦不能拿”：

> 省城赌局，多在大墙门内。余在杭城行街上，坐轿时少，骑马时多，凡桥头街旁小赌，被余驱逐，皆已匿迹，惟大宅之赌局，县府差役及营署员弁，俱有陋规，官不往拿，亦不能拿也。余久知之，带数差往拿。赌局知之，惊问曰：谁来拿赌。有人语曰：却不知是何人，但是骑兵，从人无多。局赌人曰：骑马必是武官，彼皆得我规费，何惧惧哉。遂不以为意。余至其处，大宅临街，专吃赌饭，对门小屋，乃县差家，有妇人在内，即差役妻。是日，尚未开场，来赌者闻余至，皆从后门逃出。有一人未去，见余至，形色不安，问其何以不去，云有足疾。从差四处搜寻，见轿底有铜盘赌具，并大宝一锭，盖乘轿来赌者也。余亲问之，乃藩司房书吏，与对门小屋县差共作局家……①

也是在道光年间，福建漳州一些妓院赌场，每月都要给郡府各衙门送银子以求庇护，“郡城娼楼赌馆，甲于通省，皆各衙门书差与舆夫包庇，每月送娼赌费三百元至署，家人数元、数十元不等，此乃道中陋规”②。此一“陋规”，早在乾隆时期的漳州对岸的台湾即已存在，守台武将纵令兵丁开赌，巡查官兵主动向赌摊索贿，赌场与官兵分享的赌场利润，一为兵丁装入腰包，“陆续分用”，一为“添补值月之用”，用于招待过往上司：“讯据各营将弁供称，台湾赌风甚盛，南北两路守备、千总、把总等，于所管汛地内派兵巡查，该兵等遇有开赌之处，每次勒索钱百十文，缘台湾无籍游民并无家室者名，为‘罗汉脚’，多以赌博为事，每人各带钱数百文，即于街市环坐聚赌，骰牌跌钱之外更有仅用席片上画十字，即可群聚压宝，虽素未识面之人皆可共赌，朝东暮西，并无定所。该汛兵丁遇见，即将摊场钱文稍为分润，每处百余文或数十文，实不能多为婪索。四十八年以后，兵丁等所得钱文，均与本管营员陆续分

---

① （清）段光清：《镜湖自撰年谱》，咸丰九年。

② （清）张集馨：《道咸宦海见闻录》，中华书局1981年版，第64页。

用。此内惟镇标中、左、右三营，向设千总、把总轮流值日，凡遇差务及上司过往，并收拾演武厅，预备总兵将备茶水、点心，不无赔累，所得庇赌钱文均为添补值月之费……又城守营管理岗山、罗汉门、哆啰嘓等汛，境地偏僻，毗连内山，大抵务农耕种者居多，偶有赌博处所索钱更属无多，亦千总、把总、兵丁分得……查台湾各营将弁，不知勤慎操防、整饬营伍，乃于上司巡阅则馈送逢迎，于所管丁则贪得余润，纵令包差旷伍贸易甚至索取庇赌陋规。不论钱数多寡，自数十文至一百余文不等，遇事婪索，卑鄙不堪……"①在山西的一些地方，查禁赌博的府县衙役博只要得到赌徒送的钱物，便随即放行，赌博者依然照赌不误：

巡察至孟县鸮腾崖地方，于卖烧饼魏姓之家，见有十余人聚赌。臣面问魏姓云："赌博新例甚严，尔等何不怕官。"答曰："官离此数十里，不得知道。"臣又问云："衙役稽查如何?"答云："送他几百文钱，就可完事。"臣又问云："地方乡约出首如何?"答云："同在一块地方居住，不好意思。彼此瞻徇容隐，情景如绘。"②

正是由于官衙与赌场"稍为分润"这一"陋规"的横行肆虐，使得清代赌博在各级官吏明禁暗弛下堂而皇之地进行，禁赌律令成为一纸具文，执法者既虚应故事，赌博者亦无所顾忌，"官不往拿，亦不能拿"，"彼皆得我规费，何惧惧哉"。③ 朝廷动用行政资源和以法律手段禁赌事实上流于失败。康、雍时期所谓"由是斗狠酗博之莠民，屏息而不敢出，内则五城衢巷市井之贼日稀，外则商旅恬安，宵行夜宿，少逢劫盗，田畴益治，并里宴眠"④。"道路少响

① 《钦定平定台湾纪略》卷六一。

② 《朱批谕旨》卷一三九《朱批宋筠奏折》。

③ (清)段光清：《镜湖自撰年谱》，咸丰九年。

④ 《饮定大清会典事例》(光绪朝)卷三九九。

马及老瓜贼而商旅以宁，赌博及造赌具者渐已改业而家室以安”①，不过是皇帝、大臣们头脑中的虚幻世相与御用文人笔下的溢美之词。而真实的状况诚如晚清著名法学家薛允升所言，“其实赌具赌场到处皆是，地方各官从不过问。吏治之坏一至于此。此风俗之所以日偷，盗风之所以愈炽也”②。

明清禁赌的失败当然不能完全归罪于法律的疏漏、体制的痼疾以及吏治的腐败，应该还有更广泛而深刻的经济、社会和文化原因。当国家和政府无力拯救日益衰颓的社会风习，人们对朝廷和政治极度失望之余，只得纷起行动，自我救赎，知识精英们的舆论号召，宗族村社乡规民约，传统社会控制系统以其独特的功能惯性，通过纠禁包括赌博在内的社会恶习，力挽侈奢淫靡、人欲横流的衰朽世风，民间禁赌成为国家法律禁赌和政府禁赌的重要补充。

明清知识精英的舆论禁赌最集中、最突出的表现是对马吊的抨击。正是由于明代士大夫耽玩马吊，玩物丧志，把正经的公事都丢在一边，以至于后人在总结明代亡国教训的时候，把很大一部分罪责归于马吊，称其为“亡国之戏”。“马吊兴自万历末年，致有张、李之变。近日士大夫尚有好者，玩愒时日，莫甚于此。”③吴梅村的《绥寇纪略》记载：“万历末年，民间好叶子戏，图赵宋山东群盗姓名于牌而斗之。至崇祯时大盛，其法以百贯灭活为胜负，有曰闯曰献曰大顺，初不知所自起，后皆验。”④李邺嗣《马吊说》亦云：“客有问余者曰：‘此戏取胜甚多，何独举马吊，且于十字的最尊百老，何也?’余未有以应之。既而喟然曰；‘嘻，嗟乎！此亡国之兆也。弘光之败，成于马士英。永历之败，成于马吉翔。马氏用而国亡，故豫吊之也。且马吊为香炉脚，折足之象也。京吊、吴吊并行，言南北俱可哀也……且其戏起自天启时，至国用尽耗而亡。故

① 《钦定大清会典事例》(光绪朝)卷三九九。

② (清)薛允升：《读例存疑》卷四十四。

③ (清)昭梿：《啸亭续录》卷五《明末风俗》。

④ 转见(清)汪师韩：《叶戏原起》。

始万万贯，而极于空无文焉；国欲不亡，得乎！”①阮葵生的《茶余客话》说得更详细、直白：“叶子戏，明神宗末年而小变，图山东群盗像而斗之，以百贯灭活为胜负。见《绥寇纪略》，尤悔庵谓其名曰马，曰椠，曰打，曰斗，皆兵刀之象。有捉有放，有比有灭，不祥莫大焉。张贼名献，李贼名闯，伪号称大顺，牌中皆有之。至马吊兴而百老阮小王之名独著，则南渡马阮之谶，而明社屋矣。”②所以，王士禛指出，晚明世风日下，人性污浊，马吊实为罪魁祸首：“吾里缙绅子弟多废学竞为之，不数年而赀产荡尽，至有父母之殡在堂而第宅已鬻他姓者，终不悔也。始作俑者，安得尚方斩马剑诛之，以正人心，以维恶俗乎！”③李式玉认为，乾隆时期社会风气式微实乃马吊风驰，几遍天下，“循其名，角其实，抑亦世变风会使然。有识者惧之已”④。因此，禁赌必先从禁马吊始。张文端最恶马吊之戏，尝镌一图章曰：“马吊众恶之门，习者非吾子孙”。“所藏书册图画，悉印之。”⑤赵吉士生活在明清之际，切身感受到马吊的巨大危害，因此将斗马吊赌博列为必须禁绝的十种恶习之一：“不可不戒者十：偷妇人，好赌，纵酒、交匪类，刀笔，打纸牌马吊，传是非，凡契墨轻易着押，有事信口答人问，足恭。”⑥李邺嗣在申述马吊的种种危害后，向嗜博如命的吴中士大夫表明毁谱焚叶，禁绝博戏的决心：“客为愀然曰：‘嘻，诚如君言，吾曹奈何习此亡国之戏乎！’遂相与毁其谱，焚其叶。戒不复角。兑命余著为说，以传诸吴中士大夫酷嗜此戏者。”⑦

有鉴于清代日益猖獗的赌博风气，许多士大夫以道德说教，不遗余力宣传禁赌、戒赌，《茶余客话》曾记载某学士作《赌卦》痛陈赌博之害，告诫世人“鉴赌有悔”，“易恶为臧”：

---

① （清）李邺嗣：《马吊说》。
② （清）阮葵生：《茶余客话》卷十八。
③ （清）王士禛：《分甘余话》卷一。
④ （清）李式玉：《四十张纸牌说》，见《檀几丛书》卷下。
⑤ （清）陈康祺：《郎潜纪闻初笔》卷五。
⑥ （清）赵吉士：《寄园寄所寄》卷二。
⑦ （清）李邺嗣：《马吊说》。

> 王白斋学士太翁学博公，戒子弟不可读《水浒传》，最恶樗蒱之戏。尝作《赌卦》云：赌，凶，无攸利。彖曰赌，妒也，妒人之有而先罄其藏。胜者偶而败其常，获者寡而失不可偿。是以凶，无攸利。君子赌而业隳资亡，小人赌而罹于桁杨。赌之为殃大矣哉！象曰：上慢下贼，赌，后以严刑惩慝。初一。童蒙之嬉，吝。象曰：童蒙之戏，渐不可长也。义方有训，用豫防也。次二。诱赌以迷，往即于泥，凶。象曰：诱赌，朋之伤也，往入其类，自戕也。次三。燕乐衎衎，乃赌乃战，士以丧名亏行。象曰：燕乐衎衎，赌起争也。丧名亏行，大无良也。次四。迷赌，晡不食，赀亡，有疾。象曰：迷赌，夜以为明也。既亡其资，又疾，无常也。次五。夫迷不复，妇嗟于屋，良友弗告。象曰：夫迷不复，妇用伤也。良友弗告，不可匡也。次六。鉴赌有悔，出涕沱若，戚嗟若。吉。象曰：自鉴其祸，断用刚也。中心有悔，易恶为臧也。

作者借用传统易学卦象，历陈赌博失业隳资、流为盗贼、涉赌伤朋、丧名污行、亡资病体等种种危害，凡属涉赌的卦象都是凶卦。而只有迷途知返，幡然醒悟，禁赌戒赌才是吉卦。也就是说，赌博有百害无一利，不赌才是万事大吉。

明清时期，对于禁赌鼓吹最为有力者当推尤侗，其《劝赌文》与韦曜《博弈论》一样，是为传统社会禁赌檄文经典之作：

> 天下之恶，莫过于赌。牧猪奴戏，陶公所怒。一掷百万，刘毅何苦！今有甚焉，打马斗虎。群居终日，一班水浒。势如劫盗，术比贪贾。口哆目张，足蹈手舞。败固索然，胜亦何取？约有三费，未可枚举。既卜其昼，又卜其夜。寝尚未遑，食且无暇。不见日斜，宁闻漏下？欢呶辟寒，袒跣消夏。宾客长辞，琴书都罢。是曰费时。寸阴难借。三人合力，以攻一椿。兵不厌诈，敌必用强。杀机潜伏，诡计深藏。左顾右盼，千思万量。精神恍惚，面目焦黄。是曰费心，终必病狂。一文半文，千贯万贯。锱铢必较，泥沙无算。赢乃借筹，负或书

券。家弃田园，祖遗宝玩。悭者不吝，贪者不倦。是曰费财，困穷立见。始作俑者，公卿大夫。退朝休沐，谳会相娱。点筹狎客，秉烛监奴。间同姬妾，角技斣能。平章重事，岂在是乎？亦有儒生，厌薄章句。博弈犹贤，诗书没趣。引类呼棚，摊钱争注。赤脚无成，白头不遇。文鬼谁怜，牌神莫助。富人长者，公子王孙。珠玉满室，车马盈门。呼卢白日，喝采黄昏。千金忽散，一亩无存。墙间乞食，泉下埋魂。至如商旅，间关万里。竞利锥刀，窥窬倍蓰。火伴诱人，牙行弄鬼。囊破吴山，身漂越水。梦断娇妻，饥啼稚子。其下市人，肩挑布贩。体少完衣，厨无宿饭。脱帽绕床，投马翻案。登场醉饱，出门逃窜。卖儿鬻女，尽供撒漫。最恨奴仆，全无心肝。暖衣饱食，游手好闲。酒肴偷酿，房户牢关。忙中作耍，背后藏奸。狐群狗党，非赌不欢。故赌虽百族，恶实一类。天理已绝，人事复废。益以大灭小者不仁。以私害公者不义，式号式呼者无理，侥得侥失者非智。分无贵贱，四座定位。上攀缙绅，下接皂隶。齿无尊卑，一家弗忌。父子摩肩，弟兄紾臂。闲无内外，男女杂欢。绣阁抛妻，青楼挟妓。交无亲疏，惟利是视。陌路绸缪，故人睚眦。四端丧矣，五伦亡矣。身家荡矣，子孙殃矣。赌必近盗，对面作贼。战胜探囊，图穷凿壁。赌必诲淫，聚散昏黑。艳妇绝缨，娈童荐席。赌必衅杀，弱肉强食。老拳毒手，性命相逼。戒之戒之，凡戏无益。今有贪夫，开肆抽头。创立规则，供给珍馐。如张罗网，鸟雀来投。鹬蚌相持，渔利兼收。更有险人，合成毒药。蹑足附耳，暗通线索。彼昏不知，束手就缚。旁观咨嗟，当局笑乐。人之过也，必籍箴规。惟耽赌癖，阳奉阴违。父师呵叱，妻孥涕涕。勇足拒谏，巧能饰非。贫而无怨，死且不辞。及至悔悟，靡有孑遗。呜呼哀哉，谁为为之。吾闻此风，明末最盛。日闯日献，又日大顺。流贼作乱，其名皆应。相公马吊，百老阮姓，南渡亡国，不详先谶。圣王在上，岂容妖氛。敢告司寇，宜制严刑。天罡地煞，大盗余腥。诛不待教，有犯必黥。火其图谱，殛此顽民。圣人设教，君子反经。慢游用儆，骄乐当惩。

人心禽兽，何去何存？借日未知，请视斯文。①

相较文人雅士引经据典、佶屈聱牙的禁赌檄文，民间一些口口相传的戒赌歌则通俗直白，充满生活智慧。明清时期的徽州就流传许多这样的戒赌歌谣，如黟县民间流传的《莫好赌》云：“劝世人，莫好赌；好赌之人必吃苦。莫看平日人忠厚，陷入赌场和恶虎，毁了多少好前程，折了多少好夫妇。赢了还想赢，输了不服输。贼盗多由赌博生，犯法受刑自找苦”。② 歙县宗族训诫族中子弟的《戒赌诗》云：“凡人百艺好随身，赌博门中莫去亲。能使英雄为下贱，解教富室作饥贫。衣衫褴褛亲朋笑，天地消磨骨肉嗔。不信但看亲党内，眼前衰败几多人。”③福建政和县《上榅洋周氏族谱》也以歌谣形式作为戒赌族训，与上引徽州宗族戒赌谣从内容到遣词造句都大同小异：“凡人学艺好随身，赌博场中莫去亲。能使英雄为下贱，惯教富贵作讥贫。衣衫褴褛亲朋笑，家财消磨骨肉嗔。不信但看乡党内，眼前败了几多人。”徽州与福建政和族训中的这两首戒赌诗，无论是内容还是遣词造句都大同小异，由此可知，这应该是清代普遍流行的戒赌歌谣，宗族在厘定族训、制订族规时，将其稍加改动后列入族训、族规。这些戒赌歌谣有一个共同特点，即以维护家庭利益和宗族荣誉为出发点，戒赌的目的，旨在夫妻恩爱、家庭和睦、财产保全、家族体面。动之以亲情，晓之以利害，使家族成员切实感受到赌博之危害，戒赌之必要，从而把禁赌、戒赌由外在强制变成自觉自主行为。

作为以农业文明为主导的乡村社会，聚族而居成为人们的主要居住形式。“直省惟闽中、江西、湖南皆聚族而居”④，“今者强宗大姓所在多有，山东西、江左右，以及闽广之间，其俗尤重聚居，

---

① （明）尤侗：《戒赌文》，见《昭代丛书甲集》第五帙（康熙本）。
② （清）刘汝骥：《陶甓公牍》，黄山书社 1997 年版，第 152 页。
③ 吴翟：《茗洲吴氏家典》，黄山书社 2005 年版，第 481 页。
④ （清）陈宏谋：《寄杨朴园景寿书》，见《皇朝经世文编》卷五十八。

多或万余家，少亦数百家”①。以血缘为纽带和以家庭为基本单位的宗法组织乃是乡村社会的基本形态，“邑俗重宗法，聚族而居，每村一姓或数姓。姓名有祠，支分派别，复为支祠，堂皇宏丽，与密室相同，岁时举祭祀，族中有大事，亦于此聚议焉。祠各有规约，族众公守之，推辈行尊而年齿高者为族长，执行其规约，族长之称职与否则视乎其人矣”②。“聚族而居，往往棋置数百户。重宗谱，严别异，姓各有祠，祠立之长，家法一听长约。”③为了保证家庭和家族繁衍生息，维护家族正当权益，规范家族内部行为伦常，“每个家族必有一部以至几部家族法规，用来规范族人的思想行为和处理族众之间的相互关系。人口较少或历史较短的家族，也有的只有习惯法而无成文法。人口众多或历史悠久的家族，有的除了总家法、总族规之外，还制定许多单项法规……宋以后尤其是明清以来迅速泛滥起来的多到数也无法数清的家族法规，大多数的内容侧重在规范族人的思想行为，告诉族众哪些事可以做，哪些事不能做”④。在那些不能做的事情中，赌博即是其中之一。

——缙绅乡贤自发劝诫禁赌。居乡生员、致仕官员和返乡商人在乡村禁赌中发挥着主力军和带头人作用，他们的禁赌努力主要体现在：一是积极宣传鼓动，规劝赌博者迷途知返，回归正道。如婺源新源监生、商人俞炳“经商吴楚……晚年家居多义举，防闲后进，禁止呼卢，力挽末俗颓风，犹有老成矩镬”⑤；严田廪生李属春“请示禁赌养生，以维持风化为己任”⑥；孔村潘秉润“居乡排解，禁赌禁山，任劳任怨，族人称之”⑦；龙腾庠生俞希祖“里有将聚樗蒲者，惧祖梗其事，夜饵以金，祖正色麾之，直言规戒，其

① (清)张海珊：《小安乐窝文集》卷一《聚民论》。

② 《民国歙县志》卷一。

③ 《民国湖北通志》卷二一引《兴国州志》。

④ 徐扬杰：《中国家族制度史》，人民出版社 1992 年版，第 325 ~ 326 页。

⑤ 光绪《婺源县志》卷三十《人物九》。

⑥ 光绪《婺源县志》卷二十六《人物志 · 风雅附》。

⑦ 光绪《婺源县志》卷三十《人物九》。

人惭惧，自是不敢为”①。二是不畏强暴，不避怨嫌，身体力行，亲自查禁赌博。婺源明堂里国学生叶昭镛“尝捐赀请示栽植杉松苗木，严戒斗叶呼卢，时自稽查，力为诏勉”②；沱川商人、儒士余增孝“壮游岭南，不遇而归。授徒数十年，勤功课，族中列庠序，登贤书者多沐其蒙养。祖规禁赌博，孝总司其事，不辞劳怨，顽梗多折服焉”③。三是牵头组织戒赌会，勒石立约，敦本培风。婺源甲村邑庠生李荣椿在本村建立“敦本会”，以“禁赌博，养柴木”；④詹笠亭“立文会，禁赌博，与族兴利除害，凡关本原名教之大者，靡不勇为”⑤；山西高平张庄乡绅组织“亦成会”，以“永不废移风易俗之举，更充其兴利除害之心”。⑥ 山西黎城行曹村“嘉庆十年(1805 年)，村民赵进省等 11 人起‘禁赌社’，立碑禁赌，该社一直持续到光绪末年”⑦。明清时期，许多乡村寺庙、祠堂都立有禁赌碑，立碑的主体是村社、宗族，但村社、宗族领袖一般都由“德性好”“有财力”“负责任”的绅商乡贤担任，他们在勒石修约中或为首倡，或为中坚。如山西上党“村社领袖以社首和乡约为代表，在碑碣中排名最前并且出现次数最多，社首更是不可或缺”⑧。徽州婺源的许多乡村的禁赌碑倡立者也大多是这类人，如游山绅商董帷“幼读书，沉潜纯粹，屡试未售，乃弃举子业而理家政……奉杨邑候示，严禁赌博，勒石以垂久远，阖族戴之”⑨；明堂里富商叶兹

① 光绪《婺源县志》卷三十九《人物十一》。

② 光绪《婺源县志》卷三十九《人物十》。

③ 光绪《婺源县志》卷四十《人物・质行八》。

④ 光绪《婺源县志》卷二十五《人物志・文苑一》。

⑤ 光绪《婺源詹氏宗谱》卷首二《诰授奉直大夫詹君笠亭先生暨淑配余宜人六十双寿叙》。

⑥ 咸丰九年高平南城张庄《禁赌修水池联会碑记》。

⑦ 朱文广：《清代山西上党禁赌碑刻解读》，载《历史档案》2015 年第 4 期，第 99 页。

⑧ 朱文广：《清代山西上党禁赌碑刻解读》，载《历史档案》2015 年第 4 期，第 98 页。

⑨ 光绪《婺源县志》卷二十六《人物志・风雅附》。

垦“加禁赌博，山场请示勒石”①；附贡生李振熿“时有痞徒于距村二里汜川地方频年演剧聚赌，熿请示勒石严禁”②。曾任翰林编修、直隶巡抚、吏部尚书、文渊阁大学士的李光地亲自制定了家乡福建泉州安溪的族规和乡约。“康熙五十五年(1716 年)，75 岁高龄的李光地回到家乡，发现本族子弟中有人不安分守己，甚至染上了赌博、偷盗、械斗等不良习气。为了消除陋习、管束族人，李光地亲自订立族规《本族公约》。公约言辞恳切：‘吾闻之教人以 善之谓忠，爱人以德之谓君子，况乎一家之亲，岂可自蹈姑息，纳之于不义之域?’又严厉申明，从今往后，有违反族规约，他决不徇私庇护，必定会联合其他族人按照规定惩处。除了家训族规外，李光地还订立村规民约，包括《同里公约》《丁酉还朝临行公约》等，明确指出盗窃、奸淫、赌博、私宰耕牛和放火焚山，都是严重影响生产生活安定的大事，告诫乡人不能触犯，违者即送到官府按律严办。”③四是积极协助官府禁赌。如婺源诗春邑庠生施学文“年未冠入邑庠，岁科试屡列前茅，乡闱屡膺房荐。平居闭户潜修，课徒有法。村中无赖演剧聚赌，呈官究治，以挽颓风”④。汜川绅商余德基“家稍裕，即为村栽树植竹以开财源，禁赌养生，以培元气，豪强犯禁，诣县请示，不避怨劳”⑤。

——家训、族规约束家族成员勿赌。明清不少大家庭家训都有禁赌内容，明初诗文三大家之一，著名政治家、军事家、文学家刘基的传世之作《传家宝》中禁赌占了很大篇幅：“近来年轻弟子，为何不做营生。总想空闲游耍，不思结果收成。年轻力壮不做，老来想做不能。别人那样发达，我又这等身贫。别人妻财子禄，我今一事无成。别人也有两目，我有一对眼睛。又不瞎眼跛脚，为何不如

① 光绪《婺源县志》卷三十四《人物十》。

② 光绪《婺源县志》卷二十六《人物志·风雅附》。

③ 中央纪委监察部网络中心编：《中国家规》，中国方正出版社 2017 年版，第 251~252 页。

④ 光绪《婺源县志》卷二十六《人物志·风雅附》。

⑤ 光绪《婺源县志》卷三十五《人物十》。

别人。自己想来想去，只为赌博奸淫。务须回心转意，发愤做个好人。为人忠厚老实，到底不得长贫。忍让和气者富，争强好讼必贫。粗茶淡饭长久，衣衫洁净装身。不论居家在外，总要节省殷勤。若是出门求利，总要积赶回程。银钱勤勤付寄，空信也要常行。父母免得悬望，妻儿也免忧心。若是赌嫖乱用，一世不能成人。赌钱不是正业，本来有输有赢。赢钱个个问借，输钱不见一人。即刻脱衣押当，无人来帮分文。回家寻箱找柜，想去再赌转赢。谁知赢不收手，再赌又输与人。输多本无生意，耕读手艺无心。输久欠下账目，田地当卖别人。父母妻儿丢贱，自己被人看轻。嫖赌从今戒尽，耕读买卖当勤。”著名心学家王阳明的家书《示宪儿》：“幼儿曹，听教诲；勤读书，要孝弟；学谦恭，循礼义；节饮食，戒游戏；毋说谎，毋贪利；毋任情，毋斗气；毋责人，但自治……”①明清福建一些大家庭的家训都要求家庭成员戒赌博，如明朝《李贤佑家谱》中家训提出，要“戒淫欲，禁赌博，忌嗜酒。淫欲致家破，赌博致倾家，家业废坠瞬间，祖宗百年劳，毁于一旦”；康熙年间《纯嘏堂钟氏族谱》之钟氏家训：“凡为吾子孙者，当守本分，各务生业，戒嫖赌、戒争讼、戒逸乐、戒奢侈、此五者之所宜戒也”；《德化王氏志》载德化县葛坑镇王氏家训“不可赌博盗窃”；福州《王氏祖训家规》训示“聚众赌博，财帛散尽；贪婪飘荡，荒废青春”；龙岩《张氏族谱》家训“严杂禁言，奸盗赌博，占欺谋吞”；② 华安县邹氏范阳堂族规规定“戒窝赌”；永泰县月洲《张氏族谱》要求族众“禁赌戒毒，莫乱伦常”；屏南县《甘氏族谱》提出的族内“禁条”，其中有“酗酒赌博”和“开设花会”两条禁规。最为典型者当推泉州安溪李光地家族《本族公约》：

吾族聚居于此，十有余世，根衍枝繁，人丁众夥。然乡土

---

① 王阳明：《示宪儿》，转见《中国家规》，中国方正出版社 2017 年版，第 169 页。

② 参见潘荣阳：《传统家训与治理赌博：以明清福建社会为例》，载《闽台文化研究》2009 年第 2 期，第 6 页。

褊窄，恒产无多，又不能守分劳力，勤俭成家，遂有不肖子弟，日与惰游无赖之辈，妄觊非分之财。小则赌荡以至于穿窬，大则霸据溪港行市，攘人之利，使宾旅裹足。又大则假借名色，出没招摇，不可穷诘。其尤可恨者，或聚凶徒百十辈，公执器械，与乡邻格斗。或妄断曲直，不闻官府。原此等恶习之所自来，盖因先年闽乱，山海猖獗，奸民倚盗贼之势焰而作威，豪家压乡里之柔懦而武断，而官府莫之能问也。今山海荡平已三十余年，天子神明，照及万里，当路执法，大小寅恭。民间赴愬，自有所司，非宦家所宜预。即自家门户事，有应申理者，亦应凭官府公断，岂可恃强纠众，以自陷法网哉。凡再实之木，其根必伤，席荫骄矜，衰落立至。况抵扞文法，便有目前显然之祸，君子怀刑，如何勿思。不佞壮离乡井，皤老归来。念桑梓之恭敬，喜故老之仅存，闵童雏之顽犷，虑余风之未殄。吾闻之，教人以善之谓忠，爱人以德之谓君子。况乎一家之亲，岂可自蹈姑息，纳之于不义之域。是犯王法而替祖泽，自我始也。自今以往，有犯规条，我惟有从公检举，闻于官而与众共弃之，不能徇私庇护。他日成家立业，泽及后人。尔等阅世之久，自知吾今日之言，是亲爱之至。此时虽冒刻薄之名，所不辞也。①

徽州的许多富商大族从维护家族财产安全和子孙后代修德养性、耕读传家的需要出发，在“家训”“家规”中厉行禁赌。歙县东门许氏家规规定，“构徒聚党，登场赌博，坏人子弟，而亦自坏其心术，破毁家产，荡析门户。若此之流，沉溺既久，迷而弗悟，宜痛戒治，使其改行从善”②。浙江因为经济发达，工商业兴盛，世家望族颇多，其“家训”中亦含丰富禁赌内容。《盘谷高氏新七公家训》云：“禁赌博：士农工商，各有正业，一入赌场，虽家拥厚资，亦不足恃。且嗜好失当凡类似赌博者，虽名为借端消遣，皆足耗费

① (清)李光地：《榕村别集》卷五。

② 乾隆《重修古歙东门许氏宗谱》卷八《许氏家规·游戏赌博》。

精神。尔宜慎之。”《济阳江氏家训》云：“子孙切戒赌博，赌博则正务抛荒，坏心术，丧品行，倾家荡产。子弟有犯此者，惩责不贷。”山西祁县乔氏家族有“六不准”治家家规：“不准纳妾，不准赌博，不准嫖娼，不准吸毒，不准虐仆，不准酗酒。”①这些家训、族规还对触犯赌博禁令且屡教不改者提出部分处罚办法。或规劝，直陈赌博种种危害：“禁赌钱：凡人初赌时，只云解闷，有云小赌，有何大害。不知小者大之基，赌钱初则失钱，钱尽则失物，物尽则破产。及至破产，上不能事父母，下不蓄妻子，名为匪类，甚而卖子质妻，身居下品，此时悔之晚矣。能无惧乎？”②雍正年间，歙县潭渡黄氏族规提出，对赌博的人先是予以劝诫，劝诫不改者再予追究惩罚：“至若不务生理，或搬斗是非，或酗酒赌博，或诓骗奸盗，或党恶匿名，一应违于礼法之事，当集众诫之，如屡诫不悛，呈公究治，不可姑容。”③或免祀，如湖北麻城鲍氏宗族“素行不端，游手好闲，赌博财物，开设赌坊，教而不改者，免祀”④。或杖责，如徽州黟县南屏叶氏《祖训家风》云：“禁邪僻：族中邪僻之禁至详，而所尤严者赌博。赌博之禁，业经百余年，间有犯者，宗祠内杖责三十，士庶老弱，概不少贷。许有志子弟访获，祠内奖励银二十两。”浙江萧山宗族规定责三十板，江西南昌宗族规定责三十板，湖北麻城规定赌博或聚赌杖八十。或罚跪示众，如湖南《武陵郭氏续修族谱》对赌徒“押游一境”；湖北德安陈氏家族规定，凡子侄有过，必加刑杖，凡酗酒笞五十，酒醉伤人杖五十，违反家法，不听家长之命，及赌博、斗殴等杖十五至二十，并罚苦役一年；⑤

---

① 转见《中国家规》，中国方正出版社 2017 年版，第 271 页。

② 天启甲子(四年)二月二日十世同著边氏：《经堂家训》转见《中国家规》，中国方正出版社 2017 年版，第 169 页；转见李文治、江太新：《中国宗法宗族制和族田义庄》，社会科学文献出版社 2000 年版，第 322 页。

③ 《歙县潭渡孝里黄氏族谱》卷四《潭渡孝里黄氏家训 · 教养》。

④ 麻城《鲍氏宗谱 · 户规》，转见林济：《黄州宗族社会及其变迁》，华中师范大学，1996 年。

⑤ 《义门家法》，转见徐扬杰：《中国家族制度史》，人民出版社 1992 年版，第 379~380 页。

浙江浦江郑氏“子孙赌博无赖，及一应违于礼法之事，家长度其不可容，会众罚拜以愧之”。或杖责削籍，徽州休宁茗洲吴氏宗族《家规》云：“子孙赌博、无赖及一应违于礼法之事，其家长训诲之，诲之不悛，则痛棰之，又不悛，则陈于官而放绝之。仍告以祠堂，于祭祀除其胙，于宗谱削其名，能改者复之”①；浙江浦江郑氏《义门规范》云：“会众而痛棰之；又不悛，则陈于官而放绝之。仍告于祠堂，于宗图上前其名”。或呈官惩办，江苏海安《虎墩崔氏族谱·族戒》云：“戒赌博，赌博之为害不小，倾家产、坏心术，丧行止，甚则为盗为非，以至割恩伤爱。子弟一或犯此，未有不摧残破败者，前途覆辙，历历可数。凡我族人，务各守分，毋贪他人财产，自贻伊戚，一有不遵约束者，许众呈之族长，痛治其罪，仍将摊场财物入祠公用。父兄故纵者，并罪之。”徽州休宁商山吴氏族规，“族中或有一等棍徒，名为轿扛，引诱各家骄纵败子，酗酒习优，宿娼赌博，不顾俯仰，必致倾家破产丧身而后已。此等恶俗犹可恨，宗正副约引会族长，呈官惩治”②。

——村社、里甲勒石立约禁赌。如果说，家训、族规禁赌范围限于家庭和宗族，那么，乡约则将禁赌范围扩展到村社甚至某一地区，“宋以后，在农村中还出现了一种叫‘乡约’的文献，如吕大临、朱熹的《朱子增损吕氏乡约》、王守仁的《南赣乡约》、杨用晦的《立德约》、冯少墟的《关中士大夫约》等。这类文献在内容、性质和作用方面与家训、族规大体相同，可以说是把家训、族规扩大到乡里的一种东西。它不仅对家众族人有约束力，而且还冲破了血缘关系的界线，可以用来约束本乡的异姓村民”③。这些针对本村本乡的乡约就有不少专门的禁赌乡约，如明代《鼎锓崇文阁汇纂四民捷用分类万用正宗》卷五《体氏门类》中就刊有一则《禁赌博约》：

为禁约赌博事，切惟业农务本者，固无博戏之为；游手好

① （清）吴翟青：《茗洲吴氏家典》卷一《家规》。

② 《商山吴氏宗法规条》。

③ 徐扬杰：《中国家族制度史》，人民出版社1992年版，第436页。

闲者，乃有赌博之病，伤风败俗，荡产倾家，皆基于此。奈本乡生齿日众，礼义之教不明，游逸之风愈炽，中间有等无籍之辈，生理不务，惟图招群结党，专为赌博之事。或投钱铺牌，以竞输赢；或掷色局戏，以争胜负。终日忘餐，彻夜失寐，仰事父母之无赖，俯育妻子之无依，盗心从此而渐生，奸谋由是而辄起。小则穿穴逾墙，无所不至；大则鸣火持刀，靡所不为，若不禁革，深为未便。为此会议禁革，今后务要洗心涤虑，痛改前非，守义存仁，各遵本业。如有长恶不遵者，定行惩治，轻者会众加禁，重者送官发落，为此俱陈，的不虚示。①

明清时期的禁赌乡约有不少是家乡官员和学者主持或参与厘定，如李光地就亲自制定了家乡福建泉州安溪的《同里公约》：

乡俗自当年寇乱以来，习染最深，今虽泰平三十余年，流风犹在。吾家子弟及他姓土著寓居之人，不肖无赖，实繁有徒。除逆犯人伦及抵扞官府文法者，另有禁约外，合将目前显为乡里害者，摘出数条，公行严禁。嗣后如不悛再犯，分别惩治，条列于后。

一鼠窃狗偷，即大盗之渐。每有惯徒窜伏乡井，能使人无宁居。以后须自相挨察，其有素行不端与匪类相出入者，家甲公举，逐出乡井。如事已发觉，则拘执送官，永除患害。

一伦理风俗所关，奸淫为甚。为士者犯之，尤不齿于人类。以后如有淫荡男女，不顾人伦，大坏风俗者，察知素行，立逐出乡。如有容留，即系约正邻右之责。其以犯奸闻者，务须发觉送官，不得于约所薄惩塞责。

一赌博废业启争，乃盗贼之源。乡里此风尤盛，以后须严察严拿，送官按律究治。

一盗牵耕牛于别处私宰者，固当以盗贼论，即买牛屠宰，

① 参见陈学文：《明清以来民间禁赌的自律措施》，载《中国典籍与文化》2017年第2期，第132~133页。

亦犯禁条，并当送官究治。

一山泽之利，节宣生息，则宜利不穷，摧残暴殄，其余有几。乡俗动辄放火焚山，遂至大陵广阿，经冬如赭，林薮无资，樵苏何赖。若乃长溪深潭，一经毒害，微鲵绝种，民俗贫薄。此其一端，以后须立厉禁，察出主名，合乡究治。①

为了使禁赌乡约具有法定效力和强大威慑力，昭示乡民，传之久远，很多地方采取勒石立碑的形式将其固化，“碑刻内容难以造假、变动，不惧风吹雨打，保存时间长且不易消磨。于是，立碑记事成为乡村社会的有意识行为，以求纪念或警示的永久性……禁赌碑的刻立亦是如此。村落认为村民入邪途而不返的原因在于缺乏一劳永逸、‘抉其根株’的措施。于是，为防止‘代远年湮，章程颇废’，‘有变而或弛’，‘眇法之辈视为具文’，使规约‘历久如新’，村落领袖‘夙夜思维，将一切有乖于风化者……编为条例，勒之于石，庶奸恶有所畏，善良有所安，永远遵行’，‘千秋如鉴，万古不磨，庶足为风化之一助也’。村落还会在立碑时选择吉日演戏，‘昭告村民’，以显重视”②。

以碑刻形式出现的乡村禁赌乡约内容不外简述立约由来，声讨赌博危害，申明禁赌规约，提出违禁处罚办法四大内容，这里分别展示山西、浙江等地的清代数通禁赌碑全文：

一为乾隆二十九年(1764年)山西沁水县可陶村《禁赌碑记》：

忆昔严禁赌博，勒之于石者，盖上遵王章，下靖地界，正所以维持一村风化，□□同党之人心，诚盛事也。宜乎人人遵循，世世无替焉。不意于本年正月初一日，有□□、张效□、丁庚申、张小旦、丁友娃、丁裴□等，□钱放犯，仅至借剑之徒，阴谋开赌，潜毁碑记，令犯者有口难辩，能逃重惩乎？于

① (清)李光地：《榕村别集》卷五。

② 朱文广：《清代山西上党禁赌碑刻解读》，载《历史档案》2015年第4期，第95页。

是村中父老并社首人等目睹痛恨，违禁犯宰牲演戏，叩央始□。窃思惩前劝后，不立新铭，旧例难行，即仝合社公议，不惜捐资之费，刊新铭，遵旧例，则犯者知戒而猫鼠亦不敢肆志矣。自刊石之后，凡我同禁之人，时时□□神暗鉴，毁碑者一一死无噍类，日日悉教其家，俾子孙各知有旧章，庶乎古道可敦，美俗可闻，余日望之矣。是为序。

一、犯赌者依前旧例，放犯一体同罚，由之更加条例于后。

一、托言借宿，四五成群者，罚银十两。

一、来历不明之人，并无职业者，留住境内，罚银乙两。

一、本村不随社者，出银三□。

一、异姓不随社者，凭伊亲属出银五□。以上数条有强横不服者，合社送官究治，凭此议约者。

总巡赌博兼理数条人　丁玉品

总禁　丁复始　巡赌人　丁儒品……

大清乾隆二十九年正月吉日　立

社首　丁复海　丁士品　仝合社重□①

一为嘉庆八年(1803年)山西平顺县北社乡西青北村《禁赌碑文》：

立禁赌碑文。阖村人等：情因村中十股人户素有不务正业者，诱引良家子弟，习染成风，难免嚣凌气习。赌博由此日炽，轻则败坏家业，不顾妻子，难免致怨嗟悲；重则酿成祸端，身囿囹圄，悔之晚矣。因以阖村公议，奉例禁止。嗣后各家父老子弟，互相劝诫。再则有等无知幼童，或玩耍钱文者，务宜各训子弟，庶归正道，而业得以安矣，亦不至有遗患之弊。恐有不遵约规，窝赌博者，与犯赌之人，罚戏三天，许

① 车国梁编：《三晋石刻大全·沁水县卷》，三晋出版社2012年版，第221页。

值年维首人写戏，系窝赌人与犯赌人出钱。窝赌与维首犯之，加倍罚戏。兼则玩耍丢钱者，虽系幼童，自幼不管束严禁，恐荒纵子弟，若有犯者，罚钱二千，入社公永。首赌之人偿钱一千。如隐匿私情者，不偿外倒罚钱一千。以上例条大家有益之事也，故立禁约，勒碑不致毁坏。倘有不遵者，禀官究治。

中批：严禁踏毁坟茔、松坡牧放麦苗。如有犯者，罚钱三百文，不遵者禀官究治。

嘉庆八年十月十八日

维首人

冯历朝　曹世魁　牛忠弼　曹进麟　宋习礼　冯万盛　李永德　冯永年　曹世全　冯南英　曹万德　宋士仓　冯长兴　李永太　曹世宁　冯枉旺　牛世芳　冯连城

冯天生　曹养创

平邑生员　曹习珍　书丹

石工　宋廷有率男邦桂　敬刊①

一为道光初年浙江湖州环渚乡《奉宪禁赌》(碑)：

吾乡素称仁里，各安机农为业。自昔建有土谷社庙，每逢神诞演戏酬愿，以祁(祈)福庇而穰(禳)岁事也。乃有外来匪徒，乘戏聚赌，就此扰害损践桑息，引诱良民，里中子弟，每至流荡忘返，有失恒业。众耆老等因特呈请县宪恩奉出示宣禁，准勒碑石以垂永久。并着地保不时查禁，容隐必究等示。令奉严禁之后，如有不法匪徒，仍敢藐违禁令，在于庙之前后左右，随处聚赌，致损桑息；或村人有干法纪，不时纠合外人私行赌博，一经觉察，无论戏地平时，并即协保擒拿解县，凭法惩究，断不徇情姑恕。我里人务各革除旧习，自勤正业，恪

① 申树森编：《三晋石刻大全·平顺县卷》，三晋出版社 2013 年版，第 184 页。

遵森严立宪令，以正村规而端风俗。因特勒碑于土谷祠内，以为永远之禁云。

姚万年、徐海山、窦天禄、鲍德荣、叶丰年、沈廷相、沈秀章、张廷荣、朱永昌、冯汉卿、徐士元、鲍嘉林、张跃飞、戴应龙、鲍椿荣、施玉堂、谈大成、鲍孔嘉、叶松年、单元吉、董维松、陈兆魁、谈大荣、朱万章、陆天生、朱国福、沈天林、叶兴年、陆其昌、毕万高、蒋荣昌、冯永嘉。地保 王天鹤

道光九年岁扗(在、次)己丑孟冬之月里人公具。①

禁赌碑立放于何处？全国各地因村而异，山西村落禁赌碑一般存立在村庙之中，高平县24个村的禁赌碑全都安置在村里或玉皇庙、或关帝庙、或祖师庙、或炎帝庙、或轩辕庙、或修真观、或诸神庙、或观音阁中；② 陵川县村落自乾隆至同治所立26通禁赌碑，有21通立于村内玉皇庙、关帝庙、牛王庙、二仙奶奶庙、祖师殿、明德观、观音阁、佛爷庙、文庙等庙宇之中。③ 霍州市师庄乡上新安村的禁赌碑立于观音庙大殿前西侧，沁水县可陶村禁赌碑立于村里舜帝庙内，黎城县仵桥村禁赌碑立于村北都圣庙的北廊房东山墙上，洪洞县存堤乡杨洼庄禁赌碑立于村中佛庙内，古县古阳镇热留村禁赌碑立于村中关帝庙内，屯留县上村镇辛庄村禁赌碑立于村里先师庙内。但也有置放在村里其他地方的，如陵川县就有5个村的禁赌碑放置在村镇中心地带；灵石县交口乡漫河村禁赌碑置立于某大户人家大门外；徽州婺源赋春镇冲田村和祁门彭龙、历溪村的禁赌碑则竖于河岸和桥边。④ 湖北枣阳江口城的“不赌碑”立于该村村

---

① 参见陈学文：《明清以来民间禁赌的自律措施》，载《中国典籍与文化》2017年第2期，第132页。

② 参见魏晓锴：《清代县域视野下的禁赌问题研究——以山西高平为例》，载《清华大学学报(哲学社会科学版)》2018年第2期，第143~144页。

③ 参见朱文广：《禁赌碑与乡村风俗改良——以清代上党为中心的考察》，载《农业考古》2014年第3期，第68页。

④ 参见卞利：《明清时期徽州的民间禁赌》，载《安徽师范大学学报(人文社会科学版)》2002年第4期，第451~455页。

口，碑文规定犯赌博者“轻则罚跪打屁股，重则逐出家门”。①

禁赌碑何人所立？一般有三种情形：一是如浙江湖州环渚乡禁赌碑由乡民呈请官府批准后而立；二是乡村社首及全村公立，如乾隆三十九年洪洞县存堤乡杨洼庄“严禁赌博碑志”由“杨洼庄合村人立”，乾隆五十七年(1792 年)高平市三甲镇响水坡村禁赌碑为“乡地社首仝立”，乾隆六十年(1795 年)陵川县礼义镇庄河村“禁约碑”由“阖乡保社公勒”，嘉庆十年(1805 年)乡宁县西交口乡的禁赌碑名称即为“公议禁赌碑记”，嘉庆十二年(1807 年)古县古阳镇热留村禁赌碑由“阖村公立”，嘉庆十八年(1813 年)黎城县仵桥村禁赌碑由“仟桥村合村公立”，嘉庆二十年(1815 年)屯留县上村镇辛庄村“三社禁赌碑记”由“三社维首仝立石公禁”；三是村民自发订立乡规民约而勒石立碑，如乾隆二十二年(1757 年)孝义县西沟村、乾隆二十八年(1763 年)灵石县漫河村、乾隆二十九年(1764 年)沁水县可陶村、嘉庆八年(1803 年)平顺县西青北村、嘉庆十年(1805 年)乡宁县西交口乡、嘉庆十四年(1809 年)高平乔村、嘉庆十八年(1813 年)黎城是仵桥村、嘉庆二十二年(1817 年)黎城县北流村、嘉庆二十四年(1819 年)高平西德义村等皆属此类。

禁赌碑如何禁赌？首先是直斥赌碑之害，赌徒之恶。一是赌博荡家败业，典妻鬻子：“赌博乃四恶之首，赌风一开，将败家荡产，百弊丛生矣”②，“赌博之有害，人尽皆知，胡为而人尽蹈之？盖愚昧人等冀获一时利于已，遂遗无穷之害于人。非止人受其害，破家荡产，而自已之图谋，倏来倏去，果得像勤俭人家绵绵远远，做生做理，安然久享，下落匪类之名哉！”③“流荡忘返，有失恒业”④，“有业者毁业，无业者丧身”⑤，“豪客奢荡，亦易

① 《民主与法制》1991 年 12 月 21 日。

② 山西高平西靳寨村《崇正社禁赌碑记》(乾隆十八年 1753)。

③ 山西泽州县大东沟镇《东沟阖社同乡地公议永革赌博禁约》(乾隆五十二年 1787)。

④ 浙江湖州环渚乡《奉宪禁赌碑》(道光九年 1829)。

⑤ 山西屯留县常珍村《禁赌碑记》(嘉庆十九年 1814)。

尽千金之产；富翁放纵，也难留数顷之田。甚至妻号寒于腊月，子啼饥于丰年”①，“赌博由此日炽，轻则败坏家业，不顾妻子，难免致怨嗟悲；重则酿成祸端，身囿囹圄，悔之晚矣”②。“近来强暴之徒从事赌博，因是村墟之众，习染成风，始而农业荒废，久而败家破产者有之，岂非村中之大患哉！”③赌得妻离子散，家破人亡。二是赌博玩物丧志，毁德败行，伤风坏俗：“丧志节，辱行谊，博戏一事为最恶”④，“甚而破业败家，隳名丧节，其弊将伊于胡底乎！”⑤“其始也，辱身贱行，弃生平之业；其继也，倾家败产，入穿窬之门”⑥，“看其行止不足齿，见其窘迫又何足怜？廉耻丧之尽矣，礼义何尝有焉？问何为而至此，因赌博而使然”⑦，“尝闻治家之道勤俭为先，浪荡之风赌博居重。盖赌则心肆，心肆者品卑；赌则行污，行污者恶先。故喧嚣乎终于日，流落于梁上，堂上双亲受饥寒而忍泣，阁中稚妇对衾枕以洒啼，破产败家，莫此为甚矣。伤风坏俗又谁而正乎？”⑧“近现乡俗浇漓，赌风肆行，父兄习以为常，子弟尤而效之，以致败家破产，正事荒废，可胜道哉”⑨。凡嗜赌者，轻则辱身贱行，重则流为盗寇。三是赌博腐蚀世风，祸国害民：“赌博为偷盗之源，偷盗、实赌博之流，赌博与偷盗本相因而见者也”⑩，“赌博场中，最易藏奸，宵小鼠窃莫不从此为起，实为地方大害”⑪，“晚近之事有奸诈者出，每每设立

---

① 山西高平赵家山村《弥陀寺禁赌碑记》(乾隆三十七年1772)。

② 山西平顺县北社乡西青北村《禁赌碑文》(嘉庆八年1803)。

③ 山西乡宁县西交口乡《公议禁赌碑记》(嘉庆十年1805)。

④ 山西高平西靳寨村《崇正社禁赌碑记》(乾隆十八年1753)。

⑤ 山西古县古阳镇热留村《禁赌碑》(嘉庆十二1807)。

⑥ 山西高平响水坡村《祖师庙禁赌碑记》(乾隆五十七年1792)。

⑦ 山西高平赵家山村《弥陀寺禁赌碑记》(乾隆三十七年1772)。

⑧ 山西黎城县北流场《戒赌碑记》(嘉庆二十二年1817)。

⑨ 山西孝义县西辛庄镇杜西沟村《隰州和古里西沟立洞则沟二村公议禁赌碑序》(乾隆二十二年1757)。

⑩ 山西潞城西靳关帝庙《老禁赌博碑》(道光十四年1834)。

⑪ 山西潞城东天贡村春秋阁《禁赌碑》(嘉庆十七年1812)。

赌局，惟计肥一己之身，不顾坏一乡之俗，引诱人子弟，破毁人家产，甚至紊乎尊卑长幼，坏乎心术性命，上干国宪，下败民风”①，“天地生一人，自有一人之事；吾人有一时，各有一时之功。赌博云乎哉？抱娼酗酒云乎哉？然而风俗渐颓，人心日坏，我朝本天地之心以为心，不得已而有所谓刑罚。而执迷不悟者，尤恬不所戒，往往寡廉鲜耻，辱身贱行，遂无不为已，及陷乎罪，惟能免于刑戮耶？抑谓兴家立业能从此中得耶？不惟人心难服而岂天道哉？况且为害非浅鲜也，因邪途废正事而失仁义者有之，丧人品而坏心术者有之，且危妻子而累邻里者有之，戮父母而辱祖宗者有之，甚至败其家破其产者有之，杀其身亡其命者有之，种种不一之弊，曷可胜数，岂不惧哉！”②赌潮泛滥的结果，使国人人心不古，道德沦丧，社会奸盗纷起，百弊丛生。

其次是告示惩处之法。禁赌碑提出的对赌博者的处罚概括起来有三点：一是警示；二是罚钱、罚物和罚戏；三是送官究治。三种处罚依涉赌深浅由轻到重。如同治五年(18661)高平徐庄禁赌碑规定对“合社禁赌”者给予“警示”的处罚。“不难看到，在实际的操作中，乡土的‘人情味’和‘情理’，也交互杂糅，区分三六九等。抑或，隐藏在禁赌碑背后的‘目的性’和‘效应性’意义，才是更为重要的追求。一般而言，基本遵从‘惩罚不是目的，而是手段’的原则。‘教化’较之‘处罚’，前者的愿望为主，属于普遍情形。每一道碑铭，似乎也在‘仁义礼智信’这一点上意味深长，甚至直言不讳。”③乡村禁赌碑对赌博人的主要处罚是罚钱或罚戏，二者之中以罚戏居多。高平西德义村对开赌局以及孩童踢球玩钱者，一经察觉“罚戏三天，如有不遵罚者，各社送官究治，有一应杂费，按地亩均收”。泽州县大东沟镇《东沟阖社同乡地公议永革赌博禁约》规定：“罚戏三台，忆此成吾村例矣。”泽州县大东沟镇峪南村“罚献

① 山西高平西德义村《关帝庙西大社禁赌碑》(嘉庆二十四年 1819)。

② 山西壶关，杨相文：《禁赌碑记》。

③ 魏晓锴：《清代县域视野下的禁赌问题研究——以山西高平为例》，载《清华大学学报(哲学社会科学版)》2018 年第 2 期，第 145 页。

戏三天，指此为例，决不姑宥”；陵川县马圪当乡巡家村“犯者罚戏三日”；黎城县北流村“献神戏三天”；古县古阳镇热留村“关帝庙前罚戏六朝，倘不依罚，禀官究治”；屯留县上村镇辛庄村“自禁之后，犯者鸣钟赴社，罚戏三天”；平顺县北社乡西青北村“恐有不遵约规，窝赌博者，与犯赌之人，罚戏三天，许值年维首人写戏，系窝赌人与犯赌人出钱。窝赌人与维首犯之，加倍罚戏”。至于罚钱，高平24村禁赌处罚措施有7个村主要是罚钱或罚戏，上党地区69通标明惩罚措施碑刻中，“统计惩罚措施，计有罚戏30次，罚钱16次，罚砖4次，罚修戏楼1次，前两种占有明显优势。所罚钱物成为‘入社公费’或公物”①。如高平西靳村“自禁之后，无论村乡郊野，窝赌者罚银七两；伙赌者罚银三两；出首鸣报者给以罚之半，余半入社；有不遵罚，同乡保地方及照官治罪”；沁水县龙港镇可陶村对犯赌博“托言借宿，四五成群者，罚银十两。来历不明、并无职业者，留住境内，罚银一两。本村不随社者，出银三两。异姓不随社者，凭伊亲属出银五两”；平顺县北社乡西青北村对幼童“玩要丢钱者，虽系幼童，自幼不管束严禁，恐荒纵子弟，若有犯者，罚钱二千，入社公永。首赌之人偿钱一千。如有隐匿私情者，不偿外倒罚钱一千”；孝义县西辛庄镇杜西沟村“除输赢俱荒外，每一开场人罚银十两，每一赌博人罚银五两。其银本社公用。如捉获卖放者与赌博人一例受罚。倘有不受罚者究治”；乡宁县西交口乡“开场作赌者，罚钱六千”；霍州师庄乡上新安村不仅对赌博者重罚，而且“本年香首不严禁者罚银五十两，合社公用”。乡村禁赌最重处罚是“送官究治”，如乾隆三十七年（1772年）高平赵家山村《弥陀寺禁赌碑记》的“乡地密查，故犯者，准允送官究处”；道光九年（1829年）浙江湖州环渚乡《奉宪禁赌碑》的“私行赌博，一经觉察，无论戏地平时，并即协保擒拿解县，凭法惩究，断不徇情姑恕”等都属此类。不过，由于乡村立碑禁赌主要是村社自主行为，对参赌聚赌者处罚主要在村社内部进行，“这就

① 朱广文：《清代山西上党禁赌碑刻解读》，载《历史档案》2015年第4期，第99页。

决定了村社禁赌主流不会上升到官府与法律层面，在 69 通标明惩罚措施碑刻中，只有 13 通要直接报官处理，不到 19%，其余均是‘入社公议’，‘维社究处’，是为‘官有禁条，民有私约’”。高平县 24 通禁赌碑中也只有 6 通明确标明“送官究治”。①

明清时期，民间禁赌还有另一种特殊情形，就是城市地域性会馆、书院等民间机构为了保持乡邦民风纯洁性而在同乡子弟中订立禁赌戒赌训条、公约。这些禁赌活动虽然发生在城市，但因为其内容的传统性和局性于特定地域等因素，可以看作乡村民间社会禁赌的一种延续和补充。这种城市禁赌活动在汉口、苏州这类大型商业城市中的徽商、晋商等同乡会馆、书院里比较普遍。如汉口徽州商人举办的紫阳书院就给徽商子弟订立了包括“德业相劝”“过失相规”“礼俗相交”“患难相恤”四条内容的训条，其中“过失相规”里有明确的禁赌戒赌要求：“过失，谓犯义之过六，犯约之过四，不修之过五。犯义之过：一曰酗博斗讼。酗谓纵酒喧竞，博谓赌博财物，斗谓斗殴骂詈，讼谓告人罪恶。意在害人，诬赖争诉，得已不已者。若事干负累，及为人侵损而诉之者非……”②

明清民间禁赌效果如何？一般而言，禁赌碑的置立，有效地制止了村民赌博行为，一定程发上遏止了蔓延的乡村赌风。“乾隆二十九年(1764 年)，可陶村村民张小旦、丁庚申、丁友娃等六人在‘阴谋开赌’之前，将庙内的禁赌碑记偷偷毁坏，企图使村社失却惩罚依据。‘村中父老并社首人等’大为震怒，先是让几人宰牲罚戏，又‘思惩前励后，不立新铭，旧例难行，即仝社公议，不惜捐资之费，刊新铭，遵旧例’，认为自此之后‘则犯者知戒而猫鼠不敢肆志矣’。同时，又立下了严厉的诅咒：‘毁碑者一一死无噍类，

① 参见朱广文：《清代山西上党禁赌碑刻解读》，载《历史档案》2015 年第 4 期，第 99 页。巍晓锴：《清代县域视野下的禁赌问题研究——以山西高平为例》，载《清华大学学报(哲学社会科学版)》2018 年第 2 期，第 139~146 页。

② 《紫阳书院志略》卷之五《摘训》。

日日悉教其家。’”①这从反面说明禁赌碑对赌徒还是有一定威慑力的，禁赌碑使赌徒们赌博时有所顾忌。以族规民约驰而不息的禁赌，终使赌徒敛迹、赌风遏止的事例在一些地方也时有所见，如徽州黟县南屏叶氏“族中邪僻之禁至详，而所尤严者赌博。赌博之禁，业经百余年，间有犯者，宗祠内板责三十。士庶老弱，概不少贷。许有志子弟访获，祠内给奖励银二十两。恐年久禁弛，于乾隆十四年加禁，乾隆四十三年加禁，嘉庆十四年又加禁。历今恪守无违，后嗣各自宜凛”②。

然总体言之，由于宗族、村社因不具备禁赌执法资格，以及个人、村社力量的微弱单薄，难以有力有效遏制猖獗蔓延的赌风，必须要借助官府的权威，“遵官刻立”“奉宪禁赌”，“乡里约束，入社尽罚、送官究治”③；由于村社或区域之间在禁赌力度和措施的不平衡性，往往是此村严就到彼村赌，有些村因此而规定“不独本庄，出外三里亦不许本庄人去赌。如有赌者，以同受罚”④；由于

① 参见朱文广：《清代禁赌活动中的乡村自治》，载《华南农业大学学报(社会科学版)》2014 年第 4 期，第 148 页。本节所引山西禁赌碑史料均参见常书铭主编：《三晋石刻大全 · 高平县卷》，三晋出版社 2011 年版；王丽编：《三晋石刻大全 · 泽州县卷》，三晋出版社 2012 年版；车国梁编：《三晋石刻大全 · 沁水县卷》，三晋出版社 2012 年版；张平和编：《三晋石刻大全 · 壶关卷》，三晋出版社 2014 年版；王立新编：《三晋石刻大全 · 陵川卷》，三晋出版社 2013 年版；王苏陵编：《三晋石刻大全 · 黎城县卷》，三晋出版社 2012 年版；汪学文编：《三晋石刻大全 · 洪洞县卷》，三晋出版社 2009 年版；杨洪主编：《三晋石刻大全 · 灵石县卷》，三晋出版社 2010 年版；曹廷元主编：《三晋石刻大全 · 古县卷》，三晋出版社 2012 年版；冯贵兴，许松林编：《三晋石刻大全 · 屯留卷》，三晋出版社 2012 年版；申树森主编：《三晋石刻大全 · 平顺县卷》，三晋出版社 2013 年版；杜红涛主编：《三晋石刻大全 · 孝义卷》，三晋出版社 2012 年版；杜银安主编：《三晋石刻大全 · 乡宁卷》，三晋出版社 2014 年版；段新莲主编：《三晋石刻大全 · 霍州卷》，三晋出版社 2014 年版。

② 嘉庆《黟县南屏叶氏族谱》卷一《祖训家风 · 禁邪僻》。

③ 山西高平西南庄《关帝庙禁赌碑》道光十二年(1832 年)。

④ 同治十二年(1873 年)泰安府东阿县南双合村《戒赌碑》，参见任小飞：《浅析清代泰安府东阿县的一通戒赌碑》，载《文物鉴定与鉴赏》2015 年第 6 期，第 79 页。

乡村是一个熟人社会，可能出现徇私容隐，敷衍塞责，于是乎才有一些碑文有“各庄社首不许徇私灭公、违者议罚”予以防范和约束，① 加之村社经济条件和人员代际更替等多重因素，往往使禁赌活动难以坚持长久，“社内屡伸禁约，村人旋即废驰”的情形颇多发生，禁赌功效大打折扣；② 由于一些村社首领和土豪劣绅破坏乡规民约，不仅使村规乡约的执行增加难度，最主要是给一般村民不良的示范，使本以浇薄的乡村风气雪上加霜，更加恶化……所有这些，造成明清时期民间禁赌既在时间上难以可持续，“在乾隆以前，极少看到村落有赌博活动的记载。自乾隆后期开始，朝廷日益腐化，潜移默化地影响了泽潞村落。很多村落‘风清美俗，各安本业’，近来却‘人心不正，里俗日颓’，‘呵稚呼卢’的情景大量出现”③；也在空间上只能局限于一村一社的“点”，而不能延伸、扩展到村、乡以外的“线”和“面”，彻底禁赌并淳化民风并没有成为“规范性的习俗”或“区域性的民风特征”，“倘若，仅仅是‘时点的静态’，则村庄禁赌碑充其量也不过是‘摆设’和‘形式’而已”④。

明清时期，以宗族和村社为主体的民间社会的禁赌努力，旨在以此为突破口整肃“诈伪萌，讦争起，纷华染，靡汰臻”的社会乱象，重建“家给人足，居则有室，佃则有田，薪则有山，艺则有圃，催科不扰，盗贼不生，婚媾依时，闾阎安堵，妇人纺绩，男子桑蓬，臧获服劳，比邻敦睦”的传统农业文明与社会秩序，⑤ 当然，这种文明秩序即使在传统社会的鼎盛阶段从来也未曾有过，充其量不过是儒家贤哲们笔下的一种美丽幻相。更何况传统社会已由蓬勃旺盛的春夏步入萧瑟凋零的秋冬，“江河日下，不堪设想，此正秋

① 山西高平中坪村二仙宫《六庄七社议条规碑记》咸丰十年(1860年)。

② 参见朱广文：《禁赌碑与乡村风俗改良——以清代上党为中心的考察》，载《农业考古》2014年第3期，第71页。

③ 朱文广：《清代禁赌活动中的乡村自治》，载华南农业大学学报(社会科学版)》2014年第4期，第148页。

④ 参见魏晓锴：《清代县域视野下的禁赌问题研究——以山西高平为例》，载《清华大学学报(哲学社会科学版)》2018年第2期，第146页。

⑤ (清)顾炎武：《天下郡国利病书》引《歙县志·风土论》。

分以后冬至以前之时也”①。明清社会犹如一个苟延残喘的垂暮老人，行将就木，败象毕现，那依附在这具衰朽身躯上的奸盗、赌博、骗伪之类的有害病毒，因为得到了适宜的环境而野草般地生长，野火样蔓延，直至将它赖以生存的庞大躯体吞噬……

三、马吊攻略

马吊，自明代中叶在昆山、苏州一带兴起后，“无人不好之”，至乾隆末年才始衰歇，风靡明清两百年。

马吊究竟始于何时，何人所造？历来众说纷纭，莫衷一是。嘉靖万历时人潘之恒著《叶子谱》，开篇即云“叶子始于昆山”；顾炎武说“至天启中，始行马吊之戏”②；吴伟业则认为，万历年间马吊即已在民间风行：“万历末年，民间好叶子戏，图赵宋时山东群盗姓名于牌而斗之，至崇祯时大盛”③；有说为“弇州山人”即王世贞所创制：“马吊之法，创自弇州”④；有说明末马姓妓女所发明：“今人好之叶子名曰马吊，相传明末院妓马湘兰所制”⑤。上述诸说，传说和推测成分居多，如把马吊发明者归功于某一个人，无论是王世贞还是马湘兰都不可信。至于时间，马吊的出现肯定早于万历年间，根据有二。一是明人潘之恒《叶子谱》中的一段话，讲到他在王世贞府中玩扯三章的情节，“潘之恒曰：余戊子岁从弇州公在留都右司马邸无日不与文酒会，酒行数巡即令取牌扯三章，每一人为主，众环而敌之，或全胜，或全负，或胜负相参，负者取大斗饮之……”⑥王世贞为嘉靖二十六年(1547 年)进士，万历十二年至十八年(1584—1590 年)在南京刑部和兵部任职，而且潘之恒明确

① 张亮采：《中国风俗史》，江西教育出版社 2012 年版，第 127 页。
② (清)顾炎武：《日知录》卷二十八《赌博》。
③ (清)吴伟业：《绥寇纪略》。
④ (清)张潮：《昭代丛书》。
⑤ (清)陶越：《过庭记馀》卷中。
⑥ (明)潘之恒：《叶子谱·扯三张》。

指出，他是在戊子年即万历十六年(1588 年)在王府宴饮时玩扯三章牌戏，这就清楚表明至迟嘉靖末万历初马吊已经很流行了。二是《金瓶梅》第五十一回“打猫儿金莲品玉，斗叶子敬济输金”有斗马吊的情节描写：“金莲道：‘你六娘替大姐买了汗巾儿，把那三钱银子拿出来，你两口儿斗叶儿，赌了东道儿罢，便叫你六娘贴些出来儿，明日等你爹不在了，买烧鸭子白酒咱每吃。’敬济道：‘既是五娘说，拿出来。’大姐递与金莲，金莲交付与李瓶儿收着，拿出纸牌来，灯下大姐与敬济斗。金莲又在傍替大姐指点，登时，赢了经济三桌。”一般认为，《金瓶梅》成书的年代在明朝嘉靖至万历年间，有的甚至以为作者兰陵笑笑生就是王世贞，这也佐证马吊在嘉靖、万历年间已经是市井风行的博戏了。嘉靖万历时人潘之恒著《叶子谱》，系统介绍马吊及斗虎、扯三章、扯五章之戏法，更有力地证明马吊至少兴于嘉靖万历，而绝非顾炎武所谓“至天启中，始行马吊之戏”。

其实，作为一种成于众人之手的博戏，马吊的创制、演化、定型应该有一个漫长的历史过程，关于这个问题，民国学者杜亚泉有过论述：

> 由博棋衍为象棋，由博塞变为骰子及骨牌，此为博之二大支。但唐时异军突起，于博棋、博塞以外，另成一系统者，则为叶子戏。唐《同昌公主传》记载：“韦氏诸宗，好为叶子戏”。此为叶子戏最早之记录。或谓系叶子青所作；或谓系妇人叶子所作；或谓唐贺州刺史与妓叶茂莲江行，同选骰子格，故名叶子戏；皆属附会。《归田录》：“唐人藏书，皆作卷轴，其后有叶子，如今之手折，凡文字有备检查者以叶子写之。骰子格本备检用，故亦以叶子写之，谓之叶子格；唐中叶时已有。”《辽史》：“穆宗与群臣作叶格戏”，是殆以叶子格为游戏之具者。但叶子格不过为纸片所写之骰子格，辽时即用以为戏；恐与唐宫之叶子戏不同。明嘉靖间，潘子恒著《叶子谱》，金学诗《牧猪闲话》以为即马吊牌旧谱；然则叶子即为旧式之马吊牌无疑。元陶宗仪《说郛》言“吴人龙子犹《马吊脚例》即马吊牌

谱”，是马吊牌之名称，在元时已行。盖元明之间，叶子与马吊牌，实为同物；或称叶子，或称马吊，其谱相同也。新式之马吊牌，始行于天启；故称嘉靖时代之马吊牌为旧。且天启马吊牌，专称马吊牌，叶子之名，此时已废而不用。李邺嗣《马吊说》谓马吊起于天启，即指新式之马吊牌而言。此种天启马吊牌，盛行于明末清初之时，至清乾隆时尚流行。其后惟扬州一处，流行较久；故称扬州马吊牌。①

杜氏关于新、旧马吊之说颇具见解，以为天启以后流行的马吊应该是新马吊，所谓新、旧马吊应该是传统叶子戏与马吊之别异。杜氏以为“马吊牌之名称，在元时已行。盖元明之间，叶子与马吊牌，实为同物；或称叶子，或称马吊，其谱相同也”，这与明末黎遂球《运掌经》所说“斗叶子之戏，古盖有之。其以《水浒》诸人分署，则宋元以来，不知何人所为。迩鹿城陆文量先生，会记其博斗之事，谓以警世。今士大夫往往喜为之，其法各异，然义可类推也”有异曲同工之处。② 此外，清人金学诗《牧猪闲话》亦有类似说法，其《马吊牌》云：“古云马掉脚，谓四门如马之有四足，今俗称马吊。按古有打马格局、打马图式，今皆不传。以文翔凤《朝京打马格》(见《说郛》)证之，知打马非马吊牌也。歙人潘之恒有《叶子谱》，番禺黎遂球有《运掌经》，吴人龙子犹有《马吊脚例》(并见《说郛》)，皆马吊牌之旧谱也，而后人推衍者多矣。”③不过，《博史》说陶宗仪“吴人龙子犹《马吊脚例》即马吊牌谱”，显然是闹了一出“关公战秦琼”的笑话。陶宗仪(1329—约1412年)，元末明初人士，而龙子犹即冯梦龙(1574—1646年)生活的年代已经是明末清初，整整相隔250年。查陶宗仪所编《说郛》一百卷，其所收书籍为汉魏至宋元的各种笔记，其中并无冯梦龙(即龙子犹)的《牌经》和《马吊脚例》。倒是清初由陶氏远孙姚安陶珽所编《续说郛》收有

① 杜亚泉：《博史》，开明书店1943年版，第27~28页。

② (清)黎遂球：《运掌经》。

③ (清)金学诗：《牧猪闲话·马吊牌》。

此二书，陶宗仪《说郛》言疑为陶珽《续说郛》所言之误。

“马吊”一名的由来，据说系“马掉”名称的谐音。此牌需四人入局，如缺一人，则如马的四只脚掉了一只。明人潘之恒《叶子谱》云：“亦云马掉脚，谓马四足失一，则不可行，讹脚为角非。”①清人汪师韩也认为，“马掉本名为马掉脚，约言之曰马掉，后又改掉为吊(谓马四足，失一则不可行，明时或讹脚为角)”②。另一种说法从马吊戏法而言，如清李邺嗣说：“谓之马吊者，言此戏人得二桌为本，今胜家上五桌，而三家适各一桌，其状如马立而吊其一足也。”③这也是从马吊牌“三人同心以攻一庄”的戏法上解释其得名。马吊之得名还有第三种说法，从博戏演化的视角并结合马吊戏法予以解读，“马”即筹马，“吊”即提取，“以马之大者提取小者，即《牧猪闲话》所谓‘以大击小’是也”。这个解读来自杜亚泉的《博史》：

> 予意：叶子戏之称叶子，不过为纸片之意；《丹铅录》谓“叶子如今之纸牌”是也。叶子戏又名马吊，马即筹马之马，吊即提取之义。《礼·投壶》“为胜者立马”；盖以马表胜也。后世以玉、石、象牙、犀角之类，琢为种种形式，用以表胜，亦称为马；其形式多与棋同。有时以棋为马，有时亦以马为棋，二义遂相混合。汉时以筹代马，用以表胜；《列子·张湛注》引《古博经》“每牵一鱼获二筹，翻一鱼获三筹，若已牵二鱼而不胜者，名为被翻双鱼，彼家获六筹为大胜也”。可知汉时博戏，已用筹表胜矣。表胜既用筹，于是专称棋为马。如《文选》“马以翼距，筹以策勋”；即称棋为马，与筹对列。《玄怪录》所谓“象戏行马之势”，行马即行棋也。然汉以后，虽称棋为马，但于筹以外仍有一种表胜之具，沿用马之名称。《晋书·袁耽传》“十万一掷，直上百万，耽投马绝叫”；《天香楼

① (明)潘之恒：《叶子谱·马掉品》。

② (清)汪师韩：《叶戏原起·叶戏原起叙》。

③ (清)李邺嗣：《马吊说》。

偶得》“赌博以物衡钱谓之马子”；此皆表胜之马，其用与筹不同。盖当时既以金银等物相赌；而所用金银，皆为锭或块，零星剪割，殊感不便。故别制马子，与现时天平所用之砝码相类；记明重量。赌博时即用此代表，以记胜负。胜负既决以后，乃依所得之马子衡量金银。现时天平中之砝码，实由此产生。至唐时则以纸片为马，用文字记明金银重量，其形式乃与后世之纸钞相类。对马子而言，称为叶子；为樗蒲掷骰时胜负之表记。其后更用以为戏具，乃称叶子戏。又称马吊者，乃以马之大者提取小者，即《牧猪闲话》所谓“以大击小”是也。世人不明马吊二者之义，乃为“马吊脚”或“马掉脚”之解释，皆属附会。①

此外，正如杜亚泉所说，马吊由唐代叶子戏演变而来，实系纸牌之一种，故又称“叶子”。“叶子，古贝叶之遗制，前人削桐书柹，题枫佩兰，皆取诸叶，此简策之所昉也。”②杨荫深更明确指出，马吊虽然也被人称为叶子，但与唐代叶子戏是全然不同的两种博具：“马吊牌为明代的一种博具，现在各地通行的纸牌，犹存它的遗制，而最盛行的马将牌，也由它转变而来。不过马将牌用骨制，而马吊牌则用纸制，故当时亦通称为‘叶子’，但与唐代的叶子戏完全不同。其所以称为叶子的，实即是纸牌的异称，如潘之恒《叶子谱》云：‘叶子，古贝叶之遗制，前人削桐书柹，题枫佩兰，皆取诸叶，此简策之所昉也。’潘氏之书，亦述马吊牌的，其称叶子，亦无非取简策(纸)之意而已。”③由于打马吊牌时，听不见牌声，“入局者气静声和，无容争竞，故其名曰‘无声落叶’”④。

马吊牌的形制，和一般纸牌大致相同，据金学诗说，“纸牌，

① 杜亚泉：《博史》，开明书店 1943 年版，第 29~31 页。
② (明)潘之恒：《叶子谱·题辞》。
③ 杨荫深：《中国游艺研究》，上海世界书局 1936 年版，第 88~89 页。
④ (清)金学诗：《牧猪闲话·马吊牌》。

长二寸许，横广不及半，绘画雕印”①，而马吊牌则“较纸牌横纵幅俱稍广。绘画雕印同，凡四十页为一具”②。由此推断，明清时期的马吊牌一般寸许宽，三寸长，共40张，用裱好的几层厚纸制成。杜亚泉在《博史》里说，清代乾隆时期的马吊牌在民国时期还有保存，其形制与金学诗所描绘的完全一样：“明季之马吊牌，现时当尚有保存者；小说家袁寒云曾收藏此牌，记其形制于杂志中。予曾向友人处借得马吊牌一具；因牌中霹雳火之历，并不缺笔，知为乾隆以前之物……予细细校核，形制与《牧猪闲话》所述相同。”③明清时期，马吊的绘画和制作因地域不同而有质的差异，“又按《说郛》龙氏(子犹)云：牌式，必须官样。如太仓卫前、昆山司马桥、苏州桃花坞并称牌薮。以夹青纯棉纸者为上。若细画者，谓之‘小娘牌’。狭小者，谓之‘轿夫牌’。矮阔粗恶者，谓之‘孤老院牌’。墨写模糊难辨者，谓之‘鬼牌’。今制牌工细者，仍以吴下为最。予历经燕、齐、闽、粤之地，所见牌式，皆不免龙氏所讥者矣”④。马吊上所绘图主要是《水浒传》里的人物，即潘之恒《叶子谱》说的“用《水浒传》中名色为角抵戏耳”⑤，这些水浒人物画像起初笔墨粗劣，到清代，一些艺人参与水浒叶子制作，于是出现了不少高水平马吊纸牌艺术品，诚如邓云乡先生所云：“后来印出来的陈老莲的《水浒叶子》，大概是正宗李龙眠的笔意，线条古拙有力，但那毕竟是名画，而非纸牌了。”⑥

马吊牌共40张，分10万贯(后名十字)、万贯、索子、文钱四门。“凡四十页为一具。一页为一种。分为四门，自相统辖。曰十万贯，曰万贯，曰索子，曰文钱。万贯索子皆始于一，尊于九，各九页。十万贯自二十万贯始至九十万贯、百万贯、千万贯，尊于

---

① (清)金学诗：《牧猪闲话·纸牌》。

② (清)金学诗：《牧猪闲话·马吊牌》。

③ 杜亚泉：《博史》，开明书店1943年版，第28~29页。

④ (清)金学诗：《牧猪闲话·纸牌》。

⑤ (明)潘之恒：《叶子谱·名数品》。

⑥ 邓云乡：《红楼风俗谭》，中华书局1987年版，第64页。

万万贯，共十一页，俱绘人形，与万贯同。文钱一门，最尊者空汤。次花枝。次一二。以至于九。亦共十一页。文钱中，空汤亦绘人形，并举《水浒传》宋江诸人以实之。”①四十张牌的牌序从小到大，十万贯依次为二十万贯至百万贯和千万贯、万万贯共 11 张；万贯依次为一万到九万贯共 9 张；索子依次为一索至九索共 9 张；文钱依次为九文至一文和半文(又名枝花)、空没文(又名空汤)共 11 张。四门之中，十万贯、万贯、索子皆以九为尊，独文钱门尊空汤而贱九。对此，潘之恒和黎遂球各有解释。潘之恒谓“由空汤至九为钱，累钱为百，累百为万，累万为十万，以至万万。万胜千，千胜百，百胜钱，钱数贱九贵空，殊倒置有味，戏百出而不穷，用数多而尚变故也”②。“钱制圆而孔方，取象于大，反数于空，故尊空没文。空者所以贮也，当其无有贮之，用属波斯献焉。次称鳖客，鳖者兽食之余，并上有李是也。里人目为枝花，枝花者，花未成果，故自一至九咸呼为果，本枝花而得名，而文钱为最初之义，其数十一叶而极于九索。”③与潘氏玄妙诘奥的解释不同，黎遂球的解释直白有趣：“凡蜡牌各从其类，以数之多者为贵。有以少为贵者，钱之类是也，非贵少也。钱之大者，如大汉布刀，一可当十。一曰：所以魁没文者，富不敌贫。贫者算胜，富者制焉，亡地之能存也。”④

马吊牌 40 张牌中，索子、文钱两门牌上绘钱币的象形图。十万贯和万贯两门牌上绘有《水浒传》的人物。十万贯门 11 张牌从小到大依次绘：二十万贯地彗星一丈青扈三娘，三十万贯天暗星青面兽杨志，四十万贯天杀星黑旋风李逵，五十万贯天孤星花和尚鲁智深，六十万贯天威星双鞭呼延灼，七十万贯地勇星病尉迟孙立，八十万贯天满星美髯公朱仝抱子双头，九十万贯天败星活阎罗阮小七，百万贯天罪星短命二郎阮小五，馘人首为双头，而自侧弁，呼

---

① (清)金学诗：《牧猪闲话·马吊牌》。

② (明)潘之恒：《叶子谱·名数品》。

③ (明)潘之恒：《叶子谱·分门品》。

④ (清)黎遂球：《运掌经》。

曰“百歪头”是也，千万贯天伤星行者武松，尊万万贯天魁星呼保义宋江，貌髯。万字门9张从小到大依次绘：一万天巧星浪子燕青，二万天英星小李广花荣，三万天勇星大刀关胜，四万天贵星小旋风柴进，五万天寿星混江龙李俊，六万天微星九纹龙史进，双头，七万天猛星霹雳火秦明，八万天空星急先锋索超，尊九万贯天退星插翅虎雷横。索子门9张绘贯钱与形图：尊九索自下矗四贯叠二贯而锐其一，八索叠二而四之，七索叠二者三而斜其一，六索如六水环绕，五索如艮卦形，四索如双珠环，三索如品字形，二索如折足，一索如股钗。文钱门共11张，除“尊空没文”外，其余10张也不画人像，而作象形图：尊空没文原貌波斯进宝形标曰“空一文”，其形全体而矬足黑靴或题“矮脚虎”以空为尊，反之也，半文钱花实各半，或曰“一枝花”，或曰“麣客”，一钱如太极，自一至九，以所貌大小不以次，二钱如腰鼓，三钱如乾卦形，四钱如连环，五钱如五岳真形，六钱如坤卦形，七钱如北斗形，八钱如瑰玉，九钱如三叠峰。① 马吊牌十子门中《水浒传》的人物从小到大地位的配置，据说还有历史依据，清代著名史学家赵翼的一段解释就颇为有趣：

> 《居易录》载张忠文公叔夜招安梁山陈榜文：“有拿获宋江者，赏钱万万贯；拿获卢进义者，赏百万贯；拿获关胜、呼延灼、柴进、武松、张清等者赏十万贯；拿获董平、李进者赏五万贯有差。今叶子戏有万万贯、千万贯、百万贯递降，皆用张叔夜榜文也。”②

明朝的马吊戏法，有所谓“吴吊”“京调”和“京王(王世贞亦即吴吊——引者注)合谱”的扬州马吊等不同流派，马吊这些流派的具体戏法现已无法知道详情，我们只能根据明人叶之恒之《叶子谱》、冯梦龙之《马吊牌经》和清人金学诗之《牧猪闲话》等资料提供

---

① (明)潘之恒：《叶子谱·图象品》。

② (清)赵翼：《曝杂记》。

的线索，对所谓“吴吊”戏法描绘一个大概。我们先来看《叶子谱》：

马掉以军令行之，法分四类，用昆山叶四十张，各执其八；而虚八为中营，主将（庄家）护之，以纪最殿，定赏罚焉。选将以卢卜，植帜于坛，而三家环攻之。袒左整乱曰齐，袒右截拍而稽，数以标首出者，若狙张以侦四门，三家者遥应，而主将孤立无援。军行八出，再捷为平，三为胜以掉奇者，奇者与赤手等不为功，而余勇者故示弱以饵之，斩收全功焉。大都三家务合纵，而主将衡之，居坛之上，虽尊兼毋吝留，虑敌以幸得偶；居坛之下，虽小劣必让，毋贪噬欲分力以穷寇。主不讳显，客不嫌诈，则易奏绩，而诈者有巧，中故其诈也。仅以愚主而客皆默喻，不目挑，不指动，不声扬，不以堞示异，犯此者皆下品；其显也，用以奢敌，不占危，不持满，不市尊，不羞晚成，犯此者无胜策。三捷者胜一垒，而五捷者亦胜一垒，善军者，快三而愧五焉，五斯拙矣，五捷而收三垒，则巧莫如之，故七出者胜败之纽，逾此则弃，其八有制人者，人勿顾，多奇功焉。家有全胜者无私让，有后却者无先雄，有劲掠者无饕小，以神运智，以人合天，以迟履泰，因微而显，转败为功，此不可以家户晓，口舌诤也。悟者自得之尔。①

《牧猪闲话》也说，“四人入座，每人各分八页。法亦以大击小，而现出色样，及余八页冲出色样，出奇制胜，变化无穷。四门最尊者曰赏，次为肩，最小者为极。赏、肩、极上桌，俱堪配成色样。色样有大小，名称毋数十”②。综合潘、金二人所述，打马吊，以4人入局，牌局开始后4人轮流摸牌，每人8张，剩余的8张放在桌子中间，称为“中营”。以掷骰推出“主将”即庄家，庄家可支配中营里的8张牌，其他3人联合起来斗庄家。打牌过程中，4人轮流出牌，以牌的大小比胜负，“凡牌，未出皆覆，既出皆仰。覆

① （明）潘之恒：《叶子谱·马吊品》。
② （清）金学诗：《牧猪闲话·马吊牌》。

者数玄，以象天也；仰者形见，以象地也。视仰之形，测覆之数，以施于运者”①。未出之牌反扣起来不让别家看见，打出去的牌则要仰面朝上放置，以方便大家权衡出牌打牌，打牌过程中可以吃牌和补换牌。由于叶子有 8 张，轮流出牌时，前七张输赢虽然重要，但关键是第八张牌，一般一张一圈称为一吊，得两吊者保本，三吊至五吊间为胜一桌，六吊起当胜两桌。第七张牌为胜败之关键，最后第八张牌如得胜，整局才算获胜，叫作“抢结”。所以冯梦龙说：“失未及七，牌不可弃，美虽已尽，锐若方始，挫而不衰，久而弥整。”②

马吊戏法尽管繁复多变，但要点在“以大击小”和“三家同心，以攻一庄”。所谓“以大击小”，就是以牌的大小比胜负，十、万、索、文四门牌，以十字门为最大牌，依次是万字门、索字门、文钱门，每门牌中也有大有小，金学诗说四门牌中有赏、肩、极三个档次，赏为最大最尊，而极则是最小的牌。十、万、索三门中万万贯、九万贯、九索为赏为尊，二十万贯、一万贯、一索为极；文钱门中空没文为赏为尊，九文为极。十、万、索三门以大管小，只有文钱门是以小管大。赏、肩、极可以与其他牌组合成不同的“色样”，如“鲫鱼背”“双叠”“倒卷”之类。马吊牌最大一张牌是百万贯，即百子，又称“百老”，《叶子谱》称之为“簪花上将”，只要得到它就有赏：“部中惟百万簪花上国之将相也，犹齐之管晏，郑之侨肸，魏之信陵，虽臣而威震主矣。故其赏独专，败亦得，胜亦得，或倍之以胜倍也，或三之以自出师而三也。惟胜败均者尚焉。主将得百万无尊无捷而胜居一矣，惟四尊并而百万无所庸，其胜四之四尊而挟百万，则益而五之矣。”③当然，以大小比胜负并非绝对，在运作过程中通过斗智斗巧可以以小胜大，冯梦龙《牌经》中指出其多种方法，一是发牌有讲究，“牌之死生、吊之多寡，全系发张。我以往则彼以来，故小者先而大者后。小可众战（所多之

---

① （清）黎遂球：《运掌经》。

② （明）冯梦龙：《牌经·论隐篇第八》。

③ （明）潘之恒：《叶子谱·马吊品》。

路，虽小可斗。若权在底家，可以用情），大莫孤行（如次赏顶张之类，独而无继者，慎勿轻出。倘犯敌锋，必无幸矣）。无张而发，非穷即诈（如他路大而不真，又无副张可发，此穷牌也。虽空路，亦不得不发矣。若他路本有真赏而反发空路者，志在于吊也。桩家往往以此惑人）。低牌照底，计出无聊（谚云：牌低照底发。盖既无关系，则底牌以听天数，勿误认其有也）。数勿轻忘（散家所出之路，多有留张待斗，切勿忘之），庄勿过信（发有不发，无常理也。在桩家则不可尽信）。单路者险（单路非头，未必斗着，故曰险），双路者稳，三路者胜，四路者全。险急（得便宜急上卓）稳迟（可以缓），盛宽（可用情于人）全劲（不劲则不能多吊。要之，相机而行可也）。虽有智者，不易吾言矣。”①这里讲的是，只要把握好发牌的时机，一般是先发小牌后发大牌，“小可众战，大莫孤行”，小牌只有配上其他牌才能打出，而大牌千万不要孤张单出，所以“单路者险，双路者稳，三路者胜，四路者全，隐急稳迟，盛宽全劲，”如此这般，赢牌就有把握了。二是通过纵观全局而掌控牌局：“谚云：牌无大小，只要凑巧。不凑巧不能吊也。一牌死，二牌生，三牌则死一，四可以死二，五可以死三矣。将欲取之，必固与之，将兼取之，必各与之。假张先出，重张先得，利则速往，败则改图，美不欲尽，擒不欲早。与其起庄，毋宁纵散；与其苟活，毋宁殉敌。故单或呈巧，五或见拙，先后人已之间，可不审欤。”②这里讲的“凑巧”其实是发牌打牌过程中通过吃牌、凑对、凑顺而改变手中牌小的局面，转败为胜，即所谓“三牌则死一，四可以死二，五可以死三矣”。要达到这个效果，除了牌场运气外，如何运作也很关键，先出后出，与之取之，须审时度势，见机而作。

所谓“三家同心，以攻一庄”，冯梦龙《牌经》中有完整介绍：“马吊之法，三人同心，以攻一桩。凡取舍须权上下（谓上手下手）。桩在上宜纵，桩在下宜截（虽不正本，亦宜邀截，所谓单或

① （明）冯梦龙：《牌经·论发篇第三》。

② （明）冯梦龙：《牌经·论吊篇第二》。

呈巧者也。若牌大，亦不必）。顶张不嫌轻放（如九万放八万、八万放七万之类，苟非桩家皆可），同张不必累捉（和六万捉五万、五万捉四万之类，与不捉同，反为折张而有利于桩）。正本之后，切勿求多（宁关以制人）；有赏之家，何妨故让！（谚云：看赏面）”①《牌经》中还有许多攻击庄家和制约庄家的论述，如宁可自家输，也不让桩家吃到好牌，“宁输一牌，勿容桩起；宁少一吊，勿容桩比（末张不真者，谓之比张。如桩家先有一卓，则亦在比中，万一正本，为害不小。故宁少吊一家，毋留假张以起桩）”②；第四家是制约庄家的关键，如果其与下家（即第一家）同为散家，则可放纵出牌，让下家吃到好牌，“谚云：末家牌，落得来。此言底之有权也（第四家为底家，牌到此擒纵惟命，故其权最重）。善算者，务以底制桩而不使桩作底。待可共功，何妨故纵（如头家与末家同路，多纵之则各吊一家矣）”③；三家攻一，最忌“恋赏”“贪吊”，要善用智谋，要有团队合作意识，“凡战之道，同智相角，奇趣乃呈现。择大者愚（不论生熟，但择大者留之，此左计也），备多者智（牌虽四门，未必尽用，若每路备之，反致掣肘）。恋赏者速亡（若熟路必不可弃者，宁灭生赏。若恋之不舍，其亡必矣），贪吊者必起桩（如惹生及容桩比张之类），一人用智，庇及两家，其或募谋，累亦非小。《语云》：益者三友，损者三友，此之谓也。”④“马吊”为什么要“三家攻一”呢？这其中的主要原因是，在一局八桌红利中，庄家有五桌的特权，而其他三家则各只有一桌。因此庄家便自然而然地成为攻击目标，攻下庄家，不但可使庄家独赢五桌的特权失效，而且还因此可尽快获得做庄的权利。故李邺嗣有“今胜家上五桌，而三家适各一桌，其状如马立而吊其一足也”之谓。⑤

---

① （明）冯梦龙：《牌经·论捉放第四》。

② （明）冯梦龙：《牌经·论忍篇第九》。

③ （明）冯梦龙：《牌经·论还篇第十》。

④ （明）冯梦龙：《牌经·论损益篇第十二》。

⑤ （清）李邺嗣：《马吊说》。

上述为马吊中“吴吊”之一般戏法。明天启年间(公元1621—1627年)，北京地区兴起马吊另一支——“京吊”，又称“江牌”，“吴中士大夫嗜此戏者，至忘寝食，渐行于京师。其例不同，都下谓之京吊”①。“京吊”牌的分类仍为四门，但增加了“玉麒麟”“无量数”等8张，合计为48张。其戏法规则也是以大击小。扬州马吊“多用京王合谱，谓之‘无声落叶’”②，上节谈到扬州地区赌博时引用的《扬州画舫录》对此已有大略介绍。

大约同一时间，福建、江西一带流行的马吊牌却只有30张，减掉十字门10张，保留了千万贯或万万贯。其戏法有“看虎”“扯三章”“扯五章”等。

看虎 看虎又称“斗虎”“昆山叶儿”，是一种女性玩的博戏，“看虎者，江淮间女儿角戏，以雄为最上乘，盖取龙女疾献珠，刹那间转女成男之义，矧士也。当困穷而不思奋非夫矣。孟子曰：晋人有冯妇者，善搏虎，虎负嵎莫之敢攖，冯妇攘臂下车，故余观斗虎而知健妇之槩也，木兰缇萦，岂不惭丈夫哉”③。

看虎戏法，用40张的马吊牌，去掉十字门中除千万外的10张牌，共30张，2人或者3人玩皆可。如2人玩，各取13张牌，余留4张为“守营”；如3人参与，则各取9张，剩余3张作“守营”。其戏法与马吊基本相同，不过也有一些变化，对此，潘之恒《续叶子谱》有较详介绍：

> 测曰斗虎，取昆山牌四十章，去十门，惟选千兵以领三路。其专辖者惟万，他有所不屑制也。如二人角，各得十三章，守营者四；或三人角，各九章，守营者三。始于齐以定方，揭一为先锋，先锋无避，有进而无退，进而为顺为豹，惟利是视，不则委而置之独致师焉。拈之以三，或四或五，而分其队，序为顺，纯为豹，自一至九以数呼之，豹极于九，非雄

① (清)李邺嗣：《马吊说》。
② (清)李斗：《扬州画舫录》卷十一。
③ (明)潘之恒：《续叶子谱·看虎品》。

莫能尚矣。此惟百万军中斩上将者，足当之，顾与豹各有制，索胜钱万，胜索，复以大小相制无幸焉。惟千可统万之八九，而空鳖亦挟一元，名曰半豹，半为豹之下，而能制钱索之。顺与千统能制人者加赏一章，此顺之变者也。千兵一索一钱为天豹，则豹之始犊者惟听制于二豹矣。空鳖一万为驳，则专制天豹者也，凡治此术者，以锐破坚，以单破众，以弱破老，尚冲突而散连衡，贵节制而黜偏师焉。连衡以守，则拙偏师，以拙则覆矣。数穷于世，一而复于九，三极皆其至也。君子有炳然之思，大人虎变是已，次举其二以合于八，则固穷之义胜也。三七为穿，则劫而得所请者也。千兵御空而满索，则为驾如中军，挟左右广以行，千兵而统于一，则匹夫而有君得手，丘民而为天子，盖世之雄莫之与京矣。于是递为九法。一曰相角为敌，敌而胜者一章一赏，三同为豹，豹而胜者一章一赏，序三为顺，顺而胜者一章一赏，得千统与半豹以制胜者，各加赏一章，无制则否驳能制天豹者，亦加赏一章。

二曰五万为中坚，赏二章，有制则否。

三曰八万为次将，为补赏三章，有制则否，故万知慎知待而后能胜也。三索三万七钱为穿三甲，赏三章，则穿窬之辈或有时而劫营也。

四曰二索二万八钱为穷，赏四章，嘉其志可也。

五曰一索一万九钱为虎，赏五章，极而当泰者也。

六曰千兵九索空汤为驾，赏六章。

七曰三九之豹，赏七章。

八曰三路之首为富，赏八章。

九曰千兵一万一索为雄，赏九章，去其贪欲，军气始扬，所谓百战而百胜者也。①

由是观之，看虎有豹、半豹、天豹、顺、驳等名色。所谓豹者，三张同等级者为豹，如一万、一索、一钱为一豹，二万、二

① （明）潘之恒：《续叶子谱·看虎品》。

索、二钱为二豹，九万、九索、九钱为九豹，是最大的牌；所谓半豹，由钱门中的空没文和半文钱挟一元而称半豹，半豹在豹下，钱、索各顺之上；所谓天豹，由千万与一万组成的牌称天豹；所谓顺，相同花色按顺序相连者为顺，如一钱二钱三钱等为一顺；所谓驳，空没文、半文钱与一万组成之牌称为驳，专制天豹。看虎与马吊一样，也是以大击小，万胜索，索胜钱，但千万可统辖万门中的八万、九万两牌，出牌时，出一张，或出三张，以大小比胜负，所胜之牌张依其内容而有不同的赏采，如“二索二万八钱为穷，赏四章”之类，最后一轮获胜者，还可获得留作中营的底牌。

与马吊一样，看虎不仅仅是简单地以大击小比胜负，在具体出牌吃牌过程中有较智伐谋的乐趣，潘之恒在述介看虎戏法后，又对此做了较深入论析：

> 以上按法程之暂以无爽，要而究其妙，在八钱合二之穷，九钱合一之虎，七钱合三之劫，空汤合九之富，千兵合一之雄，驾为三路之魁，穷取三极之次，故执之者有玄思焉。多算胜，少算不胜。毋超距，毋犯跸，毋守迟，毋嗜小利。趋则易蹶，犯则易衄，迟则易孤，嗜小利则害大谋，法之所忌也。比而较之，变而通之，知彼知己，敌虽劲不能逃吾法矣。故曰：“微者所以成其钜者也，弱者所以辅其强者也，千者所以控其一者也”，易曰：“履虎尾不咥人”，记曰：“一夫当关，万夫莫开”，又曰：“三军可夺帅也，匹夫不可夺志也”，知斯三者而虎之义尽矣。嗟呼！泰山之妇，远苛政而不远虎，彼固计之审矣，诚不以富，于穷又何难焉……①

扯三章、扯五章 扯三章、扯五章统称“扯章”，潘之恒的《续叶子谱》着重介绍了扯五章戏法，其“扯五章”标题下注“此扯三章之叠出而极其变者也”，对于扯三章戏法则从略，只讲了他在王世贞府中以扯三章行酒令的经历。

① (明)潘之恒：《续叶子谱·看虎品》。

关于扯五章戏法，潘氏有云：

去十贯一门，只存千万共三十叶，人拈六叶，分为三副，副分三市，每市九点，第一一，叶为一市，第二二，叶为一市，第三三，叶为一市，旧用六叶，今以第三叶活用，可前可后，妙处正在此张，如合成十点，名之曰撞，为最末数，除十点外以零数算，若合十九只算九点，每市素九三注，花九四注，双花合九五注，素八两注，花八三注，双花合八四注，其余以点数胜者俱一注，花九打素九，大九打小九，九打八，素九打花八，花八打素八，大八打小八，他可类推，钱门九钱打八钱，一文钱打半文钱，近有去半文钱用万万者，则以万万为至尊之花，以万万花九作五注，万万双花九注六注，万万花八作四注，欲取注多意耳花作一点亦可作无点千万空文为花(扯三章一准此例)。

五一

如一文、一索、一万、千万、空文之类五十注，花照例加。

五红

万万、千万、空文、九万、八万、九索、八索、九文、八文俱算红，如三九双花、或二九三花，俱四十注，如三八双花或二八三花五红内有八之类，俱三十注，花照例加，若遇真君、双合，照例另加注(四十注三十注，虽难值双太重请减其半)。

纯五

如五张俱万贯门或俱索门或俱钱门，二十注，花照例加，万万、千万俱算在万贯门，若复遇真君、双合照例另加注(同五在马掉废勿角，今为奇遇，请杀其半)。

大九

五张合成一九，十五注，花照例加，若共合十九点，不合此例(十五注亦杀作九注)。

真君

三市俱九为真君，九注，花照例加，花打素，大打小，俱照例。

少君附

亘史云，三九为真君，则三三当为少君，宜六注，余闻之弇州公三三之九与花九埒得四赏，谢少连师目为川九加九赏，又似太过，今改定以六赏为当(若合二九亦同双花例，谢颇然之)。

双合

前三张合九或十九，后三张亦合九或十九，是为双合六注，如花在中八注，花在前后七注。

对子

惟双合有之如前三张一三五，后三张亦一三五之类，两注，色样外另算，千万与空文作对，若万万不与千万空文作对，多一注故耳。

自五一、五红、纯五、大九对子，遇色样皆折算，不劈倒，其余色样皆大打小。

九合(共二十九副)

花花九、花花八、花花七、花一七、花一八、花二六、花二七、花三五、花三六、花四四、花四五、花九九、一一七、一二六、一三五、一四四、二二五、二三四、三三三、一九九、二八九、三七九、三八八、四六九、四七八、五五九、五六八、五七七、六六七(八如例推)。①

简要解读潘氏扯五章戏法，其基本打法与马吊、看虎略同，也是用昆山叶子牌30张，遵循以大击小、三家攻一基本规则，但也有一些变通，较之马吊、看虎更简便易行。一般是2~5人参加，每人摸6张牌，将牌分为3副，每个牌幅2张，分3轮出牌，即所谓“副分三市”，每市两牌互比点数，以九点为最大，如合成十点则为最小，称为“撞”，是最小点，如十点以上则以零头计算，如

① (明)潘之恒：《续叶子谱·扯五章品》。

十九点以九点计算，但因千万、空没文为花无点数，约定可作一点或无点，也有以万万替代半文钱的，万万为至尊之花。扯章，除以大击小外，还规定以花击素，如花九打素九，但花、素相比，仍然是以大击小，如素九打花八等，如出现点数相同时，则按单牌计胜负，如“六万三钱”可胜“五万四索”。扯张计筹方法，以每市折合，即“每市素九三注，花九四注，双花合九五注，素八两注，花八三注，双花合八四注，其余以点数胜者俱一注”，对于配成特别牌市的，则可以“照例加注”，如《续叶子谱》列举的五一、五红、大九、真君、双红、纯红、对子等，都对加注有具体说明，如“五一：一文、一索、一万、千万、空没文五张”，就是“合五十注”。

潘之恒的《叶子谱》和冯梦龙的《牌经十三篇》以及黎遂球、金学诗等人关于马吊的著述，理论阐述多，而于具体戏法则语焉不详，今人于斯不甚了了。好在清人李汝珍的小说《镜花缘》中有一段打马吊情节的生动描写，从中可以获取一些马吊具体戏法的感性认识。因为其十分难得的唯一性，兹不厌其烦照录如次：

> 紫芝飞忙跑开，来到文杏阁。只见师兰言、章兰英、蔡兰芳、枝兰音四人在那里要打马吊；旁边是宰玉蟾、钱玉英、孟玉芝观局。大家搬了坐。蔡兰芳道：“紫芝姐姐何不打两吊？”紫芝道：“妹子今日受了主人之托，要替他照应客，所以不能奉陪。我看你们斗两牌，还要到别处去哩。”章兰英道：“请教兰言姐姐，我们还是打古谱、打时谱呢？还是三花落尽，十字变成熟门；还是百子上桌，十子就算熟门呢？”师兰言道：“要打，自然时谱简便。至于百子上桌，十子就算熟门，未免过野，这是谱上未有的。若照这样打法，那‘鲫鱼背’色样也可废了。”宰玉蟾道：“正是，妹子闻得‘鲫鱼背’有个谱儿，不知各家是怎样几张？”紫芝道：“我记得桩家是红万、九十、三万、六索，余皆十子、饼子；四八之家，百子、九饼、一万、一索、三万、三索、七万、七索；幺五九家，九万、九索、五万、五索、余皆十字；二六之家，一张空堂、四张饼子、三张十字、二索当面、四肩在底。二六之家，关赏斗十，桩家立

红，九十加捉；四八之家，以百子打桩，或发三万，或发三索；大家照常斗去，那就上了。”宰玉蟾道：“怪不得人说紫芝姐姐嘴头利害，你只听他讲这牌经，就如燕子一般，满口唧唧咋咋，叫个不住。看这光景，将来紫芝姐夫如不惧内，我再不信。”众人听了，都道：“玉蟾姐姐这句道得好。”钱玉英道：“妹子向来只知打著顽，不知此中还有古谱、今谱之分。倒要请教是何分别?”章兰英道：“古谱哩，不过小色样多些；今谱小色样少些。诸如‘百后趣’‘趣后百’‘大参禅’‘小参禅’‘捉极献极’‘捉百献报’之类，今谱尽都删了。”玉芝道：“色样多些，岂不有趣，为何倒要删去？难道嫌他过于热闹么?”师兰言道：“他删去不为别的，因此等小色样，每牌皆有，如果斗上，其中恐有犯赔之家，必须检查灭张；若牌牌如此，未免过烦，因此删去，以归简便。况此中四门色样不一而足，其余如‘双叠’‘倒卷’‘香炉’‘桌吊’之类，何尝不妙。只要会打，千变万化之处甚多，又何必在几个小色样时刻较量哩。”蔡兰芳道：“不消再议，我们就打时谱罢。”枝兰音道：“妹子才初学，色样越少越好，省得照应不来。”大家翻了百子，都打起来。

宰玉蟾道：“请教诸位姐姐：如今还有把马吊抽去八张，三个人打著顽，叫作‘蟾吊’，那是甚么意思?”蔡兰芳道：“他因向来四人打马吊，马是四条腿；所以三人打就叫蟾吊，蟾是三条腿；还有两人顽的叫作‘梯子吊’，盖因梯子只得两条腿。”玉蟾道：“若是这样，将来一人顽，势必叫作‘商羊吊’了。”师兰言道：“姐姐你道那打蟾吊的是个甚么主见？皆因粗明打吊，尚未得那马吊趣味；或者当日学时本由蟾吊学成，一时令其骤改马吊，就如乡里人进城，满眼都是巷子，不知走那一路才好；只好打个蟾吊，倒底头绪少些。”玉芝道：“我听人说：‘蟾吊热闹，马吊闷气，因此都爱蟾吊。’”兰言道：“这话更错了。马吊本好好四十张，今抽去八张，改为蟾吊，以图热闹；试问若图热闹，如打天九，把三长四短全部去了，满手天九、地八，亦有何味？即如当日养由基百步穿杨，至今名传不朽者，因其能穿杨叶，并非说他射中杨树，就算善射；若射中杨树就算善射，似箭箭皆中，亦有何起。即如蟾吊抽去清张，纵牌牌成色样，亦不过味同嚼蜡。”宰玉蟾道：“我还听人说：‘马吊费心，蟾吊不费心，所以人喜蟾吊。’请教姐姐此话可是?”兰言道：“这做马吊的，当日做时，原不许粗心浮气人看的。若谓马吊费心，何不竟将蟾吊不打，岂不更省许多心血?”兰芳道：“兰言姐姐把这蟾吊真驳的有趣；不然，久而久之，被这粗心浮气的把马吊好处都埋没了。”

紫芝道：“诸位姐姐且慢打吊，我说个笑话：一人好打蟾吊。死后，冥官道：‘好好马吊不打，你却矫揉造做去打蟾吊。——也罢，如今就罚你变个蟾去!’此人转世虽变了蟾，那打吊心肠，仍是念念不忘。一日，同了素常相好的许多小蟾出去游玩；他前走，小蟾随后。他道：‘我们这个走法，好象马吊一副色样。’众蟾道：‘叫做甚么?’他道：‘叫做“公领孙”。’众蟾鼓噪道：‘把我们做他孙子，这还了得!’不由分说，一齐动手，把他按住，也有打的，也有骂的。有一小蟾，取了一个石子，狠狠朝他头上一丢道：‘你说！这是甚么色样？说不出，再打!’他道：‘求诸位莫打，容我说！这叫“佛顶珠”。’又一小蟾把他足上皮撕下一片道：‘你说！这是甚么?’他道：‘这是“佛赤脚”。’又一蟾拿著竹片，把他打的浑身是血道：‘这是甚么?’他道：‘这是“嗓砂鼎”。’又一蟾取些黑泥，把他涂的浑身漆黑道：‘这是甚么?’他道：‘这是“铁香炉”。’众蟾道：‘刚才他身上是红的，所以说是嗓砂鼎；此刻身上涂黑了，因而说是铁香炉；难道把你身上涂绿了，就算“绿毛龟”么？究竟不象，还要打!’他道：‘诸位若说不象，真真委屈，你们暂且松手，让我做个香炉样儿给你们看。’众蟾果然一齐闪开。他把三足立在地下，把腰朝上一拱道：‘诸位请看：难道香炉不是三只脚么?’说罢，他就势想要逃走，连忙将身一纵，远远落在地下；谁知不巧，恰恰将嘴碰在一堆粪上。众蟾看见一齐笑道：‘好了！如今蟾吊新添一副色样了!’他忍著臭气问道：‘请教诸位：这副色样叫做甚么？告诉我，我好添在谱上。’众蟾道：‘叫作“狗吃屎”。’说的众人笑个不了。

玉蟾听了，望著紫芝只管冷笑。紫芝道：“妹子实在一时疏忽，忘你大名；若要记得，怎敢犯讳！我尝听得银蟾姐姐说，小瀛洲四员猛将都敌你不过，妹子还敢放肆么?”玉蟾把手伸出道：“姐姐：你拿手来试试，妹子何尝有甚么力量。”紫芝吓的连忙跑开道：“姐姐莫给我苦吃，我还要到各处替宝云姐姐照应客哩。”说着，去了。①

马吊牌集传统博戏之大成，“凡斗牌，其思深于围棋，旨幽于射复，义取于藏钩，乐匹于斗草，致恬于枭卢抛掷”②，既赌金钱的输赢，又不乏运智斗巧的乐趣。黎遂球以为，马吊斗牌是智者和庸者角逐的游戏，“凡斗牌，庸者知之，日守其故；智者为之，日通于微”；“智者在衰可兴，庸者恃上驷以自全”，智者之所以在牌局中能取胜，主要是“善识”和“善悟”：“凡善识，耳不必屏声，目不必辨色，口可互谈，而左右阴阳之数确乎不乱，天也？人也？凡善悟，不执故常，不尚奇险，不过疑人，不过信人，前后左右之伏一击必中，人也？天也？是故识者必悟，不悟则执其识，如是者危；悟者必识，不识必眩其悟，如是者危”。③ 正因为马吊牌戏里藏着这么多奥妙玄机，因此一般士大夫对“吴吊”独有所钟，深陷其间，不能自拔，冀图从中获得“藉绣闼之锦心，翦红割翠；助菊斋之逸兴，角智争新……秋山红树，听落叶以无声，春雨禅灯，散空花以安在？暑窗帘卷，羽扇忘挥，暖阁钩藏，围炉能设”④的雅趣。还有文人踵事增华，把马吊上升到儒家伦常的高度，更让文人们减轻因沉湎赌博带来的负罪感：“这牌在古时原叫叶子戏，有二人斗的，有三人斗的，其中闹江、打海、上楼、斗蛤、打老虎、看豹各色不同，惟有马吊必用四人所以按四方之象：四人手执八张所

① （清）李汝珍：《镜花缘》第七十三回“看围棋姚妹谈弈谱　观马吊孟女讲牌经”。

② （清）黎遂球：《运掌经》。

③ （清）黎遂球：《运掌经》。

④ 转见（清）徐珂：《清稗类钞·赌博类》。

以配八卦之数，以三家而攻一家意主合从，以一家而赢三家意主并吞，此马吊之来历也。若夫不打过桩不打连张则谓之仁；连桩必捉有千必挂则谓之义；发牌有序殿牌不乱则谓之礼；留张防贺现趣图冲则谓之智；不可急捉必发还张则谓之信。此运动马吊之学问也。”①黎遂球在《运掌经》中也从各个角度对马吊的所谓自然——人文伦理意蕴抉幽阐微，牵强附会：起牌出牌一覆一仰，暗合天地四时“覆者数玄，以象天地；仰者形见，以象地也。视仰之形，测覆之数，以施于运者，人也。四类，以象四时也；极之以万为数，象万物也”。马吊参与者在游戏过程中的不同表现分别体现出儒家仁、义、勇、礼、智、信教义：“凡斗牌，优容，仁也；附其类以共力，义也；必击，勇也；有让，礼也；成算，智也，守死，信也。”甚至牌之名色及以大击小也与君臣父子兄弟朋友纲常伦理和尊卑长幼秩序相匹配，“凡牌类聚者，朋友也；从其魁，君臣也；以次出，兄弟也；相继，父子也；柔不能胜而配以附之，夫妇也。父子有亲，故相继以联属为贵也。凡贵者加上，贱者附下。不以贱加贵者，上下之等。以贤治不肖，以贵治贱，知时之未可为，则不争。其类隐深，以神其算”。马吊真的与儒家纲常伦理如此契合吗？非也！不过是那些文人们对其迷恋斗牌赌博的一种自我安慰和解嘲罢了。说到底，马吊不过是一种在雅文化精致包装下，本质上仍然以金钱财物输赢为目的的赌博游戏。这点从马吊纸牌的形制上表现得直白露骨，一目了然。如其将《水浒传》中人物与文钱形象一并绘出，“是故署之以宋江之德者，必勇敢忠义，然后可胜；而又非徒读书者所能知也，故署之以不知书之人”。这是告诉赌徒要像《水浒传》的英雄那样，只有勇敢搏取才能取得赌局胜利。而绘文钱形象，则是“必以钱索十万为其类之名者，人之所重惟利，可以胜人惟利，慧者得利以兴，愚者因利以亡……”②两类图案的奇特组合，一下子将附着在马吊身上的儒家文化外衣剥得干干净净，只剩下一具一掷输赢、追逐俗利的赤裸裸的赌具躯壳。所以迷恋马

---

① （清）徐震：《照世杯》卷四《掘新坑悭鬼成熟财主》。

② （清）黎遂球：《运掌经》。

吊赌博的结果，并非修身养性和增长智识，而是废时失事，罄费财物，严重者甚至骨肉离散，家被人亡，还是清人陶越看得明白：

> 今人好叶子名曰马吊，相传明末院妓马湘兰所创，或曰不然。以四人共事诹马四足之义，其说近是。然闻前朝士大夫，家百或一二能之，比来几于街谈户习，间有不解者呼为俗物，少年子弟沈醉于此靡不废时失事，以有限光阴而坐销无益之戏讵不可惜，其或罄费财物，以致家庭骨肉间遂生诟怨，此尤不详莫大焉。①

马吊到了清代变化多多，其中有一种谓之“蟾吊”②：将原牌去掉 8 张，变成 32 张。戏法仍是人各 8 张，以大击小。康乾时期，马吊四门牌的名称已变为万字(原万贯)、十字(原十万贯)、饼子(原文钱)及索子，出现了红万、空堂，枝花等。这些变化我们从上引《镜花缘》中就可窥见。另据金学诗《牧猪闲话》记载，康熙时更出现了名曰“游湖”的默和牌以及合两副默和牌为一副的“碰和牌”。这种牌戏源于马吊，但已非马吊，实际上是从马吊到麻将之间的一种承上启下的过渡型牌戏。关于其具体情况，我们在下一章谈麻将时将详细介绍，这里暂且从略。

---

① (清)陶越：《过庭记余》卷中。

② (清)李汝珍：《镜花缘》第七十三回“看围棋姚珠谈奕谱　观马吊孟女讲牌经”。

第五章

“又唱竹林戏，讴歌逸兴余”：晚清赌博的流变

一、世风丕变

清王朝在经历了长达百余年的“康乾盛世”之后，乾嘉之际已渐渐走下坡路。此时，“外面的架子虽未甚倒，内囊却也尽上来了”①。“颓运方至，变故渐多……悲凉之雾，遍被华林”②。华夏大地弥漫着一种世纪末情绪，就士大夫阶层而言，“所谓谨厚、廉静、退让，至此举无可用……后世无其才而冒其位，安其乐而避其

① （清）曹雪芹：《红楼梦》第二回“贾夫人仙逝扬州城，冷子兴演说荣国府”。

② 鲁迅：《中国小说史略》第二十四篇《清之人情小说》，见《鲁迅全集》（第九卷），人民文学出版社 1991 年版，第 231 页。

患，假于名之至美，僩然自以为是”①。而民间风气更是日趋浇薄，“今天下僻远之邑，绿林深密之地，盗贼群聚而据焉。大者以千计，小者亦以百计，造栅置寨，屠狗椎牛，昼则群饮于市肆，赌博叫嚣，夜则劫掠于乡村，纵横骚扰”②。面对如此颓败萎靡的世风，日益衰朽的清朝官僚机器和社会控制系统已显得力不从心，无能为力，“法律之施，不惟不足以整齐夫风俗，又且驱天下之风俗而日益败坏之”③。种种迹象表明，长达两千余年之久的中国封建社会到了清代中叶已步入暮年，行将寿终正寝。

1840年爆发的鸦片战争，给中国带来的不仅是国破城缺、主权沦丧的民族危机，同时带给中国社会政治、经济、文化全面实行近代变革的整合性效应。传统的自然经济开始解体，近代工业兴办与近代都市崛起；宗法王朝专制集权削弱，民主政治观念乘隙而入；闭关自守与“夷夏大防”观念被迫改变，西力东侵护卫下的“西学东渐”使传统的儒学伦理文化受到前所未有的冲击；“洋货”及“西俗”与温柔敦厚的传统“醇风美俗”平分秋色并相互颃颉……总之，“与外界完全隔绝曾是保存旧中国的首要条件，而当这种隔绝状态在英国的努力之下被暴力所打破的时候，接踵而来的必然是解体的过程，正如小心保存在密闭棺木里的木乃伊一接触空气便必然要解体一样”④。

正是在封建社会的全面解体之际，晚清社会风尚发生了巨大的变化。这种变化与传统农业型社会向近代工商业型社会蜕变时文化价值观念变迁存在着深刻的内在关联。其表现之一是由“贵义贱利”一变而为重利轻义甚至见利忘义。中国传统观念总是把“义”摆在人伦关系的首要位置，孔子认为“君子喻于义，小人喻于利”，

---

① 《清史稿·朱琦传》附《名实说》。

② （清）刘蓉：《致某官书》，转见柳诒徵：《中国文化史》（下册），中国大百科全书出版社1988年版，第764页。

③ （清）刘蓉：《致某官书》，转见柳诒徵：《中国文化史》（下册），中国大百科全书出版社1988年版，第764页。

④ 《马克思恩格斯选集》（第二卷），人民出版社1995年版，第3页。

孟子干脆主张“何必日利”，墨子则将利包融进义之中，“义者利也”。直到近代，儒学卫道士仍然鼓吹“立国之道，尚礼义不尚权谋；根本之图，在人心不在技艺”①。但这一传统观念在近代都市社会里与崇尚竞争、进取、功利的商业文化价值观则显得格格不入。代之而兴的是对利的追逐与对义的漠视：“天下攘攘而往者何为也？熙熙而来者又何为？曰为利身。富者持筹握算，贫者奔走驱驰，何为乎？曰为利耳。泰西之人不惮万里之程，不顾重洋之险，挈妻拿偕朋友来通商于中国，何为乎？曰为利耳。中国之人渡重洋、习西法、购机器、聘教习，不以异言异服为憎，不以非我族类为异，何为乎？曰为利耳。利，时立义大矣！……中外通商以后，凡环附于地球者，无一不互相交易以通有无。当今之天下实为千古未有之利场，当今之人心亦遂为千古未有之利窟。”②重利观念的形成引起习俗的改变，不少人“嗜利寡信”③，“士人不励廉耻，而欺诈巧滑之风成”④。“今之习俗，以巧作为贤能，以贞廉作为迂拙，虽血莅盟，犹无所益。”⑤

表现之二，是知足常乐、崇俭黜奢的观念为及时行乐、去朴从艳所取代。中国封建社会自给自足的小农经济和重义贱利的文化价值观衍生出了知足常乐的人生观。董仲舒“天不能足，而况人乎⑥”，颜之推“欲不可纵，志不可满”，“人生衣趣以覆寒露，食趣以塞饥乏”⑦以及“罪莫大于可欲，祸莫大于不知足”⑧等，都表示了这样一种知足的人生观。在这一人生观的支配和指导下，中国

---

① 转引自吴宣易：《京师同文馆略史》，载《读书月刊》1933年第二卷第4号，第1~15页。

② 《申报》1890年7月23日。

③ 《郑观应集》（上集），上海人民出版社1982年版，第95~96页。

④ 《康有为政论集》（上册），中华书局1998年版，第132页。

⑤ 《章太炎政论集》（上册），中华书局1981年版，第132页。

⑥ 《汉书·董仲舒传》。

⑦ （北齐）颜之推撰，王利器集解：《颜氏家训集解》卷第五《止足》第十三，上海古籍出版社1980年版，第316~317页。

⑧ 许杭生：《帛书老子注释与研究》，浙江人民出版社1982年版。

古代除了少数时期（如晚明）、少数地区（如江南一带）曾出现过奢靡习尚外，大部分时期和大多数地区的社会风尚如古人所记，“人性直好义，君之业儒术，而尚质朴。小人崇节俭，而务农桑。妇女不出户阁，富贵不服罗绮”①。与传统儒家节俭观点不同，著名启蒙思想家谭嗣同公然主张尚奢黜俭。他认为，俭不能刺激生产，“愈俭则愈陋”，“人人俭，而人人贫”。而奢虽有害，但“止于一家，而利十百矣”。国家、百姓富裕不在节流而在开源，“源日开而日亨，流日节而日困”。因此，“私天下者尚俭……公天下者尚奢”。而晚清社会的习尚确乎与传统世风大相异。人们对利的欲求变得愈来愈强烈，生活方式也日趋奢靡华丽。如道光以后的汉口，“商贾麇至，百货山积，贸易之巨区也。夫逐末者多，则泉刀易聚；逸获者众，则风俗易隤。富家大贾，拥巨资，享厚利，不知黜浮崇俭为天地惜物力，为地方端好尚，为子孙计久远，骄淫矜夸，惟日不足。中户平民，耳濡目染，始而羡慕，既而则效，以质朴为鄙陋，以奢侈为华美，习与性成，积重难返”②。近代的上海，奢靡之风更甚，“上海本弹丸蕞尔地，而富商大贾云集鳞从，以佻达为风流，以奢豪为能事，金银气旺，诗酒情疏。求如昔之月地花天，唱酬风雅者，盖已可望而不可即矣”③，并逐渐衍化为以衣帽取人的市民习尚。鲁迅对此曾予以辛辣的嘲讽：“在上海生活，穿时髦衣服比土气的便宜。如果一身旧衣服，公共电车的车掌会不照你的话停车，公园看守会格外认真的检查入门券，大宅子或大客寓的门丁会不许你走进正门。所以，有些人宁可居斗室，喂臭虫，一条洋服裤子却每晚必须压在枕头下，使两面裤腿上的折痕天天有棱角。”④

表现之三，是传统农业社会里“利无幸至”的信条被希冀侥幸

① （宋）曾巩：《鼓角楼记》。

② 叶调元：《汉口竹枝词·自叙》。

③ 黄式权：《淞南梦影录》卷四。

④ 鲁迅：《南腔北调集·上海的少女》，见《鲁迅全集》（第4卷），人民文学出版社1991年版，第563页。

和通过非正常手段获取巨额资财而暴富的社会心理所取代。农业社会的人们信奉“出一份劳力，有一份收获”，而近代商业社会的人们则相信“马无夜草不肥，人无横财不富”，商业经营往往一本万利，而农业生产则长年脸朝黄土背朝天地辛勤劳作却收入微薄。因之，近代都市不仅从商之风颇盛，而且企图通过各种手段以侥幸致富的人也不少。做投机生意，股票买卖，玩赛马、彩票等在许多大城市如上海、天津、汉口等成为时尚，旧时上海浦东就曾流传着一周姓贫民临终前叮嘱儿子饭可少吃，香槟票却不可不买的笑话。行骗作案而获非法之财的事亦不时发生，旧时颛朴醇厚的风俗一变而为巧诈奸伪。如上海“旧时风俗颛朴，志称工不出乡，商不越燕、齐、荆楚，男子亦晓女工，妇女亦助农作。通商以来俗渐浇薄，家无担米，鲜履华衣，身有护符作奸犯法，甚至贩卖鸦片，抽头聚赌，拆梢哄骗，剪绺行劫，几无日无之。租界中纳污藏垢，尤慎之又慎，偶一失足，即至丧身倾家。自有游戏场后，青年女子为害尤多，最近有绑票之事，孰为沪上为乐哉”①。

晚清习尚的上述变化，从本质上来看，确乎是社会发展的一种反映，它标志着这一时期的人们已开始冲破儒家传统思想的禁锢，而追求一种全新的近代生活方式。但另外一个不能忽视的问题是，由于中国走向近代主要不是由内力作用而是靠外力推引这一非正常途径实现的，因此，中国社会政治、经济、文化发展的总体水平以及人们的心理素质对已经到来的新时代缺乏应变力和认同感。新与旧、中与西常常发生冲突，社会风尚在由传统向近代转型时，也不免泥沙俱下，夹杂着不少腐朽没落的东西，一些自古就有的社会恶习如娼妓、赌博之类也钻了过渡时代社会秩序紊乱的空子而得以畸形发展。以赌博为例，晚清赌博之风很盛，与社会上重利、奢靡、诈伪之世风不无关系，前引数则史料，均涉及赌博。时人在分析清代赌风猖獗的原因时，认为有两个方面，一是消遣，二是图利。②事实上，晚清赌博与前代诸朝相比，娱乐性因素大大减弱，图利发

① 《上海乡土地理志》，《风俗》。

② 陈宏谋：《培远堂偶存稿》卷十一《申严赌博之禁谕》。

财因素大大增强。时人希冀以侥幸暴富的社会心态在赌博活动中得以充分显露出来。

如果还要继续深究晚清赌风炽盛的原因，除了社会风尚与文化方面的一般性因素外，大致还有以下几个方面。

其一，近代商品经济的发展，为包括赌博在内的奢侈性消费提供了经济前提。一般说来，赌博要有两个前提条件，即“有闲”和有钱。在近代社会，许多腰缠万贯的富商和资本家，往往就是赌场上的常客，他们都是一掷千金的“豪赌”，即便一般的店员和工人，他们在城市里工作有了固定的工资收入，有些人发了薪水后就前往赌场参赌，当然赢钱的总是少数，多数人往往输得一败涂地，一个月的辛劳付之东流。这种情形不仅晚清的大城市如此，一般乡村集镇也不例外。如福建建阳就因经济富庶而赌风较盛：“土著十户中有八户有祭田。每一家最疏。输值者，摊年计谷，亦有五百斤，足资一人之食。因有此病，故人民多坐食。乡民耕者十分之三，半耕者十分之四，余皆坐食之游民耳。妇女无事职业，赌风甚炽，城内二千五百户，终日有四十桌雀牌。即此可见乡间终日有赌，习为故常。业赌博者都万余人。现在妇人赌博至有不能罢者，竟以设庄抽头为生，男子倚以为活，而竞相排设者，廉耻且从此丧尽矣。”①其他如富庶甲天下的江浙，“赌博之风，遍地盛行”，赌徒们“终日据案，招摇在市”，“风俗之坏，于斯极矣”。②

其二，近代都市的崛起，城市生活的繁荣，刺激了赌博业的畸形发达，如广东佛山“为天下四镇之首，合省商贾云集。俗喜博，对岸曰鹰嘴沙，十里立遥，博场数百家，中间青楼妓以万计”③。尤其是在城市化过程中，城市无业游民剧增，给赌徒队伍增加了新的成分，不少无赖游民在街头设场叫局，骗人钱财，以此为生。如

---

① 胡朴安：《中华全国风俗志》下篇卷五，上海书店1986年版，第74页。

② 南京大学太平天国史研究室编：《江浙豫皖太平天国史料选编》，江苏人民出版社1983年版，第160页。

③ 朱用孚：《摩循余谈》。

上海“游闲惰民，纵酒博赛”，“沿街设局，名曰宝场，乡民负担入市，百计诱骗，一经入局，宝具藏机，照珠揭面，移红变黑，公然肆夺”。① 这种赌局由于取得政府的同意而具有合法地位，加之商人积极介入并辅之以近代企业化管理，因而具有浓厚的商业化色彩，不啻为一种消费产业。赌博职业化的一个直接后果，是因此而造就了一批职业赌徒。这些人不事产业，不问忙闲，终日流连赌场，专以赌博为生。如嘉庆府的金家湾赌场，每天午后起便“招朋引类，远处多人闻风而至者不下千余人，船泊百余号，彻夜不散”②。江苏吴江一带，大量赌徒“终日据案，招摇在市”③。在上海、天津、汉口等大城市，由无业游民组成的职业赌徒队伍更是数量惊人，他们聚集街头，随地设赌参赌，形成晚清城市社会中一大奇特景观。

其三，随着西方殖民主义者武力东侵，赛马、扑克、彩票、轮盘赌等西方赌技也相继传入中国。晚清乃至民国的香港、澳门、上海、天津、汉口等地都曾风行过西方赛马之类的赌博。如上海有竹枝词描绘其场面：“一骑飞腾数骑催，万人丛里显尤媒，似因讲武开场圃，却把输赢鼓舞来。”④在殖民主义者建立的租界内，赌博被允许合法存在，外国势力对中国赌徒百般包庇、纵容，以从中攫取暴利。“香车宝马日纷纷，似山繁华大未闻；一入夷场官不禁，楼头有女尽如云。”租界成了嫖、赌等罪恶的渊薮，加剧了晚清赌博之风的进一步猖獗和泛滥。

其四，晚清政局混乱，吏治腐败。官僚机器对赌博等社会公害无力纠治，致使举国赌博若狂，上至慈禧太后，下到一般官吏，大都嗜好竹林之戏，社会的各个角落都泛滥起赌博潮流，各个阶层中都有人不同程度地对赌博发生兴趣，参赌聚赌，神州大地几成赌国。

---

① 《外冈志》。

② 《申报》，光绪十年八月十七日。

③ 南京大学太平天国史研究室编：《江浙皖豫太平天国史料选编》，江苏人民出版社 1983 年版，第 160 页。

④ 《申报》，壬申年(1872)五月初八日。

如果我们翻检晚清有关笔记、小说、野史、稗乘，时人在谈到当时赌博情形时，几乎无一例外地谈到各个地方、各个层面的社会成员参与赌博活动的普及程度。这里不妨援引数则：

广东闱姓赌博：其投票之处，则自省会以及各府、州、县、穷乡僻壤。其投票之人，则自缙绅士大夫以及农工商贾、妇孺走卒，莫不罄其所有，各存幸心，希图一掷。①

江浙字宝赌博：举凡贡监、生童、红闺妇女、贩夫卖妇、总角学生，无论识字不识字，群起而打字宝，每日问三宝。于是沿街店口及杂货小菜摊上，菜坊酒肆之人皆如土木偶，人呼之不应，无不手执一纸，行思坐想，凝神静以求一中，举国若狂，日盛一日，而妇女针箧中及小儿衣裤带上之钱收括净尽云。②

嘉道间赌风：上至公卿大夫，下至编氓徒隶，以及绣房闺阁之人，无不好赌。③

……

由此可见，无论王公贵戚、宦官世家、士绅商贾乃至贩夫走卒、平民百姓；无论青壮男子、大家闺秀乃至三尺童子、白头老翁，各色人等，莫不心存幸念，嗜赌如命。

晚清官吏士大夫不顾廉耻，参与赌博，以至斯文扫地者大有人在，本章将详细介绍。这里需要略为详述的是，商界一向与博场关系密切。近代赌博之风盛行的地方，往往都是商业发达、商人云集之处。上海、天津、汉口、广州等大城市如此，江浙等经济富庶的农村集镇亦复如此。商人赌博往往一掷千金。其参与赌博有三种主要形式：一是自己开赌场，本人既是赌徒，又是庄家；二是在“总

① 同治十七年(1872 年)《御史邓承修奏请禁止广东闱姓》，转见《文央史资料选辑》(第十七辑)，中华书局 1961 年版。

② 沈梓：《避寇日记》。

③ 钱泳：《履园丛话》。

会”、俱乐部、西式赌博场所(如跑马场)赌博，除了娱乐、赌钱外，还有社交、显示身份的意蕴在内；三是公馆赌博，平时小赌，逢年过节则聚众狂赌。清末民初，上海静安寺路(现南京西路)盛公馆(盛宣怀儿子恩顾的住宅)就常常大开赌场，许多富商巨贾，甚至官僚买办都是这里的常客。①

平民百姓由于侥幸发财心理作祟，更是广泛参与赌博。广东人猜买各种票号成风，上海人则将买赛马票视为发财致富的终南捷径。“广州极贫之人，或有不入番摊馆者，而山票则无人不买，盖以每票仅售一角五分，得标者可获利至数十万倍，故人人心中，无不有一欲中山票头标之希望也。”②穷人参赌，由于经济条件的限制和发财翻本心切，往往都是越穷越赌，越赌越穷，最后倾家荡产，“一卷银洋到我手，营生就是赌场门，此番赌钱若能赢，起家发福稳稳能。三寸可以换一尺，生意莫如赌里精”。结果却是一输再输：“偷鸡之猫不改性，一卷洋钱又输净。”“一刻不到两时辰，自己走到赌场门……泼汤泼水无多日，二百洋钱又输净。”③

赌博成为“老少咸宜”“妇孺皆能”的活动，“三尺童子压宝，七十太后叉雀，真可谓老少同途”④。“赌，向见父老借乐余年，继则儿童戏耍矣。向惟男子有此恶习，继乃妇女清闲矣。”⑤在一些大城市，许多妇女仿效商界总会体制，成立了类似的赌博组织。光绪末年，上海“女总会”成立，到这里赌博者都是豪门闺秀，“其博也，以夜不以昼。日之夕矣，车马集于门，不炊许而列炬设席，非彻晓不止也”，“呼庐喝雉，一掷千金”。⑥ 在广州，有所谓“女子

① 平襟亚：《旧上海的赌博》，见《旧上海的烟赌娼》，百家出版社 1988 年版，第 78~79 页。

② (清)徐珂：《清稗类钞 · 赌博类》。

③ 胡祖德：《沪谚外编》(下)，上海古籍出版社 1989 年版，第 133、134 页。

④ (清)徐珂：《清稗类钞 · 赌博类》。

⑤ 李召索：《乱后乱所记》，见中国社会科学院近代史研究所：《近代史资料》，总 34 号。

⑥ (清)徐珂：《清稗类钞 · 赌博类》。

地铺会”，其参加者为大家之女眷、女仆。“其法如开三圆之会者，会头每一次收地铺银一圆半，月开五六次或三四次。为会头者，每月开某字头之会，或数十字或十余字亦不等，故无日不开会，无地不开数会也。西关左右之妇女，充会头者数百人，其中深闺妇女为所引诱者，不可枚举。宝善坊蔡三姑者，作会头以数百计，各处会项数目，约值银币四十余万”。妇女参赌不仅局限城市，即使在较为偏僻的农村，亦十分普遍，如前述福建建阳妇女赌麻将成风。在安徽、江苏、浙江等地一些农村，妇女几乎达到无人不赌的地步。

僧侣赌博在晚清也不鲜见。四川巴县寺庙诉讼案中就有不少涉及和尚僧徒作奸犯科、恣意聚赌的案子。道光元年(1821 年)觉林寺僧玉惨“不守清规窝招痞子朱六、吴二惯于饮酒发疯惹祸多端”并与其徒僧自潮等“赌博滋酿纷纷”“窝匪聚赌”；道光十七年(1837 年)，青云寺僧胜登“不守规约嫖赌滥费将青云寺败毁，负债二千余金”；道光十八年(1838 年)，僧大文与社会流氓邓仕喜“纠赌勒搕”被人告发；道光二十一年(1841 年)，文昌宫僧普参“不守清规在庙聚赌盗买租谷私押公牛”；同治四年(1865 年)，僧佛朗“嫖赌无忌窝妮僧在庙”，被人告发；同年，古刹南沱寺“住持僧传银秉伊师故不守清规嫖赌妄为”；咸丰五年(1855 年)，正里三甲观音堂僧海莲“不守佛规，于前年五月结痞滥费……讯明责枷……海莲不改前非仍与痞赌”①。

泛滥成灾的赌风严重败坏了社会风气。如“江苏绅宦当商，倚藉财势，专事开场，以抽头为不竭之生涯，以窝赌为不破之妙计，分布爪牙，深居密室”②，或者“每遇集会搭棚开店，外面买卖酒食，内则斗牌、掷骰，名曰赶赴会场，实则招集诱赌。并有公然置桌，或设小席布单于地，聚人押宝，肆无忌惮”③。更为普遍的现

---

① 参见吴冬：《清代基层僧侣诉讼研究——以〈巴县档案〉为考察中心》，华中师范大学，2020 年。

② 陈宏谋：《培远堂偶存稿》卷十一《申严赌博之禁谕》。

③ 陈宏谋：《培远堂偶存稿》卷十二《查禁市会聚赌檄》。

象是，职业赌场往往与黑社会沆瀣一气。江浙一带的农村集镇赌博则与匪类结为一体，“咸丰年赌风大盛，而各赌魁皆以豪横称”①。“各盖厂聚博徒，招女优时装演剧，昼夜不辍，曰花鼓戏，佐以妓船各一二十艘，常川停泊，曰跳板船，画舫笙歌，靡靡达旦。匪类则借此以招博徒，得彩以供挥霍，数千亡命，恃众横行，眦杀人，戕官拒捕。”②江苏吴江县有一名叫卜小二者，既是土匪，又是赌厂老板。“聚党数千人，啸集船上，枪炮皆备，名曰枪船。各镇搭棚演戏，以聚赌为事。”③江苏吴县的字宝场与匪类亦有关系：“闻茶馆内明日又欲开一字宝局，亦枪船上所起。俱是刮地皮之人，虽未能谓强盗，可以谓之软盗。”④浙江海宁“自黄店、沈塘南来镇乡凡数百处，谓老作，屋皆强僭，专事勒诈，凭空起衅，势甚猖獗，花溪共十八作，枪船百余只”⑤。上海的花会往往被流氓巨头所把持。许多流氓都在各自地段开设赌博台，并有所谓“本帮”“广帮”“绍帮”之分。清末，上海滩上有专门以牌九行骗的所谓“牌九司务”，为诱人入局，骗取赌客钱物，始则献媚殷勤，终则逼勒吓诈，上当受骗者往往“负至数千金，或数百金”：“恶所于牌九司务者，谓其设局害人破家荡产也。牌九司务者何？无赖少年，习成五木诀，呼卢得卢，呼雉得雉。日装作富商大贾，往来于歌楼妓院中，翩翩裘马，照耀途人。一遇少年子弟之可欺者，多方引诱，献媚殷勤。或邀入青楼，或诱来酒馆。往还既稔，渐不知鸟之罹罩，鱼之上饵。然后胁其赌博，通宵达旦。负至数千金，或数百金，则逼勒吓诈，反颜若不相识。务使其称贷以偿然后已。既有控诸公堂，经问官严行惩究而若辈伎俩既精，性情尤狡，变端百出，终不能绝其根株云。”⑥史料

① 太平天国历史博物馆编：《太平天国史料丛编简辑》(二)，中华书局1962年版，第326页。

② (清)柯悟迟：《漏网喁鱼集》。

③ (清)蓼村遁客：《虎窟纪略》。

④ 蒋寅生：《寅生日录》。

⑤ (清)冯氏：《花溪日记》。

⑥ (清)黄式权：《淞南梦影录》卷一，上海古籍出版社1989年版，第108页。

表明，赌博与黑社会之间存在着先天性亲缘关系。尤其是职业性赌博多为流氓地痞经营或操纵。黑社会经营赌博除了这些人本身对此有特殊嗜好外，一个更重要的因素是可以因此而牟取暴利，供其挥霍并为其内部发展取得经济保障。因此，赌博与黑社会之间便形成休戚与共、彼此相依的关系：黑社会因为赌博业而输入了生命血液，赌博业更赖黑社会扶持而获得长足发展和畸形繁荣。

二、杂赌概观

晚清赌博在上述诸因素促成之下，不仅赌风之盛超过了历史上任何一个朝代，而且在诸多方面显示出这一时期所独有的时代特色。其中尤为明显的便是赌博形式的多样化。既有古代博戏的沿袭，又代有创制；既有西方输入的洋玩意，又有一些不中不西、中西合璧的新花样。从叶子、牌九到押宝、番摊；从花会、山票、铺票、白鸽票到闱姓、吕宋发财票；从赛马、跑狗、回力球到扑克牌、轮盘赌、吃角子老虎机，还有风靡华夏、远播异域、历久不衰的麻将……这么短的时期有这么多的赌博品类汇集、杂糅，显示出罕见的杂赌奇观。在上述诸种赌博中，尤以麻将最为大众化，可谓雅俗共赏，老少同乐，妇孺皆知，至有所谓“国赌”之誉。而西方赌技的传入并流行于上海、天津、汉口等大城市，更给传统的赌博注入新的活力。关于麻将和西赌东渐，本书将以专门的篇幅予以论述。这里先对晚清风行的其他赌博形式略做浏览。

花会 花会是起源于浙江黄岩，流行于浙江、广东、福建、上海、汉口、江西、安徽、天津等地的一种规模性赌博形式。

花会最早流行于道光初年的浙江黄岩一带。其赌博方法：“书三十四古人名，任取一名，纳筒中，悬之梁间。人于三十四名中(另有一说为三十六名——笔者注)，自认一名，各注钱数，投入柜中。如所认适合筒中之名，则主者如所注钱数，加三十倍酬之，其下则以次递减，至百金数十金不等，往往有以数钱而得数百金者。”①另

① (清)徐珂：《清稗类钞·赌博类》。

据俞樾《右台仙馆笔记》记载："黄岩县中盛行花会，花会者书三十四古人名，任取一名，纳之筒中……于三十四人名中自认一名，各注钱数投入柜中，谓之纳花会。所认之名，适合筒中之名，则筒官如其所注钱数加三十倍以酬之。"①为什么叫"花会"呢？"由于这三十六幅古人像的名字不易区别与记忆，而最初参加花会赌博的又多为牌九牌的赌客，所以设赌者在每一幅古人像的左下角都配缀着一只挖花牌的图案，以志区别的标记。如天牌配徐元贵（徐元贵）、地牌配陈吉品（陈吉品○○）等。由于赌徒都以认花牌图案押赌注，所以这项赌博便以'花会'来命名了。又由于赌博押注时有如猜射，故也叫作'打花会'。"

花会在浙江兴起后不久，便先流传到广东，后又扩展到各地，并形成了各自不同的规模和规矩。广东的花会，所列古人名为三十七人，以观音为会首，称之为"坐筒"，是镇守在那里永远不开筒的，因此，实际上为三十六人，故徐珂《清稗类钞》谓"广东花会，则为三十六人名，任人投押"。广东花会不同于浙江花会的显要之处，是去掉所配牌九牌的挖花图案，改配上较易识别和记忆的三十七样动物，据说这样做的目的是招徕中下层妇女参赌。关于三十七古人与三十七种动物的配置，据吴祖德考订云：

> 观音（鲤鱼精）、陈吉品（绵羊精）、陈人生（白鹅精）、张元吉（鹿精）、张火官（鸡精）、李汉云（牛精）、郑天龙（石精）、周青云（鹤精）、罗只得（硋犬精）、田伏桑（花犬精）、宋正顺（猪精）、黄坤山（虎精）、徐元贵（虾精）、林太平（飞龙精）、陈攀桂（螺丝精）、陈日山（鸭精）、张三槐（白猴精）、张万金（蛇精）、李日宝（龟精）、郑必得（鼠精）、吴占魁（白鳌精）、赵天申（金猫精）、双合同（白鸽精）、朱光明（马精）、刘井利（鳖精）、林良玉（蝴蝶精）、陈逢春（喜鹊精）、陈安士（狐狸精）、张九官（犬精）、张合海（虾蟆精）、

① （清）俞樾：《右台仙馆笔记》卷十二。

李明珠（蛤蜊精）、苏青元（鳌鱼精）、马上超（飞燕精）、方茂林（蜂犬精）、龙江祠（娱蚣精）、王志高（蚯蚓精）、翁有利（象精）。①

广东花会每日开两次。当日开会时，将前一日所开两门提出不再开，称为“把筒”或“门将”；将待开的一门古人画像卷轴装入彩筒，这一门叫作“号筒”或者“彩筒”；第一次开筒后，再选一门装入彩筒，待当日第二次开筒，如果有一门被经常开到，则称为“老包”。广东花会的得利利率，与浙江大致相同，“得彩者，给以三十倍之利”②。

福建花会又有新招，其花会开筒“在荒僻人迹不到之处，房屋不甚大，惟必有广场，足以聚集多人。中有矮屋数椽，面场而立，厂主居其中，门不常启，屋之正面有窗，厂主日缚花会竿一名于竹筒，悬之窗前，谓之挂筒。时五十里内之居民罔不至，而广场糕饼果饵，罗列无数，则以备押花会者之午餐。厂中朝夕极静，日加午，则嚣杂无伦矣”。“花会既挂筒，则押者云涌，咸以草纸写花会名于上，谓之写波，名数多少均可，惟其中有头、札之分，式如下：‘○○一圆。’圈为花会名，横线上之数目为头，横线下之数目为札。然必写二纸，以一纸进厂中，谓之进波，亦曰进风。余一纸则押者藏之于身，以待开筒为中时支钱之券，则又名曰对波。而厂中司事于收波时，又必开一小条，上加图记，以付押者，为将来对波之证。进波已毕，乃命一人开筒，于是胜者欢呼声，负者嗟叹声，一时并作。俄而银声铿铿，履声橐橐，不移时而鸟兽散矣。”③

道咸之际，花会又逆向流回江浙一带，咸同两朝，清廷曾在花会赌博十分猖獗的浙江宁波、绍兴一带予以严禁取缔。但直至清末民初，花会仍然泛滥不止，如诸暨，“民国初年，花会流入县境，

① 吴祖德：《旧上海的打花会》，见上海市文史馆编：《旧上海的烟赌娼》，百家出版社1988年版，第126页。

② （清）徐珂：《清稗类钞·赌博类》。

③ （清）徐珂：《清稗类钞·赌博类》。

崇山僻地，日有聚押，出入以千元计。有三十四名目，以其一入筒，各以钱多寡押竞，发之，中者获利32倍。于是乡民野宿露寝，祈梦问卜，冀得预兆，好事者复编专书以比附之。妇子脱簪珥，男子休业作，奔走问讯，举乡若狂。然犹在近村，不及远地也。有所谓‘长单’者，专为人走押，巡村收钱，日以为常，自是远道不遗矣。然尚不敢至城镇也。其后设‘听筒’以押之，谓已不设筒，听人之筒为赢负，市肆商场，无不遍及。降神扶鸾，亦有专人，而社会秩序益紊矣。此风民国五六年间最盛，经官绅严禁，风以稍戢”①。

光绪年间，花会传到上海，形成晚清花会赌博又一流派。上海花会开分三十六门，这三十六门据徐珂《清稗类钞》记载为：

> 三十六门者，一正顺，二银玉，三月宝，四只得，五井利，六日山，七有利，八万金，九茂林，十吉品，十一三槐，十二江河，十三青云，十四元吉，十五攀桂，十六汉云，十七志高，十八光明，十九安土，二十逢春，二十一福禄，二十二合同，二十三霄元，二十四坤山，二十五太平，二十六明珠，二十七元贵，二十八必得，二十九大申，三十合海，三十一合梅，三十二云生，三十三富贵，三十四昌奎，三十五九官，三十六天亮是也。②

上海花会开会设局者叫“筒主”，由于花会开筒处是秘密的，加之城市很大，一般赌徒不易到场，因此，花会雇佣了许多人到各家各户招徕赌客，收取赌注，传递信息，这些人谓之“航船”。“航船”中还有男女之分，“男航船”负责招徕商号、铺子里的商人、店伙们以及小手艺人参赌；“女航船”则出入于高门大宅，引诱宅中女眷、女佣、女厨、老妈子、小丫头出资入赌。花会总机关即开筒处，称作“大筒”，大筒之下又分设许多代收赌注的机构，唤作“听

---

① 《诸暨民报五周纪念册》。

② (清)徐珂：《清稗类钞·赌博类》。

筒”。

上海花会也是每日开筒两次，“由筒主开一门，启包检之，得中者，一赢二十八文”①，即二十八倍的赢利。与广东、福建花会不同的是，开筒时，赌客一般都不在现场，由“航船”将开彩信息传至各位赌客，其分设机构“听筒”亦以“大筒”所开之彩定输赢。

晚清其他地方的花会赌博与广东、浙江、上海、汉口等地大同小异，如天津，据《沽水旧闻》记载：“庚子先之巨赌，以彩票为最。用六骰掷点，点之最多者为六彩，获万元。赌者举津若狂，官府病之，出示严禁。设彩者，不得逞，改设花会赌。此赌毋庸赌者集台，只由设者暗中办理，赌者静候报单，胜则由会中送款，私相接受，不动声色，官方欲禁之莫由也。其赌法系属三十六门宝……会中招募闲汉，供游说介绍之役，曰跑风。将印本及题目并单张表格，送诸赌者之家，由赌者随意欲押那门，便在表格内填明押若干钱，并书明押者姓名住址，连钱一并交付跑风者，跑风监督揭晓。其开会手续于未发表格之先，书明所开代名于一素幅上，此素幅俨然未曾写画之挑山。书毕加封，锁于柜中。众跑风见手续完毕，始分头招揽赌者。至开会时，由主人启锁，悉代名于壁间。众跑风者对开出代名，凡与本人承揽者符合，即向主人领款。每注一金，赢三十六金，跑风收没六金，以三十归赌者，后再向赌者索谢。赌此者妇女占多数，跑风者日以某太太获几千，某小姐得几万之虚词，接门鼓吹。爱财为妇女天性，典钗质钏为之，不胜，举债亦为之。因此夫妇失和，自寻短见，或被出大归者，不一而足，为害闾阎，莫此为甚。官厅虽有所闻，然查缉不易，直至庚子战事发生，其风始煞。”②清季汉口的花会与上述各地大同小异，其投注对象三十六门，“有人像、动物和题纸(又名“纸头”)，作为引人入迷的赌博工具”。“花会的总机构‘大场’……大场的组织有‘分场’、‘航船’(临时摆桌子，收打花会钱的场所)、‘划子’(行走街巷，向猜花会的送题纸、收钱)等名目。”当时汉口花会赌在娼妓、姨太太、小姐

① (清)徐珂：《清稗类钞·赌博类》。

② 戴愚庵：《沽水旧闻》，天津古籍出版社 1986 年版，第 156 页。

中十分流行。由硚口到江岸，凡是有妓女、姨太太麇集的地方，都有他们徒众的足迹①。

花会赌博貌似公允。一般赌徒认为，开筒者在开筒之前与外界隔离，是没有作弊的可能的。赌主亦常常以公允相标榜，殊不知其间奸诈丛生。“花会老板有时也要赔钱，赔点钱可以取信于投买者，表示他们本分、公正。但他们既不会赔大钱，又不会老是赔钱。如果某一天他们见所开之门色，被人投买得多，他们就借口军警可能来抓赌，提前截流(停止投买)和开筒，以免输得过多。截流和开筒的时间掌握在他们手里，他们根据需要，时而早，时而迟。”花会赌场老板还在彩筒上做手脚，“花会彩筒装入应开门色，就加锁并贴上封条，似乎做不了手脚。其实彩筒的门做得较厚，中空而夹以薄板，置有弹簧。每次将两个门色名卷成一卷，一投入箱中，一夹于中空的门，然后加锁，贴封条。及截流后，如投买者最多的门色跟投入彩筒中的门色相符，就把夹在中空的门上的门色取出，以扭转败局。开筒时，因有打手围着，同时又燃放大串爆竹，故花会老板捣什么鬼，投买者是发觉不了的。若是投入筒中及夹在门上的门色，投买者都很多，花会老板赔起来心疼，便暗中指使一些人假装劫赌场，将彩筒抢走。花会老板向投买者虚报被匪徒抢劫，乘机将投买者的赌本吞没”②。上海花会厂主骗术更高明，他们将所有名人像都扎紧在那布轴筒的夹层内，开筒之前先了解赌客押注多少情况，如那一门押的人和钱额少就开那一门，甚至开出无人押注的那一门，俗称“放空门”，这样自然就是赢者寡输者众了。《清稗类钞》曾讲过这样一则故事：广东潮州有一老妇，终年投押一人名，总未押中，至其倾家荡产，这老妇仍不悔悟，一日怒曰：“我明日押尽三十六名，能使我不得彩否?”于是，携三十六封银子前往投押。不料途中丢失一封，厂主暗地里派人去老妇来途中寻

① 应靖芳、袁元：《花会》，载《武汉文史资料》1987 年第 3 辑，第 166～171 页。

② 吴雨等：《民国黑社会》，江苏古籍出版社 1988 年版，第 123～124 页。

找，居然拾得，启开一看，正是她平常所押那一门，“是日开彩，即点此名……馆中知为所愚，乃给以三十倍之利而罢。”①花会的这类骗局不胜枚举，可悲的是参赌者不知其详，上当受骗，愈陷愈深。有的赌客(主要是妇女)终日沉迷其中，连做梦也想着猜押哪一门才好，有的甚至祈求神灵，露宿荒野，以获得灵感而押中大胜，但大半事与愿违。很少有人因此而暴富大贵，倒是有不少人因此而倾家荡产，自寻短见。可谓“胜者欢呼声”稀见，“负者嗟叹声”常有。清末有一首打油诗《打花会》讲的就是这类情形：

> 打花会，花门三十六，三日又翻覆，空花待从何处捉，一钱之利十倍三，奸巧设饵愚夫贪，一人偶得众人慕，坑尽长平那复悟。夜乞梦，朝求神，神肯佑汝，梦若告汝，不知厂中讥死多少人。初一起，三十止，送汝棺材一张纸。②

白鸽票 白鸽票又名“白鸽标”，早在嘉庆初年即流行于广东、海南等地，《清史稿》列传一百四十一《秦瀛传》：“嘉庆七年，以病归。逾两年，起授广东按察史，督郡县治盗，擒著盗梁修平、欣吴鰕喜置诸法。抚琼州黎匪，严禁赌博白鸽票。”白鸽票赌博最初是以猜赛鸽得胜而下赌注的。当时赛鸽用《千字文》中的天、地、玄、黄、宇、宙、洪、荒等字编号。在赌赛中，如果编号为“天字第一号”的赛鸽胜了，凡猜这一号的人都为赢家。后来，白鸽票赌法有了新的变化，“以千字文内八十字为字母，每日开二十字，听人猜买十字，以定输赢”。又由此推而广之，“往往假托房产买卖，开设山标、田标、屋标等项名目，亦在千字文中检取字母，与白鸽标字数虽有多寡之分，而其听人猜买，则大同小异”③。

白鸽票每天于辰时和申时开票两次，称为“辰厂”和“申厂”。投买者在票丁上印好的80个字上任意圈10个字，然后在票丁旁写

① (清)徐珂：《清稗类钞 · 赌博类》。

② 黄安涛：《打花会》。

③ 光绪《大清会典事例》卷八二七《刑部 · 刑律杂犯》。

明怎样买法和买多少，交给带家。一般方法有三种，称为赖盘口：一种是“顺行”11个字顺列，顺序每条舍弃其中的一个，共11条为一组；一种是“八搭二”，12个字分作3行，每行4字，以其中的2行8个字为底而配搭其他一行的2个字为1条，共18条为一组；一种是‘鬼脚’，13个字分2行，一行7个字，一行6个字（长短不一，故称“鬼脚”），然后以长脚的7个字配合矮脚的3个字，或以矮脚的6个字配搭长脚的4个字为一条，共55条为一组。此外，还有所谓“柴把”“穿云箭”“织锦”（80个字都要买，如织锦一般，买达几千条）等。如果仅买10个字，称为“企柱”和“硬掘”，不须赖开若干条，只注明买多少条即可。买11个字则写明“顺行”若干组，共多少条，买12个字的写明“八搭二”若干组，共多少条等。带家收票后即另取一票丁，按来底照写照圈一份，盖上挂角图章，交给投买人收执，作为兑奖凭据，而带家则将原底抽存。白鸽票开票方法，由师爷查字，查字有许多限制，一是80个字当中所开的20个字，必须上层开10个，下层开10个，如“天地玄黄”为上层，“宇宙洪荒”为下层，余此类推；二是全句4个字不能开齐，最多只能开3个字；三是不许开成豆腐干形，如“天地日月”4个字毗连，像豆腐干的四方形；四是不许在上层或下层中斜行、横行连开4个字，如“天日寒闰”或“天月暑岁”或“律收列荒”都不能开齐。依据这些规则，师爷预先选定应开的20个字，在厂前当众悬挂，届时揭晓。此时众人齐集，鞭炮声大作，将悬挂票蝈的绳子烧断，装票蝈的器皿跌落，票蝈散出，其中所载即为此次所开名字，赌客对照自己的票根看自己是否中彩。白鸽票派奖办法，赌本三厘，全中者（10字皆猜中）得奖银10两，是赌本的330倍，中9个字得奖银5两，中8个字得奖银2两5钱，中7个字得奖银5钱，中6个字得奖银5分，中5个字得奖银5厘，中4个字以下为输，称为“梗颈四”。①

光绪年间，有赌摊用姓氏刊票，于是白鸽票又有“小闱姓”之

① 参见郭双林等：《中华赌博史》，中国社会科学出版社1995年版，第198~199页。

称。“查白鸽票之弊，其往赌者，自肩挑背负以及妇女、孩童、素不识字之人，亦可按图点出为记，故无不风靡。”①其时吕宋彩票输入上海，上海人把吕宋彩票称为发财票，也称“白鸽票”，吕宋彩票和白鸽票在沪上并行不悖，葛元煦的《沪游杂记》有《白鸽票发财票》一篇专记其事：

> 别发洋行、望益纸馆皆有吕宋白鸽票寄售，一票洋六元，票以号数为凭。头彩得洋一万六千元，其次递减。闻届时先设二大柜藏纸卷，一为号数，一为彩之多寡有无，令人分柜摸纸卷，同时并掣喝报以定赢输，得彩电线报信。从前寓沪西人亦有仿此法者，名发财票。粤人之白鸽票以千字文八十字刊小票作据，先期密封二十字悬梁间。出银三分，随意点十字，能合所封中五字以上者得彩，十字全中，彩银百两。并有点十数字者，画图计算，最易蒙混。凡得彩者皆扣一成半费用，今发财票、粤白鸽票皆禁。②

白鸽票赌博兴起于清季，到民国时期仍很流行。鲁迅曾通斥所谓“三鸟”之害，白鸽票乃其一：“三鸟害人鸦(鸦片)雀(叉麻雀)鸽，‘鸽’是彩票，雅号奖券，那时却称为‘白鸽票’的。”③抗日战争前，香港、广州等地曾盛极一时。

山票 山票是流行于粤东一带的赌博形式。光绪年间，南海、顺德的士绅为修筑并巩固防御水灾的基围，筹集专款而发行所谓“基票”，基票以店铺名号 120 字刊票发售，每月开奖一次，每次开 12 字，赌客限猜买 10 字，以中字多者定头、二、三等奖，同中

---

① 《福建道监察御史朱琦奏折》，见“月折档”(台北故宫博物院藏)，道光廿四年八月十七日。

② 葛元煦：《沪游杂记》卷二，上海古籍出版社 1989 年版，第 36～37 页。

③ 鲁迅：《南腔北调集 · 家庭为中国之基本》，见《鲁迅全集》(第 4 卷)，人民文学出版社 1991 年版，第 619 页。

同分，满 1000 条为一卷。奖金以一卷票款的六成派彩，由各墟市各大商店代理发售。后来基票式微，到清末为山票、铺票所取代。①“粤东有山票者，其注用《千字文》首篇一百二十字，较白鸽票多四十多字。猜买者以十五字为限。每次开三十字，收票可至数十万条，每条须银一角五分，于数十万条中，取中字最多者得头彩，同中同分。”②由于赌客以猜买 15 个字为限，故山票赌博又称为“十五字有奖义会”。

山票票厂雇有所谓“带家”，走街串巷兜售山票，构成完整的山票发行系统。赌客不需要亲自到票厂购买山票，而只需将圈好 15 个字的山票和赌本交给带家即可，带家开给临时收据，第二天投买者凭临时收据向带家换取四联票根，每联有 15 个空白小方格，由带家将投买者所圈之 15 个字填在空格内，赌客凭票根兑奖。

山票每月开票三次，日期为每旬的逢二日。开票采用摇珠法，又叫“球卜法”。票厂备有两套珠子(或球)，一套为分别刻有字的无色大木珠，一共 120 个字珠，另一套是无字有色的 120 个珠，其中白色珠子 90 个，红色珠子 30 个。开彩在一个台子上，台子两侧分别放置橄榄形的大圆筒。开彩时到场者有票厂老板和公证人，赌客及局外人可以观看开彩过程。开彩开始后，荷官把无色的字珠放入左边的圆筒，把红、白两色的无字珠放入右边的圆筒。插上关闸用力摇搅，使字珠和红白珠搅混。然后拨开关闸，开始摇奖，每摇一次，左边滚出字珠，右边滚出色珠。如左边滚出“玄”字珠，左边荷官便高声唱读“天地玄黄的玄字啊!”右边的圆筒如滚出红珠，荷官就高唱一声“中”！如果滚出白珠，则唱一声“吉”！(为了图吉利，避讳“空”字而唱“吉”字)。所开出的有效字珠，都悬挂在竹篙上，一直到 30 个字开完为止。

山票的开出是以众多赌注条中“取中字最多者”。赌彩“同中同分”。其分配方法，据《清稗类钞》记载：“以全票分为十，除票饷

---

① 参见何汉威：《清末广东的赌博与赌税》，见《历史语言研究所集刊》(台北)(第六十六本，第二分)，1995 年 6 月，第 500 页。

② (清)徐珂：《清稗类钞·赌博类》。

开支外，其余悉数充彩，故多寡之数不能预定。每有以数百人而同分一头标者，一人仅分百余圆，或数十圆，转不如二三彩独得之巨。盖如以中‘八’字者为头标，而此届中‘八’字之票乃有三百人之多，则头标即为三百人所分矣；如以中‘七’字者为二标，而中‘七’字之标仅有一人，则二标即为一人独得矣。余可类推。”①具体言之，票厂以山票卖出总收入的65%作为奖金派彩，奖金金额按头、二、三等奖分配，头奖分60%，二等奖分25%，三等奖分15%，同中同分。据史载，有头彩最高得过1.7万多元奖金，不过山票中大奖的概率是很低的，15个字中要买中11个字甚至11个字以上才有中奖机会。

山票非广东独有，在江南一带有类似山票者，名曰“字宝”，“其宝有十四门，俱是活动等类，且活物又有别名，所以押字需多打几门，如能押着者，一文可赢三十文”②。

山票赌博一直流传至民国，其赌博方法亦更趋完善、规范化。

铺票 铺票是清光绪年间兴起于广东的一种类似彩票的赌博活动。因与商号、店铺有关，故命名为铺票。

清光绪年间，南海、顺德的士绅为修筑并巩固防御水灾的基围，向120家商号、店铺每家借款10两，总计1200两。为归还此款项，组织者采用了以借款之120家店铺名号印发奖票向民间出售的办法，这种奖票称为“基票”，由各墟市各大商店代理发售。③此种奖票分1两和5钱两种，票底印有捐借款各店铺的名称，如“兴隆”“祥记”之类。投买者在票底所印各店铺名称中任选10个字为一条，满1000条为一卷，每月开奖一次，开票共开12字，其方法是向空中掷出杯子，视其落地情况决定开哪一个字，名曰“杯卜”。开票前，先向人丛中抛出三色暗码，任人抢夺，以定掷杯及各项司事人员。夺得暗码的三人，一人负责抛杯，一人负责执杯，

① （清）徐珂：《清稗类钞·赌博类》。

② 蒋寅生：《寅生日录》。

③ 参见何汉威：《清末广东的赌博与赌税》，见《历史语言研究所集刊》（台北）（第六十六本，第二分），1995年6月，第500页。

另一人负责唱票。抛杯人先将木杯当众剖开，放在天平上称，使两杯重量相等。然后将两杯放在盆内，用力抛向空中，抛的高度不得低于面前预先所拉绳索的高度。杯子落下，执杯人将杯拾起，如两只杯一只口朝上，一只口朝下，就报“胜杯”。两只杯都是口朝上，报“阳杯”。两只杯都是口朝下，报“阴杯”。唱票人先唱票底印的第一个字，如“兴隆”的“兴……得胜杯，再抛”，一直抛到得阳杯或阴杯止。连续得几个胜杯，就叫做得几杯。余此类推，一直抛到票底每个字唱完为止。最后当众选出 12 个得胜杯最多的字作为“票乸”(即票母，相当于中奖号码)。中胜杯最多的字为头票，其次为二票，再次为三票。同中同分，类似前述山票中得奖后分配之法。光绪末年，基票式微，广东铺票脱离原来向店铺、商号借款的有奖义售含义而发展为与“白鸽票”“山票”“花会”一样的纯粹赌博形式。一些赌商承包铺票赌博，并向政府交纳若干税款，以助海防经费之不足。这时的铺票由 120 家店铺字号改为 120 字，五言一句，作为票字。这 120 票字是：

> 首会发其详，鸿图得意扬，高标辉百粤，本号始基良。秀丽赏琼芝，丁男协吉时，联芳常足愿，乐育好称宜。巨业就恭逢，多财景妙通，孚中添大利，满栈积年丰。立显登堂贵，平衡翰苑文，珠光齐焕彩，嘉瑞现松云。迪佑祝冈陵，南旋日照升，佳占欣喜巧，福禄寿连增。履厚两绵昌，均隆记定章，金源环四海，万载沛余香。

投买方法与之前铺票一样，在 120 字中任取 10 字为一票，票款分 5 角、1 元、2 元、5 元、10 元数种，卖完 1000 票为一卷，各卷以《千字文》中“天地玄黄”诸字以示区别。每月开票 6 次。时广州有专营铺票厂两家，一名“昌兴，一名“发财”。昌兴逢五逢十开票，发财逢三逢八开票。其开票法仍沿袭“杯卜”法。① 山票、铺

---

① 参见吴雨等：《民国黑社会》，江苏古籍出版社 1988 年版，第 110 页。

票赌博由于赌客下注多少随意，而且奖金也较高，一般为70%，派奖时有头、二、三等，头等奖得60%，二等奖得25%，三等奖得15%，同中同分。因此赌客趋之若鹜，购者颇众，流行不衰：“查广东赌具最毒者，莫如字花、白鸽票、山票。盖字花一文钱可以猜买，白鸽票六文钱可以猜买，山票毫半，近闻半毫亦可猜买，而得彩有数十倍、数百倍至数千倍之多，其引人入胜之法，可谓妙矣。”①民国初期，铺票仍在广东流行，但具体办法有所损益和变更。

铺票也有作弊骗取赌客钱财的，“铺票开字的方法之一是‘搞珠’。赌场老板作弊的手法一般这样：预先特制一套120颗分别刻有‘首’‘发’‘会’等字的圆珠，和12颗都刻着‘得’字的圆珠，比标准的圆珠略小一些，准备到时应用。另外，在每一券铺票(1000张)中，偷偷塞进一票。开字时，按塞进铺票上圈定的几个字，拣取几个略小圆珠，混入标准圆珠。并将几个‘得’字略小圆珠，混入12个‘得’字标准圆珠。搞珠时，两个盘子首先漏出混入的略小圆珠。这样，就能保证塞进的票得彩。如一般投买之票没有一票中彩，则赌场老板可独得奖金。即便一般投买之票有几张得彩，赌场老板也能平均分得一份奖金。赌场老板做手脚是很方便的，尤其是在开‘联榜’和‘大联榜’的铺票时。这两种铺票，每条票分别收二角、一元。联榜每月逢三、八开字，大联榜每月逢五、十开字。联榜是几十万条、几百万条票联在一榜，不设卷口。多一条头票(头奖)根本就没法查对。二票(二奖)、三票(三奖)随意增加几百份，也不会让人看出破绽。所以，铺票的赌法，极便于赌场老板上下其手。”②

压宝、压扠和番摊 “压宝”是一种以铜钱为赌具的简便易行的赌博方法。“压宝者，以一制钱闭之于盒，分青龙、白虎、前、后四方之位，以钱压得‘宝’字者为胜。”③因此赌法以压“宝”为胜，

---

① 郑观应：《危言后编》卷四。

② 吴雨等：《民国黑社会》，江苏古籍出版社1988年版。

③ (清)徐珂：《清稗类钞·赌博类》。

故称压宝，亦称“押宝”。据史料记载，太平天国后期，太平军营的一些官兵嗜赌之风渐盛，其主要赌博形式就是这种“压宝”：“以两文钱掷阴阳向背为胜负。”①一般用乾隆时代的“青钱”两枚，“旋转之，覆以碗，或字或背，猜中即胜”。②

清季压宝赌博，还有一种谓之“压扠”：“压扠者，掉两钱使撇旋，伺其将定，以手捺之，亦分四门，两阴也，两阳也，若一阴一阳，则名曰‘扠’，内一钱色稍赤，赤者得阳，曰‘前扠’，得阴，曰‘后扠’，压得者为胜。”③

压宝和压扠的赌法，据《清稗类钞》记载：“诸戏皆推一人为桩，所挟赀，必倍蓰于人，方可与众对敌，谓之开当(去声)，主胜负出纳之数，压者不限人数，可容数十人。游手之徒，啸引恶少，喧哗叫呶，驯致斗殴攘窃，悉由于此，竞财启衅，风斯下矣。”④

清末，与压宝相似的是骰宝赌博。骰子戏自古有之，清末骰宝既有旧戏的沿袭，也新创不少花样。晚清小说对此有一些描绘：

> (桂森)忽然走到一个赌摊子前头，桂森便站住了脚，看见来了几个人抓上一把钱，一回儿被那个摆摊子的收了去，有的照着他的数，赔他一把。桂森看了一回，心里奇怪，便问跟去的人道：“这是甚么玩意?”长工道：“这是赌钱，小爷真是没出来过，不曾看见。”桂森道：“为甚么他拿了那个人的钱，去赔那个人呢?”长工道：“他输了，就把他的钱收了来，那个赢了，就要赔他的。”桂森道：“怎么就晓得他输他赢呢?”长工道：“他是三颗骰子，要两个一样，下余的一颗，轮点子，那

① 中国史学会主编：《中国近代史资料丛刊》，见《太平天国》(五)，上海人民出版社1957年版，第135页。

② 太平天国历史博物馆编：《太平天国史料丛编简辑》(二)，中华书局1962年版，第322页。

③ (清)徐珂：《清稗类钞·赌博类》。

④ (清)徐珂：《清稗类钞·赌博类》。

个点子大，就那个赢。你瞧这一把，不是两个二，一个四么？你看这个人，不是两个三，一个五么？这就是五的赢了。”桂森看了，果然不错，心中在喜，也要去赌一赌。无如长工带的钱都用完了，大家凑起来，不到二十个钱，压下去，一把赢了。桂森大喜，教他一起放上，又掷一把，却是输了。摆摊子的道：“对不住了。”就一齐收了回去。桂森道：“很有趣。”……过了一日，桂森便叫人去买了几颗骰子，照样的玩起来。先前不过两个妈子，你押一文，我押二文。桂森没趣，又把长工唤进来，一连玩了三天，觉得没有甚么大意思了，但打听道：“除掉这个，还有别样玩法么？”长工道：“多哩。还有赶老羊，也好玩。”……①

从上述描写中可以得知，晚清骰子赌博除仍沿袭传统赌法(如赶老羊)外，赌博方法更加灵活多样。如以3颗骰子压宝，除上述2颗点数相同，以一颗点数大小见输赢外，还有大小两门定输赢：规定由4~10点为“小”，11~17点为“大”，如果押对了，一赔一。如遇开了颗同样骰点，叫做“全骰”，这时无论押大、小门，则全被庄家统吃。以三颗点数之和的大小定输赢：3颗骰子，最大者为18点，即3颗骰子同为6点，合成18点；最小者为3点，即3颗骰子同为么。以押一颗骰子的点数定输赢：第一颗骰子有么二、三、四、五、六这6个点数，赌客下注时买这6个点数的任何一门。如果3颗骰子中有一颗开中所买的这一门，就一赔一，如2颗开中，一赔二，3颗开中，则一赔三。如某人买6点，骰宝开出2颗6点和1颗么，买6的便一赔二，押1元钱便连本带彩收进3元钱。

与骰宝相若者，还有以骨牌点数作投注赌博的。清末江浙一带，便有这种所谓“押牌宝”的赌博。鲁迅小说《阿Q正传》有一段描写，大概说的就是这类赌博：

---

① 茧叟(吴趼人)：《瞎编奇闻》第五回“山穷水尽洪仕仁犹作补牢心 喝雉呼卢赵桂森初试牧猪戏”。

阿Q……假使有钱，他便去押牌宝，一堆人蹲在地面上，阿Q即汗流满面的夹在这中间，声音他最响：

"青龙四百！"

"咳~开~啦！"庄家揭开盒子盖，也是汗流满面的唱。"天门啦~角回啦~！人和穿堂空在那里啦~！阿Q的铜钱拿过来~！"

"穿堂一百——一百五十！"

……①

番摊，又称"摊钱""摇钱""抓金钱"。据《粤游小识》云："东省赌博最盛……赌具以钱随意抓置案间覆之，分幺、二、三、四门，令众出资猜之，注齐去覆，四钱一数，若筮策然，视所余，决中否、定输赢，中者孤注偿三倍，黏则倍偿，串角、大面，各如数偿之，谓之抓番摊。"此赌源于汉魏时期"钱"或"意钱"的古老而简单的赌博形式。"钱戏有每以四门一列者，即史传所云意钱，俗谓之钱摊，亦称摊赌。"②番摊的赌具最初是用铜钱，后来除铜钱外，还有用诸如光滑小瓷片、小石子、骰子等各式各样的颗状物来代替。其赌法，"为首者以一二百钱倾散桌上，以空碗随手覆定，去其在旁者，所人猜压，以一至四为数，压定开碗，用箸一支，四四数之，视余数若干，或一则压一者赢，压数三倍，否则输去压钱"③。番摊由于开摊时会出现四种结果，故猜买办法有番、角、稔、正四种。所谓"番"，就是专买一门，如买"一"，则开"一"得彩，其彩为赌注的三倍，开"二""三""四"则输，赔掉赌注；所谓捻，则是以买一门为主，以邻近一门为辅，如买"一"捻"二"，或称"一"搭"二"，则"一"时得彩一倍，开"二"时退还本钱，不赚不赔；所谓"角"，即投买二门，投中一门就算赢，其彩为一赔一。

① 鲁迅：《阿Q正传》，见《鲁迅全集》（第一卷），人民文学出版社1991年版，第492-493页。

② 见李匡文：《资暇录》。

③ 施鸿保：《闽杂记》卷七十《摊钱》。

如买“二”和“三”，开“二”或者“三”都算赢，开“一”和“四”则为输；所谓“正”，也是专买一门，但跟“番”的专买一门不同，是一种一胜两和的赌注，押注三门，中了其中一门便算赢，其余两门便算和，如买“三”，就是以“三”为本，开“三”为赢，得彩一赔一，其余二门“二”或“四”为保本，若开“一”则为输。

番摊馆赌博规矩甚严，“博者入门，先以现金或纸币交馆中执事人，易其筹码，始得至博案前，审视下注。博案之后，有围墙极厚，中开一孔，方广不及二尺，博者纳现金，执事人即持现金送入方孔，而于方孔中发递牙筹，如现金之数，博者即以牙筹为现金。博而胜，仍以原筹自方孔易现金，虽盈千累万，无不咄嗟立办。故极大之博场，一日之胜负虽多至数万数十万，而无丝毫现金可以取携，即有盗贼夺门而入，亦不能破此极厚之金库，以掠现金也”①。澳门的番摊馆，为引诱赌徒前往一博，“招待之善，礼仪之恭，他处皆不能及”，除了专门雇人代赌客下注外，还备有酒肴、鸦片招待，并有妓女服侍，因而赌客如云，十分繁荣。据郑观应估计，19世纪六七十年代，澳门的番摊馆共达200余家。②

番摊馆的赚钱之道既有正道也有邪道，所谓正道就是抽头，从赌客所赢彩额中抽取一定比例的部分，一般为抽头比例是1/10，也有比例是1/12、1/11的。所谓邪道就是番摊馆作弊骗取赌客钱财，常见者有“落冧”“扒三鸡五公”等。“落冧”是凭特制的摊皮作弊，庄家用摊竹轻轻一拨，特制的摊皮可以拨出庄家需要的颗数，如一颗可以变成两颗，因此转败为胜。“扒三鸡五公”，一般规则是四个一扒，但庄家则或三个一扒，或五个一扒，三个一扒就是“扒三鸡”，五个一扒就是“扒五公”。番摊馆要赚取暴利，作弊骗赌是主要途径，这在清末广东番摊赌馆中比比皆是。

番摊赌博简便易行，下注随意，故吸引了众多赌客。有富翁以巨额银圆下注者，亦有一般百姓以铜币、制银下注者，前者称为“金牌”赌、“银牌”赌，后者则称“铜牌”赌。皆因番摊馆内所挂一

① （清）徐珂：《清稗类钞·赌博类》。

② 郑观应：《盛世危言》。

长约尺许的木牌上书“内进金牌”“内进银牌”“内进铜牌”而得名。另有一种所谓“牛牌”赌：“即一钱不名之人，亦可入局，胜者攫赀而去，不胜则以衣履为质，再不胜则以人为质，如终不胜，则博者即无自由之权，而受拘禁，勒令贻书家族亲友，备资往赎，视其离家道里之远近，限以日期，如过期，即有种种方法之虐待，有被虐而死者。如赎金不至，乃即载之出洋，贩作猪仔。”①

番摊赌博在清末广东十分流行，为广东最主要的赌博品种。“吾粤赌博，甲于他省，害之大者，以番摊为最，年中因此丧命破产者不可以数计。”②省城广州番摊馆林立，赌馆多于米铺，“新城小新街一带，番摊赌馆密比如林”③。据时人统计，1897年“省城番摊馆林立，屈指计之不下数十家，白鸽票大厂共七家，带家则难悉数”④。番摊赌博因此成为广东人的最爱，吸引众多赌徒进去一博，引来众多社会问题，清末御史陈庆桂就曾目睹番摊种种危害：“广东赌风最炽，其开设赌馆，诱人入局者，名曰番摊，大多游手无赖，持为窟穴，偶一不当，鼓躁滋事，或纷争酿命，或借端抢掠，白昼肆行，毫无忌惮，通衢大道，枪弹横飞，行路皆有危心，臣在籍时，实亲见之，至于败人品行，破人家产，富者转而为贫，贫者转而为盗，饥寒既迫，何事不为，此番摊贻害之实在情形也。”⑤

宣统年间，广东当局曾明令对番摊予以禁止，“省内外番摊馆千余家，一律禁闭。然私开摊馆，潜纳陋规者，犹未绝也”⑥。一直到民国时期，番摊赌博仍苟延残喘，流行不止。

---

① （清）徐珂：《清稗类钞·赌博类》，另见夏东元编：《郑观应集》（上册），上海人民出版社1982年版，第10页。

② 见顾亚、章伯锋：《近代稗海》（第9辑），四川人民出版社1988年版，第201页。

③ 《申报》1896年11月3日。

④ 《申报》1897年10月2日。

⑤ 广东文征编印委员会：《广东文征》（第六册），香港中文大学出版社1978年版，第260页。

⑥ （清）徐珂：《清稗类钞·赌博类》，另见夏东元编：《郑观应集》（上册），上海人民出版社1982年版，第10页。

闱姓 闱姓是用猜买科举考试士子中试的姓来进行赌博的一种赌博形式。“取闱中之姓赌之，以所赌之姓中多少为胜负。”①“闱”是科举考试的试院，如称会试为“春闱”，乡试为“秋闱”等。这一赌博因之而得名。闱姓赌博创始于何时经何人之手已不可确考。相传道光末年广东山紫村机房中的人们最初用闱场考试士子中试的姓“斗彩”，以猜中多少为输赢。最初不过以文武乡试榜中小姓为赌，赌注亦不过百钱左右，后逐渐开局收票，范围也遍及广东全省，并蔓延到广西等地。1880 年左右，杭州人刘学询在北京会试时，就曾发行过“闱姓”彩票②，由此可见，闱姓已超越地域范围而成为一种全国性的赌博形式。

闱姓赌博，是在科举考试之前，由主持赌博的票局将这一届参加考试的士子姓氏、人名资料收集汇总，并订出猜买条例，供人猜买。猜买要求中对乡试、岁考和会试有别。由于乡试、岁考时参加应试的人较多，因此票局在其中确定了“限姓”“小姓”之别，并事先公布于众。

所谓“限姓”，亦称“大姓”，如陈、张、王、李、黄诸姓，应试人多，差不多每榜都有中者，于是对这些大姓予以限制，不许猜买。而区、胡、马、麦、司空、上官、桂、苻诸姓氏中应试者少，中榜者也寡，是为“小姓”，猜买人可以在其中选择 20 个姓猜买。而会试因应试人少，中榜名额亦 20 余名，故无大姓、小姓之别，猜买人可根据自己的判断任意选择投买。一般科考 20 姓为一票，会试则 10 姓为一票。两类票值皆为 5 角、1 元、数元以至 10 元等几种。票局卖足 1000 票为一簿，以一簿为一开奖单位。买票时，票局先发给收据，待收足 1000 票后再发给所买共 1000 票的票簿一本；收据上面编有号码，作为中彩领奖的凭证。中彩以官方发榜的名次为准。一簿之中，中姓最多者为头彩，依次为二彩、三彩，三

① 欧阳昱：《见闻琐录》。

② 参见双成：《彩票史话》，见《文史资料选辑》1985 年第 3 辑。本节有关闱姓赌博资料，参考了商衍鎏：《清末广东的“闱姓”赌博》，见《文史资料选辑》（第十七辑），中华书局 1961 年版。

彩以下即为输。同中同分。在闱姓赌博中，有一种所谓“围彩”，即一次投买数十百票。如以10姓为基础(名曰“过底”)，只更动其余10姓，反复围买。猜买者以为这样必赢不输。但由于闱姓中彩的或然率很低(约3%)，加之票局往往暗中作弊，因此“围彩”者往往输得一败涂地。

闱姓较之于一般赌博有其自身特点。首先，闱姓利用科举考试，将官方“金榜”作为赌博开彩的依据和目标，这就给人一种正规、高雅、公平的感觉，不仅对一般百姓有较大的欺骗作用，而且士大夫也乐于参加。其次，闱姓赌博因为猜买对象是参加科考的士子的姓氏，其开彩结果又以官方“金榜”所发名次为准，这就在票局、赌客、彩头三者之间拉开了距离，使人认为不像其他赌博形式那样容易作弊和上当。由于有这两大特点。因此，“自缙绅士大夫以及农工商贾、妇孺走卒，莫不罄其所有，各存幸心，希图一掷”①。但是，同所有赌博形式一样，闱姓赌博同样充斥着欺诈和骗局。大赌商们为了骗取钱财，牟取暴利，采取或贿赂考官录取一些不当取的僻姓，或从考生身上下手，请人替考，让僻姓考生考上等办法来弄虚作假，串通舞弊。其中有所谓“扛鸡”“禁蟹”之法(鸡本无力，扛之使得长鸣；蟹固多足，禁之使不能伸)。“扛鸡”，就是请人替僻姓、又无力考中的考生代考，使之榜上有名；“禁蟹”则是打击好的，一般是用重金收买这些考生，让其放弃考试，如达不到目的，则采取弄污试卷、买通阅卷人故意压下其试卷等办法使之落榜。同治十三年(1874年)，浙江道监察御史邓承修在其奏折中揭露其种种流弊：“其投票之处，则自省会以及各府、州、县，穷乡僻壤。其投票之人，则自缙绅士大夫以及农工商贾、妇孺走卒，莫不罄其所有，名存幸心，希图一掷。以致倾家破产，歇业潜逃，甚而服毒投缳，卖妻鬻子。凡此之类，难以悉数。尤可骇者，每遇科年，谣言四起，或云某姓已通关节，或云某姓已托人情，科岁两考揭晓后，百计钻营，其姓字未登票内，或经取录则畀以多金，基使不行赴覆，或寻其瑕隙，激同大众禀攻，否则贿之故

① 冼宝干：《佛山忠义乡志》卷四。

犯场规，竟有以扣除被斥为乐者。至武闱乡试，并无糊名，其监射等弊，尤难偻指。以国家抡才之典，为市侩赌场之资，阻寒士登进之阶，启官绅贪污之渐。立心之险，设局之奇，有如此者!”①光绪年间，广东学政徐琪表面上整肃考风，严惩作弊考生，私地下却“暗卜榜花，遣人猜买，凡所卜者必遴选入宫，不问其文字工拙也。因是之故，获利无算”②。光绪十一年(1885)年，广东学政叶大焯主持惠州府科试，时有传闻说叶接受赌商近200万金之贿赂，串通幕友舞弊，而激起公愤，“众论宣嚣，群毁试院辕门”，酿成轰动朝野的“惠州科场案”。其实，叶大焯还是一个较为清廉、正直的官员，他在广东学政任上，对该省闱姓操纵科考有清楚了解，亲自查禁各种考场弊端，“并将考试事宜认真整顿，以端士习而革浇风”。但赌商们为了达到操控闱姓赌博输赢的目的，频施巧计，与叶氏幕僚、家丁串通，“其厨人暗进巴豆汤，致该学政腹泻不能阅卷”，叶大焯只得延聘贡生戴罗俊、萨庭荫负责阅卷，二人乘机作弊，按闱姓赌商们的意愿操控考试结果。案发后，朝廷于次年(光绪十二年，1886年)派兵部尚书彭玉麟前往调查，彭在其给光绪帝的奏折中直指陈闱姓之弊：“闱姓一事，利之所在，弊实易滋。向有匪徒扛姓包抢，招摇射利，闱棍之名由来已久，自同治以来，粤省考官学政，以此招物议者颇多。”③叶大焯虽无受贿情节，但用人失察，“委幕中人于有司”，尤其阅卷贡生萨庭荫还是其受业弟子，负有重大责任。最终叶大焯以“诖误失察”罪名被革职查办。

“上大人”纸牌④　上大人纸牌是清朝至20世纪40年代末流行于武汉地区及周边农村的一种赌博形式。该牌为纸制，由24个字

① 邓承修：《语冰阁奏议》卷一。

② 小横香室主人辑：《清朝野史大观·清人逸事》卷八，上海书店1981年影印本，第41页。

③ 俞樾编：《彭刚直公(玉麟)奏稿》卷四。

④ 参见徐明庭、朱建颂：《武汉地区的“上大人”纸牌》，载《武汉文史资料》1989年第1辑，第168~174页。

组成，每字各4张，全副共96张，另外有白板4张。24字分为8门，其顺序是：上大人、孔乙己、化三千、七十士、尔小生、八九子、佳作仁、福禄寿(天门、沔阳一带“福禄寿”改为“可知礼”)。其中，上大人和福禄寿叫红门或荤门，其余六门叫黑门或素门。

抹上大人纸牌，一般是三人同场。开始要“抢头”，每人随意翻开一摞牌片的一张，如果甲翻的是仁字，乙翻的是大字，丙翻的是尔字(翻到白板的则重翻)，那么按固有顺序，大字在前，便由翻大字的乙当头家，即庄家。坐在庄家右边的称下家，左边的称上家。上大人纸牌上、下家都不是固定的，而是随着各人轮流取牌打牌不断变化，三人彼此互为上、下家。

庄家洗好了牌，由上家幺牌(切牌)。然后三家轮流取牌，每次一张。庄家先取，并计数，当庄家取到20张时，便告知下家“莫动手”。此时其余两家手中各有19张牌，便开始抹牌。

上大人的抹法有“剾经”和“赖字”两大类。

剾经的打法是，庄家打出的牌，下家可吃可碰(与麻将同)，上家只能碰不能吃。碰为大，即下家要吃的牌，上家刚好要碰，必须让上家碰。假如上、下家都不要，则由下家取牌出牌，周而复始，直到某家壶牌(成牌)为止。壶牌时必须有七门牌。算壶的标准，要先设定是抹两门经还是三门经。如果抹两门经，那么上字和福字算经，每张牌算五壶。如果是抹三门经，那么除上字和福字外，七字也算经，每张牌也是五壶。其他各字，一对或一碰都算一壶，一坎算三壶，一溜(即一招，与麻将开杠相同)算四壶，暗溜(四张相同的字全是自摸的)算五壶，带家眷溜(如手上有尔字三张，小字、生字各一张，别家打出尔字，执牌者把上述五张牌都拿下来碰别人打出的尔字)也是五壶。在具备四壶的情况下，黑门中的一句(如有化三千名一张即为一句)或半卯(如只有化三，三千或化千，称卯)才算一壶。红门中的大人和禄寿的半卯也算一壶。剾经壶牌有七种壶法：即清壶、重清、枯壶、重枯、台壶、重台、平壶等。

剾经一般不用白板。如用白板，那么取得白板的人，就可以用它代替所需任何一张牌，叫作白板听用。用白板，壶牌后有9种算番办法：断白（整副牌没有白板）、全白（四张白板）、自摸白（摸到白板壶牌）、一般高（有两句相同的牌）、老少配（有上大人、福禄寿各一句）、缺一门（缺七十士一门）、四归（亦称“四合一”，有4张同样的牌）、四归六合（带家眷溜），以上8种各算一番。第九种是自摸白的全白，算两番。

赖字的打法是，不用白板，三人同场，抢头、幺牌、抹牌、打牌均与匾经相同。不同之处在于，庄家取满20张牌后，由下家翻赖字——翻开未取完的那摞牌最上面的一张，便以位于这张字的后一个字做赖字。如翻开的是“上”字，那么“大”就是这一次的赖字。作为赖字的牌，可以随意跟其他牌配成句子、对子和坎子，像白板听用一样。

打赖字时，取完额定张数以后，摞子上剩下的牌，任何人都不能再取上手，只能轮流翻开摞子上的牌，每人每次一张，称为一揭一仰。仰牌的人，对自己仰开的牌，想吃就吃，想碰就碰；如果自己不吃不碰，就用手磕桌子表态，称为“磕手”，故抹赖字也叫“磕赖字”。当仰牌的人磕手以后，下家可以吃可以碰，如果下家不吃，上家也可以吃，这是和匾经不同的地方。如果有一家要碰，另两家要吃，则吃牌的人都要让路，行话谓之碰牌为大。假若自己不经心，看漏了，没有吃没有碰的，以后便不能再吃再碰了，但可以壶牌。如果不是手上有八门，那么看漏了字的这门牌就不能开，只有眼睁睁地认输。

赖字也是以上大人和福禄寿为红门，其余的为黑门，不论红、黑门，碰牌后一定要“脱根”。如有一对佳字和一个作字，碰了佳字后，要马上把作字打出去。如果估计有人可能要作字壶牌，便不碰佳字，这样才能留住作字，叫“捏牌”，也说“捏死它”。当有人要碰牌听头，打出脱根的字又带有冒险的成分，往往爱说“一碰一脱，输了熄火”。

赖字算壶的标准，红门为一句或半卯算3壶，一对或一碰也是3壶，一坎6壶，明溜8壶，暗溜10壶，带家眷溜13壶。黑门为一对或一碰算1壶，一坎3壶，明溜4壶，暗溜5壶，带家眷溜6壶。有了碰、对、坎或溜的4壶后，一句或半卯才能算1壶。没有基本的4壶，黑门的句子和半卯不算壶。赖字壶牌有6种：即平壶、大壶、门门大、卡壶、黑壶、黑壶门门壶。

以上所说的劘经、赖字是三人同场的打法。在很多情况下，也有四人同场的。这时仍然只能三人抹牌，庄家对面的一人轮休，称为坐醒(也叫“做梦”)。如果庄家赢了，不下庄，坐醒的人就继续轮休。四人同场时，坐醒者幺牌。

斗蟋蟀 斗蟋蟀由来已久，据《清稗类钞》记载：“始于唐天宝时，长安富人镂象牙为笼而蓄之，以万金之资，付之一喙。至南宋时，贾似道尝斗之于半间堂。斗有场，场有主者。其养，以器盛之，必大小相配，两家审视数回，然后登场决赌，左右袒者各从其耦。其赌在高架之上，仅为首者二人得见胜负，其为耦者仰望而已，未得一寓目，而输至于千百，不稍悔，至可笑也。”①到了清代，斗蟋蟀赌博十分流行，一些赌徒“自以财帛角胜负，而网利之徒，设阱以诱，则戏而为博也”②。道咸之后，北京等地玩蟋蟀、斗蟋蟀之风很盛。“以后马家厂杨氏为首，且历数十年不衰。若睿王魁斌、继侍郎禄，亦乐此不疲，尝与崇氏兄弟角胜负于杨宅南园。此城小斗家颇不乏人，记不胜记。外城杨荫北京卿尤好之。伶人谭鑫培，每秋来必蓄多种，以与诸士大夫为戏，且为联络计也。”③斗蟋蟀是清末杭州将军常恩的最爱，不仅他自己常常不惜重金全城搜购蟋蟀，而且其二公子也继承乃父遗风，迷恋斗蟋蟀博戏。后来，常恩调离杭州，二公子因迷恋斗蟋蟀不愿随父离杭，断任者瑞澂不得已只好在衙门里留几间房供他养蟋蟀。④ 各地斗蟋蟀赌博在方法、赌注大小上均有所不同。如北京的赌注最多不超过百元，一般几十元，少则5~10元。天津的赌注比北京要大，一般50~100元，多者达200~500元不等。广州的赌注一般都在120两

---

① (清)徐珂：《清稗类钞·赌博类》。

② 诸联：《明斋小识》卷九《蟋蟀策》。

③ 宗彝：《道咸以来朝野杂记》。

④ 参见戈春源：《中国近代赌博史》，福建人民出版社2005年版，第59页。

白银以上。有的赌场还有妓女陪侍。武汉的赌注大小不等，小到一顿酒饭，一般是三五十元，大到 100、200、300 元不等。

“斗蟋蟀”是如何进行的？这里引述一段记叙民国年间北京地区开局斗蟋蟀(斗蛐蛐)情形的文字以窥一斑：

> 蛐蛐(蟋蟀俗称——引者注)局由司秤、记账、监局三个人负责主持。局上除为前来参加者准备数张方桌供放蛐蛐罐外，另为司秤和记账的人准备两张方桌。司秤的桌上放着木制秤匣，秤匣立式方形，高宽各有一尺余，厚度约七八寸。内有一根象牙制的秤杆，上标准星；杆的头部有个小铜钩，尾部有个小铜秤砣。秤匣下部有个抽屉，抽屉里放着银皮或竹皮制的带盖和提线的六七个小圆筒，这是装蛐蛐过分量用的。记账人的桌上放着一张黄纸或大红纸，用以记载胜负钱数、斗家的代号(如天字、秋字、壮字、福字等等)和蛐蛐的重量。斗蛐蛐另有一张方桌，桌上铺着大红毡毯，中放斗盆一个，备有笔墨，监局人站在斗桌前，记录赌注及胜负情况。前来参加斗蛐蛐的人，有的提着提盆，有的提着小皮箱(形如医药箱)，还有的以壮伕肩挑圆笼前来赴会。局有日、夜之分。日局一般在中午一点左右，夜局一般在晚八点左右。赴会人到达后，分别到司秤人处给蛐蛐过秤。司秤人秤好分量，大声报出：八厘、七厘八、九厘三、一分等等，记账人便写在裁好的纸条上，下边盖好记账人的图章。条子写好后交本人拿回，放在这个蛐蛐罐上或压在罐下。各家的蛐蛐全部称完以后，斗家相互观看分量，从中寻找与自己蛐蛐相同分量的蛐蛐。找好对象后，便一同打开罐盖相互比看蛐蛐的大小和形状，一经双方同意，便棒着各自的罐子到斗桌上去战斗(但也有极个别的人和对方比好后，偷换条子，以大顶小，企图投机取胜)。双方来到斗桌商妥赌注后，监局人便写在双方纸条上。北京的赌注最多不超过百元，一般几十元，少者五至十元。据说南方的赌注比北京要大得多，有赌上数百元、千元的。这时在一旁观阵的人，可以随彩(行话叫“跳井”)，随彩人是看哪方蛐蛐好，或已知道某

方蛐蛐曾经几次取胜而决定押在哪一方，如在天字一方甲随彩二十元，必须有乙在另一方面随相同数字的赌注，或两三个人合在一起凑足与对方相同的赌注，以便输赢定局后下账。也有随彩者，不看蛐蛐而是看人，比如他和相斗的某一方交情很好，就在这方随多少赌注，用以表示交情。双方赌注相等后，各自小心翼翼地把蛐蛐放入斗盆，各自手持“探子”护住自己的蛐蛐。其他人围聚在桌旁，聚精会神地观阵。两虫相遇，双须搭在一起，便不可再用探子去拔动了。①

至于蟋蟀之间的搏斗，还有许多讲究。有所谓“智咬口”，即蟋蟀不盲目发动进攻，而是静候时机出其不意，突然袭击，以智取胜；有所谓“奇巧口”，即以双须晃动对方目光，或用大腿踢踹对方，当对方防守时，乘机向其弱点进攻，声东击西而取胜；有所谓“稳咬口”，即在相斗过程中，稳扎稳打，在对方来攻时，趁机用慢进的方法狠咬对方等。判定斗局胜负的规矩是所谓“一头两面”。“一头”是败者在斗盆里遇见胜者向左贴着盆腔，掉头而去。“两面”是败者在“一头”之后两次遇见胜者掉头走开。这时监局就高报：“提”，通知双方已经定局，马上将蟋蟀提出，结束搏斗。

以上是京津地区斗蟋蟀情况，我们姑且称为“北派斗蟋”，那南方的斗蟋蟀赌博又是怎样一番情形呢？这儿我们以清末民初武汉斗蟋蟀赌博为代表略作介绍。武汉在清末民初有不少官二代和富商、买办迷恋斗蟋蟀，如某知府之子周绍堂、蔡军门的儿子蔡莘臣、大陆银行孙行长、俄商阜昌洋行买办刘子敬、英商怡和洋行买办陈乃藩等都是武汉地区有名的“蟋蟀迷”。武汉斗蟋蟀赌博场所三镇都有，汉口早年在涵万茶楼（现江汉区双龙街附近），民国早期至抗战前移至楼外楼旅馆（现江汉路扬子江饭店）；武昌一般在七巧茶社；汉阳则无固定处所，有时在庙宇，有时利用大户人家的宽敞堂屋。无论是固定地点还是临时约会，都有一个赌场的主事者

① 刘衡玑：《蛐趣谈》，见《北京往事谈》，北京出版社 1988 年版，第 340～344 页。

(玩场人)，这些人一般为失业军官或与官厅有联系交道的人，他们既能应付有关方面的需索，又能对付流氓地痞的捣乱。此外，赌场主事人还需纠合几个掌掸子的人(又称“裁判员”，即用一端束以羊毛的篾签作为掸子，触动蟋蟀之尾，让它们接近互斗，武汉双司其职的人有梁雾子、小狗子等)作为帮手，由他们帮同约定地点和时间，与本、外埠负责人密切联系，布置场面进行赌博。每一场赌局终结，由玩场人按赌金每元抽取一角二分的费用，其中一角系头钱。除按全日金额提出三几元交各帮负责人作为该帮伙食费外，其余均归玩场人所得，一季约有四五百元的收入，撑掸子的裁判员每天收入约有二三元至五六元不等。每到秋季，武汉三镇爱玩斗蟋蟀者，集中茶楼酒肆，互斗蟋蟀取乐，这种圈内人赌博一般输赢不大。真正较大的赌博是本帮跟仙桃镇、蔡甸、黄石港、黄陂、孝感、天门和外省长沙、九江等客帮进行，每次赌博输赢额数十元或数百元不等。这些客帮来到武汉，都有一个头人负责，由他们出面与其他各方面联系，有关与谁的蟋蟀相斗、赌注多少等问题，都由他们最后决定，输赢由帮派内参加的人共同负责。

斗蟋蟀时先由对赌双方将彼此蟋蟀大小及优劣看准，然后决定与谁互斗。一经同意互斗，则由双方各将对斗蟋蟀拿到特制的斗台上，台的两边由双方各站三个人，台的正面不许站人，以免呼吸的气氛影响蟋蟀的斗劲。后台则由裁判员负责掌掸。双方负责人将各方参斗的蟋蟀从各自的盆内转入斗盆(即香炉，又名“闸”)，并议定斗金数额(一般早在台下议好，偶尔略有增减，都要当众宣布)。议定之后，则由裁判员将掸取起，把两只蟋蟀赶拢接近，待它们触须接触后则不再掸。斗蟋蟀开始后，如有一方蟋蟀自始至终都不曾开口，则以未斗论处，不算输赢；一经开口，则有胜负。有时一方之蟋蟀一口咬死对方，则输赢立见。有时一方之蟋蟀斗后退出，则由另一方报赢，但斗局并未终结，最后输赢亦未论定，这时便由裁判员专掸败者前往再斗，但掸时必须待退出之蟋蟀活动触须，否则就是违反规则。如果掸后双方蟋蟀连续三次会合，退出的蟋蟀仍无斗志，不敢开口，则算全输，宣告一局结束，由玩场人向输者一方收取赌金给予赢者一方。在台上蟋蟀双方主人对赌的时候，台下观看者多有互赌者，输赢完全以台上胜负为转移，其互赌所下赌注甚至比台上对赌要大得多。蟋蟀斗到最后几天，玩场人会制定5个银牌，牌上分别镌刻正副左右翼及勇字将军字样，其中将军牌子并镀以赤金，以示独特，分别赠予全季参加角斗获胜最多的5只蟋蟀作为纪念。凡是得了银牌的帮或个人，一般又拿出高于银牌若干倍价格的现金，赏给玩场人，或另外邀约参加各帮有关人吃喝一顿，用以蟋蟀与人都有面子。

斗蟋蟀赌博表面看来是蟋蟀之间的力量角逐，其实这里面充满蟋蟀主人之间的较智伐谋，钩心斗角，武汉在宣统年间就曾发生过这样一场斗蟋蟀赌博：

> 一次是在清宣统年间(1909—1911年)，湖南长沙帮曾带来几十只蟋蟀参加涵万楼赌局，起初与各帮所蓄的蟋蟀斗了一个时期，各有输赢。后来，湖南帮有一条出名的蟋蟀，连战连捷，武汉本外各帮所有善斗的虫，都成了败军之将，湖南帮在这种绝对优势的情况下，故意把这只虫取名“辰州符”(相传湖南辰州人一般都经过教师传授符咒，勇武有力，曾在汉阳鹦鹉洲几次争夺竹木滩基械斗中获胜)自鸣得意。不料汉口帮中有个范阳生，早在“辰州符”斗角的时候，他就准备了一只名叫虾青白麻的蟋蟀(全身青色，翅膀白麻色)养精蓄锐，待机应战。当看到“辰州符”役役得胜，已经成了强弩之末了，他便把虾青白麻带到赌场，指名要与“辰州符”较量，惟此虫躯干较“辰州符”略大，湖南帮没有同意。范阳生又采取激将之法，在虾青白麻的盆上插上一个“专打辰州符”五个字的标签，湖南帮见此，十分恼火。心想如果贸然应战，虫的大小不称，恐怕斗输；如果不斗，又无法对付别人挑战，好像丢了面子。他们也心生一计，声称两虫要斗，不是绝对不干，但必须要100两纹银作赌才能成局。他们认为范阳生手头不大，决不会拿这么多的钱来赌输赢；同时还估计到“辰州符”是一个常胜将军，别人也不会帮助他来押这一宝的，企图把这场角斗弄成僵局，借以开脱自己。万万没有料到武汉本外各埠特别是玩场的人，

听到有人向“辰州符”挑战，赌注又下得较大，定是一场精彩“战役”，都竭力怂恿，促成他们交锋。加上范阳生在汉口玩蟋蟀有点名气，也有人相信他的虫或者能操胜券，最后终以武昌人孙胡子答应伙赌一个元宝(50 两纹银)双方议成定局。当虫过入斗盆，裁判员引导二虫相遇时，虾青白麻头一口就将“辰州符”左边门牙咬掉半截，但“辰州符”没有退让，还是继续互咬，后来竟因体力不支，晕倒盆内。约四五分钟后，又由裁判员掸拢参加第二次战斗，“辰州符”右门牙又被咬掉半截。这时“辰州符”仅余下两半个门牙了，自己失掉了武器，专门挨打，咬至中途又晕过去了。湖南人还盼望它再度醒过来，斗第三次，如果对方没有战斗耐性，可能还会获得最后胜利，但这次并非晕倒，而是死去。当裁判员宣布“辰州符”战死，虾青白麻得胜时，全场欢腾。一些好事者为了表彰虾青白麻的战绩，还将虾青白麻的盆子拿到刻字店刻上“专打辰州符”五个大字留作纪念。①

斗鹌鹑 “斗鹌鹑”也是一种古老的博戏，“斗鹌鹑之戏，始于唐，西凉殿者进鹑于玄宗，能随金鼓节奏争斗，宫中人咸养之”。到了晚清，此戏在民间亦十分流行。“鹑胆最小，斗时所最忌者，旁有物影摇动，则必疑为鹰隼，惊惧而匿，不独临场即输，且日后亦费多方调养，始能振其雄气。故斗时放圈下，须人声悄静，各使搜毛讫，方齐下圈。优劣即分，输赢已定，即下食分开。其败者，俗谓之曰桶子。胜鹑若有微伤，洗养五七日，即可斗；伤若重，必俟伤痕全愈，方可洗把上场。”②

晚清赌博除了上述新创的诸形式之外，一些传统的博戏如叶子戏、骰子格、升官图、骨牌等仍然占有很大市场，有些甚至成为某地区的主要赌博形式，如北京街头以骰子作博具的赌博花样繁多，

① 刘文保：《旧时玩蟋蟀的见闻》，载《武汉文史资料》1987 年第 3 辑，第 160~165 页。

② (清)徐珂：《清稗类钞 · 赌博类》。

江南以及广大南方地区的城乡以骨牌作赌具玩天九、牌九等博戏的也十分普遍。鲁迅在《阿 Q 正传》中说："未庄的乡下人不过打三十二张的竹牌，只有假洋鬼子能够叉'麻酱'，城里却连小乌龟子都叉得精熟的。"晚清汉口市井中"天九""搭壶""飘壶"之类赌博游戏很是时兴："月夕花晨置酒招，钗光鬓影互相撩。飘壶一桌消长昼，讲究三条与四条。闺人宴集，都以抹牌为事，始而牙牌，即而搭壶，今则竞尚飘壶。"①

晚清从道光中期到宣统逊位，在短短的几十年间就新创了如此之多的赌博形式，且汇古今中西为一炉，形成了中国历史上少有的"杂赌"奇观，这种现象不能不引起重视。总括起来，晚清赌博诸形式有两大特点。其一，晚清上述诸种赌博受西方赌技影响较大，偏离了博的原有轨道，而一味朝赌的方向发展，古代赌博除了图财谋利外，一般还讲究博的愉悦。博除了机会运气外，还需较智代谋，有一定的游戏规则可供依凭。而晚清上述诸赌博则缺少这种博的游戏过程，人们参赌的目的只有一个——中彩。第二，传统赌博形式受到当时社会发展的影响，基本上是小规模的，往往在一室之内、方寸之间进行，局盘、叶格的有限空间限制了参赌人数。这与农业社会中以家庭为中心，人际交往有限，社会组织松散不无关系。而晚清赌博有不少形式，如闱姓、花会、山票等则是在有组织的、大规模状态下进行的。赌局内部组织严密，分工很细，各司其职，赌客不必到赌场就能参加赌博，赌局（庄家）与赌徒之间因此拉开了距离。可以这样说，传统赌博是家庭型、分散化的；晚清赌博则是社会性、集中化的。这一特点不仅反映在赌博形式上，在其他方面更有明显表现。这正是我们下面将要着意论述的晚清赌博的时代特色——职业化与产业化。

三、合法化·职业化·产业化

如前所述，职业赌博至迟在唐宋时期即已出现，当时开赌场、

① 叶调元：《汉口竹枝词》卷四《闺阁》一三八。

做庄家者有所谓“柜房”“囊家”的称呼。唐宋职业赌博现象的露头，与当时城市生活繁荣有关。一般而言，只有当城市商品经济发展到一定水平，作为奢侈性消费产业的职业赌博才有可能出现并生存下来。晚清开赌设局职业化现象的出现，正是近代城市化和城市生活现代化的一个特殊的畸形的产物。在近代城市化较为发达的地区(如沿海地区和长江三角洲一带)和城市早期现代化进展较快的城市(如广州、上海、天津、汉口)，赌博职业化现象都较为普遍。尤其是广州，由于清廷地方当局大开赌禁，公开招商承办赌馆、票局，于是就有不少商人出来承包赌博业，广州也因此形成了一个类似西方经营娱乐业的特殊商人阶层——赌商阶层。这既是一种社会病，更主要的是一种城市病。尤其是在剥削阶级统治的社会里，表现得特别明显。

晚清赌博职业化与国家、地方政府和官员明推暗助不无关系，所谓暗推，是自清中叶的官员收受陋规、纵容庇护赌博，到晚清愈演愈烈，形成风习，“赌博抽头之类久成陋规不可去”①。许多官僚士绅甚至直接参与赌博行业，有的王公贵戚自恃权势，公然开设赌场。如载振兄弟就曾在北京崇文门外开设了一个赌场，招徕大批赌客前往一博。② 此类情形在清末的广东更为普遍，官赌合流，绅赌同一。如佛山“道光年间当地赌场即有数百家之多，开赌者承纳赌规给书差，引起官吏垂涎，把赌规改为正供，‘故武弁文员，皆以佛山缺为最优，实由乎此’。偏处粤北的连州，游匪在交纳陋规后，‘开场聚赌，文武官不能’”。广州、佛山有所谓“官堆馆”“老师馆”：“官堆馆”由驻扎该官堆的武弁军人所包庇，赌馆即在该衙门附近；“老师馆”则是由翰林或进士等地方劣绅庇护的赌馆，“当时全省赌博成风，营赌者以陋规交纳有势力的豪绅，利用他们交通关说文武官员。这些劣绅甚至‘投身博场，为之坐镇，为之弹压调和，名老师馆。馆有老师，得以减少官规’。这种风习自道光以来

---

① 袁英光等整理：《李星沅日记》，见《中国近代人物日记丛书》，中华书局 1987 年版，第 189 页。

② 《光绪朝东华录》(二)，光绪十一年。

已然，在佛山则更为突出。同治年间，情况更是变本加厉；劣绅除出面坐镇赌场外，‘甚或颗开一馆，据为利薮’。为争索赌规，操纵赌博经营，同治四年千总梁北威与武举陈元功在江门聚众斗殴；梁北威并把陈元功及其随从八人捆起来，诬作‘纠众抢夺，已获之盗犯’。面对这种情形，巡抚郭嵩焘只好承认粤省‘纪纲法度废弛已久，悍无顾忌’，同时，他也慨叹‘广东赌风之盛，甲于天下’。后一种印象，几全为后任督抚所任同”①。光绪前期，张兆栋、刘坤一申禁“闱姓”赌博后，“闱姓”赌博中心转移到了澳门，澳门赌商在广东很多地方开设分馆，地方官僚、劣绅与赌商串通一气，使得闱姓赌博禁而不止，十分猖獗，对此，张之洞在任两广总督后给朝廷的奏折中有所披露：“自明文申禁以后，大吏避开闱姓之名，而又欲攘开闱姓之利，于是造为截缉之说。委派员绅，各路搜截，爪牙四出，白昼横行，分馆之家，得规者免。佛山为近郊大镇，侦知其馆最旺，利最丰，委绅陈桂士作线掩捕，官得款七万，兵役地棍所得可想而知。民间大扰，遂被言官参奏。上年七月初六日钦奉寄谕，饬臣之洞查办在案。数年来，肇庆、韶州、清远之分厂如故，官商之投买如故，绅棍衙蠹之陋规如故。上造子虚乌有之言以欺朝廷，下行告缗没入之法以罔百姓。名实相违，进退无据，成何政体。”②

所谓明推，是指晚清中央和地方政府出于某种需要，迫不得已开放赌禁，使赌博合法化。“概括地说，赌博的合法化就是政府将赌博的经营活动纳入征税范围，对纳税经营者予以保护；而经营者则以交纳营业税作为获得许可的条件，并因此受到政府的保护。”③自古以来，中国历代赌博虽然从未停歇，且代有高峰，但国家法律

---

① 何汉威：《清末广东的赌博与赌税》，见《历史语言研究所集刊》（台北）（第六十六本，第二分），1995年，第504页。

② （清）张之洞：《筹议闱姓利害暂请弛禁折》（光绪十一年四月二十日）见赵德馨主编：《张之洞全集》（一），武汉出版社2008年版，第286~287页。

③ 张廷茂：《晚清澳门番摊赌博专营研究》，暨南大学出版社2011年版，第9页。

对之明令禁止，赌博在传统中国社会并未取得合法地位。而清末广东闱姓和番摊赌博却曾经数度合法化，其主要原因都与经济利益相关，政府需要从赌博活动中获得经济利益，也就是要与赌商分享赌博利润，政府与赌商形成了征税与寻求保护的利益共同体。于是，广东闱姓、番摊赌博从“地下”走到“地上”，从不公开、半公开走向公开，在政府允许甚至保护下合法地进行。获得这种合法地位的赌博被称为“官赌”：“由官批准的为官赌，承缴正饷，得到官方的鼓励，受官方保护。”“成为官赌还有以下益处：一、官可为之提供保护，因为广东常常发生匪徒抢掠赌馆之事；二、国家赌禁著为刑律，常常会有巡勇来抄查禁止，成为官督后，就有了一道‘免死金牌’；三、政府还会维护官赌利益，打击私赌；四、开赌时会有官方人员到场，以示公平，因为能更加促进赌的销路。”①

回溯历史，晚清广东赌博申禁与弛禁、公开化与合法化三起三落，颇多曲折。

1861 年，闱姓赌博首开，摆在桌面上的理由是筹款修复贡院，官府批准时有一个前提条件，即只许承办两年。两年后闱姓虽然停办，但潘多拉魔盒一旦打开，就非人力所能掌控，地下闱姓赌博不仅没有停止，而且愈演愈烈，一发不可收拾。广东本为富庶之区，但鸦片战争尤其是太平天国运动后，广东社会经济历经重创，经济凋敝，财政吃紧，加之“内外筹款诸臣仍视广东为繁富之区，征调之饷，兴作之费，协助之款，灾赈之需，无不取给广东”②。“赌饷的开征，直接导源于鸦片战争后广东财政的日益困窘。一方面，广东财政支出猛增。猛增的原因主要是本省军饷、协饷和解京各款的增加及对外战争赔款的缴交。鸦片战争后，由于连年对内、对外用兵，不断扩充军队，军费膨胀。从 1849 年至 1854 年 6 月，全省军费为 4870039 两，从 1854 年 6 月设军需局起至 1861 年，支出军

① 凌滟：《清末广东赌饷与地方财政》，载《中国经济与社会史评论》2012 年第 0 期，第 87~88 页。

② 陶模：《按乡惩盗请宽民力以清盗源折》，见沈云龙编：《近代中国史料丛刊》(第 45 辑)，台北文海出版社 1970 年版，第 20 页。

费达1000多万两。至1865年，光是勇营每月所需即达30多万两。清廷从广东指拨给各省的协饷及解京各款大大增加，超过广东财政能力。太平天国时期，至清军攻克南京止，广东共解江、浙、皖三省的协饷120多万两。广东对长江中下游各省的协饷刚刚停止，1865年又奉拨协济陕甘左宗棠军饷，至1866年7月每月为4万两。咸丰末年至同治初年，广东解京各款最少时一年也在100万两以上，多时达200多万两。而在广东，殖民主义的侵略战争造成的后果特别严重，尤其是对英、法、美的赔款更使广东财政雪上加霜。另一方面，广东财政收入日趋枯竭。太平天国革命以后，广东财政各项常例收入，如粤海关税、地丁正耗、盐课、太平关税等大为减少。如地丁，广东地丁正项征为每年1092500多两(遇闰之年为1118200多两)，太平天国革命前，基本能征足额。自从太平天国革命以后，因为广东地方苛政及外国资本主义经济侵略，地丁正项多数年份实收只占额征的七成至八成多。"①为了开辟财源，筹措各种饷、费、款，广东地方政府对闱姓赌博先是以罚代禁，如同治三年(1864年)广东甲子科乡试时，天和号赌场以香港为据点诱人参赌，案发后，时任两广总督毛鸿宾、广东巡抚郭嵩焘以罚款14万两了事；继之又干脆弛禁，招商承办。"1868年，时任广东巡抚的郭嵩焘，首允'闱姓'立案，招商承办，以二年为期，蒋益澧续任广东巡抚后，却推行严禁政策，终止'闱姓'抽饷。1869年，瑞麟任两广总督，又开赌禁，每年筹得赌饷数十万元。1874年，广东巡抚张兆栋复禁'闱姓'。刘坤一续任两广总督后，也大力支持张的厉禁政策，'立禁之初，适盗案层出，议者转归咎于禁赌太严'，刘等并'不为所动'，坚持之下，赌博'虽未能净尽，而大致上已清'。此后十余年内，广东赌风相对有所敛息，'纵未能绝迹于私居，已不敢复开夫大局'。赌博的中心也由广州转移到了澳门。"②

---

① 周国平：《晚清广东赌饷探析》，载《广东史志》2001年第3期，第29~30页。

② 毛克明：《道德与经济的博弈——清末广东赌博与禁赌》，载《华南师范大学学报(社会科学版)》2011年第2期，第50页。

同治十三年(1874 年)九月，英翰由安徽巡抚升任两广总督，光绪元年(1875 年)五月，英翰一改前任严禁赌博政策，对闱姓、番摊等赌博采放任态度，省城广州赌商们奔走相告，纷纷相传谓匪特番摊可以抗禁，即闱姓、白鸽票亦不旋踵而起矣。① 并有赌商以安怀堂名义向政府申请承办守助会(实际上即闱姓赌博)并得到批准。“以安怀堂名义出面的赌商在接到海防军需局准许办守助会的通知后，四处张贴军需局示谕，以广宣传，并由仁昌等六家赌馆公开收受赌注。其他的赌商以闱姓既已开禁，也蠢蠢欲动，而官方亦公开逐馆求索陋规。”但英翰弛禁赌博受到同僚张兆栋等人抵制，朝廷也对其未经批准而擅自行动十分不满，“广东当局的作为显然与中央禁赌政策不符，引起清廷不满。光绪元年六月和七月清廷先后谕会广东厉行赌禁”，英翰被免去总督职务，黯然离粤。②

1883 年，张之洞任两广总督，正值中法战争爆发，广东负有为前方补充给养、筹措经费的重任，但实际情况是广东藩库空虚，靠四处借贷度日。这种财政窘迫之境在张之洞光绪十年九月初三日《息借商款折》中展露无遗：“窃据广东布政使龚易图详称：‘粤东自上年八月间海防吃重，经费不敷，经前督臣张树声等奏请，息借香港汇丰银行商款二百万两，内先提用一百万两。本年三月间，又因库储匮绌，无款腾挪，详请会奏，并将所备商款留备购买铁舰未提之一百万两，亦向该银行提取，以应急需。闰五月以后，海防更加紧迫，添募营勇，购办战守各具，所用业逾巨万。而奉拨湘军营饷、西省出关道员方长华月饷，以及协滇、协桂、援闽、援台添募之军军火之用，计续提汇丰银行借款，仅余五十余万，勉敷本省防营三个月军粮之需。设使兵衅一开，则用项更难预计，而外省协济军粮器械，仍须兼顾，势不能不另筹巨款，以备缓急。该司与各局、道等公同商议，各库既无可再筹，要需又急如星火。惟有再向

① 《粤督禁赌续闻》，载《申报》1875 年 7 月 15 日。

② 何汉威：《清末广东的赌博与赌税》，见《历史语言研究所集刊》(台北)(第六十六本，第二分)，1995 年，第 511~512 页。

港商借用，以顾目前。此时若不早为定议，诚恐一有战事，借款即难应手，拟请照前借章程，再向汇丰、宝源等行借定银一百万两……庶免临时无措’等情，详情具奏前来。臣等查粤东筹办本省海防，协济邻疆饷械，商款甫到，要需纷来，库储等于磬悬，捐输已成弩末。该司所详援案借款各情，自系为海防日紧，虑及战事既开，筹借从无设法起见……”①为了缓解广东财政窘迫状况，张之洞也想了很多办法广辟财源，如开办绅富捐、沙捐、牙捐、房捐等各种捐输，但两年内只收到八九十万两，杯水车薪，填不了窟窿解不了渴。万般无奈之下，张之洞盯上了闱姓捐，于次年四月二十日上书朝廷，请弛闱姓之禁。张之洞奏折中对弛禁闱姓讲了一个很重要的理由，这就是闱姓赌博虽然在广州被禁，但却转移到了澳门，原来在广州参与赌博的人纷纷移师澳门，结果是“肥水”留入“外人田”，葡澳当局得了这笔巨款后助纣为虐，资助法国人犯我疆土，因此，闱姓弛禁，不仅可以收回一笔巨大捐输，而且还等于断了敌方财路，对于御敌防边大有裨益：

> 伏查广东闱姓一事，自前抚臣张兆栋奏请申禁以来，遂为澳门利薮，于是议塞漏卮者，率皆以此为言，并不因筹饷而起。海防既亟，筹澳防、筹军饷者言之尤切。臣玉麟上年五月条陈广东事宜疏内，本有闱姓弛禁一条，臣之洞到任之初，曾经录稿相示。自八月奉妥防澳门之电旨，九月奉能否弛禁之寄谕，当经分别会饬司、道、府、县各官妥筹详议。旋据布政使龚易图、按察使沈镕经、盐运使瑞璋、督粮道益龄会同善后局，转据广州府知府萧韶、署南海县知县危德连、署番禺县知县侯甲瀛详称，自同治三年至同治十年，历经地方官查拿，闱姓罚认军需，叠次共罚缴银四十余万两，均经奏明在案。光绪元年申禁以后，奸民私于澳门设局，输资葡人，澳酋作护，官力遂穷。藉此巨资购船置炮，近且接济法虏，窥伺省垣，澳为

① （清）张之洞：《息借商款折》（光绪十年九月初三日），见赵德馨主编：《张之洞全集》（一），武汉出版社2008年版，第253~254页。

粤患，中外共知，为丛驱爵，有史无实，藉寇资盗，有损无益。现经绅商具呈，如蒙弛禁，情愿认捐巨饷。此时饷源无出，亦可藉纾目前之急。即据诚信堂商人张荣贵、敬忠堂商人杨世勋等呈请合办，以六年为限，共捐洋银四百四十万元，五个月内先缴一百五十万元，其余二百九十万元按年分缴。当经邀集省城大绅暨各书院山长，前赴明伦堂、团捐局公同面议，再三咨访，佥谓可行。并据署水师提督方耀、署陆路提督郑绍忠咨呈称，防务甚急，绝澳之援，增我之饷，无逾于此，应请速办等情，会详请奏前来……①

朝廷批准了张之洞、彭玉麟弛禁闱姓赌博的请求，“所有广东全省闱姓赌博准诚信堂、敬忠堂分东西二股合同办理，认真稽查，如有私开，许该诚信堂、敬忠堂指明禀究。其文武衙门兵丁人等均不得藉端需索，至干严究”②。至此，闱姓赌博正式开禁，订立章程，招商承饷，取得合法身份。“张之洞‘将武弁所得规费提出四成办理保甲等项，各曰四成经费’，‘四成报效’即由此而始。自此，赌饷在广东便成为正饷之一，每年上缴的赌饷高达 30 余万元。”③闱姓赌博在申禁十多年后又合法化，政府因此缓解了财政危机，而赌商也借此获得公开开赌的“执照”。披上了“官赌”外衣，“所谓官赌，有之自今日之广东始，官为之批准、为之给谕、为之提倡而保护，所谓官赌也”④。

在广东的影响下，广西也于光绪二十八年(1902 年)前后，成立了所谓“闱姓承充公司”，成立当年便向广西地方当局缴饷银 30 万两。

---

① (清)张之洞：《筹议闱姓利害暂请弛禁折》(光绪十一年四月二十日)，见赵德馨主编：《张之洞全集》(一)，武汉出版社 2008 年版，第 286~287 页。

② 《闱姓批词》，载《申报》1885 年 1 月 9 日。

③ 周国平：《晚清广东赌饷探析》，载《广东史志》2001 年第 3 期，第 31 页。

④ 《珠江风月》，载《申报》1897 年 10 月 2 日。

闱姓赌博合法化后，其他赌博品类如白鸽票、山票、铺票等也蠢蠢欲动，谋求得到地方政府批准而合法化。“继‘闱姓’之后，又有人提出‘番摊’也照‘闱姓’办理，每年缴饷银18万两。尽管没有得到批准，而抽收‘番摊’陋规四成、拨充海防经费的做法却得到了地方官员默认，官方每年从中收银30万元。表面上‘番摊’赌博没有明令弛禁，实际上已是处于放任自流状态。‘不能如闱姓之彰明较著，赌徒若有滋事，仍许禀官查封’。言外之意，官方只是不加保护而已。‘从前未收四成经费，地方官尚可拘拿，自经收缴以后，明目张胆，竟无顾忌。’‘番摊’赌博实际上已是公开化。‘白鸽票’‘花会’等名目的赌博，也趁机抬头，‘以为苟能以巨款输作饷需，上宪不难核准，且于未经禀陈之待，发自播散谣言’，‘到处招摇，阴图渔利’，连报纸上也屡见其说，声势很大。”①光绪二十六年(1900年)，李鸿章任两广总督后，白鸽票、山票、铺票、番摊等赌博品类被允招商承饷，赌商们要求其合法化的努力终于成为现实。李鸿章之所以大开赌禁，其背后的根本动因还是经济利益。“筹饷较兵备尤亟，然一切开源节流均非旦暮可行，惟粤俗的有小闱姓一项，曾由总理各国事务衙门饬令酌办，前督抚臣力阻其行，即臣到任之初，亦经严词峻拒，第既当无可如何之际，惟承充此小闱姓。”②开源别无他法，开放白鸽票等“小闱姓”赌博，向赌商要饷银。结果大笔饷银进账，李鸿章如愿以偿。“为解决经费，李鸿章开禁番摊，征收赌饷，称为‘缉捕经费’，番摊成为正饷。起初由军营征收，年约收银圆130余万元；后由官厅收饷，准予公开承办番摊，名曰：海防经费，年饷200万两，由武员李世桂承办；再后来设缉捕经费总局办理赌饷，分地招商承办，成为官督商办。并将一些私规纳入正饷，年收银圆300万元。光绪三十一年，归并善后局管理，定各赌商抽水概为10%，并将原任饷年额再加20%。在谘议局禁赌前夕，番摊已成为为害最烈之赌，岁收银约420余万

① 毛克明:《道德与经济的博弈——清末广东赌博与禁赌》，载《华南师范大学学报(社会科学版)》2011年第2期，第51页。

② 《清实录》，宣统二年。

元……在番摊弛禁后不久，李鸿章于同年又接连开征了彩票饷、小闱姓饷。彩票饷拨充水陆勇饷之用。小闱姓也用于军费，但一届即止。次年，李鸿章又以军费为名开基铺山票饷，均归善后局收充水陆营饷等项之用。”①李鸿章对广东有赌博品类的弛禁“大放水”，使得广东各种赌博品类完全合法化，大大小小的赌博场馆如雨后春笋般风涌而出，史料记载表明，1897年，广州番摊馆“屈指不下数十家，白鸽票大厂共有七家”，② 而到了1903年，省城内外番摊小闱姓馆多至数百家，几于无街不有。小闱姓则有日厂夜厂，每日开票二次，番摊更不分昼夜，随时可购，老少男妇，奔走喧闹，盈街塞巷，举国若狂。③

后李鸿章时代，虽然广东地方官员如岑春煊、张人骏、袁树勋等迫于舆论压力，意欲禁赌，但由于赌风炽烈，已积重难返，赌商阶层羽翼渐丰，已成尾大不掉之势，更重要的原因还是广东经济持续凋敝，财政吃紧状况更趋严峻。“窃自军兴以来，国用匮乏，加以水旱频仍，供亿繁费，会计之臣，东罗西掘，或害重而利微，或弊多而益小，征税不遗于尺帛，筹项无补于丝毫，海内虚耗，百姓困苦，盖未有如今日者也。”④宣统二年（1910年），两广总督袁树勋奏报广东财政“负累”已达1300万两左右。如何解决赌博申禁与财政解困的两难问题，岑、张、袁等人的办法是寓禁于征，以征代禁，即以苛以重税而迫使赌商因不堪重负、难以为继而歇业。“以征代禁的方式来治赌，成为晚清禁赌的主流措施……想禁赌却又不得不征是困扰清末广东政府的一大难题，赌捐数额占总税收如此之高的比重，其形成原因不单是广东人好赌，甚至官员也参与其中乐此不疲，大有‘番摊’‘闱姓’，小有街头赌博，这一切都助长了赌

① 凌滟：《清末广东赌饷与地方财政》，载《中国经济与社会史评论》2012年第0期，第89~90页。

② 《珠江风月》，载《申报》1897年10月2日。

③ 《奏停赌饷》，载《申报》1903年7月14日。

④ 广东文征编印委员会：《广东文征》（第6册），香港中文大学出版社1978年版，第41页。

博气焰。清政府屡禁不止，遂征重税抑制赌博，期望抑制赌博风气。而以征代禁措施却产生了意想不到的后果，赌博非但没有因为重税的征收而收敛，粤省却因赌饷数额的巨大而日益离不开这笔财政收入，一旦禁赌，粤省财政便会产生巨大的收入空白。”①由于地方经济对赌博产业的这种深深依赖，使得清末广东地方政府就像一个深陷毒瘾而不能自拔的瘾君子，明知赌博祸害国民，败坏风气，却饮鸩止渴，使赌博禁而不止，弛而不息，赌博在职业化、规模化、产业化道路上越走越远，广东“赌国”声名远扬，成为近代中国一朵有如罂粟花般的妖艳奇葩。

正是因为地方政府对于赌博的明推暗助，使得清末广东赌博在取得合法地位后如野草般疯长。由于白鸽票、山票、铺票、花会、闱姓等赌博一般都要有组织大规模进行，因此，在这些赌博形式中产生出了中国近代最早的职业化赌博集团。以花会为例，在花会盛行的地方，如浙江、福建、天津、汉口、上海等地，都有靠经营花会票局而牟利的赌博集团。上海花会总会先设于南市猛将堂，后来几经搬迁，曾迁到北市的华记路等处，最后定址于虹口的庄源大。花会内部组织严密，分工很细，由护筒、开筒、写票、收洋、看洋、巡风、更夫(报钟点之人)、稽查等人员组成，一般少则三五十人，多则百人以上，此外还雇有招徕赌客的职业跑腿“航船”。据不完全统计，当时上海这类“航船”共有450余人。“航船”抽取赌注1/10和在所拉客中有赌赢者之彩金中取1/30。福建的一些花会票局以股份制形式集资组成，出资最多的股东被推为厂主，“其资本约银一千余圆，尚有后备金数千圆。股东至多，凡十余股，股亦不限额，惟以最多者为厂主。复聘花会中之老手及经验最富者为之辅。而厂外则又有所设风桌十数张，资本多者，亦数十百金”②。晚清时期，广东的闱姓、番摊赌博，其赌馆数量之多、人员规模之大、资本额之巨、相关产业链之长较之花会赌博更甚。

---

① 张爱勇：《试论清末广东省禁赌的措施》，载《兰台世界》2012年8月下旬，第25页。

② (清)徐珂：《清稗类钞·赌博类》。

合法化、职业化的清末广东赌博有如下特点。其一，公司化、集团化经营。闱姓、番摊赌博大多由有实力的大赌商承包，然后分包给其他中小承办商，总承包商也非一人独占，而是集股成立总公司。如光绪元年(1875 年)，两广总督英翰擅开闱姓赌博，广东商人欲以安怀堂名义承包闱姓赌博，招揽仁昌等 6 家赌馆收受赌注，这里“安怀堂”是承包总公司，下辖“仁昌”等 6 家分公司。光绪十一年(1885 年)，张之洞获清廷批准开放“闱姓”赌博，对于总承包商的遴选，郑观应建议以招标选定，郑氏认为最佳办法，莫如仿照西例，由赌商投票，价高者得；投票作业应保密，赌商须缴银号保单作按金，不让委员书役有插手机会。张之洞基本上采纳了郑观应的意见，“现经绅商具呈，如蒙弛禁，情愿认捐巨饷……即据诚信堂商人张荣贵、敬忠堂商人杨世勋等呈请合办，以六年为限，共捐洋银四百四十万元，五个月内先缴一百五十万元，其余二百九十万元按年分缴。当经邀集省城大绅暨各书院山长，前赴明伦堂团、捐局会同面议，再三咨访，佥谓可行”①。这就是说诚信堂和敬忠堂为闱姓总承办是经过了招投标程序，由集体决策而确定的，而诚信堂和敬忠堂两家“呈请合办”则是合股另组一个股份公司来承包闱姓赌博，“所有广东全省闱姓赌博准诚信堂、敬忠堂分东西二股合同办理，认真稽查，如有私开，许该诚信堂、敬忠堂指明禀究。其文武衙门兵丁人等均不得藉端需索，至干严究”②。诚信堂、敬忠堂第一届承包期满后，大赌商刘学询独资承包了第二届闱姓赌博。光绪二十六年(1900 年)，李鸿章在广东全面放开赌禁后，广东赌商踊跃报名要求承包闱姓、小闱姓、山票、铺票、番摊赌博，其中，卢华富以宏远公司名义承包小闱姓赌博，每年缴饷 80 万元，另缴报效 40 万元，先承包 4 年，期满后再续签承包合同，但需再缴 40 万元报效银；惠泰公司商人张永图、陈国华、保商局绅士蒋元绪、卢绍勋等以认缴饷银 200 万元、公礼 80 万元承包了番摊赌

① (清)张之洞：《筹议闱姓利害暂请弛禁折》(光绪十一年四月二十日)见赵德馨主编：《张之洞全集》(一)，武汉出版社 2008 年版，第 287 页。

② 《闱姓批词》，载《申报》1885 年 1 月 29 日。

博；宏丰公司以每年认缴42.5万元正饷银、一次性过缴10万元报效银总承包了全省基铺、山票、铺票赌博。宣统二年(1910年)，赌商苏秉枢的安荣公司转接绍荣公司承包的全省山票、铺票赌博后，广为招商，承包各个分馆，以分摊成本、扩大经营。

其二，商业化、市场化运作。所谓商业化、市场化运作是指，赌商以市场需求为导向，以实现效益为目标，依靠专业服务和质量管理，形成系列化、品牌化的经营方式和组织形式。清末广东赌博在取得合法营业地位后，大量商人积极介入并辅之以近代企业化管理，因而具有浓厚的商业化色彩。承包公司既要缴饷、兑奖，又要赚取利润，有着很大的经济压力。为了能最大限度地获取利润，这些公司在扩大经营范围、延伸产业链、提升服务质量和内部管理水平上动脑筋、下功夫。扩大经营范围，一般的承包商最常用的办法是广泛招商，多开分馆，把赌馆开到全省城乡各个角落，赌馆则广招兜售赌票的"带家"，形成一个总承包公司—各子口(分公司)—带家三级立体网络。赌博公司获取利润最大化的一个重要途径是根据市场需求，变更、增加赌博品种，增加开彩频率，扩大有效供给，以聚集人气、吸收赌资。如"宣统二年九月承办粤省山票的赌商绍荣公司本已亏欠赌饷累累，加上山票营业情况不太理想，于是仿照铺票办法，改用店铺名号120字，任选十字，每票收银三角至五元不等，每十日开彩一次，转批安荣公司承办。省城山、铺票开赌次数因而大增，除省城山票三会、铺票六会外，等于每月再加三会，'是直增开一不铺票，不山票之绝大新赌博'"①。清末，广州、澳门、上海赌场为吸引赌客到赌场一博，大都有较强的服务意识和专业的服务水平。光绪、宣统年间，上海赌窟规模最大和输赢最多的是虹口赌场。这个赌场专营摇摊，用4颗骨骰摇出"进门、出门、青龙、白虎"。每天输赢，总有几万元。如果有赌徒赢得大数目，赌场用马车、汽车将款派人送到，可见其服务之周到和专业化程度之高。

---

① 何汉威：《清末广东的赌博与赌税》，见《历史语言研究所集刊》(台北)(第六十六本，第二分)，1995年，第535页。

其三，产业化特征明显，产业链巨大。赌博作为一个服务性产业，产值究竟有多大？对于这个问题，台北学者何汉威研究后认为：

> 至于赌注确实数目有多寡，这个问题恐怕不易解答。赌饷固然出于赌注，惟只占赌注一少部分。据 Hong Kong Daily Press 估计，清末每年大概二亿圆流入省内各赌馆，这数目可能较为偏低。作者兹从零散不全的资料中，爬梳整理，对番摊、闱姓、山、铺票的赌注总额作极为粗略的估计。据光绪三十一年粤督岑春煊的估计："查番摊每承饷三百万元，公家所得虽只此数，而承饷之商人与夫官绅、兵役中饱分肥之数，约计当又倍之。今姑以承饷及中饱分肥总数六百万计，十中取一，则每年赌博出入之数，当有一万二千万至一万八千万矣。"折中估算，则番摊每年投买总额约为 1.5 亿元。至于闱姓赌注款数，光绪廿一年粤抚马丕瑶厉行赌禁，闱姓以外的其他赌博悉予取缔，闱姓一枝独秀。当时每厂约收三百万卷，合省洹十厂计，共收三、四千卷。每卷匀计值二千两。若以四千卷算，则每场闱姓投买数值约八百万两。每年以举办三场算，共银 2400 万两，约合 3400 万元。据估计，山票每月开四场，每场能收票百万，每票赌注最低为一角五分，最高为五元。铺票则每月三期，投注情形与山票大同小异。今姑以每票五角扯算，则山票每年投买总数约为 2400 万元。铺票约为 1800 万元，合共 4200 万元。估计番摊、闱姓和山、铺票每年投注总额约为 2.26 亿元；只加上小闱姓、彩票和花会等，则全省赌注额或接近三亿元。①

上述 3 亿元还只是纯粹赌博行业产值，事实上，经过清末近半个世纪的持续发展，广东赌博已形成包括赌博主业并涵盖餐饮、烟酒副食、茶馆、戏园、娼寮、典当等配套服务行业、涉及数十万人

① 何汉威：《清末广东的赌博与赌税》，见《历史语言研究所集刊》(台北)(第六十六本，第二分)，1995 年，第 543~544 页。

的庞大的产业链：

> 查广州城厢内外合大小番摊赌馆不下四千间，大馆需赌徒三十五人，中馆二十人，小馆十人。今以中馆之数均计，已萃赌徒八万余人。其余所属各县及各府、厅、州、县更难悉数，岂能革剃而会弥之？抑尚有纸烟、果饼、面食、粉食诸小贩倚赌厂为生者？有妓寮、茶馆、饭馆、戏园诸坐贾仰赌徒为生计者，胥受赌禁之影响，穷无所归，志将胡底？……查赌商资本大馆十数万金不等，中馆三五千金不等，即小馆亦非千金不能开馆。①

这里提到的大、中、小馆所需多少赌徒，并不是指参赌的赌客，应该说的是赌场的管理者和工作人员，仅一个广州赌场，从业人员就达 8 万之众。还有一个更大的从业群体这里没有提及，就是兜售赌票的“带家”，其人数应该数倍于赌场内部管理人员。上引史料还透露出这样一个信息，清末的广州，赌博为城市主打产业，其他服务性行业如食、住、行、娱都依附于赌博行业，“抑尚有纸烟、果饼、面食、粉食诸小贩倚赌厂为生者？有妓寮、茶馆、饭馆、戏园诸坐贾仰赌徒为生计者”，这种寄生与依附的负面效应在宣统后期实施禁赌后表现尤为明显，真可谓一荣俱荣，一损俱损。“不少行业的发展都寄生于赌场。赌业荣枯盛衰，一举一动，可能关系寄生行业的消长至巨。据广东自治会人员记载，省城因赌禁实施而失业的人，充塞于途，致治安堪虞。不少因赌场结束而生计顿绌的人纷纷加入革命组织。由此足见依附赌博应运而生的经济活动规模之庞大；清代覆亡前夕厉行赌禁所引起的经济失调，也于此可见一斑。”②

---

① 《军机处档》(第 186171 号)，转见何汉威：《清末广东的赌博与赌税》，见《历史语言研究所集刊》(台北)(第六十六本，第二分)，1995 年，第 542 页。

② 何汉威：《清末广东的赌博与赌税》，见《历史语言研究所集刊》(台北)(第六十六本，第二分)，1995 年，第 543~544 页。

赌博作为服务行业的这种龙头产业地位，我们还可从在广东税收上缴数额和占比中一窥端倪：宣统元年(1909年)的统计数据显示，全省财税总收入1339.38万两，其中盐课340.19万两，占比25.40%；常关税52.62万两，占比3.93%；土药关税34.31万两，占比2.56%；商税52.36万两，占比3.91%；其他税项6.21万两，占比0.46%；厘金273.74万两，占比20.74%；各项杂捐579.95万两，(其中赌捐353.92万两)，占比43.30%。“宣统元年，广东各项税收总和1339.38万两中，捐税占了税收总数的将近一半，而在当年广东的捐税中，单赌饷一项便有354万两之巨，占了当年捐税总数的61%，占了总税收的26.5%，比盐课多出十余万两，比厘金多出八十万两，是名副其实的清末粤省第一大宗税项。”①

合法化、职业化赌博培育出特殊的赌商阶层。清末广东经营闱姓、山票、铺票、番摊赌博者大抵有3个来源：一是原本就是商人，如光绪十一年张之洞弛禁闱姓赌博时诚信堂老、敬忠堂老板张荣贵和杨世勋便属这一类；二是官绅下海承办赌博，如光绪十六年(1880年)承办第二届闱姓赌博的刘学询就是进士和候补道台；三是武将转业投身赌业，如李世桂就曾经是广东千总，李鸿章放开番摊赌禁文后，委任其负责收取和管理番摊赌饷，后因侵吞赌饷而被革职。革职后的李世桂承包了番摊赌博，成为清末大赌商，时有“文有刘学询，武有李世桂”之称。

关于晚清广东赌商阶层数量虽然没有确切统计数据，但我们从赌场的数量上可以推测一个大概。以广州为例，宣统年间广州有各类赌场300多家，雇佣员工4000余人，很多赌场都是合资经营，因此保守估计，仅广州一地至少有赌商500余人。1909年成立的广东省谘议局，94名议员中就有7名赌商：苏秉枢、蔡念模、区赞森、陈乃瑞、周兆龄、黄朝恩以及赌商文案刘冕卿，几占议员总数的8%。光绪初年，两广总督张兆栋申禁闱姓后，广东赌商移师港澳(主要是澳门)，19世纪70年代，澳门仅番摊馆就有200余家

① 张爱勇：《试论清末广东省禁赌的措施》，载《兰台世界》2012年8月下旬，第25页。

之多，赌商成为澳门商界主流，“自1860年之后，白鸽票、番摊、闱姓、铺票等赌博项目，其承充者基本上为华商”。“由于控制了赌博专营权，一批富裕的华人赌商阶层逐渐形成，‘自内地严围姓赌馆之禁(聚粤中小姓于文武乡会试及岁科童试时，射其中否曰围姓)，奸人潜往澳门开设。恃夷为固，而澳葡岁收陋规数十万，遂因之渐富矣’。在华人赌商中，从承充的赌博项目和经营的时间来看，最重要的赌商有：冯成，涉足白鸽票、番摊、闱姓，累计承充7年；何桂、何连胜、何连旺家族，涉足番摊、闱姓，累计承充40年；卢九、卢廉若、卢光裕家族，涉足白鸽票、番摊、闱姓、仁慈堂彩票、签铺票，是涉及参与赌博项目最多的‘赌王’家族，承充期累计长达47年；何广，承充白鸽票，承充期为16年；萧登，涉足白鸽票、番摊、闱姓、签铺票，承充期累计为18年。”①

赌商的发家得益于赌博产业的合法化和职业化，何桂、何连胜、何连旺家族，有澳门“赌王”之称，其发家起源于承充赌博业，“何连旺…… 字穗田，父曰老桂，咸丰初元，来从海上，因得起家”；“(何)老桂……其后承充闱姓、番摊各饷，积财产百万”。②清末广东“赌王”刘学询(1855—1935年)，出生于广东香山县(今中山市)一个贫苦农家，少年发愤苦读，于光绪十二年(1886年)考中进士后成了一名靠微薄薪水过日子的小公务员，刘学询才华横溢，在广东颇有文名。光绪十六年(1890年)，刘学询下海承办第二届闱姓赌博，6年下来，刘学询暴得大富，成为富可敌国的大赌商，其在广州西广荔湾营建的刘园，规模宏大，极度奢华；光绪二十六年(1900年)，又在杭州西湖边的丁家山南麓建造亭台楼阁，花园水榭的“水竹居”；刘学询还娶了十二房姨太太，甚至在他所选的墓地里提前为这些姨太太预留了墓穴，刘学询也因此获得了“文可华国、富可敌国、妾可倾国”的“刘三国”绰号。赌商议员苏秉枢，绰号“苏大阔”“苏生鬼”，苏家祖上做生意，虽然小有积蓄，

① 林广志：《晚清澳门华人赌商的产业投资及其特征》，载《华南师范大学学报(社会科学版)》2009年第6期，第137页。

② 《镜海丛报》1894年9月26日第10号“声告”。

但真正成为一省巨富还是苏秉枢承办赌博以后，史载其放荡不羁，曾开设赌场，积钱不少，渐成富商。时民间有“官大吴光亮，计谋冯奎元，财多苏生鬼”之说。

赌商除了承办赌博外，还投资其他产业，澳门赌商主要投资方向在金融、房地产及工业等领域，如何连旺家族开设的时和银店、卢九等开设的宝行钱号、泰和银店等；王禄、何连旺、卢九等都是晚清澳门著名的房地产开发商，澳门福隆新街、卢九街就是赌商们的地产杰作；赌商工业投资主要集中于炮竹、缫丝行业，“‘澳门的机器缫丝业，一般说来，经营很成功’。1895年间，为其祥丝厂的鼎盛期，‘澳地有丝厂焉，皆澳中富商合股而成，何、卢、冯、陈为之董。每日可用男女工人至八百余名之多，每人每日可获工资八九分’。一间工厂每日用工八百余名，在澳门历史上无出其右者，可见其规模之大”①。内地赌商一般较少多元化投资，但在宣统年间，广东省谘议局通过全面禁赌议案，政府考虑以其他税源筹抵赌饷时，一些实力雄厚的赌商就企图染指盐业。其时广东省每年赌饷收入440万元，政府希望通过提高盐饷数额来拨抵赌饷。此议一出，赌商如刘学询、苏秉枢、李世桂等如蚁慕膻，纷纷呈请承充盐饷，为了消除人们增加承充数额恐会提高盐价的顾虑，赌商提出整顿粤省盐务以增盐饷的建议：“今拟办法，剔规费，塞漏卮，绝私运，且缉私主权归一，则港、澳私枭自可跟踪截缉，外盐杜绝，外利由此一挽回，而内地盐田遂无荒废之患。查向来盐丁灶户受制于场员、场役，今商人与灶户交接，祛除积弊，优加体恤，不更胜于宦民殊劳耶？”对于盐价因而昂贵之说，他们认为不必过虑。“今奉制宪明定限制，拟省埠每斤至贵时不过逾五分六厘者，贱时仍不售至出数。”②赌商们提出的削剔规费、禁止走私、减少销售中间环节等办法，对于改革盐业销售体制，提高盐业经营效益，增加盐饷收入，应该是富有行之有效的富于建设性的好办法。赌商的有力竞

① 林广志：《晚清澳门华人赌商的产业投资及其特征》，载《华南师范大学学报（社会科学版）》2009年第6期，第140页。

② 《看看承盐新商致总商会办护函》，载《华字日报》1909年11月13日。

争，使盐商感觉到丢掉饭碗的深刻危机，愿意与赌商妥协分别承充，但最终由于清廷的介入和干预，指出其承充方案“有可虑者五，有难行者四”，指示仍由原来盐商承办，赌商投资转型承充盐饷的意愿终成泡影。

富甲一方的赌商不甘寂寞，冀图在政坛有一席之地甚至影响地方政局。国民党元老冯自由曾这样评价刘学询在广东的影响力：“其金钱势力以左右士子之成败，及官吏之进退，典试者莫不仰其鼻息。”晚清立宪运动中，广东省成立谘议局，赌商以其强大的经济实力在其中占有 7 个席位，苏秉枢等大赌商均得运动列为议员。① 清末广东民间禁赌呼声高涨，赌商或直接或间接地对此施加影响，所谓间接影响，即以金钱影响政治。光绪三十一年(1905年)9 月，广东省谘议局成立后，提出的第一个议案就是“筹禁广东各项赌馆”。但两广总督袁树勋却态度暧昧，以筹抵赌饷作为禁赌的先决条件，实际上是以无法筹得巨款影响广东财政收入为由拒绝了谘议局的禁赌议案。这表明，赌商不仅控制了广东的经济命脉，而且深刻影响着广东的政治格局—— 不仅地方政府决策受到赌饷的掣肘和赌商利益集团的牵制，甚或影响宪政改革，“粤省赌博大碍宪政，为别省所无”②。

赌博“大碍宪政”绝非危言耸听，由于赌商在谘议局占有多个席位，当谘议局议案涉及禁赌，触犯赌商利益蛋糕时，赌商不惜重金贿赂收买议员投下于其有利自己的一票。此种行径不仅使禁赌议案束之高阁，而且触犯了现代民主政治公正、公平、公开的原则和底线。事件的起因乃于宣统元年(1909 年)十月八日，陈炯明等议员提出“严禁安荣公司铺票议案”，要求不准安荣公司卖铺票。安荣公司为议员苏秉枢所属承办之山票赌博公司，苏秉枢因积欠赌饷而买通有司准备停开山票，改开铺票，但却在谘议局遭到议员提议请禁。要求一律禁赌的议员认为，“旧赌未能即除，岂容复增新赌”。但支持苏秉枢的议员刘冕卿(按：该员为苏秉枢之文案)则主

① 《粤谘议局否决禁赌案之大风潮》，载《申报》1910 年 11 月 23 日。

② 《粤谘议局议决承盐禁赌办法》，载《申报》1910 年 6 月 5 日。

张安荣公司开设的铺票比山票赌博为轻，安荣公司是去重就轻，与官方次第实施禁赌政策不相抵触。刘冕卿并说：“今已抵数无著，不能遭禁，于法律上诚不合，于事势上所必然。”①力主让安荣公司开设铺票赌博。刘冕卿的发言遭到许多议员激烈反对，丘逢甲指陈刘冕卿：“既法律上不合，何容为赌商滔滔辩护。”李鉴渊发言表示：“新创之赌，无论如何巧立名目亦须禁绝，断无变通之可言。”陈炯明则说：“禁赌而庇护之，如此议员，乌不得为广东哭也。”②谘议局议员为此问题分为对立两派，双方互不相让，最后决定付诸表决。当时出席会议的议员共有64人，其中9人在激烈争论时离场，参与投票表决议员为55人。在投票表决前，坚持一律禁赌的议员提议以记名投票表决代替以往惯用的不记名表决，经议长易学清宣读议事细则后，宣布以记名投票表决。凡赞成一律禁赌的议员在票面上写“可”字与自己的姓名，凡反对此项议案的议员亦于票面写“否”字并签上自己的姓名，此即“可决(禁赌)议员”与“否决(庇赌)议员”的由来。开票统计，结果有35人投否决票，只有20人赞成一律禁止。投票的结果令丘逢甲十分气愤，其频频摇首说：“广东谘议局竟丢脸至此耶!”愤而离开议场。获胜后的苏秉枢得意扬扬，当晚竟设宴遍请该案投票否决的议员，“设宴议局，以庆成功”。③议员庇赌之事传出，一时舆论大哗。十月十三日，广州绅商各界在广州明伦堂集会，全体认为：“现在谘议局有此狗彘不食之议员，谘议局已失信用，不特贻羞中外，吾粤已无代表之机构。”一致要求政府将刘冕卿等35名庇赌议员立即开除，以恢复谘议局之信用。广州各界还成立了“禁赌会”以示禁赌。④丘逢甲等

① 《续记各省谘议局与行政官争执事》，载《东方杂志》1910年第11期，第85~87页。

② 《续记各省谘议局与行政官争执事》，载《东方杂志》1910年第11期，第85~87页。

③ 《粤谘议局否决禁赌案之大风潮》，载《申报》1910年11月23日。

④ 《续记各省谘议局与行政官争执事》(宣统二年)，见李振华辑：《近代中国国内外大事记》，载沈云龙主编：《近代中国史料丛刊续编》(第67辑)，台北文海出版社1974年版，第1896页。

“可决议员”也与其他议员 43 人联名请辞议员职务。署理两广总督增祺见事态严重，遂顺从民意，勒令停止安荣公司铺票赌博业务，“否决议员”在强大的公众舆论的压力之下不得已也向清廷提出请辞。十二月初一日，两广总督向清廷报告说明调查“安荣公司案”庇赌议员经过，清廷同意刘冕卿等 35 名涉嫌庇赌议员的辞职请求，但对丘逢甲等 43 名“可决议员”的辞职则未做表示。至此，“安荣公司案”的庇赌风波才算告一段落。①

晚清广东地方政府为了筹饷力推以闱姓为代表的赌博合法化与职业化，虽然获得了可观的赌税，解了燃眉之急，然有利必有弊，且弊大于利，对于广东政治、地域人文形象和社会风气带来的负面影响，不可估量，至深且远：

> 利之所在，弊即随之，故为利愈大之事而为弊亦愈深。广东赌博之弊甲于各省，如基、山票、番摊等赌犹其弊之小焉者，弊之大者莫不闱姓，有身未入场而已经中式者，有卷已中式而为人割换者，每届乡会两试三场甫竣，外间已哄传某姓卷荐矣，某姓卷中矣，及期近揭晓，外间又哄传某姓卷荐而未中矣，某姓卷中而已撤矣。甲则曰我中若干小姓，乙则曰我中若干大姓。榜发而外间所中之姓往往十得八九，是果有异术能前知，与抑钱能通神，而关节可到耶。前年科场案发，牵连多人，而弊端愈揭。夫科场为国家抡才大典，关防何等郑重，刑罚何等森严，而道路喧哗，某姓荐某姓中，线索灵通，至于如此。闱姓为广东人最信任之赌也，其流弊且至于不可究诘，则凡类于闱姓者其弊端或等于闱姓，其弊端或且甚于闱姓，均在所不免。盖粤人嗜赌，乃其天生一种之特别性质，沈溺愈深，

① 本节内容参考了杨护源：《丘逢甲清末广东禁赌事迹考析及相关之史料》，载《广东史志》1999 年第 2 期，第 36~37 页；包生耿：《广东谘议局与清末广东禁赌》，载《中山大学研究生学刊》2006 年第 4 期，第 34~41 页；冀满红、刘文军：《清末广东谘议局与禁赌》，载《历史档案》2006 年第 2 期，第 36~38 页。

花样愈伙，作弊之法亦愈巧，诱人之术亦愈工。敢一言决之曰：凡广东类于闱姓而迹近于赌者均万不可信任。然则以数元之母财欲得数千倍之子利者，不可不知广东赌博之弊，安可再以有用之黄金妄掷虚牝哉。今彩票盛行，或讬名曰筹饷，或讬名曰义赈，或讬名曰学费，无赌之名，有赌之实。而嗜赌者可以知从违矣。夫开彩之日，柬请商人眼同摇□，且请司道大员督率，一若毫无弊端者，然从前尚有彩球灌铅之谣，至近来则此种讹言已息。而彩票销路亦日见其畅，然人多信任湖北签捐票，乐于购买。至南洋票则因近日改章，购者亦稍信任，福建浙江票，购者虽不甚踊跃，然亦不甚疑之，盖牟利之心生人同具，防弊之心，亦生人所共有。大凡急于牟利之人，未有不切于防弊者，是故无弊之票则人皆视之为发财之券，有弊之票则人必以闱姓为比例而深滋疑虑，视为不足信任之票矣。虽然以彩票筹款终非持久之道(铁路彩票则有大益此不可不办)，使其一无弊端也，已非政体所宜，若再有弊端，为害何堪设想。读粤督岑云帅禁赌示谕，赌固宜禁矣，彼非赌而类于赌者尤不可不禁，粤省盗风盛行于各行省者，其源皆根于有弊之赌，赌之为粤有害也大矣，是安可不设法禁止耶！①

晚清广东赌博“甲于各省”，“利愈大之事而为弊亦愈深”。闱姓赌博大肆舞弊，产生了多重负面效应。首先，从政治层面来看，“关防郑重”，“刑罚森严”的科举考试，被一班赌场老板玩弄于股掌之中，“钱能通神”，“道路喧哗”，“线索灵通”，“国家抡才大典”沦为儿戏。其次，以地域人文形象层面观之，由于闱姓以作弊为赢利的不二法门，置博戏公平公正的游戏规则而不顾，本来，“闱姓为广东人最信任之赌也”，但因“其流弊且至于不可究诘”，结果造成“有弊之票则人必以闱姓为比例而深滋疑虑，视为不足信任之票矣”，“凡广东类于闱姓而迹近于赌者均万不可信任”，包括闱姓及其他彩票，凡广东博彩品种甚至由广东人主办的其他活动也

① 《论粤省赌博之弊》，载《新闻报》1905 年 8 月 11 日。

不可信任，“夫事之近于赌者，利所在即弊所在也。谓为一无弊端其谁信之耶。不过视办理是票在何省，视办理是票者为何省人，即以省分定舞弊之有无”，广东地域人文形象因此而烙上作假失信的可耻烙印。复次，在社会风气方面，合法化、公开化的赌博使得歪风邪气得以滋生和上扬，“粤省盗风盛行于各行省者，其源皆根于有弊之赌，赌之为粤有害也大矣”。从赌风“甲于各省”到盗风“盛行于各行省”，赌博在广东合法化、公开化的结果“弊亦愈深”，“有害大矣”，赌博扰乱了社会秩序，腐蚀了人们的心灵。由此深刻昭示：赌博合法化、公开化，在中国，此路不通！

四、麻将纵横

尽管麻将在近百余年几乎成为家喻户晓的国粹，但绝大多数“麻友”对其身世却所知不多，不甚了了。尤其是关于麻将的起源，多年来更是一个谜，并衍成许多传说。有一种传说认为，麻将为江南船夫所创，相传江南运河沿岸的船夫们，喜欢玩一种纸牌（有可能是马吊），因为江中风大，纸牌常常被风吹落江中，于是有好事者便改纸牌为竹骨相嵌的骨制牌。其牌名“筒”“索”“万”，皆以船家行话称呼，如“筒”为船上货物，“索”指升帆的九条绳索，“万”为所得钱数，“东”“南”“西”“北”，指江、河、风向和始行之去向，“红中”指货物被商家看中，未被看中的则为“白板”，“发”比喻发财。① 在现存的有关文献中，对麻将出现的时间、诞生的地区亦颇多歧义。近人徐珂《清稗类钞》说，麻将“始于浙之宁波，其后不胫而走，遂遍南北”。杜亚泉著《博史》对麻将起源所述较详：

> 马将牌始于何时，不能确定，但当较默和牌后。默和牌始于明之末造，则马将牌之改作当在明亡之后矣。相传谓马将牌先流行于闽粤濒海各地及海舶间，清光绪初，由宁波江厦传及

① 见吝士：《麻将探奇》，中山大学出版社1992年版，第2页。

> 津沪商埠。大约明亡以后，达官贵族及其宗亲子弟，各奔于浙闽两粤之海上，故流传此牌。五口通商以后，海舶多聚于宁波江厦，各省贾客流寓江厦，繁盛过于上海，演习马将者众。此时已改制骨牌，且加梅兰竹菊、琴棋书画等花张称为花马将，逐渐流行，由津沪波及全国，盖已五十余年矣。①

杜氏上述说法甚为含糊，一会儿说麻将始于明亡以后，一会又说兴起在五口通商之际甚至光绪初年。1935 年，杨荫深著《中国游艺研究》，对此提出疑义："杜氏以马将牌始于明亡之后，至花马将为近五十余年的事。(按杜氏此书作于民国二十年，是花马将始于清之光绪初年。)明亡以后，此说甚为含混。若说清初已流行了，则乾隆时金学诗著《牧猪闲话》，叙述当时各种博戏甚详，独无此牌，似不足信。"杨氏经过研究考证后认为，"马将牌实始于太平军中，后乃流入宁波，与杜说'先流行于闽粤濒海各地，'后'由宁波延及津沪'不谋而合。而时间则在道咸之际，也较杜说'大约明亡以后'为可确信。盖此牌实远绍马吊牌，近由碰和牌转变而来，不过前者仍用纸制，后者改为骨制……"②

杨氏上述考订，对麻将的源起，远较杜亚泉精细恳切，他提出的由马吊到默和再到麻将的演进脉络，为我们进一步深入研究麻将的起源、形成史提供了可资参考的线索。但杨氏的观点仍然存在重大缺陷。首先是其确定麻将诞生时间过于精确，有违历史真实，麻将作为成乎众人之手的民间发明，不仅在形成过程中经历了漫长的时间跨度，而且其形制从雏形到定型状态并非一蹴而就，其间势必存在过不少过渡环节，亦即阶段性的中间产品。有鉴于此，在探讨麻将形成史的时候，就必须充分注意这种过渡性中间产品在其形成过程中的作用，同时顾及时间的长跨度而对麻将形成史做出既合乎客观历史又只能是粗线条式的大致勾勒。其次，杨氏谈到麻将的祖

---

① 杜亚泉：《博史》，上海开明书店 1933 年版，第 82~83 页。

② 杨荫深：《中国游艺研究》，上海世界书局 1935 年版，第 98~99 页。

宗时只提到明代的马吊①，其实，马吊和骨牌(北宋宣和牌)是麻将的共同祖先。马吊成为麻将内在结构及游戏规则的滥觞，而骨牌则不仅直接赋予麻将外在的形式(竹骨相嵌)，而且在部分内容和戏法上也对麻将产生影响。二者混合、嫁接再衍化，终于诞生了新的博戏品种——麻将。

上一章我们曾经谈到的马吊，经历过清初一段时期的短暂衰歇之后，到康熙年间不仅死灰复燃，而且有了更为猛烈的发展，并逐渐有所改作，形成了一种名叫“默和”的新牌式。乾隆时期的学者金学诗在《牧猪闲话》一书中对其牌式、戏法做了详细记载：

> 恐升庵(即杨慎，明代著名文学家)时尚未有今之纸牌形制，调度前人未有著录者，大约仿马吊牌而损益之。疑始于明之末造，而盛行于今世。虽乡僻处无地不有，非甚谨愿者无人不晓，较马吊牌奚啻十倍！故于骰子之后，首序列焉。
>
> 聚客四人，案设罽旃，乃出戏具。拈一人为首，以次抹牌，每人各得十页，谓之“默和”。余二十页另一人掌之，以次分递，在局者谓之“把和”，亦曰“矗角”，因其在座隅也。
>
> 其法以三四页配搭，连属为一副，三副俱成为胜。两家俱成，以拈在先者为胜。凡牌未出者皆覆，既出者皆仰，视仰之形，测覆之数，以施斡运，则在神而明之。②

从金学诗的上述记载中，我们可以发现“默和”牌的几个特点。第一，仍为纸制，但牌的内在形制较马吊有明显变化，即去掉了“十字”门，改为万、索、文三门，每门 9 张，计 27 张，另加红万、枝花、空堂三种，共 30 种，每种皆成对，即全副牌为 60 张。这较马吊牌制整齐。第二，在戏法上已摒除了马吊牌“三家攻一”

① 持这一看法的人和文还很多。如徐珂《清稗类钞》，杜亚泉《博史》，著名学者胡适亦持此说。当代最有代表性者当推《辞海》：“麻将牌，也作‘麻雀牌’，简称‘将牌’，博戏，始于清代。由马吊牌演变而成……”

② (清)金学诗：《牧猪闲话·纸牌》。

“以大击小”的规则，牌面本身无所谓大小统属之分。在牌戏中都处于平等地位。四家各自为战，同门数字相连的四张牌组成一副牌称为一进，某一对牌加一幺头或者两张幺头加一散牌也可凑成一进，“三副俱成为胜”。在游戏过程中，各家手中所持之牌“皆覆”不予人知，而打出去的牌则“皆仰”，供各家度测、揣摩他人手中所覆之牌，以决定取舍、运筹而和牌。由于这种牌戏在运作过程中互相都默不作言，因此取名为“默和”。第三，默和牌的另一个特点是四人之外有一充任发牌的局外人，此人被称为“把和”，又因其坐在牌座一角，故又名为“矗角”。

稍后一些时，在默和牌基础之上又出现一种碰和牌，据金学诗《牧猪闲话》介绍，碰和牌是在默和牌60页基础上再加上一具牌为120页，使同门每种牌由原来的2页变为4页。另有一种是加一具半，使之变为150页，即每种牌为5页。参加牌局者四到五六人不等。这种牌戏较之默和牌又有新的不同。首先是取消了“矗角”，入局者每人在牌戏开始时各取20张牌后，其余40张牌皆“掩覆”于桌上，由各家自行依次摸取。其次是在斗牌过程中下家可以碰吃上家打出的牌。其进数名称有“坎”“碰”“招”多种：同门三张数字相连曰“坎”，三页同色曰“碰”，四页同色曰“开招”，更有难得之五页同色曰“活招”。由于这种牌式可通过碰吃的方式而达到和牌目的，故取名为碰和牌。

由“默和”到“碰和”，我们可以发现这种纸牌已在牌式、戏法上逐渐脱离马吊牌的原初形态，开始向后来的麻将靠近。到了乾隆、嘉庆时期，这种演化趋势更加明显。其显著特征是牌面图案及称谓已与后世麻将形制相去不远。如《红楼梦》中提到的这种纸牌就是由万、索、饼等组成，将马吊纸牌中的文字门绘成饼状，称呼为“饼”而不是“文”，其戏法提到“洗牌告幺”“牌已十严”“满贯”①等更与麻将戏法大致相近。

嘉庆、道光时期，上述牌戏进一步演化，在形制与戏法上与后

① 参见(清)曹雪芹：《红楼梦》第四十七回“呆霸王调情遭苦打　冷郎君惧祸走他乡”。

世的麻将已没有多大区别。不过，这种牌式离麻将仍差一步之遥，即牌的形式仍为纸制而非骨制，所以这时它仍是纸牌而不是我们所要说的麻将。正是在这一关键的当口，骨牌开始施加影响，于是才有了由纸牌到麻将的本质性蜕变。

骨牌对麻将的影响是多方面的。其一是竹骨相嵌的质地和长方块的形状直接为麻将所承接；其二是骨牌的一些戏法给麻将直接或间接的影响。发明于宋代的骨牌到清代乾隆以后，其戏法也出现了类似纸牌的碰和。据史料记载，此牌"或于三十二页之外，加倍而又半之，为八十页，则每种各五页；又于武牌三六四五等均作每种五页，与文牌同，则又加二十五页，为一百零五页，亦曰'碰和'"。这种碰和牌可以吃碰，三牌皆同为一进称"豹子"，四牌相同称"开招"，五牌相同称"龙船"，开招、龙船可以在牌尾取牌，叫"开扛"。每家手中始终保留 20 张牌，以做成七进牌者为和，和牌后各家还要统计"符数"以计输赢。另外，骨牌还有一种戏法叫"碰花将和"，即"花牌"："或以天地人和等牌为将，抹得者倍采，或就其中数页，添绘花枝，以一页当二页。"①这颇类似后来麻将戏法中的"百搭"。此种牌戏的详细情况我们不赘述。值得一提的是，"花牌"的一些戏法可能给麻将以直接影响。如四人入局，砌牌如方城式，庄家的对家掷骰，以所掷点数开门依次拿牌，每次两幢，共 5 次 20 张(这些与麻将略有不同。如麻将为庄家掷骰，每人取牌 13 张，庄家 7 幢 14 张)。然后各自在自己面前竖起理牌。由庄家先打第一张牌。在打牌的过程中，如上家打出的牌，下家需要时可以吃，可以碰……所有这些，都与后来的麻将打法极为相似，麻将受惠于骨牌自当不言而喻。

大约在道光、咸丰年间，麻将终于完成了由纸制博具向骨制博具的最后转变。这从流传在江南一带的传说和清代的一些野史稗乘的记载中即可窥见其大概。据说当时两淮盐商、江南运河沿岸和东南沿海一带的船夫们在玩牌过程中，有感于纸牌数量增多，在进数组合时很不方便，于是有好事者便吸纳骨牌样式及某些戏法对纸牌

① (清)金学诗：《牧猪闲话·骨牌》。

形制做出重大改进，成为麻将牌的始作俑者。另有一种说法是当时两淮盐商所玩之近乎麻将的纸牌，传到了江南一带的太平军军营中，军中一些赌徒对其加以改制，从而完成了麻将牌的制作：“粤军起事，军中用以赌酒，增入筒化、索化、万化、天化、东南西北化，盖本伪封号也，行之未几，流入宁波，不久而遂普及矣。”①这里所说的东南西北伪封号，是说麻将中的东风、南风、西风、北风是按照太平军中东王杨秀清、南王冯云山、西王萧朝贵、北王韦昌辉的封号所创制的。上述诸种说法，不论其可信程度有多大，但有两点共同的东西则是可以肯定的，一是时间上都说的道、咸年间，二是地域范围在江南一带。为了证明后一点的可靠性，历来许多学者曾通过对“麻将”一词从语言学角度予以考释，提出了有力的佐证。如徐珂说：“麻雀(麻将又被称之为麻雀牌——引者)，马吊之音转也。吴人呼禽类如刁，去声读，不知何义？则麻雀之为马吊，已确而有征矣。”今人也对此有进一步考释，认为麻将“最初即名‘马吊骨牌’或‘马骨牌’。吴人音‘鸟’为 diao，前者因转音为‘麻雀牌’，而后者则音讹为‘麻将牌’”②。

麻将牌在诞生之后，其形制经历了一个不断变化、逐步定型的过程。其中万、索、筒由纸牌中万、索、文变化而来，每门一至九，每张 4 页，三门合起来共 108 页。纸牌中的红万、枝花、空堂最初分别变为龙、凤、白，后来又改为中、发、白，即红中、发财、白板。东南西北风为麻将牌所新创，中间曾经略有一些变化，光绪、宣统年间，在北方如京津地区，有的麻将牌就曾以仁义道德取代东南西北。③ 不过最后定型的麻将仍维持东南西北。民国时期，有的麻将在 136 张牌之上又增加春夏秋冬、梅兰竹菊八张，成为每副 144 张的“花麻将”。

麻将牌的打法也经历了一个由简趋繁，由繁到简，不断翻新的过程。一般是 4 人入局，每人手中有牌 13 张，以先组成四进一对

---

① (清)徐珂：《清稗类钞 · 赌博类》。

② 史良昭：《枰声局影》，上海古籍出版社 1994 年版，第 65 页。

③ 参见戴愚庵：《沽水旧闻》。

为胜。在其运作过程中，同色数字相连的三张牌称为“顺”，同色而数字相同的三张牌称为“坎”“克”。下家的“顺”子要吃上家打下的牌叫“吃”，“坎”子要吃别家打下的牌曰“碰”，更有四张同色者曰“扛”，即抹取最后一张牌。如扛和牌称为“扛上开花”。这些都是最基本的打法。事实上，从清末以迄民国，麻将的打法是十分繁复的，往往因时而异、因地不同。《清稗类钞》曾辑录晚清流传于民间的数首歌谣，叙介当时麻将戏法，读来颇为有趣：

麻雀何难打，只求实者虚。逢和须要算，死听不为输。三项家家大，（中发白——原注，下同）双风对对符。自摸清一色，喜煞牧猪奴。今日赢钱局，排排对子招。三元兼四喜，满贯遇全幺。花自杠头发，（杠后开花者，开杠后自摸和成也）月从海底捞。（仅余一张牌自摸自成者，谓之海底捞月）散场须远避，竹杠怕人敲。素有盘龙癖，得闲打八圈。上家六和占，本位自输钱。勒子看人倒，（三百符谓之倒勒，又谓之勒子）病张摊我拈。（三项大张难于打出者，谓之病张）不如加两点，或可有庄连。又唱竹林戏，讴歌逸兴赊。（泰州打牌者，率有唱牌之癖，如西风则曰西瓜玻璃泡，北风则曰北关桥下水滔滔之类）四圈输八吊，一客累三家。包子连连吃，（谓冒险打出大牌，人竟和下，则打之者包全抬）头儿屡屡拿。不愁输得苦，明日早些来（俗云，不怕输得苦，单怕缺了赌）。①

从上引民谣所叙的“对子招”“自摸清一色”“杠头发”“海底捞”“吃包子”等戏法来看，后世及今日方城大战的基本打法，早在清末即已大体具备。此外，数副加计番的所谓“老麻将”，在清末也已出现。晚清谴责小说《官场现形记》对此就有形象描绘：

齐巧这日阴天很有雨意，羊统领没有事情做，便叫差官拿了片子把一向同在一起的几个道台，甚么张大胡子、余荩臣、

① （清）徐珂：《清稗类钞·赌博类》。

潘金士、糖葫芦、乌额拉布、田小辫子，一共六人，又面约了赵元常，通统宾主八位，同到钓鱼巷大乔家打牌吃酒。赵元常因另有事情，说明白去去再来。羊统领却自己坐了轿子先去吃烟。这大乔同羊统领也有三年多的交情了，见面之后，另有副肉麻情形，难描难画。一霎时亲热完了，所请的七位大人也陆续来了。

当下先打牌，后吃酒。却不料那田小辫子田大人新交的一个姑娘，名字叫翠喜，是乌额拉布乌大人的旧交。乌额拉布同田小辫子今天是第一次相见，看见田小辫子同翠喜要好，心上着实吃醋。起初田小辫子还不觉得，后来乌大人的脸色渐渐的紫里发青，青里变白。他是旗下人，又是阔少出身，是有点脾气的。手里打的是麻雀牌，心上想的却是他二人。这一副牌齐巧是他做庄，一不留神，发出一个中风，底家拍了下来。上家跟手发了一张白板，对面也拍出。其时田小辫子正坐对面，翠喜歪在他怀里替他发牌，一会劝田小辫子发这张牌，一会又说发那张牌。田小辫子听他说话，发出来一张八万，底家一摊就出。仔细看时，原来是北风暗克，二三四万一搭，三张七万，一张八万等张。如今翠喜发出八万，底家教了数，中风四副，北风暗克八副，三张七万四副，八万吊头不算，连着和下来十副头，已有二十六副；一翻五十二，两翻一百零四，万字一色，三翻二百零八。乌额拉布做庄，打的是五百块洋钱一底的幺二解，庄家单输这一副牌已经二百多块。

乌额拉布输倒输得起；只因这张牌是翠喜发的，再加以醋意，不由得“怒从心上起，恶向胆边生”，顿时拿牌往前一推，涨红了脸说道：“我们打牌四个人，如今倒多出一个人来了！看了两家的牌，发给人家和，原来你们是串通好了来做我一个的！”翠喜忙分辩道：“我又不晓得下家等的是八万。你庄家固然要输，田大人也要陪着你输。”乌额拉布道：“自然要输！你可晓得你们田大人不是庄，输的总要比我少些？”翠喜道：“一个老爷不是做一个姑娘，一个姑娘不是做一个老爷，甚么我的田大人！你们诸位大人听听，这话好笑不好笑？”①

民国时期，麻将打法在清代已有戏法的基础上又增添了不少新花样。20世纪30年代中期，杨荫深著《中国游艺研究》，对当时的麻将戏法曾有一段详细记载：

马将牌本无时不在改变之中，如近年以来，打法更较早年大起变化，有所谓“百搭”的，随便定某种牌为百搭，则无论何牌均可相配。而和牌方法，名目更多，有“不求人”，即牌皆自抹，不向人吃碰；有“全求人”，则吃碰皆求于人；有“清二色”，即和牌中只有二色；有“无花无字”，即和牌中无春夏秋冬东南西北之类；有“一板绞”，即有两个同样的顺子；有“双板绞”则有三个同样的顺子；有“喜相逢”，即两个不同门顺子；有“双喜相逢”，即三个不同门顺子；有“一条龙”，即自幺至九牌皆顺次而全的；有“断幺九”，即全牌中没有幺九的；有“纯幺九”，则全牌中均为幺九的；有“七对头”，即十四张牌适成七对子。至于称嵌档、边货、吊头等等，更不胜枚举。凡得以上诸牌者，均得增加一抬。其初幺九及花牌均作四和，余牌均作二和，故计和数甚细繁。今则专算抬数，以底和一百起算，一抬二百和；二抬四百和，计算十分便利。马将至此，已较原来大异其趣，而种种戏法，渐改渐便也不如从前的繁杂了。②

清末民初，鸳鸯蝴蝶派代表人物李涵秋的小说《广陵潮》，细致生动地描写了傅师兄、王老老、周氏、张老太太四个人打麻将的有趣情节，为我们了解初创阶段的麻将形制及其戏法提供了形象化材料：

---

① （清）李宝嘉：《官场现形记》第三十一回：“改营规观察上条陈　说洋话哨官遭殴打”。

② 杨荫深：《中国游艺研究》，上海世界书局1936年版，第99~100页。

傅师兄双手按着纸牌，笑着说道：“我想起一件玩意儿来，早想来告诉你们。被他夫妻两个打了一个岔，几乎忘却了。我想我们这一百零八张纸片儿，也就算得五花八门。今日看这个式样儿，明日又看那个式样儿，我们嘴里一点唾沫，从指头儿染到这牌上，也就不少。谁知世界上的事，过到老，学不了。(惜学者不知此语)前一天，我有个师兄(又是一个货好)，新从福建受戒回来，经过宁波府，带了一副骨牌儿回家，一古拢儿有一百几十扇，除得饼儿、条儿、万儿同我们纸牌不差甚么，以外又有十几扇刻着字，叫做甚么东风呀，西风呀，红的绿的，闹得人眼花，这也不算为奇，最奇的牌上有字是人人知道的。他这副牌上颠倒放着四扇没有字的，捞着这个没有字的开个招儿，一和便算得两和。(一篇说话，若隐若现，绝妙一篇麻雀牌论赞)我很爱那个顽意，比纸牌热闹得多，我约莫学了一半天，阿呀，我到记不得名字了!”(傅师兄记不得，读者却无人不记得)说到此，便缩过了一只手在裤管里只管乱摸。(能从此处乱摸，则虽不知其名，亦不远矣。为之一笑)

王老老接着说道：“呸，我当是甚么奇怪骨董儿呢，一个叉麻雀儿，也不知道甚么骨牌儿的，若是骨牌，我到好陪你打一场天九了。”(语甚微妙，殊不知在当时则少见多怪，在今日数见不鲜，时事变迁，曷胜扼腕)傅师兄笑道：“不错，是叉麻雀儿。我说的呢，我起初听见这名字，我就好笑。我说看牌儿罢了，怎么看到小孩子裤裆里去了？老老，想你也是个惯家。”王老老道：“我什么不曾见识过？(自负甚深)我们走了许多官宦人家，穿房入户，许多少奶奶、小姐儿闲着没事，那一个不把这麻雀儿不离手的搬弄。官客老爷们更不消说了。便是我也陪过老太太们叉过几场。(得意在此)你师傅是个在家出家，张老太太是著名的女善人，只知道斋僧济众。(女善人历史，先从王老老口中略点)况且活在世上已经七十多岁了，那里还晓得新鲜花样儿。我们周大奶奶更是乡里鼓乡里敲，这种事儿更没有得到他眼睛里的时候。只有我是跑马头儿的，瓜洲六七濠，镇江鲤鱼套，也不知见过多少大排场儿。这点顽意也不曾见过，还在世面上现甚么形呢。”周氏笑道：“你看我们这王大嫂子，也不曾有人说你不曾见识过。值得自己骂着自己，骂得烟雾涨气。”

傅师兄听了也十分好笑，便一叠连声，命人去取这麻雀牌儿。张老太太刚衔着一管旱烟袋，慢腾腾的笑道：“你们讲的我一点都不懂，便是将这东西拿得来，我也是一点不懂，不如我们还顽我们的老例罢咧。”周氏笑道：“老太太，你不要阻他们兴头，横竖要的是钱。(麻雀之入门无不奉此为唯一妙诀，不谓周氏已先见到此)你输给傅师兄，只当在佛前做个供养。输给我们王大嫂子，等你家孙子添重孙子，罚他白白效一场劳儿。(偏有解语)我呢，我是个冬瓜撞木钟，擀面杖吹火，一窍不通。也没有在这上面赢钱的道理。我同你老太太只当拿着钱学一学门道儿，便是看西洋景儿，也要拿三个铜钱，何况这是打远路儿来的呢。”(便把宁波说得比西洋还远)

周氏刚说着，早见外面送进一个四方盒儿。傅师兄伸手接得过来，轻轻的将盒子面前一块板抽起来，“豁琅琅”向桌上一倒，震得那桌面子岌岌摇动。张老太太一口烟抽得一半，猛的从手里将烟袋吓得掉落下来，说到：“好利害，怎么青天白日仿佛打了一个霹雳？停会子又起来，可不要把耳朵震聋了吗！亏你们喜欢这件东西。”傅师兄道：“这打甚么紧，让我弄给你们看。”说着便只手伸在牌里一气搂，搂得那牌劈劈啪啪价响，引得周氏笑不可仰。(见所未见，安得不笑)那田福恩早伏在桌上，左摸一扇嚷着是个“发”字，右摸一扇嚷着是个“中”字。正难开支，王老老翻着牌说：“我斗大的字认不得两箩筐，偏生这个劳什子的字一认便会。(今日和王老老一认便会者，正自不少)小扣子，你替我将东西南北四个字儿检出来。”又顺手拈出一个西字说：“这不像个西瓜篓儿么。”又递到周氏面前说：“你如认不得，你便记得这个篓子模样，就是个西字。”(承教，承教)大家忙了一会，才换次坐定。张老太太好容易跟着他们学，才把十七叠牌一顺儿叠起，却是张老太太做头家，拈起骰子一掷，掷了个五点。傅师兄命她再掷，张老太太笑道：“怎么尽是我掷了。”说着又掷了一个四点。王老老喊着“开门，开门”，张老太太听这一声，忙立起身只管朝外望，大家也疑惑外面有甚么人进来，都把头掉过去。等了好半歇，张老太太道：“是谁来了，门并不曾关着呀！”（妙绝）大家一想，才悟会他这意思，不禁一起大笑说：“并不是外面开门，是你面前的牌开一个搭儿好起牌。”张老太太也笑起来说：“可不闹死人呀，牌都有起门来。（说破实在可笑）不怪把这些赌鬼都收入进去了。”（隽语）于是伸过手去，左一开也不是，右一开也不是，急得王老老跳起来说：“人老珠黄不值钱，你看张老太太这个怯样儿。”一边说，一边在张老太太面前取过一叠牌，放在一旁，这才挨次起完了牌。起到末了，张老太太还多起了两叠，放在一旁，又零零搭搭退了一叠。张老太太将牌一瞧，忽的嚷起来说：“不对不对，怎么把不曾做好的牌夹在这里面。”大家又是一惊，早见张老太太拈出两扇牌放在桌上，光滑滑的两扇白板。傅师兄连忙拦着，说，“快拿起来，快拿起来，你老人家不曾听见适才我说过的吗，这里面有四扇没有刻字的，却是要紧张儿，有这件东西，一和抵得两和，同中字、发字是一样讲究。”张老太太才觉恍然说：“原来里面有这种道理呢。”遂赶紧将两扇白板仍然放在牌里，斗了好一会儿，好容易凑成一副牌儿，是万字一色。（作者欺人，我知张老太太断不解此名色）剩着白板两张，九万两张，无论谁来一张，就可碰成，再望望九万，桌上已发出两张，心里只指望白板。谁知王老老起手有张白板，因为张老太太显露过了，死也不发。（王老老狡猾）后来被傅师兄碰成了，众人将张老太太的牌倒下一看，王老老好不得意，拈着自己手里的一张白板，对着张老太太照了几照，（毒极恶极）谁知王老老这一牌使了一个促狭，反把自己弄得一牌不成，输了有一吊多钱，正自发急，到第四圈上，这一牌却起得甚是齐整，自己是个头家，东风三张，发字四张，中字两张，九万三张，（偏生也是九万）白板一张（偏生又是白板）手里只有一张闲牌，摸了几转，摸

> 到一张人家发过的白板，喜得心里管怔忡，遂将闲牌发去，心想这一牌再也不会溜到别人家去的了。恰好张老太太手里又摸到一张白板，口里又嚷起来说："这个不曾刻字的，尽管同我作闹。"(天下事有不利于此而转利于彼者，是皆不曾刻字之白板之谓也)将眼四面向桌上望了一望，见人家已经发过，刚说得一声熟的，这等没有人要，(不知早已有人等着在那里了)手里早拿起那张白板要望外掼，此时王老老伸着头睁着眼，只等张老太太手里将白板一掼，便要七搭八搭，乱喊起来："三番，四番，五番，六七番……"①

麻将牌一经形成，立即风靡全国，成为独领赌坛风骚的后起之秀。清末，无论是通都大邑，还是偏僻山乡，无论是官绅、士商，抑或平民百姓，无不嗜好此一博戏。同治、光绪年间，麻将牌先在其诞生地江南一带流行，对此，李宝嘉的《官场现形记》曾有多处描绘："江南此时麻雀牌盛行，各位大人闲空无事，总借此为消遣之计。有了六个人，不论谁来凑上两个，便成两局。他们的麻雀，除掉上衙门办公事，是整日整夜打的。"②到了光绪、宣统年间，麻将之风迅速向全国蔓延，黄河上下、大江南北竟无处不见雀牌形迹，连地处群山环抱、东南一隅的福建建阳这样的山野小镇也不例外，"城内二千五百户，终日有四十桌雀牌……业赌博者都万余人"③。晚清社会各阶层人士都有染指麻将者。史载，当时清王朝最高统治者慈禧太后就嗜好雀戏，"孝钦后尝召集诸王福晋、格格博，打麻雀也"。而一般官吏、士大夫更是趋之若鹜："光、宣间，麻雀盛行，达乎诸侯大夫及士庶人，名之曰看竹，其意若曰何可一

---

① 李涵秋：《广陵潮》第十九回"赌局翻新快谈麻雀 仙机入妙误掷番蚨"，湖南文艺出版社 1998 年版，第 183~186 页。

② （清）李宝嘉：《官场现形记》第二十九回"傻道台访艳秦淮河 阔统领塞宾番菜馆"。

③ 胡朴安：《中华全国风俗志》下篇卷五，上海书店 1986 年版，第 74 页。

日无此君也。其穷泰极侈者，有五万金一底者矣。”①光绪年间，盛宣怀到天津赴任时也仍然麻将不离身，将手头的麻将带去任上。②而他的儿子在麻将赌博上更是胜过乃父，清末民初，盛公子恩颐在上海静安寺路(现南京西路)的公馆里就常设麻将赌局，参与者大多为官僚买办、富商巨贾。其输赢之大，远过正式赌场。

民国时期，麻将赌博之风更盛。民国初期，在上海、天津、汉口等一些大城市商人开的总会里，其他赌博例行禁止，只有麻雀为公开允许的赌博活动。在广州这座具有悠久赌博传统的赌城，麻将一旦传入便如鱼得水。当年，著名文人梁实秋到广州，便有幸一睹赌国雀戏风采：“路过广州，耳畔常闻噼噼啪啪的牌声，而且我在路边看见一辆停着的大卡车，上面也居然摆着一张八仙桌，四个人露天下酣战，行人视若无睹。餐馆里打麻将，早已通行，更无论矣。”③即使在抗战时期，国难当头之际，麻将之风也没有收敛之势。民国时期的麻将究竟风行到了何种程度，据胡适估计，当时全国至少 100 万张麻将桌。这一估算是否准确有待商讨，但由此亦可知道此一时期麻将赌博风靡全国的厉害程度。胡适还推算，以 100 万张麻将桌计，就算每桌打八圈，每圈约半小时，就得消耗 400 万小时。有感于此，胡适说，从前中国有三害：鸦片、八股和小脚，其实还有第四害，这便是麻将。前三害经过近代的革新，已差不多成历史陈迹，只有这第四害却没有一点衰歇的样子。对此，胡适只能抚胸长叹：“我们走遍世界，可曾看到哪一个先进民族、文明的国家肯这样荒时废业吗！”④

胡适提出的问题确乎耐人寻味，撩起我们对麻将从历史学、文化学、社会学、心理学作多角度、深层次探讨的兴致。麻将出现于晚清绝非偶然。在中国传统博弈文化各体齐备、几致烂熟的宗

① (清)徐珂：《清稗类钞 · 赌博类》。

② 戴愚庵：《沽水旧闻》。

③ 梁实秋：《麻将》，转见《悠闲生活絮语》，湖南文艺出版社 1991 年版，第 414 页。

④ 胡适：《漫游的感想》之六《麻将》，见《胡适文存三集》。

法——专制社会末期，麻将实际上具有对传统博戏总其大成之意味。中国古代的博弈文化曾经有过从原初时期的一体状态逐步分道扬镳的演化过程。如果说，围棋体现了中国棋弈文化的最高成就，那么，麻将则无疑是传统博戏文化最典型的代表。这不仅是因为其在外在形制和具体操作上融骰戏、骨牌、马吊叶子戏之精华于一体，更主要的是由于它作为一种博具，在无一例外的投机冒险表征之下，鲜明完整地体现出中国博戏注重智力、机巧等文化特征。麻将作为十分典型的智能技术型赌博戏具而打上东方文化烙印。

其实，对麻将做深一层的文化学透视，其文化内涵还远不止于此。其作为一种文化符号，在牌形结构、操作规则甚至操作者的思维模式、行为方式、心态等方面，都曲折地反映出中国传统文化的一些本质性特征。它既有与传统文化同构的一面，但更主要的是作为正统的政治伦理文化的异端物，具有亚文化乃至反文化色彩。

麻将对正统政治伦理文化的异端性格，主要体现在它作为博具的本质属性上。宋代的宣和牌在赢钱输物的内核外还盖上一块天地人和之类的伦理遮盖布，而麻将则赤裸裸地认筒、索、万等孔方兄之象形图和发财等作为器具符号。这无疑是对儒学“重义贱利”文化价值观的极大嘲讽。传统博具如宣和骨牌、马吊纸牌讲究牌的大小统属之分，有所谓统辖一切的王牌，戏法有以大击小等，反映出制作者曲意迎合宗法专制政治文化的良苦用心，而麻将则抛弃这一切，其与传统博具的根本差异便是所有牌无差别得平等一致。一万与九万，东风和西风一样大小，其价值只有在参与具体的牌局，在适当的时候、恰当的机会才能表现出来。每张牌都可能成为和牌的救世主，也同样可能是毁全局于一旦的大灾星。另外，麻将戏法各自为战的特点也与中国传统文化主张合群的伦理精神不协调：每一家为了自己能够和牌，都不惜绞尽脑汁算计他人，或欲盖弥彰，或欲擒故纵，甚至作伪行骗，有时宁可自己不和牌，也要卡死别家。与儒学克己复礼、温柔敦厚的教化原则完全背道而驰。

麻将和中国文化也有其相契合的一面，这主要体现在其思维方式上。麻将牌在内在结构上由于无大小、无统属，彼此之间在运动、操作的过程中相互联系、相互制约、相互依存，具有整合性、系统性特征，这实际上是中国传统文化中素朴的整体观念的一种折射。麻将的主牌筒、索、万都是一至九，显然与中国人尊九观念有关。另有一种说法，筒、索、万的象形符号受制于传统阴阳五行学说：“简，阴象也；索，阳象也：万，数之极也，盖本饮食男女之意也。”①此说有无道理待考。麻将内在结构上的上述整合性系统特征，直接给操作者的思维方式和行为方式带来影响和制约。麻将有一套打法，但打法并不万能，恪守规则的人反而不能和牌是常见的事，而一些不讲规矩、随心所欲者却往往大赢特赢。如果起得一手好牌当然有和牌的希望，但同样的事实是握有一手好牌者有时不但和不了牌，反而打出一张“冲”牌而成全了别家，导致“一失足成千古恨”。牌场上风云变幻莫测，简直奥妙无穷。有些久经沙场的麻坛高手，在打法上往往出手不凡，别具一格，有时他可以不按章法故意放冲让人和牌，有时大刀阔斧乱吃乱碰，有时又察言观色谨慎从事。这些都要根据每一局的具体情况来定，在这些高手们看来，打麻将绝对没有一成不变的程式，没有可以理性化的经验框框。除了机会亦即所谓“手气”在冥冥之中起作用外，更多的时候主要是靠操作者的直觉——一种对牌局的整体把握(行话谓之“照场”)和对自己牌运的最佳体悟。这不正是中国传统的重顿悟、轻实证的思维倾向的典型体现么？

麻将与中国文化的上述同构与异质的矛盾关系，恰好顺应了处于由传统社会向近代社会转型时期不少中国人的多层次心理需要，因此一经问世便受到欢迎。

尽管近代中国各个阶层的人士都接受麻将并趋之若鹜，但其心理动机却是各有侧重。就一般官吏尤其士大夫来说，其嗜好麻将可能是政治、反文化方面的因素居多。麻将机会均等原则和随心所欲地自由发挥，对于长期处于专制重压下的士大夫来说，无疑在潜意识上可以借此获得一种解脱和轻松。而最大的快乐还在于，当自己

① (清)徐珂：《清稗类钞·赌博类》。

的预感在出牌、摸牌的过程中被证明是准确无误的时候，便产生一种把握了自己命运的成功者的欣慰。麻将从起始到和牌，所经历的是一个从未知到有知、从无序到有序的过程，从这个过程中，人们感受到探索未知、变乱为顺甚至统兵驭马的欲望满足式快感。麻将起牌、摸牌、和牌也令人感到变化无穷的乐趣。鲁迅先生曾将读书与打牌相比，谈到麻将的这种流动和变化时有一段妙言："我想，嗜好的读书，该如爱打牌的一样，天天打，夜夜打，连续的去打，有时被公安局捉去了，放出来之后还是打。诸君要知道真打牌的人的目的并不在赢钱，而在有趣。牌有怎样的有趣呢，我是外行，不大明白。但听得爱赌的人说，它妙在一张一张的摸起来，永远变化无穷。我想，凡嗜好的读书，能够手不释卷的原因也就是这样。他在每一叶每一叶里，都得着深厚的趣味。自然，也可以扩大精神，增加智识的，但这些倒都不计及，一计及，便等于意在赢钱的博徒了，这在博徒之中，也算是下品。"①麻将的这种流动趣在何处？鲁迅没有道破。也许是人们的社会生活太枯燥、太呆滞，需要从这一张一张地摸牌、出牌来寻求另一种新的流动？也许是人生有涯而时间无限，人们从麻将起、砌、摸、和这周而复始、循环往复的流动过程中直接感觉人生与时间的流转？也许这些都不是，有的只是鲁迅所说的那种只能意会，不能言传的无穷"乐趣"？

但是说到底麻将仍然是一种赌具，是赌具就必然会有投机，有冒险，有钱物的输赢。麻将作为赌具的独特之处在于，它并不直露地追求输赢效果（如摇摊之类的骰戏），而是将这种效果包容在较智伐谋的过程之中。它让你既感到游戏的乐趣，又得到赢钱的实惠，这又颇合乎传统礼教中"君子爱财，取之有道"的信条了。因为"我们中华民国礼仪之邦，总觉得太明显地把钱赌来赌去，是不雅观的事情，所以牌九等过激党都不为士大夫所赞许，独有麻雀既可赌钱，又不十分现出赌钱样子，且深宵看竹，大可怡情养性，故公认为国粹也……我们明明赌钱，却要用一个很复杂的工具。说大

① 鲁迅：《读书杂谈》，见《鲁迅全集》（第三卷），人民文学出版社1991年版，第439页。

家不过消遣消遣，用钱来做输赢，不过是助兴罢了”①。看来，中国人确乎是绝顶聪明的民族。既要干“掩取人钱财”的赌博勾当，又要充当雅士和正人君子。麻将的虚伪不仅是人的虚伪，而且反映出文化的虚伪。明乎此，胡适所提出的疑问不就有答案了吗！

① 梁遇春：《论麻雀及扑克牌》，转见《悠闲生活絮语》，湖南文艺出版社 1991 年版，第 419~420 页。

第六章

“狂热于博，涕靡于游”：民国赌潮的泛滥

一、狂潮迭起

辛亥革命，民国肇建。以孙中山为首的革命党人在推翻腐朽的封建帝制的同时，也曾致力于涤荡包括赌博在内的毒化社会风尚的恶俗陋习。在武汉，辛亥首义之后，湖北军政府成立仅十余天，便颁布法令，谕令本署军政人员改去“冶游聚赌”的恶习，如有违者将“按照军法从事，定不姑宽”。① 在上海，辛亥革命之后，沪军都督陈其美不仅严戒革命党人参与赌博，而且在社会上实施了若干禁赌举措，以期扼制日盛一日的聚赌之风。他不仅颁布了禁赌告示及劝诫禁赌的六言韵示，而且还照会各国驻沪领事，要求租界不准

---

① 《汉口军政府关于整顿旧习告谕》，载《民立报》1911 年 10 月 27 日。

华人赌博，以防在禁赌风头上赌徒转移。① 在广东，“民国纪元年之初，胡汉民、陈炯明选长广东军民二政，对于赌博，特为严禁，犯之者以军法从事”。② 南京临时政府成立后，百废待兴之际亦不曾忘记禁赌。1912 年 3 月 5 日，内务部颁布法令，宣布在全国范围内禁止赌博，认为“赌博陋习，最为社会之害，律法在所不禁”，提出“无论何项赌博，一体禁除”。③ 除此之外，先后颁布的法令还有 1921 年 2 月 9 日《陆军部通饬各军队严禁军人冶野聚赌文》；3 月 7 日《内务部请大总统查禁赌博陋习及禁售各种赌具呈》等。短短一月之内，连发数道法令禁止赌博，充分体现了南京临时政府严厉赌禁、全面整饬社会风气的决心和魄力。民国初期的禁赌举措，使清末以来弥漫全国的赌风得到暂时扼制，连素有“赌国”之称的广东也出现大小赌博一概敛迹的喜人局面：“其时非特公赌全无，即私赌亦全行肃清，非特番摊等赌绝迹，即麻雀等赌，亦概全无，此数十年以来，吾粤土地最干净之时也。而广西清末所留梧州一隅之赌，至是亦告禁绝。”④

然而，好景不长。由于辛亥革命并没有也不可能在更广泛的领域进行深刻的社会革命，随之而来的袁世凯当权以及此后军阀割据、政权频繁更迭、社会动荡不安等多重因素，使本来就难以禁绝的赌博不久又死灰复燃，并迅速蔓延至城乡每一个角落。整个民国时期由此而成为中国历史上又一个赌祸横流的灾难之秋。

民国赌博的演化大致分为 3 个大的阶段。民国初期至 20 世纪 20 年代中期为第一阶段，大革命时期对赌博冲击很大，赌风蔓延之势有所收敛；20 世纪 20 年代末至 40 年代前期为第二个阶段，抗战前全国赌博活动十分猖獗，抗战时期日伪沦陷区赌博活动不仅

---

① 《民主报》1912 年 2 月 21 日。

② 邹鲁：《赌祸》，见广东省禁赌委员会编：《禁赌概论》，奇文印务公司 1936 年版，第 245 页。

③ 《内务部为禁赌呈》(1912 年 3 月 5 日)，转见《中华民国档案资料汇编》(第二辑)，江苏人民出版社 1981 年版。

④ 邹鲁：《赌祸》，见广东省禁赌委员会编：《禁赌概论》，奇文印务公司 1936 年版，第 245 页。

延续，而且有日益加剧之势；20 世纪 40 年代后期为第三个阶段，在极为混乱的社会环境中，赌博活动乘隙生长，不过随着人民解放战争的节节胜利，“国统区”日益缩小，全国性赌博狂潮终成强弩之末，逐渐消歇。

民国初期，政局不稳，社会动荡，民生凋敝。首先，许多军阀本身便是嗜赌如命的大赌棍，其行为本身为社会上赌博风行起了示范和推波助澜的作用，如“辫帅”张勋、奉系头目张作霖、桂系首领陆荣廷、山东督军张宗昌等都是名噪一时、赌品极坏的赌场无赖。而张宗昌“狗肉将军”的绰号就直接来源于赌博。“吃狗肉”原为广东赌场上的一句隐语，粤语中“九”的发音有点近似“狗”，“天九”便读成“天狗”，推牌九读起来就成了“吃狗肉”。由于张宗昌在各种赌博中特别嗜好称为“武赌”的推牌九，有一段时间，他常常在北京与广东来的一些军阀、议员们赌牌九，因此便获得“狗肉将军”的“雅号”。张勋在北京与人赌博时，两个辫子卫兵分别扛着装有 1000 两银条、元宝的俗称“钉包”的钱箱子陪他上场，赌客们一看这架势，便知道张勋是“诈赌”——只赢不输来了，其结果可想而知。其次，军阀们不仅自己嗜好赌博，而且往往大开赌禁，借赌博来达到平衡矛盾、筹措军饷、中饱私囊的可耻目的，使本来就难以扼制的赌风更是如火如荼，日盛一日，赌博和因赌作奸犯科、盗窃诈骗成为严重的社会问题。据时人对北京政府司法部犯罪统计的分类分析，从民国三年至民国十二年(1914—1923 年)，在所列 39 种犯罪中，犯赌博罪人数排列第 4 位，具体为：民国三年，男 5859 人，女 214 人；民国四年，男 5997 人，女 343 人；民国五年，男 7084 人，女 345 人；民国六年，男 7497 人，女 461 人；民国七年，男 8378 人，女 233 人；民国八年，男 8340 人，女 250 人；民国九年，男 9129 人，女 334 人；民国十年，男 9082 人，女 377 人；民国十一年，男 10657 人，女 398 人；民国十二年，9383 人，女 377 人。“把十年的统计总析起来，中国犯罪人数最多的，是鸦片烟、盗窃及强盗、赌博、杀伤、略诱及和诱、吗啡、诈欺取财、侵占这几类。以民国十二年论，鸦片犯占全犯罪人数之 27.4%，盗窃及强盗犯占全数 19.6%，赌博犯占全数 18.9%，杀伤犯占全数 11. 2%，略诱及和诱犯占全数 4. 45%，吗啡犯占全数 3. 44%，诈欺取财犯占全数 3%，侵占犯占全数 2. 50%。”①

上海历来是冒险家的乐园，民国初期，中外赌客纷至沓来，东西赌技荟萃于斯，赌博业更显畸形繁荣。“上海的赌风，本来极炽。租界尤成赌徒的逋逃薮。我们就近年的上海麻将牌流行的情形而论，已经是可以放声一哭，最近又加上扑克牌的流行，我们就简直已经到了欲哭无泪的时代。”②传统赌博如麻将、牌九、花会继续发展，清末民初近郊乡村“若遇迎神赛会，各村敛钱演剧，游惰者引诱招摇，聚为赌博，而财力耗矣”③。其中花会在 1924—1930 年达到鼎盛。1923—1925 年又时兴一股诗谜赌博（亦称“诗迷赌博”），卷入者甚众。诗谜赌博又称“打字宝”，“打字宝，也叫敲诗、诗谜。与‘字宝’赌博有一定的渊源关系。它在一张纸条上摘录和杜撰一句七言或五言诗。句中先空出一字，再书写与诗句大意相通的五个字（五字中只有一字是所藏之字），让人猜射，如猜中则赢，可获三倍的赢利；猜而不中则输，赌注被庄家所吃。在押宝的过程中，赌客可以吃注。和赌客看准诗句中的某一门，可将其他人的押注，搬到自己方面来，如押中，连人家的筹码在内共得四份，如开别门，吃注者也要赔四份”④。20 世纪 20 年代，上海的诗迷赌博“先从大世界、新世界、小世界以及先施乐园与天韵楼诸游戏场所，相继摆设诗迷摊位，以吸引顾客。起初不以现金为博注，先买筹码，得彩者配以上等香烟。以后这股风逐渐波及小摊

① 张镜予：《北京司法部犯罪统计的分析》，载《社会学界》（第 1 卷）1927 年 6 月，转见李文海主编：《民国时期社会调查丛编》（底边社会卷上），福建教育出版社 2005 年版，第 244~246 页。

② 王无为：《上海淫业问题》，载《新人》月刊（第 1 卷第 2、3 号）1920 年 5 月、7 月；转见李文海主编：《民国时期社会调查丛编》（底边社会卷下），福建教育出版社 2005 年版，第 444 页。

③ 《蒸里志略》（清宣统二年铅印本），见丁世良、赵放主编：《中国地方志民俗资料汇编》（华东卷上），书目文献出版社 1995 年版，第 50 页。

④ 戈春源：《中国近代赌博史》，福建人民出版社 2005 年版，第 155 页。

户，继而扩大成两家大赌窟：一是‘春江俱乐部’，在广西路一家大院落内；另一家在西藏路九江路口毛志祥牙医室楼上，名‘萍踪雅集’。他们诱人入彀的手段备有好酒好烟，名菜西肴，还有上等茶点，不论时间，任客享受；并且另辟一室以供吞云吐雾者的需要。倘遇大户赌客，还备有汽车接送，因此一般好赌之徒，趋之若鹜”①。20世纪20年代末，外帮、本帮流氓相继在沪上开设名目繁多的赌场，富商巨贾、洋行买办兴办各类“总会”，官僚显贵的公馆赌博也风行一时，输赢辄万，远胜于正规赌场，而西方赛马、跑狗、回力球、轮盘赌、吃角子老虎机等西方赌博方式也大量输入上海，引发国人新一轮嗜赌狂潮。民国初期，上海赌博是一种全民性嗜好，参与者当然不仅仅是帮会流氓、游手闲民之类，就连大学教授甚至校长也不能免俗，春申大学校长就“经常在寝室里聚赌抽头，在学生中造成极坏影响”。② 自古娼赌一家，民国初期的上海亦如是，“上海的赌风，大半是妓院煽动的。上海妓院——公然开赌的上海妓院，不下1500家。每家每日至少有两场麻将牌，或两场扑克牌。平均计算，打牌的人，每日每家有10人，合计上海妓院的赌客，每日就有15000人。斗大的上海，仅妓院一项，就有这许多赌徒，上海的赌风如何不会炽呢？还有一层：有许多人的赌博术，大半是从妓院里学来的。因为妓院每日有赌，进妓院的人，自然要赌。进妓院要赌，那不曾晓得赌术的人，自然要在妓院学赌。因此妓院便成教赌的机关，妓院煽动赌风的力量，也越发加大”③。

与上海毗邻的江浙一带延续了晚清奢靡嗜赌之颓风，浙江海宁“茶肆皆设赌具，接龙斗虎，无肆不然”④。定海乡间庙会往往成为赌徒们设局诱赌之绝好良机，“演剧之时，合境老幼男女多往观

① 徐碧波：《诗迷赌博琐谈》，见上海市文史馆编：《旧上海的烟赌娼》，百家出版社1988年版，第143页。

② 《上海的野鸡大学》，载《档案与历史》1991年第4期。

③ 王无为：《上海淫业问题》，载《新人》月刊（第1卷第2、3号）1920年5月、7月，转见李文海主编：《民国时期社会调查丛编》（底边社会卷下），福建教育出版社2005年版，第444页。

④ 民国《海宁州志稿》卷四十《风俗》。

之，各家多自备高椅或庋板为台以便妇女坐观。拥挤之时，往往毁台倒椅，妇女有至堕钗遗舄者。无业游民多在庙侧摆设赌具，诱人往博，抽取头钱，而商贩亦皆设摊陈列食品、玩具等以逐利。喧嚷之声，常闻数里”①。湖州双林镇春节聚赌成风，“长幼无事则敲锣鼓以为乐，曰‘年宵鼓’，至‘灯节’始至。近日子弟辄斗牌掷骰为戏，此风宜禁，其渐不可开也”②。江苏常州、无锡交界的陆区“一些村也有小赌场，农闲时(村民)不约而聚(赌)”③。鸳鸯蝴蝶派代表人物李涵秋的小说《广陵潮》对扬州一班嗜赌如命的赌徒“一天不曾赌便觉浑身酸痛”之病态情态就有生动描写：

……周氏点点头，仍是没精打采。傅师兄笑道：“你想甚么呢？我们将吉祥庵旁住的女善人请来痛快的赌一场罢，我昨日一天不曾赌，便觉浑身酸痛。今早听见你家来请，便精神振作起来。啊呀呀，那里知道这几张纸叶儿，便是一粒医病仙丹。”(观于此，则傅师兄天一日不赌可知，然数语又确中赌鬼通病)周氏听到此也就眉飞色舞(知音者芳心自同)，将适才愤怨一霎时消得干干净净。(想见田焕平时知周氏之深)田福恩偏生凑趣，早连蹿带跳的去请女善人去了……④

清末民初，经过严厉禁赌，广东赌博之风曾有一段衰歇间隙，但北京政府统治期间，广东军阀龙济光放开赌禁，以“十字有奖义会”“十五字有奖义会”的名义恢复山票、铺票及白鸽票赌博，年征赌饷 80 万元。后来，桂系、滇军相继入粤，广东政局混乱，赌风更炽，军阀们把赌博作为搜刮民脂民膏之不竭财源，如桂系陆荣廷

① 《定海县志》(民国十三年铅印本)，见丁世良、赵放主编：《中国地方志民俗资料汇编》(华东卷中)，书目文献出版社 1995 年版，第 815 页。

② 民国六年《双林镇志·民俗》。

③ 杨维新：《陆区乡志》，陆区乡人民政府 1991 年印行，第 358 页。

④ 李涵秋：《广陵潮》第十八回“锦袜留痕居丧权折齿 絮袍肇祸遇事便生波”，湖南文艺出版社 1998 年版，第 182 页。

从承办番摊赌博的源源公司年征饷银600万元，滇军统治时期专门成立广东筹饷总局，规定总承办商宏源公司须每天缴饷3300元。“广东征收赌饷之风还波及及其他省份与地区。广西招商承赌较广东略晚，1915年，山票、铺票、白鸽票开始由商人承办，据《各省区历年财政汇览》一书记载，从民国五年（1916年）至民国九年（1920年），在旧桂系统治广西时‘有奖义会’的捐税，每年收入都在一百万以上，共计592万元，其中番摊收入为多。”①军阀们对赌博的放纵和鼓励，使得民国初期广东赌博不仅死灰复燃，而且势头较之清末更猛、更乱，仅广州一地就有各类赌场3000余所，许多赌场还有电船，专门往来珠江口接送赌客，据统计，这类电船有7000多艘。② 与九龙一水之隔的深圳，民国初期的番摊馆专揽香港赌客，生意格外火爆。在广东农村，许多农民也迷恋山票、铺票、白鸽票赌博，不少人还进城买山票、铺票，到番摊馆、麻将馆一博输赢，可谓“三餐茶饭不安排，饿着肚子打牙牌”③。

在闽台地区，福建建阳，青壮妇孺终日沉醉于麻将赌博。传统花会赌博在20世纪20年代又趋炽盛，霞浦县每年秋冬时节“农事既毕，家有盖藏。霞俗谓是花会起季。按，花会本不易禁止，近年则赌例大开，上之人群视为利薮，棍徒为有所恃，乃敢于近郭设场，每日输赢至四五千金，为向来所未见”④。在台湾苗栗，牌九、麻将、扑克赌博，应有尽有，“诚难禁绝”：

牌戏：古今中外，所在皆有，善用之或可以启发智慧，惟近人乃用以赌博，耗资伤神，大非所宜。本县之牌戏，过去有天九、六和、四色等种。天九之牌，今已无传。六和者，有

---

① 戈春源：《中国近代赌博史》，福建人民出版社2005年版，第179页。

② 赵煜：《形形色色的赌博及其危害》，春风文艺出版社1991年版，第18页。

③ 鲁毓泰：《新歌谣》，载《民国日报》1926年3月27~28日。

④ 《霞浦县志》（民国十八年铅印本），见丁世良、赵放：《中国地方志民俗资料汇编》（华东卷下），书目文献出版社1995年版，第1281页。

拾、贯、索、钱四种牌名，各自一至九。其一拾谓之百子，一钱谓之云钱。此外又有毛公、丽花两种花牌，合计三十八张。玩者，以各种牌色，纵横综合，以大克小，得六张以上大牌者为胜，故称六和，或讹作六胡。四色者，乃由象棋蜕变而来，其牌有将、士、相、车、马、炮及兵卒等名，名分红、黄、青、黑四色，每牌每色各四张，其牌迄今尚存，里巷市井之间颇有玩者，惟上流社会每视之俚俗，玩者不多。

光复以后，麻将牌渐由大陆输入于本省。其牌有万、索、筒三种牌名，各自一至九，有一万、二万、一索、二索等名目。此外，又有东、南、西、北四种风头，及红中、发财、白板暨各种花牌，每牌各有四张，合计一百四十四张，皆以竹、骨或化学塑胶为之，式样精美。中上流社会，辄以为交际娱乐之品；惟究其实际，则多以财物为输赢，已流于赌博性质矣。近年政府虽施行厉禁，惟风气所趋，一时诚难禁绝，良可慨耳！

此外，尚有扑克牌者，或称桥牌，由西洋传入。其牌有王、后、仆从及一至十点，各四种花色，共五十二张，皆以大制小。其一点牌，俗称烟屎，反驾于王公之上，为最巨之牌。此牌玩法甚多，其中一种谓之赌，玩者必须使用恐吓诡诈之手段始能获胜，乃属于纯粹赌博性质，无丝毫娱乐价值；惟此种赌法，非有纯厚资本不能先声夺人，本县尚乏巨富，玩者不多。①

在华北地区，京津冀历来赌风炽烈。民国初期的北京（北平），虽然输入了一些西洋赌博新玩意，如扑克，兴办了一些诸如会所、俱乐部的新式赌场，以满足官僚政客和军阀们豪赌的需要。但传统赌博方兴未艾，宝局、花会、麻将、牌九、斗蟋蟀等依然是好赌的老北京趋之若鹜的赌种，每年秋天，白塔寺、隆福寺、护国寺、土地庙以及北新桥、东四牌楼、西四牌楼、天桥、东华门、鼓楼湾、果子市等地蟋蟀市场人头攒动，生意火爆。位于宣武门外大街东八

① 《苗栗县志》（1959 年至 1978 年铅印本），见丁世良、赵放：《中国地方志民俗资料汇编》（华东卷下），书目文献出版社 1995 年版，第 1554 页。

宝甸的蟋蟀局每天日夜开局，赌客很多，观局随彩者亦众。在天安门附近和东西长安街路旁的树林里则有许多游动性赌摊，一些好赌的市民常来这儿赌“摆棋摊”“六地儿”“幺二宝”“捻纸球”“押花人”等博戏。这里也是赌博骗子荟萃之处，马路边树林里常常上演诱赌骗钱悲剧。马路赌场开展的都是腥赌，“常有商店的小伙计，柜上派他出来办事，把办事的钱输掉而不敢回去，以至逃跑或寻死”①。天津，地处京畿要津，为清朝遗老、皇室贵胄、民国下野军阀、政客的退隐之所，这些人将在朝时搜刮来的民脂民膏在天津广购楼宇，以“高级寓公”的身份终日吃酒斗牌，一掷千金。据有关资料记载，本帮人物潘子欣精于赌术，经常与他来往赌博的人如张弧(字岱松)、王克敏(字叔鲁)、李宣威(字律阁)(以上均为北洋政客——引者注)和清贵族庆亲王奕劻之子载搏、载抡以及荣禄的儿子良揆等人。第一次世界大战时期，德国人撤退，他廉价购到英租界马场道花园别墅楼房一所，这个住宅后来就成为他们经常聚赌的处所。② 曾任北洋政府财政总长的张弧，一次在天津同文俱乐部推牌九，一晚上输掉6万元仍镇定自若，嘴叼雪茄，谈笑如常；奉系的北京市长周大文赌掉两座楼房后，仍照赌不误，这都是官僚政客豪赌的典型例证。民国初期，河北民间麻将赌博之风颇盛，如阳原县“赌博：妇女所赌，十九为叶子戏(即纸牌)，男子所赌，十九为骰子戏(即置骰子，吊三侯之类)及猜宝(即分一、二、三、四面，令人猜之；开宝心后，猜一面者，中则赔三倍，猜二面者，中则倍偿)；男妇皆喜之局，即为骨牌戏(有丁骨牌及别杠之分)。近十年来，麻雀牌亦盛输入，然仅政学各界以及富商乐之，尚未普遍焉。民国十五年前，赌风特盛，以此破产者不少，是娱乐反不乐。故十五年后，当局严禁开赌，然民生凋敝，亦其忽尔而息大原也”③。

---

① 王子威：《赌博弊习》，见北京市政协文史资料研究委员会编：《北京往事谈》，北京出版社1988年版，第378页。

② 《天津文史资料选辑》(第二十四辑)，天津人民出版社1983年版。

③ 《阳原县志》(民国二十四年铅印本)，见丁世良、赵放：《中国地方志民俗资料汇编》(华北卷)，书目文献出版社1989年版，第187页。

每年乡村庙会期间，新河县包括赌博在内的各种游戏娱乐毕集于斯，吸引远近四乡村民前往一博输赢："各村庙宇多有年会。届期，商贩咸集，游人如织。丰收之年，辄演剧助盛。庙会者，实农村一大交易场及娱乐场也。医卜星相之流，及说书、幻术、技击、西洋镜、大兴棚等杂技，亦搭棚献艺。善男信女，执乐送经进驾(纸糊之宅第)，或祝福、或求子、或求寿、或还愿。又有大开赌场者……"①20世纪20年代末30年代初的山西，由于阎锡山严厉禁赌，曾有"模范省"之美誉。但赌博并未禁绝，有的县甚至十分猖獗，如广灵县"赌风最盛"，山阴县短时间即查获赌犯90多人。②

民国前期的东北地区一改往昔淳厚朴野之民风，开始习染赌博，"近则不问年节，不辨闲忙，设场开赌，公然为之而无忌矣"。民国初期，吉林花会流行，贻害至深，民国三年(1914年)出版的《吉林汇征》对此介绍颇详：

> 北方花会，亦博戏之一，山东、直隶皆有之，而吉省尤甚。甚为害乡愚，无老幼男女无不沉迷。近年虽经官署之严禁，山鳌水屋，此风犹不能免。其中情形多不可解，兹就土人所言述之。其会分三十六门，每门俱有姓名，亦有数目，系以职业。如林姓中有林太平者，皇帝也，陈姓中有陈吉品者，状元也；如刘井力系渔夫，赵天申系樵童，苏青云系婢女，周青元系寡妇之类。三十六人名别其行业与历史，凡有六盗、六女、二童子各等之称说。如婢女、寡妇，即六女中之二也。所著姓氏皆著望南中，关外殊少。推之百年前，则并无汉姓，莫谛其原始何时。顾与委巷中人语，询现在某官姓名何，茫十九者，如任举花会中人名一人，无不了了，更言其行业关系者。博者孤注一博，进之可获三十倍。日开一次或二次，博局主人

---

① 《新河县志》(民国十八年铅印本)，见丁世良、赵放：《中国地方志民俗资料汇编》(华北卷)，书目文献出版社1989年版，第516页。

② 参见戈春源：《中国近代赌博史》，福建人民出版社2005年版，第209页。

掣签揭视，则大呼某门中彩。往博者先以纸裹钱，自书所押注何名，一一悬于博场。博主惧逻者侦伺，日迁其处，或妇女以道远勿能至，故必有奔走为撮合，名曰“跑封”。常人一入此彀，辄神魂颠倒，昼占巫觋，夜占所梦，至倾家而后已。因是倘得倘失，迷信愈深，其家必供一神，朝夕祷拜；胡三太爷之淫祠所以遍于通省者，此耳。①

两湖地区，城乡赌博活动十分猖獗。民国初期的湖北，政局不稳，吏治腐败，致使辛亥革命禁赌成果付之东流，赌博之风死灰复燃。王占元督鄂，贪婪地搜刮民脂民膏，弄得民不聊生，怨声载道。王占元表面上下令禁赌，但对下属赌博却睁一只眼闭一只眼，军需课长魏联芳、烟酒事务局长黄祖徽等都是嗜赌如命的狂赌之徒，每场赌博动辄巨万。据说王占元曾经亲自抓赌，抓了魏联芳一个正着，但最后没做任何处理，魏联芳恶习不改，依旧豪赌不误。地处武汉近郊的汉阳县农村，还出现了专业性赌场，一些流氓、赌棍以赌博为生，逐步形成官赌勾结、狼狈为奸的腐败风气。② 黄陂县大余湾，在村子的一处僻静角落也辟有专供村民赌博娱乐场所。黄冈县的许多村湾集镇，随处可见或固定、或活动的赌场，参与赌博者除流氓地痞外，乡绅、商人、农民亦多有卷入，地方政府及乡保屡禁不止，成为社会一大恶疽。③ 地处鄂东南山区的通山县，每年春节期间，沿街摆设几十张桌子，公开进行掷骰子、赌铜钱、推牌九等赌博，相沿成习，危害甚烈，直至 1927 年大革命时方罢。④民国初期的湖南政局动荡，世风萎靡，“长沙、常德、岳州滨临湖湘，交通利便，新博戏之输入，先于各属，近年麻雀之风披靡全

---

① 《吉林汇征》(民国三年铅印本)，见转见丁世良、赵放：《中国地方志民俗资料汇编》(东北卷)，书目文献出版社 1991 年版，第 257 页。

② 《汉阳县志》，武汉出版社 1990 年版。

③ 参见余彦文：《鄂东风俗志稿》，黄冈地区地方志办公室印行。

④ 朱明：《忆通山县的大革命》，见《湖北文史资料》(第 48 辑)，1996 年第 1 期，第 100 页。

省，然实起自长，波及他郡。叶子戏、牙牌、骰子、祥钱宝、麻雀：十年前，湘中尚无此戏，盖近年由官商及苏扬娼家传来而流行日广。翻钱宝：此项自粤东输入，南路衡、永、彬、桂名属多博此者。盒子宝亦传自粤东，南路之民乐为之。诗宝、跌三青、画眉笼、鹧鸪圈、蟋蟀盆、悍之力善斗者其值甚昂”①。

在安徽，安庆“土皇帝”马联甲不仅自己嗜赌，而且要所辖各县知事和厘金局长陪他赌。② 1915 年 5 月，交通银行核稽科主任周作民奉命到安徽建立分行，他通过朋友引荐结识了安徽都督倪嗣冲，周作民在与倪嗣冲第一次打麻将时，就大方地“输”给他 5000 元，以后又接连输了几场，把倪嗣冲侍候得服服帖帖。倪满口答应交通银行在安徽办分行，周作民也如愿以偿地当上了分行行长。③以上两人都是任上以赌索贿，大发横财的，但下野或退休后的军政官员就没有这么好的赌运了。吴广新曾是北洋军阀的一个团长，在任时搜刮民脂民膏，积攒了巨额财富，下野回到合肥后常常光顾赌场，被赌博骗子盯上，遭到算计，输光了全部家产，沦为一贫如洗的穷光蛋，最后落得女儿自杀，夫妇也双双投河自尽的悲惨下场。民国初期，安徽民间赌博风气颇盛，如芜湖秋天斗蟋蟀赌博，“白露节后，竞为蟋蟀之戏，好之者用瓦盆贮之，以斗胜负。其品之佳者，能值十数金，远方多有携虫来斗者”④。合肥孝廉陈某，家道殷实，良田华屋，生活富足安逸。但陈某生性好赌，不几年便荡尽家产，穷困潦倒，后来沦为乞丐，不知所终。⑤

民国初期至 20 世纪 20 年代中后期，西南、西北地区也是赌博活动猖獗的地区。西南一带以成都最为典型，辛亥光复后不久，成

① 民国元年《湖南民情风俗报告书》。

② 吴雨等：《民国黑社会》，江苏古籍出版社 1988 年版，第 161 页。

③ 参见戈春源：《中国近代赌博史》，福建人民出版社 2005 年版，第 170 页。

④ 丁世良、赵放主编：《中国地方志民俗资料汇编》(华东卷中)，书目文献出版社 1995 年版，第 1016 页。

⑤ 赵文林主编：《旧中国的黑社会》，华夏出版社 1987 年版，第 240～241 页。

都赌博即死灰复燃，乘乱而生。在川籍著名作家李劼人的小说《大波》中，黄澜生在成都街上，满眼所见都是赌博摊子，甚至有人把赌摊摆到了军政府的大门口：“他进皇城去找颜伯勤颜老太爷商榷他功名大事时，‘为国求贤’石牌坊内外的空坝上，已经摆上了不少赌博摊子。这时节，这类摊子更多了；甚至蔓延到东华门的回回商馆门前，西华门的八寺巷口……每一个赌博摊子跟前，都聚有一大堆人。每一个摊子，除了骰子掷在磁碗中响得叮叮当当外，照例有呼幺喝六的声音，照例有赢家高兴的哗笑声音，照例有输家不服气的愤恨声音，同时照例有互相争吵，理论曲直的声音。”在描述了这番赌博乱象后，李劼人又提了一个问题：“军政府告示上只说军民休假十日，以资庆贺，并未叫人公开赌博，更没有叫人把赌博摊子摆在观瞻所系的军政府的大门前。但为什么会搞成这种模样呢?”原来，好赌的成都人在革命后因害怕警察捉赌，曾经收敛了一些日子，但后来一些胆大的赌徒发现他们摆摊赌博时，警察不仅不予干涉，有的甚至换了便衣也来参赌，于是赌博摊子越摆越多，越发不可收拾，由皇城内蔓延到了皇城外面：

皇城内没有什么看头，皇城外光是一些管吃管喝的摊、担、提篮，也难于满足赶会场的人的心意，因而赌博摊子，应运而生。在警察兴办以前，这也是坝坝会中应有的一种顽意。头两天有不怕事的大爷出来试了试，几张小方桌上尚只悄悄密密跳着三三猴儿，要是警察来干涉，好对付，“跳三三猴儿嘛，小顽意，不算赌博!”不知道什么原故，自从独立，警察一下“文明”了，在十字街口站岗的警察兵，已经不像争路风潮前那样动辄干涉人；热闹地方，更其看不到他们的影子。两天之后，赌博摊子摆多了，三颗骰子变成六颗骰子时候，他们当中甚至有穿上便衣，挤到赌博摊来凑热闹的哩。①

① 曾智中、尤德彦编：《李劼人说成都》，四川文艺出版社 2007 年版，第 53~55 页。

20世纪20年代末，成都赌博尤其是官赌风气更是盛极一时。1927年春节期间，刘文辉部旅长覃筱楼，在成都利丰银行当宝官推牌九，一夜就输了20多万元，当时步枪50元一支，20万元可买4000支，足可装备一个旅。① 刘文辉的妻舅杨茂如开设在东安里的和丰银号表面上做洋纱生意，实则是专放赌账。巴县“县俗供人娱乐者，旧尚烟、赌。今人尝言：咸、同以前之人嗜酒，光绪时代之人嗜烟，清末民国之交嗜赌。然从前烟盛而赌衰，挽近赌兴而烟不替。年来拒毒戒烟，厉行禁政。而赌之种类，俗尚不一，旧数七红，继有花牌，变而十四，有大小两种，过此，有宣和牌，最近有乱戳。自欧美来者，有扑克。皆叶子戏也”。另有骰子、牌九，“以上诸赌法，其最流行者莫如雀牌，士夫、妇孺，下至舆台，皆习为之，其风自江浙来”。② 合川的叶子戏和麻雀赌博自成格局，风靡不衰，“世人崇尚叶子戏。四人成局，以七红为大，有规则。长夏无事，借以此驱睡魔。叶子一百零五张，二十一门，内七门红牌，每门五张。各轮起二十张，庄家再起一张为亮底，以三张为一放，放配二十一点，所谓一、二、三、四、五、六也。熟视手中有几张，去其不成放一张，次家能吃与否，下家能吃与否，不能，次家再翻一张，以下仿此，七放成，先出先获。后有花牌一百四十七张，每门七张，四花、三白、比七红稍松，死中能活。至变而十四，有大小两种：有成都十四，有合州十四，无甚规则，亦无取义。近则士商亦有好者，然无如近之麻雀牌，龙飞凤舞，举国若狂，荡尽先人田产矣。谓斗叶子为游戏者可不悟者”。此外，民国初期，合川还流行一种类似斗鹌鹑的斗鹊赌博：

斗鹊：斗雀之风，事近于赌，荒于禽者，乐此不疲。选择一本禽经，豢养一遵禽谱。黎明即起，洒扫庭院，要内外整洁，现昏便息，关锁门户，必亲自检点；昔贤所用以治家者，

① 《四川文史资料》(第十三辑)，四川省政协(内部印发)。

② 《巴县志》(民国二十八年刻本)，见丁世良、赵放：《中国地方志民俗资料汇编》(西南卷)，书目文献出版社1991年版，第45页。

> 今于雀笼之朝夕，如或见之。其永朝永夕常关心者，目有视，视此禽；耳有听，听此禽；口有道，道此禽，遂高自命曰某善饲黄头，乃不名黄头，而赐以名曰将军，客有传食诸雀之门者来曰，几日不见将军，当刮目视矣。短小精悍，俊品也。目有怒睛，足有牛筋，是善斗先生亮哉，请与城中某某斗。荒于禽者唯唯，某再思之，又从而艳之，遂有跃跃欲试之念横结于心中。既而谓其妻曰：某之禽健而锐，孰与某某美？妻曰：君甚美。谓其妾曰：某禽孰与某某美？妾曰：君禽美甚。一日客自城中某处来，坐与谈禽，谓其客曰：城中某禽所谓健者，孰与美？客曰：君之禽又美甚。于是挟资以行。转(传)食者假庙地彼此作成，或以打叫为负，或以回笼为负，如铁案不移，转(传)食者执牛耳焉，书曰：某年月日，城中某某与某某斗彩于某公所，配彩若干金。吾不知若妻、若妾、若客之言能符与否。有曰花毛者，则四喜也，俗呼水鸦鹊；有曰大毛者，则画眉也，斗与之同。①

这段描述，将一个表面附庸风雅，实则空虚无聊的富绅(或者富商)形象刻画得淋漓尽致。当然，绅商们不惜重金，精心呵护的鹊儿绝非自个儿欣赏把玩的宠物，说到底还是一种特殊的赌具，其最终还是用来赌博，而且赌注即所谓“配彩”数额应该也不是一个小数目。另如广安，一些赌徒利用城乡庙会演戏时招揽赌客聚赌，“游侠饮博，曰赶戏会”②。

贵州虽偏隅西南，但赌博之风盛行，如平坝县“自元旦至第三日可以赌博(掷色子、打字牌、打麻雀等类。近年以麻雀为最普遍，摇宝次之，输赢亦以此两者为最巨)，家人妇子，社会群众恒以此寻乐。至第四日起，即不许。惟掷色之状元筹者，或‘升官

---

① 《合川县志》(民国十年刻本)，转见丁世良、赵放：《中国地方志民俗资料汇编》(西南卷上)，书目文献出版社 1991 年版，第 210 页。

② 《广安州新志》(民国十六年重印本)，转见丁世良、赵放：《中国地方志民俗资料汇编》(西南卷上)，书目文献出版社 1991 年版，第 310 页。

图’者，可以延至元宵(其实元宵以后之每日中，形式上虽一律禁赌，而实际之打麻雀或摇宝者，卜昼卜夜，无时不有。甚至麻雀打于中上流社会，终年如是，恬不为怪)”①。在偏僻的西北，宁夏军阀马鸿逵常常在自己的公馆大开赌局。而青海军阀马步芳常常亲自出演一些抓赌闹剧，其实他本人就经常聚众赌博，时人称其为西北地区最大的赌头。在这些军阀“赌王”的带动下，贫瘠的西北城乡赌博风气比内地有过之而无不及。赌祸，和烟毒一起，成为当时西北地区最严重的社会问题之一。

北伐战争时期，一些地方蓬勃兴起的工农革命运动，曾经对包括赌博在内的恶习陋俗有过不同程度的冲击。“1927 年，上海工人运动高涨，上海工人在党的领导下举行三次武装起义，迎接北伐军，工人、劳动群众的觉悟得一大提高，花会赌博失却了它的招徕赌客的市场，使打花会一度消歇。”②一度成为大革命中心的武汉，在革命浪潮的冲刷下，一段时期内牌赌几乎绝迹。在农民运动高涨的湖南、广东、江西、福建、陕西等省，禁赌风潮十分勇猛，农民协会烧麻将、禁骨牌，在赌博多发性季节如春节前后，用举办多种类型的健康娱乐活动的方法以抵制赌博。民国前期强劲蔓延的赌博势头，在这段时期内得到暂时和局部扼制。

但是，大革命浪潮瞬息即过，民国赌风在“稍歇”之后，随着革命的失败又以更强劲的势头卷土重来。客观地说，当以蒋介石为首的国民党建立新政权后，对于赌博活动也是持禁止态度的，并在法律上有所规定。如其《违警罚法》便明确了对赌博的处罚办法。一些地方政府也曾有过大张旗鼓的禁赌举措，如广东省政府就先后于民国九年、十四年、二十五年数度发起禁赌，其中民国二十五年的禁赌运动声势最为浩大。

然而，奇怪的是，国民党一方面禁赌，另一方面却又或公开或变相地鼓励并卷入赌博活动。1927 年和 1932 年，广东省财政厅效

① 平坝县志编委会：《平坝县志》，贵州文通书局 1932 年版。

② 吴祖德：《旧上海的打花会》，见上海市文史馆编：《旧上海的烟赌娼》，百家出版社 1988 年版，第 131 页。

法张之洞、陆荣廷，几次公开招商承办番摊、山票、铺票等赌博项目，借此增加所谓“防务经费”。“凡在各县、市、区以内开设酒楼、茶室、酒店、旅馆、伎艇、花舫、娼寮、菜艇、俱乐部及一切公共娱乐场所等置有麻雀牌供人娱乐者，均在收捐之列。征收捐款分上中下三等，上等每场征收一元至一元六毫，中等六毫至一元，下等三毫至六毫，得参酌地方情形，酌定数目，呈准备案。前项征收办法，分日夜两场，日场由上午五时至下午五时止，夜场由下午五时至上午五时止，每场每台征收一次，愈场即作两场算计。”根据《广东省财政纪实》记载，1926 年(民国十五年)—1931 年(民国二十年)，仅广东省各县、市、区(广州市除外)解缴省库的麻雀捐即达 148548 元。另据该书记载，仅 1933 年(民国二十二年)底，广东各县、市(除广州市外)承包麻雀捐的赌博公司即达 13 家。① 中央政府则于 1932 年 5 月在全国公开发行所谓“航空公路建设奖券”，并将其独家发行权委托给“上海闻人”金廷荪开设的大运公司承包。是时，国民党政府广开宣传机器，报纸刊登巨幅广告，马路街道两侧竖起高大的广告路牌，“中航公司”的飞机四处飞撒传单，一时举国上下沸沸扬扬，购彩票、盼中奖成为街谈巷议的热门话题。尽管当时的传媒给奖券发行披上了支援国家建设的漂亮外衣，但仍掩盖不住赌博骗人的真正本质。除了政府大得其利，承包商赚了 30 多万元外，广大购买者并没有得到什么好处，唯一一位中奖者得奖后还怕被流氓所害而不敢去领取奖金。除航空彩票之外，还有所谓有奖储蓄，1935 年，中央信托局拨资金 50 万元设立中央储蓄会，专司有奖储蓄。1935 年 3 月 16 日，中央储蓄会在上海正式开业，发行储蓄会单，会单分一次性缴款与按年缴款两大类。一次性有奖储蓄又分“全会”(票面金额 2000 元，一次性应缴款 1400 元，其余两年内缴清)、“半会”(票面金额 1000 元，一次性应缴款 700 元)、“四分之一会”(票面金额 500 元，一次性应缴 350 元)、“八分之一会”(票面金额 250 元，一次性应缴 175 元)、“十六分之

① 参见郭双林等:《中华赌博史》，中国社会科学出版社 1995 年版，第 344 页。

一会”(票面金额 125 元，一次性应缴 87.50 元)。按年缴款的有奖储蓄亦有 3 种，分“全会”(票面金额 2000 元，每年须缴 144 元，至缴足票面金额为止，每年可减免 4 元)、“半会”(票面金额 1000 元，每年须缴 72 元，至缴足票面金额为止，每年可减免 2 元)、“四分之一会”(票面金额 500 元，每年须缴 36 元，至缴足票面金额为止，每年可减免 1 元)。有奖储蓄退本付息对存款有严格规定，如“全会”，一次性缴款者须两年储满 2000 元方可退本付息；按年缴款者须 15 年储满 2000 元才能退本付息。有奖储蓄每月 15 日摇奖，每期开奖后十天内，中奖者凭收据兑取奖金。“有奖储蓄是一种亚性赌博，内含投机取巧、碰运气致富的成分。有奖储会等将筹来的资金用于投机倒把活动，进一步增强人们的赌博意识，对社会道德是一种潜在的毒害。”①

正是因为国民党政府利用、迎合，甚至逗引、鼓动了旧制度下大众的这种赌徒心理，同时也由于 20 世纪 30 年代时局动荡，使整个社会控制系统处于紊乱失调的非常规状态，给赌博活动的泛滥提供了适宜的社会环境，从而形成新的赌博狂潮。如国民政府的首都、“首善之区”的南京，其时赌博活动就十分猖獗：“本厅(首都警察厅)虽历经饬靥，严密查禁，但沉迷于烟赌娼者尚众，犯者仍多，沉迷陷弱，大有人在，此乃社会一大问题也。”②在各地，社会成员不分男女，不管老幼，无论工农商学兵，无一不为赌博狂潮所卷入。其全民赌博的态势表现为赌场不分家中、家外，赌博时间不分上班、下班；男主人在外豪赌，太太、小姐、佣仆则在家中小赌；商店里前店是营业所，后堂则是店员、伙计的赌场；学校教室是课堂，学生寝室便是赌场；机关办公室、部队的营房也沦为聚赌场所，公职人员和军队将士上班、值勤时间打牌赌钱的事屡见不鲜。而在许多正式和非正式赌场里，赌博规模之大，时间之久，输赢额之惊人，更是前所未闻。一些赌场在赌博进行的时候，常常是

① 戈春源：《中国近代赌博史》，福建人民出版社 2005 年版，第 240~241 页。

② 王焕镳：《首都志》，南京正中书局 1935 年版。

门庭若市，造成道路堵塞。如当时成都的一些所谓“明堂子”“私窝子”赌场，以及福建会馆、利丰银号、西南银行及一些名流的公馆，晚上赌客聚赌时，门前冠盖云集，车水马龙。主人在屋里赌，车夫、保镖、马弁等侍卫随从则在门口赌，以至于巡警怕引起冲突，年轻妇女恐遭弁兵调戏，都绕道而去，避之犹恐不及。当时成都还时兴所谓“摆片”，（详见下节）一片一摆便是几十天，往往是这一片刚结束，那一片又开了场，一年到头都不间断。参加者多为富商巨贾、地主豪绅、团阀烟贩、帮会袍哥。① “驻川各军军官大多嗜好赌钱。每年农历正月初一上午，驻扎成都的邓锡侯、田颂尧、刘文辉三军高级首脑的部下，都要到首脑家去拜年。借此机会，就在首脑家推牌九、掷骰子。各军首脑团拜时，也要推牌九，并且跟各军部属一起赌。首脑赢了钱，也要赏给一些给各军部属，以示笼络。正月初一是刘文辉部师长邓权才的生日，当天午后，各军将领就以拜年为名到他家赌博。麻将、牌九、骰子，外加扑克、纸牌，一开就是十几桌、二十桌。初二上午，邓锡侯、田颂尧两军将领相约到刘文辉家拜年，少不了又要聚赌。初三以后，则按次序到什么参谋长、什么处长家拜年、赌博。初五以后，三军将领又互相请客，再掀起一次赌博高潮。正月里吃春酒一直要吃到2月赶青羊宫花会时，军官们的赌会也要一直延续到这时。这么转过来赌，转过去赌，叫做‘吃转转会’。每次赌博，每人输赢至少几百元，多者万元以上。过了青羊宫花会，转转会吃完了，赌场就从官员们的公馆转移到银行、字号和俱乐部等赌窟。除了打仗，子弹飞来时，不得不停一下外，平时是一年赌到头。军队中的将领如此嗜赌，其下层军官和兵士是可想而知了。”②

旧时上海人似乎对赌博情有独钟，其赌场的规模远非他地可比，而社会成员参赌聚集时往往会出现一些诸如父子同台、师生聚首的尴尬场面。以当时杜月笙等设在福煦路（今延安中路）181号洋

---

① 《四川文史资料》（第十三辑），四川省政协（内部印发）。

② 吴雨等：《民国黑社会》，江苏古籍出版社1988年版，第166～167页。

房的赌场为例，来此赌博的虽然各色人等都有，“如下了台的江西督军陈光远，安福系国会议长王揖堂，盛宣怀的儿子恩颐(老四)、昇颐(老七)和七小姐、王奶奶，以及大赌棍李律阁等均为座上常客”①，“至于当时参预赌博的人，各界都有，除一般赌徒外，有从北平特地赶来的赌客如王揖堂、温宗尧……等，亦有官僚资本家、银行经理、洋行买办以及党政军特等等，无不趋之若鹜。在当时甚至有大学教授与学生同台赌博者。父子夫妇同赌，亦不回避。可笑的有几个阔太太爱打小算盘，她们互相夸称，进赌场可以吃喝玩乐，不费分文，而且自备汽车司机工资亦可省却，连汽油亦由司机花钱添加，何乐而不为呢？据他们说，只要汽车开进赌场，由2个小姐妹连档，名买码子100元，一个下注押‘大’，一个下注押‘小’，那就不会有输赢，而车饭钱4元准可照发，岂非不花分文？哪知天下事没有你这样如意打算的；摇宝有的竟连开几个‘宝子’(即三粒骰子同点)，不管大小，统统吃进。她们200元码子全数输光。也有人自吹有一个不输包赢的诀窍：只消打‘节节高’。例如轮盘上打‘红’或‘黑’，1块钱吃掉打2块，2块钱吃掉打4块，加将上去，总有一次打着的。哪知会连开‘双圈’或‘单圈’，红黑统统吃掉。有时你打‘红’，连开10多次‘黑’，码子全部输光。总之，他们都忘了一句话：‘赌钱不输，是天下营生第一！’哪有不输之理呢？不输的，只有赌台老板，还有巡捕房当局和大小流氓，讲定开门一天，开销多少钞票。这比坐地分赃的强盗还凶！”②如果说，181号赌场和一些公馆是阔老们的“销金窟”的话，那么，“跑马场”“跑狗场”之类的西洋化赌场则总是吸引社会中下层人们到此一博，以希冀暴发，但总是输得一文不剩。正像作家杨骚所揭露的那样，是榨取人血汗的“伟大的狗窝”。“伟大的狗窝里依然有几千疯头疯脑的男女，在继续心跳，耳朵火烧，皮下蚂蚁爬。这里各阶

① 平襟亚：《旧上海的赌博》，见上海市文史馆编：《旧上海的烟赌娼》，百家出版社1988年版，第75页。

② 秋翁：《181号大赌窟内幕》，见上海市文史馆编：《旧上海的烟赌娼》，百家出版社1988年版，第138~139页。

层的人都有：商人，工人，学生，店员，绅士淑女，小瘪三，妓女，姨太太，汽车夫，作家，明星，舞女，红头阿三，水手……总之，凡上海滩上有名称可号的，这里都有。各色人种也齐全：白的，黑的，黄的，棕的，花斑的，如果世界上有花斑人种的话!”“它一次，两次，一晚，两晚，一星期，一个月，一年，两年好几年，就这么安然地在这个不晓得从农民工人的身上扒来几千万万黄金的上海的中心筛着，筛着，筛着……但筛不完的罢？它只筛下农民的汗，筛下工人的血，筛下小商人的算盘，筛下舞女名星的贞操，筛下一些文人作家的钢笔……”①

20世纪30年代的汉口，大革命失败后沉渣泛起，民风萎靡，本埠报纸《碰报》曾以《汉口之狂赌》为题披露当时甚嚣尘上的赌博之风：

> 最近汉口赌风奇炽，这大约是因旧历新年引起来的。汉口赌风，在平时并不稍煞，不过没有最近这一二十天来得凶。公开的赌博有赛马，部落的赌博有单双、小牌九。至于扑克和麻雀，还嫌不大痛快，很少玩那一套的。
>
> 谈到赌博的人物，并不是铁路边的蹩脚虎，公宝场的猪头三，动不动就被狗眼看人低的敬言先生抓去了。我这所谈的人物，却是上自〔党〕政军各机关的要人，下至商学各界的巨子。他们以饭店、大旅社为流动的赌场，赌起来时，房间外面至少有几杆盒子炮把门，揭一盒宝或推一副牌九，至少有数百元的出进。一个人一次的结果，总要以数［千］元谈输盈。听说名震武汉的汪华贞女士，在他〔她〕离汉之前的某一晚，输过大洋七千余元。又听说武昌某一个学校的校长，连赌三夜，共盈六千余元，连校长都辞了不干。至于平时赚百多一二百元薪资一月的，赌起来都是整千的钞票，很痛快，毫不吝啬的从荷色〔包〕掏出〔一〕叠一叠地去来。这不过就我个人所闻所见的谈

---

① 杨骚：《跑狗场》，见《人世间》1934第18期，第37~40页；1935年第19期，第53~55页。

谈而已，其他还不知有多少豪赌狂博，只惜个中人不肯自行画供，来作阅者茶余饭后的谈助哩。①

大城市如此，小县城和乡间也好不到哪儿去。如湖北武汉所在的中南地区、河南一些州县“向多无益之娱乐，如博弈、杂戏等”②。广东龙山乡，“粤为赌国，吾乡亦不免。赌具以番摊、鸽票、花会为盛。迭经官厅干涉，仍未尽绝。近又有麻雀之戏，士大夫多好为之”③。广州沙南疍民虽然贫困但却好赌，“沙南的居民在工作余闲的时候，大抵聚着三五成群来赌博。聚人最多而输赢最利害的，要数番摊了；其次为麻雀和铺票；骰子和纸牌又次之。纸牌不常见，尤以‘扑克’这种赌博，在平常不能公开的玩，只可以在新年和清明那几天来公开玩。沙南那里没有番摊馆，惟一的摊馆便是在沙北，只有对面海的凤凰村的人才可以有开番摊在沙北的权利。全沙南的人，差不多可以说，好像几乎没有一个男人不好赌博的。每一班起盐的人，每次得到工钱便立刻拿去赌博。大约每一班人中(指起盐而说)，最多只有三个不赌”④。广西来宾县地接广东，赌风东来，深受其害：“其耽闲静之人，有斗牌、着棋两种。牌有纸牌、牙牌，俗呼牙牌为骨牌……近日，牙牌中爵牌最盛行。其中本有公、侯、将、相等号，故曰爵牌，既入民国，改为东、西、南、北等字。京省俗语称斗牌曰抹牌。抹爵牌者，讹转为麻，爵为雀。凡此，皆以货财赌胜负，例犯刑律，当与赌骰、赌宝、赌

---

① 《碰报》1930年2月18日，转见涂文学主编：《武汉老新闻》，武汉出版社2002年版，第319页。

② 《续修范县志》(民国二十四年铅印本)，转见丁世良、赵放主编：《中国地方志民俗资料汇编》(中南卷上)，书目文献出版社1991年版，第109页。

③ 《龙山乡志》(民国十九年刻本)，转见丁世良、赵放主编：《中国地方志民俗资料汇编》(中南卷下)，书目文献出版社1991年版，第798页。

④ 岭南社会研究所：《沙南疍民调查》，载《岭南学报》1934年第3卷第1期，转见李文海主编：《民国时期社会调查丛编》(底边社会卷下)，福建教育出版社2005年版，第644~645页。

番摊同禁(俗呼骰为‘色子’)。赌宝、赌番摊为两粤地方通俗，政府因之征赌税，岁入巨万。民国十七年夏，省政府明令革除。”①广西平乐县有斗画眉之赌俗，动辄下注，堪称豪赌：“豪华子弟好养画眉鸟，公开广场斗而赌胜。亦有斗蟋蟀之风，属于个人彼此互出所蓄，合置盆中，角胜负以为乐，不似斗画眉者之夺得锦标千金立至(近年其数锐减)。”②贵县“县城赌番摊及铜宝极盛，最小之圩市亦有赌摊一二台”，思林县“人民酷嗜赌博，以县城及各区圩市为最盛，县城每圩赌徒约计在四百人以上，主要圩市每圩期赌徒约计百人”。③ 其他省份也几无处无赌，笔者搜捡20世纪30年代编纂出版的地方史志，将其中有关赌博情形罗列于此，供今人了解当时全国各地赌风之一斑。

在华北农村，一般乡民春节期间都有赌博娱乐习惯，如河北武安，“武民勤劳业务，终年作息田间，无敢休息。惟至旧历正月，新年甫过，农事未兴，居民饱食之余，无所事事，即多寻娱乐，闺中则好为纸牌之戏，每针余无事，即与姊姒宛若共坐一室，斗牌为戏。男子则各寻所好：好赌者则相与同入赌场，或押宝、或斗牌、或掷骰子，穷昼极夜，不以为疲”④。山西沁源县民“过了年，一月间，庸人自扰乱赌钱。闹社火，锣鼓喧，一年辛苦乐在先”⑤。绥远归绥县“民性勤俭而朴厚，惟女子爱风流，男子喜饮酒，好赌博。饮酒多于婚娶、丧葬之时，鸦片有平时吸食之，赌博在废历元

① 《来宾县志》(民国二十六年铅印本)，转见丁世良、赵放主编：《中国地方志民俗资料汇编》(中南卷下)，书目文献出版社1991年版，第982页。

② 《平乐县志》(民国二十九年铅印本)，转见丁世良、赵放主编：《中国地方志民俗资料汇编》(中南卷下)，书目文献出版社1991年版，第1015页。

③ 《民国二十一年度广西各县概况》，广西民政厅秘书处，1933年。

④ 《武安县志》(民国二十九年铅印本)，转见丁世良、赵放主编：《中国地方志民俗资料汇编》(华北卷)，书目文献出版社1989年版，第469页。

⑤ 《沁源县志》(民国二十二年铅印本)，转见丁世良、赵放主编：《中国地方志民俗资料汇编》(华北卷)，书目文献出版社1989年版，第632页。

旦节后一月内玩聚甚炽”①。但在很多县乡并非只是节日和农闲时间有赌博习惯，不少地方常年设赌，烟赌猖獗，如滦县由于近代以来铁路通轨，矿业兴盛，因此世风丕变，黜俭向奢。风气渐开的同时，也泥沙俱下，烟赌泛滥。

特殊情状二则：

一、滦民衣食向称俭素。近考乡村旧风未改，惟城市及沿路线矿区等处，每见有不士，不农，不工，不商，行为阔绰，举动轻浮，夏葛冬裘，餍饫粱肉；叩其家世，本非富有，殆即所谓游民，为社会之蠹者欤。此种人虽不足以代表滦俗，实足以影响滦俗。夫游闲原于无业，无业率由失学，不能不赖教育、实业二者以救济之也。

二、花会、吗啡、海洛英，实为滦县社会病态之来源。花会昔亦有之，然多秘密行动，且在僻远各村，近则流行于各地矣。染者倾家荡产，颓志失节，无所不至。吗啡、海洛英为毒化之利器，其为害也，尤甚于鸦片。而嗜者甘之如饴，速其死亡，居恒则麻袋其衣服，破庙其住室，囚丧其面目，盗贼其行为，遇冬寒转死沟壑。虽国法所厉禁，犹数见而不鲜。此风不除，社会之病态莫由愈也。②

滦县烟赌尤其是新式毒品泛滥如此猛烈，不惟河北，即便在沿海地区也属罕见。相形之下，万全县的境况要稍稍好些：“饮酒、吸烟为人之普通习惯，置利害于不顾，虽儿童以之为戏亦竟不问，日久自不可离。赌风稍炽，尤以春节后为最盛，几家家不能免。至鸦片、吗啡以及种种不正当之嗜好，束身自好者尚知自勉，社会亦

---

① 《绥远省分县调查概要·归绥县》(民国二十三年铅印本)，转见丁世良、赵放主编：《中国地方志民俗资料汇编》(华北卷)，书目文献出版社 1989 年版，第 744 页。

② 《滦县志》(民国二十六年铅印本)，转见丁世良、赵放主编：《中国地方志民俗资料汇编》(华北卷)，书目文献出版社 1989 年版，第 272 页。

多鄙弃也。”①沧县由于毗邻京津，习染城市奢靡之风，民国二十二年编纂的《沧县志》谈到居民娱乐者，几乎涉及所有赌博项目，如斗蟋蟀、敲诗、弈棋、牙牌、升官图甚至双陆等。如斗蟋蟀：“斗蟋之风，学童、雅士多好为之。每当秋夜，吟声四起，水涯草际，恒见灯光隐现，则知捕蟋者出矣。夫废学失时，不辞劳瘁，必其勇酣奋斗之状，振翅奏凯之声。大有以偿其劳者。近三十年来，邑城设有斗盒，俨然赌场，地痞纨绔，孤注千百，雅风扫地矣。”如敲诗：“择不经见之诗句，书于条纸，空其一字，下书五字，一为原字，余四为配字；问阅者于五字中推敲，何者为原字，中到赢，不中则输，是亦诗钟之类也。沧中有此，不过五十年。科举时代，每值试期，则诗摊弥望，今则腊尽春初，设者仍多。”如牙牌等博戏：“仕宦闺秀，恒以七巧木、益智板、牙牌杂戏、升官、太虚览胜名图为释闷之具，间有能为古之双陆者。”②绥远武川县有一奇特习俗，乡民赌博不在秋冬农闲时节，反而于夏季割麦之时聚众开赌：“民性游惰，而赌风最甚，夏季割麦时，穷乡僻壤，地户家中聚赌，以便招募工人。”③原来斯地乡民普遍好赌，地主通过开设赌局，积聚人气，好借此招募工人割麦。

在东北，黑龙江宝清县除了打麻将、斗纸牌外，还有一种本地特有的“耍嘎什哈”的赌博游戏，“嘎什哈者，猪膝(膝)之骨也。积数十枚抛而接之，作种种之戏，此妇女之游戏也”④。辽宁朝阳赌

① 《万全县志》(民国二十三年铅印本)，转见丁世良、赵放主编：《中国地方志民俗资料汇编》(华北卷)，书目文献出版社 1989 年版，第 220 页。

② 《沧县志》(民国二十二年铅印本)，转见丁世良、赵放主编：《中国地方志民俗资料汇编》(华北卷)，书目文献出版社 1989 年版，第 374~375 页。

③ 《绥远省分县调查概要·武川县》(民国二十三年铅印本)，转见丁世良、赵放主编：《中国地方志民俗资料汇编》(华北卷)，书目文献出版社 1989 年版，第 748 页。

④ 《宝清县志》(一九六四年黑龙江省图书馆油印本)，转见丁世良、赵放主编：《中国地方志民俗资料汇编》(东北卷)，书目文献出版社 1989 年版，第 486 页。

博成为无论男女，不辨闲忙的有害民俗：“赌博，俗之最为民害者，则无如赌之一事。赌分看牌、掷骰、押宝三般。初于年节为之，略为消遣，虽赌无不输赢；近则不问年节，不辨忙闲，设场开赌，公然为之而无忌矣。初只有旱局，无会局也。俗以设场者为旱局，无地点、有跑封者为会局；近则会局多于旱局矣。青年子弟、小康人家，以赌荡流于饥饿者甚众，谁为为之，谁令致之，能无咎警政之腐败也哉。”①

在西北、西南地区，甘肃镇原县赌博种类有纸牌、牙牌、掼钱等多种，其中“玩纸牌：男妇皆借此消遣，殆习俗使然也”，“掼钱：此儿童之戏具也。其法，以旧制钱数文平摊掌心，掷于石上，以漫多者胜。”②在新疆，“亦知赌博，又有抛掷羊皆式骨之戏，颇赌胜负。幼童有抛核桃、蹦鸡卵之戏”③。连西康这样边地和少数民族聚居区也非净土，内地发达省份流行的天九、牌九、掷骰子赌博，这里也是应有尽有：“赌博之事，如天九、百子党、牌九、掷骰等类，康地亦有。经时数日，孜孜不倦，因而倾家荡产、杀身伤人者，亦时有所闻。”④贵州桑梓旧有利用亲朋好友宴饮聚会开场赌博之俗，至民国时期更为普遍盛行：“初时，小儿惟送灶后、灯节前，[有]踢毽(以鸡毛、皮条合铜钱为之)之戏，锣鼓之乐；若喜庆娱宾，或以象棋、围棋、骨牌为行乐之具。近则游手者或朝歌暮弦，或开场纵博，此俗之日非，为父兄者所宜儆也。”⑤该省定番

① 《朝阳县志》(民国十九年铅印本)，转见丁世良、赵放主编：《中国地方志民俗资料汇编》(东北卷)，书目文献出版社 1989 年版，第 245 页。

② 《重修镇原县志》(民国二十四年兰州俊华印书馆铅印本)，转见丁世良、赵放主编：《中国地方志民俗资料汇编》(西北卷)，北京图书馆出版社 1989 年版，第 188 页。

③ 《回疆志》(抄本)，转见丁世良、赵放主编：《中国地方志民俗资料汇编》(西北卷)，北京图书馆出版社 1989 年版，第 314 页。

④ 《西康综览》(民国三十年正中书局铅印本)，转见丁世良、赵放：《中国地方志民俗资料汇编》(西南卷上)，书目文献出版社 1991 年版，第 402 页。

⑤ 《桑梓述闻》(一九六四年贵州省图书馆油印本)，转见丁世良、赵放：《中国地方志民俗资料汇编》(西南卷下)，书目文献出版社 1991 年版，第 660 页。

“赌博风气不盛，但有少数冶荡之人，俗称‘赌徒’或‘赌崽’等，便沾染赌博的不良习气。赌博的种类有雀牌、纸牌(即牙牌)、掷骰子、双钱宝(以手系握住铜元，任人猜正反)，以及三钱打拾叁(用三个铜元在地下掷)等为主，就中惟以雀牌花费最多，甚至有倾家荡产者，所见不鲜”①。

抗日战争爆发后，沦陷区的赌博活动在日伪势力的公开扶持下，更加肆无忌惮。1938年10月21日广州陷落后仅6天，大街小巷就摆开了番摊、骰宝、牌九等赌案。地痞恶棍，尽兴而赌，无人管束，可谓赌徒们前所未有的黄金时期。之后不久，日伪政权将赌博纳入管辖范围，以武力保护赌博，使赌徒们更加放心大胆地狂赌。此后，伪财政处亦仿效前清和国民政府招商承赌的办法，批准裕荣公司承办番摊、骰宝，大利公司承办山票、铺票。上述公司在南华路、大同路、带河路、米市路、天成路等摆摊设点，聚众开赌。1941年，市区赌博场所移往广州市郊的南村，统一由广福公司承办，当时从南村村口泰山庙到村中，番摊、骰宝等赌场依次而设，赌博活动昼夜不息，煞是热闹。

上海自1937年沦陷后，赌博业更得到前所未有的畸形繁荣。沦陷之初，沪西愚园路一带成为赌场集中地带。当时较著名的赌场有王宝善在愚园路开设的“好莱坞”、在大西路(今延安西路)开设的“联侨总会”，王茂廷在梵皇渡路(今万航渡路)开设的“秋园”，邵莲赓和钱宗范合伙在延平路康家桥开设的“荣生公司”，潘三省在戈登路(今江宁路)开设的“华人乐园”，朱顺林在兆丰公司(今中山公园)对面开设的“兆丰俱乐部”，李鸿章之孙瑞九在海格路(今华山路626号)开设的赌场等。短短几年，沪西一带的大赌场便从6个迅速发展到21个。1940年，日伪政权批准将“好莱坞”“联侨”“秋园”“荣生”“兆丰”“华人”六家赌场合并，以“六国饭店”名义继续开业豪赌，直至1942年秋歇业。此外，另有高兰生(杜月笙门

① 《定番县乡土教材调查报告》(民国间抄本·一九六五年贵州省图书馆油印本)，转见丁世良、赵放：《中国地方志民俗资料汇编》(西南卷下)，书目文献出版社1991年版，第694页。

徒）在南阳桥恒安坊开设的“六生公司”，王永康在九亩地（今大境路）开设的“绿宝公司”，李小宝在西门开设的“西园”，其中“西园”赌场是可与181号相媲美的著名大赌窟。“在赌场进出的赌客，有工商界的经理、职员、小开和小本经营的摊贩，也有地痞流氓，男女老少都有。这个赌场在一九四〇年至一九四三年间，赌风最盛。职员的工作，日夜分三班，赢钱的赌客给职员们相当数目的大烟钱（即红钱），作为对他们殷勤招待的酬报。”①上海沦陷期间，赌场在开业期间都得到了日本宪兵的承认和保护。汪伪政权76号特工总部也派专员负责对各赌场进行登记注册，并要求各赌场每月按规定向其交纳“孝敬费”。赌博业在日伪势力的支持下得到新的“繁荣”，从而吸引了无数赌客每日通宵达旦地来此一博。据统计，整个沦陷时期上海仅在沪西一带参加赌博者达50万人之众，其中因赌博而破产者则不下4000余家。②

类似的情形远不止广州、上海。北平沦陷后，由日本人控制的赌场肆无忌惮地招客聚赌，如前门外煤市街路西大旅社及西珠市口万明路的德义楼，便是当时有名的大赌窟，这些赌场每天通宵豪赌，各色赌博俱全。太平洋战争爆发后，天津的许多赌场统为日本人接管，万国赛马会、回力球场等常年开赌，着实“热闹”了几年。日本帝国主义之所以支持开赌，除了借赌博麻醉中国人的神经以求社会稳定外，还有一个不可告人的目的，便是通过赌博吸取中国人的血汗，为“大东亚圣战”筹措资金。上海的逸园跑狗场被日寇强迫从所收狗票和摇彩票的票款中扣去50%作为日寇军费。回力球场的抽捐率则从原来的5%强至10%。又如1943年李亚溥接办天津回力球场后，为了向日本帝国主义献媚邀宠，在每晚球赛中指定一盘为“献金赛”，将抽头收入孝敬给日本人。为此，李亚溥获得了日本首相东条英机颁发的“奖状”。

---

① 姜梦麟：《西园赌场证实》，见上海市文史馆编：《旧上海的烟赌娼》，百家出版社1988年版，第135页。

② 平襟亚：《旧上海的赌博》，见上海市文史馆编：《旧上海的烟赌娼》，百家出版社1988年版，第76页。

沦陷时期的武汉赌风丝毫不逊于广州、上海和平、津地区。汉口沦陷后开张的第一家赌场是“合利公司”，老板为青帮人物陈钰卿、杜超、邓镗等，地址在汉口交通路生成北里，内设有“单”“双”“二十一门”“大牌九”“小牌九”等赌博项目。赌场内还设有“押当部”，输钱的赌客若已将所带的现金输光时，可将手上戴的金戒指、值钱的手表和大衣、西服等拿到“押当部”抵押，换取现金再赌。“‘押当部’的‘规矩’是：负责押当部的人将赌客的东西予以定价，如定价为1000元时，‘押当部’只给900元给赌客，这叫做当扣10%的利息，押当部给赌客一个硬卡纸片，上面写有号码盖有图章，赌客在偿还押款时，将硬纸片给‘押当部’，并送上1000元现金，方可将原物赎回。当时，我就眼见有一青年身上带的现金业已输光，他就将手上的金戒指和身上的大衣作了抵押，后来押款也输光了，那时正是严冬季节，这个青年打着寒颤离开了赌场。”继“合利公司”后开设的公开赌场，还有位于特二区原惠罗百货商店楼上的“武汉俱乐部”，主办者为洪帮人物邓锐等，其赌博种类除中国传统博戏外，还有“三十六门轮盘赌”，轮盘赌是武汉沦陷后才引进的外来赌种，其输赢额极大，加上方式新奇，吸引了很多人前往一博，不少市民因此而倾家荡产。沦陷时期，武汉花会赌博又死灰复燃，汉口青帮头子陈钰卿开了一个“信利花会公司”，“当时汉口的男女老少几乎都被这种‘花会’赌博骗过钱，因为它在汉口的大街小巷，都设有收受赌款的摊点，分早场和晚场，一天搞两次骗取群众款项的勾当，有时两分钱、五分钱的财资也收，因而小孩的过早钱，妇女的买菜钱，都成了赌资而被它骗去。”不少家庭的生活费也被骗走，以至生活无着，甚或有人因此而自寻短见。太平洋战争爆发后，由于南京汪伪政权下了禁赌、禁舞和禁烟“命令”，加之盟军飞机不断来汉口轰炸，汉口公开赌场和花会赌博渐渐消失了，但地下赌场和打麻将、推牌九、骰宝局等赌博一直未断。①

东北地区自九一八沦陷后，日本人除放纵诸如“会局”之类的

---

① 奉子：《汉口沦陷时的公开赌场与花会赌博》，载《武汉文史资料》《汉口忆旧(四)》，1996年第3辑，第115~117页。

花会赌博外，还滥发彩票和广设跑马场，一来以此消弭人民的反抗斗志；二则借此收敛民财，为“以战养战”筹集资金。日本侵略者通过伪满洲国发行的彩票很多，如1943年的“短期裕民彩票”，其发行总额为5万元。伪满洲国制定的1945年60亿储蓄计划中，仅彩票一项即达4000万元，好在这年日本战败投降，这项庞大的以赌敛财计划成了泡影。至于跑马赌博，据粗略统计，在新京、奉天、哈尔滨以及大连、抚顺、营口等不下十座城市中都有规模不等的跑马场，其中以奉天所谓“国立”赛马场为最大、最有名。跑马场大多由伪满洲国司法部马政局管理，赛马收入直接进了日伪“国库”，为日本侵华战争源源不断注入资金。①

抗战时期，沦陷区赌风如此，而当时“国统区”，即所谓“大后方”又如何呢？国难当头，前方将士为抵抗日寇侵略而浴血奋战的时候，“大后方”的赌博活动虽然较之抗战前有所收敛，但小规模、暗地里的赌博并没有绝迹。仅以重庆为例，1939年，重庆市政府鉴于重庆为“战时行都所在，中外人士瞩目之区，一举一动不仅能移风易俗，且为全国楷模”，发布了“禁止出售赌具案”，但收效甚微，城区赌博之风屡禁不止，“市上各商号尚有麻雀、扑克及纸牌、骰子等等赌具出售”，与“禁止赌博背道而驰”。② 此后，赌博活动呈递增趋势，据统计，1943年，重庆市赌博案共299起，犯案人为1626人；1944年，案件增至1519起，犯案人数为8159人，仅次于所有案件中的盗窃案，而犯案人数则居各案人数之首。著名作家梁实秋当时也在重庆，他曾亲身感受到不少人因精神空虚闲得无聊而赌博取乐的可悲情形：抗战时期，后方的人，忙的是忙得不可开交，闲的是闷得发慌，不知是谁诌了四句俚词：“一个中国人，闷得发慌。两个中国人，就好商量。三个中国人，作不成事。四个中国人，麻将一场。”③著名作家张恨水的小说《纸醉金迷》中

① 参见戈春源：《中国近代赌博史》，福建人民出版社2005年版，第299~301页。

② 《重庆市政府公报》(第4~5期合刊)，1939年2月。

③ 梁实秋：《麻将》，转见《悠闲生活絮语》，湖南文艺出版社1991年版，第413页。

一段相关故事便可为梁实秋这句俚语做极好注脚。小说描写战时重庆国民政府某官员太太魏太太与人打扑克赌博，最后输光丈夫放在家中的公款。与魏太太一起赌博的不是有闲有钱的官太太(胡太太、朱太太、罗太太)，就是发了国难财的官僚和富商(吴科长、赵经理、朱经理)，其中参赌的“这位吴科长，是客人中最豪华的一位，三十多岁，穿一套真正来自英国皇家公司的西装。灰色细呢上略略反出一道紫光，他像奶奶似的手指上戴了一枚亮晶晶的钻石戒子。富贵之气逼人。魏太太心里，立刻发生了个感想，在这桌上，恐怕要算自己的身份最穷，今天和这些人赌钱必须稳扎稳打。这些人的钱，都是发国难财来的，赢他们几文，那是天理良心。赢不到也不要紧，千万别财赶大半，让他们赢了去。他们赢了我的钱，还不够他们打发小费的呢”。但结果，魏太太将她的“丈夫和司长汇款的款子，决移动不得”的13万元，连同自己的2万元私房钱输得一个不剩。小说如是描写魏太太输光赌本后的惨淡心态：

> 说着她离开了赌场，走到隔壁小客室里，在仿沙发式的藤椅子上坐下。那只手提包她原是始终抱在怀里的。这时，趁着客室里无人，打开来看了一看。里面空空的，原来成卷的钞票，全没有了。其实她不必看，也知道皮包里是空了的，但必须这样看一下才能证实不是做一个噩梦。她无精打采的，两手缓缓将手皮包合上，依然听到皮包合口的两个连环白铜拗纽嘎咤一响，这是像平常关着大批钞票的响声一样。她将皮包放在怀里搂着，人靠往椅子背坐了，右手按住皮包，左手抬起来，慢慢地抚摸着自己的头发。她由耳根的发烧，感觉到心里也在发烧。她想着想着，将左手连连的拍着皮包，将牙齿紧紧的咬了下嘴唇皮，微微的摇着头。心想自己分明知道这十五万元是分文不能移动的钱，而且也决定了今天不出门，偏偏遇到胡太太拉到这地方来。越是怕输，越是输得惨。这款子在明日上午，魏端本一定要和司长汇出去的，回家去，告诉把钱输光了，不会逼得他投河吗？今天真不该来。她想着，两脚同时在地面上一顿……

与魏太太输光钱后如丧考妣、失魂落魄状态相反，那位出手阔绰的吴科长在输了十几万法币后，依然是面不改色心不跳的悠然自得：

> 那位吴科长已是在口袋里一掏，掏出一叠五元一张的美钞，向面前一放，还用带着钻石戒指的手，在钞票上拍了两拍，笑道："美钞怎样的算法?"罗太太笑道："我们可没有美钞奉陪。吴科长先换了法币去用，好不好？用什么价钱换出来，你再用什么价钱收回去。"吴科长在身上掏出一只扁平的赛银盒子和一只打火机。从容的打开盒子取了纸烟衔着，将打火机亮着火，吸着纸烟。同时，把开了盖的纸烟盒子托在手上，向满桌的男女赌友敬着纸烟，表示着他那份悠闲。①

这后方权贵们纸醉金迷的无聊与一掷千金的豪赌，与前方将士饮冰卧雪的苦斗和刀光剑影的厮杀形成太大的反差，前方吃紧，后方紧吃，国民党政府的"陪都"尚且如此，其他地区的赌风就不难想象了。

抗日战争胜利后，百废待兴，但国民党当局忙着搞劫收和打内战，无暇整饬包括赌博在内的社会恶习，反而因不久战事频仍，士气衰落，从政府官员到一般士兵带头赌博，使社会风气更加腐化。如当时北平天桥一带，由国民党伤兵或以国民党军官作后台开设的赌场很多。"那时北平国民党的伤兵很多，其中还有不少官儿。他们依仗伤兵这块牌子，没人敢惹。有的伤兵勾结当地的土棍，在天桥一带搞起赌场来。每个赌场总有一两个受伤军官撑腰，另有两个伤兵，架着拐，穿着带红十字的衣服，往门口一坐，还有谁敢来过问呢？就是管地面治安的人也懒得多事，睁一只眼闭一只眼算了。这种赌场主要也是大小牌九、押宝、摇摊的也不算少，其他赌法也有，不过极少。每天下午人最多，晚上渐渐人少了。这种赌场只要

① 参见曾智忠、尤德彦编：《张恨水说重庆》，四川文艺出版社 2007 年版，265~275 页。

一进去，多少得输钱。赌场每天赚的钱，由赌棍和伤兵对半分。据说撑腰的受伤军官，一天可以弄到百八十元，就是把门的伤兵最少也能弄个二三十元。"①就是在前线阵地，许多对前途丧失信心的国民党将士干脆在工事掩体内打麻将、玩骰子，一赌方休。而社会上的不少职业赌徒则拼命抓住这最后的机会广招赌客，骗取钱财。上海打花会的"航船""快马"天天在大小巷中窜来窜去拖人入赌；广州的番摊前依然聚集着执迷不悟的赌徒，在那里吆五喝六；长沙"其唯一之娱乐乃在赌博，第一麻雀，其次跑和，其次天九、骨牌，流氓地痞、游手好闲之辈则赌单双恒以夜为之。近日风俗之坏乃由一般乡绅有钱无事，日消闲于牌桌，而一般阔大少、职教员等类附之，习染日坏，几于普及社会，桥头、路口各杂货店多有一桌天九"②。南县"不正当者如牌赌等类，妇女及小孩，类亦能之，纸页麻雀，更属普通，家家户户，无不知之"。醴陵"若夫博弈，现尚风行……博之属八：曰骨牌、曰骰子、曰牌九、曰麻雀、曰铜钱宝、曰孔夫、曰八十四、曰跑扶，与他邑无异。最流行者为麻雀、跑扶，斗者靡男女趋之若鹜，玩时竭日，倾家败产，异于正当娱乐矣"。③ 四川新繁县"娱乐之途甚多。最普遍者为鸦片，顷以禁政严厉，逐渐消灭矣。其次为麻雀牌、扑克、叶子戏，男妇老幼几于无不工习。又有骰子者，即古樗蒲之戏。大者为压宝，赌资甚巨，此则政府所严禁，非娱乐之正也"④。广州三水河口"疍民性好赌，三五成群，便要赌起钱来……最普通的赌博，叫做'十五胡'，无论男女老幼都懂得这种赌博。其次便是登陆去赌'番摊'，每晚约有五十人。还有些看着轮船下碇的，便上船去和那些水手工

---

① 王子威：《赌博旧习》，见北京市政协文史资料研究委员会编：《北京往事谈》，北京出版社 1988 年版，第 377~378 页。

② 辜天佑：《民国长沙县乡土志》(1949 年)。

③ 《醴陵县志》(民国三十七年铅印本)，转见丁世良、赵放主编：《中国地方志民俗资料汇编》(中南卷上)，书目文献出版社 1991 年版，第 503 页。

④ 《新繁县志》(民国三十六年铅印本)，转见丁世良、赵放：《中国地方志民俗资料汇编》(西南卷上)，书目文献出版社 1991 年版，第 64 页。

人一起玩麻雀牌的”①。在广西，李崇仁、白崇禧等“新桂系”为了筹饷反共，一改过去禁赌政策而公然开赌纵赌，“新桂系统治末期，人民解放军南下追近广西，新桂系为了作垂死挣扎，拼命扩充反动军队以负隅顽抗，并公然开赌以为筹款之源，除赌博公司开设的赌馆外，还有一些浑水摸鱼之徒也乘机开设赌馆，不少政府官员参与其中。当时‘身为桂林警备副司令兼桂北纵队副司令的马瑾民也趁此机会捞一笔做逃难费，竟公然以副司令的身份出面在中山中路“太平酒家”后进开设赌场’。赌馆一直开到解放前一天才停止”②。

但是，上述一切并不意味着又一个赌潮泛滥的黄金般季节的到来，恰恰相反，只不过是其消亡前的一种回光返照而已。赌博这一旧社会的恶疽早已为正义民众深恶痛绝。还是在上海，这个近代以来赌博活动最猖獗的城市，当抗战胜利后，企图恢复跑马赌博时，便遭到了舆论界和广大市民的一致反对，最后只得不了了之。随着国民党政权的覆灭，赌博赖以生存的旧的社会基础瓦解，民国赌博史和它相互依存的那个时代便一起走入坟墓，寿终正寝。

二、赌场遍设

一般而言，赌博活动的猖獗总是与赌博业的畸形繁荣连在一起的，民国时期尤其如此。城乡无处不见赌场，这不仅为赌徒们无休止地聚赌提供了活动的场所，同时也是民国赌潮泛滥的一个十分显著的特征。

将民国各地赌场予以分析归类，大致可分为正式或公开赌场，非正式或地下赌场两大类。所谓正式或公开赌场，主要是指经过官

---

①　伍锐麟：《三水河口疍民调查报告》，载《岭南学报》1948 年第 5 卷第 2 期，转见李文海主编：《民国时期社会调查丛编》（底边社会卷下），福建教育出版社 2005 年版，第 693 页。

②　熊林：《论新桂系时期的烟赌娼禁政》，载《广西社会科学》2014 年第 8 期，第 119 页。

方认可并领有营业执照，以抽头赢利为目的，有固定的活动场所、管理人员、较完备的设施及一整套管理规则等一类赌博场所。非正式或地下赌场则与之不同，这类赌场的情况较为复杂，大致可分为四类：一类是与正式赌场差不多，以营利为目的，其活动场所、活动形式都较为固定、规范，唯一不同的是没有得到官方的公开承认并领取营业执照，但许多或得到当局的默许，或已与当地警政勾结串通，这类赌场具有半正式半公开的特征；第二类是一种游动性较强的活动赌场，其庄主、场所都不固定，但赌博形式、抽取头金的规定则已约定俗成，一以贯之，以四川成都的“摆片”为典型，与此相关的是流氓地痞在街头巷尾扎局行骗，打一枪换一个地方的“赌摊”；第三类是富商巨贾、洋行买办、政客要人们开设的“总会”“俱乐部”之类的聚赌场所，这类赌场本身并不以赢利为目的，所抽头金主要用于内部开销，具有“以赌养赌”的意味，其赌博设施、赌博种类、赌博输赢额等与正式赌场不相伯仲，官方对其一般采取默许的态度，社会上对其赌博内情也几乎无人不晓，其赌博可说是“公开的秘密”，但由于“挂羊头卖狗肉”，对外并不以赌名目，而以会员之自娱、议事相标榜，且严禁向非会员开放，故名义上仍是一种非正式性赌场；第四类是公馆家庭赌场，民国时期，上海、天津、汉口、成都等一些公馆常常开设赌局，久而久之，形成固定的窝赌据点。这些家庭赌场除了没有营业执照以外，一切均与正规赌场无异。有的规模大的窝赌点输赢额之大，抽头金之巨，较之正式的公开赌场甚或有过之而无不及。

民国时期的正式赌场，一般为帮会流氓、富有商贾及军阀政客、来华洋人等三类人所把持。

帮会流氓与烟、赌、娼似乎有亲缘性关系。帮会的兴盛与赌博业的繁荣互为表里。民国时期，上海的赌场可以说没有一个不与帮会发生关系的，其中绝大部分为帮会中人开设，少数非帮会开设的赌场，也要请帮中人物出来“抱台脚”，以免流氓滋事捣乱。

上海的帮会流氓染指赌博业历史悠久。远在清末，当花会进入上海时，便被帮会大亨所把持，其中孙怡生的“猛将堂”，几乎垄断了沪上花会赌博。辛亥革命以后，上海赌台烽起，流氓纷纷出笼，操持赌博营生，当时上海较有名的赌博场所有近 10 家，其中杜月笙的同门兄弟袁三宝、青帮大字辈高士奎徒弟马祥生与金廷荪等人开设的赌台最负盛名，马、金二人在南阳桥附近生吉里开设的赌台资力雄厚，场面庞大，常常吸引商界巨子来此一博。两人也因此大发横财。

1927—1930 年，广帮赌棍梁培嘱使王宝善在沪开设的“利生”和“富生”两大赌场，是上海当时规模最大的赌场。这两个赌场在公馆马路(今金陵东路)租赁房屋百余间，雇佣各类人员 800 余人，耗资 200 余万元用于内部装修。“赌场内部陈设华丽，一切供应免费，西菜、中菜、点心，应有尽有，并有年轻女子招待，汽车接送。一切规模，仿照澳门大赌窟，在上海是空前未有的。赌博的种类，亦与本帮不同，‘大牌九’‘廿一门大小’‘轮盘’等，一应俱全，于是卜昼卜夜，门庭若市。不到一年，已盈余倍蓰，广帮老板发了大财。”①广帮赌场内部组织严密，具有浓厚的帮会色彩，有所谓“义利会”。会员分内部、外部、银主三部分，内部会员 400 余人，分先生、上手、快手三个等级。先生仅 4 人，俗称“四大天王”，是“义利会”的核心人物。4 人中一人掌管金库，是赌博集团的实际首领，为广东人担任。一人掌赌场监视，一人掌“规费”，亦即贿赂费用。上手共有 48 人，又分几个等级：“宝官”，赌场总负责人；“楂牌”，赌场唱牌人；“睇碟”，核算胜负输赢；“银台”，掌管检验、估定银元、钞币、金银珠宝首饰等的真假及价值等。“快手”是负责维持赌场秩序，望风、报信以及传递现金入库的人员。外部会员是赌博集团的外围组织，分“老迁”“下手”和“厕身租界者”三种。“老迁”是赌场中善于作弊的高手，专司作骗勾当。“下手”是流氓集团的头目或强有力者，又称“大好佬”，负责协调帮会、流氓集团同赌场的关系，以及为赌场拉赌客等。“厕身租界者”主要是负责联络工部局巡捕房及其他各界大腕以为外援。“银主”是赌场的投资入股者，这种人只收取红利，对赌场内部事

① 平襟亚：《旧上海的赌博》，见上海市文史馆编：《旧上海的烟赌娼》，百家出版社 1988 年版，第 75 页。

务不管不问，全部为广东籍富商。

旧上海的三大“闻人”黄金荣、杜月笙、张啸林都是赌业巨擘。如杜月笙在法租界开的“利生公司”，黄、杜二人合开的“荣生公司”等。光杜月笙一人，在抗战前就开了5家赌场。这三位大亨为了垄断上海赌博业，对外帮如广东人开设的赌场百般排挤，致使利生、富生赌博公司于1930年被迫关闭。尔后不久，三大亨集结资本，联合本帮各路流氓，于1931年成立了较之广帮赌场规模更大的赌场，这就是臭名昭著的福煦路181号大赌窟。181号赌场名义上由青帮“通”字辈钱春宝、杜月笙徒弟江小棣等伸头主持，内部高级干事有顾嘉棠、高鑫宝、马祥生、陈世昌、蔡福棠、万墨林等帮会中人，内有各类人员1300余人。其内部装饰豪华、服务周全，“场内赌博项目，应有尽有，名为仿自世界‘赌城’蒙特卡洛，其实是中西杂参，南北混合，种类更加繁多。主要的是轮盘赌。这种赌具，在国外流行已久。轮盘通以电流，旋转不停，底分37格，标明1到36号，另加单圈为37门，由司机者手掐玻璃小弹子，用力捺在轮盘边沿傍，滚转不停。它掉落入某一格内，便是某一号码，某一门中的。照例，打‘孤丁’的，一赔36(按此种赌具从国外传至澳门，已经过改制，加了一个双圈，变为38门，有利于庄家)。当时，这种轮盘赌具是从澳门运来的，赌徒们认为新奇，下注1块钱，得赔36元。他们以为输了钱翻梢容易。哪知要在38门中打中1门，谈何容易。沉迷于此，倾家荡产，甚至丧命作轮边冤鬼者大有其人。次为摇宝赌博，凭三粒骰子作输赢。一般赌徒亦颇感兴趣。他如‘单’、‘双’、‘大小’、‘四门摊’、麻将、扑克，以及广东‘抓摊’及‘拆大牌九’等等，名目很多。另有荷兰人的赌法，抽扑克牌二张定胜负者，名‘拔介那’，输赢亦巨”。为了吸引赌客，赌场实行所谓特别会员制，凡持有特别会员证者，进场赌博，格外优待，持有5天、10天期的庄票，亦得通用掉现，每天包车接送，保证安全。“大赌窟内部供应齐全，其特点有所谓‘三白’，就是‘白吃’‘白饮’‘白吸’。有酒吧间供应‘威士忌’‘白兰地’等名酒；有中西餐室供应上等中西大菜；有鸦片榻供应上等鸦片烟和‘茄立克’；还有‘三五牌’等高级香烟和时鲜水果，等等，任凭赌客需要，由服务者开单给你，向供应处领取，不取分文。尤其是服务招待方面也是非常周到，除了男服务员外，还有打扮得花枝招展的女招待，送这送那侍候你，甚至每只赌台都有女的操作赌具。所有这些都是为了招徕赌客，使他们乐此不疲。尝闻有些输光了钞票的赌客躺在烟榻上自己慰借自己说：‘我既饱且醉，有吃有喝，分文不花，这种地方，哪里去找？我的脾气，就是输钱也要输得舒服！’”①因此，181 号整天赌客盈门，生意格外兴隆。《杜月笙外传》曾这样描述 181 号的“繁荣”景象：

> 赌客们自下午三四点钟起陆续上场，入夜以后，男的女的，纷至沓来，更是门庭若市。其中豪赌自是欢迎，小试亦无不可。先将现款换成筹码，再由你呼卢喝雉，赢了是鸿运当头，尽可拍拍屁股走路。输了是自寻烦恼，跳黄浦也不还钱。赌饿了，只消一声吩咐，自会一盘一盘地端到眼前。赌倦了，跑上三楼，横陈下来，自会一筒一筒地送到嘴里。在腹饱神旺之后，便又像飞蛾扑火般，赶到赌台落注。如此这般，在几个回合里，包管你输得连祖宗三代都不认识，这真是一片快活林，也就是变相的活地狱。

抗日战争上海沦陷期间最著名的赌场，当数开设在上海南市中华路老西门的西园赌场。西园赌场的老板为伪上海市警察局密探副总队长李小宝，赌场面积很大，可容纳千余人同时赌博，内外装潢豪华，除 10 多只赌台外，还有中西餐室、茶点室以及解烟室(鸦片室)，同时辟有专供军政要员和富商巨贾赌博的特别室。西园赌场“赌博的种类形形色色，有广东牌九(俗称‘广九台’)、转盘台、大小台、花棋摊、铜宝台等十余种不同的赌具和赌台。每一个赌台派有五个职员，分工负责赌台上的工作，其中三人担任做手，即一人负责摇缸、数点，又称为‘摇手’；二人站在摇手左右两旁，专

---

① 秋翁：《181 号大赌窟内幕》，见上海市文史馆编：《旧上海的烟赌娼》，百家出版社 1988 年版，第 137 页。

门管理赌客押赌注和吃配筹码；其余二人中之一人为银台，专管赌台上的筹码进出，另一人为监台，专事监督赌台上的做手和银台与赌客有无串通作弊，暗中揩油等事情，同时兼管发给赌客中西餐券，香烟券和大烟券等工作。这五个职员，统称庄主”。“上述赌场中的十余只赌台上，有各种形式不同的赌具和不同的赌法，同时分输赢的方法也不一，虽规定配赔一倍至一百二十倍，对赌客很有诱惑力，但实际上还是庄主占极大便宜。一般开赌台的人经常说：‘不怕赌客赢得多，也不怕他们买地造屋，只怕他们吃光用光。’……赌客赢了当然很高兴，还要想赢，不肯罢休；而输的赌客呢？总想翻本，何况赌客都抱着想发横财和捞‘外快’来的，所以输得精光时，还想翻本，即使典押东西以至倾家荡产，亦在所不惜。因此西园赌场附近，自新桥街到老西门，有万昌、亿丰、鸿祥等许多当店，专为赌徒而设。这些当店的利率特别高，期限特别短，从一天起算，一个月为期，如期满不赎，即行没收。假使当进一天就去赎出，而利息也要算一个月。其中还有一种押店，专供赌客将当票押进去，有日押，月押之分，利息各不相同。赌客中当的东西，以金银饰物为多，其次是皮货西服。最有趣的是当店备有大批旧布鞋，专门预备赌客输光当尽时，当皮鞋时用的。当店老板把期满没收的东西，予以变卖，又可收到一笔可观的押金(就是押款与变卖价的差额)。他们就是这样混水摸鱼，跟赌场狼狈为奸，榨取赌客钱财的。总之，在当时，西园与其说它是个赌场，毋宁说它是个魔窟。”①

民国时期的公开赌场中，由商人、军阀和政客承办经营的不在少数。官商结合，以赌赢利最为典型者当推广东，从清末以迄民国，曾经数度掀起官府号召、商人承包的兴赌浪潮。20 世纪 30 年代初，著名作家巴金到广州，目睹广州遍城皆是赌场，并对赌场内部状况曾有详细描述：

---

① 姜梦麟：《西园赌场记实》，见上海市文史馆编：《旧上海的烟赌娼》，百家出版社 1988 年版，第 132～135 页。

在广州，河南就是广州赌场的根据地。我住在河南，每天经过海珠桥到广州市去，在河南的马路上总要看见许多公开的赌场。名称是××公司，是两层的楼房，门口有一个武装兵士守卫，招牌上还写着“楼上银牌”，或是“银牌现钱”一类的字样。生意很好，每一家都挤满了人。

这种公司真是多得叫人无法相信，也许它们就挤在我所经过的一段马路上，所以我走几步路就看见一家，但是一过桥，赌场就绝迹了。

一个晚上，我和一位朋友走进了较大的一家赌场，大概是裕泰公司或者裕丰公司罢，因为我并没有留心招牌。楼下靠里放着柜台，台上铺了席子，一个做庄家的人安坐在柜台里面，旁边有两三个帮手，他们干着吃注、赔注的事情。好些赌客就站在这个高高的柜台前面，没有座位，没有茶。他们不象有钱的人。但是他们一押注总是好几张钞票，有的一伸出手就是好几张十圆的香港纸。这些注很快地就给庄家吃进去了。每次胜负决定得很快。这叫做番摊，赌具是一堆围棋子。庄家从那个堆里抓了一把棋子放在桌上，叫人家押注，然后用一根尺子拨弄着棋子来计数，每四粒一次，看最后剩几粒，就归押那个数目的人赢钱。数目只有四个，押和赔的方法也有几种。办法很简单，人人可以懂。

楼上，屋中间是一个大的长方洞，四面围着栏杆，栏杆旁边放着凳子。赌客就坐在凳子上，上身倚着栏杆，从方洞里望下去，望着下面柜台上的棋子押注，楼上有招待人，他用一个小篮子把赌客押的注吊下去。楼上的赌客可以记账，有茶喝，有纸烟抽，有红瓜子嗑。他们是受优待的。这时候人并不多，特别引起我注意的是两个中年妇人。他们穿得很平常，不象有钱人家的女人，但是她们安闲地坐在那里，一声不响地埋着头看下面钩心斗角的“生存竞争”。

一个这样的“公司”里面有多少房间，也就有多少赌摊。每天银钱的进出是很大的，据说还要给政府抽去十分之一。多大的一笔赌税!①

四川成都的许多公开赌场称为“明堂子”。当时成都四个著名的“名堂子”都是军阀开设的。成都的明堂子赌场一般以牌九、骰子、大宝、红宝为主，兼及赌单双、扑克牌等。赌场内还兼卖鸦片，以便赌客倦息后过瘾提神。上述赌场由于有军队撑腰，安全可靠，加之服务周到，因此终日门庭若市，多达数百人。

汉口的公开赌场大多与军警、帮会有关，据亲历者回忆：

在解放前，武汉大的赌场在硚口宗关，场主是稽查处小韩寿山(稽查处有一个大韩寿山，小名腊狗)。石码头赌场场主是侦缉队乔老八，又名云卿。单洞门赌场场主是邓堂(即邓海山)，他是黄陂人，“猪猔帮”，地痞打手出生。招商局趸船码头赌场场主是稽查处熊祥(混名跛子)。怡和趸船码头赌场场主是陈庆伢，又名汉卿，是“吭子帮”的头子。太古码头趸船码头赌场场主是魏青伢(稽查处)，他也是“吭子帮”头目。因河码头“力夫”葛店人多，人们称葛店人为“吭子帮”。凡是在稽查处当“将爷”的都是封建把头，他们在河码头有相当势力。汉口法租界三阳里赌场场主是周盛予(汉卿)，周是华景街当地一带流氓赌徒头子，抗战前是“军统特务”，是杨庆山的心腹大爷。华景街铁路外赌场场主是鲁老十(华景街之虎)，他是当地“地痞流氓头子”“坐地虎”，保赌分肥。还有一个刘金，混名“牛筋”，是武汉著名“耍刀子”，专门在各赌场“横槽子”，就是扯皮闹绊，他随身带有利刀一把，在大胯上割一块肉下来，血淋淋往赌台上一掷，大喊“押什么赔什么”，他全身都是刀伤，体无完肤，刘是光棍人中“南”“披”“打”“吹”四毒俱全的人物，与鲁老十是同伙人，而每个赌场都买他的账。他以白刀子进红刀子出为手段，是一个不怕天、不怕地的恶霸

---

① 巴金:《赌》，见《巴金散文选(上)》，浙江人民出版社 1982 年版，第 242~243 页。

地痞流氓。当年武汉这些赌场是在这一些稽查处“将爷”们保护之下开设的，是公开的秘密，瞒上不瞒下。这些恶霸、流氓是“地头蛇”，各霸一方，与军宪警串通一气，稽查处、侦缉队、刑事队等机关与他们是一鼻孔出气，都得了他们的钱。因此，汉口大小赌场是星罗棋布，不知害得多少人倾家荡产，投河吊颈。从政府首脑聚赌来看，有公赌，有暗赌，有些人专门靠赌博为生，赌风日炽，这是旧社会的特征。①

如果说帮会流氓是赌博业的“巨擘”，那么，租界则可以说是窝赌藏奸的“渊薮”。晚清以来，西方种种赌博技艺传入中国，洋人在华经营诸如赛马、跑狗、回力球、轮盘赌等诸种西洋赌博，曾引起国人新一轮嗜赌狂潮，有关这方面情况，我们将辟专章介绍，这里说的是租界洋人与流氓地痞相勾结，设赌赢利的一般情况。

租界内开设各类赌场，上海、武汉、天津等地均有。如汉口法租界德兴里的“二十一门”赌场：

武汉三十年代有一种赌具，名叫“二十一门”，由汉口妓院龟头刘联珂(伯琴)从上海带来的赌博样式。此人是与妓女跟堂弹月琴、拉胡琴的。他在上海由“青帮”转“洪帮”，拜杨庆山做兄弟。他勾结上海一个小流氓陈玉卿来汉，依仗杨庆山的势力，又依赖法租界巡捕房尉迟巨卿的庇护，在德兴里开设“二十一门”赌场。由洪帮大爷周汉卿当总挡手，实权操在刘联珂之手。凡属武汉所有机关都有开销，法国巡捕房维持秩序。“二十一门”在武汉是一种新鲜赌法，赌场台面用红绿色画的“骨牌”(俗称天九牌)，天、地、人、和、长二、长三、长五、五六、四六、幺六、幺五、红五、黑五、二四、幺二。凡入赌场者先买筹码进场，赌台周围安有舒适的座位，招待很周到。赌客按照画面上说明下注。而赌具很简单：一个摇缸，

① 胡是依：《解放前的武汉赌场黑幕》，载《武汉文史资料》1987年第3辑，第186页。

三粒骰子。下注独门是一赔二，若下注摇出三粒骰子同样称为豹子，一赔十。每次以一元起码，多多益善。不折不扣亦不抽头。宝官摇后，揭开骰子，摇出三粒骰子中由骨牌摆出三种，如幺、二、三，由骨牌摆出“双”、“幺二”、“二三”、“幺三”、和牌。押到的照赔，未中者由另一人撑着长棍将筹码扒进。还有押大、押小的，十点以外为大，十点以内为小。专门押单双的按骰子面点数为标准。其为二十一门，赌者只点两门，总共赔四门，其他十七门为赌场占有。它占的门数比抽头还厉害。因此，该赌场对赌客特别招待尽力，备有鸦片烟泡，给赌客过瘾；另有高级点心及西餐、中餐，每人供应各种名茶不收费；台上摆着高级听子香烟。但这并不是人人可以享受这种招待的，要看你下注大小，是否大赌的客人，依据赌注区别对待。通宵达旦，热闹异常。二十一门自刘联珂在武汉开辟后，刘便以造孽钱在车站路口开铁路饭店。又在汉口社会上大肆活动，当上义勇消防队长、公益联合会理事长，后又活动当上大智路联合会理事长和旅栈业理事。刘联珂以为自己名字不雅，又是龟头出生，改为刘伯琴。他把二十一门带到武汉来不知毒害多少人倾家荡产，输得无法生活，走上自杀的道路，还有的沦为小偷，以及抢劫杀人作案的……①

在近代中国大城市中，天津的租界最多，租界内赌场也多，每一个租界都是赌窟遍设，赌徒云集，兹分述如次。②

日租界

中和公会：1919年，帮会流氓刘金标在芙蓉街(现新华北路)开设了一个以打弹子球为赌博的小赌台。不久，日文《天津日报》的中村博彦作后台主事，委托其豢养的高级流氓谢介石(台湾人，

---

① 胡是侬：《解放前的武汉赌场黑幕》，载《武汉文史资料》1987年第3辑，第181~182页。

② 本节参见涂培元：《天津租界中的赌窟》，见《天津文史资料选辑》(第27辑)。

后充伪满洲国外交部部长）出面主持，另有青帮头目朱海宴、刘大彪等协助。其赌博名目以金钱摊、骰子摊为主，也赌牌九、盒子宝等，出入其中者除军人、政客、官僚汉奸外，以中产阶级人士居多。中和公会不仅是著名的赌场，而且也是以赌博作掩护的日本间谍机构。

心天道龙华会：位于日租界桃山街与石山街（现包头道与宁夏路拐角处）。是以日本人为后台、由教匪“马皇上”出面承办的赌场，前来赌博者多为拥有资产、迷信邪教之人。赌博品种有轮盘、金钱摊、牌九、麻将等。该赌场拥有高楼宏宇，装饰得富丽堂皇，免费供应中西餐和鸦片烟，还用汽车接送赌客，吸引了不少赌徒。

四大汽车行赌场：恶霸袁文会委托汪渭渔在春日街（今河北北路）开设的专门吸引中下阶层人士聚赌的低级赌窟，赌博种类以赌盒子宝、摇摊为主。赌场豢养着一帮打手，对输光了钱的赌客，常常剥光其衣服，等亲属、朋友来赎回，即便数九隆冬也不例外。

此外，日租界赌场还有松岛街赌场、富山石厂赌场、太平里赌场、露地赌场、兴隆里赌场以及芦庄子恩玉德羊肉馆附近的一些小赌窟等。

意租界

安乐宫：是由刘德标在今五马路开设的一座拥有三层楼的大型赌场。一楼主要是轮盘赌，二楼赌金钱摊、骰子摊、盒子宝、大牌九等，三楼打八九点、麻将、扑克等。安乐宫不仅聚集了一些官僚、富商等常客，而且还吸引了不少富绅的姨太太、小姐们来此赌乐。这些富婆们输光手中的现金后，往往当场脱下金镯、钻戒等饰品作抵押，直到身上俱空后才肯罢休。

吉拉枪场：1934 年，由俄商西城洋行出资，犹太人富克斯出力，意大利人曹地出场地，在西马路河沿（今民族路西口）开设了吉拉枪场。其赌博方式为大型轮盘一个，上绘 1~12 个号码，另有一个零和一个花星，共计 14 门。在距轮盘不远处备猎枪一支，由赌客轮流瞄准射击，射中某号号码，买该号票者即得奖，若射中零号和花星，则全部落空，赌资概归场方所得。赌场每日下午六时以后开场，每天共赌1520次，星期天另加一场。吉拉枪场不是以抽取头金来赢利，而是作为庄家直接与赌客对赌，其获利较之其他赌场更丰。

英租界

英国营盘赌场：坐落在达文波路(现建设路)的英国营盘，由白俄人勾结英国流氓开设，主要赌轮盘和气枪，赌客多为富有绅商及其家眷等。

法租界

法租界赌场的特点是流动性赌局较多，固定性赌场较少，且多为同人俱乐部组织形式，如泰安俱乐部、大同俱乐部等，有关情况详见下面关于总会、俱乐部的情况介绍。

德租界

第一次世界大战德国战败后，德租界被收回，改为特一区。这一地区的赌场多为白俄浪人所开设，主要有德国球房、光陆影院、天锡道白俄赌窟、起士林迤南以及万国球房、堂子街赌场等。

德国球房：位于中街(现解放南路339号)的德国球房，原为德国侨民的一个俱乐部组织，后来由白俄浪人接办衍化为公开的赌场，其赌博品种以轮盘赌为主，兼赌扑克、牌九、麻将等。赌客多为外国人，华人中的官僚、买办和富绅等也经常来此赌博。这些人都出手阔绰，常常输赢逾万。

光陆影院：为白俄浪人组织的主要吸引天津上流社会人物的赌场，主要赌轮盘，也赌牌九。

无锡道(现徐州道)赌场：其老板为白俄人，赌博品类有轮盘、金钱摊、牌九等。赌客以官僚绅士居多，如袁世凯的儿子袁六、袁八，特一区主任卢箓，旧国会议员汤漪，京津《泰晤士报》经理熊少豪等都是此处常客。

起士林迤南赌场：这里有两个赌窟，一为流氓德标开设的以轮盘、金钱摊、骰子摊、牌九、盒子宝等为品类的赌场；另一个是白俄人以对彩为赌博形式的赌场。该赌场设于一西式平房内，场内的一面靠墙处设置一通电流的号码灯牌和摇球机，每天下午二时开始摇奖，赌客进场后，每场花五角钱买一张彩票，对号得奖，有两次中奖机会，每天可开场十几次，来此赌博消遣者颇多。

万国球房：1925 年由东北军人于中街老华顺楼上开设的赌场，以赌牌九、骰子摊为主，赌客以东北军官及中小商人、中下级官僚、政客为主。

堂子街赌场：1925 年美国军队中的下级军官出资，由赌徒吴同兰出面，在现浦口道设置的简陋赌场，主要赌扑克，赌徒多为美军官兵以及美军雇佣的中国勤杂人员。

奥租界

第一次世界大战后，奥租界被中国收回，改为特别第二区。这一地区的著名赌场有东天仙后赌场和斗蟋蟀赌场。前者以赌轮盘为主，设置于天津“四天仙”戏院之一的东天仙内。后者则是一季节性大赌场，每年秋季在奥租界菜市旁边的大空场上搭棚赌斗蟋蟀，届时，几乎全天津的蟋蟀赌徒都携盆带盒前来一博，人头攒动，观者如潮，煞是热闹。

上述公开赌场，由于得到当局许可，且有社会上有力之人如帮会、军阀、洋商或作老板，或为奥援，因此庄主理直气壮，赌客肆无忌惮，整日里吆五喝六，生意兴隆，门庭若市。

公开赌场如此，那些地下赌场又是怎样一番情形呢？一提起地下赌场，人们一定会以为赌客们是躲在见不得人的阴暗角落，暗地里干着赌钱作乐的勾当，其实不然。民国时期的所谓地下赌场，由于开设赌局者多是社会上强有势力之人，加之又花大本钱对官府施以贿赂，因此，其赌博场面之大，输赢额之巨，公开性程度之高，丝毫不亚于正式的、公开的赌场。这种情形尤其是在帮会控制的赌场如上海形形色色的各类赌台，成都袍哥们搞的“摆片”等，富商、买办们的总会、俱乐部以及达官贵人们的公馆赌场中表现得格外明显。

先说上海的赌台。“上海流氓地痞勾结外国人摆设赌台，这是半公开的赌博。所谓半公开，因为摆设赌台是‘瞒上不瞒下’。‘上’指的是巡捕房高级官员，如总巡、刑事科长等。其实他们也并非不知，只是得了贿赂，不闻不问罢了。‘下’指的是巡捕房包探（俗称‘包打听’）以及某一个地段的巡捕等。赌台对于他们是一块‘肥肉’，只要有进账，他们就可以包庇一切。”①民国时期，上海的摆设多按地域划界，即各自在自己的势力范围内摆台开赌，互不越界；按帮口分类，有所谓广帮、绍帮和本帮之类别，广帮即广东帮，赌博品种有“大牌九”、“小牌九”、“抓摊”(即番摊)、“轮盘”、“廿一门大小”、“勃洛克”等；绍帮即绍兴帮，以赌“铜宝”为主；本帮包括上海及苏州、常州的流氓帮会势力，其以“摇摊”“小牌九”等赌博为主。“流氓摆设赌台是从本帮开始的。早在1915年于四马路(今福州路)开戏院和野鸡妓院的许荣福(绰号乌龟荣福)，在山西路昼锦里附近开台子(赌场的别名)，只有摇摊一种。1916年蔡鸿生(绰号蔡和尚)在郑家木桥开了一个新‘台子’。1917年以后，‘台子’便似雨后春笋一般发展起来。在英租界，陆少卿(绰号六眼少卿)在鸡鸭弄(今山东路打狗桥)开台子。三丫头(绰号，姓名不详)在五马路(今广东路)满庭坊开台子。许锦春(福宝)在六马路(今延安东路)开台子。在法租界，陈世昌(绰号套扦子福生，杜月笙的老头子)和袁三宝在自来火街(今广西南路)宝兴里开公兴赌台。马祥生(青帮‘大’字辈高士奎徒弟)与金廷荪(绰号金牙齿阿三)等在南阳桥附近生吉里开赌台。范恒德(绰号阿富郎)在小东门洋行街开赌台。这些赌台以生吉里的资力最为雄厚，赌客大都是做生意的老板。这样持续了近十年之久。在这个时期内，大的赌台，总是通宵达旦，输赢甚钜，抽头及盈余所得，成千上万，使许多流氓得以过豪华生活。”

次说成都的“摆片”。所谓“摆片”，是民国时期成都地区一些哥老会头目认为仅仅晚上赌博不过瘾，而以请客相约的方式，邀请赌徒到约定的地方聚赌的一种赌博形式。因一个月或四五十天在一个地方扎一片，过一段时间或者紧接着换一个去处再扎一片，形成一种既不断流动，又相对固定的临时性赌场，故称为“摆片”。每一次负责邀请赌角、安排赌场、负责安全的人，称作“片官”，片

① 平襟亚：《旧上海的赌博》，见上海市文史馆编：《旧上海的烟赌娼》，百家出版社1988年版，第73~74页。以下关于上海赌台的内容皆参考此文。

官实际上就是赌场庄主。他们享有抽头的权利，一般片官还向赌客垫钱放赌账。由于这些片官都是有势力的袍哥，他们各有若干兄弟伙在赌场照应跑腿，因此其本身并不需要镇守赌场，每夜有人向其报账。片官头钱收入多少，要视其“业务”大小而定。如侯少煊自1926起在成都摆片，至1932年，7年当中，平均每月收入少则5000元，多则万元以上，一年下来平均可得八九万元。他与刘继雍两人都因此而置有豪华公馆，购有小汽车。① 在成都片官中，侯少煊只是靠摆片大发横财的众多中的一个。类似者或比他强的还大有人在。

摆片招揽的赌客多为大商人、大地主、团阀、烟贩、大袍哥等，一般都是有财产保证的。无钱无地位者是没有人邀约的，即便有人相邀，也不敢斗胆前往，主要因为赌得大，场上又不付现金，怕输了无法还账。赌博时，赢了，第二天全部取现金；输了，便向片官借财，第二天交四成现金，欠六成，再赌。再赌赢了，除抵旧欠外取现金走路；再赌输了，明日再交四成现金，直到这一片结束扎账付债。实在付不清者还可与片官交涉，拖欠几个月，卖了田产、货品偿还。碰到赖账的也不要紧，片官无需去找什么官府、警察，他们自己就有办法“私了”，轻则派兄弟伙计跟押追索，重则可以把人“毛了”(即暗害)。赌客们都知晓其中厉害，很少有赖账不还的。

摆片一般都是赌扑克、麻将、纸牌、推牌九。扑克、麻将、纸牌都是赌徒对赌，推牌九另有宝官，或由较大赌角轮充宝官。由于推牌九的赌角多，为便于记账，由片官与赌角各发一块牌(例如天牌、地牌等)作为代号，下注时在自己的牌旁以小钱作筹码，小钱的某种摆法作10吊(当时以两吊铜钱为一块银元)，某种摆法作50吊、100吊，定输赢后由宝吏(片官请的人)登账，计算某牌(即某人)输多少赢多少。押100吊钱，输了要付出105吊，赢了只能得95吊，进出数的5%为片官的头钱。扑克抽头是按所谓“朗”计算，

① 侯少煊：《解放前成都的赌博》，见《四川史资料》(第十三辑)，本节有关“摆片”赌博，均参见该文。

四转起朗，20朗作一个大朗。以赌幺半三银角子为例，每人摆朗一次是3元，其中以5角为头钱；一次开不开，每人加一个面子(5角)，头钱是1元；面子再加5角，头钱也加5角，面子最高加到4次，头钱也加到2元。帽子扑(一对A开牌)每人面子1元，头钱也是1元。一个大朗，片官可以抽头十几元，每副扑克，每天要打20个大朗。幺半三银角子是打得小的，赌得大头钱更多。扑克打“梭哈”，推十点半，按输赢数抽赢家5%的头。

片官为了吸引赌徒都来参赌，采用了许多高招，如除了对赌客供应上等饭菜和鸦片外，坐车来的(大半是坐私包车的人)还给车夫酒钱，这样不仅赌客愿来，他们的车夫也喜欢跟着跑。赌场对赌客除了要求按约付清赌账这一点不含糊外，其他方面都很自由。为了鼓励赌客每天早到赌场，赌场还兴一种“倒罐罐”，即第一次摆朗的钱，只要有人拿到开朗的资格，无须偷牌比资格，即可吃朗，片官也不抽头。另有“倒晚罐罐”，即最末一朗。鼓励赌客最晚离开。有了这种高招，赌场每天常常是早晨大门未开即有不少人前来等候争赌头朗，晚上则是快关门了依然有人不肯离去留着赌末朗。

民国时期，成都的摆片赌博在旧中国赌博史上别具一格，它虽然不是经当局明令许可的正规化赌场，但却比正规赌场更大胆、更公开。片官本身是有势力的黑社会头目，与军政界高级要人互为串通，他不仅无须贿赂军警人员，而且军警人员往往还有意回避、巴结，根本不敢干涉其“业务”活动。摆片还因片官的势力形成连锁的相关网络，有的银行如西南银号、利丰银号、和丰银号等就专为赌博服务：办收交、放赌债。在与这些银行来往的所有户头中，每天银钱进出数字最大的就是赌场，赌博成了这些银行重要的业务活动和经济支柱。①

晚清、民国时期，北平有一种特殊的临时性赌场“红白棚”。旧北京，凡家里办红白喜事都要在院子里搭一大棚，为了增添人气，消磨时间，甚至有人因此招赌抽头赚钱，称为“耍红白棚”。

---

① 参见赵文林主编：《旧中国的黑社会》，华夏出版社1987年版，第220~224页。

红白棚临时赌场一般要持续七八天左右。作为一种临时赌场，红白棚主人除了在胡同口安排人放风、引路外，事先都要打点片警、地痞流氓，以免被查处和滋事搅局。红白棚赌博一般都要请资深贯赌行家主持赌局，一来使赌局规范正常进行，二来可以招徕更多赌客参赌。红白棚备有茶水点心，管吃管喝，一切安排布置妥当，红白棚主人便只管当庄家坐收赢利，据说一些大的红白棚每天抽头 80 元甚至上百元。如果是办白喜事，一般都有所谓“殡前赌”，即出殡前亮杠和等待起灵的当口，那些抬杠、打执事的人甚或街头游民、惯赌赌棍聚在一起赌“押宝”，是一种时间短、立马见输赢的短平快的赌博。

花会赌场是地下赌场较为特殊的一类，民国时期各地方政府对之都持严厉取缔态度，但屡禁不绝，活动猖獗。汉口的花会赌场，“最先有人设在‘法租界’(今车站路一带)，那还是大革命以前的事。到了 1933 年，有上海流氓李阿己，挟资在租界以外的地区(地址记不清)，开设花会。李阿己自任‘大场’主持人，以其徒众分任‘分场’‘航船’‘划子’的负责人，‘分场’管一大地段，由硚口到江岸，凡是有娼妓、姨太太麇集的地方，都有他们徒众的足迹，‘分场’和‘航船’都受大场的指挥，‘划子’听从‘航船’的呼唤，到各打户(猜花会的人)送‘题纸’和收打户的‘赌资’、‘条子’(是打花会的人用纸正面写上所猜的‘名目’，下注赌资数目，反面写上本人的姓名)及送赌款。当时在江汉路一带的‘航船’是来聋子，‘划子’是小宝、阿六等人，都是无职业的流氓、地痞、赌棍”。由于花会赌博并不合法，“大场为了避免捉到官里去，使用的房屋是相当宽大深幽的，大门设有铁栅，后门留有去路，一遇有变，即将大门铁栅拉紧上锁。或从后门溜之大吉。好在有的是金钱，可以贿通反动统治者的爪牙作护身符，关防严密，万无一失”①。武汉花会赌场如此，上海又如何呢？1933 年 2 月，上海破获一花会赌窟，《申报》对该案内情曾有过详细报道，为我们了解上海花会赌场内

① 应靖芳、袁元：《花会》，载《武汉文史资料》1987 年第 3 辑，第 166～171 页。

幕提供了形象系统的材料：

花会赌博之害，甚于洪水猛兽。一般沉湎于花会中之男女，因赌输而倾家荡产，牺牲性命者，报不绝书。虽经中外警务当道严密查禁，而该赌棍愍不畏法依然阳奉阴违，暗中仍秘密进行，日夜开筒，输赢甚钜。若辈手下党徒甚众，消息灵通，且总机关（老辈称为大场）东搬西迁，狡兔三窟，不易破获，兹经法捕房捉赌班领袖包探督察员……设法侦察，该大厂所在于昨午后一时余率同中法探捕，密往掩捕，得以破获。

大厂所在　该花会总机关（即大厂）设在法租界南阳桥（华法交界）裕福里二号，赌徒（即打封包者）及航船（即专在各马路各里弄收集散赌客赌资之人）等出入，须由八号大门走进，而由后门走至六号，方达赌场，局外人不易到达。且八号内装有电铃，遇有警讯，望风之人，一揿电铃，赌场内即将赌具等藏匿，赌客等各由他号逃走。赌场楼上，且设有烟榻，供人吃食洋烟与红丸。内部规模甚大，并有男女招待，待奉赌客。

内部领袖　该大厂首领为顾麻路（绰号磨罗子），系已故猛将堂花会大王张咸生之徒弟，张之后，即由顾继承师业，历年积资钜万，居然出入汽车，招摇过市，不知者几疑为富绅显宦。该大厂名更安义记，每日派党羽在南褚家桥杀牛公司前守候赌客，领往大厂与赌。

把筒纸式　该大厂每日必把筒纸，昨日上午把筒，为“日山”“荣生”，中午为“天良”“茂林”，夜间为“万金”“元吉”。每日上午一筒，于十二时开字，下午六时开字，夜间二时开字，每筒开字后即由快马（即报字人）数十人分乘脚车，分赴南市闸北沪东沪西等报纸。①

“总会”和俱乐部作为一种变相的赌场兴起于清末上海、天津、武汉等大城市，是富商巨贾、洋行买办开办的一种“同人”式赌博

---

① 《申报》1933年2月15日。

娱乐场所，有洋人和华人总会两种。洋人总会享有种种特权，包探、巡捕一概不得入内查察，清末民初的洋人总会还多少带有某种怡情娱乐成分，但后来则蜕化成纯粹的公开化的赌场。如天津的许多洋人和以洋人为后台的俱乐部总会即是如此。在日租界，同文俱乐部虽然表面上只接待会员，非会员必须有会员引导才能入内，而且以“业余雅集”相标榜，但实际上是一名副其实大赌窟，场内金钱摊、骰子摊、牌九、麻将牌等赌博品种应有尽有，而且输赢额巨大，许多富商政客如李律阁、卢箓、张弧等都是此处常客。法租界的泰安俱乐部、大同俱乐部也是高级赌窟。前者以官僚政客、豪绅巨贾做会员；后者以海关同人为中坚。设在英租界(现曲阜道艺术馆内)的犹太总会，虽然是外侨俱乐部，中国人也可由会员带领进去。赌客均为社会上流人物，以赌轮盘和金钱摊为主。此外，美国退伍军人俱乐部、天津球房、乡谊会、海关俱乐部、法国俱乐部等也是外籍侨民设立的总会形式的赌博场所。

华人总会、俱乐部大多仿照洋人总会设置形式。民国初期，上海虞洽卿、谢天锡、袁履登等在六马路开设“宁商总会”，会员以富商巨贾为主。1930 年，由杜月笙幕后支持，在四川路南京路开设“伦社总会”。这些总会都是沪上有名的赌窟。总会作为一变相赌场，与其他赌场比起来有自己的特点，主要是在所有权归属和管理形式方面实行会员共同拥有和共同管理，赌博抽头金用于维持总会内部开销，不专归某一具体庄家私有，参加娱乐赌博人员严格限定在会员之内，不对外开放；对官方则因以俱乐部形式出现，不是营业性赌场，因而不须缴纳赌税；在食、宿、玩、乐方面尽量西洋化、高雅化等。汉口“华商总会”就有宽敞的洋房、完备的娱乐生活设施。内设餐、大小会客室、阅览室、理发室、更衣室、浴室、起居室、储藏室、卫生间。会员来这里可以假坐宴客、打台球、鉴赏古玩，以及沐浴、理发。当然“吃”与“赌”是两项主要活动，在吃的方面，厨房内雇有能精制中西菜点的厨工，哪怕是一顿便餐，也要摆上几冷盘、几热炒和几大菜。无论中菜、西餐，会员可随点随做。只要是入了会的人，不论参加何种娱乐，遇上开餐，坐下便吃，不必自己破费。赌博，是“华商总会”的主要娱乐项目，一般是打麻将和斗扑克。麻将按八圈为一局，扑克按一小时为一局，按照习惯每局每人抽取头金四元，每人随其性之所至，少则二至三局，多亦不限，每届月终结算一次，输赢相抵，扣除头金，有余额者进现款或转账收入，有差额者照额付清，每人上下出入数，少则数百千元，多则可达万元以上。另外，在节日期间还赌摇单双或推牌九。最突出的是每逢旧历新年正月的一个月里，场面极大，赌金均用筹码，参赌者先向会里买进筹码，在买进筹码时，将头金按10%~20%先行扣除。由于参加的人数多，赌博的场面大，输赢的变化快，筹码高度集中，头金的抽取也就相应增加。一些大赢家往往各取100~200元作为赏金，给会上员工私分。汉口华商总会有雇佣人员20多人，这些人的工资由头金中开支。据知情人回忆，总会所抽头的金额，除去工资、吃喝烟茶、水电消耗等项开支外，还有多余，日积月累，滚成了一笔巨款，成为后来修建更为豪华的会舍的一笔重要的资金来源。①

总会既为富商巨贾、达官显贵之聚会娱乐场所，有着雄厚的经济实力和政治背景，因此各级官府对之聚赌大多是不管不问，放任自流。但也有的总会不知哪根筋被衙门里绊住了，被搜查曝光。上海就发生过这样的一件事：

> 江西路412弄三和里5号亦宜轩总会，创自清末宣统间，迄今已近三十载。该俱乐部之份子，大都为旅沪之粤籍巨商富贾，而政界人物，兴之所至，间亦有问津者。警务机关因该俱乐部领为特别照会；以其当属高尚娱乐所在，故鲜往查察。而近来竟变为烟赌之窟宅，昼夜呼卢喝雉，吞云吐雾，凡非该会会员，皆得入会聚赌吸烟。经该管总巡捕房派捕头……于七日午后六时半驰往搜查，当有男性十余人及摩登女性两口聚赌方浓，南国名花旧雪冰亦在赌徒之列……②

① 张翼云：《汉口华商总会——买办财主的乐园》，载《武汉文史资料》1987年第1辑，第165~169页。

② 《申报》1935年10月9日。

地下赌窟中还有一类是公馆赌场。清末以降，在上海、天津、汉口等大城市中，一些富商巨贾、达官显宦的公馆中，出现聚众赌博消遣的时尚。最初这些公馆并不具有固定的赌场性质，慢慢地便演变成公馆主人坐抽头金，聚众窝赌的专业性赌博场所。到民国时期，公馆赌博更呈发达繁盛趋势。一般有三类：一是富商公馆赌场；二是政客和纨绔子弟公馆赌场；三是军阀公馆赌场。上海著名的公馆赌场有南市打铁浜浏河路温老太公馆和静安寺路盛宣怀儿子盛恩颐公馆等开辟的赌场。成都的政要和军阀利用公馆开设的赌场很多，当时人称为“私窝子”，著名的有西沟头唐英的公馆、鼓楼南街邓国璋的公馆、如是庵街吴楷儒（曾任成都警察厅长、贵州军阀袁祖铭的驻川代表）的公馆、红庙子袁松生（李家钰的参谋长）的公馆、棉花街冯笃生（田颂尧的驻省文报处长）的公馆、大亨里刘鸿逵（武备学堂监学）的公馆、三多里文孟陶（邓锡侯的副官长）的公馆、马镇街刘耀奎的公馆、九思巷邓叔才的公馆、会府东街雷少臣的公馆、陕西街王安懋的公馆、鼓楼南街刘元琮的公馆、陕西街朱瀛洲的公馆、江汉路邵石痴的公馆等。一个赌场一般每天可同时容纳三四十人或五六十人赌博，每人每次输赢少则几百元，多则几千元甚至上万元，一个赌场每天的输赢几万元到十几万元不等。赌客可以不用现金下注，可以用筹码，赌完了再结算。如果现金不够，也可以写欠条或开期票付账。私窝子赌场抽头规矩不一，有的名义上不抽头，在赌台上摆一个盒子，赌客按赢的数额比例丢头；有的则公然抽头，名义上说是奖赏下人，实际上大都由赌场主人装进自己荷包里了。① 这些公馆由于都属手握实权的军阀政要，赌客也大率社会上有地位之人，地方军警根本不敢干预。在这些赌场赌博比在正规赌场还要安全自在，因之成为赌徒云集之寓。

民国地下赌场类别中最次的是街头巷尾的“赌摊”。与上述各类赌场相比，这类赌摊具有流动性、诈骗性等特点，其中尤以设局行骗为人们所痛恨。关于这方面的情形，我们在一下节详细述介。

---

① 参见侯少煊：《解放前成都的赌博》，载《四川文史资料》（第十三辑）。

三、赌窟黑幕

规范意义上的赌博，必须是在参与者共同认同的规则之下，或作技巧，或作力量，或是机运的公平竞争，孰胜孰负，绝无常规必然可言，只有受制于偶然因素的或然率在冥冥中起作用。因此，赌场无常胜之师，输赢全决于运气。俗语“三十年河东，三十年河西”是之谓也。

但是，理论概念化的赌博和实际运作过程中的赌博完全是迥然不同的两回事。由于赌博以“掩取人钱财”为依归的本质特征和赌徒们“唯胜是图”的逐利意识等主客观因素，赌博从它诞生的那一刻起，可以说就没有严格规范化和公正平等化过，相反，倒是弄巧、作伪、行骗等不正当手段在中外赌博史中司空见惯、屡见不鲜。如果我们是从事实出发而不是拘泥于某些概念，就不难发现，当赌博完全摒除游戏娱乐成分而一味追求输赢效果的时候，它的公平性原则就必然会被欺诈机巧所吞噬，进而蜕化成毫无公正可言、专门谋取他人钱财的江湖骗术。

赌博过程中的弄巧作伪，尽管出现较早，至迟在魏晋时期就有这方面高手见诸史籍，到了宋明之后，靠扎局行骗赚取赌客钱财的事例就更是多如牛毛，见怪不怪了。但是，赌博中的伪骗风气之盛行，赌徒们行骗手段之奇特、花样之繁杂、道术之高超，当以清末、民国为盛。时有所谓“十赌九骗”之说即是明证。

民国赌窟黑幕重重，险象环生，地下赌场及街头赌摊的赌博骗局已是尽人皆知的事实，而一些公开的、正规化赌场在许多时候也要作弊行骗，撕下公平合理的假面具，以诈取赌客更多的“血汗”。如民初上海虹口赌窟就配有专门的作伪高手“老迁”，在关键时候出来露一手，使赌场永远只赢不输。旧上海既是冒险家的乐园，又是赌徒们施展骗术的最好舞台，民国时期的大多数赌徒骗术渊源于斯。一些号称“翻戏党”的骗子不仅赌术精湛，而且伪装巧妙，无论男女，都极讲修饰，衣着考究。不知内情者必以为他们或是贵家公子或是闺阁名媛。与之相赌，十有九输。还有的以色相诱，张网结庐，诱人上当。在民国时期的上海竹枝词中，就有不少反映赌博骗术的篇章。如“世道凌夷诡计多，红男绿女密张罗。都将财色为钓饵，尽有明人落臼窠”①。《清稗类钞》更对上海“扎局弄赌”有系统述介：

扎局弄赌者，设陷井以倾人之博也，京师、天津皆有之，上海尤甚。若辈以此为生，终岁衣食，恒取给焉。大抵为楚产也，口捷给，衣华服，能取悦于人，易堕其术，沪人称之曰“翻戏党”。常以茗楼、烟馆为巢穴，党羽众多，常见外来多金之伧父，群起而诱之，诱之以饵。饵为何？狎妓也，饮宴也，观剧也，游园也，务以投其所好，常得聚处为宗旨。既审，乃强使同博，则以三人愚伧父矣。而博之术至多，博之具不一，辄因人而施之。

其初博也，必使伧父胜，此三人者，皆出其现金于囊以与之。至三四次，则伧父有胜亦有负，伧父果胜，三人仍偿之，不使其稍有疑也。久之，则三人以狮子搏兔之全力，注于伧父，伧父辄大败，数必钜，现金不足，或即席勒写借据，或至其所居之旅舍，搜括财物。其所得，必较历次之所失，多至倍蓰。其术甚多，略举之，有翻天印、倒脱靴之名目。光绪辛丑，山阴王寿卿以服贾至沪，曾为所愚，不三月，所拿购货之银币三千八百圆，荡然无存矣。

其以船为家作此生涯者，曰“跑底子”，与在船行窃之称谓同。又有于旅馆设机关者，曰“铺台子”。非同伙而代觅瘟生者，曰“赶猪”，俟计账时，亦可分润。

其专以摇摊为事者，沪人谓之押宝。初盛行于虹口，虽经官吏严捕，而赌棍乃暗中纠合，抽头渔利，或广厦曲闼，或旅馆妓院，或僻巷小屋，忽东忽西，难于捉摸。作伪之庄家，曰“郎中”，或以灌铁骰子吸石，或用翻戏、倒脱靴术种种欺人。与赌者，目为空子，或阿大。入其彀者，无不倾家荡产。且若辈交通广阔，在官人役大半与之同党，消息灵通，缉捕虽严，

① 陈金浩：《松江衢歌》。

终亦无如之何也。①

民国时期，武汉有职业赌博骗子叫“南生”，“是靠赌假博为生活的人。他们赌假博，手段高明，各种各样的假赌法均精通。单拿单双骰子宝一项来说，就有许多类型。他们都由本地‘名师及外省名师’传授他们的手法。这些‘南生’生平不买不卖，并无什么职业为生，一年四季吃穿摇摆如同达官贵人，全靠赌假博为收入。武汉之梁跃庭(老幺)是武汉‘南生’的祖师爷。他的徒弟不少，最得意的弟子是鲁石臣(汉民)。鲁的特长是推大牌九，专门赢上层阶级人士的钱，连杂牌军队之上级军官都是他的对象。手艺高超，生平未露过马脚痕迹出来。单双宝各种类假骰子不少，计有‘灌铅’摇‘惩子’(原面)、‘太极图’、‘皮脆’、‘奓口雁’、‘开天窗’、‘单双钉子’、‘手架子’等等，有各种技巧不同。还有一个名叫‘吸铁石’。大买办刘子敬之兄弟刘丹青，一夜之间竟输了半个辅堂里……四达瑞茶叶店老板、茶业商会理事长兼公益会理事长、汉口市参议员郭燮卿，他是一个业余‘南生’。他在商呆子会馆内勾结其中赌棍张子云用‘皮脆’，有时用‘太极图’的手法赢商十条黄金，每条黄金重十两和美钞数千元。有时郭燮卿在汉口市长徐会之公馆里先打麻将，后摇宝。在市长公馆里，武汉复兴社人员施博、李经世、钱庄董事长沈金山等都是著名大赌客。在这里八仙过海，各显神通，都以赌钱来到市长公馆里来联络关系。郭燮卿以参议员身份去参加，借此抬高自己的身份，再到其他场所施展他的赌博的技术，达到稳赢不输的目的”②。武汉的赌博骗子“南生”除了在公馆酒店施展骗术赢取富绅巨贾钱财外，还在码头、街头搞一种称为“拦路虎”的赌局，引诱过往行人上当受骗：

武汉著名流氓黄联宾、石海山、杨一伢等人都拜“南生”

① 徐珂：《清稗类钞·赌博类》。

② 胡是依：《解放前的武汉赌场黑幕》，载《武汉文史资料》1987年第3辑，第178~179页。

祖师爷梁跃庭为弟子。梁跃庭在汉口清芬路开一个酒店。凡属武汉的一些赌徒、“南生”等人都是他的徒子徒孙。黄联宾、石海山二人早年专门在河码头一带搞拦路虎这一门。他们内中有“迷子”（引人入局的帮手）。活动地点是轮船码头及热闹地方，用一个木架子，上面放一块木板子和两块图形纸板，一块是红色的，一块是绿色的，左右交叉。看的人围拢来之后，两块板子互相掉换在桌面上，看的人看准后由“迷子”先下注（红色或绿色），把牌用手按住不放，旁边人看热闹也拿钱出来押。后来揭开一看，红色牌变成了绿色了。首先让“迷子”先押，让“迷子”先赢钱，使看者眼红。他们活动地点不定，时常迁移。凡是拦路虎在此地方活动骗钱之时，当地的警察则故意远避之。如有巡官、巡长来查勤，纵然遇到了拦路虎，也装着未看见的。由此足见拦路虎神通广大，警察、巡长、巡官就是坐地分赃的保赌者，受骗者无处伸冤的。有时也让你赢一次再引诱你入迷。黄联宾是大流氓头子杨庆山手下的得力干将，也是杨庆山的帮凶之一。解放后黄畏罪服毒而死。解放前，他们在汉口掌握民主、天声两个戏园子，俨然以武汉殷实富户、慈善家、大亨身份出现于“上层社会”。真是恬不知耻。①

民国时期，赌博骗术的一个十分显著的特点，就是无论麻将、牌九、骰戏、扑克，还是花会、彩票、赛马，赌徒们都能根据各种赌博形式的特点而创制发明出相应的作伪技巧。他们或在赌具上大做手脚，或在操作过程中巧施手段……较典型者如麻将中之“抬轿”“脱靴”，牌九中之“掉牌”与“掼杀使骰”。掷骰中之使用“吸铁石”“捉牛头”，扑克牌中之“十全大补汤”“倒棺材”等。

麻将骗术中的所谓“抬轿”，是一种常见的作伪手段，主要是两人串通一气，以各种手势暗号欺骗另外两人。所谓暗号，就是以口令一字代表一种牌名，需要什么牌就说什么口令，对方听到暗号

---

① 胡是依：《解放前的武汉赌场黑幕》，载《武汉文史资料》1987年第3辑，第183页。

后就打出其所需之牌。如要东风，就念“打”，西风念“抚”，南风念“拍”，北风念“摸”，中、发、白念“顺”“湿”“稳”等。其他牌都有相应的字作代表。所谓手势，就是需要什么牌时就做出事先约定好的相应动作，一般都是以香烟、火柴盒摆放在不同的位置而向对方作出某种暗示。赌徒们用这种方法作弊，只要不被行家识破，一般都能行骗成功，十赌九赢。另一种“脱靴”，是一人骗三家的高明骗术。开赌之前，骗子分别同另外三人假意串通，使三人都认为其是自己作弊伙伴而与之配合。赌博过程中，骗子按事先与三人各自约定的暗号主动向三方奉送所需之牌，并故意大输特输。待牌局终了之后，再分头找到三人收取赌金，如果输了的，还得另掏腰包补足其所输部分，而赢家则除要将所赢之钱交给其填补输亏部分，有时甚至全部交出还不够，需另外给钱。如此一来，最大的输家反而成了最大的赢家。三个人都被一人骗了还蒙在鼓里。如此高超奇特的骗术，不能不令人折服，叹为观止。

除了上述两种骗术外，麻将作伪还有“码卡子”“独把车”“埋地雷”等。“‘埋地雷’即用脚在桌子底下发暗号，使对方发牌。‘独把车’是一个人，不要对手也能‘码卡子’，做庄时用得最多，掷出之两粒骰子多半为七对、十一对，六出和十出，或五首等类，以便于做庄，取暗码的好牌而操胜券。”①

麻将的“码卡子”作伪骗钱，牌九赌博“南生”(即赌博骗子)也以此法行骗。“牌九中之假很大，许多‘南生’都有弄假之技术，如‘码卡子’，平日把牌九认熟，看清纹路，牌九扑着能看得一清二楚，他自己做庄先打骰子。他们赌时找一个对象，为‘红帽头’，其他是捧场的‘迷子’。打骰子要有技术，要是‘红帽头’压在那一门，骰子可以打原点。仰牌总是庄家的牌比‘红帽头’的大。真是十赢九不输。后来不用‘骨牌竹牌’，改用胶牌，他们又在胶牌上用绣花针钻记号，《硝镪水》在牌上挂号，别人看不出来，他们看得一清二楚。庄家的牌是专门对付押重注的人，‘顺天倒’三门中

---

① 胡是侬：《解放前的武汉赌场黑幕》，载《武汉文史资料》1987年第3辑，第183页。

看哪一门钱多，有时把对子（豹子）拆开，有头有尾，压倒对方，头高一点，尾高一丈。万一庄家不能取胜，他就救尾不输钱；有时宁可赔两门轻注，吃一门重注，这是他们之一贯手法。”①旧上海的“牌九郎中”，其在牌九赌博过程中以“认牌”“掉牌”“使骰”等一整套作弊技巧，每每得手，骗人钱财。所谓“认牌”，即在32张牌上做手脚，或在牌的背面上做只有自己能看得清、弄得懂的暗记，或者在制作牌时便以“对筋”（每一对牌用一段竹子做成）、“准头”（认准每张牌口边所镶之准头）等办法使之好认易记。这样在斗牌过程中不翻看牌就能认出所有牌，整个牌局对他人是“未知”，而对牌九郎中来说则是明白如镜。再加上在赌博过程采用一系列作弊手段，如掷骰子时，使用贯有水银、象牙粉的骰子，需要几点便能掷出几点。取牌出牌时，或将所需之牌事先藏于衣袖之中（称之为“袖箭”），需要时取出调换；或者在码牌时放置适当的牌，在玩牌过程中随时调用（“擢跳”）；或者以神不知鬼不觉的魔术般手段当众换牌、挖牌（“拍准”“挖角”）……牌九郎中采取上述手段作弊，大多能呼风唤雨，输赢自定。

以牌九作弊骗钱者称为“牌九郎中”，其种种骗术有所谓认牌法、掉牌法、使骰法等。

认牌法：一是乱筋法，即通过牌九背面竹丝的纹路条理来记牌、认牌，随意买一副牌，对牌面竹丝无条理规律的所谓“乱筋”也能记得清清楚楚，这是牌九郎中认牌中最上乘之本领；二是对筋法，即以同一段竹子特制一副牌九，以便同一对牌牌面竹丝相同，记住了一张牌也就记住了一对牌，同理，记住了16对牌，也就记住了全副32张牌；三是云头法，即将牌面染上极细微的污点，如天牌染左角，人牌染右角之类；四是准头法，即硬认每张牌牌边所镶之准头，一张牌竹与牙骨相合处总有参差不齐，不齐的情况，各张牌不一样，牌九郎中的独特本事就是能够记住每张牌的这些不一样的“准头”，通过它来识别不同的牌。

---

① 胡是依：《解放前的武汉赌场黑幕》，载《武汉文史资料》1987年第3辑，第184页。

掉牌法：一曰“袖箭”，即预先将一张牌藏在自己的衣袖里，必要时取出来调换，但到末条后洗牌时，要调还原牌，一调一还，可做得神不知鬼不觉；二曰“擢跳”，又名“跳龙梢”，即于靠身一幢之牌尾脱下两只，而以无用之两只补之，运用此法，必须在每次洗牌时，预先拣出点色大的牌两只，叠成一幢，砌于牌尾，以备调用；三曰“拍准”，即当众硬用手法将牌拍下一只，之后又能以法收取，天衣无缝，神鬼不觉；四曰“挖角”，即在别幢角挖下两只，而以无用者补之。

使骰法：有所谓“掼杀”，骰子两粒中有一颗名“根子”。牌九郎中事先将其中间挖空，以水银、象牙粉等充实其中。掷骰时，需要掷出七点就将骰子摆作七点，然后将骰子在赌桌上一拍，水银等物即下沉，掷出以后，必为七点无疑。因一拍就成，每掷必准，故名曰“掼杀”。①

扑克牌的赌博骗术也很多。当时上海的“拆白党”发明了一种“倒棺材”的手技。用一只活动的小板桌、一条毛巾、一个镂空的小木匣、两块“梅花”和“人牌”，显出一黑一红的颜色。此辈以其娴熟的手技，在桌面上翻覆作弄。一般开始时，都由同伙伪充赌客下注，且大多伪赌客赢钱，这样便招引不少看客。一些不明真相的人，看见只有“梅花”“人牌”两门，认为很容易，又见伪赌客总是赢，于是经不住诈骗同伙们的撺掇，加入下注。下注时明明看清摆进去的是一只“人牌”，可是开出来的却是“梅花”，就此一直赌下去，越输越多，直到掏光腰包走路。与之类同的还有“押双羊”：取三张牌，两张A，一张K，押中K，庄家赔钱。玩此骗术时，庄家右手拿一张，左手拿两张，右手一张是K，先给赌客看明白，然后时快时慢地不停调换，赌客明明看见其将K放在右边，便下注，但结果却是在左边或中间。当时参加这种赌博的多是小贩、苦力，输光破产者数不胜数，不少人还因此走上了绝路。武汉在抗战胜利后，打梭哈为最时髦之赌法，以此作伪骗赌者大有人在，据知情人

① 吴雨等：《民国黑社会》，江苏古籍出版社1988年版，第113~115页。

回忆：

> 抗日战争胜利之后，武汉赌博以打梭哈为最时髦之赌法，尤其一般青年人都入了迷。梭哈、朴克之赌法许多人都通此门，内中假的也很多，笔者仅举两桩以示读者，(一)赌梭哈“南生”那时在汉口著名的是小车，此人原是汽车司机；另外一个叫小舒，此人是重庆一家酒楼堂倌。还有一个叫丁广荣的人，原系赛马场售票员，经人传授赌博技术，胜利后和大流氓张大谋(原名幼卿，是杨庆山名下大当家红旗五爷)合伙在同兴里以开设纱号为名，实际上在纱号内大赌特赌“单双”、“梭哈”两门。“双钉案”中的杀人犯刘佑芳是受骗者之一。刘之金钱多半输在这纱号内面。由于输了钱以后造成他杀害了汪少白，酿成“双钉惨案”。他们把“梭哈”挂号，以赢别人之钱。所谓挂号是将牌的左右角用《硝镪水》做记号，别人看不见，“南生”知道对方底牌，这是最初“南生”使用的手法，有许多赌徒受骗。(二)后来另有一个叫小游的青年人，胜利后回汉，挂的空军少校军衔。他打“梭哈”用《原子弹》骗钱，武汉许多“通家”被他所骗。他的打法是有一个下手，将牌做好，以台面上之钱多少为对象，将牌由下手做成让对象拿到“顺字或同花”，他自己是“富而好施”，又名“富老”。下手将码好之牌交他，使台面上的牌、对象的牌比他大，而且他的底牌只一张，引起对家自动将台面上的钱梭光，于是仰牌一看，结果比对方大，一下子对象输光。这就叫做《原子弹》。①

扑克牌的骗术最有套数的是所谓“士荷单纸牌”，其术有十种之多，有“十全大补汤”之说。一是“卖”：同党合伙捉弄、对付、挤垮非同党赌客。二是“要”：即使用暗号或手令向同党要所需之牌，类似麻将赌中的“抬轿”。三是“飞片”：同党在赌桌底下互相

---

① 胡是侬：《解放前的武汉赌场黑幕》，载《武汉文史资料》1987年第3辑，第185页。

传递牌。四是“带”：在身上夹带几张牌，以便在需要时取出来用。五是“叫”：像玩魔术般地在牌桌上偷牌。六是“照”：在其戒指上镶上一绿豆大小的镜面，赌博时，将镜面向里，朝另一只手的手掌，发暗牌时，从镜子里就能见到发给自己的牌，据此再下赌注。七是“天开眼”：利用赌桌上所涂油漆，偷看别人手中的暗牌。八是“自然来”：洗牌时将每张牌都记住，发牌时，各人手中得到什么牌都能了如指掌。九是“藏牌”：将牌藏于一只手的掌心和另一只手的手背间，并能从掌心手背变换上下方向时转移纸牌而不被人发觉。十是“清”：赌博高手能用一种办法将赌桌上的各家暗牌算出。先记住各家的明牌，再用约定的暗号或手势询问同党手中的暗牌是什么，则非同党赌客手中的暗牌便可算出。①

掷骰摇摊中惯用的作弊伎俩，是在骰子中塞满铁屑、水银、象牙粉，并辅之以吸铁石。其方法是将一颗骰子挖空，灌满铁屑之类，这颗骰子称为“药骰”，又叫“根子”。摇摊时手握拳头大小之铁石一块，置于膝盖之上，藏于赌桌之下。摇时便要单即单，需双便双，百发百中，这种作弊手段有所谓“大家生”“小家生”“车轮”“缆子”等名目。民国时期，北京街头的赌摊上有一种“腥赌”“六地儿”。与上述作弊手法异曲同工。这种赌博是在一张纸上，划分 6 个格，每个格里画有和骰子一样的一、二、三、四、五、六各种点。将纸贴在一只木头盘里。赌客将赌注押在任何一格里。庄家将放有 3 颗骰子的铁盒摇几下，再放下打开，只要有一颗骰子是赌客押的点，赌客就算赢了。假如有两颗(或三颗)骰子是赌客押的点，那么就是押一个赢两个(或三个)。但赌客赢的机会实际上等于零。原因是庄家的三颗骰子灌有水银(行话称“带坠子的”)，水银是活动的，庄家想让它出什么点，放时就把骰子稍稍向下一沉，那水银便跑到下面去了，就准能出什么点。还有一种是在盘子里划两个格，一个格里画一、六点，另一格里画二、三、四、五点。规定只要摇出格里的两个点，押者就算赢了。赌客一般以为押二三四五那

① 参见吴雨等：《民国黑社会》，江苏古籍出版社 1988 年版。第 131～132 页。

格赢的机会多。就押这个格。其实那三颗骰子有两颗里面有活动磁铁，而且“一”和“六”上下都是空的，且盘子下面也装有磁铁，所以那两颗骰子不是出“一”便是出“六”，完全依庄家意思出点，赌客能押中赢钱么？① 还有一种名叫“捉老牛”的掷骰骗术，一次同时掷出6颗骰子，有3颗点数相同，方论输赢，称作“合”。除去3颗点数相同的骰子，其余3颗骰子点数合而计之，以决胜负。掷老牛中，又有“掷十十二”“掷九十三”等名目。掷十十二，即由上风掷人独掷。合计10点，上风输；11点和12点，上风赢。有一个混名叫小记根的流氓赌徒，擅长“捉牛头”的暗术。何为“捉牛头”？原来赌棍切口(黑话)，五六谓之“牛头”。提牛头即每次掷骰子，能确保6颗骰子中，有一颗是五点，有一颗是六点。小记根练就了一种本事，掷骰子时，能将6颗骰子由碗内抓起，两只夹手指缝中，不管其他4颗骰子落下时是什么点色，指缝中掉下的两颗，必定一为五点，一为六点。除去3颗点数相同的骰子，余下3颗，有2颗点数之和恒为11。另外一颗，不论是一是二，或者为四为五，跟11相加，点数至少为12。故捉住牛头，即每掷必胜。②

民国时期赌博骗局中，大规模的欺骗活动要算花会与赛马等这类集团性赌博了。花会骗局在前面已略有涉及。赛马骗局俗称“做趟子”，就是故意让某号马赢，某号马输。其花样有欲赢先输，私让头马，故意溜缰，转移铅饼等。1933年，浙江兴业银行英文秘书陈步高，所购上海跑马厅香槟票中了号，只等配好的马跑得第一，即可中奖，但当天下午就有骑该马参加比赛的外国骑师寻踪而至，要求陈步高将这张香槟票让售给他，愿出5000元，最后加到20000元，陈始终不愿出让，这个外国骑师便悻悻而去。结果，这张香槟票未中头、二、三等奖，仅得小奖，彩金二三千元。

民国时期五花八门的赌博骗术，使得不少赌徒上当受骗后还浑然

① 王子威：《赌博弊习》，见北京市政协文史资料研究委员会编：《北京往事谈》，北京出版社1988年版，第379页。

② 吴雨等：《民国黑社会》，江苏古籍出版社1988年版，第121~122页。

不觉。有些高级骗子除了在赌博本身要弄花招外，还在赌场之外扎局布井，引君入瓮。此类现象在上海滩上屡见不鲜。这里仅举两例。

1933年3月19日，徐州人吴玉山街头偶遇安徽人史金泉、王晋成，受史、王巧语诱惑，加入赌局，上当受骗，《申报》曾详细披露其中细节：

> 徐州人吴玉山，绰号呆大，于本月十九日，途遇素不相识之皖人史金泉、王晋成两人，史、王忽上前，与之周旋，相语道左，互询邦族，史、王即自称与吴为同乡，谓现在五马路右路北久安里714号裕泰昌申庄服务，庄主某亦籍隶彭城，客死于沪，拟运柩回籍，俾得归正首邱，惟牛眠吉地，尚未觅得，君既徐人，可否乞推桑梓之谊，返籍代购片地，庶安窀穸，报酬当所不吝。吴闻言私衷窃喜，慨然诺之，并认史、王为友。即随往久安里裕泰昌申庄，时该庄内有浙人张树堂者在座，史王乃与吴耳语，谓张富有资财，其身畔所置之纸包内系钞票，不下五六千元，吾辈不妨略施小技，取为已有。吴既号呆大，性果愚蠢，当时遂为利惑，反诘史、王，以取之道。史等即以赌博对。虽无赌具，则权用杏仁充数，由吴做庄，随手取杏仁握于掌中，由张猜测，以一数至四数止，如系五数，仍作为一，六粒为二，七粒为三，余可类推。其初数握，张皆未猜中，输负数百金。最后一次，吴原取杏仁十粒，不意被史潜窃去一粒，吴固不知，仍紧握掌中，此次张竟将所有作孤注一掷于一之数字上，吴就认为胜利，讵散手数之，仅有杏仁九粒，例当作一。乃倾其所赢之款偿张，尚属不敷，除将囊内现金98元及价值25元之金戒指作抵，才得脱身。迨至前日，吴又在途中与史相遇，不免相事重提，史劝着吴从速离沪，谓否则张将持券索债。此际呆大顿时神志清明，悟彻前情，纯系骗局，立即鸣捕，将史拘入老闸捕房，派探郎锦堂将王、占、张三名续获……①

① 《申报》1933年3月27日。

吴玉山被骗，固其本身财力不大，所受损失毕竟有限。民国初期，安徽政客唐少侯在上海作寓公时，被赌骗骗去50多万元，其数目就大得骇人了，成为轰动一时的社会新闻。

唐少侯原为北洋军阀倪嗣冲系的政客，曾任安徽省政府财政厅厅长，在任时贪赃枉法，广搜民财。倪嗣冲倒台后，唐少侯失去靠山，携带巨款跑到上海做了寓公。这一线索被两个骗子刘瑞卿、魏切千获悉。刘、魏是以黄金荣为靠山，靠用单双保(即百子摊，又叫“金钱摊”)赌具设赌的职业赌徒。当他们得知唐少侯来沪后，便想出一个提账开赌的新骗局，以刘瑞卿化名“钱守仁”当“前面子”(即会赌人)，魏切千化名“陶然客”当“套客”(即专门联络“老贵”，引人上钩者)；另派一名赌徒吴彦臣化名“侯羊子”当“后面子”(给“套客”要账者)，三人合伙，展开了诈骗唐少侯的大骗局。

一天，“陶然客”带两名仆人乘一辆小包车来到唐少侯的寓所。唐少侯看见门房递上来的“陶然客”的名片，甚感陌生，便着门房询问。“陶然客”声称“拜会旧交老友，别无他意”。见面后，“陶然客”告知，20年前，唐少侯在河南某县油行当经理时，他也在那里开杂行，而且两人同是一个财东。唐少侯听后，觉得说得都不错，只是相貌有点辨认不清。为了证实其身份的真实性，“陶然客”告辞后，唐少侯即驱车拜访黄金荣，请其帮忙释疑。黄金荣建议唐少侯回访探听虚实，并派四个手枪便衣给唐少侯支使。第二天，唐少侯去回拜“陶然客”，见其住所豪华阔绰，远甚于自己，所谈的也都是生意场上的事，便渐渐消除戒心。此后，两人你来我往，渐渐熟络，“陶然客”还曾请唐少侯帮忙代购一批货物，其货款费用皆以金条兑付，共计百余根。如此一来，唐少侯便更加相信“陶然客”，索性连黄金荣派给的便衣也辞还不用了。

过了不久，一天，“陶然客”在寓所打电话请唐少侯共进早餐，并说有一件十分重要的事情要商量。唐少侯如约前往。“陶然客”说，眼下有人有2500根金条要出手，不知能不能收购，请唐少侯帮忙出出主意。正在这时，仆人通报：“老师长(即化名‘钱守仁’的刘端卿)来了！”“陶然客”当即介绍“钱守仁”与唐少侯见了面。三人正闲话间，仆人又报：“侯羊子来会！”“侯羊子”进屋后面带愠色地对“陶然客”说：“你说到我家去，为什么不去呢？你失约，我只好上门来了。请你将欠款交我带回去，我急着等钱用哩！”“陶然客”说：“眼下款子不够，请你稍待，今日一定将款送到。”“侯羊子”坚决不答应。“老师长”面色一沉说：“我们这里商量一点事，请你先回先，过一会就给你送款过去，我们决不会失信的。”“侯羊子”说：“既然这位老兄说了，我就先回去，到时如还不将款送到，我再来。”“侯羊子”走后，“老师长”气愤地说：“这是你的什么朋友？不讲理，活半吊子！你欠他什么钱，催得这样急？”“陶然客”迟疑片刻，装着难以启齿的样子说：“姓侯的霸占了一个已死军阀的姨太太，吞下了他的财产，很有势力。前日我在他家赌博，输了一万多块钱未付，今日他就是来讨这个赌账的。”“老师长”说，“你们是怎么赌的？”“陶然客”说：“我们赌的是百子摊，就是将一百个钱币放在包里，用手抓一把，放在桌子上，用茶碗盖上，一个人出，另一个人数，除五个一数，余一个是单保，余两个是双保，这保是很规矩的。”“钱守仁”说：“这里面有鬼，我要是去赌，一定能赢的。”“陶然客”说：“您既然有把握，就请您帮我出这口气吧！”“钱守仁”说“出气可以，但我们不是他那种人”，显示出不屑于与小人计较的姿态。一旁的唐少侯不知是计，插话道：“我看那个人很狂，我们就帮朋友出这口气吧。”“钱守仁”见鱼已上钩，赶紧说：“既是各位同意，那小子的财产又不光明，我们就搞他几个钱也不为过。”当下三个约定，即刻打电话将“侯羊子”请来赌百子摊。

一会儿，“侯羊子”乘汽车来了。赌了十保之后，“侯羊子”输了16000多元。他欲打开皮包付款，“钱守仁”说：“你说我们没有现款，我现在也不要你的款，我们拿了款来，你还赌不赌？”“侯羊子”说：“看来你们也很规矩，如能付款赌，输死我都要来的。我先走了，款到打电话找我。”“侯羊子”走后，“陶然客”和唐少侯都向“钱守仁”说：“要让他相信我们，我们还要多搞他一点。”过了一会，他又说：“我来上海玩，带的钱不多，只有二十多万元。”“陶然客”说他有50多万元。唐少侯也说，他有购货用的40万元支票。这时，提账开赌的序幕谈完，唐少侯在不知不觉之中已进入“钱”“陶”“侯”精心设计的赌博骗局。“钱守仁”见唐完全上钩，便说：

“有一百万作赌本就行了。我们把款子拿到桌面上，给那个姓侯的王八蛋看见。”款汇齐后，一个电话将“侯”招来。赌场上，“陶”“钱”“侯”三人配合默契，互为串通，不几个回合，唐少侯的50万元便输得精光。等他终于明白自己上当受骗时，大把钞票已入别人腰包，只有打掉牙齿肚里吞了。①

① 参见张子清：《唐少侯赌局受骗略记》，载《安徽文史资料》(第十六辑)。

第七章

“分道扬镳各自由，此风原是创西欧”：西方赌技的传入

一、西赌种种

西方(主要是欧美)是赌博的故乡。史前期的考古发掘中，就发现了大约4万年前先祖们在“碰运气”游戏中使用的一种有4个面、其中两面呈圆形的“距骨”。据研究，这种距骨游戏在古希腊、罗马、阿拉伯和印第安人中间都很流行。这一发现似乎在向世人昭示，人类，尤其是西方人先天就具有某种冒险投机的习性。而以后的历史更表明，西方人在赌博方面确乎表现出异乎寻常的热情和卓异非凡的创造力。古代希腊、罗马人的赌博活动，我们可从其神话传说中一窥端倪。人们崇奉幸运之神，总是期盼她的光环永远照耀自己，从而在赌博中好运常在，赢得更大的赌注。中世纪以降，尽管新、旧基督教无一不抵制和反对赌博这只“恶魔”对人类灵魂的侵蚀，但枯燥的说教终究不能抵御金钱的诱惑，人们仍然摆脱不了

赌博的吸引而越来越难以自拔。进入近代以后便愈益放肆，自1748年德国的巴登首开赌场设立之先河后，西方各国便争相效尤。1856年，摩洛哥的蒙特卡洛开始兴建赌场，1861年开始营业，经过若干年的经营发展，终于成为举世闻名的国际赌城。赌博业的巨大经济效益，使西方许多资本主义国家最终撕下宗教伦常的遮羞布，宣布赌博的合法化，以从中获取高额税收。此门一开，赌场便如雨后春笋般在欧美大地蜂拥而出。1931年，美国内华达州南部沙漠之城拉斯维加斯宣布赌博合法化后，形形色色、大大小小的现代化旅馆式赌场纷纷拔地而起，遍布全城，其豪华气派堪与蒙特卡洛一争伯仲，一跃成为世界上最现代化的赌城。21世纪以来，西方国家除了瑞士、西班牙、斯堪的纳维亚等少数国家和地区禁止开办赌场外，大多数国家都允许赌场的合法存在。英国国会赌博法令修正案宣称：“公民可适当地、有节制地参加赌博。”据统计，仅英国就有120家赌场，其他欧洲国家有180余家。许多国家几乎是全民性参赌，如德国全国的赌迷达50万人之众，每年有几十亿马克投进赌场。许多德国人不知道联邦国家的总理是谁，却没有人不知道彩票。法国人每年花在摸彩票、购买PMU马票和罗多采的金额高达490万法郎；英国人每年花在吃角子老虎机的钱估计达13亿英镑；西班牙虽然不允许赌场的合法存在，但各式赌博仍在或明或暗地进行，据说，该国每个家庭15%的收入会开销在各种形式的赌博上。加拿大全国2500万人口中，每年要花费十几亿元购买17种彩票，民意测验显示，85%的加拿大人赞成发行彩票。美国的赌博迷之多更是全球之冠，在拉斯维加斯每天蜂拥而至的大批赌客中，虽然其中不乏国际赌徒，但最多的还是美国本国人，估计约占九成以上。20世纪30年代以前，美国几乎所有大城市的酒馆都摆放着吃角子老虎机，而每台机器总是一刻也不闲着地张开血盆大口吞蚀着美国人口袋里的硬币。仅此一项，就不难想象美国人参与赌博的普遍程度。

西方人对赌博的痴迷，不仅表现在对赌博活动的普遍与狂热的投入，而且更体现于对赌博形式的创造和发明。由于西方特殊的人文历史传统和独特的生产生活方式，西方赌博形式在与东方赌技暗合沟通的同时，大部分则自成一格，另有一番天地。如果将其大致归类，可分为游戏型、彩票型和竞技型三类。

首先，谈谈游戏型赌博。

可以归纳为游戏类的赌博有很多，掷骰子虽是东西方共有的一种赌博游戏，但西方人又有自己独到的玩法，而且据此还推引出了著名的概率论。扑克牌虽然只有54张，但西方人在这数十张纸牌的基础上玩出了无穷花样。轮盘与投币式自动赌博机(俗称“吃角子老虎机”)这两项西方独创的赌博技艺，自问世以来便得到西人的普遍青睐，成为最大众化的赌技之一。

西方以骰子作为赌具较之东方还要古老。埃及古墓中发现过公元前2000年的骰子和史前时期的古埃及、南北美洲古墓中出土的专为作弊用的骰子等都是明证。中世纪时期，西方的掷骰赌博相当普遍，引起许多科学家对骰子点数组合规律进行科学探索的浓厚兴趣，从中引出概率论。掷骰推引出的概率理论，源于赌博游戏，后来又反过来被一些高明的赌徒所利用。有些人(主要是赌博的庄家)在长期赌博实践中发现，当两个或多个骰子随机掷出时，一定范围内的任意数字组合都可能出现，其极限概率服从排列组合规律。于是便用某种方法使骰子掷出去后，按照自己的意志出现相应的点数，以赢得大的赌注。千百年来，欧美人将手中的骰子玩出了许多花样，其中较典型的有以下三种。

其一是所谓“大冒险”。这种玩法大约于1800年出现于英、美，其赌具为一块印有1～6六个数字的布、一张桌子和装有3只骰子的金属丝笼子。赌博时，赌徒在布上的6个数字范围内下注，下完注后笼子倒翻过来，使骰子滚动，3只骰子停止滚动后，以其朝上的一面点数为裁决结果。

其二是掷双骰。由美国也是欧美历史上第一个骰子赌博庄家J. H. 温于1907年首先使用。自1931年美国内华达州赌博合法化以来，这一赌博游戏进入世界许多娱乐场所，尤其是两次世界大战期间，由于美国等国军人大都嗜玩这一游戏，更促进了其在西方世界的传播。此戏不需任何设备，只要手中有两颗骰子就行。因此无论是街头巷尾，还是商旅军营，到处都可见到有人玩这种赌博游戏。当然，在一些豪华的赌场里，掷双骰则是在精制的桌面上进行的。

其三是，“4—5—6”。这种赌博流行于美国西北、加拿大西部和阿拉斯加的赌场。在进行这种赌博时，由于下赌注的点数有一定的限制，加之庄家有首先掷骰子的权利，因此一般赌客赢得赌注的概率便小得多，而庄家则赢的组合数比输的组合数多。

扑克牌(Poker)赌博是西方人发明并十分流行的赌博种类之一。扑克牌戏最早起源于欧洲，1526 年始见之于文献资料。至迟在 1700 年以前，扑克牌就已开始作为赌具在欧洲流行，久而久之，便成为全美国人都嗜好的博戏，享有美国国牌之誉。1870 年前后，美国驻英大使将扑克牌介绍到英国维多利亚女王宫廷。扑克牌在数百年的流行过程中，形成了许多不同的游戏方法。这里仅介绍其中四种。

第一种是较经常的玩法，用 52 张一副的牌，玩牌人数 2~14 人不拘，但最好为 6~7 人。牌面各花色价值相等，每种花色内各牌分值自大到小的顺序是 A、K、Q、J、10、9、8、7、6、5、4、3、2，但 A 也可以当作 1，各局单独记分。赌客力争赢得赌注总额，否则也要尽量少输。先由各家打赌，打赌可以进行一轮或多轮。在进行过程中，对于得分少的逐步进行淘汰，到最后一轮结束后，仍未退出赌局的各家亮牌。牌值最高者赢得全部赌金，包括已被淘汰的各家所下赌注在内。任何一家打赌时可以吹嘘、谎报自己手中的牌值。如果其他各家手中的牌优胜于他，但所赌牌值低于此家，此家即获胜。其牌值等级顺序是：①同花顺次 5 张，其中以 A—K—Q—J—10 为最高，称同花大顺；②同值 4 张外加 1 张，如 5—5—5—5 加任何一张牌；③同值 3 张外加同值 2 张，如 J—J—J—6—6；④同花 5 张，只是花色相同，不问顺序；⑤不同花顺 5 张，其中最高者为 A—K—Q—J—10，最低者为 5—4—3—2—A；⑥同值 3 张外加 1 张，如 9—9—9 外加任何一张；⑦一对外加 3 张，如 7—7 外加另外 3 张杂牌；⑧高牌，又称“无对”，即 5 张杂牌，以其中分值最高者为准分级。

第二种是“二十一点”(Blackjack)。这是西方最流行的作庄纸牌游戏，也是简单迅速、立分胜负的赌博项目。其主要特点是赌客在玩牌过程中力争取得21点的总牌点，或比发牌人更接近21点，但绝对不能超过。其具体赌法为，使用52张一副的纸牌，人像牌每张计为10点，A计为1或11，其他牌按其牌点数计算。切牌得最高点牌者为庄家，负责洗牌和发牌。庄家发牌前，宣布押赌注的极限。发牌时，庄家先翻第一张牌，将其牌面朝上放进全副牌末尾。如果第一张牌为A，庄家应重新洗牌。正式发牌后，庄家发给各家一张牌，牌面朝下，各家都盯住自己的牌押赌注。如果某家所得前两张牌点数的和为21(其中必须有A，另一张可为10或人像牌)，则赢得两倍于他所下的赌注。如果庄家有21点，则从各家收取双倍于赌注的钱数，若某家也有21点，庄家只收取此人所下的赌注。

第三种是“卡希诺”(Casino)。一般是两人对赌，也可以三、四人一起玩。使用52张一副的扑克牌。两人对赌时，发牌人先发给对手两张牌，接着将两张面向上摊在桌上，再发给自己两张，共发两次，共4张。争取的目标是从桌上收牌。可以根据手中的牌将桌上同级牌的配对吃进(只有在这种情况下才能吃进人头牌)。当手中牌的数值等于桌上两张牌数值的和时，即将两牌吃进，凑成“组合”。如手中的为10，即将桌上的6和4吃进。也可以将某一张牌摊在桌上，声明准备凑成一个组合，然后在下一轮吃进。对手如有所需的牌，也可以将这张牌吃进。如果玩牌人无法和不愿意吃进，他要从手中抽出一张牌，摊在桌子上，称为“拖曳”。卡希诺牌的记分标准为：吃牌最多3；吃牌中黑桃最多1，有大卡希诺(方块10)2；有小卡诺(黑桃2)1；有A牌1。

第四种是“巴卡拉牌”(Baccarat)，又称“百家乐”。起源于法国，流行于欧美。其游戏方法是，使用3~6副52张的扑克牌，洗在一起，放在发牌盆中，从其中分发。各家力争手中有两三张牌总点数为9或接近9。K、Q、J和10都计为零，其他牌按牌面计点。计算时，将各家手中的牌值相加，但仅论最后一位数字。开赌时，当场付赌金最多者为庄家。庄家从发牌盒中取3把牌，各两张，面朝下，其中一把发给右家，一把发给左家，一把留给自己。其他旁观者则把赌注押在庄家左右两家中的任一家或两家。随后各家检视自己手中的牌，总点数为 8 或 9 者当然赢，但当庄家也当然赢时，则以庄家赢为准。庄家和对垒者牌点计数相同时，各自收回赌金。如果某一家手中牌点计数少于 8 或 9，可不抓牌，亦可再补抓 1 张或几张牌，明放。庄家左、右家中牌点计数为 6 或 7 时必须停抓，如果为 4 或少于 4，可抓 1 张牌，若是 5，则可停可抓。对庄家则无此限制。在比较各家手中的牌以后，由庄家算输赢账。

轮盘赌(Roulette)是东西方赌场里一种普遍使用的赌博方式。关于它的起源有多种说法，一种说法认为起源于古代中国，其赌法是要求把 37 个动物小塑像排列在一个有 666 个格的魔方里。这一赌法后来传到西藏，不久又由法国传教士带到欧洲，他们把塑像改为数字(0~36)，并且放置在一个转动的轮盘的边沿上。这一说法属实与否，尚待考证，不过早在宋代的都市赌摊上确乎有一种木制的直径约七八十厘米的圆盘，可能与之有渊源关系也说不定。较可信的一种说法认为，轮盘赌是法国科学家 B. 帕斯卡于 1655 年在隐修院清修时发明的，并在巴黎的临时赌场首次表演。轮盘赌于 19 世纪初开始在欧洲赌场流行，后来渐渐普及到南北美洲、亚洲、非洲的赌场和娱乐所。轮盘赌台由两部分组成：转轮和赌注图案。式样有两种，一种只有一个赌注图案，转轮设于其一端；另一种是转轮在中间，两边各设一图案。轮盘赌有一位庄主，所有赌注都押给庄主或赌场主。庄主宣布开赌后，参加者开始下赌注，下赌的位置由自己选择。转轮向逆时针方向转动，然后掌盘人把一个象牙球或塑料球放在微凸的轮盘面上以顺时针方向旋动，在这个过程中，参赌者可以不断地下注，待小球转速下降，落入轮盘上任何两个金属隔之间，其上标志着赌赢的号码、颜色等，掌盘人把输掉的赌注收起来，按规定付给获胜者。根据每次赌博的结局，赌场掌盘人和赌场老板都可以获得一份定额酬金。因此，无论怎样赌，赌场老板总是最大的、永远的赢家。

投币式自动赌博机(Slot machine)，俗称“吃角子老虎”或“独臂匪徒”。1887 年由美国旧金山一位德商机工发明。其主要部件是若干并列的滚轮，滚轮侧面上每隔一段即绘有不同的符号。赌博者将一枚硬币投入机上狭孔，一扣板机，各滚轮即开始转动。随着滚轮的转运玻璃板后几排不同色彩的数字、符号及水果图形也相应移动，停止后如显示有一排同形即算中彩。运气好的如果中彩就有数枚镍币掉出来，各彩所掉镍币不等，但这种中彩的概率是极其有限的，绝大多数时间内它总是免开尊口，连一枚镍币也不掉出来。轮上所绘的符号有星、纸牌花色、色条、数字(多为7和11)、水果(樱桃、李子、柑橘、柠檬、西瓜)、“头奖”字样。投币式自动赌博机在美国问世后，不久即在美国风行开来，如果说，轮盘赌作为较古老的赌具是和蒙特卡洛的名字连在一起的话，那么，一提到吃角子老虎，便很容易使人联想到拉斯维加斯。这两种赌具可以说代表不同时期西欧与北美两地的赌博特色。当然，到了20世纪，上述两种赌具便都风行于全球各大赌场了。其中尤其是吃角子老虎，由于其简便易赌，不但为赌场必备，在商场、车站、机场、码头……人群云集之处竟无处不见其踪影，其普及程度堪称西方各赌之冠。

其次，谈谈彩票赌博。

彩票在英文中称为lottery，中文直译为洛托。英文lot有多重含义，如运气、命运、抽签、抽签所得等。lottery据之引申意义便为彩票、奖券。从上述英文所包含的意思中，洛托亦即彩票的博彩意义十分明显，这便是不用预先计算，不需要凭借某种专门化的知识，而纯粹依赖所谓“运气”，通过购买某种票券、奖券并参与抽彩、摇奖、摸奖等，期望以较少的投入博取大额利润。

远在15世纪，欧洲就已开始流行彩票(洛托)，尔后又蔓延至亚洲、美洲各国。世界各地的彩票赌博尽管五花八门，莫衷一是，但在一些基本的规则上还是相同的：首先是对参赌者身份的认定(以防他人冒领)和彩票信用的确认；其次是在赌法上大多通过抽签决定输赢等。西方在长达数世纪的彩票赌博中，发明了很多种赌博方式。彩票赌博几乎渗透到居民生活的各个领域。如赌城蒙特卡洛，无论你购买什么商品，上面都印有彩票号码，一份报纸、一张车票、一个旅馆房间号码都蕴含着博彩的机遇。在西方，观看体育竞赛、商店购物……不管你是经意还是不经意，彩票简直是无时无刻地伴随着你，引诱你变无意为有意，去与运气一博。

上述当然指的是广义的彩票赌博，其实，专门化的彩票赌博名堂也不少。赛马、跑狗赌博与彩票赌博是孪生兄弟，紧密相关。宾戈、六合彩更是彩票赌博中之翘楚。在西方赌博界长期风行不衰。

宾戈(Bingo)是一种廉价的投机性彩票，经常是成百上千的人在一起赌玩。其赌法大致是，每人买一张或多张宾戈卡，上划许多方格，有的方格里有数字，有的方格空白，参赌者先任意押一个号码，最多可押至75或90个号码。凡是先购得一张卡或多张卡把自己所押号码(通常为20个号码)全部凑齐者为优胜，优胜者即可囊括全部赌金或者依照当地法律扣除其中一部分。宾戈赌在蒙特卡洛及英、美等国十分流行。

六合彩(亦称为Dick6)也是世界上流行最为广泛、参与人数最多的一种彩票赌博。六合彩的赌法极其简单。首先，购买一张彩票，或是购买一张登有六合彩票的报纸，彩票上一般印载有45个数字，5个一行，一共9行，投注者依据自己的判断，连续勾出其中6个数字，再送还彩票，待开奖时，如果6个数字全部押中了、则得头彩，其余5个、4个中了，则分别得二、三等彩。

最后，介绍竞技型赌博。

竞技型赌博包括赛马、跑狗、回力球、各类台球等，其中以赛马历史最为悠久、参与人数最多，赌博形式也最为完备、典型。

赛马是人类历史上最悠久的运动之一，远在古希腊、罗马时代，就有关于赛马运动的历史记载，赌马和赛马历史差不多一样久远。有一种说法认为，赛马和赌马均起源于英国，而且时间大约在19世纪初。这种观点事实上是有失偏颇的。据记载，在罗马帝国的全盛时期，赛马活动相当频繁与正规，已有专业赛马工作人员，有起跑道，有关于比赛规则的争执，有关于给马施用兴奋剂的诉讼、押马赌博以及观众骚乱等事情。中世纪时期，赛马、赌马在西欧各国已经十分普遍，如法国乡村节日上的赛马娱乐以及上流社会贵族们的赌马之事时有发生。英国由于其君主喜爱赛马，因而在英格兰赛马有“国王的运动”之美誉。英国人的赛马，有改良马种和体育竞技及赌博娱乐的双重意蕴。英格兰国王查理二世在位期间，

“国王杯赛”大为流行，当时对参赛的马匹资格有严格规定，利用竞赛形式训练和繁殖所谓“英格兰纯种马”。其后不久的赛马形式也趋于正规和程式化。分为分场赛和单场赛两种，产业革命发生后，分场赛逐渐衰落，单场赛慢慢趋于主导地位，并独占鳌头，一枝独秀，成为现代赛马运动的基本形式。

在近代赛马趋于定型之际，赛马赌博也逐渐展开。1780 年英国的德比赛(又称“打比赛”)，既是现代赛马运动的滥觞，也是现代赛马赌博的发端。其时英格兰两位爵士，一名德比(Derby)，另一名奥克斯(Oaks)，他们在一场三岁新马雌雄混合赛中，各选一匹马为对象打赌。其条件是谁选的马获胜，今后这种雌雄马混合赛的赛事就以谁的名字命名。两人握手为定，结果德比的马获胜，因此以后在英国这种赛事就叫“德比赛”。这种比赛也是后来赛马赌博的主要形式，如香港每年都要举行一场“德比赛”(香港人称为“打比赛”)就是明证。

赛马赌博也经历了由内到外、由少到多、由简趋繁的过程。初期的赌马，只有骑师与骑师之间、马主与马主之间的打赌，赌注也很小，或一瓶香槟，或一顿晚餐，带有娱乐性质。后逐渐扩展到由场外观众参与的彩票型群众性赌博活动。1870 年，巴黎实业家奥莱发明了赛马彩票(Pari-mutuel)。成为全世界最盛行的一种赛马赌博。1891 年，法国成立了全国性赛马彩票机构，并在各地遍设分支机构。押注者可购买喜欢的马的彩票，自每一场马赛中各项比赛的全部押注总额中扣除付给经营者手续费和税款，余额全部付给赢家。赢家所得彩金的分配方法因时而异，不断变更。最早是冠军囊括全额，后来逐步扩大得彩范围，前四名皆有所得，偶尔也扩及第五名。20 世纪 20 年代，赛马彩票计算方法经过重大改革，更加完善与科学。

赛马彩票赌博方法作为与竞技型和彩票型赌博的联姻，不仅在赛马赌博中使用，而且还推及赛狗、回力球等竞技类赌博。赛马赌博由于兼有运动与赌博的双重功能，与西方人尚力重勇、追求感官刺激的文化心理相沟通，因此数百年来受到西方各界人士的普遍欢迎与参与，绝大部分西方国家都有赛马场，并经营赛马赌博。赛马赌博成为不独西方，也是世界上最普及和大众化的赌博项目。

二、西技东渐

几乎在西方殖民主义者依靠武力侵略中国领土的同时，西方的赌博技艺也开始传入中国，祸及国人。1841 年英国人刚刚踏足香港，脚跟甫定，便于 1842—1843 年假借澳门举行了三届赛马比赛。由此开西赌东渐之先河。

赛马是西方赌博品类中传入中国最早、影响最大的一种。晚清至民国的香港、上海、天津、汉口等都曾风靡甚久，卷入者众。1843 年，上海被迫辟为“通商口岸”，开埠不久“即有英国私人在今丽华公司附近购买土地 80 亩，辟为花园，在这里举行跑马和各种球类活动”。“上海跑马厅，先后迁移过三个场地：第一个跑马场在今河南路丽华公司一带；第二个跑马场在今南京路永安公司附近；第三个跑马厅即今上海人民广场和人民公园。”上海跑马厅最初由股东合资开设，股东大多数是英国人。其最上层是委员会或董事会，设主席或董事长一人，委员或董事若干人，其下设书记一人，谓之“大板”，实际上是跑马厅经理。赛马场从事管理的职员有赛马顾问、马圈执事、等级过磅、裁判员、起步指挥、记时员、竞赛预让制订者、调马场或上马圈彩券分配、瞭望台监守等。跑马厅实行会员制，入会手续除华人外，不论任何国籍的外国人(不包括殖民地国家的人民)，只要年满 21 岁并有正当职业者，均可申请入会，并经专门的投票委员会投票表决通过成为会员。① 1850 年秋天，上海举行了第一次赛马。据《英工部局 75 周年纪念册》记载，这次赛马，共赛 7 次，“每逢赛马日，像一个大节日，男女盛装前来参加，并进行少量赌博”。后来，随着跑马场设置及规章制度的逐步完善，赛马赌博趋于正规，渐渐与西方赛马赌博规则接

① 参见程泽济、毛啸岑：《租界时代规模最大的赌博场所——跑马厅》，见上海市文史馆编：《旧上海的烟赌娼》，百家出版社 1988 年版，第 80~86 页。

近。《清稗类钞》记载其详情说："旅沪西人，岁于春秋二季，有赛马之举。赛马场在上海静安寺路，形圆，广可数里，内设木栏，分为数圈，中央细草如毡，为拍球之所，外圈为赛马处。赛时或七八骑，或十余骑，骑者各衣彩衣，勒马立于场之西北隅黑柱下。铃动马发，循栏疾走，以先至黑柱处者为胜。如是者三日，例以星期一始，星期三终，休息二日，至星期六复赛。且有跳浜之举。浜累土为之，长丈许，高约三尺，以马能跃过者为胜。西人视此举甚重，赛日，海关、邮局午后均停办公，胜负绝巨。华人虽不得与赛，而亦购其出售之彩票，即视马之胜负以为买票之胜负。"①光绪初年，寓居沪上的葛元煦曾经目睹在上海的西方人跑马的"盛况"，其在光绪二年(1876年)出版的《沪游杂记》中对此有精彩描述：

> 大马路西，西人辟驰马之场。周以短栏，所以防奔轶也。春秋佳日，各赛跑马一次。每次三日，午起酉止。或三四骑，或六七骑，衣则有黄、红、紫、绿之异，马则有骊黄、骝骆之别。并辔齐驱，风驰电掣。场西设二厂备校阅，以马至先后分胜负。第三日增以跳墙、跳沟、跳栏等技，是日观者上自士夫，下及负贩，肩摩踵接，后至者几无置足处；至于油壁香车、侍儿娇倚者，则皆南朝金粉、北里胭脂也，鬓影衣香，令人真个销魂矣。②

天津的赛马略晚于上海，据有关史料记载，最早的赛马场建在海光寺一带，后来由于该赛马场被洪水淹没，又改在英租界沿河坝道(今台儿庄路)、海大道(今大沽路)一带环绕举行，1876年，在美国兵营附近，又临时开辟了一个赛马场，1886年，天津海关税务司德璀琳(G. Detring，英籍德人)在"养心园"附近强占200亩土地建起新的赛马场，1900年被义和团烧毁。1901年，英人施就(Stenait)与德璀琳重建该赛马场，初具雏形即开始赛马业务，全部

---

① (清)徐珂：《清稗类钞·赌博类》。

② 葛元煦：《沪游杂记》卷一，上海古籍出版社1989年版，第9页。

建成后，命名为天津英商赛马会，后来又有数次改扩建。20 世纪 30 年代的天津赛马俱乐部跑马场为椭圆形，周围一英里半，有三座看台：会员及来宾看台(第一看台)、特别看台(第二看台)、普通看台(第三看台)。天津赛马俱乐部也是股份制，内设董事会，主要为英国人，会内一切事务统由英国人包办，马主人、骑马师均系英籍。俱乐部实行会员制，会员入会每月缴纳会费 25 元，可随时出入马会及享受一切优待。① 天津租界第一次赛马时间在 1863 年，“天津最老的运动俱乐部是天津赛马俱乐部(Tientin Race Club)，该俱乐部在 1863 年举行第一次赛马。天津赛马俱乐部最早的赛马场设在土围墙外的海光寺一带，大约就是目前争执中的法租界老西开推广地。在这个有 1.25 英里赛道的圆形赛马场上，曾经有过几次非凡的马赛，而且据记载，在 1865 年举行过一次具有挑战性的 3 英里马赛，第一次用中国马跑出了 7 分 40 秒的成绩。俱乐部每年在那里举行赛马，直到 1871 年洪水淹没了那个地方，当时英租界成了一个临时赛马场，有整整 1.25 英里的赛道。这是由当时的赛马裁判秘书司图诺先生设计的，赛道沿着河坝道与海大道，大致绕过俱乐部道与墙子河路(Canal Street)，形成一圈，终点在海大道靠土围墙的地方。俱乐部下一年又回到了海光寺赛马场，但是到了 1876 年又放弃了该处赛马场，而在现在美国兵营南边从前的司塔赛夫村附近开辟了一个新的赛马场。这个赛马场比通常的 1.25 英里少几码。到 1886 年，天津赛马俱乐部接管了‘养牲园’，并在现在的赛马场举行了第一次赛马。1890 年，洪水淹没赛马场，水深达二三英尺，赛马改在一个临时赛马场举行……在赛马裁判秘书的指挥下，一个调查队在租界以外到处寻找一处合适的场地，后来俱乐部决定选用一块还没有干的场地。这处场地在海大道附近，靠近第一次裁湾裁除的‘永久河湾’一带，也就是今天的前德国租界南头。焦急的筹备人每天来看一趟场地晒干的情况，一直到赛马的前几天，计划中的秋季赛会能否举行还难以预料。但真是幸运，

① 张同礼：《天津的赛马会》，见天津市政协文史资料研究委员会编：《天津文史资料选辑》(第九辑)，天津人民出版社 1980 年版，第 178~180 页。

这次赛马却成为多年来最成功的一次……到 1900 年，由于义和团之乱，秋季赛未能举行……赛马场的老看台 1900 年被义和团毁掉了，但是第二年又建了一个新看台。这座看台一直很好地使用了 24 年之久，新的混凝土看台正在建设中，到 1925 年春季第一次投入使用时，旧的看台将被拆除。天津赛马俱乐部保存着一份自 1886 年迁入新赛马场以来获胜的马主、骑手与马匹的完整记录，而且在赛马手册中可以看到每次赛马的情况”①。

汉口的跑马场也是英国人筹办的，“汉口西商跑马场(Hankow Race Club And Recreatien Ground)是 1904 年组合成的。从那时以来已有了巨大的发展，现有会员 300 人，保有最完备的设备，资产充分的扩大了，有一条跑道，18 洞高尔夫球场、足球场、网球场、游泳池——实际上会员们通常酷爱的各项运动设施这里都有”②。汉口西商跑马场位于汉口东北郊，东起今永清路，南濒今解放大道，西连今解放公园，北邻今惠济路，占地约 800 亩，由赛马会所、看台、餐厅、马厩、跑马圈道以及高尔夫球场、橄榄球场、马球场等构成。汉口西商赛马体育会是一个社团性质的机构，凡居于汉口的外国侨民经过申请及相应手续可成为会员，会员每月须交纳会费，会费多寡按赛马会当时所订的开支大小，由会员平均分摊，每年核调一次，最高时的会费每人每月 15 元，最低也要 5 元。会员有选举权、被选举权、提意见权，可参加会内一切文娱体育活动，并享有签字权，即平日在会内吃喝玩乐一律不付现金，凭信用签字，按月结算。董事会由会员大会选举产生，其董事长、董事由各国驻汉领事馆官员、各国租界内头面人物组成。董事会下设秘书部总揽会内事务，日常管理机构有三大部：写字间、外球场管理部、酒吧餐厅部。赛马体育会每年举行一次全体会员大会，讨论通过年度工作报告，财政预、核算，工作计划，选举和改选董事会。

① [英]雷穆森著，许逸凡、赵地译：《天津租界史(插图本)》，天津人民出版社 2009 年版，第 266~267 页。

② [英]菲尔德维克：《汉口》，见皮明庥主编：《武汉城市发展轨迹》，天津社会科学院出版社 1990 年版，第 439 页。

汉口西商赛马体育会下面还专设赛马董事会，由会员中养马的会员选出5~7名委员组成，专门负责有关赛马事宜，包括负责审查骑师和马匹的资格、制定赛马程序、安排竞赛时间、执行裁判职责、判定优胜以及其他相关赛马事宜。①

继外国人在中国开办赛马运动及赌博后，上海、天津、汉口又相继有华商组织赛马会，兴筑赛马场。上海先后有江湾跑马厅和引翔乡跑马厅，天津有华商赛马会，汉口有华商跑马场和万国跑马场。华人兴办跑马赌博，其原因有二。一是外国人对华人的歧视，沪、津、汉等地初期的跑马场都竖有“禁止华人入内”的牌子，华人无论身份多高，资金多么雄厚，都不能跻身会员之列。许多富商就是在受到洋人歧视后，一怒之下而集股筹办跑马场的，叶子衡兴办上海江湾跑马厅是这样，刘歆生(刘祥)等人兴办汉口华商跑马场亦是如此：“谈起组织华商场跑马场的动机，还有一个小插曲。原来汉口华籍买办仿照夜总会的形式曾组织一个华商总会作为娱乐休息场所。有买办张永璋和刘祥先后在跑马场观看赛马时欲入高阶看台(专为接待西洋人而设)，被印度巡捕粗暴阻止，不让从正门入场，在华商总会谈到此事感到气愤，相约今后不再去西商跑马场看赛马，并酝酿组织自己的赛马场与之抗衡。地皮大王刘歆生一马当先，划出地皮一块作为投资，其他成员纷纷入股，由华商总会负责人、汉口商会会长周星棠，大买办刘子敬、刘歆生、章学周(太古洋行买办)、梁俊华(×银行行长)等，成立华商跑马公会，设立董事会，公推周星棠为董事长，何礼臣等为董事，梁俊华之弟梁俊群为庶务，积极筹办建筑设备；邀约马主、跑马师，并在马主中选举成立马政董事会管理赛马事宜。”②二是西商跑马场丰厚的利润使华商及政客眼红，也想借此发一笔横财。天津“英商赛马会成立

---

① 参见武汉市政协文史委员会：《武汉文史资料》(租界专辑)，1991年第4辑；周德钧：《汉口的租界——一项历史社会学的考察》，天津教育出版社2009年版。

② 何征祥：《我所经历的华商跑马场》，武汉市政协文史学习委员会编：《武汉文史资料文库》(第六辑)，武汉出版社1999年版，第231~232页。

后，营业兴旺，利润很大，在津政客、官僚、买办、富商们，看到这是一条发财致富的捷径，当然不肯放过这个机会。当时就有李宣威(号律阁，系北洋财政总长王克敏的亲信，做过财政部挂名顾问)、丁振芝(天津警察厅督察长)、丁履芝(在英租界工部局任职)、苏守愚等人，策划组织华商赛马会"①。由于上述两个原因，沪、津、汉等大城市都成立了数个规模不等的华商赛马会。上海的江湾跑马厅于1909年筹备，1910年建造，1911年开赛，1917年扩建，1924年更为扩大。江湾跑马厅又称"万国体育会"。《清稗类钞》称，"至宣统末，江湾亦有万国体育会之跑马场，华人始得与焉"。上海引翔乡跑马厅又称"中国赛马会"，成立于1924年，由帮会中人操纵。天津的跑马场所先后有华商赛马会和万国赛马会。华商赛马会于1920年竣工并正式开始赛马，其主办及管理机构为天津赛马会有限股份公司，董事多系资本家和洋行买办。万国赛马会于1932年秋竣工并开始赛马，主持人为李律阁等人，并拉拢日本人内山春吉。汉口的华人跑马场有华商跑马场与万国跑马场。华商跑马场于1909年在今汉口航空路、万松园一带建成，主持者为汉口市商会人士。万国跑马场建于1926年，地址在今汉口唐家敦与姑嫂树之间。汉口的上述两个华人跑马场的规模都超过西商跑马场，大抵是华商最大，万国次之，西商居末。

上海、天津、汉口的跑马场滥觞于清末，在民国初至抗日战争前夕达到鼎盛。许多人为利所驱，都争购马票，前往一博。"表现在赛马时，跑马厅周围拥了许多人，进行赌博，中国人不论贫富，均是道地的赌徒，也是经常输钱的人。"②外国老板因此而大发横财，腰缠万贯，据统计，"上海跑马厅每期赛马的彩票，单以独赢和位置的另售额计算，每天约在100万元左右，抽取拥金百分之二十即是20万元一天，每星期赛一天计算，除去大伏天停赛外，全年可赛36天，便可净获720万元的头钱；再加春秋两季各三天的

① 张同礼：《天津的赛马会》，见天津市政协文史资料研究委员会编：《天津文史资料选辑》(第九辑)，天津人民出版社1980年版，第181页。

② 《今日远东印象记》，英国恩维兄弟出版公司1917年版。

香槟大赛(售票额特大)的头钱；估计180万元，则合计在900万元左右。另外还有摇彩票……等的头钱以及门票收入，如作100万元从低估计，仅仅上海跑马厅一处(江湾、引翔乡尚未计算在内)，每年就要抽得头钱等费1000万元左右(已除去租界工部局的税款)。从1909年公开售票入场开始至1945年为止的将近40年中，便被外国殖民主义分子掠夺去约4亿元”①。汉口的西商赛马会的“全盛时期，是在一九二五年至一九三五年，这十年间，会员多至五百余人，每月总收入(赛马时收入不包括在内)高达四万余银元，赛马时间一天最高营业额多到二十万银元”②。

跑马赌博与西方一样，也经历了一个从小到大、由内到外的演进过程。兴办之初，西方人打着“锻炼身体，改良马种”的招牌，赛马多少还有些许体育竞技的意味。但也就在同时，赌博便已开始小范围进行。1909年以前，上海跑马厅的外国人在场内采用挂牌定额分彩方式(Book Maker)进行赌博。即允许一些人在场内开设赌摊，根据跑马的输赢进行赌博，摊主向跑马厅交纳一笔保证金，盈亏由摊主负责，与跑马厅无关。其赌博方法是摊主各自根据马的性能来决定彩金之多寡，在摊上挂牌，标明各马的赌注分配金额(即赌注1元下于某马，当该马赢出后，应配多少彩金)，各摊行情不一，赌客可在各摊自由选购马票。这是殖民主义分子在跑马厅初期，硬把赛马作为“高尚运动”与赌博分割开来的一种手法。到了1909年，就彻底撕下这一假面具，将跑马变成赤裸裸的赌博活动了。当时各地赛马名目繁多。在上海，有所谓香槟赛、金樽赛、大皮赛、新马赛、马夫赛、余兴赛、拍卖赛、初学赛、初学骑赛及各种平力赛。汉口的华商跑马场，有所谓一般赛，赢一次的马赛，赢两次的马赛，无座位的马赛，新马师、马夫等的马赛。此外，还有龙门赛(全部未参加过赛马的马赛)、圣利济赛(一种依西方人习俗

① 程泽济、毛啸岑：《租界时代规模最大的赌博场所——跑马厅》，见上海市文史馆编：《旧上海的烟赌娼》，百家出版社1988年版，第96~97页。

② 童仲屏：《大赌场——汉口西商赛马会》，载《武汉文史资料》1983年第1辑，第140页。

纪念性的马赛)等①，五花八门，不一而足。在上述所有的马赛中，以香槟赛场面最大。所谓香槟赛，是 Champigin 的译音，原意是冠军，专指每季例赛最后一天各个头马的总决赛，其中又分大香槟赛和小香槟赛。汉口西商跑马场的香槟赛的情形是，每年春、秋两季进行，一称春赛，一称秋赛，每次赛马时间各 7 天，定在每周星期六下午，小雨天不停赛，大雨则顺延至下周六。每季还有一次决赛，凡平日竞赛优胜之马，都有权参加。② 沪上的香槟赛与汉口略有不同，每年的五月和十一月的第一个星期的礼拜一到礼拜三连续举行 3 天，3 天大赛中赢得之头马，参加最后一天举行的香槟赛。③ 每到香槟赛开赛之日，汉口不但洋行、外人银行及企业“封关”，一般市民也停止劳作，万人空巷，相邀赴往，策金随带，动摇市场金融活动。是日马会营业额超出平日数倍，高的曾达 20 万银元。上海更是热闹非凡，时人描述其场面说：“春秋佳日，则以赛马为乐。其法各选骏驷，立帜于数里外，环驰三匝，能先至帜下者，即得优。当赛时，往观者若堵墙，士女如云，啧啧称美。”④

赛马赌博花样很多，归其大类，可分为彩票和马票两种。彩票又分小彩票和大香槟票，马票又分“独赢”(又称“独占”)和“位置”(又称“座位”)等。彩票是一种由彩票号码与参赛马匹号码参照配合摇奖的票券。一般是将顺序连号的票券公开出售，赛马前由马会账房收集汇总，剔出空号，统计实售号码，于赛马之日邀请会计师或公证人执行监督当众开奖。其手续为首先将所售出的号码数配以圆球上刻号数盛入大铜鼓，再以当日某次赛马匹数配摇，如当次有 10 匹马竞赛，即摇 10 个号码出来，此 10 匹马再配以所摇出之号，若该号跑出头马即为头奖，二马是为二奖，三马则为三奖，余未跑

① 答恕之：《汉口华商跑马场》，载《武汉文史资料》1983 年第 2 辑，第 176 页。

② 童仲屏：《大赌场——汉口西商赛马会》，载《武汉文史资料》1983 年第 1 辑，第 148 页。

③ 程泽济、毛啸岑：《租界时代规模最大的赌博场所——跑马厅》，见上海市文史馆编：《旧上海的烟赌娼》，百家出版社 1988 年版，第 94 页。

④ 王韬：《瀛壖杂志》，上海古籍出版社 1989 年版。

出者则为小奖。奖金的分配，即将该次全部售出彩票金额，扣除马会中15%的回扣，合金额少则万余，多则三四万元不等。余额全部按等分给得奖者。小彩票每天开奖一次，其票面一般为一元。奖金如头奖从数百元到数千元不等。香槟票一季只有一次。汉口的票价为二到三元不等，上海的票价为10元。奖金数额视情况变化为定。上海香槟票的最高额为售出5万号，头奖10万元、15万元逐渐递增至22.4万元。汉口的头奖有时高达数万元，有时少亦有数千元。跑马厅的大香槟，亦称“A字香槟票”，规定只限本会会员可以购买，中国人欲购者，必须委托该会会员代购。如果侥幸中奖，领奖时必须由该会会员签字后才能领取。洋人往往借此勒索佣金或硬要手续费。有时候，跑马厅在5万张A字香槟票全部出兑后，再发行一种B字香槟票2万~3万张，摇奖办法与A字票完全相同，其彩金按出售数量和A字票作比例递减。为了兜售赛马彩票，天津有专业的赛马彩票行，“当时彩票盛行，彩票行遍及全市，由马会委托代售香槟票及摇彩票，除提取售票金额的百分之四外，如在出售的马票中有得奖者还可以索取赏金。另外还募集贫苦失业者分别在茶楼、酒肆、烟馆、旅店、妓院等处代为推销，提取出彩票金额百分之一为佣金，票行可坐得百分之三的佣金。其中如聚元票行(在今滨江道滨江剧场旁)，以售彩票致富，后扩展为聚元银号”①。

马票不预售，都是在开赛之日，入场后根据当日各次公布的骑师和马匹编号，于场内设有专柜，临时分别出售。如一天赛7场，则售7场票，一场有10匹，即有10个票号。票价每张为三至五元不等。“独占”马票只有当该号码的马跑了第一，才能中彩得奖，若为第二、第三都落空。“位置”票是所买之票号跑出头、二、三马，皆可得奖。此种马票中奖概率大，但奖金数额较小。马票奖金的分配，是从全部售款的金额中扣除20%的佣金给与马会外，其余全部给得奖的号数均分。

---

① 张同礼：《天津的赛马会》，见天津市政协文史资料研究委员会编：《天津文史资料选辑》(第九辑)，天津人民出版社1980年版，第188页。

由于跑马赌博具有以少博多、中彩面宽的特点，因此吸引了无数市民不惜花费血本前往一博。“汉口西商赛马会成立数十年来，关于赛马大赌博，对万千的武汉民众贻祸最巨，毒害最深，多少中国人不识其奸，参加其间，有的为了寻欢作乐，好奇前往，更多的怀着发财贪取，一经坠入其场，愈陷愈深。每逢赛马期间，市民嗜此者莫不筹资以往，购马票，买彩票，赌的结果，暴富的寥若晨星，落空者比比皆是。一场赛马结果，以至倾家荡产，乃至自杀的亦时有所闻，因此每逢赛马期间，无数家庭幸福受到威胁。”①西商跑马场如此，华商跑马场同样是吃人的魔窟，据一位当年汉口华商跑马场骑马师回忆：“赛马与其他赌博一样，参与者总是中奖赢钱，不劳而获。有人上瘾着迷，越陷越深；甚至借钱卖物，倾家荡产。如一元匹头号杨春城老板就是在赛马中倾家荡产，停业倒闭的。吃到苦头的人，伤心之余编了一首歌，歌词如下：一进马场，喜气洋洋，谈的是‘汉风’（马名），说的是‘庄王’（马名）。马下跑道，输得精光。拿的是‘会钱’（旧社会标会），当的是衣裳，再下马场，男盗女娼！当时这首歌很流行，虽然发誓不下马场了，但是赌博有他固有的规律，输了财去囊空，却还想要捞回来，继续搞钱，甚至走上犯罪道路。赢了兴高采烈，吃喝玩乐，尽情挥霍，还想再赢，续下赌注，最后落得一场空。”②民国时，上海有一个传说，说的是浦东有一位周姓农民，一生节衣缩食，购买马票，到老贫病而死，临死时还立下遗嘱，叫他的儿子“饭可以少吃，香槟票不能不买”。事实上，香槟票得奖的机会是非常少的，即使摇得一个末奖，其概率也只有五万分之一，最大的赢家乃是马会本身。所以，当时上海流传着这样一首歌谣：“香槟票，到处销，吸尽了中国人的血，装满了殖民者的腰。”一针见血地道出赛马赌博骗人钱财的本质。

---

① 童仲屏：《大赌场——汉口西商赛马会》，载《武汉文史资料》1983 年第 1 辑，第 146 页。

② 何征祥：《我所经历的华商跑马场》，武汉市政协文史学习委员会编：《武汉文史资料文库》（第六卷），武汉出版社 1999 年版，第 234 页。

跑马赌博和其他赌博一样也充满欺骗性，上海、浙江兴业银行英文秘书陈步高香槟票中了号，因为不愿与赛马场外国骑师私下交易，本来可中头奖，最后却仅得小奖即是一例。“更有，即便侥幸中了彩，也是不能安居乐业的。上海美孚行火油买办广东人许文亮，于1934年中了引翔乡跑马厅金樽赛的头奖42万元后，所谓慈善团体的募捐便接踵而至，穷于应付，后来绑票匪徒的恐吓信也来了，吓得许文亮在上海呆不下去，只好远走他乡。”①天津租界内的赛马场也是黑幕重重，骗局横生，“参加比赛的马匹是由骑马师来驾驶的，其胜负除由于马匹本身的能力外，还要看骑马师的技术，两者配合决定胜负。但是马匹的能力是否能充分发挥，则主要取决于骑马师的意志了。在赛马会中马主人及骑马师人数众多，非常复杂，巧取豪夺，黑幕重重，舞弊（行话叫‘做趟子’）之事不断出现”。其常见骗局便有七八种之多。

（1）假装输马。马主人和骑马师相勾结，有时将操练中证明确有取胜能力的骏马，在参加比赛时故意多次输掉，甚至“背包”（即跑在最后），在赌客心目中造成劣马的印象。但忽然在某一天参加比赛时，却突然一马当先夺取头马，出了冷门。由于该马平日比赛不力，当然赌客不会买它的马号，而马主、骑师却买了该马的各项马票，本钱不多却捞到大量奖金。

（2）让头马。在比赛前有甲、乙两马均有得胜希望，事先甲、乙两马的主人或骑马师，私下谈妥由谁得胜，如谈好让乙马获胜，他们自然都买乙马的票，得到了胜马的奖金。

（3）假溜缰。好马甲在与中等马比赛时，赌客认为甲马必胜，但马主与骑师商妥不让甲马取胜，在起赛时故意让甲马脱缰，跑上一段路以后再回去起步，自然已经力竭，再加鞭也跑不快。这样买甲马的赌客就上了当，奖金为买次马的人得去。

（4）暗藏铅磅。前文提到，马匹都有一定的负重标准，若

---

① 程泽济、毛啸岑：《租界时代规模最大的赌博场所——跑马厅》，见上海市文史馆编：《旧上海的烟赌娼》，百家出版社1988年版，第95~96页。

马的荷重不够，要按规定磅数加铅饼，如马荷重应为158磅，而骑马师只有150磅，须加铅饼8磅放在马鞍袋内。作弊的办法是骑马师过磅后在备鞍时暗将此8磅铅饼转给马夫藏在身上，比赛时因负重轻故易于取胜。赛后在下鞍时再由马夫将铅饼放在马鞍袋里去复磅。日人骑马师中川即惯施此计，当然其他的骑马师也不例外。

(5)用刺激剂。在赛马之前给马注射或服用刺激药物，使马匹兴奋加速赛跑速度。

(6)强制胜负。如袁文会等恶霸有时强迫利诱骑马师谁胜谁负，骑马师若不服从，则遭殴打。

(7)暗藏彩号。包票部摇彩时，乘群众不注意时弄虚做假，将预先暗藏在手中的号球(即自己的马票号)假装摇出，再配合摇出比较能胜的马号球，如此马跑头号马，自然就得中了头奖。

种种黑幕，不一而足。在剥削社会里，利之所在，各种欺诈手段在所不免。总之，赛马会是一个坑财害命的大赌场。①

晚清、民国时期输入的西方竞技型赌博还有跑狗和回力球赌博。

跑狗赌博以上海最为典型。上海的跑狗场创设于1928年，先后出现了明园、申园、逸园三个跑狗场，第一个跑狗场明园于1928年1月开始筹备，位于华德路(今长阳路)，占地60亩，该年5月26日正式开幕跑狗。其发起人为万国体育会上跑马总会的会员英商麦边洋行经理麦边(McBain)，麦边任董事长兼副总经理，上海跑马总会会员甘璧尔(Campbell)为总经理。继明园而起的是由上海赛狗总会发起的申园跑狗场，主持者为英人伊文思(C. F. Evans)，办事处设在爱多亚路6号(今延安路)，场址在胶州路，占地60余亩。1928年7月31日开幕跑狗。第三座跑狗场逸园是由黄

① 张同礼：《天津的赛马会》，见天津市政协文史资料研究委员会编：《天津文史资料选辑》(第九辑)，天津人民出版社1980年版，第188~189页。

金荣、杜月笙等人以法商赛跑会的名义兴办的，办事处设在爱多亚路22号，场址在亚尔培路(今陕西南路)，占地200多亩，除跑狗外，还有足球场、跳舞场、酒吧间、大餐厅、拳击场、摔跤场等，1928年冬季建成开幕。上述三个跑狗场，明园开业最早也停业最早，1932年，因舆论界有怨言，加之业务不景气而宣布关门。两年后，即1934年申园也宣布歇业，从此由逸园独霸沪上跑狗赌博业务，直至太平洋战争爆发后方罢。

跑狗场内部组织结构类似跑马场，徐姗的《跑狗场和回力球场的组织点滴》以逸园跑狗场为例有详细介绍：“由股东合资组织而成。其中股东大半为法国人，内亦有少数中国人。股东执有股票。董事部为跑狗场的最高级机关。一切事项均有董事部筹划决定。董事部下属，有法国人的最高职员，俗称大班；中国也有最高职员。参赛的狗不全是跑狗场所有，大多数狗都有自己的主人。狗主人将狗集中于狗场代为饲养，并配有医生专门为狗治病。跑狗的职员、狗主人可以在参赛中得利(奖金)，一般数目不等，从几百甚至几千元。这与跑马场类似。跑狗场也设有总会。入会的资格较简单，即二十一岁以上，不论国籍，只要有正当职业的人均可入会。但跑狗场会员并非就是股东，股东有享受利益的权力，而会员不能分得跑狗场赢余的利益，只是有特别看位和就餐的权力。会员的看位可以特别优越，不是会员就无此特权。会员在就餐时，可以签欠付帐单。跑狗场会员每月纳会费十元。还有一点，会员家属和会员享有同等权力。这对入会者可谓是一个大诱惑。另外，跑狗场还设有酒吧间，并配有茶役，还有卖票付银的职员等。还在跑狗赛的终点设视情评判，以决胜负的评判员。跑狗场场方每场赛狗抽百分之二十的赢余。”①

跑狗赌博与赛马有相近之处，有所谓“平赛”“跳栏赛”“独赢”“位置”“双独赢”等。“明园正式开赛以后，每逢星期三、星期六和星期日的晚上，从九点到十一点半，共举行‘平赛’和‘跳栏赛’六

---

① 徐姗：《跑狗场和回力球场的组织点滴》，上海市文史馆编：《旧上海的烟赌娼》，百家出版社1988年版，第148页。

次或更多。每次先发售狗票，分‘独赢’和‘位置’票两种及摇彩票以赌输赢，中彩者分别从各种收进的票款内扣去佣金后，再按票数配给奖金。佣金的抽取标准，狗票抽百分之十五，摇彩票抽百分之二十。”为了更多地吸引赌客前来观赛参赌，跑狗场想了很多办法，可谓穷尽心思，“明园还考虑到，单以‘平赛’和‘跳栏赛’两个普通节目来号召还不足引起顾客的兴趣，乃于5月31日举行‘开幕杯决赛’和‘开幕跳栏杯决赛’，开幕杯得胜者，头奖五百元及银杯一只，开幕跳栏杯得胜者，头奖三百元及银杯一只。以后经常巧立各色各样的决赛名目以引诱顾客，每换一次新花样，场方就能收到利润激增的效果。据说，明园每晚从门票、看台票和马票、摇彩票抽取的佣金中所获得的收益，至少在七、八千元以上，如遇有举行新花样赛狗的时机，它的收益常超过倍数。”跑狗场因在里面跑狗赚取赌客金钱，一些外国赌徒在场外另外设局赚钱：“还有一些外国赌客，用明园预先发表的每次赛狗的名称和号码，在场外赌‘独赢’和‘位置’的输赢，以明园宣布的结果为他们胜负的标准。他们既可避免佣金的剥削，又可不受赌注的限制，每晚输赢进出的金额为数甚巨。这是为轮盘赌以外创立的新赌局，也是比跑狗场危害更大的一种赌局。这种赌局对跑狗场的业务有很大的影响，但明园和申园均无法予以抵制。直至明园和申园相速被取缔停歇之后，才由逸园同经营这种赌局的人取得利益均沾的协议，允许他们在跑狗场内公开赌博。”①

跑狗场兴办之初，上海滩着实热闹了一阵子，《申报》等大报每天都在本埠新闻栏内宣传鼓噪。“跑狗场完全以赌博为号召，每星期赛两次，星期日不停赛，有一元即可博胜负，受其害者至为普遍。”②著名作家杨骚(1900—1957年)当年曾著《跑狗场》一文，为我们了解跑狗赌博详情提供了非常形象的材料：

---

① 彭重威：《上海跑狗场黑幕》，上海市文史馆编：《旧上海的烟赌娼》，百家出版社1988年版，第100~101页。

② 《租界当局宜取缔跑狗场》，见《晶报》1928年8月24日。

这一次是五百码平赛，六条选手都被推进狗笼里去了，汪汪汪地吠起来。

司笼的人把白旗一扬，看台上的电灯一齐熄灭，接着是当当的钟声，白兔在狗笼的前面开始向前移动……

椭圆形的跑狗圈上铺着被剪齐的青草，几万烛光的电灯沿着跑狗圈从上面直射下来，照耀得每根青草都发出金光，形成一箇椭圆形的大金环，反射到看台上的几千支也是在发出金光的眼睛里来。

白兔开始是慢慢地向前移动，兔脚兔耳微摇，沿着人家替它做好了的轨道上滑走；但受着电力的推动，加速度地快起来，终至于象炮弹般地飞着，叫看台上几千比赛狗的凝视更着急的视线跟不上，兔脚兔耳疯狂地乱摆。

狗笼的门还不开，六条选手在笼里躁急，用前肢抓铁栅，眼巴巴地望着白兔从它们的面前走失，汪汪汪的吠声更来得紧了。

这时候看台上的几千只眼睛，从黑暗里射出几千道金光，集中在那炮弹般飞走的白兔身上，同时几千颗心悬在那疯狂乱摆的兔耳上跳动，突，突，突……

白兔在飞，飞，快近狗笼了，从狗笼后面的旁边忽地飞出了，司笼的人右手向笼上的开关机一拍，笼门朝上跃开，六条选手吼着一齐冲出，黑的，白的，褐色的，花斑的。

六条选手的身上各以颜色不同的布条绑着，记着符号 1，2，3，4，5，6。

看台上几千只发出金光的眼睛，现在分成六组，各各集中在自己的买狗身上，把白兔忘记了；挂在白兔耳朵上的几千颗跳动的心，现在也分成六组，各各移放在 1，2，3，4，5，6 的符号上，跟着六条选手在拼命地缩紧，拉长地追兔子，再快一点，再快一点呵！

“三号！三号！”

“五号！五号！”

这是拉拉队的叫喊声。拉拉队当然也是分成六组，各各为着自己的“独赢”“位置”“双独赢”或是什么“头二位联票”。有的从脐下寸半的丹田处挤出悲壮的应援声，有的把应援挤到喉咙上来了，可是咽住，两手捏着两把汗，突着眼睛，张着口，在听那不晓得是挂在狗身上还是藏在自己身中的心脏鼓动声，直至选手飞过决胜点，公判员下了判决为止。

…………①

如果说，跑马、跑狗是人利用牲畜的角逐来进行赌博的话，那么，回力球则是通过人与人之间的角逐来一博输赢。当回力球在民国初期输入中国的时候，绝顶聪明的国人就将其拟译为跑人场，与跑马、跑狗鼎足而为“三跑”，充分体现了翻译的“信”“达”“雅”原则。中国最早的回力球场是1929年在上海陕西南路(当时名亚尔培路)开设的，它是由当时法国外交部批准，并经上海的法国领事签发开业执照而开设的，由美国人蒲甘及法国人狄百克、步维贤、埃及人海格，会同中国买办陆锡侯、朱博泉、沈长赓等共同发起创办，定名为“中央运动场”(Paredes Sports Auditorium)。“说起创办这家赌博场的历史，倒也来头甚大。它是法国外交部批准的，又持有驻在上海的法国领事签发的照会，这照会准许一些聪明的商人组织并建筑这一所美轮美奂的大赌场。聪明的商人毕竟是聪明万分的。他们巧妙地在这赌场的外面蒙上一重光明的彩色。这是一所运动场，一个打球的场所，一个锻炼体格的好地方。它的名字名冠冕堂皇，叫做中央运动场！一些也不错，你看，在那里，每晚不是有许多人在爬上落下地运动着吗？”②

上海的回力球赌场“中央运动场”装饰豪华，设施齐备，“回力球场还有一套迷人的设备，以招待赌客。如：设有酒吧间，供应中西菜肴、冷饮、咖啡及各种酒类。还有糖果间、衣帽间等等，可说应有尽有。看台的过道上，配备了许多鉴貌辨色，口齿伶俐的跑票

① 杨骚：《跑狗场》，见《人世间》1934年第18期，第37~40页；1935年第19期，第53~55页。

② 爱狄密勒著，包玉珂译：《上海——冒险家的乐园》，上海文化出版社1956年版，第49页。

员(Chasseur，这个名词直译是猎人，顾名思义，用意可知)，几乎五步一岗，十步一哨，他们的职务是专门代赌客购买博赛票和领取红票。他们是没有工资的，反而要花一笔相当大的押柜，他们的收入全靠‘外快’——赌客给他们的小帐(一直要到职工联谊会成立和场方斗争后，才有工资)。据说，最多的人每月有五百元左右收入。那些跑票员摸清赌客底细后，甚至还放债给赌客做‘垫款老板’，从中取‘利’。”①至于回力球场的内部组织结构，亦比较特殊和复杂，据知情人介绍：“上海回力球场的组织机构也是公司性质，由股东合资而成，但股东法国人占大多数，中国人占少数。回力球场虽有股票，市场上却无出售。究其因，是利息太丰厚，持有股票者都不肯抛出。回力球场赌场的组织是有别于其他的，结构相当复杂。普通开设的赌场，其开设均是合伙的。由开设者合资开办，资本分有限或无限，合伙人各执股单，并无股票。赌场另外聘请经理，管理全场事务。并设有会计人员，统筹赌场盈利的进出；保镖，俗称抢抬脚，其责任保护赌场，以防有人来赌场捣乱；赌场工作人员，赌场中每个项目(如牌九、轮盘赌、麻将、纸牌)，都设有各自的赌台，工作人员主要负责各自的一台工作，各扫门前雪。另外赌场还设有茶役(服侍赌客)，稽查人员，站立在赌台旁监督赌博情形。赌台的营业时间从下午二、三时到午夜二、三时为止。每一赌台的营业，并非全由赌场自营，台外人可以自备资本到赌场，租用赌台来赌输赢，其营业收入由租用人负责，租用人则每日须付给赌场费用。场中可租的赌台有牌九、摇宝等。这种经营方式为赌场带来了繁荣。从表面看，赌场的营业并非每次获利，也有蚀本，但赌场所雇工作人员，及对赌客的汽、马车免费接送，供给大菜、茶水点心等费用，都将从赌客身上赚回。因为无论暂时的盈亏，最终获利的总是赌场。”②

① 毛啸岑：《远东的大赌窟——回力球场》，上海市文史馆编：《旧上海的烟赌娼》，百家出版社 1988 年版，第 116 页。

② 徐姗：《跑狗场和回力球场的组织点滴》，上海市文史馆编：《旧上海的烟赌娼》，百家出版社 1988 年版，第 148~149 页。

回力球的打法分为单打和双打。单打一般是6个人，由其中两人对打，逐个淘汰，产生胜利者名次。双打的打法与单打同，只是以两人合作代替一人。6个人(双打12个人)每赛一次，叫作一盘，每晚可打8~16盘。赌客在排好号码的6个球员中，择号下注，其赌博形式有独赢、位置、双独赢、联位、香槟票等多种。独赢系指某一球员独得5分为胜；双独赢是指两场球赛的第一名；位置票是指第一、二两名球员；联位是指每一场的一、二名均被猜中；香槟票是将发售的彩票汇总，用摇号机摇出10个号码，再把这10个号码分配给用摇号机摇出的10个球员，在比赛时以胜负次序排出头、二、三奖。上海回力球赌场为了争取更多、更大的经济效益，榨取赌客身上最后一个铜板，想出了很多招数。一是增加比赛时间和场次，“跑狗场一星期只赛三天，回力球场则天天开赛，逢礼拜天还赛日、夜两场”。二是把单打从五人赛改为六人赛，“开赛的形式，单打(分甲乙两组)从五人赛扩大为六人赛，号码多了，彩票也多，更加有利可图”。“在五人赛的时候，如买一张‘3’号独赢票，一套联位票，便是3—1、3—2、3—4、3—5四张；五个号头共有二十张联位票。改为六人赛后，便有3—1、3—2、3—4、3—5、3—6五张；六个号头，便有三十张了。票越多，赌注越大，抽成也越多。另外，还延长比赛时间，以引诱在跑狗场散出来的赌输的赌客去翻本，即使偶有赢的，利用赌客‘运气好’而贪得无厌的心理，把他们的彩头仍从口袋里呕出来。”三是增设名目繁多、形形色色的博注，“后来博赛票的名堂，增加了双独赢、赢位票、博赛票的连续号码等，花样百出，名目繁多。这对赌客来说，增添了下博注的线路，下注便越来越多，危险性自然也越来越大，于是所谓‘保险台’者便应运而生。凡是独赢票已打成四分，尚未进行继续比赛之前，为了预防功亏一篑，夺不到最后一分时，可以先向保险台投保一定数额的金额。如果这一局被淘汰而为另外一个号头赢出，就可向保险台领取照投保数额的赔偿金(也要扣百分之十一的抽成)。反之，如果赢了，保险台就在应得的彩金中扣除这笔投保金额，而将多余的分给赌客，这是又一种榨取赌客钱财的方式”①。

继上海第一个回力球场之后，天津也兴起了回力球赌博。天津的回力球场于1933年在意租界当局注册，当年8月正式成立并动工修建球场，1934年8月建成，正式命名为“天津意商运动场”，其主办人为意大利人富马加里以及天津帮会中人潘子欣等。1943年，瑞士籍人李亚溥将其接管，更名为“海莱运动场”。天津回力球场的回力球比赛与上海大同小异，比赛分单打和双打，单打每场(盘)出6名球员，两人对打；双打每场出12名球员，两人一组，两组对打。比赛采取单循环方式逐个(逐组)淘汰，产生胜家。这样一场场地进行，按场次出售球票，一个夜晚可以进行6~8场比赛，赌客们可以有选择的余地。每场比赛出场的球员不同，又有单双打之分，赌客分场次参赌。每场比赛，出场球员被编为1~6号(组)，球场分号售票，赌客选看好的球员购票下注。押中即可得到高于票价数倍的彩金，彩金的多少由球场按得胜球员被下注的多少来决定，每场赛完后即予公布。回力球场赌票种类有独赢、双独赢，联号等多种，赌票价格有每票2元和每票5元之分，5元是位置票。回力球场每日可收赌票款二三十万元，球场从中提取15%~20%的利润后，再将余下的钱作为彩金进行分配，所以输钱的总是大多数赌客，回力球场是永远的赢家。②

上海、天津的回力球赌博，如赛马、跑狗一样，吸引了许多人到此做发财梦。每到夜幕降临、华灯初上，场外车水马龙，冠盖云集，场内人头攒动，人声鼎沸，“这赌场里面，天天万马奔腾地充满着一片嘈声：清脆的是电铃声，重浊的是球声，嚣杂的是各人口中吐出来的呼声，而微微的低到听不清楚的是一般赌客的心跳声。从它的两扇玻璃门中，每晚挤进去几千个人，也每晚吐出来几千个人，这几千个人固然是形形色色、无所不有的，但是绝大部分还是

① 毛啸岑：《远东的大赌窟——回力球场》，上海市文史馆编：《旧上海的烟赌娼》，百家出版社1988年版，第110~113页。

② 参见周俊旗主编：《民国天津社会生活史》，天津社会科学院出版社2004年版，第275~278页。

黄皮肤黑头发的中国人。他们风雨无阻地每晚拿几千块钱送给这个地方，不痛惜，也不懊悔”①。像其他赌博形式一样，经常输钱的总是赌客，而最大的赢家肯定是赌场老板自己。“回力球场和赛马场一样，都是以运动竞技为名的大赌窟，是名符其实的毁人炉……那些甘心受骗的赌徒，主要是一些豪绅富贾、下野军阀，以及他们的阔少小姐、姨太太们，有的人还为此倾家荡产，乃至一命呜呼。1938年春节后不久的一个夜晚，在马家渡渡船从对岸驶到河心时，一位在回力球场输光家产的赌客趁人们不注意投河自尽。像这样的事常有所闻。当时的小报上可以不时看到这样的报道，某某下野官僚一夜之间输掉了多少房产，某某夫人输光了私房的全部珍玩和钱财等等。更可悲的是，回力球场坑害的对象并不局限于富有阶层，也有众多的小市民在侥幸心理的驱使下，以自己有限的储蓄或小本押当的钱购买球票参赌，辛辛苦苦积攒的钱财就被回力球—回力球场这张血盆大口无情地吞掉了。当时天津民间流传着一句口头禅：‘外国地，毁人炉，马场、枪场、回力球。’外国地指租界，马场指英商赛马会，枪场指意租界的吉拉枪场，类似轮盘赌。”②曾任建国粤军总司令的许崇智将军据说也曾常常光顾上海回力球赌场，他还吹牛说用什么兵家大包围的方法就一定能大赢特赢，但最后牛皮吹破，十赌九输，一败涂地。

回力球场抽头比例是一般性比赛抽取11%，香槟大赛抽取20%。赌客的金钱，维持了赌博业的持续繁荣，也养肥了不少外国冒险家。上海回力球员的领队提奥陀拉初到上海时，只是一个除身上背的铺盖卷就再无其他衣物的穷汉，到了回力球场后便很快发迹，成为住有洋楼、行有汽车的大富翁。他如回力球场的海格、步维贤诸人，也无一不是在经营回力球赌博中暴发的外国款爷。当然，从回力球场捞金者远不止这些人，“大批金钱由各色人等的口

---

① 爱狄密勒著，包玉珂译：《上海——冒险家的乐园》，上海文化出版社1956年版，第48~49页。

② 周俊旗主编：《民国天津社会生活史》，天津社会科学院出版社2004年版，第276~278页。

袋中流入卖票的柜台里。老板看着发笑，当地的当局看着也笑开了。因为在这一批收入之中，有相当的一部分是要以捐税的形式，转入这批当局的手中去，维持许多与中国人毫无关系的机关的……我曾经做过一次不识相的事情。我问中央运动场的经理，每月赚到的那些钱究竟到什么地方去了。他呆呆地盯住我看了一忽儿后，方始回答说：‘先生，你以为一切都是干净的么？这里边的鬼花样正多着哩。从上到下，从外到里，有哪一个不要钱？你应酬了这方，你就得敷衍那方。钱，钱正怕不够呢，难道它还会没有去路吗？’一切都明白了。同时，我更明白支付这一切款项的人就是那些每晚来孝敬几千块钱的中国人”①。

西方赛马、跑狗、回力球(俗称“跑马”“跑狗”“跑人”，“三跑”)等竞技型赌博传入中国后，聪明的国人经过消化吸收，自创了一些类似的衍生赌博产品。如天津的“走马赛车会”，上海的“赛跑船跑人”即是。关于上海的“赛跑船跑人”，葛元煦的《沪游杂记》有简略介绍：

> 西人跑马之后，又有跑船、跑人之戏。船长二三丈，阔二三尺不等。头尖身小，娇绝无伦。其比赛在新闻大王庙前，以八人打桨，一人把舵，亦有四人打桨者。翻波拨浪，疾若飞凫。
>
> 跑人在跑马场中，其起步处界以白灰，肥者前，瘠者后。一人执铁铳为号，砰然一声，双足齐举，飞行绝迹，诚足快人心目云。②

上海的这种跑船跑人，是否也猜彩赌博，我们不得而知，然天津的“走马赛车会”，则是纯粹的模仿跑马的博彩项目，据张同礼《天津的赛马会》记载：

---

① 爱狄密勒著，包玉珂编译：《上海——冒险家的乐园》，上海文化出版社1956年版，第49页。

② 葛元煦：《沪游杂记》卷一，上海古籍出版社1989年版，第9页。

一九三五年，天津还出现了一个走马赛车会，发起人是上海兴业银行总经理陆锡侯(上海人)。陆曾因违法经营被法院监禁，出狱后来天津，筹集资金，倡办走马赛车会。所谓走马赛车，就是比赛时由一马拉车，车上坐一马师，持鞭赶马竞赛；为了防止马的奔驰，用长绳将马前两腿和后一腿束缚起来，形成两足竞走，奔驰不起来，因此叫走马赛车。每日下午六时后开赛，逢星期日或假日加赛两场。后来由于日寇侵华形势紧张，人心不安，市面紊乱，该会营业日见衰落，开赛年余即行停止，所有马匹售与当时天津保安司令商震。陆锡侯借此发了一笔财后，又返回上海。①

晚清和民国时期输入的西方赌博品类除赛马、跑狗、回力球外，还有轮盘赌、吃角子老虎机、扑克、弹子(台球)、彩票等。

轮盘赌先由欧洲输入到澳门，再由澳门转输到上海，不过上海的轮盘赌已经不是原装的欧洲轮盘赌，而是改制后的中西混合赌具了："这种赌具，在国外流行已久。轮盘通以电流，旋转不停，底分 37 格，标明 1 到 36 号，另加单圈为 37 门，由司机者手掐玻璃小弹子，用力捺在轮盘边沿傍，滚转不停。它掉落入某一格内，便是某一号码，某一门中的。照例，打'孤丁'的，一赔 36(按此种赌具从国外传至澳门，已经过改制，加了一个双圈，变为 38 门，有利于庄家)。当时，这种轮盘赌具是从澳门运来的，赌徒们认为新奇，下注 1 块钱，得赔 36 元。他们以为输了钱翻梢容易。哪知要在 38 门中打中 1 门，谈何容易。沉迷于此，倾家荡产，甚至丧命作轮边冤鬼者大有其人。"②轮盘赌在清末民国的上海、天津等大城市赌场中频现身影，如天津德租界的德国球房、无锡道赌场、起士林迤南赌场、英租界的营盘赌场、意租界的安乐宫赌场、吉

① 张同礼：《天津的赛马会》，见天津市政协文史资料研究委员会编：《天津文史资料选辑》(第九辑)，天津人民出版社 1980 年版，第 182~183 页。

② 秋翁：《"181 号"大赌窟内幕》，上海市文史馆编：《旧上海的烟赌娼》，百家出版社 1988 年版，第 137 页。

拉枪场、日租界的心天道龙华会赌场等都有轮盘赌项目。上海181号赌场里，轮盘赌更是其主打赌博项目，“场内赌博的项目，应有尽有，名为仿自世界‘赌城’蒙特卡洛，其实是中西杂参，南北混合，种类更加繁多。主要的是轮盘赌”①。181号赌场如何赌轮盘？斯尔螽的《轮盘赌琐记》有较详介绍：

旧上海的赌场林立，其中较大的赌场，有爱多亚路的181号(即今延安东路)与荣生公司(在今上海音乐厅附近)，这里各种赌具都有，现在单讲其中一项——轮盘赌。这种赌具，来自欧洲，英文叫做Roulette。它是一个大园盘。分成三十八格，自1号到36号，再加上单圈和双圈，园盘用马达转动，园盘上面，另有一个沟形园圈，也可旋转自如。执掌者用园形弹子一粒，将它纳入沟形园圈内，直到这粒弹子落入某一格中，这个号码，即为头彩。园盘设在长桌子正中，前后都画有号码图(自1号到36号，加上单双圈)。赌客赌博时，先把现钞换成筹码，即自选号码，将筹码放在其上。如单打一门(俗称孤丁)，中彩后，每元可得到34元的彩金。如打半边，即一个筹码放在两个号码上，中彩后可得17元，(依此类推)。还可以打大小(1—18为小，19—36为大)、红黑(1、3、5是红，2、4、6为黑)、单双等。桌子周围设有座位，每人发红蓝铅笔一支，记录簿一本。赌客可将开出的号码记在簿上，以便看出轮盘路数。由于轮盘上的号码格子，不是顺序排列，而是错综排列，例如1、3、5、7、9等在这园圈的半边上，而2、4、6、8、10等在另一半边上，所以追红色的，最好把筹码放在所有红色号码上(追黑色的也是这样)。顾客如果把筹码输光了，可另加现钞，调换筹码。如果赢了，不想再赌下去，可以把筹码换回现钞(叫做Cash)。由于号数有36号，另加单双圈，成为38号，而中头彩的只能得到34元，这就是赌场的赢

① 秋翁：《“181号”大赌窟内幕》，上海市文史馆编：《旧上海的烟赌娼》，百家出版社1988年版，第137页。

> 余。在赌博时，由女侍者送上龙井茶或柠檬茶，递来纸烟(不是三炮台，就是茄立克)。赌毕，如果肚子饿了，在181号中设有中西餐厅，不论你吃多少道菜，只要付一块钱小账即可，有时赌到夜深，身带巨款，很不安全，赌场中还备有小汽车可以送你回家，也只要付司机一块钱小账。

轮盘赌靠机械运作，按理应该公平公正，没有作弊的可能。但其实不然，中国人是个聪明智慧的民族，轮盘赌照样可以玩出骗赌花样：

> 要问赌场里是否有弊端，那位执掌弹子旋转的人，下手的轻重，以及脚下装有什么弹簧可使弹子跳入冷门外，还有一种方法是“灭威风”。当某个赌客赌注下得较大，正在一帆风顺时，这时候，又会来一位豪客，比他下的赌注更大，因此把他的风头压下去了，反而转胜为败。这位豪客，实际就是赌场里的自己人装扮出来，杀杀他人的威风。①

吃角子老虎机原本是美国水果糖公司的自动售货机。“这里所说的‘角子’，是旧时代流行的一种硬质辅币，分一角、二角，有用银制或镍制的。所称‘吃角子老虎’，是从美国输入上海来的一种诱人的赌博的机器。其体积并不巨大，相当于一座中型立体收音机，外形方方像匣子，上面有一个塞进角子的小孔，下面有个大漏斗。赌徒从小孔塞进一枚角子，再板动右面一个铁柄，机器中的齿轮便急剧地旋转起来，待它停止时，假如你‘运气’好的话，大批角子会从下面漏斗中直掉下来。可是事实上，这个机器的内部有一定的算学公式，你塞进十枚、二十枚，偶然给你掉出二枚或四枚来。要掉出大批角子，那真是千百次中难得碰到一次。它总是吃你十枚还你一二枚。因此，赌徒们称它是‘吃角子老虎’。在三、四

---

① 斯尔螽：《轮盘赌琐记》，上海市文史馆编：《旧上海的烟赌娼》，百家出版社1988年版，第140~142页。

十年代的上海，这种赌博盛极一时。”吃角子老虎机是怎么引入中国的？说来还有一段传奇经历，它是由在上海的美国侨民杰克·拉莱偷运进来的：

这种吃角子老虎赌具是何人从美国运进上海来的呢？

在当时上海美国侨民中，有一个叫做杰克·拉莱的，他在本国原是个无业流氓，曾因使用空头支票判过刑，尝过铁窗风味，刑满释放后，流浪到上海。开头在酒吧里当仆人，后来在大华饭店当杂差，积了些钱，回国去偷偷地运来一架吃角子老虎，到了上海，小试之下，大获其利。于是又陆续从美国运来几架。可是这种机器已改变用途，成为赌具，海关照章禁止进口。杰克·拉莱巧施伎俩，把许多机器拆散，将另件分别纳入行李内，瞒过海关的稽查。运抵上海后，另制外面的铁壳，组装成许多架完整的“吃角子老虎”。经过十多年的摸索，杰克·拉莱已摸清了机器的构造，从此他就在上海制造了更多的机器。这时，杰克·拉莱已不再单靠“吃角子老虎”赚钱，还做了上海最气派的三家 DDS 酒吧间的老板。DDS 酒吧间楼上下，遍布着这种赌博机器，可以说是“吃角子老虎”的“大本营”，不知诱骗了上海人多少金钱！①

关于扑克和弹子，《清稗类钞》有简略叙述：

扑克，欧美叶子戏之总称，有种种名目，亦以纸为之。其用掷色为游戏者，以五骰掷点为胜负。其次序，有对子、双对子、三同全手(即三同兼对子)、四同全色等名目。亦有用纸牌者，分一点、王后、兵士、仆从、十点、九点等名目，其花色有四种。游戏时，人取五张，其采以同花顺色、四同、全手、同花、顺色(即不同)、三同、两对、对子为次序。

---

① 平襟亚：《“吃角子老虎”大骗子——杰克·拉莱》，上海市文史馆编：《旧上海的烟赌娼》，百家出版社 1988 年版，第 145~146 页。

达官贵人之豪赌，以此为最，一掷万金，日夕数次者，时有所闻。富商巨贾，渐亦尤而效之，京师、天津、上海、汉口皆盛行。若夫乡曲小民，则未敢冒昧从事，盖既不欲自削其脂膏，而又不能慷他人之慨也。及宣统末，商贾士庶亦尤而效之矣。

弹子房有木弹、台弹二种，木弹掷于地。台，桌也，在长形之桌间打之。上海愚园、张园及福州路之西园，两种俱备，南京路福康里之和记、福州路之青莲阁、北四川路之勇记号，则仅有台弹。每盘取费，木弹一角，台弹二角。居沪之人颇好之，虽较胜负，而资亦不甚巨也。①

《清稗类钞》对于扑克何时传入中国并无论及，其于扑克戏法亦语焉不详。民国时期博史研究专家杜亚泉认为，扑克并非纯粹的舶来品，而与中国明清时期的马吊纸牌或可存在渊源关系："心史先生既言'西洋象棋由我国流入'；予受其暗示，亦颇疑西洋纸牌(Playing Cards)与吾国古代之马吊牌，有相当之关系。因其类似之处甚多：和马吊牌有文钱、索子、万贯、万万贯、四门，各门自一至九，凡九张；西洋纸牌花式亦有四门，各门自一至十，凡十张；所差甚微，一也。马吊牌以一与九为大张；西洋纸牌亦以一与十为大张；二也。马吊牌以百老、红千、万胜为最尊；西洋纸牌亦有K、Q、J三大张；均相类似，三也。马吊牌中，大张多绘人形；西洋纸牌亦然；四也。予以此告西友某君；某君则以为社会上日用浅近事物，东西洋社会中近似者甚多；盖人同此心，心同此理，创作或相偶合，不必尽出于模仿。予虽以某君之言为然；然以谓创作之事物，偶合点必不至如此之多。因查阅西洋词书，知西洋纸牌，实起源于亚洲，于十字军战争时流入；且与印刷之流传，大有关系。于是予之疑点，由是证实矣。"②杜氏以"西学中源"观论扑克源于马吊牵强附会之处多多，还是他的西方朋友说得在理，由于人性之

① (清)徐珂：《清稗类钞·赌博类》。

② 杜亚泉：《博史》，上海开明书店1933年版，第3页。

共通之处使然，中西博戏在创造、形成过程中存在诸多“偶合”之处毫不奇怪，这种“文化趋同”观较之“西学中源”应该要科学理性得多，况且我们也并不认同扑克就是西洋版的马吊牌，无论形制和戏法，差异性都大于同一性。

近代传入的西洋纸牌的形制和戏法与我们今天的扑克牌还是有差别的，民国时期另一位学者杨荫深的《中国游艺研究》对此有一些粗略介绍：

> 至其体制，牌共五十二张，分为四种花式：一为铁铲(spade)，二为红心(heart)，三为钻石(diamond)，四为圆柱(club)，以第一种为最大，以次至第四种为最小。每一种花式，共牌十三张，即A(ace)K(king)Q(queen)J(jack)十以至二。其中KQJ皆绘有人像，K为帝，Q为后，J为侍从。以A为最大，KQJ次之，十又次之，称五大张。自九至二，以数多为大，数少为小，次于五大张之后。若以点数计之，A可作十四点或一点，K为十三点，Q为十二点，J为十一点。玩时人数不拘，大约以七人为限，每人五张。如果觉得自己的牌不好，可向余牌掉换，但以三张为限。如此各比大小，以大者为胜。至牌的大小，最大为同花顺子(straight flush)，即五张花样全同，而点数又有顺次。次为大子(fours)，即五张中四张点数相同。次为全手(full or full house)即五张中三张点数相同，另二张点数亦相同。次为同花(flush)即五张花样相同，点数不同。次为顺子(straight)，即五张花样不同，而点数却有顺次。次为匏子(triplets)，即五张中有三张点数相同。次为两对(two pairs)，即五张中有两对子，次为对子(one pair)，即五张中只有一对子。如果连对子也没有，那当然最小，无所谓名称了。
>
> 扑克戏除上述外，其他戏法尚多，如圈的温(twenty one即廿一点)、爬沙蟹、捉和尚、拖黄包车等，不能悉述。①

① 杨荫深：《中国游艺研究》，世界书局1936年版，第103~104页。

扑克传入中国后迅即风靡华夏，成为与麻将相伯仲的国人娱乐甚至赌博工具，“……扑克则来自西夷，尚未及二十年，然已浸浸与麻雀齐驱，其为祸较麻雀更烈。其牌以厚纸为之，次递五六，即须更新，故一场手谈，废牌可高尺许，核其消耗，已及兼金，而胜负出入，亦较麻将为巨，以是毁家者，盖不鲜见矣”①。除了杨荫深介绍的一些西洋玩法外，民国时期各地以扑克赌博可以说是花样翻新，层出不穷。如四川有赌五张、扯马股、估单双、推十点半、打梭哈等；武汉也有赌单双、打梭号，还专门有以扑克赌骗的“南生”，如上一章谈到的一个叫小游的“南生”创造的所谓“原子弹”骗术即是。京津地区则有一种叫“押花人”的扑克赌博：“这种赌博最早流行于天津，以后北京也慢慢流行开了。庄家手里拿五张扑克牌，其中有一张是个‘花人’(即J、Q、K)，牌面向下，来回不停地扔，一边扔，一边还翻过来让大家看。言明如果押中‘花人’，一块钱给三块钱。押者明明看着那张牌是‘花人’，赶忙押上，翻过来一看肯定不是。原来庄家手里有鬼，他把五张牌摸得熟透了，那张‘花人’看上去是在最下边，赶他往下扔时，人不知鬼不觉就把上面另一张扔了出去，那张‘花人’仍留在他手里。干这种赌博的都是一伙人，如果和他争吵，他的同伙就会假装劝架，把对方哄走，把人弄得干生气没办法。”②这里的扑克牌已完全没有了较智伐谋、娱情休闲的游戏旨趣，蜕变为纯粹的赌博乃至诈骗工具，因此遭到有识之士的反对和批评：“海禁开后，人人喜敬洋派，烟酒以外，又有洋赌引人入胜，像那扑克一种，为近今交际场中最流行的赌具，几夺麻将而上之。有某人由津抵京，于火车数点钟内输赢百余万。其他赌徒，虽不能如此等的豪举，然‘一纸风行，无远弗届’。这个霉菌，总要算最普遍的了。中国人没有游戏，有的就是赌博，所以这种赌具到了中国，如水就湿，倍受欢迎。但赌之为

① 《北平风俗类征》引《京华春梦录》；转引自郭双林等：《中华赌博史》，中国社会科学出版社1995年版，第315页。

② 王子威：《赌博弊习》，见北京市政协文史资料研究委员会编：《北京往事谈》，北京出版社1988年版，第380页。

害，不特使人倾家荡产，更能使人寡廉鲜耻。而扑克尤近投机，实是西洋赌博中极为不道德之行为。沉迷其中，即使侥幸不至失败，也是教人诈欺取财，终属有损无益。”①

最后，我们谈谈彩票。

彩票并非西方独有，晚清广东一带的闱姓、铺票、山票、白鸽票等都是彩票性质的赌博品种。“彩票，又叫奖券，俗称‘白鸽票’，有些人还叫他‘发财票’。”②但受西方影响，具有近代的西式的彩票性质的彩票赌博，则发轫于吕宋票。吕宋票彩票是19世纪20年代菲律宾为办理市政而发行的西班牙皇家彩票，“小吕宋地方常遭危险，非民变即外患，非地震即火山崩裂，且地不甚洁，阴沟不通，无好水灌入，以致污秽之气侵入人身，病者众死者多也。数十年前，大吕宋特遣一官至其地，设法办理，务将小吕宋地方整顿，勿令死亡过众。该大官设法办理清除街道，然非巨款不能为力，故设立白鸽票一法。所得利银养穷民，立病房，诸善并与，此小吕宋白鸽票所由来也”③。吕宋票大约19世纪五六十年代传入中国，到19世纪80年代初年，仅上海租界就有吕宋票销售点50多处。1890年，翰林院侍读崔国因日记称：“吕宋票之设于上海，垂三十年，其始也，每年得利银四十八万两，今则倍之，盖耗我中国之民财一二千万矣。”④1898年4月，菲律宾本土爆发美西战争，吕宋票暂停发行。

大约在19世纪70年代末至80年代，中国本土彩票开始出笼，最早的彩票可能是上海协助晋赈公所于1879年9月发行的“变资助赈彩票”，不久又有上海丝业会馆赈所主持人施善昌发行的“助赈筹资彩票”。但这些彩票和吕宋票相比仍然是中国传统的开彩方式，票票有彩，没有吕宋票中奖的概率性。19世纪80年代后期，

---

① 罗运炎：《青年问题》，上海商务印书馆1936年版，第3~4页。

② 双成：《彩票史话》，载《文史资料选辑》1985年第3辑，文史资料出版社1985年版，第238页。

③ 《小吕宋》，载《上海新报》1872年2月20日。

④ 《出使美日秘日记》，黄山书社1988年版，第210页。

一批仿吕宋票的彩票陆续出现，其中1898年粤商大益公司发行的发行额8000张，头彩额12000元的大型彩票(因没有得官方批准，未经销售而夭折)就是完全洋化了的彩票。“由单纯的变资助赈彩票到提成助赈彩票，由彩物彩票到彩银彩票，由票票有彩到概率性中彩，晚清彩票业也由仿效外洋到逐渐的本土化。在此过程中，义赈同人由起初的对吕宋票的简单而审慎的模仿，再到明言倡导风随，以致最后的独立门户，不仅显现了以绅商为代表的近代民众乃至社会舆论对彩票的认知过程，同时也揭示了在近代社会转型过程中传统道义潜移变化的轨迹。即是说，在秉承‘为善’‘重义’传统道义的同时，‘耻言利’的传统道德倡导逐渐向推崇‘公利’，利之大者的国家民众之‘利’的转化。这实与传统中国在近代遭遇西方列强入侵，近代的‘民族’‘国家’观念开始萌芽相关联。”①

晚清彩票输入及逐渐本土化有4个重要节点值得关注，一是19世纪60年代至90年代吕宋票的输入及其在中国风行30年；二是以1879年上海协助晋赈公所发行“变资助赈彩票”，中国传统彩票与西洋彩票杂糅相混，缓慢转型；三是以1899年广济公司发行的“江南义赈彩票”为标志，由本土商业公司发行的近代商业性彩票在中国正式诞生；四是1902年湖广总督张之洞批准发行“湖北签捐票”，民间俗称“发财票”，这是近代中国最早由官方正式发行的彩票。对于晚清中国彩票业产生及其流变，《清稗类钞》有清晰表述：“我国之有发财票，自粤商江南票始。迨湖北签捐票出，事事以官法部勒之，而局面为之一变。商办者开彩时，所司登记号码，喝报彩目之人，仅公司一二小司事为之。湖北则由总督委司道代办其事，以示郑重。翎顶辉煌，冠裳璀瑔，遂令若辈骤增身价焉。‘签捐’二字，源于日本，盖日本称彩票为富签也。”②

江南票虽然为商业性彩票，但与官方强大奥援有极大关系。1898年江淮发生水灾，为了赈灾需要，两江总督刘坤一奏请设筹

① 刘力：《“为诸善举”至“迹近赌博”：近代社会变迁中晚彩票业的流变》，载《中国社会经济史研究》2014年第1期，第72页。

② (清)徐珂：《清稗类钞·赌博类》。

赈灾彩票，得到清廷批准。1899 年，广济公司在上海成立，发行“江南义赈彩票”(俗称“江南票”)，刘坤一特批其 6 年专利。江南票第 1 期发行 10000 张，每张售价 5 元，规定头彩彩金 10000 元，1899 年 4 月 23 日开彩。为了吸引人们购买江南票，广济公司提前在《申报》等各大媒体遍登广告，广为造势：“为淮、徐、海灾等赈孔亟，本公司奉宪谕开办筹赈彩票，批发抽厘助赈。其票式仍系每张分十则，全张收洋五元，得彩等第彩金列明票上，以昭信实。”①刘坤一的初衷是让广济公司独占上海及江浙彩票市场，但彩票丰厚的收益让中外商人尤其是上海外商眼红，于是他们联名向工部局提议，希望允许外商在租界开设彩票公司，每开设一家便按月缴纳彩票税 1000 元。1899 年 4 月，经纳税人会议提议并修改有关章程，驻沪领事团和公使团批准彩票在租界合法化。于是乎租界内的彩票公司纷纷成立，一时海上彩票漫天飞舞，煞是热闹。1900 年 3 月至 1901 年 2 月，不到一年时间，租界就有 10 家彩票公司先后成立营运，他们是广益公司(1900 年 3 月)、和济公司(1900 年 3 月)、华洋合众公司(1900 年 4 月)、瑞成公司(1900 年 4 月)、太德山公司(1900 年 7 月)、普兰公司(1900 年 9 月)、同利公司(1900 年 12 月)、大成公司(1901 年 2 月)、通利公司(1901 年 2 月)、广利公司(1901 年 2 月)。这些公司发行的彩票都在万张以上，有的如太德山公司，第 1 期甚至发行了 30000 张。“转瞬之间，此十里洋场中，将成为大赌博场。”②租界彩票泛滥，引起社会舆论强烈反弹，租界当局迫于压力，于 1901 年 4 月 21 日发布禁止彩票公告，洋商彩票公司兴也忽焉，亡也忽焉，全部关门歇业，寿终正寝。

然而，就在洋商彩票公司纷纷关张停业的时候，本土华商却不管民间反对与否，乘隙而起，意欲抢滩上海市场，与广济公司分享这块巨大蛋糕。1901 年 4 月，普济公司在上海成立，这家公司之所以敢于逆势而上，与广济公司一争雌雄，是因为其与广济一样有强硬的后台支撑，其在成立声明中直称“奉总办顺直筹赈局宪谕，

① 《申报》1898 年 3 月 2 日，6 月 16 日广告。

② 《论租界将成为大赌博场》，载《中外日报》1900 年 5 月 17 日。

禀蒙北洋大臣商务大臣专折奏办”。原来后台老板是李鸿章！其时与普济公司一起到上海做发财梦的还有山西巡抚支持的广益公司、安徽巡抚作奥援的安济公司等。然强龙压不过地头蛇，正当普济公司筹发第2期彩票时，上海地方当局出面干预叫停。县官不如现管，上海本地彩票代售商大多畏于权势不敢代售普济公司彩票。1901年6月，普济公司被迫退走烟台，沦为地方性小公司。普济公司怀抱着赚一个盆盈钵满的发财梦，意欲于沪上大展宏图，没承想最终折戟上海滩，乘兴而来，铩羽而归。

1902年1月11日，湖广总督以偿还辛丑赔款的名义，奏请在湖北试办签捐彩票，开清末官办彩票之先河：

湖北武汉等处地方、近年盛行各种彩票，有江南、顺直等省奏准筹赈之彩票，有广东奏准各种之彩票，又有胶州外国人新开彩票。按期开彩，集款不赀。现在浙江省亦议行善后彩票，势必推行至鄂。鄂省前因各项彩票销场寖广，屡饬禁止。而民间以有重彩可冀，出资少获利丰，无不争先购置，私售寄卖，防不胜防，查不胜查。计每年输出之资为数甚巨，实为鄂省一大漏卮。查此时筹集赔款，万分为难，筹议数月，尚无端绪。值此民生困穷之际，虽百计搜罗终无大宗巨款。而限期急迫，谕旨森严，臣等与司道各官焦灼万分。因思各种彩票林立，既已禁阻无从，则与其坐听销流，徒滋外耗，不若因势利导，自保利源。查外国急需筹款之法，原有富签票名目，藉彩招徕，酌提报效。各省彩票大意亦与富签票略同。兹拟仿照各省成案，由鄂省自设签捐票，在汉口地方招选妥实商人试办，并于繁盛通达各州县体察民情，酌量试办。其所收之款，即以凑补此次赔款之用及奉旨急须举办之自强诸要政。①

朝廷收到张之洞奏章后，朱批“著先行试办”。张之洞即“督饬

① 张之洞：《试办签捐票片》（光绪二十七年十二月初二日），赵德馨主编：《张之洞全集》（四），武汉出版社2008年版，第49页。

司道于善后局设立签捐所，将通省州县分别大、中、小三等，发给签捐彩票，酌定票价，次第开行”①。湖北签捐票由江汉关道、湖北商务总局会办，会同江汉关税务司主持，1902年1月11日，湖北全省彩票公司成立，第1期发行20000张，每张售价6元，头彩50000元，预定开彩时间4月3日。当是时，湖北动员强大的国家机器在全省各州县推行签捐票，武昌“每一大街，长不过二百码，而售彩票者，竟有四家；凡彩票之店，装饰豪华，颇动人目”②。汉阳“不独按店挨售，凡光景稍丰者，差役必强令多购数张，违则架词拘入衙门”③。但开彩当日尚有800张未及售出，按规定，彩票没有全部售出不能开彩，于是张之洞强行摊派各衙门官员购买，直至售罄。总体而言，由于鄂省经济发展不如江浙、广东富庶，加之官办彩票公司非市场化手段运作，湖北签捐票发行并不理想。于是当年10月25日，张之洞上《酌改州县签捐为赔款捐折》，停止在一般州县发行签捐票：“新案赔款，鄂省摊派奇巨。前因筹措艰迫，曾请于繁盛通达各州县，酌量试办签捐，以资凑补……当经臣等督饬司道于善后局设立签捐所，将通省州县分别大、中、小三等，发给签捐彩票，酌定票价，次第开行。本期酌取有余，以相挹注。既可有益于国，兼可无损于民。乃自开办以来，叠据各该州县禀称，地方绅民佥以此举虽系恤民之政，而乡僻难以遍喻，不免意存观望，致形滞销。行之既久，更恐相率裹足，必致有误要需。不若各就地方情形，量力筹捐，按年摊解，以济公家之急等情前来。臣等伏查湖北地方瘠苦，民力困穷，罗掘之艰，已非一日。此次奉派之款，为数甚巨，不得不取之于民。经与司局再四筹商，原拟试办签捐，藉以稍纾民困。今办理既多棘手，自不能不略事变通。又经督饬司道，即将签捐停办。另饬州县就地抽捐，以为抵补，并将原定签捐之数大加裁减，各就地方情形与绅民妥筹，

① 张之洞：《酌改州县签捐为赔款捐折》(光绪二十八年九月二十四日)，赵德馨主编：《张之洞全集》(四)，武汉出版社2008年版，第71~72页。

② 《论湖北富签票事》，载《中外日报》1902年4月10日。

③ 《汉阳近事述函》，载《中外日报》1902年5月14日。

不为抑勒……”①湖北签捐票虽在省内一般州县停办，但武汉地区及外省其后他地方仍然发售如故。“先在武、汉开办，推广于繁盛州县。黄冈知县宝丰首先试行。光化知县张国兰力陈其害，他县亦销不足额。明年四月，各县均停办，饬就地筹款抵补，名曰赔款捐，惟汉口行销如故。”②

20世纪初是彩票恣意泛滥的时期，各种彩票漫天飞舞，风靡华夏。1901—1903年，清政府曾有过发行国家大彩票的动议，规模较大且有一定影响的彩票有1904年4月开办的“福建全省彩票”，同年发行的“河南工艺协捐彩票”及次年发行的“河南协捐彩票”，1905年8月发行的“安徽铁路彩票”，1906年发行的“川汉铁路招股彩票”以及“广东筹防彩票”等。此外，一些州县也发行彩票，仅江西一省就有鸿利、老协记、老协利、荣和、得元5种彩票；江苏镇江一地1905年被明令取缔的小彩票即有5家：鸿利、裕通、发记、宝元、普成；在东三省，至1908年，吉林、长春、黑龙江均有彩票公司设立，小小安东，弹丸之地，也有永济、公济两家彩票公司营业。除地方小彩票外，还有行业彩票，如京师学堂彩票，湖南常德效法京师也搞学堂彩票，其月销彩票竟达3000张；江苏还首创企业破产彩票，许多商店为了推销商品，也搞起有奖彩票……③

在诸种彩票中，发行历史最久的是“湖北票”，信用最好的是“湖北票”及“浙江绍萧塘工券”。“浙江绍萧塘工券”也是官办的，以修造绍兴、萧山的海塘为名发行彩券，总共发行过四五十期。上述两种彩票的摇彩办法是“抽子开奖”。即在开彩时，将没有售出去的彩票号码的“子”取出不摇，以示公正无弊。后来改用3个球：

---

① 张之洞：《酌改州县签捐为赔款捐折》（光绪二十八年九月二十四日），赵德馨主编：《张之洞全集》（四），武汉出版社2008年版，第71～72页。

② 许同莘：《张文襄公年谱》卷七，转见吴剑杰：《张之洞年谱长编》（下卷），上海交通大学出版社2009年版，第719页。

③ 参见闵杰：《论清末彩票》，载《近代史研究》2000年第4期，第36～37页。

一个球摇前三位数，一个球摇后二位数，凑成五位数，即为中奖号码。另外一个小球摇几等奖，如摇出来的是2，即为二彩。如果摇出来的彩号是在摇彩前已公布未售出者，则该彩号被取消，再重新摇彩。"所以当时买彩票的人均趋之若鹜，说它'牌子硬'。事实上不需作弊，其发行彩票的收入已相当可观。这是一种变相的赌博，抽头之大，远远大于一般性的赌博，而且深入到各个角落。'浙江绍萧塘工券'，信用颇好，销路甚畅。一般彩票店纷纷前去包销，它的回佣是九扣，如果包到的话，可稳赚些钱。一般手脚短的店家包不着，但是包着的人家，必须分批卖出，等于小包。包办彩票者均是有特殊势力的人。其中亦有蚀本，亦有赚钱。例如卢永祥的儿子卢小嘉包办河南券赚了钱，而杨善德的儿子杨庆缙包办热河券就亏了本。"①

最为有趣的还有所谓"女优彩票"，即妓女彩票，男子买这种彩票中头彩者，可将当地名妓娶回家做妻室，而妓女中大彩者则可赎身从良。② 天津妓女小连芬意欲从良，于是拟定身价2000元大洋，"方拟仿各省彩票办法，彩票三千张，每张二元，共取六千元，得头彩者即领小连芬"，"可谓彩票之中之别开生面者矣"。③

彩票身披"济赈""慈善""公益"的外衣，引诱大众以少博多，但掩盖不了其赌博的本质，"彩票者，虽无赌博之名，而有赌博之实"④。当吕宋票传入中国，行销东南沿海及江南地区时，就有打油诗道破其赌博骗人的真实面目："天地原为大骗场，生财海上出奇方。欲从万里赢头彩，买票争投别发行。"⑤1898年国产彩票出现后，社会上形成购买彩票的新一轮赌博狂潮，"大街小巷，招牌林立者，售彩票之处也；儿童走卒，立谈偶语者，买彩票之事也"⑥。

① 双成：《彩票史话》，见《文史资料选辑》1985年第3辑，文史资料出版社1985年版，第240~241页。

② 《欲作天台客者，请快买女优彩票》，载《广益丛报》1908年8月26日总第179期；《宗爱国报》1907年8月29日。

③ 《济良所拟开女彩票》，载《中外日报》1908年7月20日。

④ 《论鄂省议行彩票事》，载《申报》1901年9月18日。

⑤ 葛元煦：《沪游杂记》卷三，上海古籍出版社1989年版，第57页。

⑥ 《论彩票大有害于实业》，载《中外日报》1903年8月29日。

“因着彩票业的泛滥与失序，《大公报》称其时中国已乃一‘赌世界’，从地域上言之，‘是一省有一彩票公司，则一赌场也，有十彩票公司，则十赌场也’；从行业上而论，‘因维持学款而办教育彩票，因筹济灾民而办筹赈彩票犹可言也；乃至商家破产以彩票为赔偿之法，报纸滞销以彩票为推行之法；甚且创办铁路而有铁路彩票之发行，振兴实业而有实业彩票之遍布’。‘循此以往，吾恐将来办海军偿赔款，无不可以彩票之法维持经济，吾以名之曰“赌世界”。’”①赌博以一博十，有一夜暴富之希望，尤其对贫困下层的劳动者有很大吸引力，不少人省吃俭用，将攒下的钱财去购买所谓“发财票”，虽屡屡不获而死不悔悟。因此在清末及民国时代，彩票在中国拥有很大市场是毫不足怪的。孙中山先生在其《三民主义》里曾讲过一个故事，读后使人不禁发出苦涩的笑：“从前有一个苦力，天天在轮船码头，拿一枝竹杠和两条绳子去替旅客挑东西。每日挑东西，就是那个苦力谋生之法。后来他积存了十多块钱，当时吕宋票盛行，他就拿所积蓄的钱买了一张吕宋彩票。那个苦力因为无家可归，所有的东西都没地方收藏，所以他买得的彩票也没有地方收藏。他谋生的工具只是一根竹杠和两条绳子，他到什么地方，那枝竹杠和两条绳子便带到什么地方，所以他就把所买收藏在竹杠之内。因为彩票藏在竹杠之内，不能随时拿出来看，所以他把彩票的号数死死记在心头，时时刻刻都念着。到了开彩那一日，他便到彩票店内去对号数，一见号单，知道自己中了头彩，可以发十万元的横财。他就喜到上天，几乎要发起狂来，以为从此便可不用竹杠和绳子去做苦力了，可以永久做大富翁了。由于这番欢喜，便把手中的竹杠和绳子一齐投入海中。”②然而，由于彩票作为赌博赌赢或然率使然，能够使人暴富的头彩毕竟只有一个，注定了

① 《闲评一》，载《大公报》1909年10月7日，参见刘力：《“为诸善举”至“迹近赌博”：近代社会变迁中晚清彩票业的流变》，载《中国社会经济史研究》2014年第1期，第74~75页。

② 双成：《彩票史话》，见《文史资料选辑》1985年第3辑，文史资料出版社1985年版，第239页。

多数人只能是一无所获，至多只能中一些无关痛痒的小彩头。因此，清末民初，沪上绅耆胡祖德的《彩票唱春》在揭露彩票的这种赌骗本质时，还发出这样的疑问，政府历来禁止牌九摇摊之类的小赌，为何对彩票这样的大规模的赌博反而放纵不管？

近来奖券多得吓淘成，巧立名目能聪明。冠冕翻戏拿穷人来骗，赚的这种铜钱要绝子孙。大家都想发横财，财神菩萨忙煞哉！我的朋友认得多多化，弗曾听得啥人发仔财。小工小贩买彩票，积仔几角小洋买一条。末尾小彩都挨弗着，叫天叫地喊懊恼。瀚肿情形唱弗完，送脱仔铜钱还要受埋怨。头彩开拉存票里，自家黑幕自拆穿。奖多额少吹牛皮，卖彩票的朋友笑嬉嬉。大家为啥能格笨，一五一十送上去。横财不富命穷人，大家做梦快点醒。买鱼买肉现到嘴，候补财神总弗灵。彩票害人千千万，当官立案弗应该。摇滩牌九多多禁，格种大赌为啥弗禁哉？①

彩票泛滥引发深刻的社会危机以及社会舆论的一致讨伐，使得清代统治者不得不采取措施申禁彩票。清末新政的一项重要成果，便是由一些省谘议局提出议案，最后被中央政府采纳，在全国禁绝彩票。率先提出者是江南票的始发地江苏省谘议局的《永远禁革彩票》议案：“一议永远停止江南安徽之彩票，夫彩票报效所得几何，而全社会受种种之弊害，宜请督宪将承办江南彩票立禀未批准者严词驳斥，已批准者立予取消，并请立行奏咨永远停止，不准再有彩票名目；一议湖北广东厦门北山六闸票一律停止，凡属彩票而行销于江督统治权下者，请督宪严饬各厅州县一律永远禁止，并饬各厅州县将境内有无售彩票情事列入报册内；一议严罚私售彩票之人。犯则毁其票，处三月之禁锢；再犯倍之；三犯又倍之。”②随后，江

① 胡祖德：《沪谚外编》卷下，上海古籍出版社 1989 年载，第 176 页。

② 《补录江苏议员姚文柟、穆湘瑶提议严禁彩票案》，载《申报》1909 年 11 月 27 日。

西、浙江、湖南、广东、福建、河南、顺直等省谘议局持续跟进，纷纷提出禁止彩票议案。迫于强大压力，清廷于宣统三年(1911年)借《大清暂行新刑律》颁行之际，将彩票予以赌博定性严厉申禁，如有违者将依律论处："发行彩票者，处四等(一年以上三年以下)有期徒刑或拘役，并科一千圆以下罚金，得褫夺公权。购买彩票者，处一百圆以下罚金。因而得利者，处其价额二倍以下价额以上罚金。若二倍之数未满一百圆，处一百圆以下价额以上罚金。凡开设赌场、发行彩票、购买彩票等均未及美方及实施或未获利者，以未遂罪处之。"①

清代统治者从法律上严厉纠禁彩票赌博，可谓顺乎民意的明智之举。大清新刑律墨迹未干，武昌起义爆发，清王朝皇冠落地，禁止彩票赌博法律成为一纸空文。辛亥革命后，北洋时期的各省督军，以"善后""济灾""慈善"等名义，纷纷发行各种名目的彩票，搜刮民财，如"湖北军事善后有奖义券""湘赈慈善救济券""浙江绍萧塘工券""山东兴业票"等。南京国民政府时期，各省地方政府还发行过地方性的彩票，如1929年浙江省政府举行西湖博览会时，发行了"西湖博览会有奖游券"。上海市政府在抗战胜利后发行了"珠宝奖券"及"房屋奖券"等。国民党统治时期，最著名者为1933年5月发行的全国性的"航空公路建设奖券"(简称"航空奖券")：

> 航空奖券发行之初，国民党政府公布了《航空公路建设奖券条例》，规定："国民政府为筹集发展航空筑路经费起见，每年发行不记名奖券四次，每次五十万张，每张售价计'国币'十元……"还规定"每次发行所收券款，由国民政府提出百分之五十，内除发行及办公费用及代销手续费外，概充发展航空及筑造公路经费。其余百分之五十作奖金，其等级分配如下：一等奖一张，独得洋五十万元；二等奖二张，各得洋十万元，共二十万元……总共中奖五万零六百四十五张，共计二百四十九万九千九百一十元"。各等奖金合计不满二百五十万

① 《赌博罪》，见《大清暂行新刑律(第22章)》，1911年刊印。

> 元，而出售票款所得达五百万元。以每年发行四次计算，就是一千万元，占一九三三年国民党出口税收入二千二百万元的百分之四十五。一九三五年八月起，又改为每月发行一次，一年发行十二次。奖额和发行额虽各减少一半，但发行的次数多了，每年可搜刮的钱从一千万元增加到一千五百万元，真是“大利之所在”。

航空奖券富了国民党政府，肥了江、浙、皖总承包商“大运公司”老板金廷荪。金廷荪为了报答杜月笙让他包销航空奖券，还在杜美路(现东湖路)特地建造了一幢豪华大洋房送给杜月笙。当时有没有中头彩而一夜暴富的呢？据知情人回忆：

> 航空奖券开出头彩，据说曾经是有过的。第一期航空奖券开出的头奖号码是“226622”，是上海银行职员会购买中彩的。如果将这个“226622”排列成为“22$^{6}_{6}$22”，就好像是一架飞机。到底是故意开出这个号码，还是巧合，局外人便不得而知了。据从前彩票店的老人说，摇奖是有弊的。即使侥幸得彩，也未必能太平到手。当年安徽人朱某在朱葆三路(今溪口路)开设平安旅馆，中了航空奖券头奖五十万元，不敢去领奖，怕被绑票。后来通过天主教梵神父委托法商革银行代领，结果奖金款项被该银行硬要去作为储蓄存款，而梵神父借教会捐款之名，也来敲竹杠，敲去了十万元。①

民国时期的彩票赌博，以上海为最，当年除湖北票等少数彩票在当地开彩外，几乎所有彩票均集中在上海，差不多每天都有一两种彩票开彩。当时上海的热闹马路，都有专营彩票的店号，其中以日升楼(今中百十店附近)一带和新北门、老北门、老西门、静

---

① 参见双成：《彩票史话》，见《文史资料选辑》1985年第3辑，文史资料出版社1985年版，第243~245页。

安寺等地区为最多，其店名多为“飞来福”“鸿运来”“江利源”“广利源”等。这些店发行彩票时，张灯结彩，有的还高搭牌楼，满贴彩纸，“头奖在此，大奖常临，得主快来”等口号，以招徕赌客，卖出过大彩的店堂里红烛高烧，两旁悬挂着“乃得主之洪福，亦小号之荣幸”的大红对联。除了一些有特殊势力的人包办信用好的官办彩票稳稳当当地赚钱外，彩票店一般是有赔有赚，以赚居多。

民国时期，除了中国人自家发行彩票外，亦有外国殖民主义者在中国经营彩票赌博。在上海的法国人看到上海市面上彩票风行，认为有利可图，一方面禁止中国人在法租界卖彩票，另一方面却大搞彩票发行。他们首先发行“俄侨难民救济奖券”，由广东人韦骆泉承包。因为是空头，无实力，开了奖竟付不出彩金，而由出售彩票的店家垫付。韦骆泉久不归还，店主只得到韦骆泉家坐索。后来法租界内又办“法商慈善奖券”，由粪大王阿桂姐之子马洪根承包。天津法租界发行的“防盲奖券”也到上海来推销，① 上海成为名副其实的中外彩票赌博大本营。民国时期的彩票赌博当然不只上海有，全国各大城市无不可见彩票飞舞的身影，如北京：

> 奖券也叫彩票。北平沦陷前，社会上有不少名目不同的奖券，有的是当时政府主办的，有的是外国商人发行的。这些奖券，不论以“建设”为名，还是以“救济”为名，其实不过是变相赌博。那时候，只要往前门大街、西单、东四等热闹的地方一走，就可以看到在钱庄、银号、兑换所或商店的门口，贴满红的、黄的、绿的等各色的纸，上面写着“本号发卖各种奖券”、“头等五十万元”、“良机不可错过”等字样。卖奖券最多最出名的，是前门外的正通银号、源利银号和月中桂纸烟兑换所。因为这家曾经出过头奖，人们就认为在这些地方买奖券有希望中奖，于是都来这几家买。

---

① 参见双成：《彩票史话》，见《文史资料选辑》1985 年第 3 辑。文史资料出版社 1985 年版，第 241~242 页。

那时卖得最多的是航空奖券。这种奖券是国民党政府发行的，每月开奖一次，每张售价十元，头奖五十万元。每张分为十条，买整张买分条均可。每开一次奖，虽然发出一些奖金，但总计起来，还不及售奖券款的一半呢，那些财迷心窍的人，被“五十万”这个数字迷住了，输了还想再捞，一次又一次买，不知白送了多少钱财。

其次是黄河奖券。也是国民党政府办的，也是每月开一次奖，每张售价一元，头奖一万元。黄河奖券发行虽然没有航空奖券时间长，前后也有几年功夫。这两种奖券开奖时间总要错开，为的是销售上彼此不受影响。

还有外国商人经中国政府批准发行的各种慈善奖券，或为“冬赈”，或为“救济”旱涝灾民，名义都很好听，其实是变相搜刮。①

赛马、跑狗、回力球，以及彩票、轮盘赌、吃角子老虎机，这些西方舶来品，自清末输入中国，直到 1949 年前后被人民政府取缔，存在时间达近百年之久。与近代西方资产阶级的政治、科学、思想、文化在东渐过程中所遇到的阻力、遭受的厄运相反，西方赌博技艺几乎没有遇到任何麻烦，但很快在中土扎根、繁衍，为国人所接受、所迷恋。中西方文化那种惯常的冲突在这一领域不仅没有表现出来，而且还水乳交融：往往在一室之内，中西博技和平共处，相安无事。但这并不意味着中西赌博就没有差异。这就给我们留下一个探索思考的缝隙：如果中西方的赌博存在着差别，那么这差别又在那儿？既然二者之间的差别是显而易见的，那为什么国人在参赌时没有遇到任何心理隔阂障碍，而与参与麻将、牌九、骰宝等国粹赌博一样，趋之若鹜，至死不悔？

答案何在？

① 王子威：《赌博弊习》，北京市政协文史资料研究委员会编：《北京往事谈》，北京出版社 1988 年版，第 384~385 页。

三、中西赌博之比较

无论近代的中国人以怎样的热情接纳西方的赌博技艺，但中西赌博之间存在的差异仍然是伸手可及、显而易见的。赌博作为一种文化怪象，其内容、形制受制于不同的社会文化背景，在潜在的心理、思维与价值层次与所在文化条件相呼应。人类学家 A. L. 克罗伯就曾探索赌博和其他文化特征是否存在着普遍联系，他认为，基督教、新教、佛教和伊斯兰教可以接受体育活动和游戏，但抵制赌博，是因为他们厌恶金钱财富引起的情绪波动。但除了宗教原因外，一个民族为何允许和禁止赌博，只能予以推测。克罗伯的探索尽管只限于宗教与赌博的相互关系领域，但他所进行的将赌博与文化特征联系起来进行考察的尝试，无疑对我们具有启迪意义，引发我们将中西赌博的比较研究置于各自所处的文化背景之中，从而在更广泛、更深刻的领域和层次上探寻彼此之间存在的各种差异。

由于赌博以赢钱为依归(即中国古人所说的“唯胜是图”)所带来的对人道德的腐蚀，同时也由于赌博者之间的金钱往来是一种非正常的经济活动(中国人谓之“不义之财”)，不仅不能给社会以有效的经济增值，反而常常因此扰乱正常的社会经济秩序。因此，一般而言，在古代和中世纪的东西方，舆论、观念和法律对于赌博活动都是持禁止和反对态度的。中国历代有关禁赌的言论和法令俯拾皆是，自不待言。西方的传统观念中也有禁赌倾向，如《圣经》从“贪财是万恶之根”的观念出发，对包括赌博在内的不良行为持基本的否定态度，近代以前的大部分西方国家都有过各种禁赌的法令。因此，古代东西方的赌博可以说大多是在非法以及舆论普遍谴责的情形下进行的。但是，近代以后，中西之间开始发生分野：中国尽管赌博泛滥势头有增无减，但名义上仍然不具合法地位，从清末以至民国的法律对其仍然例行禁止。欧美则赌禁渐开，从 1748 年法国巴登第一个赌场开业，西方诸国合法化的赌场、赌城、赌国如雨后春笋般应运而生，到 20 世纪中后期，一些国家纷纷修改法律，宣布赌博合法化。如 1968 年英国颁布《赌博法》修正案宣称：

“公民可适当地、有节制地参加赌博。”在相当多西方人的观念中，赌博已被排除在非道德及不良行为领域之外，这些都与中国人对赌博的看法迥然有别。近代以来，西方对赌博态度的转变，至少有以下两个因素。一是文艺复兴以来，人文主义思潮对天主教神学禁欲主义的冲击，主张个性自由，号召人们“服从您的意欲而行”①。新教在追逐世俗功利方面不仅以合理、合法的借口赚取财富，同天主教完全厌恶金钱的主张分道扬镳，而且在趋利与行善两极中找到许多黏结对接的妙方。这些都从实质上扭转了人们对赌博的基本观念。在西方，赌博业与慈善事业联姻，如美国大西洋赌城在最初允许赌博合法化的十年间，就有近 10 亿美元转入州里的社会福利事业。这些虽然与新教教义没有直接的对应关系，但西方人将赌博业与社会福利业巧妙地结合起来，其根源不能不追溯到新教伦理所阐发的近世资本主义精神。二是近代欧美资本主义的发展，将赌博作为一项产业纳入资本主义经济的运行体制，综览欧美国家一些大的赌城、赌国，其对赌博的公开鼓励无一不包含着增加国家税收、繁荣地区经济的目的。20 世纪的赌博业已俨然成为一种“无烟工业”。摩纳哥公国以赌立国，赌场是唯一的国营大企业，每年赌业的纯收入在 8000 万美元以上，全国人均 2700 多美元。美国沙漠之城拉斯维加斯在 1931 年内华达州政府允许赌博合法化后迅速崛起，赌博作为该城的支柱产业，给州政府带去可观的经济效益，每年交给州政府的赌税高达 20 亿美元，每天平均税收近 550 万美元。西方人在这方面所持的态度鲜明地体现了其“重利贱义”的实用主义文化价值传统。一些国家的法令对赌博有适度的规范和控制，如英美等国家都强调了对赌场严加控制，但其目的不是出于道德防范，而仍然是出于经济考虑，主要是为了保证税收，以防止赌博业收入通过地下渠道悄悄地流失。

中国近代随着“重义贱利”文化价值观的逐渐失落，资本主义经济的缓慢发展以及抵御外侮的需要，也曾出现类似情形。晚清最早突破传统观念，明确主张效仿西方开赌禁、征赌税者为张之洞。

① 拉伯雷：《巨人传》。

光绪十一年(1885年)四月二十日，张之洞上《筹议闱姓利害暂请弛禁折》主张开“闱姓”赌捐：

> 闱姓弊端甚多，本应严申禁令，惟须一律禁止，不使利归他族方为上策……光绪元年申禁之后，奸民私于澳门设局，输资葡人，澳酋作护，官力遂穷，藉此巨资购船置炮，近且接济法虏，窥伺省垣。澳为粤患，中外共知，为丛驱爵，有史无实，藉寇资盗，有损无益。现经绅商具呈，如蒙弛禁，情愿认捐巨饷，比时饷源无出，亦可藉纾目前之急。①

张之洞的上述言论，与近代西方一些国家开放赌禁主张有某种契合之处。首先，他认为赌博是无法禁止的，广东曾数度禁止闱姓赌博，但赌博活动并没停歇，或迁澳门，或交纳陋规后设分馆分厂于佛山、肇庆、韶州、清远等地：“光绪元年申禁以后，奸民私于澳门设局，输资葡人，澳酋作护，官力遂穷。”“自明文申禁以后，大吏避开闱姓之名，而又欲攘开闱姓之利，于是造为截缉之说。委派员绅，各路搜截，爪牙四出，白昼横行，分馆之家，得规者免。佛山为近郊大镇，侦知其馆最旺，利最丰，委绅陈桂士作线掩捕，官得罚款七万，兵役地棍所得可想而知。民间大扰，遂被言官参奏……数年来，肇庆、韶州、清远之分厂如故，官商之投买如故，绅棍衙蠹之陋规如故。”其次，既然赌博无法禁绝，政府要做的就是把它纳入控制，并予以规范化管理。张之洞通过批驳前两广总督张树声和监察御史何崇光等人的言论申述其主张：“至何崇光等各疏，大指略同，命意何尝不美，陈义何尝不高。然但论闱姓之当禁，而不考历年之未尝禁，且不思禁省不禁澳之不如不禁。诸臣皆为粤人，而并不考粤事，殆非核实平心之论乎。此举自奉旨饬议后，臣等即悬牌揭示，禁绝官吏使费，与受同科。责令该商将向来各衙门规费数十万尽数归公，加入正款。于是正项由三百万加认一

① 张之洞：《筹议闱姓利害暂请弛禁折》(光绪十一年四月二十日)，见赵德馨主编：《张之洞全集》(一)，武汉出版社2008年版，第287页。

百四十万，似已塞尽利孔。周谘博访官绅士庶，众论攸同。若谓此数百千文武绅民，人人皆为赌匪所役，语语皆怀关说之私，断无此理。若谓商贾受累，奸徒得规，则省、澳有何区别。厉禁愈严，索规愈暴，陈桂士以得规参所得者，省禁澳开之规也。”①张之洞的意思是，与其让闱姓赌博在地下泛滥，陋规公行，不如让其合法化、公开化，这样既可以消除陋规，防止官吏腐败，同时也可以将赌博控制在一定范围内，不至于外迁澳门，愈禁愈滥。复次，政府对赌博确实可以加以利用，使社会上闲散资金借此回归国库，国家以此增加财政收入，对于经济和国防大有好处：“现经绅商具呈，如蒙弛禁，情愿认捐巨饷。此时饷源无出，亦可藉纾目前之急。即据诚信堂商人张荣贵，敬忠堂商人杨世勋等呈请，以六年为限，共捐洋银四百四十万元，五个月内先缴一百五十万元，其余二百九十万元按年分缴。当经邀集省城大绅暨各书院山长，前赴明伦堂、团捐局公同面议，再三谘访，佥谓可行。并据署水师提督方耀、署陆路提督郑绍忠咨呈称，防务甚急，绝澳之援，增我之饷，无逾与此。”②继张之洞之后，“李鸿章总督两广……化私为公，大开番摊矣，是为官准番摊赌博之始，名曰，海防经费，年饷二百余万两”③。张之洞、李鸿章这一举措显然与传统观念大相径庭，可以说是中国有史以来第一次由政府出面而公开招商承赌，使赌博合法化的惊世骇俗之举。它排除道德因素而重经济利益，与近代西方开赌征税有异曲同工之妙。但与之不同的是，张之洞、李鸿章二人所迈出的这一艰难步伐，是身负沉重伦理重负的权宜之举，即并不具有西方人以赌博作为无烟产业的战略意识，而只是由于海防经费短绌不得不出此“下策”。他也深知并且预备着政敌从维护传统伦理道德的角度

① 张之洞：《筹议闱姓利害暂请弛禁折》（光绪十一年四月二十日），见赵德馨主编：《张之洞全集》（一），武汉出版社 2008 年版，第 287～289 页。

② 张之洞：《筹议闱姓利害暂请弛禁折》（光绪十一年四月二十日），见赵德馨主编：《张之洞全集》（一），武汉出版社 2008 年版，第 287 页。

③ 邹鲁：《赌祸》，见广东省禁赌委员会编：《禁赌概览》，奇文印务公司 1936 年版，第 244 页。

给予指摘。实际情形也恰恰如此，时人就曾上奏折抨击张之洞开“闱禁”是“饮鸩止渴”。“就张之洞的言论和他的前任张树声等人的主张相比，可清楚地显示张之洞是从实际利害的角度来立论。反之，张树声等的观点是从道德伦理和政治秩序的立场出发。张之洞认为利之所在，人之习性，不可以恁一纸政令或藉行政手段而改变。为减轻弛禁阻力，他奏称闱姓弛禁为权宜之举，‘终必须禁绝根株方为常经。’实际上，他坚信‘厉禁愈严，索规愈暴’，故不愿‘务虚名而滋实祸’。”①正是因为张、李二人的“权宜之举”不具经济战略眼光，同时也由于近代中国缺乏健全的资本主义经济运行机制，加之官僚政治的腐败和军阀割据，上述举措所带来的效果确乎“饮鸩止渴”，不但没有给国家经济增加活力，反而为军阀聚敛民财、祸国殃民开了先例。“至于因赌政而负担巨饷，更使我粤商民痛心。广东历次受军阀割据，开赌筹饷，招兵购械，固足以贻害地方，而赌饷虽直接抽诸赌徒，但间接即剥削于我全粤人民身上。赌政使一部份人民消失其生产能力，为社会寄生之蠹，甚者破家荡产，流为乞丐盗贼，扰乱社会安宁，人民负累更大……赌饷是军阀抽剥我粤人民最惨酷的政策。”②这种情形实际上说明了这样一个事实，近代中国的社会政治、经济状况决定了中国不能像西方那样，把赌博纳入社会经济及社会福利事业轨道，借此造福国人。因此，当近代一些商人企图效法西方，将赌博作为纯经济产业予以发展的时候，便理所当然地受到了社会舆论的广泛抵制：“有不少商人……以为一个地方的商业，可以藉赌政来繁荣的，他们于是对于开赌虽不主张，但亦不表示反对，这种矛盾的心理，不澈底的见解，在我广东的商人中，却是很普遍的。其实商业之繁荣，先以增厚人民之生产力量为条件，生产力增加，然后消费力可以增加，消费力增加，然后商业随之而繁盛，这个是必然的道理。赌博是懒

① 何汉威：《清末广东的赌博与赌税》，见台湾《历史语言研究所集刊》，第六十六本，第二分，1995 年，第 520 页。

② 何辑屏：《粤省商人对于禁赌应有的认识》，见广东省禁赌委员会编：《禁赌概览》，奇文印务公司 1936 年版，第 81 页。

惰，贪婪，侥幸，奸诈等不良习惯的养成所，足以破坏人民生产力于无穷，在理论上实不足以繁荣商业，而在实际上，适足以增加不正当之消费，故凡开赌的地方，不正当之营业，虽占得一时之风光，而不正当之商业，则无所裨益，久而久之，民生枯竭，同归于尽罢了。以赌政繁荣商业，结果必得其反。”①这实际上从经济和伦理的双重角度否定了商人们的设想。由是观之，中国不能走西方的道路，既有社会现实(即国情)的因素，也有文化观念背景(赌博是万恶之源)的原因。但是，赌博是一个桀傲不驯的怪物，它并不是法律和道德说教能禁止得了的。于是在近代中国便出现了这样的怪象：一方面，政府频频颁布法律严厉禁赌；另一方面，却又允许甚至因某种需要公然进行大规模的变相赌博(如允许大城市赌场存在及发行航空公路建设债券)。舆论禁赌沸沸扬扬，赌博狂潮却泛滥成灾，丝毫不亚于某些西方国家。由于近代中国在处理赌博的弛与禁问题上缺乏连贯的政策和科学的态度(深层次的政治社会背景当然包含其中，后面的章节当详论)，因此，清末以迄民国的赌博始终处于半公开半地下、既非法又合法的矛盾状态。它既使国人的道德受到侵蚀，又使国家的经济利益遭受损失，赌博业的利润主要流入秘密社会。中国人在从伦理和经济的双重角度否定赌博的时候，赌博却恰恰在这两个方面都给中国人以严厉惩罚和打击。这大概是那些立法者和卫道士们所始料不及的。

如果说，赌博在近代中国没有出现如西方那样取得正统合法的地位，得益于中国传统文化中“重义轻利”的价值观念和“修身养性”“节制人欲”的伦理教义对其有限节制的话，那么，中西方赌博在许多方面的不同则更与之有密切关系，表现在赌具的发明、制作以及对其形制的规范上，中国人偏重从伦理的角度予以阐发，西方人则从中受到启迪，引申出科学定律。中国传统的赌具如天九骨牌、马吊纸牌一直到麻将，其间都包含着伦理意蕴，其中尤以天九骨牌最为典型，其形制简直就是两宋道学的翻版和图解。而西洋诸

① 何辑屏：《粤省商人对于禁赌应有的认识》，见广东省禁赌委员会编：《禁赌概览》，奇文印务公司 1936 年版，第 80~81 页。

赌具几乎完全没有道德印记，其间倒是蕴含着不少科学原理。典型反映了中国人“寓教于乐”与西洋人“寓知于乐”两种本质不同的文化观念。这两种文化观念产生的效应是决然不同的：中国人把严肃伦理说教与充满邪恶的赌博挂钩，本身就显得滑稽，其“寓教于乐”显然是自欺欺人，所收到的相反效果不言而喻。而西洋人将知识、技术引入赌博器具及其动作过程，则收到了开发智力的奇特效果。13世纪，法国人文主义者富尼瓦尔就从掷骰赌博中受到启发，第一次计算出掷3只骰子的点数组合为216种，试图由此确立分别组合的概率关系。1526年，意大利数学家G. 卡尔达诺第一次提出掷骰子预测的数学分析，从中引出了概率论。伽利略和巴斯噶也做过同样的工作。现代概率论正是沿着这条路径发展起来的。17世纪，惠根斯著《论掷骰子游戏中的推理》，标志着这门学科的巨大进步。惠根斯指出：“对随机事件规律的研究，所处理的不仅是赌博而已，其中实际上包含着很有趣，很深刻的理论基础。”一门深奥的科学学科竟然渊源于赌博游戏，在令人惊叹之余，更撩发我们深入探究西方文化奥秘的浓厚兴趣。西方文化尽管涵盖面非常广泛，但“求知”精神则是其显著特征之一，这是从古希腊以来一直到近代都沿袭不改的悠久传统。西洋人喜欢探索自然，对于身边的一切都有刨根问底的兴趣，并努力从最常见、最普通的事物中找出带普遍性的科学原理。这种探索“只是为想摆脱愚蠢。显然，他们为求知而从事学术，并无任何实用目的”①。正是这种求知精神，使其从对一般的游戏的观察、实验中激发灵感，发掘创造出了有世界影响的科学成就。中国文化则是一种“求善”型文化。这种文化的情感性和实用性特征十分明显，并因此形成“重政务、轻自然、斥技艺”的文化传统。“凡执技以事上者”，“不与士齿”。② “凡推步(即天文、历算)卜相医巧，皆拔也……，小人能之。”③博弈历来被人们称为“小道”，与“淫声、异服、奇技、奇器”为伍。这种

---

① 亚里士多德：《形而上学》。

② 《礼记·王制》。

③ (北宋)欧阳修等：《新唐书·方技列传》。

观念一方面可扼止赌博势头的蔓延；另一方面，显然不利于游戏向求知一路进化。骰戏在中国赌博史上所拥有的悠久历史远胜于西欧诸国，但却极少有人关注其随机或然率，更不可能从中产生概率论，相反，留下来的倒是一些诸如“玲珑骰子安红豆；入骨相思知也无”(温庭筠)，“要赌休痴，六只骰儿六点儿?”(苏轼)，以及“相思一夜梅花发”“二十五弦弹夜月”“如云漏月，一点幽情动早”等艳词丽句和唐玄宗、杨贵妃玩骰戏险胜后“赐四绯”的传说。骰戏派生出的上述两种文化果实，打上了中西之间两类不同文化“人文”—“自然”的鲜明印记。

中西方赌博因为文化背景因素出现差异还更多地体现在具体赌博的活动形式之中。西方人类学家 J. 罗伯茨把游戏分为三大类，即体育技巧游戏、策略和完全的投机游戏，并认为每一种游戏都表现出不同的文化模式。参照罗伯茨的这种分类，我们可以将中西赌博形式之间存在的差异归纳如下诸点：

——中国的赌博是智能型的，西方赌博则为竞技型的。西方的赛马、跑狗、回力球是力的角逐，运动竞技色彩浓烈。中国的天九、马吊、麻将等则是心智的较量，杀机隐含在牌面的舒缓雅娴的进出之中。两种类型的赌博的文化内涵在于，西方人尚力善斗，崇尚斯巴达克精神；中国人则崇文，喜温柔敦厚的儒雅风范。

——中国赌博讲究游乐与赌胜的和谐统一，西方赌博则直露地追求赌博的输赢效果。传统的中国赌博当然有立马见输赢的金钱摊、意钱、骰戏、番摊等赌种，但占主导地位、为大众所普遍接受的麻将、马吊等则都比较注重运智过程，在追求输赢效果的时候多少兼顾怡情娱性。这就是民国文人梁遇春谈到麻将时所说的“明是赌钱，却要用一个很复杂的工具，说大家不过消遣消遣，用钱来做输赢，不过助兴罢了”。西方赌博则没有这种虚伪的繁文缛礼，参赌的目的明确，满足占有冲动和追求感官刺激，赌博的过程极其简单——一枚硬币往吃角子老虎机口中一塞，几秒钟内就见分晓，西方人认为，“赌钱所以有趣味，因为它是用最便当迅速的法子来满足这占有冲动。所以赌钱所用工具愈简单愈好，输赢得愈快愈妙”。中西方赌博在这里显示出的差别，与中西方民族的文化性格大有关系，中国人相关性格主要表现为两个方面。其一是礼仪之邦的子民爱讲虚面子，既要赌钱，又觉得于传统伦理“重义贱利”之教义不合，于是养成伪善的国民性格，“我们中华民族礼义之邦，总觉得太明显地把钱赌来赌去，是不雅观的事情，所以牌九……等过激党都不为士大夫所许赞。独有麻雀既可赌钱，又不十分出现赌钱的样子，且深宵看竹，大可怡情养性，故公认为国粹也”①。其二是受儒家中庸之道的熏陶。子曰：“中庸之为德也，其至矣乎”②“关雎，乐而不淫，哀而不伤”③，其意可谓不能追求过度的感官刺激。一场血淋淋的赌博厮杀，在彼此的应酬客套和所谓高雅娱乐的幌子之下，居然被人为编织的温情面纱所笼罩。西方人的性格则恰恰相反，他们一是占有欲强，好斗而不服输，崇拜胜者和英雄；二是反对禁欲，追求刺激以获得心灵和感官的双重愉悦，崇尚享乐主义的人生哲学；三是时间效率观念极强，讲究在最短的时间内获得最大的经济效益。西方人的上述性格在赌场上得到了淋漓尽致的发挥：快节奏，高效率，玩要玩得开心，赌要赌个痛快，赢了钱满足了占有冲动，输了钱亦不打紧，获得了感官快乐，也值。由此，我们似乎还可以看出中西方赌博更深一层的差别：中国的赌具尽管不乏较智伐谋功能，但人们参赌的心理动机和目的却并不在于游戏的乐趣，而是以获得对方钱财为唯一的最大的快乐。因此，在这里，较智伐谋的游戏功用是外在的、形式化的。西方人则恰恰相反，形式、工具本身是否具有运智功用并不是他们所追求的，现代工业文明的高智力活动已使他们不堪重负，赌场上机械式的轻松的游乐活动使他们能从中得到某种补偿。当他们在与一个没有知觉的对象物对赌时，远不会像人与人之间对赌时因为距离、情感、意气等因素的作用而在输赢上较真，因而赢的目的淡化，而玩的目的加重了。由是观之，西方人赌博游乐性才是第一位的，而中国人赌博

---

① 梁遇春：《论麻雀及扑克》，见《悠闲生活絮语》，湖南文艺出版社 1991 年版，第 419~420 页。

② 《论语·雍也篇第六》。

③ 《论语·八佾篇第三》。

怡情娱性倒是次一位的。

——中国赌博是家庭式的，西方赌博则是社会性的。中国的牌九、马吊、麻将等大众化赌博品种都是小规模，在家里进行的。鲁迅先生曾经幽默地指出过中国赌博这种特性：“中国的自己能酿酒，比自己来种鸦片早，但我们现在只听说许多人躺着吞云吐雾，却很少见有人像外国水兵似的满街发酒疯。唐宋的蹋球，久已失传，一般的娱乐是躲在家里彻夜叉麻雀。从这两点看起来，我们在从露天下渐渐的躲进家里去，是无疑的。”①中国传统赌博这种家庭式小范围方式，与农业社会人与人之间交往局限在村社、家庭、里坊之间有关，同时，封建专制政体下禁止大范围的群体社交活动，有意制造人与人之间的疏远隔离状态，也不利于大规模集团式赌博形式的出现和赌博活动的展开。近代西方的赌博则大多是以集团参与形式进行的，赛马、跑狗、场面恢宏阔大，经常万人出动；蒙特卡、拉斯维加斯的赌城装饰豪华，每天人头攒动，生意兴隆，内部管理严格，完全是现代企业化经营方式；彩票赌博业不仅参加者众，而且组织性极强。这种规模性、企业化的赌博方式，是现代工业社会城市文明的典型体现。中西赌博的这种差异，是中西方之间社会和文明不同的进化程度的曲折反映。

在粗略地比较了中西方赌博诸种差异之后，我们又将问题回到上节末尾，即中西方之间的赌博存在这么多差距，而且是涉及社会、文化、心理等深层次领域的差距，但近代中国人为什么又乐于接纳它，且迷恋至深呢？这恐怕有三个方面的原因。一是中西赌博尽管差距很大，但在运气、冒险、投机、游乐、赌胜等本质属性上则是贯通一致的。而希图有好的运气，通过冒险、投机而以少博多更是包括中西方民族在内的全人类所共有的天性。正是这两点使近代中国赌徒们将赌技、赌具上所带有的中西方文化的差距忽略不计，而一味追求赌博内在本质性的东西——游乐与赌胜。二是中西赌博在具体形式上亦有相似相同的地方。许多赌博品种或是东西方

① 鲁迅：《家庭为中国之基本》，见《鲁迅全集》(第四卷)，人民文学出版社 1981 年版，第 619 页。

所共有的，具有趋同性，如骰子赌博及某种彩票；或是从东徂西、从西到东互相交流，后来或融为一体，或自成一系，如某些纸牌等。这种交流、融合为中国人接受西方赌技在心理和具体操作层次上缩短了距离。同时，中国赌技也传入西方为西方人所接受，如麻将，也表明中西方赌博的差距是表面的、形式的。三是中国社会文化和传统赌博的近代化所使然。随着近代社会政治经济文化结构的变化和西方赌技的输入，传统赌博为适应这些变化，自身也因各种因素而发生近代蜕变。这种蜕变包括两个方面：一是赌博形式本身新的品种产生(如麻将、各种彩票)；二是赌博经营方式的职业化、社会化程度加重。这两个方面的变化都使中国赌博改变传统的内容和形式而与西方赌博接近。而更深一层的动因是中国社会的近代化无疑为西赌输入及中西方赌博的沟通准备了条件。可以设想，如果没有近代经济生产方式的产生、近代城市文明生活的兴起、人际交往形式的变化，西方的赛马、跑狗等是很难在中国立足的。赌博的近代化居然与社会的近代化同步，看似匪夷所思，耸人所闻，但客观事实恰恰如此，绝非哗众取宠，无稽之谈。

第八章

“士夫饮博供清谭，牧猪奴辈亡人国”：赌博与近代社会

一、赌博与近代官僚政治

赌博是政治的晴雨表。纵览中国几千年封建社会，凡是统治者励精图治，政治清明，赌博活动就大为收敛；而一旦君主昏聩，朝纲紊乱，吏治腐败，赌博活动即泛滥成灾。其中尤为明显的是，官吏参赌现象严重与否，直接受到整体和局部政治环境的影响制约。汉初，统治者推行“与民休息”的政策，对各级官吏严加管束，一些地方官员一旦参赌便受到革职处罚。两晋南北朝官吏嗜赌成风，显然与当时朝政频繁更迭，各级统治者腐化堕落有关。明初与清初，统治者整肃朝纲，对贪赃枉法的官吏严惩不贷，禁赌是重要内容，各级官吏慑于君威，不敢涉足赌博，而两朝后期君权旁落，朝政衰微，对官员的控制减弱，赌博便乘势而起，衍成中国历史上少见的两个赌潮泛滥高峰。

上述情况表明，赌博的泛滥与否同整体的政治环境之间存在着密切关系，这是问题的一个方面。另一个方面是，局部政治环境的营造与改善，也能推动或抑制赌博。如东晋整个社会赌风很盛，但陶侃却在荆州严厉禁赌，取得一定成效。晚清官员嗜赌成癖，但曾国藩所属的湘军集团却厉行戒赌。史载湘军官员骆秉章、江忠源、李勇蕊等为官之前，皆是远近闻名的赌徒，既入仕之后，便一改恶习，矢志戒赌。对此，《清稗类钞》分别有载，如骆秉章：

骆文忠公秉章，初名骏，花县人，家南海之佛山。幼孤贫，以授徒为生。喜冶游，不修褊幅。善歌，每引吭，人谓其得生脚正音，有“小生骏”之号。广州赌风以佛山为尤甚，文忠染于污俗，亦嗜博，又博徒以赂遗绅士者，亦间索陋规于博徒，不应，则告官惩之，故博徒惧之如虎。及入官，则矢志力戒，绝不一为。

如江忠源：

江忠烈公，名忠源。少时游于博徒，屡负，至褫衣质钱为博进，间亦为狭斜游。一时礼法之士皆远之。其用兵以略胜，在中兴诸臣之右。初至京师，人未之奇也。惟黎樾乔侍御见之，即言此人必死于战场，人亦不之信，亦不知其以何术知之也。其下第回南时，三次为友人负柩归葬，为人所难为。曾文正以此赏之，令阅儒先语录，约束其身心。忠烈谨受教，然冶游自若也，而博则矢志力戒。偶过友人许，闻户外有牌声，辄望望然去之。

如李勇蕊：

湘乡李勇蕊公成谋，家贫，初以补釜为业。闻曾文正创水师，往应募，从征湘、鄂、豫章，咸丰丁巳，克湖口、彭泽，击马当，攻安庆，破大通，下铜陵，所在有功。光绪辛卯，卒于福建提督任所。

勇悫与其兄皆嗜博。母死，无以殓，戚友醵金与之。二人得钱，即相与谋曰：“此区区者何足以殓母？不如博，博而胜，当为吾母购良榇，择吉地，大会亲友以荣之。”皆曰：“善。”即持赴博场，不半日，尽倾其囊，而母尸犹在堂也。二人徬徨终夜，计无所出，即裹其敝衣，舁赴山坳，藁葬之。

勇悫既贵显，即戒博，宦迹所至，绝不以博具自随，署中人亦相戒无敢犯。①

这些官员力戒赌博，显然与曾国藩以中兴重臣自命，恪守儒学教义，教育约束臣属清廉自守有关，如上述曾国藩以孔孟信条训诫江忠源：“令阅儒先语录，约束其身心。忠烈(即江忠源)谨受教，然治游自若也，而博则矢志力戒。”②

晚清乃至民国时期，赌博与政治发生联系表现得更为明显。曾国藩及其湘军集团自律戒赌在近代可谓凤毛麟角，颇有一些举世皆浊、唯我独清的意味。近代官僚政治的腐败，究其程度远甚于以往任何历史时期，成为滋养官员参赌嗜赌、借赌营私的温床。大略说来，这一时期的官僚政治有两大特点：一是过渡性；二是无序性。

过渡性主要是指传统官僚政治体制(宗法——皇权专制)向现代官僚政治(资本主义)制度的转换。帝国的覆灭将传统政治体制一同带进了坟墓，民国的建立至少在形式上建立起了具有现代雏形的政治制度。但是，死亡了的只是躯壳，新生的未必有魂灵。传统专制政治的诸多腐朽没落在民国官场上还有过多的残余。正如王亚南先生所说，“古旧的专制官僚政治建筑上的冠饰虽被折落，那建筑却还腐朽而毫无生气的残存着”③。因此，新的官僚制度并不是完全意义上的资本主义现代政治形态，实际上是一种半传统半近代

① (清)徐珂：《清稗类钞·赌博类》。

② (清)徐珂：《清稗类钞·赌博类》。

③ 王亚南：《中国官僚政治研究》，中国社会科学出版社1981年版，第168页。

的过渡性官僚体制，用毛泽东的话说就是“大地主大资产阶级的联合专政”。过渡性的另一个显著特征是新的政治伦理来不及建立，而旧的政治伦理的合理部分又被贪赃枉法、腐化堕落所吞噬。儒家修齐治平之道少为新旧官僚们所遵循，道德信仰危机导致各级官僚空虚无聊，无所适从，整个官场贿赂公行，污秽不堪。晚清是这样，民国亦复如此。清朝的腐败贪污“从西太后起一直到最下级的小官吏，能免了的很少。西太后除了移用国家正当的军政费供自己个人的享乐外，又率领宫廷内的妃嫔及阉宦小人，相率出卖官爵。于是上行下效，凡供职于政府机关的人员，也相率以苞苴贿赂图谋个人位置的维持并升迁。北洋海陆军的重要将领及主管人员，多屈身于李莲英的门下称门生；苞苴贿赂品的来源，不外刻扣军饷，侵吞公帑，于是弄得军事上的设备窳劣不堪”①。民国时期的新官僚由于所处环境不同，加之传统伦常观念更趋淡薄，因此其腐败程度更较前清为甚：“旧官僚政治下的人物，因为常夸境内为天下，眼界不很大，同时也许消费欲望还不很强，虽然依着中国官、商、地主、高利贷者‘四位一体’的原则，有时不免‘喻于利’，究还有些人保有优良传统的一面，而很执着地‘喻于义’；反之，在新官僚政治下的人物，早就习于资本社会的经济生活，而与买办之流周旋久了，觉得货币真个万能，利得就是一切。结局，旧官僚还偷偷摸摸不肯公然从事的牟利活动，新官僚却满不在乎地当作时髦来大展‘宏图’了。”②

无序性一方面是过渡性带来的必然后果，在传统政治体制向近代政治体制转变过程中，由于近代资产阶级的改革与革命无论在理论还是具体操作程序上都缺乏必要的准备，因此许多制度建设都是临阵磨刀，即时抱佛脚，从而导致从官僚体制到官僚行为、心态上的混乱无序状态，如科举制度废止之后，新的选官制度缺少完善的

① 李剑华：《中国近百年史》(上册)，转见王亚南：《中国官僚政治研究》，中国社会科学出版社 1981 年版，第 163 页。

② 王亚南：《中国官僚政治研究》，中国社会科学出版社 1981 年版，第 177～178 页。

程序和制约机制，以致任人唯亲、随意任免甚至卖官鬻爵等不良风气弥漫政坛，充斥官场。另一方面，无序性与整个近代政局动荡不安更有密切关系，清末慈禧擅权，光绪被囚，宣统登基，主少国疑，政局一直不稳，大臣僚属世纪末情绪甚重。民国初期军阀混战，北洋政府走马灯式地更换总统、总理。当政者本身即无视宪法、法律及为政常规，更何况对各级官吏加以管理和控制。因之民国初期政坛混乱不堪，丑闻迭出，贿选、兵变等非正常政治行为时有发生。从中央到地方的官员盘剥人民巧立名目，敲骨吸髓，有恃无恐。国民政府成立后，忙于内战和争权夺利，表面虽然维持所谓“一统”局面，实则内乱不断，官员腐败较北洋时期有过之而无不及。

近代政治的上述表征给赌博畸形繁荣提供了很好的机会。就整个社会而言，过渡和无序状态使政治无力对赌博加以适当控制，以至衍成全社会的赌博狂潮；就官僚机构内部而言，各级官僚不仅率先参赌，使官场形同赌场，更为严重的是，赌博渗入政治生活领域，直接干扰官僚机器的正常运转，使本来就腐败的官场风气更趋恶化。

具体说来，近代赌博与近代政治发生联系主要体现在以下 3 个方面。

其一，官僚参赌聚赌，以致仕风萎靡，政事不修，丑闻迭出。

晚清以迄民国，各级官僚聚赌成风是公开的秘密，上至皇太后、亲王、总统、执政，如慈禧、载振、张作霖等；次及朝廷重臣、督军、省长，如盛宣怀、张勋、张宗昌、马步芳等；下到州府道台、县令，以及幕僚、差役等都无不嗜好赌博。史载慈禧不仅嗜好麻将，而且还亲制“掷骰图”，“以为宫中之玩具”。陪其博戏的王公官吏妻女故意大输特输，哄得慈禧高兴后乘机求赏“司道美缺，所获乃十倍于所负矣”：

> 孝钦后尝召集诸王福晋、格格博，打麻雀也，庆王两女恒入侍。每发牌，必有宫人立于身后作势，则孝钦辄有中发白诸对，侍赌者辄出以足成之。既成必出席庆贺，输若干，亦必叩头求孝钦赏收。至累负博进，无可得偿，则跪求司道美缺，所获乃十倍于所负矣。牌以上等象牙制之，阔一寸，长二寸，雕

镂精细，见者疑为鬼斧神工也。①

压宝、压扠是快赌见输赢的赌博项目，清末，不仅市井游民趋之若鹜，士大夫亦降尊纡贵，不顾廉耻而“多好之”：“压宝者，以一制钱闭之于盒，分青龙、白虎、前、后四方之位，以钱压得‘宝’字者为胜。压扠者，掉两钱使撇璇，伺其将定，以手捺之。亦分四门，两阴也，两阳也。若一阴一阳，则名曰‘扠’，内一钱色稍赤，赤者得阳，曰‘前扠’，得阴，曰‘后扠’，压得者为胜。诸戏皆推一人为桩，所挟赀，必倍蓰于人，方可与众对敌，谓之开当(去声)，主胜负出纳之数。压者不限人数，可容数十人。游手之徒，啸引恶少，喧哗叫呶，驯致斗殴攘窃，悉由于此，竞财启衅，风斯下矣。光绪中叶，士大夫多好之。”②麻将赌博更成一时之风尚，“光、宣间，麻雀盛行，达乎诸侯大夫及士庶人，名之曰看竹，其意若曰何可一日无此君也。其穷泰极侈者，有五万金一底者矣(一底犹言一局)”③。有鉴于清末官民士庶无不嗜麻如狂，时人作诗痛言士大夫沉醉麻将赌博实乃亡国征兆，“自言我本不祥物，方将取汝子，弗仅毁汝室。吾闻东晋陵夷铜驼没，大地五胡乱羌羯。士夫饮博供清谭，牧猪奴辈亡人国”④。有“会稽陶心云观察濬宣作长篇咏之，托旨鉴诫”：

罡风吹鸟名鸺鹠，无昼无夜号啾啾。飞向人间啄大屋，宾客欢笑妻孥愁。一啄再啄金屋破，啾啾唧唧号未休。初翔江之右，倏忽腾九州。问制何自始，易竹乃废纸。非篝亦非蒱，无卢亦无雉。索长矩方规以圆，自一至九环无端。马融《六博赋》所遗，李翱《五木经》久删。呼龙喝凤揣梅竹，四座鸣对声关关。鸺鹠来，欢颜开，蒲桃美酒夜光杯，犀箸餍饫鸾刀催。

① (清)徐珂：《清稗类钞·赌博类》。
② (清)徐珂：《清稗类钞·赌博类》。
③ (清)徐珂：《清稗类钞·赌博类》。
④ (清)徐珂：《清稗类钞·赌博类》。

金珰翠钿名姝陪。箫笼哀吟纚叩㕸。宾极欢，主大醉，华灯四照开博台。鸺鹠去，鸡号曙，胜者忻忭负皇遽，面色如土不敢怒。脱下鹔鹴裘，低首长生库。到门踟蹰惭妇孺，誓绝安阳旧博侣。明朝见猎眉色舞，枭化为狼蝮为蝎。破人黄金吮人血，枯鱼过河泣何及。自言我本不祥物，方将取汝子，弗仅毁汝室。吾闻东晋陵夷铜驼没，大地五胡乱羌羯。士夫饮博供清谭，牧猪奴辈亡人国。桓桓我祖长沙公，取投簿簺江流中。天地鼎沸人消摇，千年时局将毋同。沈沈大梦真竹醉，白昼黄昏为易位。咨余往射岂得已(用韩句)，枭惊堕梁魂破碎。血其爪肉贯翎翅，焚灭毂卵断噍类。君不见，万国人人习体操，强身强国五禽戏。

延及民国，许多官员仍对麻将乐此不疲。张作霖也是一赌坛宿将。他认为麻将为“文赌”，较之牌九“武赌”更能显示其上流人物的身份，因此，在北京时就常常与臣僚们打麻将。民国中期，官员麻将赌博更是蔚成风气。如“湖北王何成濬，既是湖北省主席，又是行营主任，他也喜欢赌博。在民生路长江饭店与一些达官贵人、大资本家、大资产阶级的人打麻将、押单双，通宵达旦，总共输掉数十万元。此事被小报《警钟》三日刊揭发。何见报后大发雷霆，下令将各小报查封不准出刊”①。何成濬甚至因沉迷赌博，不问政事，以至延误防汛大事，酿成1931年武汉大水灾。“1931年，湖北省政府主席是何成濬(兼武汉行营主任)，汉口特别市市长是刘文岛。当时有人用打油诗，给何成濬画像：‘主席何成濬，文武两头混，一事也不知，百事不过问。’这些人怎能为人民出力办事！当武汉大水之际，7月29日丹水池铁路堤出现险象，堤防人员找省、市政府汇报大水的险情，要求采取紧急措施，来防止决口的扩大，以防大水冲进市区。这时省主席何成濬和市长刘文岛等官僚政客，正在既济水电公司总经理家里呼卢喝雉，打麻将、推牌九，兴高彩

① 胡是依：《解放前的武汉赌场黑幕》，见《武汉文史资料》1987年第3辑，第178页。

烈，赌兴正浓，对汇报紧急水情，不愿分心，还强调说没有关系，不要紧，有铁路堤挡得住，对汇报置之不理，任水势自由泛滥，以致造成此次巨灾。”①

近代由于对官吏传统伦理约束的减轻，致使不少人不顾廉耻，有的甚至以赌为业。据载：“桐城姚敦布曾官湖南巴陵知县，革职闲居，嗜赌。赌辄胜，乃以赌为业，日至赌坊，必大获。坊主俱，愿奉金为寿，止其博。于是姚月得千金，然不赌于坊而赌于宅。一日，番役掩捕贵介，姚在焉。贵介即循例纳贿，飨盛筵，姚佯醉而卧，鼾声起。一役呼之，趣令去，姚曰：‘将何之？’役告以彼等皆去，姚曰：‘尔固谓明当候审，何释之也？我必俟堂讯，尔今夜所得，亦当陈于官。’役恫吓之，姚曰：‘尔辈亦知姚四宝为何如人耶？今敢尔，当俟官至呼冤耳。’役战栗，求勿声。姚曰：‘非有以慰劳我者不可。’乃挟千金归。四宝者，姚之咳名也，其字为赋彤。”②言谈举止之中，为官者的廉耻自尊荡然无存，全然一活脱脱的市井无赖！

有鉴于近一时期官吏赌博现象的严重程度，因此在近代的许多笔记小说、野史稗乘中就载录不少流传于民间的笑话、丑闻。《清稗类钞》说，“宣统时，王治馨充奉天巡警局总办，局员中有彭某等三人，恃宠骄蹇，同人侧目。一日，王自局归，有二客造王寓，欲作雀戏，而少一人，俗所谓三缺一者是也。乃命左右以电话招之曰：‘叫大浑蛋。若已他出，二浑蛋、三浑蛋皆可。’二客大愕，询何人。王曰：‘吾局多混蛋，皆嗜博，此乃浑蛋之尤者，故以大二三别之耳’。”晚清著名谴责小说《官场现形记》在百官群丑图中对于其赌博丑行也有绘声绘色的描绘。为我们提供了一般史料所未能详载的官僚聚赌的形象化材料。如第二十一回“反本透赢当场出彩，弄巧成拙蓦地撤差”就写了一则浙江省一群知府、知县、候补道台、知府、观察、副将等官员“平进刮地皮，都是发财发足的了”，

① 济民等：《一九三一年武汉大水琐记》，见《武汉文史资料》1983 年第 3 辑，第 144 页。

② （清）徐珂：《清稗类钞 · 赌博类》。

“借请春酒为名”，整日彻夜聚赌，以致在公堂上当场出丑的故事。小说这样描写道：

> 顷刻间，打麻雀的已完，别的赌友也来的多了。双二爷（一位候补知府——引者注）一一引见，无非某太守，某观察，官职比他小的便是某翁；当中还有几位盐商的子弟、参店的老板、票号钱庄的挡手，一时也数他不清。头一个黄三溜子（观察——引者注）高兴说：“我们肚子很饱，赌一场再吃。”其中有几个人说：“吃过再赌。”黄三溜子不肯。双二爷为他是老宪台，不便违他的教，只得依他。当下入局的人共有三四十个。黄三溜子不喜欢摇摊，一定要推牌九。无奈彭太尊（金华府知府——引者注）说：“白天打牌九不雅相，天色早得很，不如摇四十摊，吃过饭再推牌九。”黄三溜子道：“我打摊打得气闷；既然要打摊，须得让我做皇帝。”其时正有个票号里挡手抢着做上手，听说摇摊，已经坐了上去。主人家要巴结老宪台，千对不住，万对不住，把那人请了下来。黄三溜子一屁股坐定，也不管大众齐与未齐，拿起摊盆摇了三摇，开盆看点。旁边记录的人，拿着笔一齐记下。霎时亮过三摊。黄三溜子又把宝盆摇了三摇，等人来押。头几下大家看不出路，押的注码还少。黄三溜子赢了几千，把他高兴的了不得。双二爷道：“为着老宪台总不喜欢摇摊，叫你老人家赢两个，以后也就相信这个了。”黄三溜子道：“所以我除了做皇帝，下手是不做的：皇帝还好赢几个，下手只有输无赢。”双二爷道：“那也不见得。”正说着话，黄三溜子又摇过几摊，台面上的筹码、洋钱、票子，渐渐的多了起来。黄三溜子一连赔了两摊，数了数，但将赢来的钱输去八九，幸喜不曾动本。后来越押越大，他老人家亦就越输越多，统算起来，至少也有四万光景。霎时间已开过三十六摊，再摇四摊便已了局。黄三溜子急于返本，嫌人家押的少，还说人家赢钱的都藏着不肯拿出来。
>
> 众人气他不过。内中有几个老赌手取过宝路一看，大小路都在“二”上，于是满台的人倒有一大半去押“白虎”。还有些

不相信宝路的，亦有专押老宝的，亦有烧惯冷灶的，亦有专赶热门的：于是幺、三、四三门亦押了不少。彭太守年轻时很喜欢摇摊。摇摊的别号又叫做“听自鸣钟”。他自己常说：“我因为听自鸣钟，曾经听掉两爿当铺、三爿钱铺子，也算是老资格了。”到这第三十七摊上，他亦看准一定是“二”，自己押了“二”还不算，又把进、出两门上的注码，一齐改在“二”上。有个押“四”的钱庄里挡手，独他不相信，说一定是“四”。彭太尊要同他赌个东道。他理也不理，拉着嗓子喊了一声：“二翻四。”彭太尊气他不过，跟手喊了一声：“四翻二。”钱庄里挡手又喊一声：“再翻在四上。”彭太尊亦喊一声：“再翻在二上。”钱庄里挡手还要再喊，主人双二爷把手一摆，道：“慢着，你们算算看。”黄三溜子道：“算什么！”双二爷道：“别说算什么。彭子翁先把进、出两门的注码吃到‘二’上，现在又同对门翻了两翻。这一下开出来，设如是个‘二’，你想他要赔多少！就是个“四”，彭子翁也不轻。”付档的人正待举起算盘来算，黄三溜子急于下庄好去过瘾，便朝着双二爷嚷道：“人家输得起，要你担心！我可等不及了。”一面说，一面揿开宝盆一看，大家齐喊一声“四”。黄三溜子道：“‘四’也好，不是‘四’也好，横竖你们自己去做输赢，我只管我的就是了。”钱庄里老板一团高兴，嘴里说道：“怎么样，我赌了几十年，最不相信的是什么路不路；如果猜得着，这宝也没人打了。”此时只有他一个人咂嘴弄舌，众人也不睬他。把个彭太尊气昏了，拿着手里的筹码往桌子上一掼，说道：“输钱事小；我走了几十年的大小路，向来没有失过，真正岂有此理！”当时付档的人，按照所翻的数目，一一付清。黄三溜子赶着把余下三摊摇完。算了算，通台的人只有彭太尊顶输，大约有五万光景，黄三溜子后三下赢些回来，只有三万多了。

……

一时饭罢，黄三溜子赶着推牌九。彭太尊一定还要打摊，主人双二爷左右为难。幸亏是夜里，来赶赌的人比白天又多了二十几位，只好分一局为两局：是一局摊，一局牌九，各从其便。黄三溜子齐了一帮人专打牌九，彭太尊齐了一帮人专打摊。吃饭的时候已是二更多天，比及上局，约摸已有三更了。这一夜，竟其顶到第二天大天白亮还没有完，后来有些人渐渐熬不住。赢钱的都已溜回家去睡觉；只剩些输钱的还守着不肯散，想返本。黄三溜子一见人少了，便要并两局为一局。彼此问了问，彭太尊只翻回来几千银子，黄三溜子却又下去一万。主人双二爷亲自过来，让众位用些点心。又说：“今天是十四，不是辕期，没有甚么事情。不如此刻大家睡一会儿，等到饭后，邀齐了人再图恢复何如?”黄三溜子道：“赌一夜算什么！只要有赌，我可以十天十夜不回头。”彭太尊道：“卑府在金华的时候，同朋友在‘江山船’上打过三天三夜麻雀没有歇一歇，这天把算得甚么!”于是众人就此鼓起兴来。这时候彭太尊摊也不摇了，亦过来推牌九。

这天自从早晨八点钟入局，轮流做庄，一直到晚未曾住手。黄三溜子连躺下过瘾的工夫都没有，幸亏一心只恋着赌，肚里并不觉得饥饿……但是玩了一天，没有什么上下。等到上火之后，来的人比起昨天来还要多。此刻他老人家的手气居然渐渐的复转来，一连吃了三条。下手的人一看风色不对，注码就不肯多下了。黄三溜子只顾推他的，一连又吃过七八条，弄得他非凡得意。

正在高兴头上，不提防自己公馆里的一个家人找了来，附在他耳朵上请示，说：“明天各位司、道大人统通一齐上院，庆贺元宵，请老爷今天早些回公馆，歇息歇息，明天好起早上院。”黄三溜子道：“忙甚么！我今天要在这里玩一夜。把该应穿的衣服拿了来。等到明天时候，叫轿班到这里来伺候。我今天不回去，明天就在这里起身上院，等院上下来再回家睡觉。”家人是懂得他的脾气的，只得退了出去，依他办事。

他这里上上下下，总算手气还好，进多出少。后来见大众不肯打了，他亦只好下庄，让别人去推。自己数了数，一共赢进二万多，连昨夜的扯起来，还差一半光景。自己懊悔昨天不应该摇摊。又连连说道：“如果再推下去，这头两万银子算不得甚么；多进三五万，亦论不定。……”此时是别人做庄，他做下手，弄了半天，做上手的输了几条就干了。他虽然赢钱，总嫌打的气闷。众人只得重新让他上去做庄。几个轮流，到他已有四更天了。谁知到了他手，庄风大好，押一千吃一千，押五百吃半千。此时台面上现银子、洋钱，都没有了，全是用筹码。他自己身边筹码堆了一大堆，约摸又有二三万光景。

众人正在着急的时候，忽然庄上掷出一副“五在手”，自己掀出来一看，是一张天牌，一张红九，是个一点。自以为必输的了，仍旧把牌合在桌上，默然无语，回过头去抽烟。谁知三家把牌打开，上面是一张人牌，一张幺丁；天门是一张地牌，一张三六；下门是一张和牌，一张幺六：统算起来都是一点。大家面面相觑，做声不得。黄三溜子把一筒烟抽完，回过脸来，举目一看，都是一点。这一喜非同小可！把自己的两扇牌翻过来，用力在桌上一拍，道了声“对不住”，顺手向桌上一掳。当时台面上几个赢家并不说话；有几个输急的人，嘴里就不免叽哩吐噜起来。一个说：“牌里有毛病，不然，怎么会四门都是一点？齐巧又是天、地、人、和配好了的?”一个说：“一定骰子里有毛病，何以不掷‘二上庄’，何以不掷‘四到底’，偏偏掷个‘五在手’？庄家拿个‘天九一’，吃三门，这里头总有个缘故。”又有人说：“毛病是没有，一定有了鬼了，很该应买些冥锭来烧烧。不然，为甚么不出别的一点，单出这天、地、人、和四个一点呢?”当下你一句，我一句，大家都住手不打。黄三溜子起先还怕扰乱众心，拆了赌局，连说：“赌场上鬼是有的，……应得多买些锭烧烧。从前我在家乡开赌，每天烧锭的钱总得好几块。老一辈子的人常说道：‘鬼在黑暗地下，看着我们阳世人间赌得高兴，他的手也在那里痒痒。自己没有本钱，就来捉弄我们。烧点锭给他就好了。’”双二爷闻言，连说：“不错。……”立刻吩咐管家去买银锭来烧。锭已烧过，黄三溜子洗过牌，重新做庄。无奈内中有个输钱顶多的人，心上气不服，一口咬定牌里有讲究，骰子也靠不住。黄三溜子气极了，就同他拌起嘴来。那人也不肯相让。便是你一句，我一句，吵个不了。主人双二爷立刻过来劝解，用手把那个输钱的人拉出大门。那人一路骂了出去。彭太尊也竭力劝黄三溜子，连说：“大人息怒。……”又说：“他算什么！请大人不必同他计较。”一番吵闹，登时把场子拆散。有些怕事的人，当他二人拌嘴的时候，早已溜掉一大半。黄三溜子见赌不成功，便把筹码往衣裳袋里一袋，躺下吃烟。

说话间，东方已经发亮了。黄三溜子的管家、轿班都已前来伺候主人上院。彭太尊之外，还有几位候补道、府，都说一块儿同去。主人一面搬出点心请众位用，一面检点筹码，要他们把帐算一算清。黄三溜子道：“忙什么！那王八羔子不来，我们今天就不赌了吗？筹码各人带在身上，上院下来赌过再算。”主人连说：“使得。……”……霎时点心吃过，一众大人们一齐打扮起来。黄三溜子等把蟒袍穿好，不及穿外褂，就把赢来的筹码数了数，除弥补两天输头之外，足足又赢了一万多。满心欢喜，便把筹码抓在手里，也不用纸包，也不用手巾包，一把一把的只往怀里来塞。管家说：“不妥当，怕掉出来。等家人们替老爷拿着罢。”黄三溜子道：“这都是赢来的钱，今天大十五，揣着上院，也是一点彩头。”家人不敢多说。……

霎时到得院上，会着各位司、道大人，上过手本，随蒙传见。见了署院，一齐爬在地下磕头贺节。等到磕完了头，黄三溜子正要爬起来的时候，不料右边有他一个同班，一只脚不留心，踏住了黄三溜子的蟒袍；黄三溜子起来的匆忙，也是一个不当心，被衣服一顿，身子一歪。究竟两夜未睡，人是虚的，一个斤斗，就跌在踏他蟒袍的那人身上，连那个人也栽倒了。署院看见，连说：“怎么样了？……”他俩困在地下，羞的面孔绯红，挣扎着爬起来。刚起得一半，不料黄三溜子跌的时候势头太猛，竟把怀里的筹码从大襟里滑了出来，滑在外褂里头；等到站起来，早已豁喇喇的掉在地下了。署院起先但听得声音响，还不晓得是什么东西，连说：“你们两位，有甚么东西掉在地下，还不拾起来？……”一面说，一面招呼巡捕帮着去拾。黄三溜子毕竟自己虚心，连忙又往地下一蹲，用两只马蹄袖在地毯上乱捞。幸亏筹码滑出来的不多，检了起来，不便再望怀里来塞，只得握在手中。掸掸衣服，跟着各位司、道大人归座。却不料地下还有抵得一百两银子的一根大筹码未曾拾起，落在地毯上。黄三溜子瞧着实在难过，又不敢再去拾，只是脸上一阵阵发红。其时署院已经看见，也晓得是黄三溜子这宝贝带来的。署院生平顶恨的是赌，意思想要发作两句；转念一想，隐忍着不响。齐巧那根筹码被巡捕看见，走上去拾了起来，袖了出去。署院也装做没事人一样。等到送客之后，署院问巡捕把那根筹码要了来。封在信里，叫先前替黄三溜子过付的那个人仍旧送还了他。传谕他："下次不可如此；再要这样，本院就不能回护他了，叫他各人自己心上放明白些。"

黄三溜子这日下得院来，晓得自己做错了事，手里捏着一把汗，便无精打彩，一直回到自己公馆，不到双二爷家赌钱了。……此时大众已晓得他今天上院跌出筹码之事，官场上传为笑话，他不肯再来，一定是脸上害臊，因此也不再来勉强他。过了一天，黄三溜子接到署院的手札，并附还筹码一根，又是感激，又是羞愤。恐怕以后不妥，又托原经手替他送三千银子的票子，一直等到回信，说署院大人赏收了，然后把心放下，照旧当差不题。

这里之所以不厌其烦地征引上述大段文字，是因为这部小说较之一般野史笔记更详尽，几乎是纤毫毕现地展示了晚清官吏嗜赌若狂的种种丑态，其场面之大：五六十人聚于一室呼卢喝雉、乌烟瘴气；赌注甚多，动辄盈千累万，最多者达五万两银子，而这些钱都是平时"刮地皮钱"得来的；时间之长：连续几日几夜不下场，甚至临上班了还不回家准备，要家人、轿班直接到赌场伺候；丑态百出：为争输赢不顾脸面，争执吵闹，将筹码带入公堂，乃至于当堂出丑。而这些地方军政要员们之所以敢如此放肆，公开聚赌，实与省署巡抚明禁暗助有关。读罢小说，晚清官吏昏聩、无聊、卑琐、嗜赌如命的丑态，活灵活现地展现在我们面前。虽为小说，却实为当时官场现状的真实写照！

如果说，官员参赌聚赌腐蚀官僚机器，败坏了政风，那么清末及民国官员伙同社会中人开设赌场非法赢利，更是扰乱正常社会秩序，使得有赌难禁，使本来委顿靡乱的社会风气雪上加霜。如北京，“旧社会官府也禁止赌博，实际是禁而不止。特别是那些有权有势的人，公开办大赌场，地面上的人不但不敢干涉，而且还要派人保护。这就给赌徒们提供了赌得‘畅意’的场所。抗战前后的北京，这类赌场并不在少数”①。民国时期，四川成都很多公开(明堂子)和地下(私窝子)赌场大都是军官和政府官员所开设，公开赌场如刘文辉护卫队长朱瀛洲的牌坊巷赌场，朱瀛洲的连长冷少康的狮子巷赌场，邓锡侯侍从副官喻载阳、荣昌义、谷毅、王席儒等人的塘坝街赌场，田颂尧部团长张绍泉的笆笆巷赌场。地下赌场有贵州军阀袁祖铭的驻川代表吴楷儒的如是庵街公馆赌场，田颂尧的驻省文报处长冯笃生的棉花街公馆赌场，邓锡侯的副官长文孟陶的三多里公馆赌场等。这些赌场都有全部武装的士兵站岗保护，地方警察不仅不敢查禁，即使有事路过，也要绕道而行，以免给自己惹上不必要的麻烦。20 世纪 30 年代，广东深圳大利公司赌场的实际控制人是广东省税捐局长关道。其时关道的心腹郑润琦，以 10 万元资金在深圳圩上大街设立大利公司，交由郑的弟弟(人称“郑六叔”)经营。大利公司经营的赌场除深圳大车站大赌场外，另外还有 5 家番摊馆。深圳赌场以香港赌客为主要客源，同时也有许多当地的人来此一博输赢。来深圳赌博的，三教九流都有，有的既是赌客又是嫖客，赌窟也是淫窟。后来关道下台，大利公司失去靠山，不得不迁出深圳，取而代之的深圳大赌场——“深圳大饭店”的老板为广东军阀陈济棠之兄陈维周，这里既是赌场，又是烟馆、妓院，据称要进入饭店赌博，至少须买千元筹码才行。其规模之大，赌额之巨已非大利公司同日而语。②

---

① 王子威：《赌博弊习》，北京市政协文史资料研究委员会编：《北京往事谈》，北京出版社 1988 年版，第 375~376 页。

② 参见吴雨等：《民国黑社会》，江苏古籍出版社 1988 年版，第 145~146 页。

其二，借赌索贿，强讨恶要，加剧了官僚政治的腐化。

近代许多官吏参与赌博，并非出于娱乐的需要，而是以赌博作为手段，向臣属索取钱财，变相收受贿赂。如北洋时期的许多军阀都是如此。张勋赌博，常常扛着装满银条、元宝的箱子(俗称“钉包”)上场。他的如意算盘是，陪赌者赢了，也不好意思掮了“钉包”走；输了则归我统吃。因此赌客大都碍于其威势，战战兢兢地陪他赌，其结果自然不言自明。与张勋一样，张宗昌也是赌品极坏的赌场无赖。一次推牌九，本来他起到牌九中最坏的牌“二四”和“长二”，是输定了的。但他却把“长二”的一头按住，哈哈大笑地把牌在众人面前一晃说：“幺二！哈哈，是副‘至尊宝’，统吃！”当人们还想仔细看看那捏在手里没有全露出的牌时，他已将他的两张牌往乱牌堆一丢，又叫道：“统吃！统吃！”赌客们明知其耍赖，也奈何不得。①

张勋、张宗昌借赌场敛财，泼皮无赖是一类。而马鸿逵、马联甲公然要下属陪赌，只能输不准赢，则是属公开变相索贿的另一类型。如马联甲驻防安庆时，公然要所属各县知事和厘金局长陪他赌，这些知事和局长有的乐得借机巴结，甘心奉送；有的则心有不甘，但碍于情势不得不敷衍。他经常在其营务处长袁生杰家中(安庆小二郎巷)推牌九。每晚输赢都是几万元。马联甲有次做生日，和县知事金保权，用黄金特制麻将牌一副，作为寿礼上贡“孝敬”，时人挖苦其为名副其实的“金保权”。宁夏军阀马鸿逵，经常邀请其下属、幕僚中家道殷实者到其公馆赌博。他对下属、幕僚谁能拿出多大赌资摸得清清楚楚。点到谁，谁就得带一笔巨款去陪赌，不输得干干净净是决不准下场回家的。磴口县税务局长秦某，平时刮了很多地皮钱。马鸿逵知道他是“肉头户”，专门召他来陪赌，除将所带2000元现洋输光，还另外借了1000元输完，才让他出马公馆。②

---

① 参见李炎锠：《民国官场笑林》，江苏古籍出版社1988年版，第65页。

② 参见吴雨等：《民国黑社会》，江苏古籍出版社1988年版，第160~161页。

马联甲、马鸿逵等人的上述行径，一方面，加剧了地方赌风的蔓延，上行下效，各级官吏聚赌成风，社会风气更为败坏；另一方面，培植了一批逢迎拍马、趋炎附势的官僚政客。这些人以重金贿赂上司，反过来又变本加厉地搜刮民脂民膏，弄得这些地方经济不振，民不聊生。

借赌索贿的另一种表现，就是许多地方官员以禁赌为名，要挟赌场、赌徒请客送礼。一些赌场为了求得官府庇护，不惜花费重金行贿。1939年，广西省推行省政府制定的《广西禁赌暂行条例》。禁赌抓赌搞得声势浩大，很多赌商都转入地下。桂林的一些赌场老板为了使其营业活动暗地里顺利进行，纷纷向临桂县政府、广西绥署宪兵团、省会警察局等有关人员“孝敬”所谓“保护费”。但由于有时“保护费”“孝敬”不匀，往往孝敬了这个衙门，忘记了那个衙门，因此，时常演出一些抓赌闹剧。如当年秋天，广西省会警察局白桂分局派局员曹凯率一队员警到榕荫路湖南会馆隔壁的一幢房屋内抓赌。但这个赌窟受宪兵团二营营长陈某庇护。宪兵二营就驻扎在湖南会馆内，闻知白桂分局到隔壁抓赌，认为有意作对，断其财路。于是派出大批宪兵，将白桂分局抓赌警员缴械并捆绑殴打，并将赌徒、赌具、赌资全部抢回。省会警察局得知后，立即派出大批武装保安警察前往增援，军警双方上演了一出全武行。事情最后闹到第五路军总部和广西省府那里，双方派员将各自军警撤回。事后，第五路军和广西省政府并不认真调查和严肃查处，只将宪兵二营营长陈某和白桂分局局长陶某一起撤职，各打五十大板了事。① 日伪军占领时期，江苏无锡一家大赌场为求得日伪势力庇护，采取向各机关部队发放“香烟费”的办法行贿。赌场备有一部名册，县政府从科长到一般仆役，警察局从局长到门岗，各部队的长官、翻译、密探根据姓名、职务发送香烟费，等级、数量等都记载详细，最低者1元，最高者数百元不等。对于职务最高的敌伪官员，赌场派专人奉送。一般人则持赌场发给的卡片到赌场领取，赌场特辟专

---

① 吴雨等：《民国黑社会》，江苏古籍出版社1988年版，第169～170页。

间，指定专人，定期(初为每天一次，后为五天一次)发放，每次发放金额约在数万元。由于“香烟费”花费浩繁，赌场开始尚能勉力支撑，但慢慢与赌业收入相抵，不但没有进项，反而亏空愈来愈大，最后不得不宣布倒闭。近代官僚政治机器的衰朽溃烂、各级官吏的寡廉鲜耻、官场与赌场明目张胆地同流合污，从这天方夜谭似的历史真相里，得到典型而又绝妙的证实。

其三，赌场左右官场，政坛丑闻迭出。

晚清以来，由于朝纲紊乱，政局动荡，政治运作缺乏有效的民主和监控机制，因此政坛丑闻不断，闹剧百出，其中赌场左右官场即是突出一幕。民国初期有曹锟贿选总统之丑闻，清末亦有广东赌商贿赂议员否决禁赌之笑话。宣统初年，两广总督袁树勋欲在广东禁赌，“以禁赌一案，是否可行，交议于谘议局，某日开会，以‘可’字‘否’字投票取决，赌商先重贿议员，开票结果，否决者竟占多数，舆论大哗，至有‘可议员’‘否议员’之称。更有胪列‘否议员’姓名，榜诸城门，与众共弃者，此吾粤会议之秽史，而亦赌商祸粤之一绝大纪念也”①。

北洋政府时期，政府的许多军政大事往往不是议定于府院公堂，而是策划于烟榻之旁，赌桌之上。1921年初，靳云鹏内阁发生危机，其时操纵北洋政坛的军阀张作霖、曹锟、王占元召开“天津会议”以商讨对策，所谓“天津会议”，实际上是一次“麻雀会议”，军阀们是在哗啦哗啦的麻将声中讨价还价，决定将靳云鹏内阁实行局部改组，让靳重新组阁的。按照《临时约法》规定，总统决定内阁人选，需经参议院同意。而张作霖等人居然在牌场上便决定了北京政府最高行政机关的去留命运。足见其把政治当儿戏，玩权术于股掌的昏聩可笑与无知。共和政治在这些军阀们的操纵之下毫无民主、有序可言。诚如时人评说的那样，“今日之共和，亦武断政治也”②。

① 邹鲁：《赌祸》，见广东省禁赌委员会编：《禁赌概览》，奇文印务公司1936年版，第253页。

② 《晨钟报》1918年7月1日。

赌场上既能决定军国大事，于一般人事安排更是小事一桩。奉系首领张作霖爱打麻将，许多政客便专从这一路上下手，施以贿赂，求得高官。因此民初有关张大帅赢牌封官的笑谈格外多，较典型者就有两桩。一桩是1927年6月张作霖自封中华民国政府(又称“安国军政府”)陆海军大元帅后，内阁财政次长一职最初内定由段永彬担任(署理财政次长兼盐务署署长)。但后来发表时却是段的政敌朱有济。已经定好了为何又发生了变故呢？问题原来出在牌场上。一次段永彬和朱有济一同陪张作霖打麻将，段永彬斤斤计较输赢，而朱有济则圆滑多智，趁机讨好张作霖，宁可拆掉自己成副的牌，打给张作霖和“清一色”，使张作霖对之大有好感。于是出现财政次长是朱非段的结局。另一桩是张作霖入关进京之后，一位政客想在东北谋一美缺，便托张作霖的顾问引见与其打麻将。这政客本为麻坛宿将，对于张作霖手中的牌了如指掌，张作霖要什么牌给什么牌，要吃有吃，要碰有碰，知道他要和牌了，就拆了搭子给他和满贯，把张作霖招呼得服服帖帖，心情舒畅。12圈牌打下来，政客输了2000元，张作霖赢了1800元。政客告退后，张作霖的顾问乘机进言：“今天那一位可输得惨了，他本不是富有的人，这次到北京来，是想谋一个差事的。”张作霖此时正在兴头上，听罢拍拍脑袋：“吸，想起来了，某老也曾经推荐过他的，我成全了他罢！”果然不出一星期，那位政客就接到任命到东北上任了①。

输牌得官者尚需费番心事，而山东某县一位科长因赌升官却是“得来全不费工夫”。韩复榘统治山东时，一次到某县视察，一早未打招呼便去参加县政府的例会。开会的时间到了，县衙门还冷冷清清，脏秽不堪。第一位上班的是位科长，而县长却迟到了好一会儿。韩复榘一怒之下当场宣布将县长降为科长，科长则升为县长。其实，那位科长并非遵纪勤勉之人，昨晚在麻将桌上战了一夜，天亮了懒得回家，便径直到衙门上班，没想到，竟因赌得福，加官晋爵。此事传开后，一时成为笑谈：“赌了一夜，赌了个县长当当！”

---

① 参见李炎锠：《民国官场笑林》，江苏古籍出版社1988年版，第53~56页。

赌博在官场上还有另外的奇效，就是以赌作媒介，或攀高结贵，打通关节，或借机敲诈，陷害倾轧。这里举两个相关的例子。抗战时期，贺国光曾身居重庆行营副主任、成都行辕主任、重庆市市长、重庆防空司令，重庆宪兵司令、四川省政府代理主席等要职，有求于他的人很多，但由于他官高事多，往往无缘接近。但贺国光是个有名的孝子，对其母亲唯唯诺诺。于是一些人便通过巴结贺母的办法来达到目的。贺母有雀戏之好，求见者便让自己的家眷陪她打麻将。牌场上，对贺母百般逢迎，只输不赢。等到她牌兴正浓之际便道出来意，贺母听后，欣然应诺，掏出随身藏着的用红绸包的象牙小章，在一张小纸条上盖上自己的印鉴交给来人。贺国光接到母亲的无字纸条就像接到皇上的圣旨，不敢有丝毫怠慢，求见者无不有求必应，如愿以偿。

麻将能帮人也能害人。戴笠与重庆市警察局侦缉队队长许忠五有隙，苦于没有缘由报复。一次，有人密告许在家聚赌抽头，戴笠认为机会来了，亲自带人前往捉赌。但到得许家，并未发现有人聚赌，只搜到麻将一副，筹码一盒。还是将许扣押起来，硬是关押了半年才释放。戴笠借赌为由，公报私仇。政坛上尔虞我诈，官僚政客们的阴险残忍通过赌博这个媒介得到露骨的表现。

客观而言，造成中国近代上述丑恶现象的，罪不全在赌博，罪在官僚政治本身。近代中国没落的官僚体制和腐败的政治土壤，加剧了赌博功能的异化，使之附加上特殊的政治功能，发生着本不应该发生的作用。已然沦为赌博俘虏和奴隶的近代中国官僚政治，犹如一副病入膏肓的残躯，在包括赌博在内的多种社会病毒的不断侵蚀下愈益老迈衰朽，步履蹒跚地走上了不归路。

二、赌博与近代士林风气

提到赌博，人们总不免将其与市井中人、帮会无赖、商贾政客连在一起，很少想到清雅狷介的士大夫也会涉足赌界，甚至沉湎其中。的确也有不少文化人以卫道者自居，认赌博为不耻，“考之于道艺，则非孔氏之门也；以变诈为务，则非忠信之事，以劫杀为名，则非仁者之意也”①，因之“圣人不学，学者不览”②。但殊不知，文人们也并非桃园之人，方外逋客，也是有喜怒哀乐、七情六欲的。尤其是中国博文化有博弈共处的传统，士大夫中间以六博、格簺、棋弈为雅尚者不少，如果碰到责难或者有心理不平衡之时，就会搬出孔圣人“饱食终日，无所用心……不有博弈者乎？为之犹贤乎已”③的箴言，或防人之口，或聊以自慰。于是，千百年来文人们参赌聚赌之事时有发生，不绝如缕。六朝士大夫如谢安、温峤辈以豪赌而显示其放荡旷达；唐朝文人如李白、杜甫、韩愈诸人均好“为博塞之戏，与人竞财”，当时士林风尚如被人指责书法低劣，至多一笑了之；但如果被人指出博弈水平差，就会“赧然而愧，或艴然而色”④。晚明江南才子们沉湎于马吊，将古代士大夫迷恋赌博推到极致，“南之马吊，北之涸江牌，乃市井事，士大夫好之，穷日累夜，若痴若狂”⑤。

考察传统士大夫参赌聚赌的历史现象并究其原因，除了上述一般性人性因素以及文人们特有的“雅尚”外，似乎都与社会变动相关，无论是六朝、唐末还是晚明，都是朝纲衰朽，名教式微，社会剧烈动荡时期，在这些特殊时期，士子们参赌成风自然有特殊的内涵，远非一般市井细民“唯胜是图”所能涵括。对于他们来说，赌博或者是一种对于名教束缚的抗争与发泄；或者是一种对于社会变动、英雄末世的彷徨与无奈；或者干脆就是一种嗜好，一种中国传统士大夫于案牍劳形之余特有的消遣方式……

传统士大夫与赌博的关系格局对近代知识分子不能不产生影响。晚清以至民国的不少文化人介入赌博，在心理、态度、行为方式诸方面都与他们的前辈没有多少差别，但这并不等于社会与时代

---

① 韦曜：《博弈论》。

② 李翰：《通典序》。

③ 《论语·阳货》。

④ 刘禹锡：《论书》，见刘禹锡著，瞿蜕園笺证：《刘禹锡集笺证》（中），上海古籍出版社1989年版，第538页。

⑤ 王崇简：《冬夜笺记》。

的变化没有对此施加任何影响。相反，在某些参赌的近代知识分子身上所折射的时代特色还相当明显。如同是因消解苦闷而陷入赌博的统治，但其苦闷的内涵却与传统士大夫有所不同；因为消遣而作方城之戏，但消遣时的心态、意趣竟与旧时文人大相异趣……

先说晚清的两个例子。

龚自珍是近代杰出的启蒙思想家，其学问道术，操行节守历来为世人称道。但此公却也有竹林之好，而且是赌场上的一位常败将军。据记载：

> 龚定庵嗜博，尤喜摇摊。尝于帐顶绘先天象卦，推究门道生死，自以为极精，而所博必负。
>
> 时杭州盐商家，每有宴会，名士巨贾毕集，酒阑，辄于屋后花园作樗蒲戏。有王某者，是日适后至，见龚独自拂水弄花，昂首观行云，有萧然出尘之概。王趋语云：“想君厌嚣，乃独至此，君真雅人深致哉！”龚笑曰：“陶靖节种菊看山，岂其本意，特无可奈何，始放情山水，以抒其忧郁耳。故其所作诗文愈旷达，实为愈不能忘情于世情之征，亦犹余今日之拂水弄花，无以异也。”语此，复云：“今日宝路，吾本计算无讹，适以置资罄，遂使英雄无用武之地，惜无豪杰之士假我金钱耳。”王本倾慕其文名者，乃解囊赠之。偕入局，每战辄北，不三五次，资复全没。龚甚怒，遂狂步出门去。①

从上述这段文字中，我们看到龚自珍对赌博是极认真的，每赌之前，都要精密推算一番。但是其赌运与他的人生命运及他所处的时运、国运一样，却是极为不佳，可谓命乖运蹇、常输不胜。像龚自珍这样一位志行高远“有萧然出尘之概”的人为何会对赌博迷恋至此？这恐怕既非为了一博钱财，也不是官运亨通、志得意满后的潇洒和消遣，极有可能如他自己所暗示的与“抒其忧郁”有关。考之龚自珍的身世及诗文，我们即可发现其言不虚。龚自珍的“忧

---

① （清）徐珂：《清稗类钞 · 赌博类》。

郁”，既有类似于传统士大夫对怀才不遇，屡试不第(“屡上春官不第”，“道光己丑成进士，以不工书，不得入翰林”①)个人遭际的不满，但更主要的还是近代知识阶层对民族危机和社会更迭的一种忧患意识。在其诗文中就充斥着“幽恨满词笺”“日之将夕，悲风骤至”之类的词句。他虽然曾经勾画过未来社会的蓝图，曾经提出过御敌防边的良策，也寄希望于“山中之民”起来改造旧的社会：“山中之民，有大声音起，天地为之钟鼓，神人为之波涛矣！”但这些都只是纸上议论，现实并没有按照他的议论而有所改变。于是只有忧郁，只是苦闷，只有沉湎于博场，去解脱，去沉醉。然而，龚自珍不是陶渊明，也不是谢安、李白、韩退之，其性情并不恬淡，手头也不阔绰，因此不能把输赢淡然处之，一旦赌输，便更加重其郁闷与不快，结果自然是“甚怒，遂狂步出门去。”

与龚自珍相反，另一位文人赵菁衫倒是赌运亨通，常胜不负。《清稗类钞》载：

> 赵菁衫观察清才硕学，为道、咸间一代文宗。而嗜博成癖，术亦绝精，常胜不负，人至莫敢与角，则贷钱与之，负则再假，不责偿也。一日不博，若荷重负。自幼已然。太夫人忧之，恐将败行荡产，以孤幼，未忍峻责。或进曰：“若博而不废读，无妨纵之，久之术精，何患便毁家。设术疏而好笃，则为患烈矣。”因听其说，遂得博，读益愤，少年掇高第，产亦得无恙。自言博之道，通乎《诗》《书》，其要义则在大《易》“变动不居，周流六虚”二语也。

赵氏之于博戏似乎可归于传统士大夫所谓“雅尚”“消闲”之类。有趣的是，他虽迷恋赌博，但既没荡产，亦没败行，更不废读，可谓赌博功名两不误。这似乎不合于“行已有耻，博学于文”的古训，但两种极其对立的东西恰好在这位文人身上得到奇妙统一，这是否透露出近代知识分子一种新的道德修身观，尚待推测。但值得玩味

① 支伟成：《清代朴学大师列传》(下册)，岳麓书社 1986 年版，第 397 页。

的是，赵国华(菁衫)本人对赌博的看法。他之所以沉湎于斯，且毫不自惭，完全是出于他对博戏的一种文化理解与文化认同，他将博弈之道与《诗》《书》《易》贯通，从中体会出宇宙与人生“变动不居，周流六虚”的深刻意趣，俗不可耐的市井博技竟被其玩出一种清雅幽深的味道。这种境界岂是一般博徒所能轻易达到的。

如果说像赵菁衫这类的文人对赌博的认同还比较含蓄内敛，那么民国文人穆时英则毫不避讳自己“文坛赌徒”的名声，并与传统讨博言论大唱反调，高调礼赞赌博：

> 匿名子把我列为文坛赌徒之一，这其实是冤枉的。我们的文坛上的衮衮诸公差不多没有一个不是赌徒，随手举几个名字出来吧，如叶灵凤，邵洵美，施蛰存，刘呐鸥，黎锦明，马国亮，高明，韩侍桁，都是以殉教者的热情去崇拜了赌神的，但我决不像傅东华那样讳言赌，赌是人类最聪明的一种发明，最高文化的结晶，是整个人生的缩影。在赌场里，人生是被时间空间地紧缩着，集中着。人生的胜负要在几年以至几十年之后才能决定，赌场中的胜负则只要几十分钟，或某一瞬间便能决定。如果说赌是堕落，说赌是罪恶，那人生是什么呢？
>
> 赌需要更清晰的理智，需要更坚强的意志，迅速的决断，强健的神经，和不屈不挠的耐心。懦弱的人，优柔的人是永远不会胜利的。赌诀所谓第一要下注狠；第二要赢了不收手，这不就是战斗意味十分丰富的人生哲学么？不是大胜就是大败，其契机就在于对现象的认识的正确与否这一点。
>
> 但认识的正确与否只有在胜负判决了以后才能被证明，而这也就是赌博的最大魅力。人们所以要到赌场去者，就因为他们要想在几分钟之内决定他的命运。回力球员的一收一放，跑狗的一跑一纵，在这过程里边，赌博者是深深地而且剧烈地经验人生的忧患与欢喜的。我曾经看见因赢了钱而发狂地叫起来的人，看见哭出来的人，咬碎嘴唇的人，咒骂球员的人。除了在赌场里边，还有什么地方能够看这样五色缤纷的，真实的人间相呢？

赌博是一个斗争，从赌博的技术里可以看到一个人在生存竞争上的成败，输了钱永远怪别人的人是没有希望的；输了钱垂头丧气的人是没有出息的；不敢下注，踌躇不决，徘徊观望的人，赢了一点钱就走的人，小胜之后便意高气扬的人，最多是保住了他脚下的方寸地，不会有怎样伟大的未来的。只有冷静沉着，英勇泼剌才是必然的胜利者。做人不也正是这样么？①

“赌是人类最聪明的一种发明，最高文化的结晶，是整个人生的缩影。”穆时英不惜以如火的激情、华丽的辞藻，对赌博予以热烈颂扬，高度评价。在穆氏看来，赌博是人生的模拟和演习，人们迷恋它，只是想借此探寻未知的人生，体验人生的忧乐悲欢。同时也以赌博知人识人，洞悉人性，观察和认识这“五色缤纷的，真实的人间相”。

民国时期，文人喜欢赌博的当然远不止穆时英说的那几位，比他们名气大的文人学者嗜好博戏者还大有人在。梁启超是一位道行较高的人，但他也嗜好雀戏，据说他的很多社论、文章都是在麻将桌旁口授完成的，充分说明赌博（这里指的是麻将）作为游戏对他的吸引力。“任公先生有一句名言：‘只有读书可以忘记打牌，只有打牌可以忘记读书。’读书兴趣浓厚，可以废寝忘食，还有功夫打牌？打牌兴亦不浅，上了牌桌全神贯注，焉能想到读书？二者的诱惑力、吸引力有多么大，可以想见。”②清末民初像梁任公这样对方城之戏有兴趣的知识分子不在少数。辜鸿铭闲来无事也是喜欢叉上几圈的，不过据说是一位“光绪（光输）皇帝”。北洋军阀统治时期，包天笑旅京，落脚于邵飘萍家，因无事可做，便与邵夫人邀潘

① 穆时英：《说赌》，原载1935年9月17日上海《小晨报》，见严家炎、李今编：《穆时英全集》（第三卷），北京十月文艺出版社2008年版，第52~53页。

② 梁实秋：《麻将》，见《悠闲生活絮语》，湖南文艺出版社1991年版，第412~413页。

公弼、徐凌霄在邵公馆经常打麻将。民国中期，也就是 20 世纪 30 年代，文人们闲暇之余或三两好友聚会之际，都有方城之战作为点缀，像徐志摩、萧军等都是其中干将。据说徐志摩的牌还打得相当漂亮，梁实秋说，麻将“贵在临机应变，出手迅速，同时要手挥五弦目送飞鸿，有如谈笑用兵。徐志摩就是一把好手，牌去如飞，不加思索。麻将就怕‘长考’，一家长考，三家暴躁”①。

然而，麻将并非只是消闲的工具，在清末民初知识阶层中，它更多的还充当着麻醉品的角色。以胡适为例，这两种功用就体现得十分明显。查胡适的自传及《胡适的日记》，可发现胡适有两段时期与麻将发生过密切关系。一段为 1910 年一二月间，胡适在上海中国新公学读书时，另一段为 1922 年前后，胡适任北京大学教授期间。前一段时期是借麻将解忧，后一段时期则是为了消闲。关于解忧，胡适《藏晖室日记》云：“连日百无聊赖，仅有打牌以自遣。实则此间君墨、仲实诸人亦皆终日困于愁天恨海之中，只得呼卢喝雉为解愁之具云尔。”②据统计，仅仅 59 天，胡适就打牌 16 次。整天“从打牌到喝酒，从喝酒到叫局，从叫局到吃花酒……所以我那个月之中真是在昏天黑地里胡混，有时候，整天的打牌；有时候，连日的大醉”③。究竟是什么不顺心的事导致胡适要自暴自弃？据胡适《四十自述》中说，是因为其“少年人的理想主义受打击后”造成的。原来他曾参与上海中国公学要求学校民主的学潮，因校方拒绝学生要求而愤然集体退学，另组中国新公学，但新公学维持一年多后，因经济原因停办，胡适既不愿委曲求全重返旧校，又因家中经济困顿不想回家，于是“前途茫茫，毫无把握……在那个忧愁烦闷的时候，又遇着一班浪漫的朋友，我就跟着他们堕落了”。而他的这班朋友，怀着比胡适更深沉的政治隐忧：“和我同住的人，有林君墨(恕)、但怒刚(懋辛)诸位先生；离我们不远，住着唐桂梁

① 梁实秋：《麻将》，见《悠闲生活絮语》，湖南文艺出版社 1991 年版，第 414 页。

② 《胡适的日记》(上)，中华书局 1985 年版，第 4 页。

③ 胡适：《四十自述》，上海书店 1987 年影印本，第 166~167 页。

(蟒)先生，是唐才常的儿子。这些人都是日本留学生，都有革命党的关系，在那个时候各地的革命都失败了，党人死的不少，这些人都很不高兴，都很牢骚。何德梅(中国新公学德国教员——引者注)常邀这班人打麻将，我不久也学会了。"①胡适及他的这班少年朋友，这一时期沉醉于麻将，在当时的中国知识阶层中较具普遍性。1910年是黎明前的黑夜，知识分子中的一部分人成为坚定的革命党人，在磨刀、在奋斗。而相当一部分人却在消沉、在颓废。被磨蚀得光滑圆润的麻将，可作为近代文人软弱怯懦的见证；而哗啦哗啦的麻将声，似乎又是知识分子良知未泯，渴求民主生活的心声在倾诉。近代知识分子在矛盾中痛苦，在痛苦中生活，冀图靠麻将解忧，但却是"借赌解愁愁更愁"。

20世纪20年代，胡适打麻将则又是一番心情，这时他少年得意，26岁便成为北京大学教授，是享誉海内外的知名学者，他在著书、执教之余，也不时搓上几圈。在他这段时期的日记中，偶有"冬秀(胡适夫人——引者注)和几位女亲戚打牌，我也打了四圈""与芷龄、子慎、香谷打牌"之类的记载。② 胡适这时乃至20世纪30年代中后期打牌，纯粹出于消遣："近来太忙，每日做十几点钟的工，很想休息，又不得休息。我的天性是不能以无事为休息的；换一件好玩的事，便是休息。打球打牌，都是我的玩意儿；但'打茶围'——坐在妓女房里，磕瓜子、吸香烟、谈极不相干的事于我的性情最不相近。在公园里闲坐喝茶，于我也不相宜。"③由此可见，这时麻将桌上的胡适已没有旧日的愁苦，倒是多了几分得意，几分闲情。值得注意的是，在胡适所列诸类消闲方式中，胡适选择了麻将，这在近代知识分子中也颇具代表性，与前述梁启超之语暗合。这可能是麻将所特有的文化品性与知识分子的素养、性情、意趣存在潜在的沟通之处。说好一点，麻将的较智伐谋与文人善于用智重合，其流动和乐趣可补其终日枯坐书斋而造成头脑呆滞之不

① 胡适：《四十自述》，上海书店1987年影印本，第165~166页。
② 《胡适的日记》(下)，中华书局1985年版，第388页。
③ 《胡适的日记》(下)，中华书局1985年版，第446页。

足。说不好的，就是麻将可“深宵看竹”“怡情养性”，“既可赌钱，又不十分现出赌钱的样子”(梁遇春语)，这与中国文人伪善而又虚荣的心理最暗合不过了。

因此，包括麻将在内的博戏在近代知识分子中绝非仅仅是一消闲解闷的角色，它仍然是有金钱财物输赢的博戏。在这一点上，近代知识分子与市井之辈没有两样。即使是像胡适这样十分注重自己名节的名人，也难以免俗。梁实秋就曾亲眼见他打麻将输过一回：

> 胡适之先生也偶然喜欢摸几圈。有一年在上海，饭后和潘光旦、罗隆基、饶子离和我，走到一品香开房间打牌。硬木桌上打牌，滑溜溜的，震天价响，有人认为痛快。我照例作壁上观。言明只打八圈，打到最后一圈已近尾声，局势十分紧张。胡先生坐庄，潘光旦坐对面，三副落地，吊单，显然是一副满贯的牌。“扣他的牌，打荒算了。”胡先生摸到一张白板，地上已有两张白板。“难道他会吊孤张?”胡先生口中念念有词，犹豫不决。左右皆曰：“生张不可打，否则和下来要包!”胡适先生自己的牌也是一把满贯的大牌，且早已听张，如果扣下这张白板，势必拆牌应付，于心不甘。犹豫好一阵子，“冒一下险，试试看。”“拍”的一声把白板打了出去！“自古成功在尝试”，这一回却是“尝试成功自古无”了。潘光旦嘿嘿一笑，翻出底牌，吊的正是白板。胡先生包了。身上现钱不够，开了一张支票，三十几元。那时候这不算是小数目。胡先生技艺不精，没得怨。①

好在胡适之先生输了钱尚能从容应付，这当然与其身份和经济地位相关，而一般小知识分子打牌输了钱，就惨了。20 世纪 30 年代《申报》曾披露一件律师赌输了，开出空头支票而吃官司的纠纷案：

---

① 梁实秋：《麻将》，见《悠闲生活絮语》，湖南文艺出版社 1991 年版，第 413 页。

浙江杭县人汪宗朴……加入上海律师公会为会员……本年三月八日夜间十时……遵约而去兰大东旅馆215房间，一时兴至，作方城之戏，叉一千块底之麻雀。汪入局叉过两圈，输负洋七百余元，汪即叫停局，结该输款七百四十九元。当场签立静安寺路上海银行支行三月九日期(字390786)计洋七百四十九元之支票一张，交付赢家，各自散去……翌日赢家执票去静安寺路上海银行支行兑现，因存数不足退回原支票，延至今日，始终未尝分文。持票人诉汪宗朴……①

近代知识分子除了涉足方城，小试身手之外，还有不少人到跑马场、回力球场、跑狗场一赌输赢。在上海，“许多知识分子闲暇时常常去回力球场观摩比赛，一赌为快。穆时英在致施蛰存的信中提及，‘杜衡近来回力球兴趣绝浓’。叶灵凤也同样热衷于回力球运动，他在给穆时英的信中写道：‘昨晚到回力球场去吗？我也许明天下午来，你如出来，不妨到杂志公司来，我们一同回去。’一个笔名为沓沓的知识分子‘第一次到回力球场是远在三年前，以后是天天去，这样约摸有两年，现在还是常常去的’。章克标尽管不爱跳舞，却时常光顾回力球场。‘我几乎每天晚上都去，直到深夜才回家。’曹聚仁也对此兴致勃勃。章克标回忆，‘那时在回力球场里常常碰到曹聚仁，他对此也很有兴趣，而且声言有必胜的办法，每次总可以拿点零用钱回转，他是从这里实地研究上数学概率，也是入了迷的样子’。邵洵美不时光顾回力球场，与章克标二人都被当时球场上一个球员的坚决、果敢的气质折服”②。1932年，曹聚仁先生曾因参与上海回力球赌博，酿成一场风波，闹得沸沸扬扬，成为十里洋场轰动一时的社会要闻。据曹聚仁自己说，他介入回力球赌博，主要目的是研究所谓“或然率”，以论证他的“适然史观”。为此，他在上海回力球场整整泡了18个月，结果受到一些

---

① 《申报》1936年9月9日。

② 胡悦晗：《生活的逻辑——城市日常世界中的民国知识人(1927—1937)》，社会科学文献出版社2018年版，第310~311页。

文人的嘲讽和攻击。曹氏曾发表文章为其行为作辩解。“我的研究概然问题，早在十年以外，我的结论叫做‘适然史观’，而所用以做客观的论证的，就是林语堂先生所不断嘲笑的‘明明赌博而托之于研究数理’的回力球研究。好在欧洲的概然论也起源于赌博，而别国的文坛又在那儿广泛地讨论概然论问题，虽有林先生的嘲笑在行，也不妨提出来讨论讨论了。”他还幽默地说：“假使有人以为回力球也可以有学问研究，拼命到那儿去送钱，而说是曹聚仁作俑，那我决不负责。”曹聚仁虽然目的不在赌，但实际还是比较计较输赢的。他透露说，18 个月内共赢了 1400 元钱，对于这点赚头他很不满足，依每天四小时最低限度的稿费收入算，这点收入很不合算。① 与曹氏这样的知名文人相比，另一些靠卖稿为生的文人则完全是抱着试试自己的运气，使羞涩的囊中稍稍鼓起来一些的目的，也夹杂在一群市民中来到跑狗场“博一记”的。作家杨骚这样描写道：

> 时针已经指在午夜前零时三十分的地方，在从那吃人的巨口流出来的嘈杂的人群中，有两位形似知识分子的中年男子，在作简单的问答。一个高些，一个矮些，但同样地瘦形。
>
> 高些的问：“今晚输好多？”
>
> 矮些的答：“你赢了吗？”
>
> 高些的：“吓！一星期的文章，又是为那几条狗写了……你呢？”
>
> 矮些的：“我？没有输好多，廿块钱……下次还来吗？”
>
> 高些的：“算不定，稿子卖到钱或许再来。”
>
> 嘟嘟嘟的汽车声把他们的会话吞没，过一会儿，他们分开，各自茫然回去了。②

---

① 参见李伟：《曹聚仁传》，南京大学出版社 1993 年版，第 155~156 页。

② 杨骚：《跑狗场》，见《人世间》1935 年第 19 期，第 53~55 页。

与其痛恨他们的堕落，还不如哀惜他们的可怜。这些被高楼与蜗居、文山与商海无情挤压的下层知识分子参赌的动机、心态、意绪是如此的直接、卑琐、茫然……传统士大夫以天下为己任的远大抱负以及自尊、清高、洒脱的风度到哪里去了？近代(尤其民国)士林的萎靡之风在这里得到淋漓尽致的展现。

近代知识分子中另有一类不学无术、投机钻营的士林败类，他们披着文化人的外衣，却干着男盗女娼、设赌行骗的勾当。如武汉《东方日报》主办人胡殿臣，本身就是一个以赌行骗的“南生”，其设在汉口六渡桥惠民里内的东方日报社，楼下办报纸，楼上开赌场。“他以报社名义邀请奸商、鸦片烟贩和汉口著名的妓女们来赌博(押单双)。他用‘灌铅’、‘大家业’(磁铁石)手法骗这些烟贩和妓女的钱，以维持报社的开支。”像胡殿臣这样的文化流氓，民国时期的武汉还大有人在。“《武汉时报》社长戴震，是一个文化流氓，也是“南生”，是一个实足的赌徒。他用手腕强娶汉剧坤角×××作妾，金屋藏娇，葬送了×之艺术前途。他名义上是办报纸，实际上是开赌场。发行主任用的是一个名妓女金蓉(混名大少爷)。他引诱该报工人赌博，他用‘灌铅骰子’骗工人，害得该报工作的工人输得叫苦连天。他的后台是国民党的军官刘峙。他擅长吹牛拍马，以社长之身份，吹捧刘峙，深得刘峙之器重……他专门与一些武汉的大流氓勾结往来，也是杨庆山(武汉帮会头子——引者注)的兄弟。在解放前一年，他与营造厂经理冯柏春引诱汉剧大王，在冯柏春家中打‘梭哈’。地点是胜利街裕安钱庄隔壁冯宅内。我亲眼看到有邓海山(邓堂)在内，还有几个‘南生’，一赌一夜，输了一千几百元，以使他经营之‘大路皮鞋店’大受影响，抽出资金以偿债。所以戴震这个坏家伙，平日不知害了多少人。解放后被捕关押，死于狱中。”①

即使在这萎靡污浊之风遍被士林之际，仍然有许多知识分子没有同流合污，仍然维持着传统士大夫那种清廉自许、刚健有为的风

① 胡是依：《解放前的武汉赌场黑幕》，见《武汉文史资料》1987 年第 3 辑，第 185 页。

范。这些知识分子对赌博的厌烦，很大程度上来自传统伦理的熏陶。巴金说是"父亲的板子从小就给我打掉了赌博的兴趣。因此，我对于那些整天把时间和金钱浪费在牌桌旁边、赌窟里面的人，就觉得有点不近人情了"①。梁实秋的"家庭守旧，绝对禁赌，根本没有麻将牌。从小不知麻将为何物"。有一次，他向父亲问起麻将的打法，遭到严词训斥："'打麻将吗？到八大胡同去！'吓得我再也不敢提起麻将二字。心里留下一个并不正确的印象，以为麻将与八大胡同有什么密切关联。"②梁的父亲的教训是很有意味的，实际上是说赌博与士人身份不符。梁实秋后来坚决不受麻将的诱惑，大概便得益于自幼建立起来的这种身份观念：赌博无异于市井无赖狎妓嫖客的勾当，非清高儒雅的士大夫所能为。

如果说，巴金、梁实秋等拒赌尚属一种洁身自好的个人行为；那么，"五四"前后毛泽东、陈独秀、蔡元培、恽代英等通过舆论、社团等形式拒赌禁赌，则带有转移世风的鲜明历史自觉性。毛泽东组织的"新民学会"，其简章规定"以砥砺品行、研究学术为宗旨"。会规有"不懒、不赌博、不狎妓等条文"，"含有一种实事求是、尚朴实、主诚实、禁浮华、戒骄躁等精神"③。"少年中国学会"规约第十四条中有禁"嫖赌"等不道德行为，其目的在于"转移末世风气。本会信条，在积极方面，则有奋斗、实践、坚忍、俭朴之规定；在消极方面，则有第十四条概括规定之禁约，实欲由少数青年身体力行，以造成一种善良之风气"④。武昌利群书社等社团会规中都有不嫖赌的内容，"当时不少的青年学生是沉醉在极端个人主义的享乐腐败生活中：嫖、赌、烟、酒、鄙弃劳动、考试带夹带。代英同志针对这些时病，制定了一种每日自省表，问本日是否做了

① 巴金：《赌》，见《旅途随笔》，生活书店 1934 年版。

② 梁实秋：《麻将》，见《悠闲生活絮语》，湖南文艺出版社 1991 年版，第 412 页。

③ 萧三：《毛泽东同志在"五四"时期》，见《光辉的五四》，中国青年出版社 1959 年版。

④ 王光祈：《本会发起之旨趣及其经过情形》，载《少年中国学会会务报告》1919 年第 3 期，第 15 页。

利群助人的事，是否做到不嫖、不赌、不吸烟、不谎言、不带夹带等事。特别注意是否尚存留着这些意识与思想”①。民国初年，蔡元培与李石曾、吴稚晖、宋教仁等人先后发起“进德会”“六不会”和“社会改良社”等改善社会风气的社会团体，其主要戒约为“不狎妓、不赌博、不置妾、不吸烟、不饮酒”等。但当时并无多数人实行。1918 年 1 月 19 日，蔡元培又在《北京大学日刊》上刊登《北京大学之进德会旨趣书》，重新发起组织“进德会”，规定会员分为三种。甲种会员：不嫖、不赌、不娶妾；乙种会员：于前三戒外，加不作官吏、不作议员二戒；丙种会员：于前五戒外，加不吸烟、不饮酒，不食肉确三戒。当时入会者不少，据记载有教师 76 人，职员 92 人，学生 301 人。著名学者如李大钊、陈独秀、胡适、马寅初为甲种会员，蔡元培、范文澜、康白情、钱玄同为乙种会员，梁漱溟、张申府为丙种会员。由于不嫖、不赌、不娶妾为最基本的入会条件，因此，所有入会会员都是赞成戒除赌博的。② “五四”时期，进步知识分子努力禁赌，给混浊卑琐的士林风气贯注了一股清新和煦的春风。尽管在当时是那么微弱，但却代表了时代和社会的新潮流，后来的历史发展证明，正是这批新型知识分子，带领广大人民群众，创造了一个使包括赌博在内的社会陋习得到全面禁止的新社会。诚如毛泽东所说，“五四”代表中国知识分子新方向。他们所努力提倡并身体力行的新风尚，才是近代士林风气的主流。

三、赌博与近代社会文化

赌博在近代中国超常规、扭曲化发展，除了赌博自身演化规律使然外，很大程度上应归于近代化进程中的中国社会给赌博提供的新的、特殊的社会秩序背景：近代商品经济发展与以追逐金钱财富

---

① 廖焕星：《武昌利群书社始末》，载《五四时期的社团》(一)，生活·读书·新知三联书店 1979 年版。

② 参见梁柱：《蔡元培与北京大学》，宁夏人民出版社 1983 年版，第 159 页。

为人生最大乐趣的资本主义经济伦理和商业精神的萌生；传统农业社会的解体与都市化潮流对社会稳定状态的破坏；失业、游民与新移民浪潮；社会急剧变革时期由于社会、历史、自然、人为等多重因素造成的包括法律、制度、社会关系、组织在内的整体社会系统工程的残缺与失控；西力东侵与西学东渐；传统官僚体制的衰朽与新官僚政治的腐败；文化价值观念的多元化与伦理、人生信仰的危机……所有这些都不能不给赌博以可乘之机。关于近代社会给近代赌博提供的土壤、条件，本书前面各章实际上已从各个侧面分别道及，余下的章节更将涉及这一问题。这里着重要说的是，赌博对近代社会及文化生活的影响与渗透。

赌博对近代社会最主要的影响，是与社会恶势力及各种恶习的同流合污，加剧各种社会病的滋生和流行。这种影响当然不始于近代，清雍正帝当年微服私访民间后曾给这种影响以恰当的概括："赌者，荒弃本业，荡废家资，品行日即于卑污心术日趋于贪诈，斗殴由此而生，争讼由此而起，盗贼由此而多，匪类由此而聚，其为人心俗之害，诚不可悉数也。"弃业荡产，废行毁德、斗殴争讼、匪类盗贼……种种社会弊端，皆由赌而生，虽不无夸张，但又都实有其事。近代社会亦复如是："以言国家，则赌政实为大玷，启官吏之贪污，妨人民之秩序，胥在乎是。以言社会，则赌为盗媒，尽人而知，破人民之廉耻，夺国民之职业，尤为显而易见。以言个人，则赌博之人，几见不受倾家荡产，卖子鬻妻，失节丧身祸者哉？若在妇女，其祸尤惨。以言经济，以资金投诸不生产之事业，既不容于经济原则，况投资金于破坏生产之赌博，扰乱经济，宁有逾此？"①近人对赌祸的这段议论，简直便是雍正帝言论的现代语转译，更足见赌博给社会造成的危害不仅古近相若，而且在近代更有愈演愈烈之势。

危害之一是赌博者与黑社会沆瀣一气，给社会造成不安定因素。近代赌博多为帮会、地痞、匪盗所染指、把持。如上海的花会

① 邹鲁：《赌祸》，见广东省禁赌委员会编：《禁赌概览》，奇文印务公司 1936 年版，第 247～248 页。

往往被流氓巨头控制，成为著名的地下大赌窟。武汉的花会赌头李阿已也是上海的流氓。清末民初，上海许多流氓都在各自地段开设赌场赌台。20世纪30年代，著名的181号大赌窟即与青帮大亨、“海上闻人”杜月笙有直接联系。成都的“片官”与帮会相勾结，控制赌业，连官府、巡警都不得干预，成为凌驾于正统政治势力之上的社会异己力量。民国时期，汉口一些较大的赌场都被流氓地痞控制，据知情人回忆，“单洞门赌场场主是邓堂(即邓海山)，他是黄陂人，‘猪猔帮’，地痞打手出生”，“法租界三阳里赌场场主是周盛予(汉卿)，周是华景街当地一带流氓赌徒头子，抗战前是‘军统特务’，是杨庆山(汉口帮会巨头——引者注)的心腹大爷。华景街铁路外赌场场主是鲁老十(华景街之虎)，他是当地‘地痞流氓头子’、‘坐地虎’，保赌分肥。还有一个刘金，混名‘牛筋’，是武汉著名‘耍刀子’，专门在各赌场‘横槽子’，就是扯皮闹绊，他随身带有利刀一把，在大胯上割一块肉下来，血淋淋往赌台上一掷，大喊‘押什么赔什么’，他全身都是刀伤，体无完肤，刘是光棍人中‘南’、‘披’、‘打’、‘吹’四毒俱全的人物，与鲁老十是同伙人，而每个赌场都要买他的账。他以白刀子进红刀子出为手段，是一个不怕天、不怕地的恶霸地痞流氓”。黑道人物对赌博的参与，使本来就充满邪恶的赌博更增添了几分凶险、几分血腥。“汉口是大小赌场星罗棋布，不知害得多少人倾家荡产，投河吊颈。”①成都到摆片赌场去赌博的赌徒，如果欠下无法还清的赌账，就有被哥老头子“毛了”(即暗杀)的危险。20世纪30年代，上海许多流氓在工厂密集区设摊开赌，引诱一些工人赌博。如沪西曹家渡一带，流氓陆林生等人在峨眉路沈姓茶楼“聚赌牌九，并发派党羽，四出向各工厂工人等引诱，呼幺喝六，日以继夜，输赢甚巨，陆林生等从中抽头渔利，获益甚丰”②，使本来就贫困不堪的工人们因此输光工资而陷入绝境，造成饥饿、自杀、家破人亡等严重的社会问题。赌博

---

① 胡是依：《解放前的武汉赌场黑幕》，见《武汉文史资料》1987年第3辑，第186页。

② 《申报》1934年3月6日。

在城市与帮会流氓纠缠一气，在农村则是匪盗联袂而行。“匪人纠人聚众，设赌局，诱财物。营兵之骫法者，反结连为利薮，且盗焉。”①如我们在第二章中谈到的咸、同年间江浙一带的枪船武装聚众赌博，横行乡里便是典型例证。匪赌“联姻”更加剧了社会的动乱不安，毒化了城乡社会风气。

危害之二是赌博对人的道德的侵蚀，贪污盗窃、诈骗、奸情由此诱发而生，酿成一桩桩社会公案。20世纪二三十年代，上海此类事件经常发生，《申报》“本埠新闻”栏内不时有这方面的案情披露。

贪污挪用公款者有之：

> 粤人陈雄飞，年三十五岁，家住吴淞路克俭里七号，向在苏州路六号老晋隆洋行充任银钱管理员，历有年所。惟陈性素赌博，诸凡跑马、跑狗、回力球等等，无一不精，自前年一二八以至迄今，竟输去四万九千余元之巨。陈家非富有，要得到此巨款，乃利用职务上之机会，营私舞弊，将客家付与老晋隆之货款，私自挪用，而不登诸账册。最近该洋行经理有所闻，即详加调查，发觉陈之行为，乃报告总巡捕房……将陈拘捕。②

盗窃者有之：

> 南市方斜路二百十号天赐福航空奖券分销老板周乐三，于本月十二夜，被窃贼由隔壁空屋二〇八号底层，凿洞穿入……窃去法币奖券数百元。③

因赌酿成命案者有之：

> 浦东三林塘聚赌酿成命案，流氓索诈不遂纠众报仇，茶客

① 《嘉庆上海县志》。
② 《申报》1934年3月7日。
③ 《申报》1936年3月15日。

曹根发被砍伤殒命，房主之女遭无妄之灾。①

沪太长途汽车所经之宝山县属罗店镇南弄街，一保十五甲九门龚仁德烟纸杂货店，于前晚十时许，聚集赌徒七八十人，在该店后面搁楼上聚赌牌九。讵知人数众多，搁楼力不胜任，哗啦一声，搁楼坍下，致酿成断臂、足、头破血流之惨案。②

以赌为媒、勾搭成奸者亦有之：

住居大沽路佑福里五号之苏州妇人施文英，年已三十有二，尚无正式配偶，仅与老母相依，母以折锭为生活，彼则为人浣衣度日。有家住爱尔近路福寿里二十三号之年近五旬甬人吴鸿章者，于前年夏间，由人介绍至该妇家聚叉麻雀，因与文英相熟……遂彼此开始同居，俨然夫妇，家中生活之需，归吴负担，月给三十金。于是者甫及一稔，至去秋吴忽裹足不前，置施氏母女于不顾，虽累与理论，卒无圆满结果。文英乃向第一特区地方法院对吴提起遗弃诈欺之刑事自诉……③

危害之三是赌博带来毁家荡产、家破人亡的惨剧。清末安徽合肥有一陈姓孝廉，祖上留下良田美宅，家道颇为富裕。但陈却染上赌博恶习，每赌必输，不几年便将家产输光殆尽。其妻屡劝其戒赌，陈充耳不闻，照赌不误。致使其妻心灰意冷，悬梁自尽。死前曾留下谏夫诗十首，其中两首是：“是谁设此迷魂阵？笼络良人暮作朝；身倦囊空归卧室，枕边犹听梦呼幺。”“焚香宝鼎祝苍天，点佑良人性早迁，菽水奉亲书教子，妾归泉下也安然。”然而妻子用血与泪写成的谏夫诗并没有将陈孝廉从沉醉的赌梦中唤醒，他迷途不知返，赌海不回头，终于输得一文不剩，沦为乞丐，不知所终。北洋军阀时期，又一位合肥人吴某于1920年从军队衣锦还乡，用

① 《申报》1930年2月5日。

② 《申报》1930年2月26日。

③ 《申报》1934年3月2日。

所携之巨款，置田购屋，成为富甲一方的大财主。但他不久也迷上了赌博，不几年便将家产输光，变得一贫如洗。其女舌敝唇焦，百谏无用，不得已投井自尽。日寇侵占合肥前夕，吴某因囊空如洗，走投无路，与妻投河自戕了①。民国时期，上海有一名叫马志田的贫民，家有妻子儿女四人，本来生活极为困难，其“不求正途奋斗，而向赌博中想发财，复沉湎于花会，以致时虞断炊，幸由伊兄时常救济，前日因无米为炊，乃兄济伊洋五元，不料马竟持此作孤注一掷，又全盘输完，无面见兄，乃在后面王医马弄人家窗门铁梗上悬绳自谥身亡”②。20世纪40年代的武汉也有不少殷实人家子弟因迷恋赌博最后败光家产，甚至饿毙街头，不得善终。张荣是一家商号的小老板，父亲与人合伙开参号，家道殷实富足，后来交友不慎结识了赌博“南生”谭明斋，“因受谭明斋之引诱赌博入迷，将其妻陪嫁的金银首饰偷出输光，被老婆发觉，夫妻反目，其妻气回娘家病死。他又在外面借了不少高利贷，负债累累。债主登门逼债，他父亲为了顾全面子，将参号顶与别人，与其子还债。以为他可以改过自新，浪子回头金不换。不料他变本加厉，仍然在外大赌特赌，其父因此气倒在床。张趁父亲病倒之际，又将家中财产卖光，在赌场输光。其父因此气死。家如水洗，无钱安葬，由姐夫刘武拿钱交张去买棺材，谁知他又将棺材钱全部输光，并将自己的衣服输光了。刘武派人到赌场把张荣找回草草将其父入殓安埋。此后，张荣之行踪不明，估计他是投江自杀或沦为乞丐了。另外硚口居仁门一家姓秦的蛋行小开名叫秦培之，父母早亡。从小学会了赌博。他赌博是‘三光政策’，即‘赢光’、‘输光’、‘天光’，别人送他一个混名‘火车头’。不到三十岁将蛋行和祖先遗产全部输光，结果流落街头冻饿而死”③。赌博使人落得荡尽家产，卖妻鬻子，命丧黄泉的悲惨结局在旧中国可谓比比皆是，民国时期上海流传的

① 参见《安徽文史资料》(第16辑)。

② 《申报》1933年2月11日。

③ 胡是依：《解放前的武汉赌场黑幕》，见《武汉文史资料》1987年第3辑，第180页。

一首《陆野臣卖娘子》就是这种社会现实的真实再现。好在歌谣作者出于劝人戒赌的良苦用心，给了主人公一个幡然悔悟，改过自新，克勤克俭，置买产业，得到善终的良好结局：

> 东天日出红喷喷，陆家娘娘早抽身。想起家常无活计，丈夫烂赌好伤心。当初出嫁极体面，爷娘养我宝和金。四橱八箱箱箱满，现在衣裳当干净。远近地方乡邻人，巧货两字豁仔星。天然几卖到烧火凳，七石缸卖到盐豆瓶。娘娘牵纱织布早晨做到夜黄昏，抵不过一把骰子大通倾。赌场跑出陆野臣，揩脱眼眦转家庭。娘娘解下旧布裙，当仔铜钱三百文。不买柴来不籴米，跨进赌场输干净。肚里饿来无处吃，只得回到自家门。到家无面见夫人，欺骗赫诈拆才情。娘娘两日工夫吃一顿，弄得瘪瘦不像人。三月桃花红喷喷，罗家娘娘叹终身。只生两女无子息，大女嫁到陆氏门。小女未曾出八字，在家眠食随娘身。话罢一番家常事，便把小妹叫一声。今朝你正无啥事，走去望望阿姊啥光景。暗拿十块银洋饼，送拨阿姊活性命。切勿落在姊夫眼，望你速即转家门。小妹件件遵母命。二人哭泣旋言别，阿姊送妹出墙门。野臣晓得姨妹到，必定暗送银洋饼。盘问娘子无口声，敲敲打打不安宁。娘子难熬拷与打，稍付两块得安宁。野臣摆尾摇头去，跨进赌场意欣欣。有人来叫野臣相，有人绞送热毛巾。装烟吹火来奉承，野臣想想怪开心。那料赌钱输热客，手中单剩串头绳。要向赌场吃一顿，赌鬼不许半毫分。从前要好都忘记，转眼不如陌路人。一声长叹仍归去，心中又要拆才情。低头便把贤妻叫，懊悔之事话不尽。田房屋产都输尽，害得娘子苦不胜。现在懊悔来不及，日后那好过光阴。我害自身无足惜，害我贤妻不该应。日后决定去邪归正路，求些小本做营生。娘娘一听此番话，前后宛若两个人。若然戒赌能变好，败子回头有救星。野臣一口来承认，决不他时有异心。娘娘使把银洋付，嘱伊巴急做营生。娘子到究烂好人，听我拐骗发软心。一卷银洋到我手，营生就是赌场门。此番赌钱若能赢，起家发福稳稳能。三寸可以换一

尺，生意莫如赌里精。偷鸡之猫不改性，一卷洋钱又输净。一声长叹仍归去，归家又要拆才情。此番必受妻埋怨，野臣反起不良心。到家做个老虎势，埋怨妻官无好命。未讨妻时家豪富，讨妻之后穷十分。我妻害我穷到底，不如卖去变花银。罗家丈母忽得病，日不安来夜不宁。小女烧香完愿庵堂去，路上经过陆家门。走进陆家逢淘气，看见阿姊哭不停。告诉姊夫娘有病，请姊暂回罗氏门。走到娘家见娘面，小女细述淘气情。娘忧媛女不了局，女忧娘病势非轻。一日三来三日九，娘病减轻可能行。送女走到陆家门，带了二百大洋饼。女婿看见叫丈母，丈母埋怨陆野臣。为何要将妻来卖，事体荒唐丧良心。今朝不能对手话，你请族长讲话明。答言陆家是独姓，并无族长在乡邻。族长不有有宅长，答言宅长死无存。西邻有个蔡伯伯，算伊宅长老年人。野臣去请蔡伯伯，我的丈母请你话事情。丈母看见蔡伯伯，总为女婿无淘成。现在伊要卖娘子，不知要卖几化银。蔡伯盘问陆野臣，要卖二百大洋饼。得了钱财不拣主，收到银包就可行。自后看见娘子叫阿嫂，看见丈母叫阿婶。丈母带来二百银，原拨女儿做做活命本。今朝交付女婿用，领仔女儿就转身。叮嘱女婿省省用，无啥娘子再卖身。娘子临时要动身，双膝跪地哭连声。拜告公婆两阴魂，并非媳妇坏良心。野臣心中不要听，催促婶婶快点领仔阿嫂行。一刻不等两时辰，自己走到赌场门。登时变是财主人，有吃有用十称心。泼汤泼水无多日，二百洋钱又输净，一条裤子一根绳。深夜回家叫开门，家主婆，开开门，门内无人回一声。自家一想娘子已卖脱，自家好笑赌来昏。待我掮进两扇门，自家埋怨自家听。千思万想难过去，悬梁高挂一根绳。蔡家伯伯听得陆野臣，昨夜五更叫开门。壁洞之中张眼看，看见悬梁短见寻。开门进去放落绳，口尚有气胸膛温。野臣醒转开言说，多谢蔡伯救命恩。但是无吃并无著，如何度日过光阴。蔡伯说与野臣听，知过必改好做人。快快到你丈母门，必有一条生路寻。娘娘面前罚重咒，到死勿进赌场门。侬若果然能改性，丈母手中有金银。借了一百五十大洋饼，熬吃俭用好活命。领仔娘娘转家庭，丈母快活话不尽。伯伯说话无差错，自家主意要立定。作别伯伯出门行，老老面皮走到丈母门。看见丈母阿母叫，看见娘子叫夫人。双膝跪在泥地上，眼泪双珠挂胸襟。娘娘面前罚重咒，若然再进赌场门，右脚跨进右脚烂，左脚跨进烂干净。自后悉遵贤妻命，白话商量做好人。此话若然还不信，再请蔡伯来做保人。由你打来由你办，写张甘结念与丈母听。娘娘自从回到娘家门，无着无落不安宁。今朝看见陆野臣，究竟尚有夫妻情，一口软话求照应。罚仔重咒写甘结，前后宛像两个人。双手扶起当家人，走到里边留点心。丈母面前认差做出好恭情，领仔娘子回到陆家门。闲来坐定心中想，最是恶毒开赌人。一回一回引诱我，跨进赌场有安身。我有铜钱趋奉我，我欠铜钱就讨紧。害我家业消化尽，害我要走绝路一根绳。总为自家图徼幸，有自铜钱要想赢。开赌便是害人精，赌场就是迷魂阵。有如猪羊牛马进屠门，摆起尖刀与血盆。有如游鱼碰着滚钓与扳罾，那有本事能脱身。想想穿、牌骰就是杀身具，茶馆就是监牢门。我不赌钱最为妙，省得魔鬼上我身。后来野臣果然能学好，没有事体不到镇，克勤克俭到终身。养仔三男并四女，置买产业和金银。败子回头金不换，自家要好不由人。做人第一要收根，休笑卖大娘子陆野臣。①

危害之四是城市游民剧增，失业、乞丐、卖淫、拐卖妇女儿童等犯罪现象因此而增多，酿成严重的社会病尤其是城市病。游民与赌博历来联系紧密，“赌博实为制造盗贼游民之场”。民国遍及上海、汉口等大城市街头巷尾的赌摊都是无业游民所为。“旧北京东西长安街路旁树后、天安门左边树林里，以及筒子河转角处，这些比较僻静的地方，常常有人设赌。”“干这号买卖的一般都是无业游民或地痞流氓的。”②“广东之盗贼游民，虽不始于赌博；然自有赌

① 胡祖德：《沪谚外编》卷下，上海古籍出版社 1989 年版，第 132~135 页。

② 王子威：《赌博弊习》，见北京市政协文史资料研究委员会编：《北京往事谈》，北京出版社 1988 年版，第 378 页。

博，而益滋多。”①由赌博而吸引并制造游民，由游民而不断发生蒙骗、盗窃等犯罪活动，使原本流品繁杂的城市社会因此更加混乱。此外，由于妇女也被赌博裹挟进去，故拐卖妇女儿童、逼良卖淫为娼之现象更加泛滥不堪。1925年(民国十四年)3月，广州市一些市民联名上书市政当局，要求禁止妇女赌摊，洋洋千言，痛陈流弊："各摊馆多招致破落户少年及拆白党，以供侍役，或罗致私娼妓妇，假意买摊，以为招待，妇女无知，入其彀中，因之典当衣饰，盗窃家内财物，倾家荡产，鬻卖儿女，以供孤注，丧德败行，流为公私之娼，翁姑丈夫父母，一经察觉，万不能容，于是私逃者有之，为人拐骗者有之，匿而当娼者有之，投河服毒而自尽者亦有之，以致市内良家妇女，发生家庭惨剧者不少，民等饱受其毒，深痛其害，而市各摊馆，恃有军队庇护，竟敢明目张胆，任便妇女入赌，伤风败俗，贻害社会。”②

赌博作为一种非正当的经济往来，对国民经济必然发生重大的影响。小规模的赌博影响个人、家庭的经济生活，而大规模如赛马、彩票等集团性赌博，更牵动一地、一市乃至整个国家的国民经济。如津、沪、汉等地的赛马，每逢春、秋两季的香槟大赛，由于中外市民投注的资金很多，往往因此而动摇市场金融活动。清末以来，一些地方乃至中央政府为了增加财政收入，也对博彩加以利用，或发行彩票，或征收赌税，以扩大财源，赌博更因此与政府的经济行为挂钩。20世纪30年代，国民党政府发行“航空公路建设奖券”，从中获得很大经济收益，按照《航空公路建设奖券条例》中“每年发行不记名奖券四次，每次五十万张，每张售价计“国币十元”，“每次发行所设券款，由国民政府提出百分之五十，内除发行及办公费用及代销手续费外，概充发展航空及筑造公路经费，其余百分之五十作奖金”之规定估算，“以每年发行四次计算，就是

① 邹鲁：《赌祸》，见广东省禁赌委员会编：《禁赌概览》，奇文印务公司1936年版，第248页。

② 古愚：《广东赌祸历史》，见参见广东省禁赌委员会编：《禁赌概览》，奇文印务公司1936年版，第368~369页。

一千万元。占一九三三年国民党政府出口税收入二千二百万元的百分之四十五。一九三五年八月起，又改为每月发行一次，一年发行十二次，奖额和发行额虽各减少一半，但发行的次数多了。每年可搜刮的钱从一千万元增加到一千五百万元”①。这是国民党利用博彩业最大的一宗，此外还有所谓“黄河奖券”等。地方政府中公开开赌征税的是广东。广东征收赌税，始自清末张之洞督粤。自民国后相沿未改，每年征收的税款数目很大。1936年(民国二十五年)，广东实行所谓禁赌，对民国以来，历年赠税征收情况曾予以调查，开列了一详细清单。

粤省历年赌饷收入之调查

吾粤人民受赌博之荼毒，祸至惨烈。自民国以来，祇民国十一年间，虽曾施禁，惟翌年即再复活，且比前尤炽，此次粤局重光，统一告成，当局遵奉中央意旨，将全省赌博禁绝，现已实行，吾粤人民，从此摆脱赌博祸害。兹将本省历年防务经费，八十字义会、山铺票、麻雀捐等批商包缴饷项之惊人数目，查志如下：民国元年，民国二年(该两年间因时局未定无确数调查)，民国三年，计一百八十五万元，民国四年，计二百零六万四千元，民国五年，计一百九十一万一千元，民国六年，计一百五十万六千元，民国七年，计二百九十万七千元，民国八年，计二百三十三万五千元，民国九年，计七十三万七千元，民国十年计六千元，民国十一年(是年禁赌)，民国十二年，计三万四千元，民国十三年，计五千元，民国十四年，计七百五十二万七千元，民国十五年，计一千七百一十三万二千二百零二元，民国十六年，计一千四百七十三万九千四百八十元，民国十七年计一千四百六十七万九千一百六十八元零三仙，民国十八年，计一千四百零七万六千四百六十二元八毫三仙，民国十九年，计一千四百六十七万三千零三十二元三毫一

① 双成：《彩票史话》，见《文史资料选辑》1985年第3辑，第238~244页。

仙，民国廿年，计一千五百六十四万八千四百五十八元三毫九仙，民国廿一年，计一千五百四十一万九千三百八十四元三毫一仙，至民国廿二年至民国廿三年至民国廿四年，及本年上半年，虽未有详细数目开列，但每年所收饷款，亦总在一千四百万以上①。

毋庸讳言，国民党中央政府和广东省地方政府从赌博业中获得的巨额款项，对于财政收入、经济建设、国防开支有一定作用。以至于1936年(民国廿五年)广东实行禁赌时，政府要员也不得不承认："我们试想，广东的赌饷，每年总共一千四百多万，这一笔收入，实在不少，如没有坚毅的决心，断不会把它放弃的。"②但是，由于近代中国社会特殊的政治背景和社会环境，征收赌税并不能如近代西方资本主义国家那样给国民经济注入活力，反而助长了赌风的蔓延，使本已凋敝的近代经济更加萎缩。首先，赌税收入流失严重，贪官污吏中饱私囊，帮会、商界承办者从中大捞好处。航空公路奖券由四大家族把持，成为官僚资本敛财的重要来源。四大家族又把其发行权交给"海上闻人"金廷荪承办包销。金通过投机倒把、套用头寸，大赚其钱，实际是亏了百姓，肥了个人，国家从中获得的效益是十分低微的。广东省"在政府招承各项赌之际，赌商钻营，无孔不入，上下夤缘，互相关说，逢迎勾结，不择手段，无论行政营警，或自治机关长员，除少数向以风节自持，操守廉洁者外，鲜不奔竞蝇营，公行贿赂，以图取得包承总揽之权利。甚有经手介绍，亦坐享相当报酬，月领乾修，至于驻防军警，或隶属之区乡镇长，地方警卫队长，按日抽收保护费者，则更无论矣。故在此期间，政府各机关支出一切经临费，固漫无限制，即其主管长官，亦多予取予携，恣情浪用，表现一种'黄金散尽还复来'之状态，

① 《粤省历年赌饷收入调查》，见广东省禁赌委员会编：《禁赌概览》，奇文印务公司1936年版，第239页。

② 香翰屏：《对于禁赌应有的认识和努力》，见广东省禁赌委员会编：《禁赌概览》，奇文印务公司1936年版，第13页。

且因而养成一班贪官污吏，土豪劣绅，不肖军警，群藉赌饷以剥削人民脂膏，吸取人民血髓”①。由此足见，赌税收入并没完全用于国计民生和经济事业，而是被贪官污吏挥霍殆尽。其次，公开招商承赌，“凡属都市墟镇，表面上似现一种繁荣状态”，而实际上则使生产力受到极大破坏，经济出现停滞委顿。因为“赌博是纯消耗的，是障碍生产的。赌博不但浪费了宝贵的劳力，并且浪费了有用的资本”。“为士者若好赌博必无心向学；为农者若好赌博必无心务农；为工者若好赌博必无心工作；为商者若好赌博必无心经商，可以断言。换言之，即士农工商既务于赌博，必置应之事业而不顾”。因此，“我们现目感觉广东近年经济状况，已每况愈下了，生产方面一天比一天减少，消费则一天比一天增加，故欲恢复广东繁荣，非把赌博禁绝不可”。② 整个历史发展证明，在经济相对贫困、政府官员不能廉洁自律、国民道德水准低下的社会背景下，公然开赌无疑养痈为患，以征收赌税繁荣经济则必然是饮鸩止渴。这是连国民党中的有识之士也不得不承认的。

赌博败坏社会风气，“风俗之坏，于斯极矣”③。在近代中国许多地方，赌博与风俗习惯相互胶合，成为相沿不改甚至约定俗成的社会陋习。如全国各地大都有“自交正月、例不禁赌”的习惯。就是一些平时家教甚严的封建大家庭，新春佳节也要开几天赌禁，容许小孩、仆人玩玩骰戏、麻将之类小规模的赌博。一些赌场、赌徒更是钻了这个空子，大肆开赌，卜昼卜夜，狂赌不息。每年上海这一时期的报纸都有这方面新闻披露，如《申报》就有“赌博形形色色：废历春节之恶，旅馆家到处赌博”④等报道。北京“逢到过旧历年，赌风更盛，各个家庭、商号、旅馆、饭店，无处不在赌博，

① 李炳垣：《禁赌后广东之局势》，见广东省禁赌委员会编：《禁赌概览》，奇文印务公司 1936 年版，第 29 页。

② 均见广东省禁赌委员会编：《禁赌概览》，奇文印务公司 1936 年版。

③ 南京大学太平天国研究室编：《江浙豫皖太平天国史料选编》，江苏人民出版社 1983 年版，第 160 页。

④ 《申报》1933 年 2 月 6 日。

走到哪儿都赌场，一赌就是五天、十天的，几乎成了一种习惯”①。除了逢年过节开赌外，不少地方婚丧嫁娶的红白喜事，也有开赌的习俗。如北京就有所谓“耍红白棚”。“北京有这样一种风气，凡是家里办喜事或丧事时，都要在院子里搭大棚，喜事为红棚，丧事为白棚。有些人家由于办事没钱，便想出一种要钱抽头的办法，称作耍红白棚。有点地位的人家，棚一定搭得很早，拆得很晚，前后大约七八天的工夫。主家先要约请久赌的行家来成局，然后约好赌的人们入局。只要开赌的消息一传开，来赌的人就会越来越多。”“此外，有人家大办丧事时，在出殡之前亮杠或等候起灵的当儿，往往也会在路边围起一群一群的人聚赌。以押宝为多，开宝的人，都是赌棍。他们专门打听哪儿有出大殡的，便早早去等候。警察很少管这类事，因为赌钱的都是些抬杠、打执事的穷人，就是抓了也没什么油水可捞，还可能受到上级埋怨。过去有的穷人越穷越赌，结果常常是把卖苦力挣的几个钱输得净光。”②类似风俗不独京、沪等大城市，在广大农村更是极为普遍，如湖北武昌县农村，“旧时，城里商人下乡或帮会人物，遇见婚丧喜庆或开山立堂，便借机聚赌。抗日战争时期，国民党保安队及其所谓‘游击队’，在农历初一、十五，到处开堂结拜干兄义弟，借故赌博，盘剥老实农民。有的玩经牌‘上大人’，有的推牌九，有的抹撮牌（一种 84 张的纸牌——引者注），还有纸制马吊牌和骨制麻将牌，这些都叫‘牌赌’。另有骰子和铜钱宝，俗名‘宝赌’”③。

近代赌博除了影响社会风情民俗外，赌博本身还有许多俗套讲究，主要体现在两个方面。一是赌博与封建迷信结缘，有所谓“赌神”崇拜，有一套祭祀仪式和程序。民国时，天津赌窟内在密室特设神堂，两侧贴着“杀、杀、杀”的字样，所奉祀的究系何方神仙，

① 王子威：《赌博弊习》，北京市政协文史资料研究委员会编：《北京往事谈》，北京出版社 1988 年版，第 375 页。

② 王子威：《赌博弊习》，北京市政协文史资料研究委员会编：《北京往事谈》，北京出版社 1988 年版，第 381 页。

③ 《武昌县志》卷三十《民俗》，武汉大学出版社 1989 年版，第 584 页。

不得而知。赌徒们祭祀虔诚，每到农历初一、十五日，必有赌徒祭祀。金钱摊、骰子摊的庄家，除朔、望祭祀外，还在他们自定的良辰吉日祭祀。届时除烧香、放炮、上供外，还要杀一只大公鸡致祭，并在神案前悬一张用红纸写的“大杀三方”的长条①。花会是迷信意味特别浓厚的赌博品类。在赌博组织内亦有特殊的供奉对象和祭祀程序。“花会的总机构‘大场’供奉有‘女神’像，像绘有36支花，神座在木龛内，外垂帐幔，显得极其庄严。若问是什么女神？什么花？那就难以说明了。”②二是赌博行业的特殊禁忌。禁忌是人类普遍具有的一种文化现象，是属于风俗习惯中的一种类型，它作为一个社会、一个群体、一个行业内成员共同拥有的文化观念，对人们的行为起着规范、控制作用。赌博作为一个特殊的行当，赌徒作为一个特殊的亚社会群众，与其他行业、其他群体一样，为了自身的生存，为了赚取更多的赌注，也形成一些心理、行为、语言忌讳定势，成为一种特殊的社会文化景观。“粤人好赌，故平日有普通忌讳之字，如牛舌则谓之牛利，盖以舌字粤音近息，与折阅之折字同音，闻之不利，故讳舌为利，取利市三倍之义。又猪肝谓之猪润，盖以肝与干同音，人苟至于囊橐皆干，不利孰甚，故讳肝为润，取时时润色之意”③。另外，民间特别忌讳“输”字。“我们国内某一处的人最好赌博，所以讳言书，因为书与输同音，读书曰读胜。基于同一理由，许多地方的赌桌旁边忌人在身后读书。”④有一种中秋夜所卖的木鱼书，被叫卖者呼为“月光赢”，便是忌讳“书”与“输”字谐意的，又因广东方言“丝”与“输”的读音相同，所以把“丝瓜”改称做“胜瓜”。湖北赌博忌剃头洗脚，民俗以为如此入赌场必输，大概是犯了“净”“光”之忌讳。其俗在赌博打

---

① 《天津租界中的赌窟》，《天津文史资料》(第27辑)，天津人民出版社1984年版。

② 应靖方、袁元：《花会》，载《武汉文史资料》1987年第3辑，第166~171页。

③ (清)徐珂：《清稗类钞·赌博类》。

④ 梁实秋：《书》，见《悠闲生活絮语》，湖南文艺出版社1991年版，第397页。

牌时还忌旁人负肩，否则亦认为必输。台湾亦有这个禁忌，且忌讳旁人脚踏椅下横杆，也说与赌博不利。江、浙、皖一带赌博者忌见尼姑(师姑)，以为见之大不祥，必蚀本不利。① 赌博的上述禁忌鲜明体现出赌徒群体拜金主义的心理行为特征。这种禁忌初期在这个群体内部发生影响，久而久之便扩展到社会上，成为广大社会成员普遍接受的大众禁忌习尚。如广东的上述语言禁忌便是如此。此外，它还有文化方面的效应，民间用语习惯完全因此发生位移，与原初状态下的字形词义相去甚远。这个奇特的社会文化现象颇值得玩味。

赌博对近代文化的影响，当然不止于上述俗文化领域。其对知识文化、雅文化的渗透也是十分明显的，近代著名民主革命活动家谭人凤曾巧借骨牌之开合正变的不同形式著《石叟牌词》。②，记述自己的革命经历，评陟史事，臧否人物。该书是二次革命后谭人凤亡命日本前所作，共 49 章，每章有词、图、叙、评四部分，其中的词以骨牌的牌形结构为外形，以史事、感受为内容，二者巧妙结合，别具特色。兹爰引第一章“词”与“图”如次，以与读者“奇文共赏析”：

词

问苍天，何事把中原，畀予胡人占？山河黯淡，遍地腥膻？二三良友夜谈玄，说到扬州十日惨，嘉定三屠冤，使我双眉倒竖，五内血煎，天地交泰待何年？二十四气雨肠愆，红尘扰壤，八节迍邅，地图多改色，红绿判丹铅，一点丹心五脏悬。准备大刀阔斧，誓驱长白虏，余威慑九边。养晦待天缘，俯仰怡然，天时人事两相连，安得集合五湖四海贤，天地同流合德，五洲一统承乾？祷祝梅开二度，斗柄回旋，三五月团圆。唱罢凯歌五理七弦，八夷归化外，世事任推迁！

---

① 参见任聘：《中国民间禁忌》，作家出版社 1991 年版，第 370 页。

② 对《石叟牌词》的研究注释，有饶怀民 1983 年岳麓书社出版的单行本，另石芳勤编：《谭人凤集》也辑录此篇，湖南人民出版社 1985 年版，第 319 页。

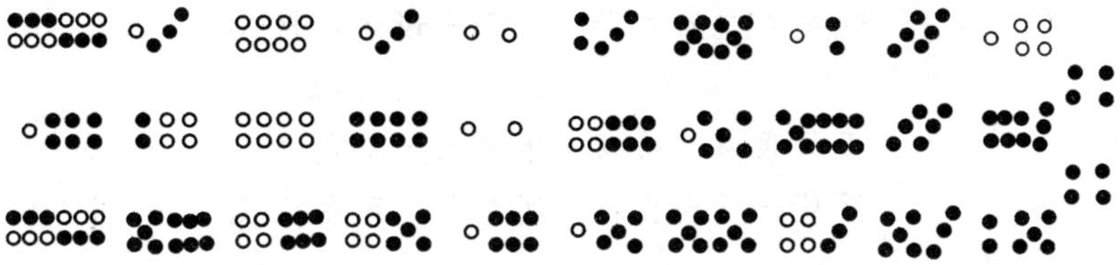

在近代诸类赌博中，麻将既是大众普遍接受的赌博样式，也是学者、文人们关注的对象。不少学者研究它，如胡适、梁实秋、梁遇春等都写有专文，梁启超、鲁迅等对之也发过精彩的议论。甚至有的学者将其作为中国文化的代表予以礼赞。① 在近代文学作品中，麻将的身影更是随处可见。晚清谴责小说如《官场现形记》等有描写麻将的段落。民国初期，鸳鸯蝴蝶派名家李涵秋的《广陵潮》第十九回“赌局翻新快谈麻雀，仙机入妙误掷番蚨”大段描写麻将赌博，更是形象生动，脍炙人口。与中国传统文人士大夫将博戏作为“雅尚”，对博戏踵事增华，化俗为雅不同，近代文人一般都对赌博持贬斥、批评态度，因此，赌博在文人们笔下不再是雅、不再是美，而是俗物，而是罪恶。这一半原因是由近代博戏完全摒除娱乐而向赌赢方向变化引起的。另一半原因与近代知识分子的社会责任感、文化批评意识增强有关。麻将的命运还稍稍好些，其他赌博品类所受到的抨击更为严厉。如清末民初上海的竹枝词对花会、掷骰、扑克彩票等的描写就甚为典型。

赌博从来尽是欺，况如花会更离奇。
一钱廿八来相配，赚得愚民共着迷。

喝雉呼卢骰在盆，赌场虹口最称尊。
赢来巨款休嫌累，包管安全送到门。

---

① 参见梁遇春：《论麻将及扑克》引张耀翔文章。

梅花一只与人牌，红黑分明是两般。
盒里玄虚随意弄，个中人谓倒棺材。①

天地原为大骗场，生财海上出奇方。
欲从万里赢头彩，买票争投别发行。②

对于从西方输入的赌博的品种，在近代文人的作品中也有不少描绘。这部分作品很少褒贬之意，多半带有新鲜、猎奇之感。如民国初期汉口竹枝词描写跑马：

络绎香车去马场，春秋两赛竞华商。
先鞭一着齐呼彩，赢得佳人为捧觞。

分道扬镖各自由，此风原是创西欧。
莫轻驰骤夸先进，合作华人胜一筹。③

总之，无论是贬斥也好，猎奇也罢，传统博文化的沉沦命运是注定了的。赌博在近代，与文人的观念及与雅文化之隔膜和不相容已初露端倪。幸耶？不幸耶？我们暂且不去说它。只是赌博虽然在近代获得畸形繁荣，但其原本就有的文化意蕴及文化根基反而被渐渐冲淡、慢慢销蚀，这一社会文化历史现象引人深思，耐人寻味……

① 陈金浩：《松江衢歌》。
② 勿山房主人：《申江百游》。
③ 罗汉：《民国汉口竹枝词》。

第九章
近代社会控制系统与赌博之禁

一、残缺的系统

社会控制是文明社会的产物。社会的文明程度愈高，愈是需要秩序，需要规范。于是相应的社会控制机制便应运而生。社会控制是一个结构复杂的系统，主要由两个大的子系统构成：一是强制性控制，如政权、军队、警察、法律等，可称为权力控制系统；二是非强制性控制，如道德、宗教、礼俗舆论等，可称为规范控制系统。强制性社会控制在制止和规范激烈的反社会行为(犯罪)时发生效力，非强制性社会控则通过说教、规劝、感化、监督等婉转方式规范社会成员的态度和行为，以防止社会越轨行为发生。二者相互联系，相互补充，刚柔兼济，形成一个密不可分的有机整体。

中国传统的社会控制系统在系统本身的完善以及功能作用的发

挥方面曾经是相当成功的。不但其权力控制系统的集中化与网络化在世界史上少见，而且在利用一些准权力组织实施社会控制、社会管理方面独具特色，如对农村分散社区的控制，就采用非官方的里甲制并发挥宗族组织作用来弥补行政手段鞭长莫及之不足，形成所谓“保甲为经，宗法为纬”纵横交错的控制网络，使本来极端分散化的广大乡村置于系统的严密控制之下。在强制性与非强制性控制的互补方面，传统中国社会控制系统同样具有独到之处，儒学的伦理说教不仅把中国人对皇权的强制性服从转化为内在的心悦诚服，而且使社会成员把维护和服从宗族的名誉、利益当成天然义务，从而使社会的基本单元得到相对稳定。另外，传统的道德规范控制尽量避免枯燥的说教和强制性灌输，而是通过伦理的生活化、礼俗化，使其成为百姓的日常意识，“美教化，移风俗”——在潜移默化之中完成了对社会成员态度和行为的规范与秩序化。

近代中国的社会控制系统对于传统体制多有保留和承袭。如在规范性控制系统中对儒学忠孝伦理的恪守就很突出。对基层社区的控制仍然沿袭了传统的宗法制与保甲制。中国传统社会的国家政权机构一般只到县级为止，“村庄和城镇没有正式的政府，在其内部缺少一个负责政治事务的公共机关，而上级没有指定建立机关来进行管理。因此，村庄并没有成为由地方到中央的权力之链上的一环，小城镇和村庄也不是那种具有财产所有权并对税收、徭役和维持地方治安等公共事务负有法人责任的地方性实体”①。但这并不意味着清朝政府放松对农村及城镇街道里巷的控制，其所采取的控制办法便是具有准权力性质的宗族制和保甲制。关于宗族制，道光、咸丰时期，清廷曾数度下诏给宗族族长以行政权力，“凡聚族而居，丁口众多者准择族中有品望者一人为族长，该族良莠责令察举”②。关于保甲，“以 10 户为单位组成一排，10 排组成一甲(100 户)，10 甲(1000 户)组成一保。这个体系通过互相监督和集体负

---

① 吉尔伯特·罗兹曼主编：《中国的现代化》，江苏人民出版社 1983 年版，第 112 页。

② 《户部则例九十九卷》卷三《保甲》。

责制来维持地方秩序，稽查违法分子"①。宗族制和保甲制互相结合，将分散的农村各家各户置于严密控制之下，"州县编查保甲……地方官果能实力奉行，不时留心稽察，民间户口生计、人类良莠，平时举事周知，惰游匪类，自无所容，外来奸宄，更无从托迹，于治理最为切要"②。"所以使天下之州县复分其治也，州县之地广，则吏目之耳目有所不及其民众，众则行之善恶有未详；保甲长之所统，地近而人寡，其耳目无不照，善恶之所匿，从而闻于州县知其是非，则里乡得治，而州县也无不得治。"③进入民国后，宗族制和保甲制合一的基层控制体制得到沿袭，国民政府将保甲制完善到无以复加的程度，最高统治者对其着加阐扬，推崇有加。蒋介石在《中国之命运》中说："中国古来建设国家的程序，自身而家族，则系于血统。由家族而保甲而乡社，则合之以互助。由乡社以至县与省，以构成我们国家大一统的组织。故国家建设的基层实在乡社。""由个人日常生活的箴规。推而至于家，则有家礼、家训，推而至于族，则有族谱、族规。在保甲则有保约，在乡社则有乡约和社规，其自治的精神，可举修齐的实效，而不待法令的干涉。"近代保甲制度不仅实行于乡村，而且在城市街道里巷也广为推行，成为一级社会组织。如天津，开埠前城厢内外就有 20 保，19 世纪 80 年代以后，保甲制得到进一步完善，将城区分为 20 个地段，每段设一保甲分局，负责本段治安，并在市区南门内涌泉寺设立保甲总局进行统一管理，俨然一正式的官僚政府机构。武汉在民国中期建市后，实行市、区两级行政管理体制。市以下基层则设保甲加强控制和管理，直到 1947 年，汉口市有 14 区，下辖 281 保，4979 甲；武昌市有 8 区，下辖 82 保，1334 甲。

近代社会控制系统在保留传统体制的同时又多有兴革，其最为典型的是近代警察（强制性）和包括报纸在内的舆论控制手段的产

① 吉尔伯特·罗兹曼主编：《中国的现代化》，江苏人民出版社 1983 年版，第 112 页。

② 《钦定大清会典事例》卷一三四《户部》。

③ 《钦定大清会典事例》卷一三四《户部》。

生。中国最早的警察制是仿照义和团时期八国联军入侵北京时设立的“安民公所”，于1901年设立的“善后协巡营”(旋改称“工巡总局”)，其职责之一是维护京师治安。这之后，许多大城市纷纷仿效。如1902年，天津和武汉就建立了警察系统。天津还将传统的保甲组织划归巡警总局之下管辖，使传统与近代社会控制体制互为补充，双轨运行。1908年，清政府颁布《各省巡警道章程》，正式在全国实施警察制度，并颁发《违警律》，对包括赌博在内的有伤风化的行为进行惩治。中国人自己编辑出版的近代报刊滥觞于同治十二年汉口的《昭文新报》，戊戌变法尤其是甲午战争之后，各处报刊如雨后春笋般涌出。报刊除了登载时事新闻和各种文化科学知识外，一个重要的功能便是对社会政治以及人们日常生活起导向和监督作用。官方除了要求报纸与统治者的政治意图保持一致外，都无一例外地强调其扶正祛邪、纠偏补弊，维持良好社会风尚的社会控制功能。近代许多有影响的报刊也确实有这种自觉的舆论监督意识，如《申报》《东方杂志》等报刊在报道社会新闻时，都有较鲜明的倾向，抨击时弊，净化社会环境，维持社会安定。近代报纸作为辐射面最广的大众传媒体，使之所为对社会实行规范化控制，是最有影响、最具魅力的手段之一。

然而，近代社会控制系统从本质上来说是残缺不全的。这既与操纵这一系统的官僚机器的腐败无能有关，又是由于中国早期现代化进程中系统本身难以适应社会的剧烈变化而导致其发育不良。其表现主要有如下诸点。

第一，传统宗法——皇权专制统治高度一统和一脉相系的政权结构被打破，近代政权结构体系出现多极化、分散化和不断出现权力断层和权力真空。造成这种现象的原因是多方面的，政治革命是原因之一——辛亥革命、北伐战争；外力入侵也是重要因素——八国联军打入北京、日本侵略者全面侵华，这些都曾使近代政权结构出现过时间长短不一的真空和断层。而多极化与分散化则主要是由于军阀割据所致。军阀各自为政，把持一方，使国家被肢解，社会整合被破坏，自古以来被牢固树立在人们心中的大一统的国家与主权观念受到挑战。权力结构的这种变化使近代社会控制系统的中枢神经处于极度紊乱状态。其控制功能受到损害自然不言而喻。每一次政权的更迭，势必带来社会的极度混乱。八国联军入侵天津时，传统的社会控制便完全失控，城市社会陷入混乱无序状态，无业游民"混子"互相斗殴，包庇娼赌，讹索钱财，把个天津市面搞得乌烟瘴气。而新的政权机构建立后，便面临着重建控制系统的重大课题。建立—破坏—重建，近代社会就经常处于这种周而复始、循环往复的矛盾运动之中，社会稳定根本得不到保证。而军阀割据所带来的后果更堪严重，由于军阀政治态度上的短视病和政治运作上的短期行为，由于军阀本身无视政治伦理，带头破坏正常的社会秩序，由于军阀各自为政，全国缺乏统一的政令、法纪和规范，此处犯法，逃到彼处便可不被追究……于是社会如果一盘散沙，民国初期成为中国历史上少有的动乱时期之一。

第二，传统的宗族制和保甲制受到挑战，其控制功能大大减弱。保甲制度起源于西周，兴于宋，完备于明清。历朝历代各有侧重，其名称亦各异。而清朝统治者以满族人身份入主中原，更重视保甲制度的警卫作用，视其为"稽查奸宄，肃清盗源"之良法。① 故有清一代，保甲制度愈发完备。而保甲组织效能的发挥，与传统乡村特有的社会生态密切相关。以宗法伦理为基础的乡村社会存在着规模庞大的宗族组织，乡村社会中的各种组织体系、权力网络，莫不以此为运作基础。而这种以血缘为纽带的家长负责制体系，正是保甲制度能够实现"制一人足以制一家，制一家亦足以制一乡一邑"②的现实土壤。同时，乡村社会中的小农经济生产率较为低下，大量的土地需要不断的劳动力投入，才能满足人们基本的生活需要。乡村地广人稀，乡民安土重迁，人们活动的中心以家族为基础，风俗习惯趋于同质，里族乡邻相知相熟。正是在这一熟人社会，保甲制度中以"节节相制，彼此相保"③的株连方式，得以成为可能。

① 闻钧天：《中国保甲制度》，商务印书馆1935年版，第260页。
② 闻钧天：《中国保甲制度》，商务印书馆1935年版，第14页。
③ 黄强：《中国保甲实验新编》，中正书局1935年版，第15页。

不同于地广人稀的乡村社会，人口高度密集与过度流动是现代都市的显著特征。传统中国城市相对封闭，人口较少。近代以后，城市以其特有的文明魅力带动了人口规模迅速增长，出现了像上海、天津、武汉等人口超过百万的特大城市。对此，胡适感叹道："现在中国的情形很像从乡村生活变到城市生活的趋势了。上海、广州、汉口、天津等处的人口骤增，各处商埠的渐渐发达，都是朝着这个方向走的。我们这个民族自从有历史以来，不曾有过这样人口繁多、生活复杂的大城市。大城市逼人而来了！"①大城市的兴起又意味着人口的高度流转，天灾人祸和工业化的需求引发了大规模的人口流动。太平天国运动、义和团运动、辛亥革命、首都南迁、抗日战争等事件都曾引起上海、北京、天津、武汉、广州、重庆等城市人口短时间的大起大落。如 1935 年武汉人口达到 129 万，沦陷后的 1939 年仅有 45 万人，至 1942 年又回升到 125 万人。② 而都市工商业的繁荣、交通运输业的发展、商品市场的扩大，又推动了城市之间、城乡之间人口的流动。城市周边乡村农民闲时进城务工，忙则回乡务农的季节性流动十分普遍。民国时期，以饥民、水上居民、流动商贩、城市乞丐和无业游民及观光、旅游、探视或搭船上车的旅客组成的流动人口群，占武汉总人口的 1/5 到 1/4。③近代上海房荒严重，市民流居不定，"搬场忙"便成了当时社会的一大特色。乡村社会"聚族而居"的生活状态难以在城市维系，宗族大家庭在城市几无存在的可能。

城市聚集性和流动性的增强，导致城市文化、社会迥异于乡村社会的异质性。现代工业化和商业革命带来城市社会产业的变革，城市社会分工更加复杂，专业化程度进一步加强，进而形成从事不

---

① 胡适：《〈市政制度〉序》，选自季羡林主编：《胡适全集》第 3 卷，安徽教育出版社 2003 年版，第 844 页。

② 涂文学主编：《武汉通史 · 中华民国卷下》，武汉出版社 2008 年版，第 326 页。

③ 涂文学主编：《武汉通史 · 中华民国卷下》，武汉出版社 2008 年版，第 326~327 页。

同职业的社会群体。大体而言，近代中国城市主要有三大阶层：以官僚、绅商为代表的社会上层；以职员与自由职业者为代表的社会中层；大量的苦力、游民构成的社会下层。而每个阶层又可细分为更多的层次和不同的职业，业缘渐成为人们彼此联结和相互交往的主要因素，并因此形成不同的社团组织，代表各自团体的利益向社会发声，并产生各具特色的都市亚文化。同时，近代城市人口在结构上又呈现出华洋杂处、五方汇集的特点。从各地移居而来的人们，携带着各自的风俗文化、宗教信仰交织于都市之中，造就了城市文化多元异质的特点。此外，人们的生活方式也发生巨大变化，家庭不再是市民活动的中心，办公室、茶馆、影院、舞厅、游艺场、公园等为人们的工作和生活交流提供了新空间。邻里关系趋于表面、冷淡，“左邻右舍，多不相识。楼上楼下，不相往返”①。忙碌的市民像老舍笔下的祥子，“孤独地行走于都市之中”。

将传统保甲运用于社会文化高度异质化的现代都市，其不适与困境便不难想象。如汉口因商立市，行商坐贾、流动摊贩占人口多数，故保甲长亦多为商贩。商人逐利，常因经商外出，或迁移他处而致保甲虚悬。如云樵区第十一保副保长曹西南即须“不时外出经营小贸，往返三四月不等”②。新安区第一保副保长李大厚则以被“指派筹备武昌县青山中心小学”，恳请辞职。③ 三民区“各甲甲长多因谋生，住址迁移”④。城市保甲人员因职业关系流动，是保甲编组难以健全的重要因由。再者，城市人群因生活需要而流动不居，使得清查户口难以落实，户口清查时，常遇有乡人来汉谋生而未报户口者；有木匠因“外出多在家少”而未报户口者；有家住韩家巷，搬到铁路旁而未报告迁移者；有保甲户口而未登记警察户口

---

① 郭佛舟：《编办保甲与推进市政之关系》，载《协力旬刊》1943 年第 1 卷第 5 期，第 6 页。

② 《区公所会议记录、保甲长名册及选举事务》，武汉市档案馆馆藏，LS3-1-59。

③ 《本区保甲人事异动各项文件》，武汉市档案馆馆藏，LS2-1-339。

④ 《第二十九保核委甲长名册及有关甲长任免文件》，武汉市档案馆馆藏，LS1-1-4。

者；有返乡卖产而未报异动者；有来汉避难，住亲戚家未报告者；更有流动工人“随地有工随处做，没有一定的住址”而不报户口者等情形①，不一而足。汉口为华中重镇，“居民皆以工商学政为业，且大多数来自外籍，独负家庭生计责任”②，雇工、辞退、回乡、探亲、他往、迁移等皆为常态。正是都市社会的异质性和高流动性消解了保甲制度赖以维系的基础，使得户政虽迭经清查，“仍自难期详实”③，“联保检举各项，不敢严厉执行，每每扶同隐蔽”④。

保甲制的另一核心要素是“联保切结”。“保甲制度乃农村社会之产物，其推行亦适宜乡村而不适宜城市……城市之社会单位既大，人口亦密，即比邻对户，亦多老死不相往来，在此各部相关之环境下，而责以联保切结，共守规约，岂非强人所难哉？现时虽有若干城市，已在推行保甲，个人私见，不敢苟同也。”⑤历史学家吕思勉亦从历史角度分析，认为城市保甲连坐“往往徒以扰民而仍不能收清查之益”⑥。尤其到了近代，人们的法治意识觉醒，这种具有“集体性惩罚”的连带机制，显然与罪责自负的现代法治理念相违背。不仅民间社会反对联保连坐，中央政府内部也意见不一。司法部即认为，保甲连坐不但与刑法规定抵触，亦违背现代刑事政策之潮流，如有加强绥靖区连保责任之必要，“亦应先经

① 《有关户口不报漏报妨碍社会秩序案》，武汉市档案馆馆藏，LS40-13-4280。

② 《汉口市所属各区公所、区民代表大会、兵役协会关于请求汉口市政府缓期减免征集兵员的签呈》，武汉市档案馆馆藏，LS000009-WS007-00225-0021。

③ 《汉口市政府关于检发汉口市参议会第一届第七次大会决议案仰遵照的训令及兹检送汉口市参议会第一届第七次大户决议案一份等情的便笺》，武汉市档案馆馆藏，LS000009-WS003-00028-0005。

④ 杨荫清：《现行保甲制度的检讨》，载《行政效率》1935年第3卷第3期，第246页。

⑤ 张纯明：《现行保甲制度之检讨》，载《行政研究》1937年第2卷第3期，第229页。

⑥ 吕思勉：《论保甲》，载《中国建设》1946年第6卷，第48页。

立法程序”。① 而就其在乡村社会的实际运作，已有学者指出，由于国民政府内部对连坐处罚标准的分歧，乡村社会政治生态的制约，保甲连坐制度实施的效果“只能存在于该制度设计者的想象之中”。② 城市邻里关系的生疏，几乎消除了连坐制仅有的社会基础。在这种情况下，联保连坐制不但没有达到“心理震慑”的作用，反而成了“徒扰市民而糜公帑”③的弊政。

第三，在权力组织与准权力组织之间，中国近代社会缺乏健全完善的“中间组织”，一即人类学家哈维兰所说的“共向利益社团”。“中国社会中占压倒优势的是以家庭为中心的组织，缺乏能够起到抗衡作用的中间组织，资源也分散在各地。除家庭和宗族的联系之外，可以进行控制和协调的基础一直就很脆弱。”④虽然在许多城市的商人群体中出现了诸如“同乡会”“会馆”“同业公会”之类的组织，但这些组织多只具工商业务功能及同乡、同业联谊性质，而具有社交、议政、维持公共秩序的社会团体、政党组织却寥若晨星。这种“中间组织”的缺乏，也是社会控制系统残缺的一种表现，由于它阻碍人们交友、结社、渴望自身利益得到团体保护的欲望，因此便给社会结构留下一个重大缺口。但缺口不能总是空着，势必会有某种组织出来填补。于是便给黑社会以可乘之机。中国近代帮会泛滥成灾不能不与此有关。当统治者的权力式微，家庭、宗族失去吸引力和约束力的时候，“中国人有更大的自由去独立行动，不受有关团体的约束。个人主义无从产生主要是由于缺乏可供选择的组织形式。不与家庭相关联或不以家庭为模式的中间组织相对来说是很少的，个人就是在这种背景下生存的，一旦挣脱了家庭的枷锁，

① 《司法行政部命令公牍 五人连坐办法与法无据》，载《法令周刊》1948年第11卷第7期，第3页。

② 曹成建：《国民政府保甲制度中的连坐处罚规定及其实践制约》，载《四川师范大学学报(社会科学版)》200年第6期，第67页。

③ 萧文哲：《保甲制度之检讨》第1卷第12/13期，1940年10月30日，第42页。

④ 吉尔伯特·罗兹曼主编：《中国的现代化》，江苏人民出版社1983年版，第240页。

个人也就没有任何约束了。尽管政府百般防范，秘密会社、叛党和宗教派别仍然此起彼伏”①。秘密社会组织是正统社会控制系统残缺状态下所结成的一颗毒瘤，其鲜明的反文化、反社会属性决定了它势必要与正统的社会控制系统相抗衡，扰乱和危害社会的正常秩序。

第四，道德规范控制系统的残缺。近代文化价值观念变迁，个人主义思潮抬头，新旧道德伦理价值激烈冲撞，存在“死的拖住活的，活的战胜不了死的”的矛盾现象。其主要表现为，一是旧有的道德规范已不适应社会变化的需要，如君臣父子之类的以维护专制皇权和宗法制为基调的处理各种社会关系的伦理规则与近代社会状态下新的政治关系、家庭关系显然不相适应，但统治者仍然顽固地、不遗余力地宣扬、贯彻这一套准则，而没有也不可能尝试建立一套与近代社会相匹配的新的伦理准则，而且其灌输、实行的方式也相当陈旧，或沿袭传统办法通过启蒙学对儿童进行强制灌输启蒙，或采取编辑歌诀、设局宣讲之类的手法到社会上广为宣传，但结果往往是“讲者颇少恳切之心，听者难动信从之念”。二是新的道德规范体系未能确立。近代以来，虽有不少有识之士主张中华民族的道德重建，如梁启超就大力鼓吹“新民说”。但是由于道德规范作为意识形态，其形成需要一个积累的过程，由于道德规范与社会进步之间存在着的时间距离，更由于道德规范作为整个社会控制系统中的一个子系统，需要借助行政权力以推行和实施，因此，中国近代社会新的道德规范系统从总体上来说与现代化相比较处于滞后状态。这种道德规范的滞后，给社会稳定带来两方面后果。从积极方面言之，它为人们冲破传统道德的束缚，解放思想提供了机会，减少了羁绊，社会也因此加速由传统向现代的转轨；从消极方面来看，传统道德的失落与新的道德规范的难产，社会成员的社会态度和行为在一种无规范化的非理性王国里游移而缺乏限制，势必会使社会越轨行为泛滥成灾，社会因此便处于一种无规则化和非秩

---

① 吉尔伯特·罗兹曼主编：《中国的现代化》，江苏人民出版社 1983 年版，第 237 页。

序化状态。这无疑给赌博提供了繁衍的温床，而禁赌，则必然是关山重重，举步维艰……

二、赌博之禁

禁赌与赌博的历史一样久远，有赌博就有禁赌。中国古代社会重义、贱利、节欲的文化传统与赌博水火不相容，因此，至迟自春秋以后，关于禁赌的法律、言论、举措便不绝如缕。近代，尽管社会处于动荡不定的多事之秋，文化道德观念也发生了本质性价值迁演，但主流社会对于赌博仍然持基本的否定态度，社会控制系统的方方面面自觉或不自觉地抵制、禁止赌博活动。尽管收效甚微，但仍有不少成功之处值得一书。

近代禁赌包括权力之禁，家庭、宗族及村社之禁，社会组织、团体之禁，舆论之禁等。

(一)权力之禁

利用法律、行政手段，由政府出面禁赌，是社会控制系统内禁赌之主导。权力禁赌，包括颁布相应法律限制、禁止赌博，惩戒赌徒，组织社会力量、动用国家专政机器开展专项的、规模不等的禁赌活动等。关于法律，中国历代刑律中都有禁赌条款，清朝禁赌法律在康熙年间初具雏形，至乾隆年间完全定型。清末，禁赌法律除承袭康乾律例外，又适应时代变化，有一些新的创制。宣统三年(1911年)，《大清暂行新刑律》颁布，其中第二十二章为“赌博罪”，从第二百七十六条到第二百八十二条，共7条，对赌博者包括一般赌博和惯赌之赌棍、开赌场者、发行或购买彩票者等犯赌博罪者的处罚予以规定。对一般赌博者，处一千圆以下罚金；当场赌博器具及犯人所有钱财，以供犯罪之物论；但以供人暂时娱乐之物为赌者，不在此限。对以赌博为常业者，处三等(三年以上五年以下)至五等(一个月以上一年以下)有期徒刑，并褫夺公权。对开设赌场者，处三等至五等有期徒刑，并科五百圆以下罚金及褫夺公权。对发行彩票者，处四等(一年以上三年以下)有期徒刑或拘役，并科一千圆以下罚金及褫夺公权。对购买彩票者，处一百圆以下罚金，因而得利者，处其价额二倍以下价额以上罚金；若二倍之数未满一百圆，处一百圆以下价额以上罚金。除此之外，《大清暂行新刑律》还有未遂罪之适用条款：凡开设赌场、发行彩票、购买彩票等均未及实施或未获利者，以未遂罪处罚之。

清末法律和政府其他形式的权力禁赌有一个鲜明的特点，就是针对一些新的赌博品种的出现，或在法律中制订一些补充条款。如同、光时期，订专项条款对广东的花会、闱姓、白鸽标等赌博①予以严禁；或者在修订法律时增加对新型赌博品种的处罚条款，如上述《大清暂行新刑律》对发行、购买彩票的处罚；或者以政府文件形式加以惩治，如宣统元年(1909 年)民政部向各省发出咨文禁止麻将赌博："查得叉麻雀赌博一项，近来各处盛行，官绅士商，莫不沾染此项习气，误事废时，莫斯为甚。当兹预备宪政，讲求自治之际，岂容虚掷岁月，日事荒嬉！亟应认真整顿。现已由部通谕各省，一律严行查禁，凡各公会局所、住宅妓院，概不准再有此项赌博，无论官绅士商民人一律查拿，照违警律惩办。各省均应一律严禁，由各处巡警侦查办理，以保治安而除弊俗。"②

中华民国成立后，以法律惩治赌博也是其禁赌实施的重要内容。民国成立伊始，就先后有"陆军部通饬各军队严禁军人冶游聚赌文"和"内务部报告禁赌呈"行世，厉行禁赌："窃惟赌博陋习，最为社会之害，律法再所必禁。只以光复之际，军事倥偬，未及整理。刻已南北统一，国是大定。将欲修明内治，必先革除社会陋俗。矧去秋各处，频告歉收，兼值军兴，人民生计类多困难。赌博为巧取人财，既背人道主义，尤于现实民生多所妨害，亟应严厉禁止，为我共和国民祛除污点。现经本部分咨各部、各都督，并饬南京巡警总监暨南京府知事，切实执行，无论何项赌博，一体禁除。凡人民宴会游饮集合各场所，一概不准重蹈旧习。其店铺中有售卖

① 光绪《大清会典事例》卷八二七《刑部・刑律杂犯》。

② 《民政部通咨各省严禁叉麻雀文》，见《大清法规大全》卷十三《民政部・禁赌》。

各种赌具者，即著自行销毁，嗣后永远不准出售。责任各该地方巡警，严密稽查。倘有违犯，各按现行律科罪，以绝赌风而肃民纪。”①在当时法律不健全的情况下，内务部的禁赌呈文无疑具有准法律性质。

1912年3月10日，袁世凯宣誓就任中华民国临时大总统，开始了长达15年之久的中华民国北京政府统治时期。袁世凯上任伊始即以大总统名义颁《严禁赌博令》：

> 赌博之害，小则废业失事，大则荡产倾家，损人精神，短人志气。其浇风所被，能使廉者陷于贪污，愿者化为诈伪，而奸盗戕杀之案，亦往往因而发生。博稽中外法规，莫不悬为厉禁。乃目前清之季，牌赌盛行，固由有司之教导无方，亦因朝贵官曹恣情赌博，上行下效，相习为常，积习既深，难于挽救。今者民国肇始，正宜涤瑕荡秽，咸与维新。乃闻不肖官吏，博赛流连，仍未能悉去旧习，实堪痛恨。当此建设伊始，百废待兴，在职各员，虽夙夜勤勉，优虞弗及。即使自公退食，偶有余暇，亦宜诠镜典章，研求学术。凡属进德修业之事，莫非怡情养性之资，何得相率酣嬉，有愆践履。本大总统行法自近，疾恶如仇，以为不革赌风，则民生无由而厚。若非严儆有例，则赌风无由而清。应由内务部责成京师警察厅暨步军统领衙门，随时查禁侦捕，并由陆军部分饬宪兵，协同查拿。遇有聚赌情事，无论何项人等，立即认真拿办，按法究治，并将所赌财物，拨充赏项。在京各衙门长官，均应督察所属，犯者严予褫究。各省民政长，亦一律如令办理。自此次严令之后，须知赌博犯罪，律有明文，禁令森严，不容尝试。务当束身圭璧，力戒前非，既以免逾闲荡检之讥，即以策易俗移风之效。今申所布，其各凛遵。此令。②

---

① 《内务部报告禁赌呈》，见《临时政府公报》第二十九号《纪事》。

② 大总统：《严禁赌博令》，见上海经世文社辑：《民国经世文编》（内政4），北京图书馆出版社2006年版，第2471～2472页。

综观袁世凯在任时禁赌举措，一共发布过3次禁令(1912年10月8日，1913年11月28日、1915年3月31日)，袁世凯尤其关注京师和官吏的禁赌戒赌。他认为，“京师绾毂四方，尤为全国观听所系，若不重申禁令，何以整肃纪纲。著内务部通饬内外两厅，随时严密稽查，凡有犯刑律赌博各条者，应立于惩禁。”①他于1915年3月31日专门发文，申令禁止官吏赌博，告诫官员要洁身自爱，力戒赌博，“自此次告诫之后，倘有不知警悟，仍蹈前辙者，一经查出，或被人举发，定当治以上玷官箴下害风俗之罪”。“京外文武长官，有表率之责者，务各切实申儆所属，如尚沿前弊，除将该官吏等依法惩戒外，仍惟该管长官是问。”②北洋政府在其颁布的《暂时新刑律》中，基本上照抄了《大清暂行新刑律》的禁赌条款，对于犯赌博罪者、开赌场罪、发行和购买彩票者予以严厉处罚。“在司法实践的判例中，明确赌博加诈骗应从重处理。又明确‘苟有以财物赌博者，不问其品位之贵贱，数量之多寡，皆不能免除罪责”，商人以银和物之市价，赌赛高低，与空买空卖既系一事，则应以赌博罪论。赌博之罪，应以性质设定，凡警员捕获赌犯，又因得钱财而释放，应判处受贿枉法罪，处以重罪。又规定赌博之债务关系不受法律保护。北洋政府大理院申明‘花会’、江西的‘标图’、‘广东之有奖义会’，均与发行彩票相类似，以赌博论处；开设花会的筒主，集合多数人赌博，以营利为目的，因此，应以‘开赌营利’论处。”③

南京国民政府成立后，禁赌成为国民党和国民政府意志和既定政策。1929年《中国国民党第三次全国代表大会内政部政治工作报告》将禁赌写入报告，作为“改良风俗”的重要内容。20世纪30年代，蒋介石发动“新生活运动”，禁赌是重要内容之一，蒋介石甚

① 《临时大总统重申京师赌禁》，见《中华民国政府公报分类汇编·禁烟禁赌》。

② 袁世凯：《申令垂诫官吏》，载《东方杂志》卷十二第五号。

③ 戈春源：《中国近代赌博史》，福建人民出版社2005年版，第202~203页。

至把“切实戒除赌博”作为某一年度新生活运动的主题予以高度重视：

> 赌博在各国是都有的，似乎是不足为奇的，但在我国实在是民族最大的羞辱，这不仅是国民堕落腐败的象征，而且是民族道德最大的障碍。大家只要看同桌聚赌的人，他们因为胜负利害的不同，就是对家人亲友也都要变着面对面的钩心斗角势不两立的敌人。有人批评中国赌风普遍的结果，造成了民族嫉妒忌恨的恶德，这话不为无因，所以赌博不但耗时耗财，而且有伤民族与情谊，为亲爱精诚的最大蠹贼，今后全国上下，务必痛切认识赌博和新时代民族亲爱互助的道德，与积极奋发的风气，绝对不能相容，无论前方后方，家庭、学校或机关，都应切实严禁，深恶痛绝，更应该互相劝阻，彻底根除，总要趁这个对敌作战的时期，扫净我们普遍于社会各层的这个最可耻痛的污点。①

1928年，国民政府颁布《中华民国刑法》，于第二编《分则》第二十章中专列“赌博罪”，对“普通赌博罪”“常业赌博罪”“图利供给赌场或聚众赌博罪”“图利发行彩票罪及媒介贩卖彩票罪”等分别以处罚规定。1935年7月1日，南京国民政府又颁布新修订的《中华民国新刑法》，该刑法第二十一章为《赌博罪》，第266~270条共5条内容中对赌博罪予以处罚之规定：

> 第二百六十六条：在公共场所或公众得出入之场所赌博者，处一千元以下罚金，但以供人暂时娱乐之物为赌者，不在此限。
>
> 当场赌博之器具与在赌台或兑换筹码处之财物，不问属于犯人与否，没收之。

① 参见秦孝仪、罗家伦、黄纪禄编：《革命文献》第68辑，见萧继宗主编：《新生活运动史料》，台北“中央”文物供应社1975年版。

第二百六十七条：凡以赌博为常业者，处二年以下有期徒刑，得并科一千元以下罚金。

第二百六十八条：意图营利，供给赌博场所或聚众赌博者，处三年以下有期徒刑，得并科三千元以下罚金。

第二百六十九条：意图营利，办理有奖储蓄或未经政府允准而发行彩票者，处一年以下有期徒刑或拘役，得并科三千元以下罚金。

经营前项有奖储蓄或为买卖前项彩票之媒介者，处六月以下有期徒刑，拘役或并科一千元以下罚金。

第二百七十条：公务员包庇他人犯本章各条之罪者，依各该条之规定，加重其刑至二分之一。如系陆海空军者，处五年以下有期徒刑。

此外，民国二十五年(1936 年)6 月 19 日修正公布的《违警罚法》也对赌博处罚有规定，如第三章《妨害风俗之违警》："凡于道路公共场所或公众得出入之场所为类似赌博之行为者，非公共场所或非公众得出入之场所赌博财物者，处七日以下拘留，或五元以下罚金或罚役。"民国三十二年(1941 年)1 月 22 日，司法行政部会同财政部公布《司法机关赌博案件罚金及没收钱财充奖办法》，对赌博案判处的罚金和没收的钱财奖励举报者和办案司法人员做了具体规定：

(一)因人民告发，经司法机关判处罚金及没收钱财者，以百分之三十奖给告发人，百分之二十奖给破获该案之员警，百分之十补助司法机关办公费。

(二)因公安机关自行破获，经司法机关判处罚金及没收钱财者，以百分之三十奖给负责查缉之员警，百分之二十奖给协助人员，百分之十补助司法机关办公费。

(三)赌博案件于判处罚金没收钱财完毕后，立即将充奖成数拨给受奖人，并制取表格收据，按月汇报司法行政部备核。其余应解归国库，其应受奖金而不愿受领或无人受领或逾一年不领者，亦解归国库。①

法律禁赌尽管严厉，但无视法律、我行我素者依然很多。于是近代无论是清朝还是民国政府，为了保证禁赌律令不致成为具文，经常动员行政手段、专政机器实施赌禁，主要包括3个方面。

一是发布告示，动员军警抓赌缉赌，惩治赌徒。光绪末年，广东顺德赌博泛滥，新隆乡绅耆恳请县府出面禁赌，顺德知县在其乡出示禁赌告示碑以表支持。

光绪三十二年李邑候滋然禁新隆赌博示碑

顺德县正堂李，为出示严禁事。现据新隆乡绅陈浚明等称：新隆自开村以来三百余年，聚族而居，人民朴实，多务农桑，非出外经商，即居乡耕种，绝无闲散之人，且乡无市场，又少过客，父兄子弟出作入息，专务正业。凡属偏门赌博例禁甚严，但近日番摊弛禁，赌博盛开，恐有不肖子弟承赌饷破坏成法，营一己之私利，防大众之公安，毒害生民甚于瘟疫，诚以赌为盗源，鸽票、花会、牛牌、啤牌日夜开设，势必引诱良民破家荡产，壮者流为盗贼，弱者卒为饿殍，贻祸乡间，莫为此甚。迫得禀台阶请示永禁，伏恳仁宪父民斯民俯顺舆情。按照筹饷局章程，向无开赌之处，不准开设，以免违禁害民，并请赏示泐石永禁，俾不肖之徒，不敢大胆妄为，私开杂赌，害乡累民。实为德便等情到县据此查新隆乡，既系向无赌博，自应准予照案，永远严禁。除批揭示外，合行布告，仰该乡人民一体知悉，尔新隆乡既向无赌博，自不容开赌，以祸害乡间。如胆敢破坏成规，私开各种赌博者，即指名呈控，定即提案究惩，决不姑宽，各宜凛遵，毋违，特示。

碑立新隆乡月右禁令②

---

① 《司法行政部训令》，载《国民政府公报》第211册，第2872号，参见郭双林等著：《中华赌博史》，中国社会科学出版社1995年版，第389页。

② 民国《顺德县志》卷六。

类似顺德县新隆乡的禁赌告示碑在广东还有不少，“如南海、番禺等县出《禁赌告示》告诫县民‘切勿开设花会等各项赌博，自罹法网。倘敢抗违，一经访闻或被告发，定即严行究办，并将屋宇查封入官，决不宽贷’；崖州感恩县、乐东县立《奉官示禁碑》警告村中不肖分子‘不许窝赌，为非作歹，如违禀究’；海丰县白町乡立《奉廉明县主郑示禁碑》告诫乡民‘毋得聚众赌博，引诱良民，以凭严拿惩究，决不姑宽’等。在各乡村张贴禁赌告示或竖立禁赌碑刻，对于那些嗜赌成性的地痞、流氓和匪棍来说，并无特别实效。如据报载，光绪二十二年，河南新庙前有‘游匪、地痞设局，纠赌人不浅，虽经官吏出示谕禁，而若辈置之不理，依然蝶闹蜂涌’。但对于大部分乡民，尤其是初入赌门的乡民来说，的确起到了一定的阻吓作用，至少他们不再敢明目张胆地聚赌”。除告示晓谕乡民外，清末广东地方政府还对惯赌或开场赌博者饬兵缉拿，如番禺“白鸽票迭经大宪严禁，近日又有匪徒在番禺某乡落设厂开收。杨左槐大令访闻，立委查封，并拘赌匪惩办”；南海沙头墟“白鸽票赌博例禁綦严，近日又有匪徒在南海沙头墟开设。大宪访闻之下，立饬兵差驰往奉拿，以除赌害”，一定程度上打击了乡村的赌博活动。① 义和团运动过后，天津市面秩序混乱，赌博成风，袁世凯接连不断颁发告示，禁止赌博，并动员巡警上街巡视，违者拿究查办，收到一定效果。清末，四川警察局明令禁赌，但仍有不少赌徒暗地里聚赌。警察局常常采取突击搜查办法抓赌，发现聚赌者，无论贫富官民，一概入宅搜查。警察局总办周善培甚至鼓励贫困官员对赌博的官吏进行举报，“实则奖之，虚则记过停委”。民国初期，山西平定议会通过禁赌决议案，决定在全县城乡实行禁赌，县长训令警务长、民警长“即日选派警察梭巡城乡一带，凡有无赖之徒在本村或两村接壤处勾结乡民设场聚赌者，不分首从，并予严拿，一面留心访查城镇乡著名赌棍姓名，证明确据，送县惩办，以挽颓风”②。

---

① 吴志锋、倪根金：《晚清时期广东乡村赌博及其治理》，载《五邑大学学报》（社会科学版）2011 年第 13 卷第 4 期，第 58~59 页。

② 吉廷彦等编：《平定吏治辑要》，通俗教育报社石印 1914 年版。

二是动员基层和民间组织协助政府禁赌。民国前期，阎锡山在山西实施所谓村政规划建设，禁赌是一项重要内容，其于1917年制订后又多次修订《禁赌条例》，主要内容包括：（一）凡犯赌博财物者，以赌博为常业者及聚众开设赌场营利者，均按刑律各本条治罪；（二）及制造及贩卖或收藏赌具者，严刑惩办；（三）街村长副于街区域内查有赌博情事，应即据实呈报，以凭拿办；（四）指控赌犯证明确实者，酌给赏金，挟嫌诬告者，照律治罪。① 阎锡山还广泛动员乡村基层组织配合政府禁赌，其主要措施是，各村长、副村长负责在其所辖村内查赌禁赌，汾西县为"鼓励村长负责办事，当奖之以名"，"烟赌罚款一半归村，一半赏给抓获人，"在该县已成惯例"。广灵县与直隶省接界之插花村庄，"赌风最盛，尤以赌头勾引青年聚赌营利为最可恶"，于是"督饬各区长，迅将各赌头详细查明，从严惩戒"，"并按照整理赌博嫌疑人名册，到村协同村间邻长按名稽查，分别申做。如查有证据者，送县重惩"②。阎锡山因为村政建设有所成效，山西还被北京政府授予"模范省"称号。

三是经常展开规模不等的禁赌运动，集中时间、人力、物力打禁赌"歼灭战"。20世纪30年代，国民党倡导所谓"新生活运动"。许多地方政府借此机会开展禁赌运动。如河南省"新生活运动促进会"在其时大张旗鼓地在全省禁赌。其办法一是广为宣传，大造禁赌舆论："各电影院戏院及名胜处所，由新运会制贴禁赌标语画片"，"由各区区长督同保甲长，向各住户讲述禁赌意义，并加以告诫"；二是采取切实可行的措施查禁赌博："各劳动服务团团长，应密派委员考察所属团员有无聚赌情事，切实检举"，"省会由宪警劝导队，各县由县政府切实查禁，人民聚赌，及取缔在公共场所为类似赌博之一切游戏"。③ 20世纪30年代，新桂系在广西大力

---

① 《修正禁赌条例》，山西村政处编：《山西村政汇编》卷一《法规》，1928年。

② 山西村政处编：《山西村政汇编》卷二《令文》，1928年。

③ 《河南省新生活运动促进会禁赌运动倡导办法》，转见广东省禁赌委员会编：《禁赌概览》，奇文印务公司1936年版，第269页。

禁赌，1931年颁布禁赌办法，1932年又公布禁绝麻雀杂赌办法，1933年再颁禁赌办法，从1933年开始，逐步取消各县赌饷，至1939年全部取消。加大赌博案件的查处力度，历年破获赌案及缉拿赌犯分别为：1933年873案，2344人；1935年1766案，6017人；1936年2422案，9088人。抗战时期，广西省继续禁赌，分别于1938年冬和1940年破获了桂林民团指挥部少将副指挥官苏来苏和国民党广西省党部秘书邓亚雄公馆秘密开设赌场案，白崇禧堂弟白老九临桂县会仙圩开设赌场案。期间破获的赌博案，1937年2964案，11051人；1938年2568案，16206人；1939年4649案，18181人；1940年4973案，22045人；1941年6332案，28573人。① 20世纪40年代初，蒋经国在江西省第四区行政督察专员兼保安司令任上，秉承乃父意志，积极在赣南开展新生活运动，提出"建设新赣南的三年计划"，推行禁烟、禁赌、禁娼"三禁"新政。蒋经国先后于1941年11月14日，1942年12月9日，1943年4月26日，1943年12月28日，1944年10月14日五次以行政督察专员兼保安司令公署的名义发布禁赌训令，将禁赌及对赌博犯处罚办法晓谕天下，如1943年12月28日的"训令"：

江西省第四区行政督察专员兼保安司令公署训令　发文字第02　□号　中华民国三十二年十二月廿八日发出

令大庚县政府

查赌博为害至深且巨，尽人皆知，不特废时失业，耗费金钱，且伤情感，徒逞一时快乐，贻害无穷，本区早经厉禁，拘获赌犯，原定罚款，嗣以未能根绝，改罚苦工；原期使有钱无钱者均有可儆，不料仍有愍不畏法之徒，醉生梦死，呼卢喝雉，发现于本区，诚不知彼辈良心何在？极堪痛恨！兹再重申前令，颁订惩罚赌犯办法六项：

一、赌博犯罚一年苦工，所属甲长罚三月以下苦工，所属

① 熊林：《论新桂系时期的烟赌娼禁政》，载《广西社会科学》2014年第8期，第119页。

保长罚一月以下苦工，所属乡镇长记大过一次。

二、当场赌博器具及供赌博用之财物一律没收。

三、供赌博之房屋查封。

四、常以房屋供赌博场所者，除没收其房屋外，并没收其财产之一部或全部。

五、公务员包庇他人犯本办法各项规定者，依各项之规定加重之二分之一处罚。

六、军人赌博，除依《取缔军人赌博暂行办法》惩罚外，并规定下列之连坐：(一)士兵赌博，所属班长、排长，各予禁闭处分；(二)班长赌博，所属排长、连长，各予禁闭处分；(三)排长赌博，所属连长、营长，各予禁闭处分；(四)其余类推。

以上六项办法，务各切实执行，除分令外，合行令仰该县长遵照，并转饬各乡、镇遵照，仍将办理情形具报备查。此令。

专员兼司令　蒋经国

蒋经国身体力行，从身边人抓起，对于部属、亲友严加管束，一经发现严惩不贷。他还亲自撰写《新赣南家训》，内有“勿贪钱财勿说谎，戒烟戒赌莫游荡”。1941年12月23日，蒋经国在《赣南春秋》上发表《劝大家做好人、做好事》的文章，对嗜赌者苦口婆心地进行劝诫：

(一)从前在赣南，差不多家家都赌钱，这是人民吃不饱穿不暖的主要原因。自从我到赣以后，为了你们大家的幸福，就严格地禁止赌博，那一个赌钱就承受到做苦工，罚跪，游街，驱逐出境，严厉处分，可是我们何尝知道，一个人名誉的重要和失去自由的痛苦，我何尝愿意采取这样的处罚，我每次看到赌犯跪在抗战阵亡将士纪念碑前和游街示众的时候，心里总是感到非常的难过，但是为了大家的幸福，为了你们子孙的幸福，我不得不这样严格的处罚赌犯。现在因为赌博没有了，所以流氓也少了，盗贼也少了，乞丐也少了，这种好处，大家都是知道得非常详细的。然而竟有些没有羞耻的人，仍在暗地里，偷偷摸摸地赌钱。昨天我在警察局拘留所里，看见郑××、张××、王××、肖××等四人，他们都是因赌钱而关在里面的。他们见到我就说："我们因天下雨无事做，所以在家里打纸牌，现在我们知道错了，请专员原谅我们。"这四个体强力壮的工人并不是不知道赌钱是犯法的，可以说是明知故犯。至于天下雨，倘使没有事做的时候，我们可以在家里做手艺打草鞋，可以约几个朋友来谈天下棋说笑话，或者读民众课本看报，正当的事实多得很，为什么一定要去打牌？所以我们说："倘使我没有对你们讲过赌博的害处，而就把你们关起来，这是我的错。但是你们不听我的话而去赌钱，倘使输了还要饿肚子，还要把棉被送到当店里去，这是你们的错误。我并不是不愿意原谅你们，而是为了执行政府的法令，不得不处罚你们。"各位亲爱的同胞们，赌博的害处实在太大了，我今天再告诉你们，从今以后不要赌钱，否则我一定会和从前一这严格来处置你们。

蒋经国"三禁"新政效果如何？据当时报纸文章《建设新赣南：第三年之龙南》介绍赣南所属龙南县的情况看来，烟酒娼禁戒效果显著，鸦片娼妓几近绝迹，但赌赌博活动仍然屡禁不止，只是家家皆赌的猖獗赌风有所扼制而已：

往昔赣南政治腐化，烟酒娼赌林立，赌风尤炽，无论都市乡村，呼卢喝雉之声，通宵达旦，专座莅治以来，严禁烟赌娼，赣南黑暗世界，始重见天日。本县曾一度禁酒，未几奉令弛禁，县民每际圩期，联袂聚饮，一席之费，尝数百金，酒后高歌狂啸，甚至骂座殴人，酿成祸端。公务员因饮酒乱性，与人龃龉，已屡见不鲜。最近县政府成立了公仆食堂，不饮酒，不吸烟，宣誓垂戒，互相规劝。风声新播，必能渐革陋俗，趋于俭朴。县境赌风虽较前衰歇，迄未完全绝迹，查获赌犯，皆遵照专员命令，罚作苦工，鸦片与娼妓则早告肃清矣。①

地方政府组织开展的禁赌运动，无论就其声势、规模，还是所产生的影响、效果来看，当以广东为最。广东是近代赌博活动最普遍、最猖獗的省份之一，素有“赌国”之称。地方政府自清末以来，曾数度开展规模不等的禁赌运动。“宣统三年三月一日，实行禁赌，这天广东各界民众，结队巡行，以申庆祝。及民国成立，胡汉民，陈炯明主持广东政局，严禁赌博，成绩很好，惜为时不久。民国九年至十一年。陈炯明返广东执政，复行禁赌，很严厉的执行，赌博几至绝迹，民国十四年，讨平刘杨(刘震寰，杨希闵，即滇桂军)，孙大元帅训令广东省长，粤军总司令，厉禁绝一切赌博，有‘敢有开设赌博者，即行拿捕就地枪决’的严令，这时赌祸完全消灭。”②最大的一次禁赌运动是1936年(民国二十五年)展开的。是年，蒋介石亲信黄慕松出任广东省主席，8月17日，蒋介石出席广东省军政长官就职典礼，在讲话中即对新的省政府提出禁赌要求：“烟赌是革命政治上一个必须去掉的污点，广东今日还有烟馆赌馆存在，真是本党的耻辱。中央已抱定最大决心，不管财政困难情形如何，决不在这种害国害民的恶习上谋一文税收，一定要严格的禁绝。”③最高统治者发话，黄慕松不敢有丝毫懈怠。1936年8月18日，广东省政府七届一次会议通过一系列禁赌决议、条例，并明确9月1日为禁赌日期。其所采取的措施包括：成立专门的禁赌委员会专施禁赌职责，利用一切传媒大造禁赌舆论，制订详细的禁赌实施规则强制推行，发动各级各类群众团体配合协助政府禁赌，各县、市、局按月制表呈报禁赌效果进度等。其中，最突出之

① 关于蒋经国赣南禁赌史料均引用自江西省龙南县档案馆、大余县档案馆：《蒋经国赣南禁赌史料一组》，载《民国档案》1992年第4期，第30~31页。

② 《广东省禁赌宣传周宣传大纲》，转见广东省禁赌委员会编：《禁赌概览》，奇文印务公司1936年版，第220页。

③ 蒋中正：《严格的禁绝赌博》，广东省禁赌委员会编：《禁赌概览》，奇文印务公司1936年版，第1页。

处有二。一是宣传工作搞得红红火火，有声有色，禁赌委员会专门举办了禁赌宣传周，省会广州市召开各种演讲会，并向社会各界广泛征文，报纸杂志连篇累牍宣传政府的禁赌主张，大街小巷到处张贴着由禁赌委员会统一拟定的禁赌标语及绘制的漫画，影剧院经常上演有禁赌内容的通俗戏曲等。声势浩大的宣传活动，使政府的禁赌政策家喻户晓，妇孺皆知。二是赌博禁、罚条例明确细致，可操作性强，并通过各种办法确保其贯彻实施。条例包括“暂行条例”和“施行细则”两个部分，是中国历史上最为完备的一部地方性禁赌法律。有鉴于此，乃不厌其烦征引于次：

广东省禁赌暂行条例

第一条　广东省政府为永远禁绝全省赌博起见，特订定本条例。

第二条　凡称为赌博者，如番摊，山票，铺票，八十字义会，花会，麻雀牌，及其他一切杂赌，以财物为赌博者，均属之。

第三条　凡赌博财物者，处二年以下有期徒刑，或一千元以下罚金。

第四条　以赌博为业者，处三年以下有期徒刑，得并科二千元以下罚金。

第五条　意图营利开设赌馆者，处五年以上有期徒刑，得并科三千元以上罚金。

第六条　以屋宇租赁与人开设赌业者，处四千元以下罚金，并得没收其屋宇。

第七条　为买卖山铺票，彩票，或类似山铺票之媒介者，处二年以下有期徒刑，或二千元以下罚金。

第八条　制造贩卖赌博器具者，处一月以下拘役，或五百元以下罚金。

收藏赌博器具者亦同。

赌博器具：为麻雀牌，啤牌(又名荷兰纸牌)，骰子，纸牌，骨牌，状元筹，三军(鱼虾蟹)，轮盘，宝子，升官图，山铺票，八十字义会，花会等印刷物，及其他经禁赌机关，依当地情形，认为供赌博用之物。

第九条 土豪劣绅包庇赌博者，处死刑，无期徒刑，或十年以上有期徒刑。

第十条 公务员赌博财物者，依第三条，第四条，第五条之规定，加重其刑。包庇赌博者，处死刑、无期徒刑，或十年以上有期徒刑。

第十一条 当场赌博之器具，与在赌台或兑换筹码处之财物，不论属于犯人否均没收之。

第十二条 举报赌博因而获案者，以没收财物及罚金之半奖励之。

第十三条 栽赃诬陷，或捏造证据诬告他人，犯本条例之罪者，处以各该条之罪。

第十四条 凡犯本条例之罪者，各县市由县市政府处理，省会由公安局处理，呈报省政府暨禁赌委员会核办。

……

广东省禁赌暂行条例施行细则

第一条 关于禁赌事宜，除县，市政府，省会公安局，应专责办理外，其余军警及自治机关，依左列规定，分别负责。在公安分局管辖区域内者，由公安分局负责，不在公安分局管辖区域内者，由各级自治机关负责，其现有军队，或警卫队常备队驻防之地方，所有驻军长官，或驻队长官，均应共同负责。

第二条 负有禁赌责任之机关，或特派人员，应随时严密稽查。

第三条 各公安分局，及各级自治机关，应将该管区域内查禁情形，按月造成报告书，于下月五日以前，呈缴隶属之县，市政府，或省会公安局察核。

第四条 县，市政府，省会公安局，应将该管区域内查禁情形，按月造成报告书，于下月十五日以前，分呈省政府，广东省禁赌委员会察核。

第五条　举报赌博，得用书面，或口头，驰报于负责禁赌机关核办，用书面报告时，须载明实在住址，并亲自签名，或捺指摹。

第六条　凡入店户执行搜赌，应由负责禁赌机关发给搜查证明与执行人，但有紧急情形时，得一面执行，一面驰报，仍应严密防止骚扰。

第七条　执行搜查赌博者，无论军警，均应穿着制服，以免误会。

第八条　搜查赌博，除本条例第十一条列举之财物外，其他财物，不得侵扰。

第九条　拘获赌博人犯，应连同证物，于二十四小时内，解送主管机关讯办。

第十条　负禁赌责任之机关，或特派人员，明知赌博，不予拘解，应以包庇论。

第十一条　凡处二年未满之有期徒刑拘役或罚金案件，由县，市政府，省会公安局，判决执行，每月汇报省政府，暨禁赌委员会，核准备案。

第十二条　凡处二年以上有期徒刑案件，由县，市政府，省会公安局，拟具判决书，专案呈请省政府核定执行，并转函禁赌委员会查照。

第十三条　没收之财物及罚金，除给奖外，应按月呈报省政府，由省政府转知禁赌委员会查照，并由原处罚机关，拟议用途，呈由民政厅核准，拨作地方救济及建设之用。

……①

广东省开展的禁赌运动，确实收到了一定的效果。禁赌运动开展的当月(1936年9月)，公开性营业性赌场一律关闭。当年，全省地下赌博活动也呈逐月下降态势。《禁赌概览》统计表明，1936

① 《禁赌法规及章则》，见广东省禁赌委员会编：《禁赌概览》，奇文印务公司1936年版，第176~179页。

年 11 月份，查获的赌博案件及捉拿的赌徒人数已明显减少。毋庸否认，1936 年(民国廿五年)的禁赌运动，是近代史上广东乃至整个中国最有声势也是最有成效的一次禁赌运动。

论及近代史上的权力禁赌，除了清朝、民国诸代政府的禁赌举措外，还应该一提的是太平天国作为一个农民革命政权所开展的禁赌举动。远在金田起义之先，洪秀全就宣传过禁赌主张。他在《原道救世歌》中专列赌博之害，予以抨击："第六不正为赌博。暗刀杀人心不良。戒，戒，戒！理不当。求之有道得有命，勿以诈骗坏心肠，命果有兮何待赌，命无即赌愿难偿……无所不为因赌起，英雄何苦陷迷乡；不义之财鸩上谒，士民工商耐久长；千个赌钱千个贱，请尔易虑细思念。"金田起义后，在戎马倥偬之中，起义军领袖亦不忘禁赌。1853 年，起义军就以"汉大明统兵大元帅"的名义发布过禁赌告示："为严禁赌博以安军心事，窃谓赌博之局一设，即输赢之势两分，输赢之势既分，则口粮之资必竭。或毁拆楹桷，或砍伤树木，或取窃民家财物，或变卖军装器械，甚至争竞而相戕贼，失时而误事机，其流害盖有不可胜言者。合行出示谕禁，不准尔军兵日夜赌博。如敢故违，察出着该旗首按律治罪。各宜凛遵。"①定都天京后，太平天国更是厉行赌禁，"骨牌、骰子、烧酒、水旱烟皆为贼中禁物"②。不但军中禁赌，而且推及到所辖范围的社会上。《太平刑律》规定，赌博者处以极刑，当街以大架绞死。太平天国的禁赌政策，在其实施之初曾收到过效果，赌风素来猖獗的江南诸省，一度有所收敛，"赌博者、抽鸦片烟者及开娼者，皆逃避到四方去了"③。

近代中国禁赌史上值得一书的还有中国共产党在中央苏区和抗日根据地及解放区开展的卓有成效的戒赌禁赌活动。

---

① 中国社会科学院近代史研究所资料编辑室编：《太平天国文献史料集》，中国社会科学出版社 1982 年版。

② 陈庆甲：《金陵纪事诗》。

③ 简又文：《太平天国典制通考》(下册)，香港简氏猛进书屋 1958 年版。

1927年中共“八七”会议以后，中国共产党领导中国人民走上了武装反抗国民党，开展土地革命，建立苏维埃红色政权的革命道路，先后建立起赣南、闽西中央苏区，1931年在江西瑞金成立了中华苏维埃共和国临时中央政府。新生的红色政权在同国民党反动派进行武装斗争的同时，苏区经济、社会、文化建设也如火如荼地展开，破除包括赌博在内的恶俗陋习，树立共产主义新风是社会文化建设的重要内容。除了深入发动群众，广泛宣传赌博的危害和禁赌的好处，苏区政府还运用权力禁赌，制订相关法律，疏堵结合，恩威并施，如赣东北特区苏维埃政府《暂行刑律》就有“赌博罪”专门条款：

一、以赌博为常业者，处一等(五年以下三年以上)至二等(三年以下二年以上)有期徒刑。

二、聚众开设赌博营利者，处一等至二等有期徒刑。

三、聚众赌博，处二等以下至五等(半年以下一月以上)有期徒刑。

四、发行彩票者，处死刑至二等有期徒刑。

五、造赌具者，处死刑至二等有期徒刑。

六、除聚众赌博外，犯以上各罪者，褫夺公权。

中央苏区革命政权禁赌法律在赌博罪概定、赌博罪类型显然与北洋和南京国民党政府的相关法律不无类似之处，但其显著差别是，对犯赌博各罪的处罚更重、更严厉。如对以赌博为常业者，《中华民国刑法》规定处二年以下有期徒刑，得并科一千元以下罚金；而赣东北特区苏维埃政府的《暂行刑律》则是处一等(五年以下三年以上)至二等(三年以上二年以上)有期徒刑。尤其是对于发行彩票和制造赌具者有予处以死刑之规定，这无论在前清，还是北洋政府乃至南京国民政府的刑法中都未曾有过，体现了苏维埃政府对赌博零容忍、坚决禁绝的强烈意志。

1936年10月，红军长征到达陕北并建立陕甘宁革命根据地后，包括禁赌在内的社会革命继续进行。抗日战争开始后，陕甘宁边区和共产党领导、控制的各解放区在总体上以国民政府《新刑法》为法律准绳展开禁赌时，也根据各地实际制定一些相关法规。1942年2月，陕甘宁边区政府制定并公布的《违警律暂行条例》中第二十八条规定："于道路或公共场所为类似赌博之行为者处以十日以下拘役或十个工资(按：一个工资约相当于一个劳动日一天的劳动报酬)以下之罚金。"晋冀鲁豫边区《违警处罚暂行办法》第四条规定："赌博者科以十元以上五百元以下之罚金。情节严重者送县究办。"1942年，延安市政府根据一些工厂干部群众聚赌现象严重的现实，拟定办法严厉禁赌，规定"如再发现群众聚赌，轻者没收赌具，予以批评，重者决将罚款"①。1943年4月山东解放区战工会颁布《关于赌博罪的训令》："嗣后对于当场抓获之赌徒，一律处以千元以下之罚金。当场赌博器具与在赌台或兑换筹码处之财物，不问属于犯人与否均予没收，其以赌博或设局为常业者，除按《刑法》第二百六十七条、二百六十八条判处徒刑外，并科以五千元以下之罚金，所受徒刑则另服劳役，至若引惑青年无智设计诳骗，至输巨款者，应以赌博与欺诈并合论罪。"并指出，省内各级政府除"严密查禁遵照办理外，并分函名群众团体转饬所属，深入宣传教育群众，以相辅之效为要"②。除了严厉法律禁赌外，陕甘宁边区还采取丰富群众业余文化生活，以健康有益的休闲方式替代赌博等不良嗜好。如志丹县创办了群众鼓乐班，一些村庄合资买些锣鼓乐器，"一则农闲时可学吹学打，正月里闹起秧歌，代替了赌博；二则对活跃农村生活，教育群众亦有裨益"③。自1943年起，陕甘宁边区还开展了"改造二流子"运动，对不事生产、游手好闲的巫婆、神汉、烟鬼、赌棍、嫖客、窃贼、酒徒、讼师等进行批评教育，监

---

① 《旧历新年中发生伙赌现象，市政府决定严禁》，载《解放日报》1942年2月20日。

② 韩延龙、常兆儒编：《中国新民主义革命时期根据地法制文献选编》(第3册)，中国社会科学出版社1981年版，第154~155页。

③ 《志丹县禁赌好办法，团结群众学鼓乐》，载《解放日报》1945年1月17日。

督其劳动，使之改掉恶习，成为自食其力的新人。①

（二）家庭、宗族及村社之禁

家庭、宗族从传统的儒家治家之道和维持家族财产利益的双重角度出发，都无一例外地对赌博持抵制态度，其禁赌举动主要体现在通过“家训”“族规”“乡规民约”等约束、惩戒家族成员参与赌博。近代，许多旧氏大家庭对子女施行严格的封建教育，赌博戒律是绝对不准触犯的。上章所述梁实秋、巴金的家庭即是如此。有的家庭“除夕到上元开赌禁，以掷骰子状元红为限，下注三十几个铜板，每次决不超过一二小时”②。在聚族而居的一些家族族规中，也大多规定了禁赌内容。清末，吉林他塔拉氏家谱、家训中规定，族人中如有引诱同姓子弟赌博者，族长有权重责不贷。山西平遥的冀氏宗族，其宗谱家训对族人行止规定列有“饬伦纪、睦族党、重宗祠、修坟墓、训子弟、肃闺门、遵律例、急输将、勤职业、汰奢侈、禁酗酒、严斗殴、息争讼、戒赌博、禁无类（无赖）、黜异端”等类目。清末民初，湖北麻城中馆驿《彭氏宗谱》也有明确的禁赌规章：“不孝子孙重责；不尊敬长者受罚；不安本份，偷鸡摸狗者不许祭祀；活拆童婚，致伤名教者入祠鞭斥；卖良为贱，不顾名义者，逐出族外；演淫聚赌，败俗伤风者入祠重责；砍伐祖林，侵吞祖产者，入祠议罚。”与麻城彭氏家族重责赌徒稍稍不同，蓝田吕氏家族对违反族规进行赌博者以规劝为主，惩罚辅之。《吕氏乡约》规定，族众每月一会，大家各述所闻，进行检讨批评。如果有人不孝不悌、侮慢尊长、酗酒赌博、辞讼斗殴、游戏息惰、播弄是非，则提出批评，互相规诫。对于犯上述过失，屡教不改，还强词夺理，怙恶不悛者，则由族长处以家法。清同治福建松溪《吴氏家

---

① 有关中央苏区和抗日根据地禁赌，参见郭双林等：《中华赌博史》，中国社会科学出版社 1995 年版，第 409~412 页；戈春源：《中国近代赌博史》，福建人民出版社 2005 年版，第 284~285 页。

② 梁实秋：《麻将》，转见《悠闲生活絮语》，湖南文艺出版社 1991 年版，第 412 页。

谱》载吴氏祖训："居家最要戒嫖赌，好走花街喜装，门户一旦荡产，而室人以嗷嗷，自致其苦。"福安《岳梧陆氏族谱》指出："丧败有三，赌为尤甚。始以贪人之财，终至丧己之业。倾囊已破家荡产，至死不悔。不齿于人，害及子孙，辱及宗祖。"道、咸年间，寿宁《卢氏族谱》痛斥赌博之害，告诫族人一定严戒赌博，"无益于人者，以赌博而规财贿，父子兄弟，亲朋戚友，见利忘义。故小人赌博，盗之媒；君子而赌博，贪之始也。夫以无益而不取，况乎其有害也。且赌场诡谋百出，负求一胜，再负卒无胜，而吾资已罄，索债盈门，甚或倾家荡产，以填其欲壑，心术以此坏。计较之念，切废寝忘食，寡廉鲜耻，无所不为，身命以此轻。后之来者，读此训，回头猛省，宜严加痛戒，勿再坠魔窟，吾族幸矣"。广东粤东简氏《家规·祖训格言》通过指出赌博之害，告诫族中子弟远离赌博："从来赌博(乃)败家之媒，世上有九赌十败、弃家业如一洗，不念先祖父兄创造之艰、不顾妻子饥寒之苦，甚则为盗为丐所不免。""敢有犯者，(即)拆屋出族，禀官治罪。如里保练丁缓巡串弊，加等治罪。其以赌来鬻物者，不得入境。"佛山石湾崇本堂霍氏《族谱》规定，对窝赌族人给予"罚银一两，革胙三年"的处罚。南海金鱼堂陈氏《族谱》亦规定"子孙窝娼聚赌，在外招摇，经本人亲属投明，传祠严饬外，罚胙五年。再不改，革胙解惩"①。徽州许多宗族还联手官府共同整治日益肆虐的宗族赌风，如道光年间婺源长溪余氏宗族就向官府呈文请求治赌：

请府示公呈

禀为物力艰难已极，乡风薄恶日滋，上恳宪恩赐示严禁，以端风化，以厚民生事。习俗为政治之源，士绅有维持之责，凡为乡里所深忧者，敢请胪陈而悉禁之。窃惟耕织绘图，丁宁力作，岁时讲约，申禁非为。何期游手之徒相聚抽头之宅，摊财下注，十室九空，喝雉呼卢，千金一掷。他若摹牌斗游，无

① 参见吴志锋、倪根金：《晚清时期广东乡村赌博及其治理》，载《五邑大学学报》(社会科学版)2011年第13卷第4期，第59页。

非设展张猩，繁矣有徒，皆然无畏。或矜门弟，明开饮博之场；或厕衣冠，魃赌塊苫之地；或居酤之结夥朋、谋骗局，三五成群；或子女以为囮，密室深宵，百千献媚；或借钱粮为孤注，挂拖欠于百家；或将口食抵输筹，忍饥寒于二老；设奸薮，长盗竿，破家资，坑国课，此赌博之宜禁也。……恭际宪天莅政，旧染更新，请给示以通知，饬勒碑以垂久，责令沱川约甲具还甘结遵依，庶僻壤穷乡渐成乐土，而光天化日永沐仁恩矣。①

同治年间，泰安府东阿县（今河南省台前县）南双合村村民戒赌碑亦与长溪类似：

钦加同知衔东阿县正堂加十级纪录十次刘，为出示严禁事。据南双合村乡者吴兰佩等呈请，示禁赌博以厚风化等情到县。据此，查民间赌博，例有明禁，不容轻犯，合行出示严禁。为此示，仰该村居民人等知悉。自示之后，尔等安分守法，各谋生业，不得□于积习，违禁赌博。倘有不法之徒，故违明禁，赌博滋事者，一经访问，或被告发，定即拘案，严惩辨决，不姑宽让。地保随时查禀，如敢容隐，定行并究。各宜禀遵毋违，特示文。本庄同心合意戒赌，不独本庄，出外三里亦不许本庄人去赌。如有赌者，以同受罚，有赌者罚钱五千文，□赌者赏钱一千文。文排物一事自留则不可排人。

右谕通知。

同治拾二年二月十五日。

告示，宝贴南双合村。

主事人：吴舒安、吴兰籍、邢文杰、陈培全、高王湘、许清远、吴凤路、吴兰芝、吴兰甸、吴兰敏、吴兰会、吴兰馨、

① 道光《婺源长溪余氏正谱》卷首《沱川禁目连戏请府示公呈》，清道光二十八年刊本，安徽省图书馆古籍部藏；转见陈瑞：《明清时期徽州宗族对社会问题的控制》，载《中国农史》2007年第4期，第96页。

吴凤立、吴兰陔。　公立。①

村社基层组织主要是保甲组织，按照清朝《户部条例》的有关规定，也负有禁赌职责。“凡甲内有盗窃、邪教、赌博、窝逃、奸拐、私铸、私销、私盐、踩曲、贩卖硝磺，并私立各色敛财聚会等事，及面生可疑之徒，责令志司查报。”②对于那些违犯法律，有斗殴、盗窃、赌博行为者，保甲长都要如实上报政府严办，并且将人户列入另册，予以特别监督防范。村社组织的禁赌除了上述“治”与“惩”外，还有着眼于“防”的一面，许多村社通过乡规民约形式实施禁赌、戒赌，这种乡规民约大多以禁赌碑的形式立于村社宗庙或街头显目处，如山西高平县自道光至同治年间立戒赌碑的村庄，就有上韩庄村(道光六年，1826年)、朱家山村(道光十二年，1832年)、黄耳沟村(道光十四年，1834年)、张庄村(道光二十年，1840年；咸丰九年，1859年)、南赵庄村(道光二十一年，1841年)、北诗午村(道光二十一年，1841年)、龙王沟村(道光二十一年，1841年)、西栗庄村(道光二十三年，1843年)、箭头村(咸丰九年，1859年)、徐庄村(同治五年，1866年)、东庙村(同治六年，1867年)等13个村立碑禁赌。如东庙村禁赌碑“自示之后，如有再犯赌者，大社议罚，不然即送官究治，决不宽贷”③。山西上党地区自道光至同治年间先后有武家湾(道光元年，1821年)、小泊池(道光三年，1823年)、新庄上(道光三年，1823年)、双炉火(道光五年，1825年)、附城(道光八年，1828年)、合室(道光八年，1828年)、洼窑(道光九年，1829年)、平城镇(道光九年，1829年)、王掌(道光十一年，1831年)、大泊池(道光二十年，1840年)、黄金窑(道光二十一年，1841年)、椅掌(道光二十二

① 参见任小飞：《浅析清代泰安府东阿县的一通戒赌碑》，载《文物鉴定与鉴赏》2015年第6期，第78~79页。

② 《清史稿·食货一》。

③ 参见魏晓楷：《清代县域视野下的禁赌问题研究——以山西高平为例》，载《清华大学学报(哲学社会科学版)》2018年第2期，第145页。

年，1842 年）、关爷坪（道光二十三年，1843 年）、赵辿（咸丰四年，1854 年）、地八洞（同治四年，1865 年）等 15 个村立有禁赌碑。山西这种以立碑形式禁赌、戒赌的方式一直延续到民国时期，1916 年，泽州县圪套村再立禁赌碑："永禁赌博，犯罪议罚。"1921 年，沁水县蒲泓村立碑规定："赌博每一人罚大洋五元，开场人罚大洋十元。"①

清末，广东赌风炽烈，许多地方村社为了保一方平安，净化局部社会风气，通过订立乡规民约拒赌博于村门之外。惠阳世居乡立《惠阳崇林世居乡规碑》，要求村民"戒非为，赌馆烟馆，最宜聚匪。凡开设而交接匪徒，愿盗窃骗诱狡串，一切非为之事，必致害身家，累宗族，穷其祸患，惨不胜言"。龙川县三乡立规"开场聚赌，如有违者，绅耆协同保甲人等指明""送官究治"。广宁县某乡立禁约碑戒村民"近有顽民窝藏聚赌，时常偷窃，并纵畜践毁禾稼"，和再发现"游荡聚赌"者，则任由地方伸耆捆送究治；新安县某乡立庙碑禁止乡人"搭载异邑棍匪入境""在船聚赌"，否则"按法治罪"。徐闻县某乡的禁赌碑规定对举报、查获赌博者予以奖励："有开场聚赌者……闲人拏获者，赏钱四百文，皆以赌家取出。"南海九江乡的乡约碑采取极端手段杀扼难以根治的赌风，规定凡有开场赌博者，一经发现"急告众火其屋，不避豪势"②。民国以降，以乡规民约禁赌在不少地方以新的形式延续传承。民国初期，阎锡山实行村政建设时，借鉴传统禁赌办法，许多村都订立有禁赌规约："某某村公议禁约如下：不准贩卖金丹洋烟，不准吸食金丹洋烟，不准聚赌窝娼，不准打架斗殴，不准游手好闲……"③20 世纪 30 年代，山东泰安大眼滴村按照南京国民政府颁布的《区乡镇制施

① 朱文广：《禁赌碑与乡村风俗改良——以清代上党为中心的考察》，载《农业考古》2014 年第 3 期，第 71 页。

② 参见吴志锋、倪根金：《晚清时期广东乡村赌博及其治理》，载《五邑大学学报（社会科学版）》2011 年第 13 卷第 4 期，第 59 页。

③ 《山西政治述要》，转见柳诒徵：《中国文化史》（下），中国大百科全书出版社 1985 年版，第 843 页。

行法》组建村公所后，在村里施行禁赌，其于1930年(民国十九年)6月28日公布的《村民会议简章》中对参加村民会议的村民除年龄在20岁以上外，其中一条重要要求便是不得有赌博行为：

(1)村内住民在20岁以上者，均得参与村民会议(村中习惯以每户出一人)。但有下列各款之一者，不得参与会议：

1. 品行不端、营私舞弊确有实据者。2. 贩卖鸦片、金丹及含有吗啡等毒质者。3. 窝赌及赌博者。4. 窝盗及窃盗者。5. 有精神病者。6. 曾受刑事处分尚未复权者。7. 因故被村民会议议决不准参与会议者。

该村对于一些重要的工作岗位也有个人品德要求，如爱护青苗(即看大坡，村里有看青苗的所谓“义坡会”)的雇工就不得有赌博嗜好和行为，如有犯者，即予解雇，这在雇用合同中即有规定：

……

看大坡者，就是义坡会中看守青苗的雇工，他们必须有下列的资格，才能被会中雇用：第一，必须为本村人；第二，年令在30岁以下20岁以上，第三，必须身体强健，性情稍暴；第四，地亩极少(地亩少可专事看青)；第五，品行端正并务正业，识字与否不大计较；第六，会头的本家甚穷者。总起来说吧，看大坡者必须是一个年少力壮、守本分、务正业的本村穷人。必有会头的穷亲戚，亦可介绍到会中当看土坡者。凡本村的穷人也可自行请求受雇。不过不论是会头介绍或自行请求受雇，必经过会中众会头的同意。再订立一合同，才算正式的看大坡者。现在把看青会头所订立之合同方式列下：

……

3. 解雇与处罚——看大坡者若犯了下面的一条错误，就要被解雇或受处罚：第一，品行不端(指恶嗜好等)，如赌博、贩烟等事；第二，看守自盗，就是看坡者自己偷青；第三，看青失事，就是查不出偷青者来；第四，借事欺凌，就是看大坡者将偷青的罪名加在他的仇人身上。不论那个看大坡者犯了上面任何一条错误，必先提到会中讨论，大家一定会表决要革掉他的职。会毕后就告知看土坡者革职。①

近代乡村规约禁赌还有另外一种形式，即以村民共同签订公约、合同的方式，通过相互约束、相互监督，以达到禁赌戒赌之目的。合约形式是村乡各姓共同签订一份戒赌文约，以便大家共同遵守，如光绪十八年(1892年)，安徽祁门就有曹、方、汪、胡诸姓相约共同订立了一份《戒赌文约》：

戒赌文约

立议合文约人曹求盛、方起林、汪天赐、胡加财等，今因自道光禁赌以来，风化未开，世俗未改。兹则原因弟子私私念赌，合社相嘀，奉宪加议规条：倘有私私聚赌之流，违背祖墨，或童或叟，见之则速通众公议罚钱四千、酒二席，必不容情。如有恃强不遵，各家出钱八百文，明官处治，空口无凭，尚立惟有合文四纸。各收一纸，永远存照。

再批：日后知者不报，同罚；知者则报，赏钱四百文。又照。

光绪十八年孟冬月十六日立议合文约人 曹求盛(押) 方启林(押) 汪天赐(押)胡加财(押) 曹水生(押) 方胜梅(押) 汪观育(押) 胡光炳(押)等 代笔 张汝明(押)②

戒赌合同则是宗族或村社组织对某几个偶犯赌博者经教育后，在中间证人的见证下互签的一份合同，表示今后不再赌博，并互相

① 张中堂：《一个村庄的几种组织研究》，载《社会学界》1932年第6卷，转见李文海主编：《民国时期社会调查丛编》(社会组织卷)，福建教育出版社2005年版，第68~84页。

② 参见卞利：《明清时期徽州的民间禁赌》，载《安徽师范大学学报》(人文社会科学版)2002年第30卷第4期，第454页。

监督，恪守合约。这里有一份咸丰十年(1860年)三月徽州某乡许春和、李君成、方其茂等签订的《戒赌合同约》：

立邀兄弟戒赌合同约人许春和、李君成、方其茂……等，今因赌博之事，一则焦劳父母，二则损坏身体，三则误其正业，四则亡丧家财，五则伤情失义，六则败其名声，七则人不重我，八则不顾终身，九则连累妻子，十则国法是惊。至今日梦醒回首，各务其业……如有狥情故犯，外处赌者，日后查出，不但逐出会外，而神前跪香，重责过街，兼罚钱文，决不宽恕。……今欲有凭，立此合约，各执一份存据。

兄弟戒赌合同约人 许春和等(押)
中见人 胡荣
代笔　章飞声　　合金
咸丰十年三月　　庆兰①

家庭、宗族、村社由于其特殊的社会地位以及其所采取的禁赌措施具体、细致而且生活化，因此一般都能收到实际效果。一般而言，在那些能真正恪守封建礼教，家教谨严的封建大家庭里，其子孙后代嗜赌者较少。而族规严整的豪族大户，赌博习气也难以驻足生根。清末民初，广东近代赌风肆虐，几无一地可免，但“九江朱氏合族向来无赌，(麻雀牌骰子闻均无之)每次开赌，皆陈情说免，言所以保朱九江遗族，悉准之，可称最善良之地焉”②。

(三)社会组织、团体、机构之禁

社会组织、团体的禁赌带有自发、自律性质。清末，资产阶级

---

① 《徽学》第八卷，黄山书社2013年版，第197页，按原件显示，金兰合庆为一方形印章；参见陈学文：《明清以来民间禁赌的自律措施》，载《中国典籍与文化》2017年第2期，第133页。

② 邹鲁：《赌祸》，转见广东省禁赌委员会编：《禁赌概览》，奇文印务公司1936年版，第247页。

革命派和改良派从易风俗、开民智的角度出发，纷纷成立一些改良风俗的社会团体。如戊戌时期的不缠足会、戒烟会等。有些社会团体明确禁止会员赌博，如湖南的“延年会”规定，“入会者非遇休息日不得博弈”。谭嗣同曾列举了自我耗费时日的诸种不良恶习，赌博即为其中之一：“为戏于叶子，丐灵于五木，诗礼之儒俯侪博徒，晋绅之贤乃类争夺。”①辛亥前后，各地自治公所、自治会、商会、商团等社会团体、组织十分重视移风易俗，纷纷要求禁赌。一些商业同业公会除号召同仁洁身自好，不要赌博外，还对行业营业提出禁赌规范。如昆明市旅社业商业同业公会在其《昆明市旅社业同业公会业规》中对旅客入住旅店有不得赌博的规定：“(七)凡旅客入社，应恪守下列各条：……7. 旅客不得狎妓、酗酒、赌博及吸食鸦片、类似赌博行为，从不听劝阻，得请其迁出，以维治安。”②有些帮会组织在革命党人的熏陶感召下，也加入禁赌行列，如湖南哥老会头目马福益就曾出面，对醴陵地区赌博活动做限制与规范，当时该地渌口镇有赌窟数十家，赌徒输光钱后，行凶抢劫，扰乱治安，商民深为忧惧。于是由商会出面，请马福益出面加以解决。马福益在市内最大的酒店湘江阁宴请各会党头目共商禁赌事宜，马福益在讲话中说：“赌博系渌口市商务发达的来源，政府不加禁止，我们也蒙其惠，但因赌博而招致不良分子，有偷盗的，更有拐骗的，甚至有抢劫的，使商旅及居民均感不安。此实为最大的危险，我们不能不想法挽救。”经协商，各会党头目赞同禁赌，当即商订了五条密约：一，赌博者不得做假及诈骗；二，不得行凶打架；三，遇有争端，须由大家公平处理，不得徇私袒助；四，绝对禁止抢劫与拐骗；五，离市二十里内不准盗窃。以上密约实施后，渌口市面秩序暂时得以稳定。马福益的行为，严格说来不能算得上禁赌，只能说是对赌博行为予以规范化。它反映了帮会组织对赌博

① 谭嗣同：《延年会叙》，见《谭嗣同集》(下册)，中华书局1980年版。

② 李为宪：《昆明市12个同业公会调查》，《国立西南联合大学历史社会学系1940级毕业论文手稿》；转见李文海主编：《民国时期社会调查丛编》(社会组织卷)，福建教育出版社2005年版，第292页。

既利用又限制的矛盾状态和历史的阶级局限性。①“五四”时期，一些新型知识分子成立的社团，不仅对会员有禁赌要求，而且以改良旧习俗、建立新的文明的社会风尚为己任，不遗余力地宣传禁赌。如前述毛泽东之“新民学会”及“少年中国学会”、蔡元培之“进德会”、恽代英之“利群书社”等无不如此。

如果说，近代资产阶级和新型知识分子社会组织、团体的禁赌主要是内部成员道德自律，着重于思想宣传发动，是近代禁赌的温和“改良派”。那么，北伐战争时期，各地农民协会大张旗鼓地烧赌具、捉赌徒，以严厉的手段查禁赌博，则无疑属于近代禁赌的“革命派”了。以湖南省农民协会为例。

> 牌：农会势盛地方，麻雀、骨牌、纸叶子，一概禁绝。
>
> 湘乡十四都地方一个区农会，曾烧了一担麻雀牌。
>
> 跑到乡间去，什么牌都没有打，犯禁的即刻处罚，一点客气也没有。
>
> 赌：从前的“赌痞”，现在自己在那里禁赌了，农会势盛地方，和牌一样弊绝风清。②

其他地方的农民协会也同样展开声势浩大的禁赌运动。陕西省第一次全省农民代表大会通过了《严禁烟赌决议案》，请求政府严令禁止农民种烟、吸烟和赌钱，违者严惩。决议还要求各地农民协会严拿吸烟、赌钱者，酌量处罚，并将农民协会内烟、赌分子严加淘汰，纯洁队伍。农民协会禁赌之风所过之处，赌徒纷纷敛迹，赌风自然消遁。

近代一些社会组织、团体在配合政府禁赌方面也曾发挥过作用。1936年(民国廿五年)广东禁赌时，广东省基督教会、教育会、

① 参见饶怀民：《刘揆一与辛亥革命》，岳麓书社1992年版，第240~241页。

② 毛泽东：《湖南农民运动考察报告》，见《毛泽东选集》(第一卷)，人民出版社1991年版，第35~36页。

校员联合会、小学联合会、学生联合会、广州市总商会、华侨工业联合总会等团体纷纷响应，联合发表禁赌文告，组织会员上街巡行宣讲，并协助政府“搜集及广布赌博为祸之实据；劝导个人戒除赌博；造成反对赌博之舆论；联合各界团体，共作拒赌之运动”①，使政府的禁赌主张拥有广泛的群众基础，推动了禁赌运动的顺利进行。

（四）舆论之禁

中国传统的正统社会舆论大多鄙弃、抨击赌博行为，认为其“非仁者之意”，乃桀纣所为。历代关于禁赌的言论比比皆是，俯拾即得。三国时韦曜的《博弈论》，清初尤侗的《戒赌文》等都是传世之作。近代亦有一些仿效尤侗的禁赌作品，如四川合川“巴清溪学博冯镇峦有《禁赌歌》曰：尤太史侗戒赌文，指积弊大概而言。兹意主劝化，故以浅俗出之，欲以耸动痴迷之听，使人易晓也，能听与否任之”。

> 孽海茫茫，洪波巨万。惟有赌博，甘心糜乱。岂无聪明，英雄好汉，一入其中，终身不变。引类呼朋，何计昏旦，忘食忘寝，身家不算。其甘如荠，性命可换。偶赢一场，输即过半。好赌必输，一言可断，不赌不输，安然无患。合盘算来，大势可见。输尽归家，人头鬼面。父子不亲，夫妻离散，破产倾家，所得几贯。卖妻鬻子，心慌意乱，饿死沟壑，遮身无片。前人格言，曾不一念，我有何力，迷途可唤。我有慈心，婉言相劝，大家改作，回头是岸。人生在世，百事可为，嗟尔博徒，是何心思。未尝不悔，悔后蹈之，敬悔旋蹈，已亦不知。岂有博鬼，使尔昏迷，不然前孽，遂至如斯。乃尔平日，借口有辞，谓赵太祖，好赌名垂。华山一掷，输与希夷，寄奴王者，百万一挥。缙绅先生，处处不离，富贵大贾，乐此不

① 《广东基督教拒赌会总章》，见广东省禁赌委员会编：《禁赌概览》，奇文印务公司1936年版，第228~229页。

疲。举世同好，于我何规！偶赌适志，未必吃亏！倘若运转，大富可期。我闻此言，心中如毁。缙绅先生，彼有取尔，富家大贾，彼有所恃。小人之资，家财有几，况此下者，饥寒密迩。偶托微业，借谋甘旨，上顾父母，下活儿女。奈何不思，丧心为此。我有良言，尔当听取。而今世界，艰难无比，如今人情，浇薄如纸。斗粟布尺，非钱莫致。好赌身贫，谁怜悯你！百钱济人，感恩不已，万贯输入，谁来念你！辛苦半生，不够一掷，可惜好钱，送人手里。顷刻之间，一贫如洗，那时看他，他不顾尔。嗟尔博徒，何不早计，不想人钱，从何输起。日得百钱，一身不馁，日得千钱，一家饱矣。天地生人，原足衣食，人生才干，绰有余裕。不赌不输，不输不悔，十分磨难，万不到彼。那见赌钱，买田置地，不赌之人，神仙相似。夜梦得安，有谁追逼。逍遥终身，尊贵乡里。但须勇决，自立主意，不劳人劝，何须举誓。一刀两断，今生昨死，从此回头，如隔两世，纵有引诱，毫不染指，痛改前非，是好男子。周处斩蛟，一转即是。彼昏不知，歌以告尔。一误再误，时不再至。老夫阅世，所见不一。赌局大开，赌场尽悉。赌债赌偿，赌风当息。敬而听之，未必尽益。诸佛菩萨，大笑云中。劝醒世人，惟有此翁。①

与尤侗的《劝人戒赌》比起来，冯镇峦的《戒赌歌》文不如尤侗的文章雅驯，理不若尤侗的文章深奥，尤侗多讲士夫迷恋马吊致使明代亡国，以家国之变斥赌博之害；而冯镇峦的文章则更多是柴米油盐、生活哲理。贫民赌博皆由贪而起，“不想人钱，从何输起”，他告诫世人赌博不仅不能够发财致富，“那见赌钱，买田置地”，反而会荡产倾家，“小人之资，家财有几，况此下者，饥寒密迩”，“偶托微业，借谋甘旨，上顾父母，下活儿女”，只因迷恋赌博，“辛苦半生，不够一掷”，“顷刻之间，一贫如洗”。只要与赌博“一

① 《合川县志》(民国十年刻本)，转见丁世良、赵放主编：《中国地方志民俗资料汇编》(西南卷上)，书目文献出版社1991年版，第210~211页。

刀两断”，“痛改前非，是好男子”。这种贴近市井日常生活，直抵百姓固产保家的基本心理，对于劝诫普通民众远离赌博显然更有说服力。清末民初，上海也曾流传一篇《戒赌十则》，历数赌博之危害，赌博之恶，罄竹难书：

一坏心术：一入赌场，遂成利薮，虽至亲对局，必暗设戈矛；即好友同场，亦俨如仇敌。只顾自己赢钱，哪管他人破产，心术岂不大坏？

二丧品行：凡迷于赌局，人鲜不轻贱之，况赌局无分贵贱，虽极下流，皆为同辈，一言不和，动加欺侮，既与同赌，莫可如何，成何品行？

三伤性命：赢了乘兴而往，输了拼命再来，从此耗精疲神，必致损身丧命。更或负债难偿，含羞忍忿，遂致多病相牵。且拼一死塞责，枉死城之去路，即赌博场主归着也，岂不可伤？

四玷祖宗：送了人的银钱，还笑浪子发呆；破了你的财产，转叹痴儿作孽。乡党皆归咎其先人，祖父必含恨于死后。

五失家教：赌博一事，引诱最易，家庭之内，见闻极亲，父子博，兄弟博，奴仆博，戏法成何家法？白日赌，深夜赌，密室赌，牌风且酿淫风。家教大坏，可为寒心。

六荡家产；始而气豪，则挥金如土；终而情急，则弃产如遗。衣裳典尽止留声，亲朋谁借；田宅鬻完犹负债，天涯无归。想到此间，岂不可怜！

七生事变：通宵出赌，彻夜开场，盗贼每多乘间，密庐或致被焚，甚至浪子夤缘而生计，匪人窥伺以为奸。灭火敲门，主宾莫辨；绝缨解襦，男女逾闲。祸机所伏，不可不虑。

八离骨肉：父母妻子，互相欢娱，自入赌场，遂沉苦海。妻子吞声而饮恨，父母蒿目而攒眉。抚心自问，其何以堪！

九犯国法；赌博之禁，法律最严。轻则拘六月，身作楚囚；重则徒二等，长别乡井。与其事后而悔，何如先事而戒？

十遭天遣：历看开赌之家，每多横祸，赢钱之辈，每至奇穷。总由噬人血肉，饱我腹肠，敛彼怨愁，供我欢笑。所以鬼神怀忿，报复不肯稍宽，天道好还，彼此同归于尽也。通场看来，更有何益！①

近代民间的舆论禁赌无论在形式和内容等方面都是传统禁赌舆论的延伸，其主要形式有歌谣、俚曲、谚语等。

歌谣是传统禁赌舆论中一种最基本的舆论形式。这类歌谣和民间流行的其他内容的歌谣一样，出自民间众人创作，其流布方式除了人们口耳相传外，许多民间艺人在村社娱乐活动时往往配上曲调予以演唱。近代，不惟乡村，就是许多大都会也沿用这种传统形式来宣传禁赌。如沪上作家胡祖德的《沪谚外编》就曾辑录过不少这类歌谣，兹录两首以飨读者。一首是《掷骰子》，以妻子的口气劝谏丈夫不要出门赌博：

第一副骰子四角齐，劝你丈夫不要出门赌铜钱。赢是铜钱哈哈笑，输是铜钱苦黄连。第二副骰子摇宝台，三朋四友尽跟来。赢是铜钱大家用，输是铜钱一家来。第三副骰子赌场开，地棍獭皮想发财，抽头聚赌官场禁，逢着捉赌落惊呆。第四副骰子想不穿，一半清闲一半贪。贪来只想图侥幸，闲来只想赌场钻。第五副骰子像热昏，轧到上下三等人。无论乌龟搭贼客，登在一堆做输赢。第六副骰子像不同，呼幺喝六做威风。暴赌三年无穷日，弄到完来一场空。第七副骰子落骰盆，不想输来只想赢。幺二三手色真不好，两只眼睛油盏能。第八副骰子讨翻本，老古话狗咬力竭人。一个布钱三不信，单剩一根串头绳。第九副骰子害人精，害我田房屋产卖干净，完来还要将娘子卖，寻仔蚂蚁做媒人。第十副骰子无路生，娘子想想只好一根绳。今朝吊死在高粱下，望你早点回头早点醒。此贤妻劝夫戒赌，屡谏不听，终之以尸谏也。②

---

① 胡祖德：《沪谚》，上海古籍出版社 1989 年版，第 104～105 页。

② 胡祖德：《沪谚外编》卷上，上海古籍出版社 1989 年版，第 14～15 页。

另一首是《赌博歌》：

养牛三换一根绳，只为牛头要中金。赌钱出进几十回，头管出产好像聚宝盆。众人头上刮干净，赌客何苦攒进迷魂阵。一为清闲无事体，捻在牌上解解闷。二来常想图侥幸，不想输来只想赢。就此习惯成自然，时时刻刻赌在心。昨日输仔今朝要翻本，今朝赢仔明朝再想赢，若然不赌难安身。以致身边零碎铜钱摸干净，常到娘子房里去搜寻，惹得娘子要看轻。外头绷场面，心里不开心。识得破咾忍不过，好话叮嘱不肯听。自家不能管束自家身，乡人只想跑到镇。镇上只想寻赌朋，忙里偷闲入赌场。家中百忙无我份，那好当啥家咾做啥人。我有一言告诸君，自古以来赌客千千万，只有赌里败家精，不有赌里涨财星。开赌之人称赌鬼，不称赌老爷咾赌先生。走进赌场门，自家身份先看轻。剥皮赌，剥去衣衫苦十分。偷牛赌，做贼做盗是后门。况且四人合成一局赌，绑住身体不能先叫停。伤工夫咾费精神，日里到黄昏，黄昏到天明。冬天不怕冷，夏天不怕蚊虫叮，有害卫生寻病生。男女杂坐都不论，倒说来客错是兴。况且赌场无父子，都为铜钱起争论。赌薄赌薄脾气早生定，或发老狠拼一命，输尽铜钱无路生。自家寻死送性命。若进大赌场，遇着捉赌吃一惊，总是爱赌祸殃根。九十铜钱打花会，可着一块大洋饼，三十几门着一门。近来又有扑克跑狗轮盘赌，种种花样话不尽，无非引诱半乖人。全在自家能把稳，孛相地方勿走近。你若要解厌，抱抱小团闲走东西邻，养鸟种花草，看看闲书弹弹琴，况且年少光阴一刻值千金。就是小斗牌，枉费工夫不能赶正经。就是老来享清福，做个闲散人，好样如何教子孙。①

这首《赌博歌》颇不乏现代意识，它罗列了晚清以来一些新的

① 胡祖德：《沪谚外编》卷上，上海古籍出版社 1989 年版，第 48～49 页。

赌博品类，如花会、扑克、跑狗、轮盘赌之类，以及上海、广东赌场里所谓“剥皮赌”“牛牌赌”之类新赌法，从赌徒参赌动机，即有闲无聊和侥幸贪财心理入手，历数赌博从输钱财、伤身体到害伦常、失自尊等种种危害，既然赌因闲起，那么闲暇时间不如含饴弄孙，养花种草，棋琴书画，怡情养性。时间宝贵，光阴如金，为人之父，应端正行止，为儿孙做好表率。它劝人戒赌，显然已从单纯的物质层面(固产保家)扩展于身体心理层面(卫生健康)，更进到精神层面(以有益的休闲生活来“解厌”并陶冶性情)，有助于一般民众深刻认识赌博危害，从思想上戒掉赌博“心瘾”，回归正常物质生产和精神生活。

20世纪30年代，广东省开展禁赌时，社会上还流行着这样的《戒赌歌》：

> 一劝君切莫赌！赌害难尽言，后悔终无及，何如决志先。
> 二劝君切莫赌！赌害难尽数，今日夸富翁，明日类腐鼠。
> 三劝君切莫赌！赌害说难尽，你想他人财，人要你性命。
> 四劝君切莫赌！贪心不可开，试问世间人，几个发赌财。
> 五劝君切莫赌！赌财不可赖，纵尔积万千，徒留子孙败。
> 六劝君切莫赌！赌败往投河，标名为赌鬼，泉下唤奈何。
> 七劝君切莫赌！赌有瘾急须减，鸦片尚能除，速速务正业。
> 八劝君切莫赌！既犯急回首，改过古称贤，转劝责须负。①

谚语禁赌不仅是传统禁赌舆论的大宗，也是流传最广、影响力最大的一种禁赌言论。在近代中国各地浩如烟海的禁赌谚语中，其内容大致有如下几类：一是赌博有损德性，“赌博场中无好人”“赌博丧良”“赌博场里出贼情，花柳巷里出人命”“赌近盗、奸近杀”

① 《歌谣》，见广东省禁赌委员会编：《禁赌概览》，奇文印务公司1936年版，第276~277页。

“赌里无君子”；二是赌博破财毁家，“暴赌三年手快，老赌一身烂债”“钱落赌场，文落考场，兵落战场”“赢来三只手，输去一桩钱”“是赌必输钱”“赌钱摸牌，挨到倒财”“赌博娃崽是条龙，一时富贵一时穷”“赌博钱，一蓬烟；生意钱，六十年；种田钱，万万年”“赌不输钱，天下经营第一，嫖不伤命，世间乐事无双”；三是劝人戒赌，“赌近盗来将近杀，知机君子远离开”“乖做乖，不要出门斗纸牌”“赌自己钱，众人骂，读自己书，众人惜”“赌徒回头金不换”。①

近代民间禁赌舆论无论是在内容上还是形式上，都有鲜明的个性特色。在内容上，既注重儒家传统道德伦常的规劝，但更主要的还是抓着一般老百姓最担心蚀财破产的畏惧心理，而着意渲染赌博在这方面带来的祸害，因此为普通群众所接受，经常以之教训子孙，劝诫乡邻不要赌博，起到了良好的社会作用。在形式上，民间禁赌舆论通俗晓畅，易懂易记，没有深奥的大道理，有的只是生活经验，社会实例的高度浓缩，不仅童叟皆会默诵，妇孺也能弄懂，而且因为口耳相授，代代相传，而逐渐成语化、概念化，并积淀为老百姓的日常意识，在全社会中形成了对赌博的一种本能的戒备心理屏障。这大概正是近代赌博风气虽然很盛，但并没有形成全民性赌博狂迷，并使赌博在中国始终未能公开化、合法化的一种深层原因。

但是，近代禁赌舆论并不仅仅是传统内容和形式的简单沿袭。由于近代社会中新的传媒如报刊、电信等出现，禁赌舆论在内容和形式上也借助这些舆论载体有了时代特色。近代新的禁赌舆论形式包括：一、报刊新闻、评论文章，二、文艺作品中的禁赌倾向，如晚清谴责小说中对赌博的抨击，民国不少文人直陈赌博祸害的散文、随笔，以及文人创作的诗歌、漫画等；三，各种集会的演讲，如 20 世纪 30 年代广东省开展禁赌运动时的演讲词等。

近代有别于传统民间舆论的新禁赌舆论在内容上也颇具时代特点，大都从改善国民性、爱国与救亡，发展国民经济与促进科学文化进步等全新的视角抨击赌博的危害和阐述禁赌的必要性。辛亥革

① 参见《中国谚语资料》(中册)，上海文艺出版社 1961 年版；胡祖德：《沪谚》，上海古籍出版社 1989 年版。

命前后，资产阶级革命党人在报刊上撰文，批判赌博对国民道德和心智的腐蚀，主张禁绝赌博以易风俗、开民智。当时《时报》《民立报》等革命刊物上都曾刊发过禁赌文章和告示。《江苏》杂志上一篇《国民新灵魂》对包括赌博在内的社会丑恶现象予以痛斥："吾国民之魂，乃不可得而问矣。梦魇于官，辞呓于财，病缠于烟，魔着于色，寒噤于鬼，热狂于博，涕縻于游，痞作于战，种种灵魂，不可思议。"①这篇文章指出，要铸造国民新灵魂，必须根除上述丑恶的旧灵魂。"五四"时期和"五四"以后，禁赌与救亡、科学、民主等内容连在一起。如宣传救亡："民族革命的基础要建筑在良好的精神与优秀的物质两种重要条件之上，才有成功的希望。目前中国，疮痍满目，精神方面——国民道德已沦亡到这种地步，物质方面——国民经济复陷于崩溃之境。那么，民族革命的前途，谁能操其胜券，民族复兴运动，还有什么把握。林则徐先生曾说过：'烟不禁绝，十年之后，非特无可筹之饷，且无可练之兵。'可是赌之为患，更甚于烟。床头金尽，不待十年，已无可筹之饷了，精神颓废，不待十年已无可练之兵。所以我们应说赌是民族革命的罪人，赌是复兴民族运动的公敌。"②因此，有的文章明确提出："非禁赌无以救亡，欲救亡必先禁赌。"③如赌博对文明与科学进步的妨碍："国家文明的进化，社会事业的进步，完全在大众不断的努力与创造得来，尤其是在科学万能的二十世纪，科学落后的中国，更非加倍努力，不能跟着世界文化赶上去，达到国强民盛的境地。然而赌博的人们，徒然耗费宝贵的光阴，金钱，以及精力，于赌博场中，饱食终日，呼卢喝雉，除赌博外，无所能，无事业，设能把赌博所耗费的精力，金钱，时间，用以工作，发展正当事业，其所成就，宁可限计？故赌博不但完全没有利益可言，适足障碍文明的进化，

---

① 壮游：《国民新灵魂》，载《江苏》1903年第5期，第3页。

② 陈鸿：《复兴民族运动中的禁赌问题》，见广东省禁赌委员会编：《禁赌概览》，奇文印务公司1936年版，第45页。

③ 张显达：《禁赌与救亡》，见广东省禁赌委员会编：《禁赌概览》，奇文印务公司1936年版，第83页。

妨害社会事业的进步。”①如禁赌与经济发展：“因为近代立国之大本：第一为‘经济力’；第二为‘劳动力’。经济力是指生产的发达，富力，军储之充实，整个国家的繁荣。劳动力是指全国上下整个劳动力的涵养，人种的健全，国防的巩固，必经济力和劳动力绝对充分发达，才能使国家实力澎涨，造成强有力之国力。”②而“赌博是纯消耗的，浪费了无数的宝贵的劳力与资本”③，“因为赌博的人，根本就违背了发展人民经济的‘开源’‘节流’二大原则。明白的说，赌博就是完全没有生产，只有浪费。他们把可以流通的资本，用之于毫无生息的赌博场中，欲不劳动，依靠幸运，冀获大宗横财，废时，失事，丢耕，弃织，荒芜田园，弃置土地，那么，只消费，无生产，人民经济，焉能繁荣？国家富源，焉不枯竭？”④由此“可知赌博的大祸，不特如上面所说直接足以致个人于贫穷，实间接的尤足以毁灭立国唯一的命脉——经济力，劳动力——陷民族国家于万劫不复的深渊。所以我说：禁赌，不但是救贫；直挽救立国之‘经济力’和‘劳动力’了！”⑤

上述禁赌舆论与传统民间舆论相比有两个明显不同：一是摆脱了单一陈旧的道德劝诫模式，而将视野扩大到整个国民性改造，科学、民主、社会进步的广阔领域，以使唤醒国人麻木沉醉的心灵，颇具启蒙意味；二是论及赌博危害时突破个人家庭利益的小圈子而考虑民族国家的整体利益，具有强烈的忧患意识。此外，有别于传统禁赌舆论最大之处还在于，新禁赌舆论的禁赌立足点和着眼点在

① 邓国章：《禁赌的必要与施禁后赌徒失业问题及其补救》，见广东省禁赌委员会编：《禁赌概览》，奇文印务公司 1936 年版，第 55~56 页。

② 黄霖生：《禁赌与救贫》，见广东省禁赌委员会编：《禁赌概览》，奇文印务公司 1936 年版，第 27 页。

③ 黄元彬：《禁赌是经济建设的要件》，见广东省禁赌委员会编：《禁赌概览》，奇文印务公司 1936 年版，第 18 页。

④ 邓国章：《禁赌的必要与施禁后赌徒失业问题及其补救》，见广东省禁赌委员会编：《禁赌概览》，奇文印务公司 1936 年版，第 55 页。

⑤ 黄霖生：《禁赌与救贫》，见广东省禁赌委员会编：《禁赌概览》，奇文印务公司 1936 年版，第 27 页。

国家、在全民，而不仅仅是个人，在政府，而不仅仅是某乡、某村、某家族。即在于唤起全体国民的忧患意识，要求政府在国策上明确禁赌，并保持其一贯性。不管最终达到的社会效果如何，其善良的愿望和在宣传、理论方面的建树都值得肯定。

三、明禁实弛

如上所述，近代中国在对赌博这一社会问题的治理上确乎有一套独特的方法、经验，在制止全民向赌博迷狂深渊坠滑方面功不可没，值得一书。但从历史的纵向发展上来看，中国近代的禁赌效果却未尽如人意，甚至可以说是失败的。如果近代禁赌的社会效果真是完满无缺，那我们就没有必要浪费笔墨来写作本书了。

近代禁赌失败的原因是多方面的，这里，我们暂从社会控制系统的角度略做钩沉。

首先，权力控制系统的混乱和腐败严重干扰了禁赌，主要表现在两个方面。一是法律禁赌不仅在条律规定上存在着处罚过宽(如民国刑法规定，以赌博为常业者仅处二年以下有期徒刑，开设营利性赌场者仅处三年以下有期徒刑)和执法不严的弊端，关键是操纵法律机器的近代官僚机器腐败而造成有法不依，使禁赌法律徒有其表。北洋军阀时期，各地表面上禁赌，但许多省的督军都各行其是，如王占元捉赌又放赌，视法律为儿戏，使法律的严肃性荡然无存。王占元于1920年任湖北督军后，武汉赌风猖獗，特别是一些高级军政人员，如军需课长魏联芳、烟酒事务局长黄祖徽等带头豪赌，每赌一场动辄巨万，影响很坏。王占元为了做点“政绩”，下令在全省禁赌，并亲自带着卫队去捉赌。但他将魏、黄等人抓获后，只是训斥一顿了事。“人们大失所望，而那些贪官污吏赌得更起劲。事后，他为自己辩解道：‘对这种事，真是轻不得重不得，既不能撤他们的差，又不能送他们到习艺所罚苦力，真是没有办法！’”①民国中后期，有些省份在执行禁赌法律时，由于吏治腐败，民风浇薄，

① 李炎锠编著：《民国官场笑林》，江苏古籍出版社1988年版，第73页。

禁赌法律的主体"禁赌"得不到执行和实施，而诬告、贿赂等歪风邪气却借此盛行，好端端的法律被"念歪了经"。如20世纪40年代广西省禁赌时就出现过此类现象。南京国民政府颁布的《违警罚法》规定，凡违反赌博条例者可处罚款(不超过15元)或拘役(不超过一星期)，而广西省政府制定的《广西禁赌单行条例》则规定，犯赌博罪者最高可罚款500元广西金库券，同时没收全部赌资(不仅有现款，还有金银、首饰等)，所得罚金，20%归省库，40%奖励检举报信者，抓赌者和办案者各得20%。条例甫一公布，检举、告密之风大兴，很多人为得到数额可观的奖金，有举报亲属的，有举报朋友的，可谓六亲不认。警察局因为抓赌有办案费提成，更是劲头大增，抓赌除了按规定获得奖励外，还可以顺手牵羊，敲诈勒索，并克扣发给举报者的奖金(起码扣去1/4，多的甚至扣去1/2)。在警察局、所，抓赌被视作美差，莫不个个争先，人人奋勇。有一名警探长，破获了"亚卢""会仙乡"两个大赌窟，共得奖金1000元，抵得上大半年的工资收入。① 更有甚者，执法机器与赌徒和赌场沆瀣一气，明禁暗助，赌博有禁难止。如民国时期的汉口赌场与警察互相勾结，"赌场的主持人，首先就要交际警察，送给他们钱。赌场所在地值班的岗警巡警都吃茬有钱，巡长巡官也同样吃茬有钱，内行的分局长仍吃他们的钱，叫做'开后门'。这样，赌场就大胆地放心地赌，警官人员就充耳不闻，熟视无睹。即令上级有命令来了，认为过不去，派人去抓，当地的岗警巡警通风报信，先就收起来了，叫你扑个空。即令抓了回来，也不是主角，在分局罚款了事。为了消上级的差，将赌徒赌具、赌款上解，百事大吉。最滑稽的是警士和巡官商通一气，打成一片。新任的分局长如果定不懂这个门道的，就不让分局长知道；局长要问就去说没有赌场，连赌场给分局长的一笔行贿费，他们也私吞了。这就是警察瞒上不瞒下的一套手法。分局长是内行，上任三把火，实行三禁，禁赌、禁烟、禁娼；实行三抓，抓赌、抓烟、抓娼。这样内应外合，

① 吴雨等:《民国黑社会》，江苏古籍出版社1988年版，第168~169页。

分开行贿。吃人家的口软，拿人家的手软。分局长手软了，得到意外收入，也就乐而为之”。一位民国时期汉口第三警察分局官员曾经讲述当年这种“禁赌”内幕，由此可窥见旧中国社会控制系统腐败失控之一斑：

> 我任警察第三分局书记时，第三分局管辖区内有三个大赌场：宝善堂、多福巷、广福巷。分局长和我都是新来的，对这个辖区的情况一点也不知道，对警政更是外行，完全依靠三个巡官，他们钻了我们的空子，与警士打成一片，什么都不过我们的门。在新任职的一个月里，连接密告三次，总局训令一次。分局长与他们谈过多次，他们一味支吾，不说实话，最后他们保证辖区无赌场。分局长与总局商讨，想到一办法，就是找一个在一、二、三分局被革职的警士，许以复职为条件，叫他说出三分局所辖地区的赌场来，并带引我们到那些赌场去看了一次，我们不仅知道了赌场的地点，而且更明白了这种黑幕。分局长回来与巡官们谈话，他们还是一如前言。分局长不动声色次日约他们去玩，把他们顺便带至宝善堂赌场，他们默不出言，再也无法搪塞了。当时回署派武装警士12名由分局长、巡官和我一同到广福巷赌场，刚到广福三巷口，外线报讯，当一进场时，人们把灯熄了，在黑暗中抓获7人，主角都跑了。这7人带局讯问，可说是赌场推虾子(即虾兵蟹将小角色——引者注)的。从他们身上检查出来三串多铜角子就知道了。讯问结束后备文送总局处理。在破获后停止了一个星期，他们还是另辟新窟，继续聚赌。在那完全脱离群众、内外勾结的警察局，禁赌是不可能有成效的。至于达官巨贾，设赌局于豪华的饭店或其私宅，警察局只能为之担任保卫站岗，岂敢稍有微词。①

① 夏国璇：《旧社会汉口赌场一瞥》，见政协武汉市委员会文史学习委员会编：《武汉文史资料文库》(第六卷·社会民俗)，武汉出版社1999年版，第253~254页。

二是近代政权更迭频繁，权力控制系统的无序性妨碍了禁赌政策的一致性和连贯性，前一个政权制定的政策往往被后一个政府所否定，政权交替过程中所出现的权力真空也给赌博泛滥造成机会。这种状况在广东表现得尤为明显。广东自清末至民国廿五年(1936年)，曾数度实施禁赌，但屡禁屡弛，与权力系统无连续性极有关系。宣统三年(1911年)，总督张鸣岐颁布广东禁赌条例，实行禁赌，但“是年八月武昌首义，清社遂屋，其禁赌政策之无良好成绩，自不待言”①。辛亥革命以后，胡汉民、陈炯明分别执掌广东军、民二政，严厉赌禁。但民国二年(1913年)，“讨袁失败，龙济光督粤，与李鸿章之孙巡按使李国筠，借口救济广东水灾，如是复开山票，铺票”②。“致此良好成绩，等于‘昙花一现’，殊为可惜。”③民国四年、五年(1915、1916年)，陆荣廷、陈炳焜先后督粤，大开赌禁，虽有不少有识之士据理反对，但无补于事，“斯时军阀盘据，正欲开赌筹饷扩军以树势力，则禁赌之不能成为事实，固属意中事矣”④。民国九年(1920年)，陈炯明击败桂系，重返广东主政，复行禁赌，其时“不特番摊牌九等赌消灭净尽，即家庭间之纸牌雀牌消遣，亦为之绝迹”。但不久陈炯明叛变，滇桂军入粤，广东又呈混乱局面，赌博又卷土重来，“观是次禁赌虽有成绩，然亦不能持久，殆由人民之不能觉悟赌博之害，以自动禁戒，故政局一变，赌祸即为之复活”⑤。民国十四年(1925年)，国民革命军平定滇桂军之乱，孙中山训令广东省政府严厉禁赌。“百粤阴

① 黄霖生：《广东禁赌之回顾与检讨》，见广东省禁赌委员会编：《禁赌概览》，奇文印务公司1936年版，第32页。

② 邹鲁：《赌祸》，见广东省禁赌委员会编：《禁赌概览》，奇文印务公司1936年版，第245页。

③ 黄霖生：《广东禁赌之回顾与检讨》，见广东省禁赌委员会编：《禁赌概览》，奇文印务公司1936年版，第32页。

④ 黄霖生：《广东禁赌之回顾与检讨》，见广东省禁赌委员会编：《禁赌概览》，奇文印务公司1936年版，第32页。

⑤ 黄霖生：《广东禁赌之回顾与检讨》，见广东省禁赌委员会编：《禁赌概览》，奇文印务公司1936年版，第32页。

霾，为之一扫而清。”然好景不长，不久孙中山逝世，北伐战争开始，广东复开赌禁，重现往昔混乱局面。民国廿五年(1936年)，广东又开展大规模禁赌，且收到了较为满意的效果。但不到两年，即民国二十七年(1938年)10月，广州被日本侵略军攻陷，广东赌潮又复泛滥。日伪政权鼓励和支持赌商承办赌博公司，并美其名曰“第一娱乐捐”。广东禁赌之不能坚持，是近代政治混乱和无序最为典型之例证。时人对此即有中肯之见，“广东之赌博既盛，故禁赌亦屡见，煌煌告令，赫赫法规，在当时非不令民望而生畏，如烈火之不敢犯，乃不久而声沈影渺，云散烟销，终不能收永久肃清赌祸之效，其故一由于时局环境关系，甲主严禁，乙主放弛，一以执政者之意见为依归；一由于人民之不能澈底觉悟，遇禁睹则阳奉阴违，遇弛禁则推波助澜，此赌之所以不能永绝根株，诚有‘野火烧不尽，春风吹又生’之情景也”①。

其次，家族、保甲等基层社会控制功能减弱妨碍禁赌。近代科学与民主思潮的兴起，国民法制观念意识逐步增强，对传统家庭、宗族社会控制功能造成巨大的冲击，家庭、宗族通过家训、族规等准法律形式对其成员作社会行为规范、约束的作用也就大大减弱，族众犯规之后，族长的法律裁断也往往失去权威效力。因此，禁赌之类的家训、族规成为一纸空文，从而助长了乡间赌风的蔓延。而维系家庭、家族的精神支柱——封建纲常伦教已没落蜕变成虚伪空洞的说教，失去实质上的教育感化功能。不但一般族众离经叛道，做出不少越轨举动，就是往昔道貌岸然的家长、族长也阳奉阴违，另行其事。“封建家族关于正风澄俗，整顿社会风气，禁止子弟族人沾染恶习等主张，大多数家族势力没在行动上做到，这些主张同它们的宣扬者的行为是脱节的。例如，家法族规都规定要革除嫖赌恶习，而许多族长、族绅，包括那些家训族规的撰写者自己往往是三妻四妾，嗜赌如命。”②另外，近代整个社会大环境对家庭、家族

① 黄霖生：《广东禁赌之回顾与检讨》，见广东省禁赌委员会编：《禁赌概览》，奇文印务公司1936年版，第31~32页。

② 徐扬杰：《中国家族制度史》，人民出版社1992年版，第450页。

社会控制功能的冲击。与传统社会相对封闭、独立的家庭、家族不同，近代家庭、家族与外界社会的联系和沟通日渐密切，家庭、家族不可能再像往昔那样固守一隅，封闭自禁。外界社会的新鲜空气冲淡了宗族家庭腐朽、沉闷的气息，使家族这个传统堡垒与近代社会发生认同。这是进步的一面。另一方面，社会上腐败落后的东西也会像瘟疫一样传染给家庭、家族，使其古老淳朴的家风受到破坏。前述广东九江朱氏家族数代禁赌，是赌风猖獗的广东一块罕见的净土，但民国以后，受大环境之影响，亦开赌禁，如广东“朱九江之乡，向无赌博，现亦破坏一切矣”①。

第三，道德、舆论等非强制性社会控制系统陈旧、衰朽，难以发挥社会治理功能。近代许多禁赌言论尤其是民间禁赌言论，所依凭的都是传统的道德伦理，这些说教明显地与时代潮流不合拍，起不到震撼人心、警世劝人的社会教育作用。如“赌博钱，一阵烟；生意钱，在眼前；庄稼钱，万万年”，显然是传统“重农贱商”“重本抑末”观念的形象化体现。这种说教在古代农业社会也许能够奏效，但在近代商品经济发展，城市社会经济生活繁荣，人们的价值取向趋于追逐一本万利的商业利润的社会环境背景下，这种教化不但于禁赌无补，反而有可能激起赌徒无本求利的贪婪欲望。近代新式舆论虽然避免了这种过于陈旧、狭隘的道德劝诫，但其弊端也同样很多，表现为3个方面。

一是以弘扬科学、民主精神为主旨，以主张救国，发展国民经济为目的的新禁赌舆论，曲高和寡，没有采取广大人民群众所喜闻乐见的语言形式做普及性宣传，而只是满足于在城市、社会上层作演说、发宏论。因此，尽管言之凿凿，道理充分，但没有为一般老百姓所接受，实际作用极为有限。

二是近代不少传媒在商业化原则及“孔方兄”的驱使下，不仅不宣传禁赌，反而为赌博推波助澜，呐喊助威。这方面有两种类型，一种类型是一些无聊文人把持的报刊，其本身嗜赌如命，报纸

① 古愚：《广东赌祸历史》，见广东省禁赌委员会编：《禁赌概览》，奇文印务公司1936年版，第268页。

也专门刊载一些色情、赌博等“社会新闻”以招徕读者，扩大销路。如前述民国时期《武汉时报》社长戴震，《东方日报》社主办人胡殿臣等就是这类角色。① 另一种类型是像《申报》这种有影响的大报，虽然一贯宣传禁赌，但也有左右摇摆的时候。有时也抵不住商业利润的诱惑，刊登一些诸如赛马、跑狗、航空奖券之类的社会新闻及广告。其最为典型者为1928年7月“申园”跑狗场广告之风波。上海“申园”于1928年7月31日开业，《申报》早在7月8日就为“申园”举行第一次赛狗会狗抽签的事情，在第四版“本埠新闻”栏内发表过一段纪事，并附有“申园赛狗场路线图”。此后，又陆续报道其抽签消息，并刊登招引会员承租的广告。开业后，《申报》按日在“本埠新闻”栏内发表其每届举行赛狗的节目和预测及结果。《申报》如此大肆宣传报道申园跑狗，对当时上海市民卷入跑狗赌博起了极大的误导作用，理所当然地受到了舆论界有识之士的一致谴责和广泛抵制。《申报》连续发表署名“天马”的文章，对跑狗及跑狗宣传予以抨击。在社会舆论的一致反对下，上海市政当局发表声明，禁止各报馆登载跑狗新闻和广告。1928年8月30日，《晶报》发表了“天马”以“禁登狗广告”为题的新闻：“利之所在，人争趋之，平日颇明事理的商人，至此亦利令智昏，群思仗狗力，借狗势，以发狗财……。望各报馆主笔勿贪此区区之广告费而遗毒于市民也。”在舆论的压力下，《申报》从1928年9月1日起不再登载各跑狗场的新闻及广告了。②

三是在政治黑暗、社会秩序紊乱的近代中国，舆论缺乏自由、民主，传媒禁赌宣传受到各种限制甚至威胁。晚清尤其是民国时期，官僚政治无视法律，凭权力践踏民意，无视舆论监督为家常便饭。这种事情在禁赌舆论监督方面亦有反映。民国时期，湖北王何成濬嗜好赌博，一次在汉口“民生路长江饭店与一些达官贵人、大

① 参见胡是依：《解放前的武汉赌场黑幕》，见《武汉文史资料》1987年第3辑，第179、185页。

② 参见彭重威：《上海跑狗场黑幕》，见上海市文史馆编：《旧上海烟赌娼》，百家出版社1988年版，第101~102页。

资本家、大资产阶级的人打麻将、押单双，通宵达旦，总共输掉数十万元。此事被小报《警钟》三日刊揭发。何见报后大发雷霆，下令将各小报查封不准出刊。"①除了官僚、军阀施淫威，动辄查封外，禁赌舆论还经常受到赌博团伙等黑社会的软硬夹击。有的媒体人因抵挡不住金钱诱惑而缄口沉默。"天津租界中的赌窟多至几十处，因赌输倾家荡产以致自杀的，颇不乏人。但报纸很少揭露和报道，对赌窟中一些秽闻也讳莫如深。其原因是，各赌窟都有负责交际的人，直接间接和报馆联系，按月送钱送礼。报馆编本市新闻的人和外勤记者，也不一定每人都得到一份钱礼，得不到分润的记者，便偶尔报上刊出一篇无详细地名和人名的模糊攻击某赌窟的新闻，这时就会有人主动前来说价钱，讲条件。赌窟收买报馆记者，这在当时是公开的秘密。"②有的报人如果刚正不阿，主持正义，坚持宣传禁赌主张，就会遭到赌徒围攻，严重者甚或有性命之虞。民国五年(1916 年)，陆荣廷在广东大开赌禁，遭到政界、报界一些正义人士的反对。"南越报主笔李某，于报纸上大加攻击，众忌其破坏赌局，一日午刻，有长衫小褂尖顶帽两君，自称广西人，托为商量买告白，直进该报馆楼上，诱李下，即呼门外之把守四人捉李出，声言奉督军命，不容警察干涉，由西关押至老城连新街口枪毙之。李之攻击开赌，或别有用意，要之赌祸之杀人，固莫能御也。"③事发后，陆荣廷表面上虽发令缉匪，但无任何实际动作。赌徒的这一招实际上是"杀鸡给猴看"，从此"报馆反对禁赌之声，于焉以息"④。

近代社会出现的上述禁与弛的矛盾，从一个侧面暴露出近代中

---

① 参见胡是依：《解放前的武汉赌场黑幕》，见《武汉文史资料》1987 年第 3 辑，第 178 页。

② 赵文林主编：《旧中国的黑社会》，华夏出版社 1987 年版，第 239 页。

③ 古愚：《广东赌祸历史》，见广东省禁赌委员会编：《禁赌概览》，奇文印务公司 1936 年版，第 264 页。

④ 邹鲁：《赌祸》，见广东省禁赌委员会编：《禁赌概览》，奇文印务公司 1936 年版，第 246 页。

国社会的扭曲、无序和衰朽。中外历史表明，任何社会要想绝对禁止赌博，无疑是天方夜谭，但要将赌博加以限制甚至使其在某种程度上造福社会则不是神话。但这在很大程度上取决社会控制功能本身是否健全。当一个社会无力整治包括赌博在内的社会病，而且任由这些病毒腐蚀感染社会肌体本身的时候，这个社会此时绝不是强健有力的中壮年，肯定已是一个病入膏肓的垂暮老者了。“明朝之亡，亡于马吊”已不是诳语，清朝和民国的覆灭，虽不可直接与赌博狂潮对应，但从中所表现出的世纪末情绪则是事实，社会解体的征兆于兹昭然若揭。

参考文献

一、引用史料

[1](汉)司马迁:《史记》。
[2](汉)恒宽:《盐铁论》。
[3](汉)刘向:《说苑校证》。
[4](汉)王符:《潜夫论》。
[5](汉)班固:《汉书》。
[6](汉)班固:《弈旨》。
[7](汉)王充:《论衡》。
[8](汉)许慎:《说文》。
[9](三国魏)王肃:《孔子家语》。
[10](西晋)陈寿:《三国志》。
[11](南朝宋)范晔:《后汉书》。
[12](南朝宋)刘义庆:《世说新语》。
[13](南朝梁)沈约:《宋书》。
[14](南朝梁)萧子显:《南齐书》。

[15](北齐)颜之推:《颜氏家训》。
[16](唐)魏徵等:《隋书》。
[17](唐)房玄龄等:《晋书》。
[18](唐)姚思廉:《梁书》。
[19](唐)姚思廉:《陈书》。
[20](唐)李百药:《北齐书》。
[21](唐)李延寿:《南史》。
[22](唐)李延寿:《北史》。
[23](唐)长孙无忌等:《唐律疏议》。
[24](后晋)刘昫等:《旧唐书》。
[25](北宋)欧阳修等:《新唐书》。
[26](唐) 刘餗:《隋唐嘉话》。
[27](唐) 薛用弱:《集异记》。
[28](唐)欧阳询:《西京杂记》。
[29](唐) 段成式:《酉阳杂俎》。
[30](唐)王仁裕:《开元天宝遗事》。
[31](唐)李肇:《唐国史补》。
[32](唐)李隐:《潇湘录》。
[33](唐)邢宇:《握槊赋》。
[34](唐) 张读:《宣室志》。
[35](唐)韩愈:《韩昌黎文集校注》。
[36](唐)张鷟:《朝野佥载》。
[37](唐)郑綮:《开天传信记》。
[38](五代)孙光宪:《北梦琐言》。
[39](北宋)薛居正等:《旧五代史》。
[40](北宋)欧阳修:《新五代史》。
[41](北宋)欧阳修:《归田录》。
[42](北宋)李昉等:《太平御览》。
[43](北宋)李昉等:《太平广记》。
[44](北宋)宋敏求:《长安志》。
[45](北宋)司马光:《资治通鉴》。

[46](北宋)窦仪等:《宋刑统》。
[47](北宋)孙光宪:《北梦琐言》。
[48](北宋)葛立方撰:《韵语阳秋》。
[49](北宋)王珪:《华阳集》。
[50](北宋)王得臣:《麈史》。
[51](北宋)苏轼:《苏东坡集》。
[52](北宋)苏轼:《东坡志林》。
[53](北宋)王辟之等:《渑水燕谈录》。
[54](北宋)高承:《事物纪原》。
[55](南宋)施德操:《北窗炙輠录》。
[56](南宋) 周密:《癸辛杂识》。
[57](南宋)吴自牧:《梦粱录》。
[58](南宋) 李焘:《续资治通鉴长编》。
[59](南宋)陆游:《老学庵笔记》。
[60](南宋)徐度:《却扫编》。
[61](南宋)洪迈:《夷坚志》。
[62](南宋)李心传:《建炎以来系年要录》。
[63](南宋) 何薳:《春渚纪闻》。
[64](南宋)顾文荐:《负曝杂录》。
[65](南宋)李清照:《打马图经》。
[66](南宋)孟元老:《东京梦华录》。
[67](南宋)王益之:《西汉纪年》。
[68](南宋)耐得翁:《都城纪胜》。
[69](南宋)朱熹:《四书集注》。
[70](元)脱脱等:《金史》。
[71](元)脱脱等:《辽史》。
[72](元)脱脱等:《宋史》。
[73](明)宋濂:《元史》。
[74](明)谢肇淛:《五杂俎》。
[75](明)方以智:《通雅》。
[76](明)胡应麟:《少室山房笔丛》。

[77]（元）元怀：《拊掌录》。
[78]（明）田汝成：《西湖游览志余》。
[79]（明）施耐庵：《水浒传》。
[80]（明）兰陵笑笑生：《金瓶梅》。
[81]（明）陶宗仪：《说郛三种》。
[82]（明）刘若愚：《酌中志》。
[83]（明）李清：《梼杌闲评》。
[84]（明）何良俊：《四友斋丛说》。
[85]（明）沈德符：《万历野获编》。
[86]（明）张瀚：《松窗梦语》。
[87]（明）冯梦龙：《醒世恒言》《喻世明言》《警世通言》。
[88]（明）冯梦龙：《牌经》。
[89]（明）凌蒙初：《初刻拍案惊奇》《二刻拍案惊奇》。
[90]（明）周晖：《金陵琐事》。
[91]（明）顾起元：《客座赘语》。
[92]（明）管一德：《皇明常熟文献志》。
[93]（清）汪师韩：《叶戏原起》。
[94]（清）陈元龙：《格致镜原》。
[95]（清）沈之奇：《大清律辑注》。
[96]（清）金学诗：《牧猪闲话》。
[97]（清）徐珂：《清稗类钞》。
[98]（清）周亮工：《因树星书影》。
[99]（清）叶梦珠：《阅世编》。
[100]（清）萧爽：《永宪录》。
[101]（清）曹雪芹：《红楼梦》。
[102]（清）黄宗羲：《宋元学案》。
[103]（清）徐松：《宋会要辑稿》。
[104]（清）张廷玉：《明史》。
[105]（清）阮元：《十三经注疏》。
[106]（清）赵尔巽：《清史稿》。
[107]（清）李汝珍：《镜花缘》。

[108]（清）赵翼：《陔余丛考》。
[109]（清）黎遂球：《运掌经》。
[110]（清）申涵光：《荆园小语》。
[111]（清）张潮：《昭代丛书》。
[112]（清）陆世仪：《复社纪略》。
[113]（清）谈迁：《枣林杂俎》。
[114]（清）王士禛：《分甘余话》。
[115]（清）李绿园：《歧路灯》。
[116]（清）纪昀：《阅微草堂笔记》。
[117]（清）钱泳：《履园丛话》。
[118]（清）姚元之：《竹叶亭杂记》。
[119]（清）曾七如：《小豆棚》。
[120]（清）张集馨：《道咸宦海见闻录》。
[121]（清）昭梿：《啸亭杂录》。
[122]（清）阮葵生：《茶余客话》。
[123]（清）王椷：《檀几丛书》。
[124]（清）赵翼：《檐曝杂记》。
[125]（清）施鸿保：《闽杂记》。
[126]（清）诸联：《明斋小识》。
[127]（清）富察敦崇：《帝京岁时纪胜》。
[128]（清）李宝嘉：《官场现形记》。
[129]（清）俞樾：《右台仙馆笔记》。
[130]（清）柯悟迟：《漏网喁鱼集》。
[131]（清）酌元亭：《照世杯》。
[132]中国社会科学院历史研究所宋辽金元史研究室点校：《名公书判清明集》，中华书局 1987 年版。
[133]小横香室主人：《清朝野史大观》。
[134]戴愚庵：《沽水旧闻》，天津古籍出版社 1986 年版。
[135]胡祖德：《沪谚》，上海古籍出版社 1989 年版。
[136]胡祖德：《沪谚外编》，上海古籍出版社 1989 年版。
[137]葛云煦等：《沪游杂记》《淞南梦影录》《沪游梦影》，上

海古籍出版社 1989 年版。

[138]吉廷彦编:《平定吏治纪要》，民国四年(1915 年)石印本。

[139]广东省禁赌委员会:《禁赌概览》，奇文印务公司 1936 年版。

[140]叶楚伧、柳诒徵主编:《首都志》，南京正中书局 1935 年版。

[141]吴龙辉主编:《中华杂经集成》，中国社会科学出版社 1994 年版。

[142]沈云龙编:《近代中国史料丛刊》，台北文海出版社 1970 年版。

[143]中国史学会主编:《中国近代史资料丛刊》，上海人民出版社 1957 年版。

[144]太平天国历史博物馆编:《太平天国史料丛编简辑》，中华书局 1962 年版。

[145]中国社会科学院近代史研究所近代史资料编辑室编:《太平天国文献史料集》，中国社会科学出版社 1982 年版。

[146]丁世良、赵放主编:《中国地方志民俗资料汇编》，书目文献出版社 1991 年版。

[147]瞿宣颖:《中国社会史料丛钞》，上海书店 1985 年版。

[148]李文海主编:《民国时期社会调查丛编》，福建教育出版社 2005 年版。

[149]《三晋石刻大全》，三晋出版社 2009—2014 年版。

二、研究论著

[1]《鲁迅全集》，人民文学出版社 1991 年版。

[2] 吕思勉:《中国通史》，武汉出版社 2011 年版。

[3][美]吉尔伯特·罗兹曼主编，国家社科基金“比较现代化”课题组译:《中国的现代化》，江苏人民出版社 1983 年版。

[4]钱穆讲授，叶龙记录整理:《中国经济史》，北京联合出版

社 2017 年版。

[5]柳诒徵：《中国文化史》，中国大百科全书出版社 1988 年版。

[6]王亚南：《中国官僚政治研究》，中国社会科学出版社 1981 年版。

[7]徐复观：《中国艺术精神》，华东师范大学出版社 2001 年版。

[8]李泽厚：《美的历程》，三联书店 2017 年版。

[9]张亮采：《中国风俗史》，江西教育出版社 2012 年版。

[10]邓子琴：《中国风俗史》，巴蜀书社 1987 年版。

[11]胡朴安：《中华全国风俗志》，上海书店 1986 年版。

[12]徐扬杰：《中国家族制度史》，人民出版社 1992 年版。

[13]李文治、江太新：《中国宗法宗族制和族田义庄》，社会科学文献出版社 2000 年版。

[14]林济：《长江中游宗族社会及其变迁：黄州个案研究（明清—1949 年）》，中国社会科学出版社 1999 年版。

[15]闻钧天：《中国保甲制度》，商务印书馆 1935 年版。

[16]谢国桢：《明清之际党社运动考》，中华书局 1982 年版。

[17]冯尔康：《清人生活漫步》，中国社会出版社 1999 年版。

[18]李文海、刘仰东：《太平天国社会风情》，中国人民大学出版社 1989 年版。

[19]饶怀民：《刘揆一与辛亥革命》，岳麓书社 1992 年版。

[20][荷兰]约翰·赫伊津哈著，多人译：《游戏的人》，中国美术出版社 1996 年版。

[21]杨荫深：《中国游艺研究》，上海世界书局 1936 年版。

[22]杜亚泉：《博史》，上海开明书店 1933 年版。

[23]郭双林、肖梅花：《中华赌博史》，中国社会科学出版社 1995 年版。

[24]涂文学：《赌博的历史》，中国文史出版社 2006 年版。

[25]戈春源：《赌博史》，上海文艺出版社 2010 年版。

[26]涂文学：《赌博纵横》，民主与建设出版社 1997 年版。

[27]罗新本等：《中国古代赌博习俗》，陕西人民出版社 1994 年版。

[28]王永平：《游戏、竞技与娱乐——中古社会生活透视》，中华书局 2010 年版。

[29]史良昭：《枰声局影 中国博弈文化》，上海古籍出版社 1991 年版。

[30]戈春源：《中国近代赌博史》，福建人民出版社 2005 年版。

[31]赵煜：《形形色色的赌博及其危害》，春风文艺出版社 1991 年版。

[32]何云波：《围棋与中国文化》，人民出版社 2001 年版。

[33]吝士：《麻将探奇》，中山大学出版社 1992 年版。

[34][英]菲尔德维克：《今日远东印象记》，英国恩维兄弟出版公司 1917 年版。

[35][美]爱狄密勒著，包玉珂编译：《上海——冒险家的乐园》，上海文化出版社 1956 年版。

[36][英]雷穆森著，许逸凡、赵地译：《天津租界史》，天津人民出版社 2009 年版。

[37][美]罗威廉著，鲁西奇等译：《汉口：一个中国城市的冲突与社区(1796—1895)》，中国人民大学出版社 2016 年版。

[38]北京市政协文史委员会编：《北京往事谈》，北京出版社 1988 年版。

[39]周俊旗主编：《民国天津社会生活史》，天津社会科学院出版社 2004 年版。

[40]皮明庥主编：《武汉城市发展轨迹》，天津社会科学院出版社 1990 年版。

[41]涂文学主编：《武汉通史 · 中华民国卷》(上、下)，武汉出版社 2006 年版。

[42]涂文学主编：《武汉老新闻》，武汉出版社 2002 年版。

[43]罗汉著，徐明庭校注：《民初汉口竹枝词今注》，中国档案出版社 2001 年版。

[44]曾智中、尤德彦编:《张恨水说重庆》,四川文艺出版社2007年版。

[45]曾智中、尤德彦编:《李颉人说成都》,四川文艺出版社2007年版。

[46]周秋光等:《湖南社会史》,湖南人民出版社2013年版。

[47]张廷茂:《晚清澳门番摊赌博专营研究》,暨南大学出版社2011年版。

[48] 邓云乡:《红楼风俗谭》,中华书局1987年版。

[49]鲁成:《市井文化》,辽宁教育出版社1993年版。

[50]任聘:《中国民间禁忌》,作家出版社1990年版。

[51]彭国梁选编:《悠闲生活絮语》,湖南文艺出版社1991年版。

[52]胡悦晗:《生活的逻辑——城市日常世界中的民国知识人(1927—1937)》,社会科学文献出版社2018年版。

[53]严家炎、李今编:《穆时英全集》,北京十月文艺出版社2008年版。

[54]吴雨等:《民国黑社会》,江苏古籍出版社1988年版。

[55]赵文林主编:《旧中国的黑社会》,华夏出版社1987年版。

[56]李炎锠:《民国官场笑林》,江苏古籍出版社1988年版。

[57]上海市文史馆编:《旧上海烟赌娼》,百家出版社1988年版。

三、研究论文

[1]傅举有《论秦汉时期的博具、博戏兼及博局纹镜》,载《考古学报》1986年第1期。

[2]张文立:《秦陵博琼与秦汉博戏之风》,载《文博》1989年第5期。

[3]谢高文、岳起:《塔尔坡秦人博局图》,载《文博》1997年第4期。

[4]郑艳娥：《博塞刍议》，载《南方文物》1999 年第 2 期。

[5]崔乐泉：《中国古代六博研究(中)》，载《体育文化导刊》2006 年第 5 期。

[6]张有：《丝绸之路河西地区魏晋墓彩绘砖画——六博新考》，载《敦煌研究》2011 年第 2 期。

[7]李零：《跋中山王墓出土的六博棋局——与尹湾〈博局占〉的设计比较》，载《中国历史文物》2002 年第 1 期。

[8]黄儒宣：《六博棋局的演变》，载《中原文物》2010 年第 1 期。

[9]河北省文物管理处：《河北省平山县战国时期中山国墓葬发掘简报》，载《文物》1979 年第 1 期。

[10]程学华：《秦始皇陵园发现的“明琼”》，载《文博》1986 年第 2 期。

[11]甘肃省博物馆：《武威磨咀子三座汉墓发掘简报》，载《文物》1972 年第 12 期。

[12]济南市博物馆：《试谈济南无影山出土的西汉乐舞、杂技、宴饮陶俑》，载《文物》1972 年第 5 期。

[13]王煜：《四川汉墓画像中“钩绳”博局与仙人六博》，载《四川文物》2011 年第 2 期。

[14] 叶康宁：《王莽与博局》，载《古代文明》2009 年第 3 卷第 1 期。

[15]龚阔英：《盛行于世的汉代博戏》，载《宝鸡文理学院学报》2012 年第 4 期。

[16]钱稻孙：《日本双陆谈》，载《清华大学学学报》1935 年第 2 期。

[17]王俊奇：《长行是双陆之异名吗》，载《体育文史》1997 年第 2 期。

[18]马建春：《大食双陆棋弈的传入及其影响》，载《回族研究》2001 年第 4 期。

[19]宋德金：《双陆与民族文化的交流与融合》，载《历史研究》2003 年第 2 期。

［20］罗卫忠、王慧：《千年古风话双陆》，载《紫禁城》2008 年第 6 期。

［21］王赛时：《古代的握槊和双陆》，载《体育文史》1991 年第 5 期。

［22］李洪岩：《樗蒲考略》，载《体育文史》1989 年第 4 期。

［23］薛新刚、林飞飞：《中国古代休闲体育及社会之对待——以六朝之樗蒲为例》，载《体育科学》2012 年第 10 期。

［24］李金梅：《敦煌古代博弈文化考析》，载《体育科学》1999 年第 5 期。

［25］苗雪兰、宋群会：《扑掩和摊钱——古代用钱币作赌具的博戏研究》，载《韶关学院学报》2008 年 2 月第 2 期。

［26］葛承雍：《论唐代社会中的赌博浊流》，载《社会科学战线》1991 年第 4 期。

［27］崔乐泉：《考古发现与唐宋时期的体育活动》，载《考古》2008 年第 7 期。

［28］张介立：《李郜与唐代叶子戏》，载《湖南科学学院学报》2012 年第 33 卷第 8 期。

［29］陶立明：《宋元禁赌及其赌风昌盛之原因初探》，载《淮南师范学院学报》2001 年第 1 期。

［30］陶立明、朱冠艾：《宋元时期赌风再探》，载《淮北煤师院学报(哲学社会科学版)》2002 年第 23 卷第 3 期。

［31］郭康松：《辽代娱乐文化之研究》，载《北方文物》1995 年第 1 期。

［32］张连举、周玲：《元杂剧中的赌斗习俗》，载《许昌师院学报》2007 年第 3 期。

［33］张筱梅：《〈燕青博鱼〉与宋元关扑风习》，载《东南大学学报(哲学社会科学版)》2002 年第 4 卷第 2 期。

［34］林友标、王颋：《宋代打马游戏考》，载《体育文化导刊》2011 年第 2 期。

［35］徐志刚：《论李清照的〈打马赋〉》，载《济南大学学报》1994 年第 4 卷第 1 期。

[36]陈宝良:《明代生员层社会生活之真面相》,载《浙江学刊》2001 年第 3 期。

[37]唐景:《论明代赌博及禁赌成败》,载《社会科学家》2010 年第 5 期。

[38]黄健:《明清时期斗鹌鹑风俗探析》,载《史志学刊》2016 年第 2 期。

[39]王灿:《明清时期徽州社会陋俗述论》,载《佳木斯大学社会科学学报》2014 年第 5 期。

[40]王卫平:《清代吴地赌风述论》,载《苏州大学学报(哲学社会科学版)》1993 年第 3 期。

[41]潘洪钢:《清代的赌博与禁赌》,载《江汉论坛》2008 年第 9 期。

[42]中国第一历史档案馆:《嘉庆十六年京城轿夫聚赌案档案(上)》,载《历史档案》2019 年第 4 期。

[43]卞利:《明清时期徽州的民间禁赌》,载《安徽师范大学学报(人文社会科学版)》2002 第 4 期。

[44]陈瑞:《明清时期徽州宗族对社会问题的控制》,载《中国农史》2007 年第 4 期。

[45]陈学文:《明清以来民间禁赌的自律措施》,载《中国典籍与文化》2017 年第 2 期。

[46]朱文广:《清代禁赌活动中的乡村自治》,载《华南农业大学学报(社会科学版)》2014 年第 4 期。

[47]朱文广:《禁赌碑与乡村风俗改良——以清代上党为中心的考察》,载《农业考古》2014 年第 3 期。

[48]朱文广:《清代山西上党禁赌碑刻解读》,载《历史档案》2015 年第 4 期。

[49]魏晓锴:《清代县域视野下的禁赌问题研究——以山西高平为例》,载《清华大学学报》2018 年第 2 期。

[50]任小飞:《浅析清代泰安府东阿县的一通戒赌碑》,载《文物鉴定与鉴赏》2015 年第 6 期。

[51]潘荣阳:《传统家训与治理赌博:以明清福建社会为例》,

载《闽台文化研究》2019 年第 2 期。

［52］王丽亚：《清代旗人赌博治理述论》，载《云南社会科学》2013 年第 2 期。

［53］樊庆彦：《古代小说中棋戏描写的艺术功能》，载《贵州文史丛刊》2009 年第 2 期。

［54］张准：《〈金瓶梅〉之博戏考》，载《阿坝师范学院学报》2016 年第 33 卷第 1 期。

［55］潘志义：《〈金瓶梅〉叶子博戏小考》，载《河南理工大学学报(社会科学版)》2017 年第 18 卷第 1 期。

［56］徐汉峰：《抹牌赌博三步曲，及时惩诫追责任——〈红楼梦〉第七十三回蕴含的财务管理知识》，载《齐齐哈尔工程学院学报》2017 年第 11 卷第 1 期。

［57］涂文学：《近代西方赌技东传及中西赌博之比较》，载《社会学研究》1995 年第 1 期。

［58］涂文学：《赌博与近代士林风气散论》，载《史学月刊》1996 年第 1 期。

［59］涂文学：《近代社会控制系统与赌博之禁》，载《社会学研究》1997 年第 4 期。

［60］闵杰：《论清代彩票》，载《近代史研究》2000 年第 4 期。

［61］刘力：《“为诸善举”至“迹近赌博”：近代社会变迁中晚清彩票业的流变》，载《中国社会经济史研究》2014 年第 1 期。

［62］雷玲：《清代的彩票》，载《四川文物》2001 年第 4 期。

［63］何汉威：《清末广东的赌博与赌税》，载《历史语言研究所集刊》(台北)(第六十六本，第二分)，1995 年。

［64］凌滟：《清末广东赌饷与地方财政》，载《中国经济与社会史评论》2013 年第 0 期。

［65］冀满红、刘文军：《清末广东谘议局与禁赌》，载《历史档案》2006 年第 2 期。

［66］包生耿：《广东谘议局与清末广东禁赌》，载《中山大学研究生学刊》2006 年第 4 期。

［67］毛克明：《赌博与清末广东社会》，载《河北学刊》2009 年

第29卷第2期。

[68]毛克明：《道德与经济的博弈——清末广东赌博与禁赌》，载《华南师范大学学报(社会科学版)》2011年第2期。

[69]吴志锋、倪根金：《晚清时期广东乡村赌博及其治理》，载《五邑大学学报》2011年第13卷第4期。

[70]林广志：《晚清澳门华人赌商的产业投资及其特征》，载《华南师范大学学报》2009年第6期。

[71]涂文学：《泛滥成灾的民国赌潮》，载《民国春秋》1994年第2期。

[72]毛克明：《民国初年广东军政府的禁赌问题研究》，载《山西财经大学学报》2010年第32卷第1期。

[73]江西省龙南县档案馆、江西省大余县档案馆：《蒋经国赣南禁赌史料一组》，载《民国档案》1992年第4期。

[74]熊林：《论新桂系时期的烟赌禁政》，载《广西社会科学》2014年第8期。

后　记

今天，2020 年 4 月 8 日（农历庚子年三月十六），将是武汉人永远铭记并载入史册的日子，面对突发的新冠肺炎疫情，武汉出城通道暂时关闭 77 天后，终于重启。这一天，对于我个人也是一个有意义的日子，拙著《中国赌博史》，经过两年多的构思写作、增删修订，今天也顺利完稿收官。

庚子冬月，一场突如其来的灾难降临武汉，新冠猖獗，病毒肆虐。然而灾难之于武汉从来不是陌生的访客，经历过太平天国三克武昌、四战汉阳汉口，辛亥阳夏之役，北伐战争武昌封城，抗日战争保卫大武汉等战火洗礼的武汉人民，以无所畏惧，处变不惊的楚人秉性，敢于斗争，敢于胜利的城市精神，众志成城，共克时艰，以一时不便换来华夏无恙！武汉，不愧为英雄的城市！武汉人民，不愧为英雄的铁血儿女！

本书是应武汉大学《中国专门史文库》编委会之约，在我的旧作《赌博纵横》《赌博的历史》基础上增删、改写而成。我对中国赌博史发生兴趣，得益于著名社会史、文化史学家、中国社会科学院近代史研究所刘志琴教授的启发和指教。1992 年秋天，我在沈阳参加中国社会史学会学术年会时，有幸结识刘志琴先生。当时志琴先生欲主编一套近代城市社会文化思潮的丛书，交谈中得知我的研究领域为城市文化史，惠约拙笔，邀我加盟，撰写反映近代赌博史的《赌博纵横》。在书稿写作和编辑过程中，先生多有指点，使我获益良多。该书1992年冬天开始写作，至1994年秋脱稿寄去，数年间在武汉—北京—广州来往旅行，多经磨难，经先生多方斡旋，几经周折，历时5载，终于1997年以“都市潮丛书”由民主与建设出版社出版。志琴先生在为丛书写的总序中对拙作有较好评价，为了便于读者诸君了解本书写作旨趣和基本内容，兹将先生原文援引照录如次：

> 《赌博纵横》一书，以赌具作为一种文化符号，揭示它从游戏蜕变为以赌取财的大不幸。中国传统的阴阳五行学说向这市井俗物的渗透，招引不少好事者包括著名的文人雅士甚至皇帝都参与赌具的发明和制作。官场的腐败，士林风气的丕变都与赌博有不解之缘。那种温文尔雅与赤膊上阵，聪明睿智与愚昧无知，严肃的圣人说教和放纵邪恶的拼搏，极不调和而又混渗一体。以跑马、吃角子机、彩票为代表的西方赌博传入中国，使中国的赌风有增无减，黑幕重重，赌博由小家小户演变成集团性的参与，成为社会赘疣。中国的赌博与伦理挂钩，施展运智伐谋的技巧，不无消遣游乐性；西方的赌博与慈善联姻，以竞技寻找刺激为乐趣，肇成民众对赌博爱憎有加，使得禁赌时禁时弛，禁而难禁。作者对比中外各阶层人士的不同文化心理，中外国家对赌博不同的对策，不同民族的文化、宗教和信仰与赌博之间的交互作用和影响。认为这是人类文明一个难解的斯芬克斯之迷！从而以此为契入点深入到民族文化的特质和国民文化心态，留给读者不尽的思索。然而参赌者不论中外，一旦以博取钱财为目的，以投机取巧决胜负，那就成为破产毁家的事端，败坏世风的温床，官场腐败的体征。要实施社会改革，移风易俗，又无不以禁赌作为整肃风纪的鹄的之一。本书概述中外古今种种禁赌的规章和趣闻、舆论和民谚，阐明社会控制的有效方案。对这一俗而又俗的事物，予以理论的精

辟透析，成为一本动之以情，晓之以理，雅俗共赏的读物。①

《赌博纵横》主要内容为近代赌博史，此次撰写《中国赌博史》，增加了一倍篇幅，除加重古代赌博史的分量外，对近代赌博史内容也有较大改动。就在本书即将脱稿之际，惊悉刘志琴先生驾鹤仙逝，甚为惊愕，悲痛万分！学术界失去一位德高望重的大学者，我痛失一位忘年交、好老师。谨以此书献给敬爱的刘志琴先生，愿先生一路走好！

如果说，新冠肺炎是自然界滋生的危害人类的生物病毒，那么，赌博则是摧残人性、遗祸千年的社会病毒。千百年来，人们对赌博的研究和认识从未停止，通过对其潜在特性和本质获得准确了解和深刻认知，以期尽量减少赌博的负面效应。自《赌博纵横》出版以来，近30年间包括赌博史在内的中国社会史研究取得长足进展，著述颇丰，硕果累累。本书参考借鉴了大量相关研究成果。感谢学兄何晓明教授鼎力推荐，使拙著得以忝列冯天瑜先生主编之《中国专门史文库》；感谢我的师兄，北京工业大学王国华教授多年来为我的赌博史研究助力鼓劲；感谢山西大学行龙教授帮助搜寻有关山西禁赌碑刻史料；感谢湖南师范大学周秋光教授惠赐大作《湖南社会史》及湖南相关赌博史料；感谢江汉大学城市研究中心王耀、韩凯、潘浩先生协助复制、下载、购买相关资料和书籍，雷丽女士协助编制主要参考文献；感谢武汉大学出版社宋丽娜老师付出的智慧和汗水，使《中国赌博史》得以付梓问世；最后，必须要感谢的是我的夫人张乐和女士，如果没有她的无私奉献和精神鼓励，我不可能顶着身体和心理的双重压力完成写作。

著者识

庚子孟春于汉阳后官湖畔之自在心舍

---

① 刘志琴：《社会时尚，流动的众生相(总序)》，见刘志琴主编，涂文学：《都市潮丛书·赌博纵横》，民主与建设出版社1997年版。

中国专门史文库

（第一辑）

中国政制史（修订版）
中国俸禄制度史（修订版）
中国家族制度史
中国民族史（上、下册）
汉民族发展史
中国科学技术史纲（修订版）
中国交通史
中国城市史
中国宗教史
中国佛教史
中国帮会史
中国新闻史
中国史学史
中国舞蹈发展史
中国旅游史
中国姓名史
中国丧葬史
中国书院史（增订版）
中国逻辑思想史
中国边疆经略史

中国文化生成史（上、下册）
中国认识论史
中国救荒史
中国私家藏书史（修订版）
中国婚姻史
中国社会福利史
中国法制史（上、下册）
中国土地制度史
中国相声史
中国通俗小说史
中国社会风俗史
中国古代造船史
中国话剧通史
中国火器通史
中国古代气象史稿
中国流民史（古代卷）
中国流民史（近代卷）
中国流民史（现代卷）
中国皇权史
中国性文化史

中国围棋文化史
中国禁忌史
中国乞丐史
中国甲骨学史
中国书法史
中国饮食史（上、下册）
中国典当史
中国商贾小说史
中国赌博史